공정 플랜트의 위험성 및 신뢰성 관리

Managing Risk and Reliability of Process Plants

공정 플랜트의 위험성 및 신뢰성 관리

Managing Risk and Reliability of Process Plants

Mark Tweeddale 저
윤기봉 · 고재욱 · 김인원 감수
편집부 역

도서출판 대가

This edition of **Managing Risk and Reliability of Process Plants** by **Mark Tweeddale** is published by arrangement with *Elsevier INC of 525B Street, Suite 1900, San Diego, CA 92101-4495, USA*

Translated by Dae Ga Publishing Co.
Translated Edition ISBN : **9812593748**
Printed in Korea

감사의 글

이 책은 수 년 동안 여러 대학과 산업, 정부 및 학회에서 근무하면서 배우고 경험한 내용입니다. 이러한 분야에 계신 분들의 도움에 진심으로 감사드립니다.

특히 공정 위험성 및 신뢰성 분야에 처음으로 참여한 후 변함 없는 도움과 격려를 주신 Trevor Kletz 박사님께 감사드립니다.

또한 본 책자를 마무리하는 데 아낌 없는 조언을 주신 웨스턴 오스트레일리아 대학, 석유 및 가스 공학 센터의 Beverley Ronalds 교수님께 감사드립니다.

2002년 12월

Mark Tweeddale

머리말

많은 사람들은 재난 사고에 대한 끔찍한 경험을 가지고 있습니다. 또한 막대한 사고 피해로 인해 마음의 상처를 입고 괴로워합니다. 일반적으로 사고가 발생하면 사람들은 다음과 같이 말합니다. "그 당시 상황이 달랐다면, 더 피해가 컸을 것입니다!" 또는 "그것만 아니었다면 사고는 일어나지 않았을 텐데!" 일부 비전문가의 경우 미디어 보고서를 통해 재난 사고가 발생한 과정을 분석하려는 경향이 있습니다.

그러나 공정 플랜트 전문가의 경우 이러한 재난 사고가 발생한 원인에 대한 유형과 사고 예방 방법을 조사하고 이해하려고 노력합니다. "자유의 댓가는 끊임 없는 경계이다."라는 격언이 있습니다. 마찬가지로 "안전성 및 신뢰성의 댓가는 세부 사항에 대한 끊임 없는 관심이다."라고 말할 수 있습니다. 그렇기 때문에 특정 세부 사항에 대해 체계적이고 관리적으로 관심을 가져야 합니다.

예를 들어 사망, 상당한 환경 피해, 재산 피해 또는 생산 손실을 동반하는 대형 사고가 발생했던 공정 플랜트에 대해 고려해 보겠습니다. 재난 사고가 발생하기 전날, 관리자는 거의 십중팔구 플랜트가 안전하게 운영되고 있는 것으로 믿고 있었으며, 관리자의 이러한 판단에 대한 증거를 확인할 수 있습니다. 또한 조사팀은 재난 사고가 발생한 후 플랜트가 사고 시점에서 며칠 또는 몇 주 전부터 심각하게 위험한 상태에 있다는 여러 가지 경고 신호가 있었음을 알 수 있는 확실한 증거를 쉽게 찾을 수 있습니다.

재난 사고 결과, 경영진은 '재발 방지를 보장할 수 있는' 신속하고 적극적인 조치를 취하게 됩니다. 그러나 시간이 경과하고 직원들이 교체됨에 따라 사고에 대한 기억은 점차 사라지고 경고 신호가 다시 나타나지만 이를 다시 무시하게 됩니다.

본 책자는 경영진이 이러한 조기 경고 신호와 플랜트 위험성 및 신뢰성을 인식하기 위한 체계적인 접근 방식을 제공하여 "소 잃고 외양간 고치는" 실수를 하지 않도록 하는 데 목적이 있습니다.

위험성 관리의 목적

위험성 관리의 목적은 바람직한 결과에 대한 발생 가능성을 극대화하고 원하지 않는 결과에 대한 발생 가능성을 최소화하는 것이다.

본 책자의 상당 부분은 원하지 않는 결과 또는 사고에 대한 잠재적 발생 가능성의 파악 및 최소화에 중점을 두고 있지만, 사용된 프로세스는 성과 개선 및 최대화를 위해 사용한 프로세스와 동일하다.

바람직한 결과에는 안전하고 안정된 운영, 플랜트에 대한 고 가용성, 환경적으로 적절한 성능 및 최소한의 장비 피해 등이 포함된다.

본 책자의 목적

본 책자의 목적은 다음과 같다.

- 석유, 가스, 화학 물질 및 유사 산업에 사용되는 공정 플랜트의 위험성 관리 방법에 접근하기 위한 이론적인 기초
- 위험성 관리에 적합하고 체계화된 프로그램 형식을 결정하기 위한 관리 및 위험성 원칙에 대한 이해
- 안전성 손실, 신뢰성 및 공정 플랜트의 기타 위험성에 대한 분석, 평가, 감소 및 관리를 위해 적용할 수 있는 특정 접근 방식에 대한 지식
- 이러한 접근 방식 및 방법에 대한 제한 사항 이해
- 심층적인 연구에 도움을 줄 수 있는 참고 문헌 목록

차 례

1 소개

본 장을 배우고 나면 다음 사항에 대해 이해하게 된다.

- 공정 플랜트 위험 관리의 중요성
- 전통적인 안전 관리와 공정 위험 관리의 차이점
- 관련된 기본적인 개념
- 공정 플랜트 위험을 포함한 여러 유형의 위험 관리에 대한 일반적인 과정
- 위험과 신뢰도 사이의 관계
- (a) 높은 위험성에 대한 관리와 (b) 위험은 낮지만 실행될 경우 심각한 결과가 발생할 수 있는 위험성에 대한 관리의 서로 다른 접근 방식

배경 I

1984년 12월 3일, 유니온 카바이드사의 인도 유한 회사 공장(Bhopal)에서 발생한 메틸 이소시안염 독성 가스 누출은 역사상 최악의 화학 공장 사고로 수천 명의 사망자와 수만 명의 중상자를 발생시켰으며, 중상자 중 일부는 평생 장애자가 되었다.

이 사고와 함께 1989년 10월 23일, 23명의 사망자와 수백 명의 부상자를 발생시킨 한 미국 필립스사(Pasadena)의 폴리에틸렌 공장 폭발 사고는 공정 플랜트의 작업장 및 주변 주거 환경에 대한 안전을 보장하기 위해서는 전통적인 산업 안전 보건 프로그램 이외의 추가적인 조치가 필요하다는 것을 경영진과 정부에게 경고하고 있다.

그러나 이것은 새로운 사실이 아니다. 위험 물질을 생산 처리하는 한 중대 사고들은 전세계 어디에서나 발생할 수 있다.

미국 화학 공학회(American Institute of Chemical Engineers)는 몇 해 동안 매년 손실 방지 심포지엄을 주관했다. 미국 및 전세계에서 이 심포지엄에 참석한 발표자들은 보고서를 통해 이러한 사고 가능성을 언급하면서 이에 대한 예방 방법에 대해 논의했다. 영국 및 유럽 내에서 초창기 발생한 사고들의 결과로 해당 국가의 정부는 관련 시설물을 운영하는 기업 스스로 시설물 운영에 대한 안전성을 입증하도록 하는 법안을 의회에 상정하여 입법화했다.

손실 방지는 인명 피해를 초래하는 사고에만 국한되는 것이 아니다. 환경 및 재산 피해를 비롯하여, 인명 피해 또는 주변 환경의 피해가 없더라도 공장 주요 기능의 고장에 의한 생산 중단을 포함하는 모든 유형의 손실에 적용된다. 이러한 모든 유형의 사고 위험에 대한 예방 또는 최소화는 공정 플랜트 위험 및 신뢰도 관리 분야에서 다루어진다.

1.1 상황

1.1.1 신뢰성

전 세계적으로 점차 치열해지는 경쟁 환경 속에서 자본 투자에 따른 수익 극대화를 위해 공장을 신뢰도가 높은 상태에서 가동하는 것은 매우 중요하다.

배관에 의한 가스 공급과 같이 지속적인 서비스를 제공하는 조업 시설의 경우 공급 중단은 서비스 손실 뿐만 아니라 관련 업계 수익성, 공공 시설, 안전성, 환경 영향 등의 부분에 심각한 영향을 줄 수 있다.

1.1.2 위험

산업 또는 서비스 분야의 기업(예: 운송, 전력, 용수)에서 발생하는 중대 사고 또는 주요 고장이 관련 직원의 과실에 의한 결과라는 사실은 널리 알려진 사회적 통념이다. 지역 사회는 대기업 경영진의 '과실'에 대해 매우 민감하다. 전문적인 기업일수록 구성원은 일반적으로 조직 또는 개인의 책임에 앞서 지역 사회에 대한 책임의식이 필요하다. 피해를 보상 받기 위한 법적 소송은 이제 일반화되어 있다.

가장 책임 있는 담당자를 기소하려는 것이 오늘날의 추세이다. 이러한 담당자는 사고의 직접적 관련이 있는 직원이 아닐 수 있으며, 고장 및 사고가 발생하지 않도록 여러 하위 직원들을 교육하고 감독할 책임이 있는, 점차 조직에서 직급이 높은 관리자가 책임지는 추세이다.

이제 더 이상 직원 개개인은 해당 조직에 의한 보호를 확신할 수 없다. 해당 기업에게는 벌금이 징수되지만 관련자는 과실에 대해 법원에서 유죄가 입증되는 경우 징역형을 받을 수 있다.

'무과실 무책임 주의(과실이 없는 경우 법적 책임이 없음)'라는 기존의 법적 원칙은 "과실 여부와 관계 없이 해당 사고와 가장 관련 있는 직원 또는 기업이 피해 당사자에게 배상해야 한다."라는 개념으로 이미 오래 전에 바뀌었다.

그러나 법적 책임에 대한 가능성을 매우 낮은 수준으로 줄일 수 있는 여러 접근 방식이 있다. 또한 기업의 상업적 목적을 만족시키기 위해 상업적 위험에 대한 노출을 실질적으로 분석하여 정량화하는 것이 중요하다. 그런 다음 사고에 대한 재정적인 위험을 감수할지 또는 보험에 의해 위험을 보장 받을지 여부를 결정할 수 있다.

모든 종류의 위험 확인 및 평가, 위험 감소 및 위험성 제거는 사용되는 접근 방식을 통해 위험 관리 기초를 구축한다.

1.2 상황 대처

불안정성은 다음과 같은 결과를 가져올 수 있다.

- 불안정한 시설을 가동하거나 운영하는 기업의 수익 손실
- 불안정한 운영을 통해 생산되는 제품 또는 서비스 공급에 의존하는 기업의 수익 손실
- 불안정한 시설을 가동하거나 운영 또는 그에 따른 제품 또는 서비스 사용으로 인해 발생된 기업에 종사하는 직원의 상해, 또는 불안정한 시설 또는 작업 주변에서 발생되거나 그러한 시설 또는 작업에 의해 생산되는 제품 또는 서비스에 의해 발생된 신체 상해

오늘날 법적 소송이 점차 증가하고 있는 사회적 분위기에서 위와 같은 불안정성으로 인해 피해를 복구하거나, 상해 또는 환경 피해를 초래하는 법적 과실로 인해 입은 피해를 복구하기 위해서는 법적 조치가 뒤따르게 된다.

재정적 손실 또는 과실 책임에 대한 최상의 대응책은 사고를 예방하는 것, 즉 안전하게 운영하는 것이다.

사고가 발생한 후 과실 주장에 대한 최상의 대응책은 발생 시점에서 사용 가능한 정보를 통해 실행 가능한 모든 조치를 취하는 것이다.

1.3 위험 요소 또는 사고 가능성에 대한 관리

잠재 위험이 존재한다는 사실만으로 어떠한 조치를 취할 필요는 없다. 잠재 위험은 피해를 일으킬 수 있는 잠재적인 가능성이다. 우리가 생활하는 주변에는 많은 잠재 위험이 존재하고 있다. 우리는 이러한 대부분의 잠재 위험을 아무런 걱정 없이 수용하고 있다.

'위험(위험성)'이라는 용어는 확실성이 아닌 가능성을 의미한다. 위험에 대해 IChemE(1985)는 "원하지 않는 특정 사건이 특정 기간 내 또는 특정 환경에서 발생할 가능성"으로 정의하고 있다. 위험은 빈도(연간 폭발 빈도와 같이 단위 시간당 특정 사건의 발생 회수이며, 반드시 소수점 이하의 작은 값으로 표시되지는 않음) 또는 가능성(지정된 강도의 지진으로 인한 지정된 구조물의 붕괴와 같이 이전 사건으로 인한 후속 사건의 발생 가능성)으로 표현될 수 있으며 해당 환경에 따라 달라진다.

잠재 위험에 의해 발생할 수 있는 피해 확률이 매우 낮은 경우, 위험도 낮기 때문에 어떠한 조치도 필요하지 않다. 피해가 재정적으로 매우 심각할 가능성이 있거나 그러할 확률이 높은 경우, 보험에 가입하는 것이 적절하다고 판단된다. 원칙적으로, 평가된 위험은 합리적인 수준의 보험료를 결정하는 데 도움을 준다.

위험 관리는 잠재 위험 확인, 각각의 잠재 위험에 대한 위험성 평가 및 필요한 경우 취해야 할 조치를 결정하기 위한 체계적인 접근 방식을 의미한다.

1.4 위험 관리가 어려운 이유

기업들이 위험 관리에 대해 고민하는 데는 여러 가지 이유가 있다. 이러한 이유로는 재해(상해) 방지 또는 파손된 장비의 교체 비용 절감에서부터 좋은 대외적 이미지 유지 관리 또는 과실 책임에 대한 법적 클레임 또는 최고 경영진의 소송 방지에 이르기까지 매우 다양하다.

이러한 이유들은 다음과 같이 세 가지의 주요 유형으로 구분할 수 있다.

- 법적 이유
- 상업적 이유
- 도덕적 또는 윤리적 이유

1.4.1 법적 요구 사항

위험 관리에 대한 법적 이유는 해당 지역 사회의 고유한 법적 구조와 법률에 따라 다를 수 있지만 일반적으로 법적 책임 및 '주의 의무'의 두 가지 종류로 나눌 수 있다. 법적 요구 사항을 무시할 경우(예: 기계 장비에 대한 위험 방지기를 설치하지 않는 경우) 법적으로 처벌 받게 된다. 반면에 판례에 의하면 특정 사건에 적용되는 해당 법률이 없더라도 고용주는 해당 직원들을 보호해야 한다는 규정이 있다. 해당 직원들에 대한 주의 의무를 수행하지 않는 고용주는 법적으로 책임을 져야 한다. 과실이 법적으로 입증된 관리자는 실형을 선고 받을 수도 있다.

1.4.2 상업적 요구 사항

공정 플랜트 사고는 다음과 같은 여러 가지 다양한 상업적 의미를 갖는다.

- 플랜트 중단으로 발생한 생산 손실에 의한 수익 손실
- 예비 부품 등의 교체 비용을 포함한 장치 및 노동력 손실 비용
- 피해 보상 클레임 및 보험료 지급을 포함하여 상해, 재해 또는 사망으로 인한 발생 비용
- 정화 비용, 환경 보호를 위한 추가 장치 및 작업에 따른 비용을 포함하여 환경 피해 비용
- 신체적 상해, 재해에 따른 피해 보상, 공급 계약 이행 실패, 재산 피해 등을 포함한 법적 조치 비용, (법적) 벌금, 해당 사건에 대응하는 직원의 시간 비용 및 회사의 목표 달성을 위해 업무 수행이 불가능한 직원들의 기회 비용
- 향후 개발에 대한 반대 여론을 포함한 대외 이미지 손상에 따른 비용

1.4.3 도덕적 또는 윤리적 요구 사항

사고 비용은 단순히 보상 등의 재정적 비용 이상으로 광범위하다. 인명에 대한 차원, 즉 돈으로는 바꿀 수 없는 신체 건강한 개인의 친척 및 친구에 대한 가치라는 측면이 있다. 어떤 최고 경영진도 자신의 경력에 인명 피해 또는 환경 파괴의 주범으로 기록되기를 원하지 않는다. 그러나 때때로 최고 경영진은 실제로 단기적인 이익에만 관심을 가진다고 생각하는(보통은 잘못된 생각이지만) 중간 관리자 때문에 문제가 발생한다.

또한 대부분의 전문적인 엔지니어링 조직에는 해당 구성원들이 조직 차원의 이익(예: 고용주의 이익), 개인적인 이익(예: 자신들의 이익) 또는 다른 구성원의 이익보다는 광범위한 지역 사회의 재산, 건강 및 안전에 대해 책임지도록 하는 윤리 강령이 있다. 또한 이러한 조직의 구성원들은 구성원 자신들은 물론이고 클라이언트, 고용주 및 지역 사회에 구성원들이 수행한 행동에 대한 사회적 및 환경적인 결과를 알려 주어야 한다.

1.4.4 세 가지 변수: 비용, 위험 및 전문 기술

어떻게 신뢰도 및 위험을 개선하기 위한 비용과 위험성이 높은 사고 또는 불안정성에 대한 비용이 반비례하는지를 개념적으로 보여주는 그래프가 있다. 그림 1-1A를 참조한다. 이 그래프를 보면 비용 및 위험 사이의 간단한 관계가 있음을 알

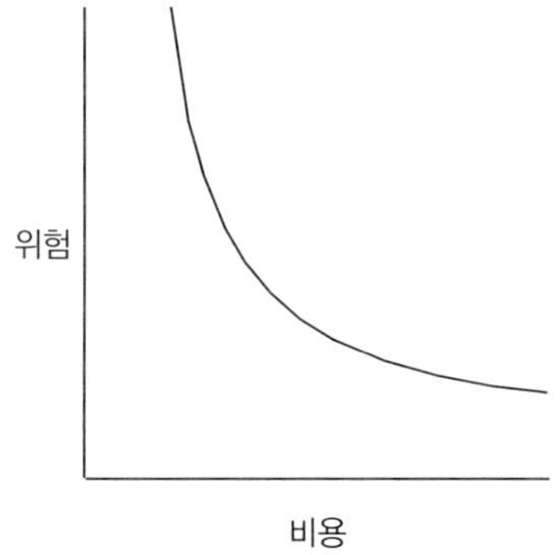

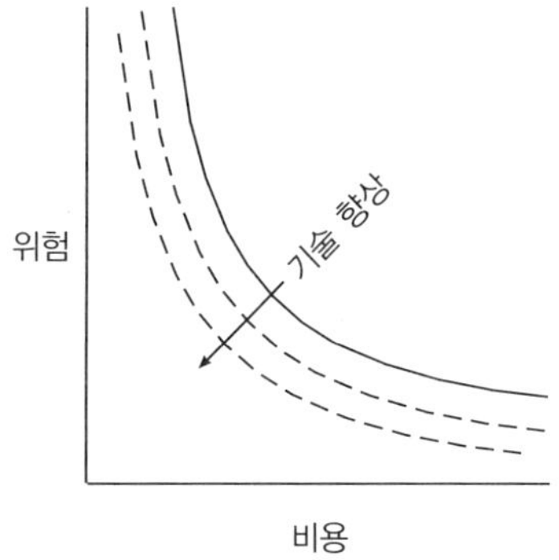

그림 1-1. (A, B) 위험 : 비용

수 있다. 즉 위험을 줄이려면 비용을 많이 지출해야 한다.

사실 또 하나의 변수로 전문 기술이 있다. 개념적으로는 위험 : 비용에 대한 곡선이 한 개가 아니고 여러 곡선으로 표현된다. 전문 기술이 높을수록 곡선은 내려간다. 결론적으로 엔지니어는 일반인이 2달러에 할 수 있는 일을 1달러에 수행할 수 있는 사람이라고 한다. 체계적인 위험 관리 방법을 사용하면 위험 : 비용에 대한 곡선에서 최적의 영역을 찾을 수 있을 뿐만 아니라 더욱 낮은 곡선으로 이동할 수 있다.

그러나 위의 그래프는 이론적인 개념이다. 특정 상황에서의 위험과 비용 사이의 관계는 쌍곡선이 아닐 수 있으며 항상 개선된(위험이 낮은) 방향으로 이동하지 않을 수도 있다.

1.5 위험 관리의 이득

관련 경험과 전문 기술을 가진 조직 내의 직원이 잠재 위험 발견을 위해 최선을 다하고 체계적으로 업무를 수행한다면 심각한 사고가 발생할 가능성은 상당히 감소될 수 있다.

특히 다음과 같은 경우이다.

- 사람, 환경, 재산 및 생산 연속성에 대한 잠재 위험을 종합적으로 확인한다(모든 잠재 위험을 확인하는 것은 불가능하지만).
- 잠재 위험으로 인한 위험을 중요도 순서에 의해 우선 순위를 설정하여 조치를 취할 대상, 유예하거나 수용할 대상을 결정하는 데 도움을 준다.
- 위험을 줄이기 위한 가장 비용 효율적인 방법 및 존재하는 위험에 적합한 보험 종류와 적용 범위에 대한 결정에 도움을 준다.
- 관련 전문 기술(예: 운영, 엔지니어링, 금융, 보험, 경영)을 가진 가용 인원의 노력을 집중할 수 있도록 절차를 구성한다.
- 절차를 준수하여 적절한 구성원을 가진 팀을 통해 위험을 최소화하기 위한 운영 방법에 대한 정보 전달을 유도하고 전사적인 합의를 촉진한다.

1.6 위험성 관리 분야

공정 플랜트의 생산 또는 엔지니어링 활동에 대한 원하지 않는 결과는 여러 가지 형태로 나타날 수 있다. 이러한 결과는 활동 특성에 따라 달라진다. 빌딩 또는 다리의 구조적인 붕괴(예: 설계 오류, 비정상적이고 예상치 못한 하중 또는 시간이 경과함에 따른 구조물 상태의 악화와 같은 원인), 화재, 폭발 또는 독성 물질 누출(예: 공정 플랜트 또는 저장 시설), 기계 장치의 고장 또는 분해(예: 터빈 과속), 필요한 서비스 제공 실패(예: 도시에서의 정전, 상수도 공급 또는 하수도 처리 문제), 엔지니어링 프로젝트에 대한 주 계약자의 재정적 붕괴, 주요 상업적 또는 재정적인 문제 등 광범위한 결과가 있다.

원하지 않는 결과의 원인은 다음과 같다.

- 정상적인 환경(예: 공정 플랜트의 굴뚝의 연도(煙道)를 통해 나오는 지속적이고 허가받은 배출 가스는 배출되는 즉시 육안으로 확인할 수 있거나 수 년 동안 인식할 수 없는 상태로 주변 지역에 영향을 줄 수 있다.)
- 자주 발생하는 비정상적인 환경(예: 부주의한 플랜트 또는 장비 운영으로 인해 신체적 부상, 환경 피해 물질의 배출, 생산 손실 또는 장비 손상 초래)
- 지금까지는 전혀 발생한 적이 없지만 최소한 이론적으로는 가능성이 있는 비정상적인 환경

정상적인 환경에 대한 역효과의 경우, 어떤 관점에서 보면 관련된 위험은 없지만 발생할 가능성이 있다. 다른 측면에서 보면 징후에 노출된 사람 또는 환경이 근본적으로 발생 가능성이 있는 위협에 노출될 수 있다는 점이다. 예를 들어 지속적이지만 농도가 낮은 독성 화학 물질의 배출은 이에 노출된 사람의 건강을 해칠 수 있는 것으로 알려져 있지만(예: 암 유발), 실제로는 영향을 받을 가능성이 매우 낮다.

화학 물질의 지속적인 배출은 그 당시에는 인체에 무해하다고 생각하지만 일정 기간이 경과한 후 사람의 건강 또는 환경에 영향을 주는 것으로 확인되는 경우가 흔히 있다. 이것은 엄격히 말해서 위험 관리의 문제는 아니며, 영향이 확실하다는 측면에서 가능성의 문제도 아니며, 확실성의 본질도 알려져 있지 않다. 그럼에도 불구하고 이러한 유형의 위협은 위험 관리 도구 상자에서 여러 가지 정성적인 접근 방식으로 다룰 수 있다.

1.7 공정 위험성 및 신뢰성 관리의 범위

여기서는 다음과 같이 개별적으로 발생하는 돌발적인 사고로 인한 신체적 부상, 생산 손실 및 여러 가지 종류의 피해에 대해 중점적으로 다루게 된다.

▶ 독성 가스의 돌발적인 누출로 인해 몇 분 또는 몇 시간 동안 고농도의 누출 가스가 바람 부는 방향에서 사람에게 노출되면 일시적 또는 영구적인 장애 또는 치명적인 피해를 입을 수 있다.

▶ 휘발유의 돌발적인 누출시 발화되고, 높은 수준의 열 복사에 사람이 노출되면, 심각한 화상을 입거나 사망할 수 있다.

▶ 터빈 날개에 문제가 발생하는 경우 기계 장비를 수리하는 동안 상당한 생산 손실을 가져올 수 있다.

▶ 예비 펌프를 유지 보수하는 동안 해상 원유 플랫폼의 펌프 가동을 중단할 수 있다. 이에 따라 하나의 펌프를 정비 완료할 때까지 생산량은 감소된다.

▶ 주요 가스 배관의 대량 가스 누출로 인해 도시 가스 공급 배관망의 가스 공급이 중단될 수 있다. 결과적으로 유리 제조업체 공장은 해당 용광로를 위한 연료 공급이 중단된다. 가스가 다시 공급되기 전에 용광로는 냉각되어 용광로에 상당한 손상을 줄 수 있다. 가스 공급 회사는 공급을 재개하기 전에 모든 가스 관련 제품의 작동을 중단시켜야 하는 주의 의무를 수행하지 않았기 때문에 일부 가정으로 가스가 유입되어 상당한 폭발이 발생함으로써 인명 및 재산상의 피해를 초래했다. 이러한 경우 고객에게 가스 공급 중단으로 인한 수익 손실은 운영 불안정성로 인한 가스 공급 회사의 비용 중 최소 비용이다.

다음의 예는 '산업 보건' 분야에서 자세하게 다루게 되는 내용에 대한 간략한 예이다.

▶ 독성 가스를 생산하는 공장은 굴뚝의 연도(煙道)를 통해 지속적으로 가스를 배출하고, 밸브 스템 등을 통해 소량의 가스를 누출하기 때문에 작업장에서 근무하는 사람들은 낮은 수준의 가스에 지속적으로 노출되어 있다. 이러한 노출은 장기적으로 해당 근무자의 건강에 영향을 줄 수 있다.

▶ 공정 조업자는 장기간 뜨거운 작업 환경에서 근무해야 하기 때문에 건강에 악영향을 줄 수 있다.

▶ 유지 보수 관리자는 장기간 소음이 나는 작업 환경에서 근무해야 하기 때문에 청각 보호 장비를 착용하지 않으면 청각 기능에 영향을 받을 수 있다.

1.8 위험성 스펙트럼

모든 유형의 엔지니어링 활동에 대한 위험 사고(광범위한 의미에서 '손실' 포함)의 역사적 사실에 대해 연구하고, 손실 규모 또는 영향의 심각도에 따라 사고들을 분류해 보면, 심각한 사고일수록 상대적으로 발생 가능성이 낮고, 가장 일반적인 종류의 사고일수록 상대적으로 위험성이 낮은 것을 알 수 있다(물론 이러한 경향은 다행스러운 일이다). 이러한 관계는 그림 1-2와 같이 설명할 수 있으며, 이 그래프는 가상 조직에 적용한 것이지만 실제로 많은 조직에서 찾을 수 있다.

그래프에서 사선의 오른쪽 하단으로 내려 갈수록 '산업 안전' 또는 '작업장 위험'의 영역이며, 이 영역에서의 사고 심각도는 해당 작업장에서 근무하는 작업자가 사용할 수 있는 에너지원에 따라 제한 받고 작업자의 능력 및 공구 등에 따라 결정된다. 사선의 왼쪽 상단 끝은 주요 잠재 위험 또는 '공정 안전성'의 영역으로 이 영역에서의 사고 심각도는 에너지 또는 공정에 관련된 물질의 독성 또는 작업 이탈 정도에 따라 결정된다. 그래프에서 사선의 최상단 부분은 해당되는 사고가 없기 때문에 분석 대상에서 제외한다.

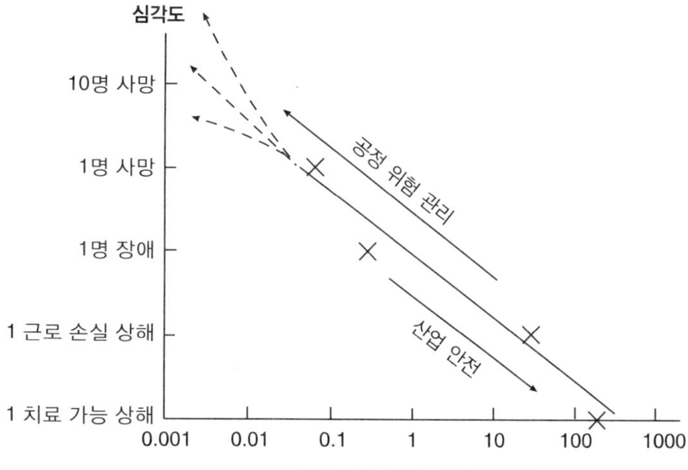

그림 1-2. 재해 스펙트럼

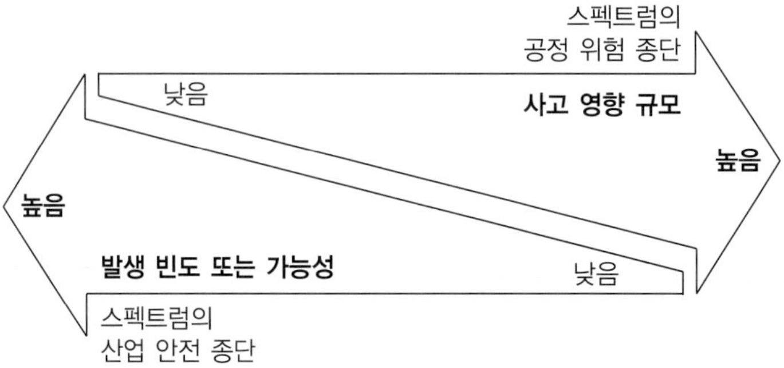

그림 1-3. 일반화된 위험 스펙트럼

다른 방법을 제시하고 있는 그림 1-3에서 위험의 유형은 부상, 환경 피해, 공장 피해 및 생산 중단 등이 있다.

아래 그림에서 산업 안전성 측면을 살펴보면, 위험성이 낮은 사고는 다수의 사망자가 발생하는 사고보다 훨씬 일반적이다. 실제로 일부 기업은 치명적인 사고를 경험한 적이 없다. 이것은 역설적으로 관리 측면에서 문제가 될 수 있다.

산업 안전 관리는 과거에는 주로 '근로 손실 상해' 또는 '치료 가능 상해' 부분에 집중되었으며 이러한 사고 회수는 기록되고 그에 따른 경향을 연구해 왔다. 시간이 경과함에 따라 발생 빈도의 상승 또는 하강을 관찰함으로써 이러한 사고에 대한 관리에 있어서 우리의 노력에 대한 성공 여부를 개략적으로 쉽게 확인할 수 있다.

그러나 매우 심각한 사고의 경우(예: '재앙') 이제까지 이러한 사고를 경험한 적이 없기 때문에 이러한 방법을 수행할 수 없다. 또한 올해 경험한 폭발 사고의 회수를 작년 동일한 기간에 발생한 회수와 비교할 수 없다.

역사적으로 사례가 없기 때문에 다음 해에 그러한 재난 사고가 발생할 지 여부를 알 수 없다. 더욱이 두 가지 유형의 사고는 상당히 다른 원인에 의해 발생되기 때문에, 예를 들어 정유 공장의 근로 손실 상해 사고 비율로는 대형 화재 또는 폭발 사고의 위험을 알 수 없다. 근로 손실 상해 사고는 공구의 잘못된 사용과 같이 작업장에서 근무자의 활동에 의해 발생하는 경향이 있다(이러한 유형의 사고에 대한 위험 관리에는 관리 기법 및 안전 작업 경험에 대한 세부적인 지식이 필요하다). 중대사고는 대형 고층 구조물의 위치 에너지, 연료 및 화학 물질의 연소 에너지, 일부 물질의 독성 또는 대형 회전 장비의 운동 에너지와 같이 내재된 대형 잠재 위험에 따라 결정되는 경향이 있다(이러한 유형의 사고에 대한 위험 관리에는 관리 기법 및 관련 기술에 대한 기술적 이해가 필요하다).

산업 안전(industrial safety) 분야에서 '직업 안전'(직업상/직무상)(예: 상대적으로 자주 발생하지만 상대적으로 소규모 작업장 사고) 및 '기술적 안전'(예: 발생 가능성은 낮지만 매우 심각한 '재난') 사이의 특징을 구분하는 것이 매우 중요하다.

직업 안전(직업상/직무상) 분야의 경우 안전 책임자 또는 관리자는 직업적 위험의 본질과 이러한 직업적 잠재 위험이 존재하는 장소에서의 작업에 대한 장단점을 파악하는 데 뛰어난 경험을 가지고 있기 때문에 일선 현장의 감독 또는 이러한 직종에 대한 매우 적절한 경험을 가지고 있다. 기술적 안전 분야의 경우 안전 책임자 또는 관리자는 공정 위험의 본질, 기술적 및 관리적 표준, 필요한 통제를 이해할 수 있도록 견고한 기술적 경험을 가져야 한다. 그러나 일부의 경우 기업은 일선 감독관, 작업자 및 기술적 안전의 유지 관리 또는 개선을 위한 파견자를 배치할 필요가 없다고 생각하는 실수를 범하고 있다. 이와 관련된 내용에 대해서는 제11장 '소프트웨어 도입' 및 '인적 요소'에서 자세하게 설명한다.

발생하는 중대 사고의 회수를 계산하는 방법으로 공정 안전 수준을 평가할 수 없기 때문에(아직 발생되지 않았기 때문) 위험성 평가라고 하는 다른 접근 방법을 사용한다. 이 평가 방법을 통해 중대 사고의 발생 가능성을 평가하며 일반적으로 연간 발생 가능성 또는 빈도(소수점 단위)로 표현한다.

산업 안전에 대한 기업의 성과(근로 손실 상해 비율 또는 치료 가능 상해 비율에 의해 측정)가 공정 안전 수준을 의미하지는 않는다.

이전에 중대 사고 위험성이 높았던 기업이 중대 사고가 발생된 후 우수한 산업 안전 기록을 나타내는 기업이 많이 있다. 이 부분에 대해서는 제10장에서 자세하게 설명한다.

1.9 공정 플랜트의 위험성 관리 단계

그림 1-4의 순서도는 공정 플랜트의 위험성 관리 단계를 보여 주고 있다. 각 단락별 숫자는 그림에서 각 항목의 숫자에 해당한다.

1. 법률적 요구 사항, '이해 당사자'(사원, 일반인, 고객, 공급 업체, 이해 관계에있는 그룹 등)의 기대치를 포함하여 상황을 검토하고 위험 관리 필요성 및 수행할 프로그램의 특성과 범위를 구축하는 방법으로, 현재까지의 성과, 현재 및 미래 성과에 대한 수준을 검토한다.

2. 취급하는 물질, 사용하는 공정 및 수행하는 작업에 대한 위험 요소를 확인하여 목록으로 작성한다. 이 단계의 최종 목적은 물질, 공정 및 작업에 내재된 잠재 위험(예: 화재, 폭발, 독성)에 대한 목록과 이러한 내재된 잠재 위험에 의한 위험 사고(예: 연료 저장 탱크와 충돌로 인한 화재 발생)에 대한 목록을 작성하는 것이다.

이를 위해 진행되고 있는 연구 활동의 정도에 따라 다양한 방법으로 수행된다. 예를 들어 철도(鐵道) 작업에서 발생할 수 있는 위험 요소 사고 목록은 정유 공장에서 발생할 수 있는 잠재 위험 사고 목록과는 완전히 다르다.

3. 다음 사항을 결정하기 위해 합리적이고 체계적인 방법으로 확인된 위험 사고 또는 상황에 대한 간단한 목록을 작성한다.

(a) 종합적인 위험성 평가 보장(예: 위험이 매우 높아 보이는 시나리오, 자금 또는 인력에 대한 단위 지출당 위험 감소 비율이 잠재적으로 매우 높은 시나리오 등)

(b) 일상적인 모니터링 및 감사를 위해 관리 시스템에 포함되는 시스템 설계 및 운영의 '목적에 맞는 적합성'(예: 품질)에 대한 철저한 검토 보장(예: 잠재적인 영향 발생이 매우 높은 상황)

(c) 우선 순위가 낮지만 지속적인 모니터링 및 감사 필요성

4. 위험성 평가시 답변이 예상되는 질문 유형 또는 정보를 제공해야 하는 결정을 확인한다. 그런 다음 해당 정보가 필요한 담당자 유형과 그에 따라 제공해야

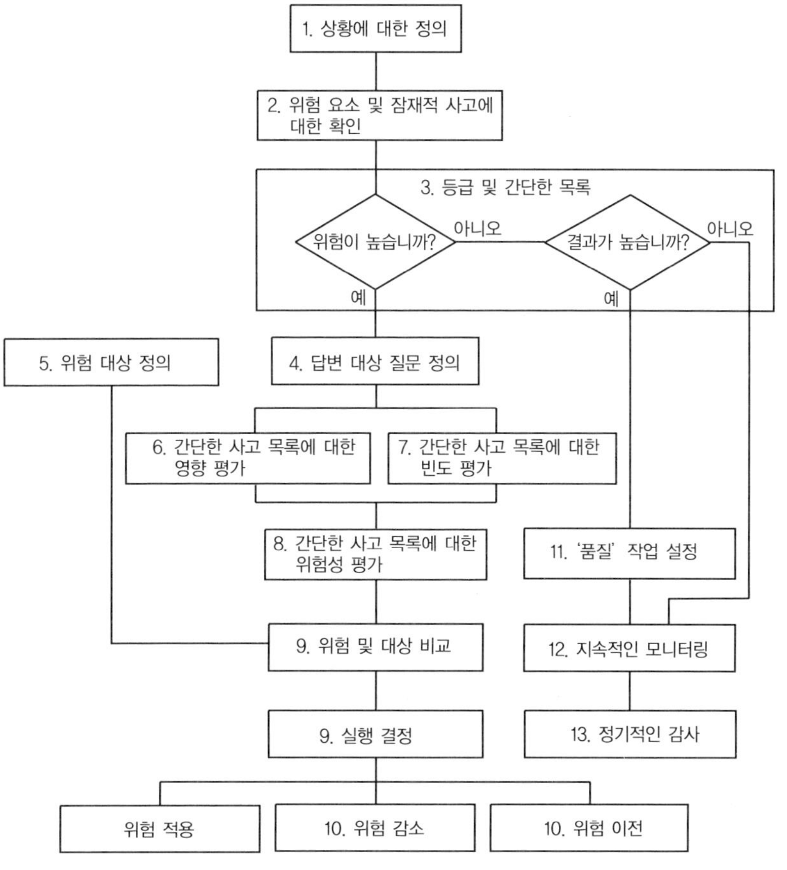

그림 1-4. 종합적인 위험성 평가를 위한 공정 위험성 관리 순서도

하는 정보에 대한 형식을 확인한다. 대표적인 담당자로는 관리자, 기타 사원, 사법 기관, 지역 주민, 이해 관계 그룹, 고객 및 공급 업체 등이 있다. 일부 질문 및 결정은 정량화된 정보가 필요하고, 일부는 정성적인 정보가 필요할 수 있으며, 일부는 두 가지 모두가 필요하다. 정보에는 유형의 객관적인 요소 및 무형의 주관적인 의견이 포함될 수 있다.

5. 정량화된 위험성 또는 안전성 대상을 정의한다. 이것은 일반적으로 연간 사망 위험성과 같이 지정된 기간 내의 정의된 원하지 않는 사건의 발생 가능성으로 표현된다. 사용되는 위험 대상의 특성은 간단한 위험요소 목록 시나리오의 특성에 따라 달라진다. 예를 들어 인화성 물질 또는 폭발물 저장 시설 근처의 공

공 안전 기준은 10^{-6}p.a.(per action) 또는 연간 1백만 분의 1과 같이 연간 사망 확률의 측면에서 지정될 수 있다. 특정 공정 물질로 인해 발생되는 환경 피해 기준은, 예를 들어 200리터와 같이 정의된 물질 수량을 배출하는 빈도의 측면에서 지정될 수 있으나, 해당 물질의 생태 독성에 따라 달라진다. 계약 업무에 대한 위험 기준은, 예를 들어 20%와 같이 일부 지정된 수준을 초과하는 비용 과다 지출 가능성의 측면에서 표현될 수 있다.

6. 각각의 간단한 잠재 위험 사고 목록 또는 시나리오의 경우, 사고 유형에 맞는 방법을 사용하여 예상 결과 심각도를 평가한다. 예를 들어 석유 누출로 인해 발생된 화재는 복사열 측면에서 평가할 수 있다. 복사열 계산을 통해 다양한 거리에 따른 복사열 강도 및 사망 또는 심각한 부상자 발생 가능성을 계산할 수 있다. 유독 가스 누출 사고의 경우 누출 속도를 계산하고, 다양한 유형의 기상 상태에 대해 다양한 거리에서 바람을 받는 상태에서의 가스 농도를 계산할 수 있다. 이러한 농도를 통해 지정된 시간 동안 노출되는 경우의 사망 확률을 계산할 수 있다.

7. 각각의 열거된 잠재 위험 사고의 경우, 발생 확률 또는 빈도를 평가한다. 이 평가는 사고 특성에 따라 다양한 방법으로 수행할 수 있다. 예를 들어 송유관 누출로 인한 화재 빈도는 송유관의 길이, 지름 및 송유량에 의해 측정될 수 있으며 특정 지역에 누출된 원유의 발화 확률(또는 가능성)도 추정할 수 있다.

8. 각각의 사고에 대한 심각도와 빈도를 곱한 다음 모든 사고에 대한 총 노출(total exposure)을 결정하는 방법으로 위험 대상(노출된 사람, 환경, 공장, 생산 지속성 또는 재산)에 대한 위험을 평가한다. 예를 들어 특정 개인이 화재 및 유독 가스 누출 사고에 잠재적으로 노출된 경우 누적 사망 위험에 대해 다음과 같이 광범위하게 평가할 수 있다. 화재 발생시 열 노출에 의한 치명적인 중상 확률은 10%로 평가되고, 이러한 화재 발생 빈도는 연간 1/1,000로 평가된 경우 화재에 대한 위험은 연간 1/10,000 또는 연간 0.0001이 된다. 유독 가스에 치명적인 노출 확률이 누출 한 건당 1%로 평가되고 이러한 누출 빈도가 연간 1/500으로 평가된 경우 위험은 연간 1/50,000 또는 연간 0.00002가 된다. 개인에 대한 누적 사망 위험은 연간 0.00012가 된다.

9. 기준 또는 대상에 대해 평가된 누적 위험을 비교하여 위험 감소에 필요한 정도를 결정한다. 예를 들어 개인에 대한 사망 위험 기준이 연간 약 1/1,000,000

(연간 0.000001) 정도로 설정된 경우, 평가된 사망 위험은 분명히 매우 큰 값을 가질 것이며(기준의 약 120배 정도) 이 수치는 줄여야 한다.

10. 평가된 위험에 가장 영향을 주는 요소들을 조사하여 위험 감소가 가장 필요한 영역을 결정하고 적절한 조사 및 조치를 수립한다.

예를 들어 위에 제공된 가설의 경우 평가된 위험의 가장 큰 요소는 화재로 인한 것이다. 따라서 잠재 가스 누출에 의한 위험 구성 요소를 고려하기 전에 화재의 심각도 또는 빈도(또는 두 가지 모두)를 줄이는 방법을 먼저 고려하는 것이 바람직하다.

모니터링 및 감사를 보증하는 시나리오의 경우

11. 사고 발생 가능성이 낮도록 운영, 유지 보수, 감독 및 관리 방법을 수립한다(예: '해당 목적에 적합'하도록 운영 방침을 수립).

12. 일상적인 모니터링 요구 사항을 정의한다(예: 모니터링 대상, 빈도, 모니터링 수행자, 기준이 되는 표준 등).

13. 주기적인 감사 협정을 정의한다(예: 피감사 대상, 빈도, 감사 수행자 등).

지속적인 주기 간격으로 진행 과정을 모니터링 및 검토하고 중요한 위험이 간과되고 있거나 낮은 위험이 발생하고 있는 징후에 대해 경고하는 방식으로 이 전체 프로세스를 수행한다.

1.10 정성적 위험성 관리

위험 관리 단계를 정량적인 방법으로 수행할 필요는 없다. 대부분의 경우 위험한 사고의 결과 또는 빈도를 수치적으로 정량화할 수 없다. 이러한 경우 예상 결과는 '매우 심각', '보통' 또는 '최소', 빈도의 경우 '매우 빈번', '보통', '가능성이 있음', '신뢰할 수 있음', '신뢰할 수 없음' 등으로 평가할 수 있다. 기준은 위에 언급한 용어의 조합으로 정의할 수 있다.

(그러나 결과 및 발생 가능성의 다양한 레벨(또는 등급) 사이의 간격이 일치하지

않는 잘못된 위험 차트가 많이 있기 때문에 왜곡된 위험 도표를 작성하는 원인이 된다. 이 부분에 대해서는 제3장에서 자세하게 설명한다.)

앞서 설명한 체계적인 접근 방식을 준수하고 예상 위험 사고의 규모 및 발생 가능성을 신중하게 고려한다면 위험을 적절하게 관리할 수 있다. 매우 정확하게 정량화가 가능한 곳이면 포커스를 정확하게 맞추고 위험 감소 및 일반적인 위험 관리를 비용 및 시간 효율적으로 쉽게 수행할 수 있다. 그러나 정량화가 위험 관리의 핵심적인 요소는 아니다. 이 부분은 Grose(1987)에 의해 자세하게 설명된다.

1.11 접근 방식에 대한 설명

위에서 설명한 단계들은 언뜻 보기에는 복잡하고 어렵게 보인다. 사실 이러한 단계들은 우리가 매일 직관적으로 수행하는 간단한 단계들이다. 다음 예는 이러한 부분을 설명해 준다.

- 위험하다고 알려진 직선 도로에서 운전하는 경우 당신은 이상적인 운전 조건을 상상한다. 이상적인 운전 조건에는 최적의 가시성, 물기가 없는 노면, 정체가 없는 교통, 그리고 정숙한 교통 상황 등이 포함된다. 이 때 백미러(또는 룸미러)를 통해 뒤에서 빠르게 접근해 오는 차량을 발견한다. 이 차량은 빠르게 앞서 가고 운전자는 오른손에 맥주 또는 음료수를 들고 마시고 있는 것 같다. 당신은 직관적으로 이 차량이 당신에게 매우 심각한 영향을 줄 수 있을 것이라고 판단한다. 당신은 직관적으로 심각한 결과가 발생할 가능성이 매우 높다고 판단한다. 당신은 마음 속에 상상하고 있던 안전 운전과 비교할 때 위험이 높다고 판단한다. 따라서 당신은 다음과 같이 조치를 취한다. 위험이 너무 높아 받아들일 수 없으며 보험에 가입되어 있지만 마음을 놓을 수 없기 때문에 즉시 도로 갓길에 차량을 세우는 것과 같은 방어 조치를 취하게 된다.
- 당신이 여러 프로젝트에 대한 입찰 견적서를 준비하는 엔지니어링 계약 사업부를 관리한다고 가정해 보자. 당신은 견적시 제안한 예상 금액보다 많은 비용이 소요될 수 있는 계약을 체결할 수 있는 가능성이 항상 있다는 것을 잘 알고 있다. 또한 당신이 체결한 대형 프로젝트 계약의 중요한 부분이 비용을 초과한다면 더 이상 비즈니스를 수행할 수 없음을 잘 알고 있다. 따라서 대형 프로젝트 계약시 예상 비용을 철저하게 준비한다. 당신은 10% 이상의 초과 비용은 수용할 수 없으며 25%를 초과하면 심각

한 피해가 발생한다고 판단한다. 당신은 이러한 작업의 일부를 실제로 정확하게 예측하기 어렵다는 것을 이해하고 있다. 따라서 이러한 계약의 잠재적인 결과는 매우 심각할 수 있으며 발생 가능성도 매우 높다. 그렇기 때문에 현재의 위험 수준은 수용할 수 없다고 결정하고 계약 일부만을 현재 계약에 적용된 내용대로 견적하거나, 예상치 못한 사고를 포함하는 특약 규정을 제시하거나 또는 계약의 일정 부분에 대한 견적을 높게 책정하는 등의 옵션을 고려한다.

- 당신이 제초제와 같이 환경에 영향을 주는 화학 물질을 취급하는 기업의 창고 및 물류 시설 설계를 담당하고 있다고 가정해 보자. 이러한 시설은 호수 주변 가까이에 위치한다. 당신은 화학 물질 가동 시설 또는 창고에 화재가 발생할 경우 이러한 물질이 배출 시스템 또는 오염된 소방 용수를 통해 호수에 유출될 가능성이 있다는 것을 알고 있다. 결과는 환경적인 측면과 사고 발생으로 인한 비즈니스 측면에서 매우 심각할 수 있다. 조업 시설의 특성상 소량의 유출은 문제가 되지 않지만 예상치 못한 화재가 발생할 가능성이 있다. 당신은 어느 정도의 위험 감소가 필요하다고 판단하고 스프링쿨러 시스템을 포함한 화재 안전 및 소방 장비와 대량의 소방 용수를 저장하기 충분한 배출 집전 시설과 같은 안전 시설 및 방제 시설과 같은 환경 보호 시설을 설치한다. 또한 환경 오염 배상 책임 보험에 가입한다.

위에서 설정한 단계를 준수하여 위험을 관리하면 우리의 직관적인 접근 방식을 간단하게 체계화할 수 있다. 일부 단계는 우리의 중점 사항을 정확하게 맞추고 '낮은 위험'과 '수용할 수 없을 정도의 높은 위험' 사이의 불확실성 영역을 줄이는 방법으로 실행 가능한 영역에 대해 수학적으로 계산한다.

1.12 상황 정의

위험 관리 과정을 시작하는 첫 번째 단계에서 다음 사항을 확인하는 것이 반드시 필요하다.

- 위험 관리 필요성의 정도
- 수행할 작업 특성 및 범위

이를 수행하려면 다음을 포함하여 조직 내에서 찾을 수 있는 상황을 검토하는 것이 반드시 필요하다.

- 현재 적용되고 있거나 추진중인 법적 규정
- 조직이 직면한 위험에 대한 폭 넓은 특성(예: 부상, 환경 피해, 고객에게 공급 중단, 재산상 피해)
- '이해 당사자'(사원, 일반 주주, 고객, 공급 업체, 이해 관계 그룹 등)의 특성 및 기대치
- 지금까지 및 현재의 성과 수준, 향후 예상 성과 수준

예를 들어 지금까지 위험 관리에 대한 체계적인 프로그램이 없었다면 해결해야 할 가장 심각한 위험을 확인하고 모니터링 및 감사를 위한 가장 중요한 영역을 확인하기 위한 첫 번째 접근 방식은 상당히 광범위할 수 있다. 따라서 순차적인 접근 방식을 매우 철저하게 수행해야 한다. 또한 초기에는 인명 및 환경에 대한 위험을 중점적으로 연구하고 나중에 플랜트 안전성에 중점을 둔다.

특정 시점에 수행하게 될 위험 관리 작업의 특성 및 범위, 그리고 상황은 단계 2(잠재 위험 및 잠재 사고 확인) 또는 단계 3(등급 및 간단한 목록)을 수행하면서 배우게 되는 판단력을 통해 수정될 가능성이 매우 높다.

참고문헌

- Grose, V. L., *Managing Risk*. Prentice-Hall, Upper Saddle River, NJ, 1987.
- IChemE, "Nomenclature for Hazard and Risk Assessment in the Process Industries." Monograph, Institution of Chemical Engineers, Rugby, UK, 1985.

2 위험 요소 확인

본 장을 배우고 나면 다음 사항에 대해 이해하게 된다.

- 공정 플랜트에서 위험 사고의 주요 유형 및 원인
- 잠재 위험 및 위험 확인 방법

본 장에서는 그림 1-4의 위험 관리에 대한 단계 2, '잠재위험 및 잠재 사고 확인'에 대해 설명한다.

2.1 소개

2.1.1 상황

상위급 관리자가 일반적으로 묻는 질문은 "우리 작업에 주요 잠재 위험, 즉 사람에게 피해를 줄 수 있는 주요 사고의 원인이 되는 잠재적인 요소가 있습니까?"이다.

이러한 질문에 대한 대답은 "예!"이며 다음 질문은 "어떻게, 어디서부터 시작해야 합니까?"이다.

본 단원은 이러한 질문에 대한 답변에 대해 중점적으로 설명하고자 한다.

2.1.2 주요 잠재 위험의 원인

산업 및 기타 활동에 내재된 사람, 환경 및 재산에 대한 주요 잠재 위험의 유형은 일반적으로 운영 중인 '시스템'의 에너지에 의해 분류된다. 에너지 유형은 다음과 같다.

- 운동 에너지(예: 주행중인 차량의 모멘텀으로, 차량 충돌로 인한 차량 및 충돌된 상대 물체의 피해 원인)
- '위치 에너지'(예: 취급하는 구조물 또는 물질과 같이 추락할 수 있는 무거운 하중 에너지)
- 화학 에너지(예: 운송되는 물질 또는 제품의 연소에 의해 발생하는 열 에너지, 이 에너지는 화재, 폭발, 화구(火球)의 원인이 될 수 있다.)
- '독성 에너지'(이것은 다소 부적절한 용어이지만 사람 및 환경에 대한 화학 물질, 석면 등의 독성 효과를 의미하며 독성 가스 누출 또는 배출 시스템을 통해 환경에 영향을 주는 물질의 유출에 의해 발생할 수 있다.)

다른 유형의 손실을 살펴보면:

- 비즈니스 손실(예: 생산 손실, 고객 손실, 자체 비즈니스 관련 문제 또는 결정으로 인해 비즈니스 활동을 청산하려는 고객에 의한 손실, 계약 이행 어려움으로 인한 손실)

- ▶ 재정 손실(예: 수리 또는 교체가 필요한 플랜트의 물리적인 피해, 환율 변동, 잘못된 투자)
- ▶ 공급 업체의 제품 또는 서비스와 관련된 계약 손실(재정적인 측면) – (예: 서비스 공급 비용의 저평가 또는 서비스 공급 문제)
- ▶ 공급 업체의 제품 또는 서비스와 관련된 계약 손실(성과 측면) – (예: 납품 기한, 품질 등과 관련된 계약 요구 사항 이행 실패로 인해 계약 위약금 또는 고객 손실로 인한 기타 유형의 손실)
- ▶ 계약 손실 (재성 및 성과 측면) – (예: 계약 업체의 납기 준수 실패, 적절한 품질 유지 실패 또는 비용 초과의 결과로 클라이언트가 어쩔 수 없이 감수해야 하는 손실)
- ▶ 법적 책임(예: 법적 규정 또는 주의 의무 준수 실패, 피해 보상을 위한 민사 소송으로 인한 법적 조치)
- ▶ 엔지니어링 분야 또는 수행되는 활동 종류에 따른 여러 가지 손실

위험 관리의 첫 번째 단계는 물리적, 상업적, 계약상 또는 법적 활동 여부에 따라 검토할 작업 또는 활동의 내재된 잠재 위험을 확인하는 것이다.

작업 유형에 따라 내재된 잠재 위험 및 기타 유형의 잠재 손실 원인은 영향의 특성(화재, 폭발, 독성 물질 누출, 불리한 여론 등) 및 영향을 받는 대상(사람, 재산, 환경, 비즈니스 등)과 관련하여 위에서 설정한 잠재 영향 유형의 측면에서 분류하는 것이 바람직하다.

2.2 영향 유형

잠재 위험은 한 가지 이상의 잠재적인 영향을 내포하고 있다. 이러한 잠재 위험은 다음과 같다.

- ▶ 사망 또는 부상을 입을 수 있는 대상:
  사원 및 협력 업체(일반적으로 현장에 상주) 또는
  일반인(일반적으로 현장 외부에 위치)
- ▶ 재산 피해

- ▶ 환경 피해
- ▶ 생산 손실 및 그에 따른 영업 이익 손실
- ▶ 서비스 제공을 위한 계약 이행 실패
- ▶ 위에서 언급한 원인에 의해 발생되는 보상금 또는 법적 클레임:
  과실 치사,
  피해 또는
  제3자 소송. 예를 들어 어떤 기업이 고객 A와 계약을 체결했다고 가정한다. 고객과의 계약상 요구 사항을 충족시키지 못해 고객 A는 제3자 B에 대한 계약상 의무 사항을 이행하지 못하게 된다. 제3자 B는 A와 1차 기업에 대해 피해와 관련된 조치를 취할 수 있다.
- ▶ 신뢰 받는 서비스 공급 업체로서의 명성 손실. 예를 들어 수량, 품질 및 비용 측면에서 높은 수준의 서비스를 지속적으로 제공할 수 없음으로 인한 실적 손실.
- ▶ 협력 업체의 계약상의 서비스 제공 실패. 예를 들어 선정된 계약 업체 또는 하도급 업체가 재정적으로 건전하지 못하거나 파산으로 인해 기업 활동이 중단되는 경우, 해당 기업은 프로젝트를 약속한 기한 내에 완료할 수 없으며 결국 비즈니스 손실의 부담을 안게 된다.
- ▶ 계약상 의무 사항과 관련된 재정적 손실(환율, 협상 등). 예를 들어 기업이 해외에서 대규모 주요 장비를 구매하는 계약을 체결한 후 납품 전에 해당 지역 통화 가치가 상당히 떨어진 경우, 기업이 지불해야 할 금액은 상당 폭 증가할 수 있다. 또 다른 예로 새로운 기술에 의해 발생되는 어려움을 들 수 있으며, 이로 인해 가동 지연, 수수료 확대 및 지속적인 '초창기 어려움'이 발생할 수 있다.
- ▶ 고객 매출 손실. 예를 들어 우수 고객이 비즈니스에 어려움을 겪고 있다면 고객과 관련된 기업도 비즈니스 측면에서 영향을 받게 된다.

2.3 영향을 주는 대표적인 사고 유형

특정 엔지니어링 또는 관리 분야의 경우 해당 분야별 예상 사고 유형을 반드시 고려해야 한다. 그러나 광범위한 유형의 시설, 운영 또는 활동 과정에서 발생할 수 있는 다양한 사고 유형을 간과하지 않는 것이 중요하다. 이러한 사고 유형은 다음과 같다.

▶ 화재

▶ 폭발

▶ 독성 물질 누출(일반적인 위험 물질 배출 포함):
강, 지하수 등으로의 독성 물질 배출,
환경 피해 물질(예: 석유, 화학 물질) 저장소로부터 오염된 소방 용수 유출,
대기 중으로 물질 누출,
가동중인 시설, 저장소, 작업장 등에서 화재로 인한 독성 또는 자극성 연기
부적절한 폐기물 배출.

▶ 충돌 및 기타 형태의 기계적인 충격

▶ 일반적인 재난

▶ 전기 사고:
직원 감전 또는
일반인 감전 사고

▶ 공공 설비 손실:
전력,
상수도,
하수 및 폐수 처리 시설 또는
생산 설비(증발기, 냉각 장치, 컴퓨터 서비스 등)

▶ 구조물 붕괴 또는 손상:
다리,
토목 공사,
건물 또는
해상 구조물

▶ 기계적 고장

▶ 자연 재해:
홍수,
자연 화재,
지반 불안정(지반 붕괴, 지반 약화, '침식' 등),
지진,
폭풍, 태풍 등

▶ 시장(市場) 침체 또는 사양화

▶ 경쟁 업체의 시장 점유율 증가(새로운 경쟁 업체, 신기술 등)

▶ 자원의 낭비(장비, 사람 등)

- ▶ 산업 활동
- ▶ 파업, 야만 행위, 테러리즘 등
- ▶ 절도, 도둑질 등
- ▶ 기업 관리상 대내외적으로 수많은 가능성

2.4 공정 플랜트 사고 유형

2.4.1 소개

공정 플랜트 및 관련 저장소, 창고 및 운송 작업에서 발생할 수 있는 위험 사고의 주요 유형은 다음과 같다.

- ▶ 대형 화재
- ▶ BLEVE(Boiling Liquid Expanded Vapor Explosion: 비등액체 팽창증기 폭발) 또는 화구(火球)
- ▶ 증발 화재(flash fire)
- ▶ VCE-증기운 폭발(제한적 또는 비제한적)
- ▶ 분진 폭발(dust explosion)
- ▶ 기타 유형의 폭발
- ▶ 독성 가스 누출
- ▶ 화재에 의한 독성 연무
- ▶ 작업장의 만성적인 독성 가스 누출(여기서 자세하게 다루지는 않음)
- ▶ 비정상적인 가스 또는 액체 누출로 인한 환경 피해
- ▶ '연대' 사고
- ▶ 주요 장비 고장

지금부터 위의 유형에 대해서 차례로 설명한다.

2.4.2 대형 화재

화재는 취급, 처리 또는 보관하는 일정 범위의 인화성 가스, 액체 또는 고체로 인해 대부분의 '위험' 산업의 유형 중 가장 일반적으로 발생할 가능성이 높은 사고 유형이다.

화재의 특성은 플랜트 또는 시설의 특성과 발화되는 물질의 특성에 따라 결정된다. 여러 유형의 화재에 대해 설명하고자 한다.

2.4.2.1 인화성 액체 화재

인화성 액체가 누출되면 발화(發火)할 가능성이 있다. 대량으로 누출되는 경우 인화성 액체는 화재가 발생한 풀(burning pool) 영역이 누출 양(배출되는 기타 물질 양보다 적음)에 따라 연소하기 충분한 양이 될 때까지 지면에 축적되는 경향이 있다.

발화는 공장의 설계 및 레이아웃에 따라 다르게 발생하며, 실제로 누출된 액체 주변의 기포가 점화원에서 인화 가능한 농도 상태이고 누출된 액체가 발화하기 충분한 위치에 근접해 있다면, 극히 소량의 인화성 액체 누출에 의해서도 발화한다.

높은 증기압(휘발성 액체, 온도 상승) 및 기포가 분산되지 않는 조건에 의해 인화 농도 상태가 조성되면 보다 쉽게 발화하게 된다.

대형 화재는 완전 연소를 위해 충분한 산소가 공급되지 않기 때문에 액면 화재(pool fire)는 풀의 직경(pool diameter)이 클수록 연기가 많이 나는 경향이 있다.

일반적으로 인화성 액체의 풀 직경이 클수록 화염이 크고 화염이 접촉하는 대상과 복사열 양이 많을수록 피해 규모 및 정도가 심각해진다. 따라서 화재 예방 차원에서 배출시 풀의 규모를 최소화하도록 레이아웃과 배수 시설을 설계하는 것이 바람직하다.

공정 산업에서 대표적인 인화성 액체의 화재 원인은 다음과 같다.

- ▶ 저장 탱크 시설
- ▶ 드럼 저장 시설
- ▶ 공정 플랜트
- ▶ 육상 및 철도 운송용 탱커 정거장

▶ 육상 및 철도 운송용 시설

▶ 해상 및 항만 사고

▶ 국가 횡단 파이프라인

저장 탱크 시설은 일반적으로 조업 조건이 복잡하지 않기 때문에 상대적으로 안전하다. 저장 탱크 시설은 유지 보수 또는 운송과 같이 지속적인 인적 자원 투입 없이 운영되며, 상대적으로 지역 사회와 상당히 떨어져 있다(불행하게도 이러한 상대적 안전성이 때로는 관리 부실을 초래하여 위험이 증가하는 원인이 된다). 그러나 부유식 루프 탱크(floating-roof tank)의 탱크 루프의 결함 또는 고정식 루프 탱크(fixed-roof tank)의 내부 폭발의 경우 심각한 장기적 화재가 발생하게 된다.

드럼 저장 시설은 공정, 제조 및 창고 산업 분야 전반에 걸쳐 일반적인 유형이다. 이 시설도 간혹 화재가 발생한다. 1981년 9월, 영국 스탈리브리지에서 발생한 드럼 저장 시설의 대형 화재는 화재에 노출된 드럼 시설의 위험성을 말해 주고 있다. 이러한 드럼들이 가열되고 압력이 팽창하면 결과적으로 폭발하여 로켓처럼 튀어 오르거나 화구(火球)가 발생하고 지면에 화염 액체가 흐르게 된다. 스탈리브리지 사고의 경우 화재로 완전히 소각되기 전에 주변 지역 사람들을 철수시켰기 때문에 부상자가 없었다. 그러나 트럭 운전자 한 명이 사망했다.

정유 공장 또는 기타 공정 플랜트에서 인화성 액체의 대량 유출은 매우 심각한 화재가 발생할 수 있으며, 그로 인해 플랜트에 피해를 주고, 관련 배관 및 압력 용기의 과열로 인한 추가적인 유출로 연속적인 화재가 발생할 수 있다. 그러나 일반적으로 관련 공장이 지역 사회와 멀리 떨어져 있기 때문에 지역 사회는 통상적으로 이러한 화재의 열복사 또는 화염 발생으로 인한 심각한 위험을 받지 않는다. 그러나 독성 가스 연소 제품 또는 기타 압력 용기 등에 화재로 인해 발생하는 BLEVE에 의한 2차 영향(secondary effect)은 주변 지역에 위험을 줄 수 있다.

인화성 액체를 취급하는 육상 또는 철도용 탱커의 적재 또는 하역용 시설은 외형적으로는 단순한 디자인을 가지고 있지만 끊임없는 연결 및 연결 해제, 가동상의 배치 특성, 대형 차량의 이동 및 광범위한 인적 자원 투입으로 인해 대량 유출 및 화재에 대한 수많은 잠재적 원인을 가지고 있다. 이러한 이유로 일반적으로 이러한 시설에는 일정 범위의 제어 장치, 보호 장치 및 소방 장비 및 리소스가 설치되어 있다.

인화성 액체에 대한 육상 및 철도 운송 시설은 다양한 충돌 가능성 및 그에 따른 누출로 인해 대형 화재가 발생할 잠재적인 가능성을 가지고 있다. 실제로 이러한 화재의 발생 빈도는 취급하는 물질의 규모 및 투입하는 차량 수에 비해 상대적으로 낮다. 가끔 위험에 대해 대중적인 우려의 대상이 되기도 하지만 실제 위험은 매우 낮으며 위험 화물에 의한 운송 사고로 사망한 일반인의 수가 매우 낮은 것이 이를 입증한다. 이렇게 역사적으로 입증된 낮은 수치의 위험은 그림 1-4의 단계 11, 12 및 13을 통해 수행된 관리에 의한 결과이다.

국가간 횡단 파이프라인의 인화성 액체 누출에 의한 위험 정도는 다양한 엔지니어링, 공정 및 관리 요소에 따라 다르며(예: 유량, 압력, 물질 특성 및 유지 보수 정도) 측정하기 매우 어려운 기타 요소에 따라(예: 누출된 액체에 의해 형성된 풀(pool)의 발화 확률) 달라진다.

2.4.2.2 인화성 액화 가스 화재

캠핑 실린더의 LPG와 같이 가압(加壓) 상태의 인화성 액화 가스가 유출되면 일정 부분의 가스가 현열(顯熱)(대기압 끓는점 이상의 온도)에 의해 즉시 기화 상태로 '증발'되어 기체 상태의 증발 잠열(潛熱)을 제공한다. 따라서 누출된 가스는 대기압 끓는점으로 냉각된 작은 물방울과 냉각된 기포 형태를 취하게 된다. 이것이 발화하면 강한 빛을 발하는 매우 강력한 화염을 발하게 된다.

이것은 다음과 같은 인화성 액화 가스 시설에서 발생할 수 있는 화재의 유형이다.

- 대용량 저장 시설의 LPG 저장 탱크와 같은 가압식 저장소
- 정유 및 액체 분리 시설과 같은 공정 플랜트
- 탱커 적재 또는 하역 시설
- 운송 시설
- 국가간 횡단 파이프라인

인화성 액화 가스는 냉각하여 저장하거나 취급하는 경우가 많다. 온도가 상온-상압에서 끓는점 이하인 경우 가스가 누출되어도 기체로 증발하거나 즉시 분산되지 않는다. 그러나 지면 또는 주변 구조물과 접촉하게 되면 누출 즉시 현열(顯熱)을 흡수하여 급속하게 증발된다. 누출 가스가 발화되면 증발 액체 누출의 경우처럼 맹렬하게 빛을 발하지는 않지만 강력한 화재가 발생한다.

2.4.2.3 인화성 가스 화재

인화성 가스 누출로 인해 발화되는 경우 가스 특성 및 누출 유형에 따라 강력한 화재가 발생한다(예: 누출 가스는 공기와 원활하게 혼합되어 일반적인 누출보다 훨씬 강력하 빛을 발하는 화염 생성).

인화성 가스가 대기 중에 누출되면 발화되어 폭발하기에 충분한 양이 축적될 가능성이 매우 낮다. 발화되려면 많은 양의 누출이 필요하다. 그러나 제한된 공간으로 유출되는 경우 극소량으로도 매우 심각한 피해를 주는 폭발이 발생할 수 있다. 직경 3mm의 파이프라인을 통해 약 350kg의 에틸렌이 컴프레서 하우스로 누출되면 컴프레서를 지탱하는 건물 및 구조물을 파괴할 수 있는 폭발이 발생하여 약 2천만 달러의 물질 피해액과 동일한 금액의 비즈니스 손실이 발생한다.

2.4.2.4 인화성 분말에 의한 화재

인화성 또는 가연성 분말에 의한 화재는 일반인에게는 위험하지 않을 수 있지만 해당 작업자들에게는 위협이 될 수 있다. 그러나 워터 젯을 사용하여 화재를 진압하면 분말을 뒤섞게 되어 분진 폭발을 일으킬 수 있다. 이러한 유형의 화재에 대해서는 분말을 뒤섞지 않도록 입자가 작은 스프레이를 사용하여 화재를 진압해야 한다.

2.4.2.5 고 반응성 물질에 의한 화재

공정 산업 분야의 경우 매우 다양한 고 반응성 공정 물질을 공정, 저장 및 운송에 사용한다.

유기 과산화물은 일반적으로 촉매제로 사용한다. 공정에 사용되는 양은 통상적으로 극히 소량이지만 대량으로 저장 가능하다. 올바른 저장 조건을 유지 관리하는 것이 중요하며 과산화물은 분해되어 화재가 발생할 수 있기 때문에 주의해야 한다. 이러한 화재를 진압하려면 특별한 접근 방법이 필요하다.

일부 촉매제는 '자연 발화성' 물질이기 때문에 대기 중에 노출되면 즉시 발화한다. 따라서 이러한 물질은 질소 분위기(nitrogen atmosphere)와 같이 특정 조건에서 저장된다.

낮은 끓는점을 가진 액체인 산화에틸렌은 특별한 관리가 요구된다. 일반적으로 밀폐된 제어 및 보호 시스템을 통해 냉동 상태에서 저장된다. 가열되거나 불순물이 있을 경우 급격하게 분해 과정이 진행되어 심각한 화재 또는 폭발이 발생할 수 있다.

특정 고 반응성 물질에 대한 잠재 위험의 특성을 고려할 때 먼저 해당 물질의 반응성에 대한 특성 및 속성과 저장 및 취급 방법을 연구하는 것이 반드시 필요하다.

2.4.3 BLEVE 또는 화구(火球)

BLEVE는 비등액체 팽창증기 폭발(Boiling Liquid Expanding Vapor Explosion)의 약어이다.

IChemE가 제안한 BLEVE에 대한 엄격한 정의는 다음과 같다.

> BLEVE는 화염 발생으로 인해 가압 상태에서 인화성 액화 가스가 저장된 용기/시스템의 갑작스러운 파열이다. 압력 팽창 및 급속한 액체의 기화 작용으로 폭발에 의한 압력파(壓力波) 및 잠재적인 미사일식 피해가 발생하고 팽창된 연료-공기 혼합물의 즉각적인 발화로 인해 화구(火球)를 동반한 강력한 연소 작용이 발생한다.

일반적으로 폭발에 의한 압력파(壓力波)는 화구(火球)보다 피해가 적다. 그러나 파열된 용기의 상당수 파편들이 수 백 미터에 걸쳐 분사되고 지면에 흐르는 연료가 연소되면서 주변 지역에 심각한 피해를 준다.

그러나 주요 피해는 화구에 의해 받기 때문에 BLEVE에 대한 실제 정의는 "인화성 액화 가스 또는 인화성 액체를 저장하고 있는 압축 용기가 대기압 끓는점 이상의 온도에 노출된 경우 저장 용기의 약한 부분이 화재에 노출되어 파열되면서 발생하는 화구"로 정의할 수 있다.

LPG 캠핑 실린더가 화재 노출에 의해 파열되는 경우 그 결과, 심각한 피해를 주는 BLEVE 또는 화구가 발생한다.

BLEVE의 영향은 짧은 시간 동안(예: 5~20초) 상당히 고온의 열 복사를 발생시키는 것이다. 강력한 열 복사는 BLEVE의 원인이 된 용기로부터 상당한 거리가 떨어져 있는 사람들에게 화상을 입힐 수 있으며 화재로 인한 재산상 피해를 줄 수 있다.

2.4.4 증발 화재(flash fire)

인화성 증기운(蒸氣雲)은 다음과 같은 여러 가지 형태로 발생된다.

- ▶ 인화성 액화 가스 누출시 증발
- ▶ 대기압 끓는점 부근 또는 이상에서 가열된 인화성 액체 누출시 증발
- ▶ 인화성 가스 누출
- ▶ 인화성 휘발성 액체의 대량 유출

이러한 증기운이 대기 중에서 발화하면 대부분의 결과는 기체 또는 기포가 부드럽게 '탁'하는 소리를 내면서 순식간에 화재를 발생시키는 '증발 화재'이다. 그러나 이 화재 유형은 '꽝'하는 소리를 내는 압력파 또는 충격파를 발생시킬 만큼 충분히 빠르게 발화하지는 않는다.

이러한 화재는 연소되는 구름 내에 있는 사람을 사망에 이르게 하거나 심각한 부상을 입힐 수 있으며, 이러한 증기운은 발화하면서 확대될 수 있음에 주의해야 한다. 그러나 화재 영향은 거의 증기운 영역 이내로 제한된다.

2.4.5 증기운 폭발(VCE)

인화성 증기운이 발화하면 압력파 없이 증발 화재 형태로 화재가 발생하거나 상당한 피해를 주는 압력파를 동반하여 폭발할 수 있다.

하나 이상의 다음 조건이 적용되는 경우 폭발 가능성은 증가한다.

- ▶ 밀폐된 공간, 일부 밀폐된 공간 또는 주변을 차단하는 장애물
- ▶ 대량의 증기
- ▶ 화학양론적 합성물에 가까운 혼합물이 있고 발화할 연료량과 동일한 양의 산소가 존재하는 장소
- ▶ 난기류 상태의 증기운(burning cloud)
- ▶ 발화시 일반적으로 고속의 연소 속도를 가진 물질의 증기

최근 몇 년 동안 연구 단계의 대형 테스트 결과를 보면 건물, 파이프라인, 용기 등에 의해 차단되지 않은 상태로 대기 중에 있는 탄화수소 구름은 폭발하지 않는

다. 그러나 증기운이 차단되면 화염 구름의 폭발에 의해 난기류가 생성된다.

이로 인해 상당히 넓은 공간에 매우 불규칙적인 화염면(flame front)이 발생하여 매우 빠른 질량 속도로 연소되면서 압력파가 생성된다. 화염면이 차단된 영역을 벗어나서 이동하게 되면 화염면은 상당히 규칙적인 상태가 되고 연소 질량 속도도 상당히 감속된다. 이러한 사실은 매우 비정상적인 환경을 제외하고 밀폐된 공간 내에 있는 일부 구름만이 압력파를 발생시키는 원인이라는 것을 입증한다.

제한되지 않은 공간에서 5톤 미만의 증기운이 상당한 폭발 피해를 준 일부 사고도 있었지만 제한되거나 밀폐된 공간의 경우 수 킬로그램의 증기운만으로 강력한 폭발이 일어날 수 있다.

증기운 폭발 영향은 주로 압력파에 의해 실질적인 피해가 발생한다. 화학 공장의 경우 일반적으로 이러한 피해는 물질의 누출로 인해 시작되며 매우 상당한 피해를 주는 화재가 발생한다. 인근 거주 지역은 유리창이 깨지거나 심한 경우 구조물에 심각한 손상을 줄 수 있다.

증기운 폭발은 다음 형태에 의해 사람에게 치명적인 부상을 입힐 수 있다.

1. 사람을 향한 미사일식 분사

2. 견고한 물체에 사람을 강하게 충돌

3. 주변 건물의 붕괴

4. 화염 또는 폭발 구름이 사람을 포위

전통적인 폭발 형태와는 달리 제한되지 않은 공간에서의 증기운 폭발은 충분한 압력을 발생시킬 수 없기 때문에 심각한 신체적 부상을 입히지 않는다.

대기 중에서는 인화성 액체의 유출에 의해 인화성 구름이 발화하여 폭발하기에 충분한 증기를 생성할 가능성은 거의 없다. 그러나 실내에서 이러한 유출이 발생하면 증기의 축적 상태에 따라 매우 위험할 수 있다.

폭발 위험을 줄이기 위한 두 가지 주요 접근 방식이 있다.

(a) 누출될 수 있는 물질의 양 감소

(b) 제한된 공간 또는 주변을 차단하는 장애물 제거

구름을 형성하는 연료량이 많을수록;

▶ 구름이 점화원을 찾을 가능성이 높아진다.

▶ 발화된 구름이 폭발할 가능성이 높아진다.

▶ 폭발하는 구름에 피해를 입을 가능성이 높아진다.

제한 요소가 많을수록;

▶ 구름이 분산될 수 없기 때문에 발화 가능성이 높아진다.

▶ 발화된 구름이 폭발할 가능성이 높아진다.

▶ 압력이 억제되기 때문에 폭발 압력이 증가한다.

2.4.6 분진 폭발

대기 중의 인화성 또는 가연성 분진 혼합물은 발화되면 폭발할 수 있다. 역사적 기록을 보면 여러 가지 분진 폭발 사고는 초기 소규모 폭발에 연이어 반복적인 폭발 형태로 발생되고 있다. 이러한 폭발 형태의 원인은 최초 폭발이 연속 누출 등에 분산되어 있는 분진을 흔들어 연속적으로 빠르게 2차, 3차 폭발을 발생시키기 때문이다. 이러한 후속 폭발이 1차 폭발보다 심각한 피해를 줄 수 있다.

기록을 보면 사일로 건물의 밀가루 분진 폭발에 의해 30명 이상 사망한 사고도 있다.

분진 폭발의 피해 규모는 일반적으로 발생하는 건물로 제한되며 건물 외부의 경우 매우 짧은 거리의 반경 이내에서 피해가 발생한다.

2.4.7 기타 폭발

산화에틸렌, 유기 과산화물 또는 차아염소산 칼슘과 같은 일부 고 반응성 물질은, 예를 들어 잘못 조정된 저장 조건이나 불순물에 의해 오염된 경우 열이 가해져 폭발적으로 분해될 수 있다.

2.4.8 독성 가스 누출

석유 및 가스 처리, 지역 사회에서 광범위하게 사용되는 제품의 제조시 일반적으로 공정 산업은 독성 가스를 취급한다. 이러한 독성 가스는 다음과 같다.

- ▶ 황화수소
- ▶ 불화수소
- ▶ 염소
- ▶ 염화수소
- ▶ 염화 비닐
- ▶ 암모니아
- ▶ 일산화탄소

황화수소, 불화수소, 염소, 염화수소 및 암모니아는 상당히 낮은 농도에서도 기침 및 호흡 곤란과 같이 자극성 효과를 가지고 있다. 고통을 주지만 이 현상은 경고 메시지를 제공하는 효과가 있다. 또한 차량의 배출 가스에서 발생하는 일산화탄소도 자극성 효과를 가지고 있지만 이러한 증상에 의해 감지할 수 없다. 황화수소는 위험한 특성을 가지고 있다. 사람의 후각을 마비시켜 황화수소에 노출된 사실을 인식하지 못한다.

염화 비닐만이 상대적으로 높은 농도에서 자극성 효과를 제공한다(낮은 농도에서 장기간 노출되면 잠재적으로 매우 심각한 영향을 줄 수 있다. 이것은 직원에게는 잠재 위험이지만 일반인에게 발생하지 않는다).

인체에 무해한 농도로 급속한 확산을 촉진하는 조건은 다음과 같다.

- ▶ 수직적 분산을 촉진하는 강렬한 햇빛
- ▶ 수평적 분산을 촉진하는 강한 바람

급속한 확산을 방해하는 조건은 다음과 같다.

- ▶ 스모그가 많거나 안개가 자욱한 날씨
- ▶ 상쾌하고 맑은 저녁 또는 이른 아침

2.4.9 화재에 의한 독성 연무

일부 안전한 물질은 화재 발생시 독성 연무를 발생시킨다. 이러한 물질(예: PVC, 폴리우레탄)이 있는 창고에서 화재가 발생하면 화재로 인한 연기는 공해의 원인이 될 수 있으며 건강상 영향을 줄 수 있다. 이러한 문제는 공정 산업 분야에서 사용되는 물질에 국한되지 않고 가정집 화재로 인한 연기에도, 일반적으로 플라스틱 등이 타면서 발생한 일산화탄소, 염화수소가 포함되어 있다.

또한 대형 창고의 화재로 인한 연기에는 열에 의해 기화된 일부 불연소 독성 물질(예: 살충제, 제초제)이 포함되어 있다.

일반적으로 화재 초기의 연기는 온도에 의해 위로 상승하게 되며 독성 또는 자극성 물질의 농도는 화재 발생 지점에서 가장 가까이에 있는 사람으로부터 멀리 떨어질수록 낮게 된다. 연기가 저농도 지역으로 분산되고 그런 다음 온도가 내려가면 연기 연속 누출은 아래로 내려와 분산되어 일정 거리에 있는 사람에게 노출된다. 이 영역의 농도는 일반적으로 상당히 내려간다.

2.4.10 장기간 독성 물질 노출

이러한 유형의 문제는 단기적으로 외관상 신체적 피해 또는 불편함을 느끼지 못하는 농도로 장기간 독성 물질에 노출되는 것으로 정의할 수 있다. 예를 들면 석면(石綿), 염화 비닐 및 벤젠을 들 수 있다.

이러한 유형의 문제는 산업 보건 분야의 대표적인 문제이며 과도한 노출이 발생하는 공장의 일반적인 또는 '정상적인' 조건에 의해 발생된다. 사람이 그러한 지역에 상당히 오랜 기간 상주하는 경우 과도한 노출의 '위험'은 없지만 확실성은 있다.

공장 설계시 산업 보건 전문가와 협의하는 것이 중요하다. 그러나 본 책자에서는 산업 보건 규정에 대한 자세한 설명을 생략한다.

2.4.11 독성 액체 또는 가스 배출로 인한 환경 피해

독성 액체를 음료수 또는 먹이 사슬을 통해 섭취하지 않는 한, 독성 액체 누출로 인해 인체에 상당한 잠재 위험이 발생할 가능성은 거의 없다. 그러나 예를 들어 강산성 또는 강알카리성 물질과 같은 부식성 물질이 대량으로 누출될 수 있으며 이로 인해 위험을 인식하지 못한 채 대중 교통 도로 또는 사람들이 보행하는 인도로 유입되어 접촉할 수 있다.

그러나 예를 들어 공정 플랜트에서 공장의 배출 시스템 또는 빗물에 의해 배출되어 결국 외부 환경으로 유입되는 살충제와 같이 생물학적 활성 물질이 환경에 유출되면 매우 심각한 영향을 줄 수 있다. 창고 화재로 인해 소방 용수가 화재와 관련된 생물학적 활성 물질에 의해 오염되었을 때 심각한 누출이 발생한다. 이러한 화재 유형의 경우 설계 단계에서의 신중한 고려와 적절한 운영 방침 및 관리를 통해 잠재 요소(예: 잠재 위험) 및 위험을 최소화할 수 있다.

이러한 유형의 잠재 위험이 권장 시설 또는 기존 시설에 존재하는지 여부를 고려할 때 제약, 동물용 약품, 살충제 및 제초제와 같은 물질에 특별한 주의를 기울이면서 각 물질의 생물학적 활동을 고려하는 것이 필요하다.

2.4.12 '연대' 사고

특정 공장에서 발생한 화재 또는 폭발이 다른 공장의 또 다른 위험 사고를 일으키는 '연쇄 발생(leap-frog)' 영향으로 인해 최초 사고에 의한 피해보다 훨씬 피해가 확산되는 '연대' 사고의 잠재적인 가능성에 대한 우려가 증가하고 있다.

연대 사고에 대해 일반적으로 통용되는 정의는 없는 것 같다. 일부 관점에서 보면 BLEVE는 소규모 사고가 대형 화구를 발생시키므로 연대 사고로 볼 수 있다. 다른 관점에서 증기운 폭발에 의해 발생된 화재도 연대 사고로 간주할 수 있다.

그러나 동일한 위치에서 효과적으로 발생하는 사고, 피해 지역의 확산 없이 최초 사고의 피해 구역 내에서 발생하는 사고, 최초 사고 위치와는 확실하게 떨어진 다른 위치에서 발생하여 최초 피해 규모 이상의 상당한 피해 또는 최초 피해보다 피해가 상당히 증가하는 연속적인 사고 유형과 같이 여러 사고에 대해 명확히 구분하는 것이 필요하다.

여기에서 연대 사고는 최초 피해를 준 사고의 결과로 발생한 사고를 의미하며, 최초 사고 지역과는 확실하게 떨어진 다른 위치에서 발생하고, 최초 사고 피해보다 영향 또는 피해가 현저히 증가하는 사고를 말한다.

연대 사고의 예는 다음과 같다.

- 특정 공장에서의 폭발 사고로 인해, 최초 심각한 폭발 지역을 벗어나 공장에 피해를 주는 미사일식 화재 확산 및 초기 폭발에 의해 피해 지역이 상당히 확대되는 누출 및 화재

▶ 독성 가스 누출로 인해 해당 지역 작업자의 부상 및 화재가 발생한 공장 내 근무자들의 장애. 화재가 독성 가스가 영향을 준 지역 내에서 발생했지만 피해가 현저히 증가하고 최초 가스 누출 지역과는 확실하게 다른 위치에서 피해 발생

다음의 경우 연대 사고로 간주되지 않지만 최초 사고에 대해 예상된 결과 또는 최초 사고의 확대 및 일부로써 간주된다.

▶ 해당 지역 내의 공장에 피해를 주는 폭발로 인해 화재가 발생하여 심각한 피해 지역 내에 추가적인 피해 발생(일반적으로 증기운 폭발(VCE)에 의한 결과)

▶ BLEVE로 인해 최초 화재가 화구를 발생시켜 동일 지역에 집중된 피해 발생

▶ 배관 시설에 피해를 주는 소규모 화재로 인해 누출 및 대규모 심각한 피해를 주는 화재 발생

위에서 정의한 연대 사고는 일반인들이 생각하는 것보다 훨씬 적게 발생한다(공정 산업과 관련된 약 1,300개의 사고에 대한 데이터베이스 자료에 의하면 약 5개의 사고만이 연대 사고로 나타났다. 이 중 한 사고는 원유를 운반하는 유조선에서 원유 하역중 폭발한 사고이며 이로 인해 일정 거리에 있던 해안가의 저장 탱크가 투사물(강판)에 의해 파열되어 유조선 폭발 피해 지역에서 떨어진 위치에서 대형 화재가 발생했다).

2.4.13 주요 장비 고장

장비 고장은 인명 관련 사고와 마찬가지로 일종의 스펙트럼을 형성한다. 스펙트럼의 한편에서는 상대적으로 빈번한 소규모 고장이 발생하는 반면에 다른 한편에서는 주요 고장이 거의 발생하지 않는다. 수차례의 소규모 고장으로 인한 생산 및 유지 보수 비용은 거의 발생하지 않는 주요 고장처럼 매우 심각할 수 있다.

상대적으로 빈번하고 소규모의 고장은 산업 안전에서 사용한 방법과 비슷하게 체계화된 접근 방식을 사용하여 관리한다. 이러한 접근 방식에 대한 설명은 본 책자에서 생략한다.

주요 고장 위험은 인명에 대한 안전성 및 환경, 공장 및 재산상의 주요 피해에 대한 위험 접근 방식과 동일하고, 체계화된 접근 방식을 사용하여 조사하고 관리할 수 있다.

RCM(Reliability Centered Maintenance, 신뢰도 중심 유지 보수)에서 사용하는 접근 방식에는 체계적인 목록 작성, 각각의 장비 품목, 해당 장비에 필요한 성능 또는 기능이 필요하다. 이러한 필수 성능 또는 기능은 '명사-동사' 쌍으로 설명된다. 이해를 돕기 위해 몇 가지 예는 다음과 같다.

파이프라인: 액체(또는 소량의 고체 또는 기체 등)를 운반한다, 액체(또는 소량의 고체 또는 기체 등)를 담고 있다.

펌프: 압력을 증가시킨다, 물질을 담고 있다.

그런 다음 각 기능에 대해 필요한 성능 표준을 정의하고 기능 손실에 대한 잠재적인 원인을 확인한다. 이러한 접근 방식은, 예를 들어 기술적, 운영적 또는 관리적인 측면과 같이 다양한 유형이 있을 수 있다.

필수 성능 또는 기능에 대한 정의가 중요한 또 하나의 이유는 이러한 정의가 일부 상급 관리자 또는 회계사와 같이 사무직 직원과의 커뮤니케이션에 도움을 주기 때문이다. 때때로 엔지니어는 사무직 직원과의 비즈니스 연속성을 위해 필요한 기능을 수행할 수 있는 장비에 중점을 두지 않고 해당 공장 및 장비를 위한 최적의 환경에 중점을 두고 비용을 지출하는 사람으로 생각하는 경향이 있다.

2.4.14 일반적인 주의 사항

이러한 잠재 위험에 적절하게 대응하기 위해 주목해야 할 몇 가지 중요한 사항이 있다.

- 이러한 잠재 위험은 지역 사회가 효율적으로 운영할 수 없는 많은 물질 또는 장비에 존재한다. 예를 들어 가정용 가스 관련 설비, 자동차용 휘발유, 캠핑 및 라이터용 LPG, 플라스틱, 상수도 박테리아 제거용 염소, 제약 약품 및 농작물 재배에 사용되는 살충제 및 제초제 등이 있다.
- 설계 초기 단계부터 잠재 위험을 고려한다면 엔지니어링 기능을 결합하고 운영, 유지 보수 및 관리상의 절차 및 표준을 채택하여 우리 모두가 매일 경험하게 되는 수많은 위험보다 실질적으로 낮은 수준으로 느낄 수 있도록 잠재 위험에 대한 위험을 줄일 수 있다. 예를 들어 화학 공장에서 근무하는 일반 작업자는 한 시간 작업장에 노출된 경우 가정에 있는 정도로 안전하다.

▶ 지역 사회 내에는 우리 모두가 매일 두려움 없이 경험하는 수많은 다른 위험이 있다. 예를 들면, 항공기가 도시 위를 날고 있고 댐에서 방류되는 강물이 시내를 관통하고 있다. 역사적으로 항공기 충돌 사고와 댐 붕괴 사고가 있었기 때문에 매우 높은 수준의 안전 기준이 필요하다. 우리는 항공기 또는 댐으로부터 얻는 혜택을 이해하기 때문에 항공기 사용 또는 댐 건설을 반대하지 않는다. 마찬가지로 공정 산업에 대해 매우 높은 안전 기준을 요구해야 하지만 그에 따른 혜택도 이해해야 하며 공정 산업 발전에 대한 불합리한 반대도 바람직하지 않다.

다음 페이지의 그림 2-1은 잠재적 위험 사고 유형에 대해 설명한다.

2.5 위험 요소 및 위험성의 체계적인 확인을 위한 접근 방식

2.5.1 소개

모든 잠재 위험 및 위험을 확실하게 확인할 수는 없다. 그러나 체계적인 접근 방식을 사용한다면 주요 잠재 위험 또는 위험을 간과하지 않고 합리적인 수준에서 확인할 수 있다.

잠재 위험 및 위험 확인에 대한 여러 가능한 접근 방식이 있다. 일부 접근 방식에 대해서는 Wells(1996)에 의해 설명되었다. 일반적으로 공정 및 플랜트에 대해 사용 가능한 세부 정보가 많을수록, 확인 공정에 대한 세부 정보가 많을수록, 중요 잠재 위험 및 위험을 간과하지 않았다는 확실성이 높아진다.

이러한 모든 접근 방식이 성공하는 경우 이러한 접근 방식들은 수많은 기본 원칙 중 하나로 포함되어야 한다.

1. 각 개인의 제한된 경험으로 인한 제한된 판단력 문제를 최소화하기 위해 접근 방식은 팀 구성원이 광범위한 관련 배경 정보와 함께 사용해야 한다(사람들은 모두 지식 체계에 있어 ‘맹점(盲點)’을 가지고 있으며 자기가 가진 경험에 의해 판단하는 대로, 방향을 결정하기 때문에 자기 분야 이외의 외부 사항들에 대해 간과하고 있음을 인식하지 못할 수 있다. 그러나 다른 관점을 가진 여러 주변 사람들을 통해 우리의 맹점을 보완하고자 노력한다).

물질 유형 및 설치 또는 운영	화재	증발 화재(flash fire)	증기운 폭발(VCE)	분진 폭발	기타 폭발	BLEVE	독성 가스 누출	독성 연무	독성 액체 누출	핵 방사능	폭주 반응
1. 인화성 액화 가스											
가압식(加壓式) 저장	X	X	X			X					
대기압 저장	X	X	X								
공정 플랜트	X	X	X			X					
도로/철도 선적 시설	X	X	X			X					
도로/철도 운송	X	X	X			X					
선상 및 항만 작업	X	X	X			?					
국가 횡단 파이프라인	X	X	X								
2. 인화성 액체											
탱크 저장	X		C			1					
드럼 저장	X		C			1					
공정 플랜트	X	2	C			1?					
도로/철도 선적 시설	X					1?					
도로/철도 저장	X					1?					
국가 횡단 파이프라인	X										

그림 2-1. 잠재적 위험 사고 유형에 대한 표(다음 페이지 계속)

3. 인화성 가스: 저장 및 처리		X	X	X							
4. 가연성 분말(또는 분진 발생 고체): 저장 및 처리		X	?		X						
5. 고 반응성 물질: 저장 및 처리		X				X					
7. 발열 반응		X				X					X
6. 독성 가스: 저장 및 처리								X			
7. 독성 자연 착화 제품의 물질: 저장 및 처리								X			
8. 독성 또는 생물학적 활성 물질: 저장 및 처리									X		
9. 방사성 물질(예를 들어 관련 계측 장비 또는 관련 테스트시)										X	

기호 풀이: X 잠재 위험 존재 ? 가능성 C 제한된 공간의 경우
1 통풍이 안되는 경우 2 가열 및 휘발성인 경우

그림 2-1. 잠재적 위험 사고 유형에 대한 표

2. 발생 가능성을 고려하지 않고 사고에 대한 잠재 요소를 살펴보자. 예를 들어 사람에 대한 잠재 위험을 찾고자 한다면 운동 에너지, 위치 에너지, 화학 물질 또는 독성 물질과 같이 에너지원을 찾는다. 재정적인 잠재 위험을 찾는다면 재정적으로 가장 중요한 활동 또는 가장 중요한 현금 흐름을 찾는다.

3. 존재하는 위험을 목록으로 작성한 경우 공정 및 플랜트에 대해 그 시점에서 사용 가능한 정보를 가능한 세부적으로 활용할 수 있는 체계적인 접근 방식을 사용한다.

4. 편차를 발생시킬 수 있는 중요한 특성에 대한 체크리스트 또는 특정 시점에 일부 관련 지역에서 발생하는 대표적인 문제에 대한 체크리스트를 우선적으로 참조하여 정상 조건과의 편차를 의식적으로 살펴본다. 예를 들어 운송과 관련된 특성에는 속도, 방향 및 적재량이 포함되고, 계약과 관련된 특성에는 완료 시점, 다른 작업 섹션의 종료 절차, 비용, 설계 품질 및 계약 실행 등이 포함된다.

공정 플랜트에 대한 권장 체크리스트 또는 워크시트의 예는 다음 페이지에서 설명한다. 체크리스트 또는 워크시트 준비 과정에서 채택된 원칙들을 이해해야 엔지니어링, 관리 또는 일부 다른 영역의 활동 유형에 대한 원칙을 구성할 수 있다.

일부 경우 위험에 대한 등급 및 간단한 목록에 사용된 스프레드시트의 일부로 이러한 체크리스트를 준비하는 것이 매우 유용하다(제3장 참조).

2.5.2 주요 잠재 위험 저장 및 활동 확인

중대 사고는 반드시 물질의 위험스러운 저장 또는 상당한 규모의 위험스러운 에너지원을 통해 발생한다. 이러한 저장 물질 또는 에너지원이 다음과 같은 상태가 되면 사고가 발생할 수 있다.

- ▶ 밀폐 보관 실패
- ▶ 통제 실패

"보관 규모가 어느 정도가 되어야 주요 잠재 위험이 되는 것인가?"라는 질문이 있다.

이 질문에 대한 해답은 여러 국가에서 동일한 방법으로 제시되고 있다. 첫 번째로 영국의 CIMAH(Control of Industrial Major Accident Hazards) 규정(1985년 HMSO 참조)은 여러 물질 및 물질 유형, 수량에 대한 목록을 작성하여 해당 물질에 대한 보관을 '중대한 잠재 위험'으로 지정하였다. 미국도 OSHA 및 EPA(부록 E 참조)를 통해 이와 동일한 유형의 접근 방식을 사용하고 있다.

2.5.3 블록 다이어그램 단계

특정 공정에서 잠재 위험에 대한 초기 확인을 위한 적절한 방법(예: 블록 다이어그램 단계)은 관련 경험을 가진 구성원 그룹이 본 장에서 제공하는 기술적 위험 확인 워크시트(표 2-1, 2-2 및 2-3)를 작성하는 것이다.

작성 방법은 추가적인 조사, 간단한 목록 및 예상 평가를 위해 잠재 위험이 존재할 가능성이 있는 해당 항목 상자에 마킹 표시를 한다.

2.5.4 공정 플로우시트를 통한 잠재 위험 확인

위에서 언급한 잠재 위험 확인 방법은 간단하면서 신속하게 작성 및 활용할 수 있는 장점이 있으며 '적절한 초기 방법이며 포괄적' 접근 방식이다. 그러나 특정 공정에 대한 보다 세부적인 조사와 중대 사고에 대한 확인된 잠재 가능성으로 인한(예: 위험 물질의 대규모 재고 또는 고 에너지를 가진 대형 회전 설비로 인한) 선별

표 2-1. 기술적 위험 확인 워크시트: 공정 물질의 경우

공정 물질 ／ 기술적 결함 유형										
운영 사고 ▶화재										
▶증기 '증발' 화재										
▶폭발: 증기운										
▶폭발: 가연성 분진										
▶폭발: 불안정한 물질										
▶폭발: 기타										
▶화구(예: LPG에 의한)										
▶자연 발화										
▶독성 액체 누출										
▶독성 가스 누출										
▶독성 연기										
▶사람에게 장기간 독성 물질 노출										
▶주요 부식										
▶핵 방사능										
▶일반 공해: 먼지, 냄새, 소음 등										
▶기타										

표 2-2. 기술적 위험 확인 워크시트(공정 조건): 플랜트 섹션의 경우

플랜트 섹션 / **기술적 잠재 위험 유형**										
사용 가능한 에너지										
▶ 고속 행정										
▶ 고속 회전										
▶ 높은 운동 에너지										
▶ 높은 위치 에너지										
▶ 높은 화학 에너지										
▶ 발열 화학 반응										
▶ 기타										
인체 및 환경 독성										
▶ 독성 물질 재고										
▶ 환경 위험 물질 재고										
▶ 잠재적인 고 부식성										
▶ 기타										
요구 사항										
▶ 고압										
▶ 고 진공										
▶ 고온										
▶ 저온										
▶ 복잡한 제어 시스템										
▶ 복잡한 보호 시스템										
▶ 엄격한 허용 오차 기준										
▶ 기타										
혁신 잠재 위험										
▶ 혁신적인 공정										
▶ 혁신적인 장비										
▶ 혁신적인 구성										
▶ 복잡한 구성										
▶ 기타										

적인 조사를 위해서 'Hazop'을 실시하거나 이러한 연구의 일부 원칙을 사용하는 것이 바람직하다. 이에 대한 자세한 내용은 부록 A를 참조한다.

완벽한 공정도(P&ID)을 사용하는 경우 Hazop 연구가 잠재 위험을 확인하는 데 최상의 방법이다. 이러한 연구는 새로운 프로젝트의 설계 단계에서 일반적이다.

표 2-3. 기술적 위험 확인 워크시트(사고 유형): 공정 운영의 경우

플랜트 섹션 / 기술적 결함 유형										
생산 능력 ▶ 부적절한 최대 성능										
▶ 부적절한 가용성, 신뢰도 저하										
▶ 턴다운 비율										
▶ 기타										
품질 ▶ 사양 준수 실패										
▶ 품질 불일치										
▶ 기타										
비용 ▶ 가변 생산 비용 초과										
▶ 고정 비용 초과										
▶ 기타										
현장 관련 사고 ▶ 지진, 산사태										
▶ 홍수										
▶ 소규모 화재										
▶ 과거 오염 발견										
▶ 기타										
구조적 결함 ▶ 자연력										
▶ 과도한 생산 부하										
▶ 구조물 낙후										
▶ 기타										
작업 관련 사고 ▶ 화재										
▶ 폭발: 고체, 증기, 분진 등										
▶ 환경 피해 물질 유출										
▶ 사람에게 장기간 독성 물질 노출										
▶ 핵 방사능에 노출										
▶ 일반 공해: 먼지, 냄새, 소음 등										
▶ 기타										
장비/기계 결함 ▶ 물리적 고장(구성 부품 결함)										
▶ 제어 결함										
▶ 파손, 분해										
▶ 기타										

신규 프로젝트의 초기 단계에서 P&ID를 완료하기 전에 광범위한 공정 플로우시트를 포함하여 이 시점에서 사용 가능한 정보를 사용하여 예비 위험성 평가를 수행할 필요가 있다. 이 연구 단계를 '안전성, 신뢰도 및 환경 검토'(제9장 참조)라고 한다. 이 단계에서 Hazop 연구의 일부 원칙을 사용하는 것이 효과적일 수 있다.

다양한 경험(예: 생산, 유지 보수, 설계)을 가진 3~4명으로 팀을 구성하여 플로우시트상의 주요 보관 품목, 파이프라인 및 작업을 검토하고, 밀폐 보관 실패 또는 조정 실패의 원인 및 결과에 중점을 두고 Hazop 체크리스트의 주요 문제점(정상 운영과의 편차에 대한)을 확인한 다음 일정 범위의 위험 사고를 세부적인 분석 및 평가를 위한 기준으로 가정할 수 있다. Hazop 연구는 정의에 의하면 세부적인 설계를 토대로 최종 감사로써 수행하는 것이며 그렇지 않은 경우 최종적으로 결정된 감사로 간주되지 않기 때문에 위에서 언급한 연구를 Hazop 연구라고 할 수 없다는 점에 주의해야 한다.

2.5.5 기존 공정 플랜트의 잠재 위험에 대한 세부적인 확인

상당한 규모의 위험 물질 재고로 인해 기존 플랜트의 잠재 위험, 기존 위험 작업(예: 위험 물질 운송)에 대한 세부적인 확인을 수행해야 하는 곳의 경우 최상의 방법은 완전한 Hazop 연구(부록 A 참조) 또는 FMEA(부록 B 참조)이다.

생산, 엔지니어링, 계측 등의 전문 기술의 상호교류와 함께 공정 조업자, 유지 보수 전문가 및 감독관이 참여한다면 매우 가치 있는 작업이 될 수 있다. 매일 또는 시간별 플랜트 작업에 가장 관련 있는 작업자가 참여한다면 잠재 위험을 적절하게 확인할 수 있으며 공정 원칙 및 안전 요구 사항에 대해 적절하게 커뮤니케이션을 수행할 수 있다.

많은 기업들이 잠재 위험 확인, 분석, 평가 및 위험 감소 프로그램의 출발점으로서, Hazop 연구를 통해 기존 플랜트 및 운영에 대해 점진적으로 연구하고 있다.

참고문헌

- HMSO, "The Control of Major Industrial Accident Hazards Regulations 1982." No. 1902. HMSO, London, 1985.
- IChemE, "Nomenclature for Hazard and Risk Assessment in the Process Industries." Monograph, Institution of Chemical Engineers, Rugby, UK, 1985.
- Wells, G., "Hazard Identification and Risk Assessment." The Institution of Chemical Engineers, Rugby, UK, 1996.
- Wood, S., and Tweeddale, H. M., "Rosebank Peninsula Risk Assessment Study." GCNZ Consultants, Auckland, HMTweeddale Consulting Services, Sydney, March 1989.

3 위험성의 등급 및 간단한 목록

본 장을 배우고 나면 다음 사항에 대해 이해하게 된다.

- 존재하는 잠재 위험의 주요 유형을 확인하기 위한 공정 플랜트 조업의 검색 방법
- 위험 결과에 따른 영향 정도에 대해 대략적인 측정 방법
- 이러한 위험에 대해 두 단계 클래스로 등급 지정 및 간단한 목록 작성 방법
- 두 단계의 클래스 리스트에 대한 중요성
- 효율적인 위험 관리에 대한 플랜트 근무자의 이해 및 헌신적인 노력을 위해 모든 레벨에서 플랜트 근무자 참여 방법

본 장에서는 그림 1-4의 위험 관리에 대한 단계 3 '등급 및 간단한 목록' 및 단계 4 '질문 정의'에 대해 설명한다(또한 이것은 어느 정도의 공정 잠재 위험과 잠재적으로 영향받는 직원에 대한 고려 사항을 포함하여 이론적 근거를 기반으로 공정 잠재 위험 분석을 수행하기 위해 고용주가 우선 순위를 결정하고 문서화한 OSHA 요구 사항을 만족시키는 효율적인 방법이다. 29 CFR 1910.119(e) 참조).

(여기에서 설명하는 단계 3에 대한 접근 방식은 잠재 위험 및 위험 시나리오의 대략적인 확인에 적합한 방법이다(예: 단계 2).)

3.1 소개

대기업 또는 설립 단계에 있는 회사의 경우 일반적으로 초기 단계부터 조사해야 할 확인 가능한 잠재 위험 및 위험이 너무 많이 존재한다. 일부는 즉각적인 자원(숙련된 작업자, 비용 투자 등) 배치가 요구되고, 다른 잠재 위험 및 위험은 필요한 자원이 사용 가능할 때까지 기다려야 한다. 실제로 한 번에 필요한 모든 조치를 수행할 수는 없다.

여러 기술적인 분야에서 우선 순위 설정 및 간단한 목록 작성에 사용되는 매우 강력한 기법은 '파레토원칙(Pareto principle)'이다.

3.2 파레토 원칙

파레토 원칙은 대부분의 국가 재산이 일부 가문에 집중되어 있음을 지적한 이탈리아의 저명한 경제학자인 J.M. Juran 박사에 의해 명명되었다(품질 관리에 관한 그의 저서에서 언급).

이 원칙은 여러 형태의 활동에 매우 광범위하게 적용된다. 예를 들면 다음과 같다.

- ▶ 회사의 대부분의 판매 수입이 소수의 고객으로부터 발생한다.
- ▶ 제품에 대한 대부분의 품질 불만이 소수의 원인에 의해 제기된다.
- ▶ 공장에서 대부분의 생산 시간 손실이 소수의 원인에 의해 발생한다.
- ▶ 기업이 직면한 대부분의 위험이 소수의 원인에 의해 발생한다.

파레토 원칙은 "대부분의 효과는 소수의 원인에 의한 것이다."라고 정의할 수 있다.

(이 원칙은 때때로 80-20 규칙이라 하는데, 즉 "문제의 80%는 20%의 원인에 의해 발생된다." 이 비율은 실제 80-20과는 다른 관계를 형성하기 때문에 정확하지는 않다. 예를 들어 70-30 또는 90-10의 비율로 성립되기도 한다.)

파레토 원칙은 대부분의 혜택을 제공할 잠재적인 가능성을 가진 가장 중요한 작업을 중점적으로 관리해야 하는 경우에 사용된다. 위험 관리의 경우 파레토 원칙은 다음과 같은 경우 사용된다.

1. 문제가 되는 플랜트 또는 활동(예: 공장)에 대해, 예를 들어 '신속한 등급 결정'을 사용하여 위험 원인에 대한 목록을 작성한다.

   원인 A
   원인 B
   ....
   원인 Z

2. 각 원인에 의해 발생하는 위험 규모를 평가한다(표 3-1 및 그림 3-1의 히스토그램 참조).

3. 위험 점수를 기준으로 내림 차순으로 등급을 결정한다(표 3-2 및 그림 3-2 참조).

4. 위에서부터 시작하여 전체 위험에 대한 누적 점수 및 누적 비율(%)을 계산한다(표 3-2 및 그림 3-3 참조).

5. 전체 위험의 80%(일부는 80% 이상)가 한정된 원인에 의해 영향을 받고 있다는 점에 주목한다. 예를 들어 전체 위험의 거의 80%가 26개의 원인 중 6개 원인에 의해서만 영향을 받고 있다. 즉 위험의 80%가 25%의 원인에 의해 영향을 받고 있다.

6. 이러한 소수의 원인이 대부분의 위험에 영향을 주기 때문에 초기 단계에서는 이러한 일부 주요 원인에 대해 중점을 둔다. 목록에서 점수가 낮은 나머지 20

표 3-1

활동	위험 점수
A	1
B	78
C	4
D	2
E	6
F	0.5
G	9
H	0.4
I	6
J	2
K	7
L	0.2
M	32
N	3
O	0.2
P	1
Q	54
R	3
S	5
T	17
U	0.5
V	2
W	12
X	4
Y	0.1
Z	1

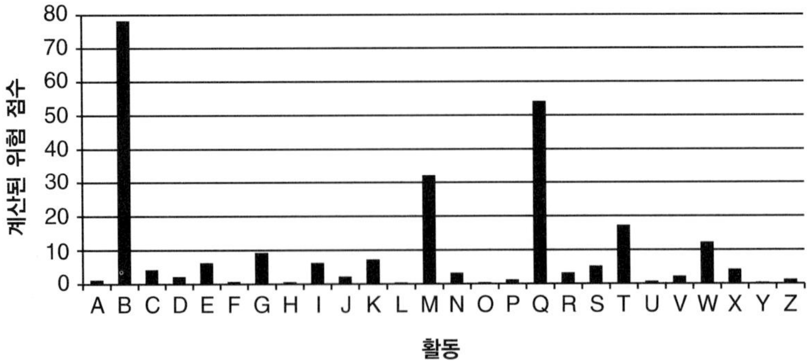

그림 3-1. 활동에 대한 계산된 위험 점수

개의 원인에 대해 중점을 둔다면 20개의 원인을 모두 제거하더라도 최대 위험 감소 비율은 25%밖에 되지 않을 것이다(매우 바람직하지 않은 결과).

표 3-2

활동	위험 점수	누적 점수(%)
B	78	31.4
Q	54	53.2
M	32	66.1
T	17	73.0
W	9	76.6
G	9	80.2
K	7	83.0
I	6	85.4
E	6	87.9
S	5	89.9
X	4	91.5
C	4	93.1
N	3	94.3
R	3	95.5
V	2	96.3
D	2	97.1
J	2	97.9
P	1	98.3
Z	1	98.8
A	1	99.2
F	0.5	99.4
U	0.5	99.6
H	0.5	99.8
L	0.3	99.9
O	0.2	100.0
Y	0.1	100.0

그림 3-2. 정렬된 위험 점수: 개별적

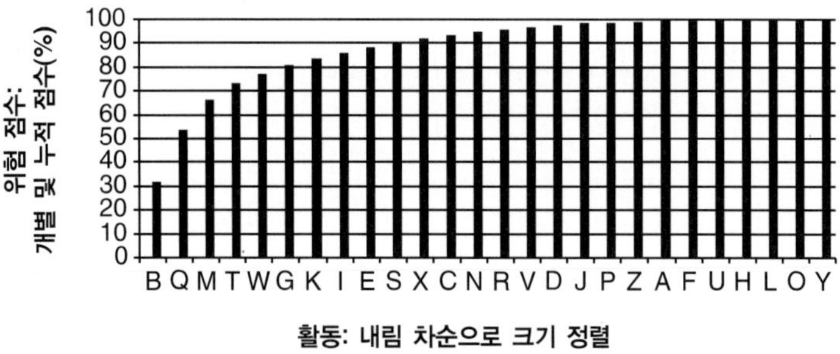

그림 3-3. 정렬된 위험 점수: 개별 및 누적 점수

파레토 원칙을 관리적인 측면에서 적절하게 사용하려면 '매우 중요한 소수의' 원인을 확인 및 집중하고 가능한 경우 나중에 '사소한 다수의' 원인에 관심을 두는 것이 바람직하다.

3.3 중점을 두어야 할 두 가지 클래스의 위험

세부적으로 중점을 두어야 할 두 가지 클래스의 위험이 있다는 것을 인식하는 것이 중요하며 각 클래스에 필요한 중점 방식이 다르다.

(a) 고(高) 위험성은 위험성이 높은 이유(심각한 사고 결과, 높은 발생 가능성)를 판단하기 위한 조사 및 위험 감소를 위한 조치가 필요하다.

(b) 저(低) 위험성은 발생 가능성이 낮지만 높은 잠재적 심각도를 가지고 있으며 실제 예상하는 것만큼 발생 가능성이 낮아지도록 관리상의 조치가 필요하다. 이 조치에는 '위험 기반 검사(RBI)' 또는 '신뢰도 중심 유지 보수(RCM)' 수립이 포함된다.

이러한 분류 및 중요성에 대해서는 나중에 자세하게 설명한다.

3.4 위험 요소 및 관련 위험성 시나리오 등급 결정

여기에서 대략적으로 언급한 접근 방식은 스프레드시트를 사용하여 직접 수행할 수 있다. 그러나 그림 3-4에 표시된 형식과 같은 컴퓨터 스프레드시트를 사용하면 이점이 훨씬 많다.

접근 방식을 적절하게 사용한다면 다음과 같은 여러 가지 혜택이 있다.

- 잠재 위험 및 위험 제어를 위한 엔지니어링 및 관리상의 요구 사항에 대한 이해 증가
- 위험 감소 작업에 대한 비용 효율적인 절차 정의
- 진행중인 위험 표준 극대화, 모니터링 및 감사를 위한 시스템 개발에 있어서 우선 순위 정의
- 위험 감소 및 진행중인 위험 관리를 위해 적절한 우선 순위에 대한 공통된 합의점 도출로 끊임없는 논쟁 및 활동 중지가 아닌 즉각적인 조치 촉진

이러한 모든 혜택을 받으려면 수행할 단계를 수립하고 각 단계별 수행할 내용을 계획하는 것이 중요하다. 가장 중요한 원칙은 초기 단계부터 절차를 수행하고 높은 수준의 성과를 유지 관리하는 데 중요한 역할을 하는 모든 직원이 참여하는 것이 중요하다.

공장내 또는 조업상 잠재 위험의 등급화 및 세부적인 검토를 위한 효율적인 방법은 다음과 같다.

1. 개별 플랜트 또는 운영을 위한 2~3명으로 구성된 소규모 팀과 함께 위험 물질 및 해당 물질 재고 또는 해당 에너지원(예: 대형 회전 기계류), 모든 종류의 잠재적 손실에 대한 목록을 작성한다(예: 제2장에서 설명한 잠재 위험 및 손실).
2. 개별 잠재 위험 또는 잠재적 손실에 대한 원인에 대해, 예상할 수 있는 위험한 사고 또는 손실 유형에 대해 목록을 작성한다.
3. 이러한 위험한 사고 또는 잠재적 손실에 대해, 발생 가능성이 높은 소규모 사고부터 발생 가능성이 낮은 대형 사고에 이르는 일정 범위의 위험한 사고를 가정하여 목록으로 작성한다.

작성자: **검토 팀:** **날짜:** / /

번호	플랜트, 제품 하위 섹션 또는 구성 부품	결함 또는 문제 클래스	영향의 유형	사고 결과의 심각성 점수	특정 시나리오(예: 어떤 장비의 어떤 구성 부품에서 발생할 수 있는 문제 유형)	초기 빈도 점수	실현 가능성이 있는 결과에 대한 심각도 측정치를 최소화할 수 있는 완화 요인	사고 결과 실현 가능성 점수	위험 점수
	B	C	E	G	D	H		J	K (=G+H+J)*

*3.5절에 표시된 로그 평가 시스템을 사용하는 경우 이 값은 자연수의 곱셈과 같기 때문에 숫자들이 더해진다. 자연수에 의한 평가 시스템을 사용하는 경우 숫자들이 곱해진다.

그림 3-4. 신속한 등급 결정에 사용되는 일반적인 스프레드시트 양식의 예

4. 개별적으로 가정한 위험한 사고에 대해, 사고 결과의 심각도를 수치적으로 측정한다(예: 1인당 사망할 확률 1/10, 1명 사망, 10명 사망). 결과는 팀이 직접 측정하거나 나중에 설명하는 '델파이' 방법을 사용하여 측정할 수 있다.

5. 개별적으로 가정한 위험한 사고에 대해, 발생한 사건 또는 '원인'을 확인하고 해당 사고의 빈도 또는 발생 가능성을 수치적으로 측정한다(예: 연간 1건, 10년당 1건, 100년당 1건, 1,000년당 1건). 이러한 측정을 직접 수행하거나 델파이 방법을 사용하여 수행할 수 있다.

6. 개별적으로 가정한 위험한 사고에 대해, 발생된 사고가 위의 4항에서 측정한 심각도 결과가 나오지 않도록 다양한 보호 대책(직원 및 장비 측면 모두 포함)을 확인한 다음, 이러한 결과를 방지하기 위한 보호 대책이 실패할 확률을 수치적으로 측정한다(예: 1 = 보호 대책 없음, 0.1 = 보호 대책이 실패할 확률 1/10, 0.01 = 보호 대책이 실패할 확률 1/100과 같이 간단한 자체 평가 시스템). 이러한 측정을 직접 수행하거나 델파이 방법을 사용하여 수행할 수 있다.

7. 개별적으로 가정한 위험한 사고에 대해, 다음 값을 곱하여 위험 측정값을 산출한다.

   - ▶ 사고 결과의 심각성
   - ▶ 발생 빈도
   - ▶ 보호 대책 실패 확률

   값이 클수록 위험도 높아진다.

8. 수치적으로 측정한 전체 위험 값에 따라 사고 등급을 결정한다. 그런 다음 일관성 있게 등급을 철저하게 검토한다. 그러나 사용된 데이터는 매우 대략적이고 경향만을 나타낼 뿐이며 처음에는 불일치할 수도 있음을 주의해야 한다. 데이터 조정(그에 따라 위험 조정)을 통해 일반적으로 인정받을 만한 합리적인 수준에서 측정값에 대한 등급을 결정한다.

9. 위에서부터 시작하여 목록에서 전체 위험에 대한 누적 점수를 계산한다. 전체 위험 중 80%를 차지하는 사고를 확인하여, 이 사고 데이터를 작업자 및 관리자의 세부적인 잠재 위험 분석, 위험성 평가, 위험 감소 및 지속적인 검토를 위한 간단한 사고 목록 데이터로 활용한다(파레토 원칙의 경우 기업이 직면한 전체 위험에 대해 대부분의 영향을 주는 '매우 중요한 소수의' 원인을 확인하여

중점을 두는 반면에, 전체와 비교하여 거의 영향을 주지 못하는 '사소한 다수의' 위험은 나중에 분석하기 위한 목록이 필요하다). 일단 현재까지의 결과를 검토하면 스프레드시트는 위험 감소를 위한 잠재적인 가능성에 대한 측정값, 감소에 필요한 리소스, 필요한 소요 시간 등을 입력하기 위한 추가 열을 확대할 수 있으며, 새로운 등급은 사용된 리소스 단위당 위험 감소 또는 소요 시간 단위당위험 감소와 같은 지표에 따라 간단한 위험 목록으로 정렬하여 결정할 수 있다.

10. 수치적으로 측정한 사고 결과의 심각성에 따라 사고 등급을 결정한다.

11. 큰 값의 사고 영향을 가진 사고가 단계 9(전체 위험 기준에 의한 선택)에서 작성한 간단한 목록에서 제외된 경우, 측정된 (낮은) 발생 빈도 또는 보호 대책의 실패 확률이 적절하고 이러한 사고가 향후 낮은 수준에서 유지 관리된다 하여도 이러한 사고가 '중요하지 않은' 위험이라고 간주하여 무시해서는 안 된다.

12. 이러한 심각한 사고 결과 및 낮은 발생 빈도의 사고는 발생 빈도 및 대응 실패 가능성 측정값이 실제로 낮고 일반적인 모니터링 시스템을 통해 계속 낮은 값을 유지하는지 확인하기 위해 즉각적인 감사 우선 대상으로 선정한다.

이것은 이론적인 측면이 있지만 개별 플랜트의 경우 초기 단계에서 거의 외부 지원을 받지 않고 플랜트 내부 직원에 의해 신속하게 수행할 수 있다.

이러한 일반적인 접근 방식은 석유 및 가스에서 제철, 제지, 전력 발전, 도로 및 철도 운송, 폐수 처리에 이르기까지 여러 분야의 잠재 위험에 중점을 두고 등급을 결정하는 데 성공적으로 사용되고 있다. 석유/가스, 석유 화학/화학, 여러 중소 화학 공장이 위치한 산업 단지, 제지 업체에 대한 응용 개요는 3.7절에서 설명한다. 주요 플랜트(예: 석유-가스 분리 시설)의 신뢰도에 대한 적절한 응용 방법은 부록 C에서 자세하게 설명한다.

3.5 신속한 등급 결정에 사용할 평가 시스템의 예

3.5.1 소개

결과, 발생 빈도 및 완화 효과에 대한 다음 표는 로그 값을 사용하며 표에서 결과 점수 3은 점수 2를 가진 양보다 10배 많은 양을 나타낸다. 위험 점수를 산출하려면 세 가지 점수를 더해야 한다.

선형 눈금을 사용하여 유사한 평가 시스템을 개발할 수 있으며, 이 시스템의 경우 점수를 곱해야 한다.

3.5.2 사고 영향 평가 시스템

표 3-3부터 표 3-6을 참조한다.

표 3-3. 상해(급성 발병) 또는 공중 보건에 대한 사고 영향 평가 (급성 또는 만성적 발병 또는 사고 영향)

영향 설명(각 사고별)	결과 점수
10명 사망 또는 100명 심각한 영구 장애	6
1명 사망 또는 10명 심각한 영구 장애, 또는 100명 입원	5
1명 심각한 영구 장애 또는 10명 입원, 또는 100명 의사 진찰 또는 주요 일간 신문 1면에 주요 사건으로 보도 또는 기타 매체에 비슷한 수준으로 보도	4
1명 입원 또는 10명 의사 진찰 또는 100명 중상 또는 경상 또는 주요 일간 신문에 간략하게 보도 또는 지방 신문의 주요 기사	3
1명 의사 진찰 또는 10명 중상 또는 경상 또는 100명 부상 또는 건강 관련 고통 호소	2
1명 부상 또는 경상 또는 10명 중상 또는 건강 관련 고통 호소	1
1명 부상 또는 건강 관련 고통 호소	0

표 3-4. 환경 영향 또는 대중 여론에 대한 사고 영향 평가

영향 설명(각 사고별)	결과 점수
주요 일간 신문 1면에 머리기사 또는 기타 매체에 비슷한 수준으로 보도	5
주요 일간 신문 1면에 주요 사건으로 보도 또는 기타 매체에 비슷한 수준으로 보도	4
주요 일간 신문에 간략하게 보도 또는 지방 신문의 주요 기사	3
지방 신문의 1면에 간략하게 보도 또는 100명의 환경 성과에 대한 불만	2
지방 신문의 내부 지면에 간략하게 보도 또는 10명의 환경 영향에 대한 불만	1
1명의 환경 영향에 대한 불만	0

표 3-5. 결과적 피해 비용에 대한 사고 영향 평가; 자재 손실, 생산 손실 (예: 불안정성) 또는 수익 손실

영향 설명(각 사고별)	결과 점수
10,000,000달러-결과적 피해 또는 자산 피해 또는 생산 손실 가치로 인한 수리 비용	5
1,000,000달러-결과적 피해 또는 자산 피해 또는 생산 손실 가치로 인한 수리 비용	4
100,000달러-결과적 피해 또는 자산 피해 또는 생산 손실 가치로 인한 수리 비용	3
10,000달러-결과적 피해 또는 자산 피해 또는 생산 손실 가치로 인한 수리 비용	2
1,000달러-결과적 피해 또는 자산 피해 또는 생산 손실 가치로 인한 수리 비용	1
100달러-결과적 피해 또는 자산 피해 또는 생산 손실 가치로 인한 수리 비용	0

표 3-6. 시장 공급 손실에 대한 사고 영향 평가 (공급 중단 비용이 심각하고 쉽게 정량화할 수 없는 경우에 사용)

영향 기간	총(100%) 시장 공급 손실	결과 점수 $\log_{10}$(100% 일)
1일	1	0
1주일	7	1 (근사치-정확하게 0.85)
1개월	30	1.5
3개월	90	2

3.5.3 빈도 평가 시스템

표 3-7 및 표 3-8을 참조한다.

표 3-7. 발생 빈도 평가

발생 빈도 설명	수치적 연간 발생 빈도	계산 점수 로그$_{10}$(빈도)	환산 점수 (빈도에 대한 음수 값 제거)
대략적으로 1년 단위로 발생	1	0	5
근무 경력 내에 여러 번 발생	0.1	−1	4
경력 내에 거의 발생하지 않지만 매우 심각하지 않은 정도	0.01	−2	3
경력 내에 아주 발생하지 않지만 전 세계적으로 발생할 수 있는 정도	0.001	−3	2
신뢰성 최고 한계 수준	0.0001	−4	1
거의 일어나기 힘든 정도	0.00001	−5	0

표 3-8. 완화 효과 평가

발생할 가능성이 있는 사건에 대한 사건 완화 유형	완화 점수
완화 없음: 사건이 발생하는 경우 사건은 측정된 사고 결과의 심각도가 된다.	0
사건이 발생하는 경우 산정된 사고 영향의 심각도가 그 결과로 나타나는 확률이 10% 특별한 긴급 사항이 없는 한, 일반적으로 직접 대응	−1
사건이 발생하는 경우 산정된 사고 영향의 심각도가 그 결과로 나타나는 확률이 1% 정기적으로 테스트된 경우 일반적으로 설치된 보호 시스템 또는 여러 독립적인 직접 대응	−2
사건이 발생하는 경우 산정된 사고 영향의 심각도가 그 결과로 나타나는 확률이 0.1% '일반 모드' 결함에 대해 매우 제한된 잠재 가능성과 병행하여 여러 독립적이고 다양한 보호 시스템	−3
사건이 발생하는 경우 산정된 사고 영향의 심각도가 그 결과로 나타나는 확률이 0.01% (거의 불가능)	−4

3.6 영향 규모 또는 빈도, 운영 손실 추정

3.6.1 소개

원칙적으로 산정하고자 할 사고의 사고 영향을 산정할 수학적 방법이 없는 경우 사고 영향(결과)의 수치적 평가 또는 산정을 위해 다음 사항이 필요하다.

▶ 다른 유사한 사고에 대한 역사적 사실 참조

▶ 지금까지 발생한 적이 없는 경우라도 발생 사고를 예측하는 창의적인 생각

▶ 판단력 사용

예를 들어 일정량의 용융 금속이 보관 장소에서 누출되어 지면으로 흐르는 경우 그 결과로 발생할 수 있는 부상자 또는 사망자 산정은 그러한 누출이 발생할 수 있는 예상 장소, 유출 지역 내의 예상 인명 수, 이 인원이 부상당하지 않고 벗어날 확률 등을 예상하는 방법으로 측정할 수 있다. 부상자 수는 정형화된 수학적 방법을 사용할 수 없지만 효과적인 위험 관리에 대한 충분한 경험에 기반을 둔 판단력으로 측정할 수 있다.

측정시 이러한 유형의 누출에 대한 역사적 사실, 고려할 만한 특정 상황에 대한 창의적인 생각 및 해당 정보를 통한 판단력 등을 고려하여 측정한다.

대부분의 경우 '희박한 가능성'에서 '최고의 가능성'에 이르기까지 고려할 다양한 결과를 도출할 수 있다. 예를 들어 LPG 누출로 인한 대규모 또는 소규모 화재, 저장 탱크의 BLEVE, 증발 화재(flash fire) 또는 증기운 폭발(VCE)과 같은 결과가 발생할 수 있다.

이러한 예상 결과에 대해 물리적인 결과를 구체화하고 사망자, 플랜트 및 장비 피해, 대중 여론 등과 같은 관련 사항의 관점에서 결과를 측정하는 것이 반드시 필요하다.

기업이 평가해야 할 여러 가지 시나리오의 경우, 기업 및 그 밖의 경우에 대한 역사적 사실 고려 및 창의적인 생각을 기반으로 적절하게 선별된 구성원의 소규모

그룹이 결정한 판단보다 더 나은 측정은 없다. 수학적인 방법을 사용할 수 없는 경우가 간혹 있으며, 특히 지금까지 철저하게 연구되지 않았던 석유 및 화학 산업 분야의 잠재 위험에 대한 사고 유형의 경우 그렇다.

3.6.2 간단한 목록 작성을 위한 산정 방법

적절한 판단 형성에 도움을 줄 수 있는 방법은 다음과 같다.

- ▶ 특정 직원에게 산정을 준비하도록 하고 산정 결과를 검토할 수 있는 권한 부여
- ▶ 추진 그룹이 공통된 합의점을 도출할 수 있도록 그룹 토론 조정
- ▶ '델파이 방법' 또는 유사한 접근 방식 사용

1. 각 구성원은 다른 의견에 대한 토론 또는 참조 없이 독립적인 산정을 수행해야 한다.
2. 산정은 수집된다.
3. 높은 산정값을 가진 직원과 낮은 측정값을 가진 직원은 해당 산정 기준에 대해 서로 설명하도록 한다.
4. 충분한 토론을 수행하면 일반적으로 구성원들은 공통된 합의점을 도출한다. 도출하지 못할 경우 공정을 반복하거나 수용 가능한 수준에서 평균값을 사용하는 데 동의할 수 있다.

델파이 방법은 모든 유형의 측정에 사용할 수 있으며 이러한 경험과 의견은 산정을 위해 주요 사용 가능한 기준이 된다.

델파이 방법의 주요 단점은 그룹 구성원이 해당 산정값을 도출하기 위해 상당히 다른 가정을 수립할 수 있다는 점이다.

이러한 모든 가정이 타당할 수 있기 때문에 이러한 가정을 조화롭게 결합하기 어려울 수 있다. 이렇게 다른 가정을 조화롭게 결합하기 위한 최상의 방법은 '사건 트리' 방식을 통해 이 모든 가정을 결합하는 것이다(제6장 참조).

그룹 토론(추진 그룹의 토론 또는 델파이 접근 방식의 일부)은 결과에 영향을 줄 수 있는 요소를 판단하는 데 매우 유용하다.

위에서 언급한 방식과 유사한 접근 방식은 먼저 피해 규모를 구체화한 후 이러한 사고에 의해 발생되는 피해 비용을 산정하는 데 사용할 수 있다(예: 플랜트 신규 비용에 대한 비율(%)을 해당 장비 비용과 곱하거나 수리 비용을 직접 사용).

3.6.3 위험 물질에 의해 발생한 사고

위험 물질의 처리, 보관 또는 운송시 사고가 발생하는 경우 화학 및 석유 산업 분야에서 15년 동안 개발된 방법을 사용하여 잠재적 결과를 측정할 수 있다.

화재, 폭발, 독성 가스 누출 등의 결과에 대한 정형화된 평가를 위해서는 간단한 목록 범위를 벗어나는 수학적 계산 및 방법을 사용해야 한다.

3.6.4 환경 피해

여러 유형의 환경적 위험성의 경우, 환경에 우발적으로 배출될 수 있는 물질의 생태학적 영향에 대해 연구된 적이 없기 때문에 환경 영향의 정도 및 지속 시간은 명확하지 않다. 이러한 연구를 위험성 확인을 위한 잠재 위험 분석의 결과로 볼 수 있지만 연구를 위해서는 오랜 시간과 상당한 비용이 필요하다. 이러한 연구가 완료될 때까지 위험 관리 조치를 지연할 수 없는 경우도 있다. 따라서 3.5절에서 간단하게 설명한 것과 같은 벤치마킹을 사용하여 대략적인 사고 영향 정도('대규모', '중간' 또는 '소규모', '장기적', '단기적' 등)에 대해 판단해야 한다. 이러한 판단을 결정할 때 유사 물질에 대한 정보를 사용하고 관련 생태학적 독성에 대해 법률 기관과 상담하는 것이 반드시 필요하다.

3.6.5 제품 또는 서비스 공급 중단

지역 사회 및 기업이 받는 영향은 매우 클 수 있으며, 특히 전력, 천연 가스, 상수도 및 배출 설비의 설치 및 공급 시설과 같은 국가 공공 시설의 경우 그렇다.

마찬가지로 일반 기업의 경우 고객에게 제품 또는 서비스의 공급 중단은 중단 기간 동안 수익 손실과 함께 장기적으로 고객 손실을 발생시킬 수 있다. 이러한 손실에 대한 상업적 효과에 대한 측정은 예상 중단 기간 및 '매우 중요한 소수'의 주

(主) 고객의 예상되는 후속 행동을 고려하여 판단에 의해 수치적으로 측정할 수 있다. 이 측정에는 판매 손실액, 그에 따른 매출 손실 및 실질 생산 변경 비용에 대한 측정이 포함된다(결과 측정에 있어서 파레토 원칙의 적용을 참조한다. '사소한 다수'의 고객 행동 측정에 대한 어려움으로 인해 제외시키지 않는다).

3.7 사례 연구

3.7.1 소개

다음의 사례 연구 및 소개되는 접근 방식의 확장 방법과 관련된 예에 대해서는 Tweedale, Cameron 및 Sylvester(1992)에서 자세하게 설명되어 있다.

3.7.2 대규모 석유 화학 및 화학 공장

앞서 언급했던 단일 대규모 석유 화학 공장의 경우 상황에 따라 코디네이터가 평가의 일관성을 유지하도록 초기 단계에서 일부 지침을 제공하여 각 플랜트에서 소규모 팀(예: 생산 감독관 및 플랜트 엔지니어)에 의해 완전히 수작업으로 수행한다.

각 플랜트에 대한 평가를 완료한 후 각 담당 구역의 생산 관리자는 결과를 검토하고 일관성을 유지하기 위해 조정해야 한다. 이러한 방법을 통해 담당자들은 잠재 위험에 중점을 두고 매우 효율적으로 작업을 수행할 수 있다. 작업은 번거롭지 않았으며 대규모 공장을 두 명의 작업자가 약 3시간 동안 완료할 수 있었다.

그런 다음 개별 플랜트의 등급 결정된 위험에 대해 고위 경영진과 함께 공장 직원들이 토론하여 승인하고 전체 작업장에 걸쳐 검토하여 보다 세부적인 검사, 감사, 잠재 위험 분석 및 위험성 평가, 위험 감소를 위한 우선 순위를 결정한다.

3.7.3 석유-가스 분리 공장

외곽 지역에 위치한 석유-가스 분리 공장은 주요 도시의 산업용 및 가정용 사용자에 대한 천연 가스의 주요 공급원이다. 공장 설계는 안전성 측면에서 매우 신중하게 검토하고 작업 프로그램은 이러한 검토를 토대로 권장 사항을 점진적으로 적용한다.

도시는 공장에서 공급하는 가스에 의존하기 때문에 공장은 중단 없는 공급을 위해 지속적인 가동이 매우 중요하다. 일부 핵심 장치는 최근 수 년 동안 증설되어 단일 장치 고장을 대비하여 안정적인 공급을 보장한다.

공장의 일부 부품은 만약을 대비하여 제공되지 않은 것으로 확인되었다. 더욱이 공장의 일부 구역은 심각한 단일 사고(예: 화재)로 인해 핵심 설비가 피해를 입어 생산이 중단될 수 있는 구역도 있었다. 공장에 단일 사고가 발생하는 경우 도시로의 가스 공급에 대한 취약성을 조사하기로 결정한다.

이러한 엄격한 조사를 위해서는 대규모의 매우 세부적인 조사가 필요했으며 조사 결과 상당 부분의 공장 구역은 생산 중단 발생 가능성이 매우 적은 것으로 나타났다. 따라서 이러한 생산 중단의 주요 위험을 제공하는 공장의 해당 설비 또는 구역을 확인하고, 각각의 설비 또는 구역에 대해 세부적이고 중점적인 연구를 포함한 여러 옵션을 정의하기 위해 ‘스크리닝’ 검토를 수행하기로 결정하였다.

평가 목적은 다음과 같다.

- ▶ 시장으로의 완전한 가스 공급을 중단하는 주요 위험의 원인이 되는 공장 설비 확인
- ▶ 이러한 위험에 대한 제거 또는 감소, 관리를 위한 주요 옵션 확인
- ▶ 고위 경영진을 만족시킬 수 있도록 이러한 평가 결과에 대한 적절한 문서화

평가는 약 2개월 내에 완료되었다. 따라서 세밀하게 조사할 수 없었다. 이것은 지속적인 공급 실패에 대한 종합적인 예상 시나리오 목록 작성 실패, 공급 중단의 정도 또는 가능성에 대한 통계적인 기반의 정략적 위험성 평가 수행 실패 또는 이러한 중단에 대한 위험성을 절대 값으로 판단할 수 없음을 의미한다. 따라서 평가는 주관적이지만 경험에 근거한 판단을 기준으로 상대 등급을 개발해야 했다.

평가에 대한 최종 결과는 다음과 같다.

- 시장에 심각한 영향을 줄 수 있는 규모의 생산 손실을 일으키는, 즉 주요 사고 위험을 제공한 공장 설비에 대한 합의
- 옵션에 대한 세부적인 평가 또는 특정 리스트에 대한 세부적인 조사와 관련된 비용 결정 및 승인을 대기하면서 위험 감소를 위한 옵션 목록 작성
- 위험 발생 가능성을 낮게 유지하기 위해 철저한 진행상의 관리가 가장 필요하고 이러한 수준의 관리를 제공하기 위한 발단을 제안하는 위험 목록 작성
- 평가 기준 및 제한 사항에 대한 이해를 위해 평가 과정에서 작성된 문서 조합

세부적인 방법은 부록 C에서 설명한다.

3.7.4 화학 처리 공장을 포함하는 산업 단지

이 사례의 경우 그림 3-4의 스프레드시트와 비슷한 컴퓨터 스프레드시트를 작성하여 활용한다. 먼저 여러 설치에 대해 조사를 실시한다.

1. 각각의 설치에 대해, 열 그룹에 다음과 같은 활동 유형을 설정한다.
   - 공장으로 또는 공장에서 물질 운송
   - 차량 적재 또는 하역
   - 원자재 보관
   - 분류된 '위험 제품' 보관
   - 생산(개별적으로 연구된 여러 다른 구역)
   - 완제품 저장

2. 각각의 설치 및 활동 유형에 대해, 열 그룹에 다음과 같은 사고 유형을 설정한다.
   - 화재, 열에 의해 인체에 영향을 주는 위험
   - 화재, 연기에 의해 인체에 불쾌감을 주는 위험
   - 화재, 소방 용수 유출로 인한 환경에 영향을 주는 위험
   - BLEVE, 열에 의해 인체에 영향을 주는 위험
   - BLEVE, 열에 의해 재산에 영향을 주는 위험
   - 폭발, 폭발음에 의해 인체에 영향을 주는 위험
   - 폭발, 폭발음에 의해 재산에 영향을 주는 위험

▶ 독성 물질 유출, 인체에 영향을 주는 위험

▶ 독성 물질 유출, 환경에 영향을 주는 위험

3. 예상 사고 확인 판단에 도움을 주는 사고 유형 목록을 사용하여 열을 하나씩 작성한다. 이러한 사고를 가정할 수 없는 열은 삭제한다.

4. 스프레드시트 작성을 마치면 스프레드시트를 사고 영향 유형별(사람, 환경, 재산), 사고 유형별(화재, BLEVE, 폭발, 독성 물질 유출) 및 측정된 위험 규모별로 정렬하여 일관성 있게 작성되었는지 확인한다. 스프레드시트 크기에 따라 상당한 수의 조정이 필요하다.

5. 그런 다음 세부적인 검토, 잠재 위험 분석 및 위험성 평가, 위험 감소의 근거가 되는 위험 및 위험 유형을 결정하는 기준으로 정렬된 스프레드시트를 사용한다.

이 사례의 경우 검토를 통해 사람, 환경 및 재산에 영향을 주는 위험, 세 가지의 사고 영향 유형이 확인되었다. 스프레드시트를 완료한 후 서로 다른 사고 유형을 컴퓨터를 통해 정렬한다.

예를 들어 사망에 대한 위험을 환경 또는 재산에 대한 위험과 비교할 수 없기 때문에 세 가지 사고 유형에 대한 심각도에 서로 다른 단위값을 사용한다. 특정 작업에 대해 이러한 단위값은 각 기업의 상황에 맞게 새롭게 개발해야 하며 다른 기업이 사용한 단위값을 무조건 사용하지 않도록 한다.

자세한 내용은 Wood 및 Tweeddale(1989)을 참조한다.

3.7.5 제철 산업

각 제철 공장의 경우 두 명의 운영 직원(예: 조업 관리자, 플랜트 엔지니어), 엔지니어링 부서 담당자 및 회의를 진행하기 위한 위험 분석가로 구성된 소규모 팀을 구성한다.

공장 직원은 공장의 플로우시트에 대해 개괄적으로 설명한다. 그런 다음 화이트보드에 복사 사진을 격자 모양으로 준비한다. 열에는 공장 모든 부분에서 이론적으로 발생 가능성이 있는 위험한 사고 유형을 레이블과 함께 배열한다. 행에는 그림 3-4의 샘플 스프레드시트에 표시된 것과 같이 광범위하게 레이블과 함께 배열한다.

구성된 팀은 구역별로 작성되는 완벽한 화이트보드를 통해 차례대로 공장의 각 구역을 고려한다.

각 구역에 대한 접근 방식은 개별적으로 가정한 위험한 사고에 대해 차례대로 검토하여 해당 구역의 발생 가능성 여부를 판단하고, 발생할 가능성이 있는 경우 발생 방식, 심각도 수준, 발생 빈도 및 보호 대책 실패 확률 등에 대해 결정한다.

따라서 각 구역에 대해 차례대로 화이트보드를 완료한다. 확정된 정보를 컴퓨터 스프레드시트로 옮기고 초기에 설정한 분석을 계속 진행한다. 분석은 위험성 평가 교육 내용 및 세부 연구 범위를 결정하는 데 사용한다.

3.7.6 가스/액체 분리 공장

위에서 언급한 다양한 접근 방식은 가스/액체 분리 공장에서 주요 도시로 공급되는 천연 가스 공급 손실의 예상 원인에 대한 등급 결정 및 간단한 목록 작성에 사용한다. 자세한 내용은 부록 C를 참조한다.

3.8 정성적 위험 관리

3.8.1 소개

위험 관리는 위험한 사고에 대한 심각도 및 발생 빈도를 정량화할 수 없는 장소에서도 매우 효율적으로 수행할 수 있다.

위에서 설명한 것처럼 특히 산업 단지의 경우, 사고 영향 및 발생 가능성을 설명하는 목록을 작성하고 수치 값을 적용함으로써 위험한 사고 규모 또는 발생 가능성에 대한 판단(또는 '본능적인 추측')을 수치화할 수 있다. 물론 이러한 수치 값은 그 근거가 되는 판단만큼 정확하지는 않지만 우리는 정량화할 수 없는 사안에 대해 단지 판단에 의존하여 매일 의사 결정하는 데 익숙해져 있다.

위험 구성 요소에 대해 수치 값을 적용함으로써 중점적으로 다루는 위험의 등급 결정 및 간단한 목록 작성을 위한 보다 체계적인 접근 방식을 채택할 수 있다. 이러한 이유로 위험 관리에 대해 정성적 접근 방식을 더 선호하더라도 위에서 설명한 정량화에 의한 단계에 대해 심각하게 고려할 것을 권장한다.

3.8.1 위험 매트릭스

실제 수치 값을 사용하지 않고 위험 등급을 결정하는 방법 중 하나는 발생 가능성(예: '발생 가능성 매우 높음', '발생 가능', '발생 가능성 매우 낮음')에 대한 결과(예: '높음', '보통' 및 '낮음') 매트릭스를 작성하는 것이다. 따라서 구성된 매트릭스를 통해 잠재 위험들을 서로 구분할 수 있다.

그림 3-5의 간단한 위험 매트릭스는 부적절한 여러 결과를 전개하고 있다. 그림 3-5 매트릭스의 대각선 방향은 동일한 위험을 표시한다. 이것은 발생 가능성 레벨 사이의 간격(예: '발생 가능성 매우 높음'과 '가능함' 사이, '가능함'과 '발생 가능성 매우 낮음' 사이)이 모두 동일하고 다양한 결과 레벨 사이의 간격이 동일한 경우에만 적용된다. 이것은 개념적인 값이 발생 가능성 및 결과 레벨에 삽입되고 위험 결과 값은 곱셈에 의해 작성된 매트릭스의 셀에 삽입된 경우 성립될 수 있다.

발생 가능성 \ 사고 영향	경미함	보통	심각함
발생 가능성 매우 높음	보통 위험	높은 위험	매우 높은 위험
가능함	낮은 위험	중간 위험	높은 위험
발생 가능성 매우 낮음	매우 낮은 위험	낮은 위험	중간 위험

기호 풀이

A타입 위험
B타입 위험

그림 3-5. 위험 매트릭스

그림 3-5와 같은 정성적 매트릭스의 사용은 확인된 위험 시나리오에 대한 레벨 할당 가이드로서, 개략적인 레벨 값을 개념적으로 정량화하는 경우 신뢰성이 매우 높다. 이런 방식으로 수행하지 않으면 결과적으로 위험 등급은 매우 일관성이 없으며 이러한 사실도 인식하지 못할 수 있다.

3.9 위험성 평가에서 답변 대상 질문 정의

이 부분은 그림 1-4의 단계 4에 대한 설명이다.

신속한 등급 결정 과정에서 중요한 위험을 확인한 경우 '표준' 위험성 평가를 통해 기계적으로 계속 진행하는 것보다 추가적인 연구 대상을 고려하는 것이 바람직하다. 이것은 클라이언트의 요구 사항을 확인하고 이해하기 위한 품질 관리의 첫 번째 단계이자 가장 중요한 단계이다.

위험성 평가의 목적은 위험 관리를 지원하기 위한 것이다. 위험은 회사를 대표하는 경영진에 의해서만 관리되지 않는다. 공정 산업의 경우 다음과 같은 관련 이해당사자가 많이 있다.

- 경영진
- 일반 직원
- 계약자
- 주주
- 지역 주민
- 일반 이해 관계가 있는 그룹
- 지역 자치 단체 및 중앙 정부

특정 공정 플랜트의 경우 이러한 부분에 대해 답변이 필요한 법적인 질문과 결정이 필요한 사항이 있을 수 있다. 이러한 사항을 고려하기 위한 논리적인 접근 방식은 다음과 같다.

- 이해 당사자 또는 질문에 답변하기 위한 법적 사례를 가진 당사자를 확인한다.
- 이해 당사자가 요청하는 질문 유형 및 결정이 필요한 사항을 확인한다(가능한 경우 이해 당사자와 함께 협의하여 수행).
- 답변이 필요한 질문 및 결정 사항에 필요한 정보 유형을 결정한다.
- 이러한 질문 및 결정 사항을 명확하게 답변하기 위해 해당 정보를 수집하고 제시할 방법을 결정한다.

특정 시설에 대한 예상 질문의 예는 다음과 같다.

- 이 시설에서 취급하는 생산 물질을 책임지고 처리할 수 있는가? 또는 이러한 생산 물질이 현재 상황에서 매우 위험한가?
- 제시한 시설 유형을 허용해야 하는가? 산업 규정을 준수하여 건설하고 운영할 수 있는가?
- 이 특정 기업은 제시한 시설을 사고 없이 운영할 능력이 있는가?
- 제시한 시설을 제시한 위치에 허용해야 하는가?
- 시설을 제시한 위치에 건설하는 경우 해당 지역 토지 사용에 대해 어떠한 규제를 적용해야 하는가?
- 제시한 시설은 계획한 설계대로 건설해야 하는가?
- 제시한 설계를 어떻게 수행해야 보다 안전한가?
- 해당 시설의 위험 감소를 위한 가장 비용 효율적인 방법은 무엇인가?
- 사고를 방지하기 위해 특별한 운영상의 요구 사항에는 무엇이 있는가?
- 시설내 존재하는 잠재 위험을 제어하기 위해 일상적으로 모니터링하고 정기적으로 감사해야 하는 대상은 무엇인가?
- 안전성을 위해 시설을 얼마나 자주 감사해야 하는가? 감사자는 어떠한 특별한 전문 지식이 필요한가?
- 시설 운영을 위해 어떠한 외부 통제가 필요한가?
- 일반인이 해당 시설에 대해 인지해야 할 사항은 무엇인가?
- 비상 대응이 필요한 발생 가능성이 가장 높은 사고 유형은 무엇인가?
- 가장 최악의 사고 범위는 어느 정도인가?
- 예상 비상 상황에 대처하기 위한 on-site(공정내) 및 off-site(공장 외부)의 필요한 사항은 무엇인가?

그런 다음 쉽게 사용할 수 있는 형태로 필요한 정보를 제공하기 위해 추가적인 연구를 수행한다. 이러한 방법으로 관리자를 위한 표를 작성하거나 비기술직 직원을 위해 다이어그램 형식으로 수행할 수 있다(그러나 직원들에게 '지시'하는 인상을 주지 않도록 주의한다). 정보는 일부는 정량적 수치로, 일부는 개념적 설명으로 제공될 수 있다. 두 가지 정보 모두 중요한 가치가 있다.

이러한 질문에 대한 응용의 예는 제14장의 14.3절에서 설명한다. 이 부분은 Tweeddale(1993a,b)에 자세하게 설명되어 있다.

참고문헌

- Tweeddale, H. M., "Increasing the Relevance of QRA." Proc. Conf. Health, Safety and Loss Prevention in the Oil, Chemical and Process Industries. Butterworth-Heinemann, UK, 1993a.
- Tweeddale, H. M., "Maximizing the Usefulness of Risk Assessment." Proc. Conf. Probabilistic Risk and Hazard Assessment, Newcastle, Australia. Balkema, Rotterdam, 1993b.
- Tweeddale, H. M., Cameraon, R. F., and Sylvester, S. S., "Some Experiences in Hazard Identification and Risk Short-Listing." *J. Loss Prev. Process Ind.* **5**(5), 279-288 (1992).
- Wood, S., and Tweeddale, H. M. "Rosebank Peninsula Risk Assessment." Auckland City Council, April 1989.

4 위험성 및 신뢰성 기준

본 장을 배우고 나면 다음 사항에 대해 이해하게 된다.

- "어느 정도의 안전성을 확보해야 안전한 것인가"를 정의하는 데 있어서 가능한 철학적 접근 방식에 대한 일부 인식
- 대표적인 법적 규정에 숨겨진 원칙 이해
- 관련 사항의 철학적 및 도덕적 문제에 대한 일부 인식

본 장에서는 그림 1-4의 위험 관리에 대한 단계 5 '위험 대상 정의'에 대해 설명한다.

4.1 소개

모든 사람은 어느 정도의 위험성을 가지고 살아간다. 이러한 위험은 스스로의 자발적인 행동에 의해 발생하기도 하고, 다른 사람이 수행한 외부 활동에 영향을 받을 수도 있으며, 일부는 자연적인 사건에 의해 발생한다.

동시대를 살아가는 사람들은 독립하여 살기보다는 지역 사회를 형성하고 살아간다. 이것은 사람들이 지역 사회 내에서 살아가는 혜택이 단점보다 장점이 많다고 생각하기 때문이다. 예를 들어 대부분의 사람들은 이웃 주민과의 불화, 교통사고 또는 가정 불법 침입에 의한 강도 등과 같은 불편함에도 불구하고 직장, 상점, 교통, 의료 시설, 위락 시설 등의 인접성 또는 전력, 상/하수도 및 쓰레기 처리 등의 서비스 시설과 같이 생활의 편이성으로 인해 도시, 마을 또는 기타 정착지에서 살아간다.

사람들마다 지역 사회 생활의 장점과 단점을 다르게 인식하고 있다. 특히 사람들은 위험을 수용하는 인식이 서로 다르다.

실수하면 심각한 부상 또는 사망에 이를 수 있는 암벽 등반 처럼 사람들은 위험을 극복하는 방법을 즐긴다. 암벽 등반자는 추락에 대한 위험에 주의를 집중함으로써 등반에 대한 인식과 즐거움이 얼마나 증가하는지 느끼기 위해 등반을 마친 후 저녁에 암벽 등반에 참여한 사람들의 손 또는 발 동작에 대한 자세한 이야기에 귀를 기울일 필요가 있다. 등반자 뒤에 승강식 보호대를 설치하여 1미터 이하로는 떨어지지 않도록 하는 방법과 같이 잠재 위험을 제거하면 기술적인 어려움을 변경하지 않으면서 레크레이션에 익숙해질 수 있다. 반면에, 암벽 등반을 즐기는 사람이 집 근처의 산업 활동에 의해 발생하는 상대적으로 낮은 위험에 노출된 경우, 등반할 때의 위험보다 덜 위험하다고 인식하지 않는 한 이 위험을 수용할 수 없을 것이다. 이것은 '자발적' 및 '비자발적' 위험에 대한 인식의 차이 때문이다.

또한 인식된 위험은 실제 위험과는 매우 다르게 발생하는 경우가 많다. 지역 주민들은 공장 내에 대량의 인화성 물질이 저장 탱크가 주거 지역에 인접해 있으면, 이 탱크에 대해 매우 걱정한다. 그러나 탱크를 용수 저장용으로 사용하는 경우(탱크가 주택 지하에 위치한 경우) 주거 지역에 대한 위험은 실제로 매우 낮다.

위험에 대한 걱정 또는 인식된 위험 수준은 이에 노출된 사람이 위험의 특성을 이해하지 못하거나 원인을 알 수 없는 경우 과장되는 경향이 있다. 일부 사람들은 매일 여러 번 교통량이 많은 도로를 횡단하지만 폭발 또는 가스 누출의 잠재적인 원인이 되는 일부 산업 활동, 방사능, 독성 물질, 매우 낮은 수준의 음식물 또는 환경에 포함된 박테리아에 의한 상당히 낮은 위험에 대해 매우 걱정한다.

위험은 불확실성을 의미한다. 일부 사건이 발생할 가능성이 확실하다면 이 사건은 위험으로 간주되지 않는다.

위험은 사건 결과에 대한 심각도 및 발생 가능성의 두 가지 측면을 가지고 있다. 따라서 위험을 고려할 때 영향 및 가능성(또는 발생 빈도)을 포함시키는 것이 반드시 필요하다.

위험성 판단 기준, 위험 및 신뢰도 엔지니어링, 체계적인 위험 감소에 대한 개념은 수많은 분야에 적용할 수 있다. 평가할 위험의 특성은 원하지 않는 사건이 영향을 주는 대상에 따라 달라진다.

- ▶ 사람
- ▶ 환경
- ▶ 재산
- ▶ 생산

또한 신체적 부상 또는 사망, 재산상 피해에 대한 금전적 가치, 일정 기간 동안의 공공 시설 손실 및 환경상의 생물 피해 정도 또는 환경의 외형적 피해와 같이 사건 영향 측정 방법에 따라 달라진다.

따라서 평가된 위험과 동일한 단위로 기준을 정의해야 한다. 기준에 대한 일부 유형은 다음과 같다.

▶ 사람

- 가장 많이 노출된 일반인의 사망 위험(조사 대상 활동에 의해 발생한 연간 사망 확률로 표현)
- 위험한 플랜트 또는 조업 시설에서 작업하는 작업자의 사망 위험(1억 작업 시간당 예상 사망자 수로 표현)
- 사건 발생 빈도에 따라 달라지는 사망자 수(사망자 수 및 영향을 주는 사고에 대한 발생 빈도를 기준으로 하는 그래프 곡선으로 표현)

▶ 환경

- 피해를 주는 것으로 정의된 사건에 대한 발생 빈도(예: 유해성이 있는 것으로 알려

진 물질의 한정된 양의 누출 빈도. 이 접근 방식은 해당 누출로 인한 환경 영향의 심각도를 쉽게 정량화할 수 없는 지역에 특히 적합하지만 한정된 누출량이 수용할 수 없는 정도의 피해를 줄 수 있는지에 대해서는 확신할 수 없다)

▶ 재산
- 정의된 수준의 위험 노출 빈도(예: 정의된 수준의 열 복사 또는 폭발성 과압에 노출 빈도)
- 정의된 비율의 노출된 재산에 대한 교체 비용에 해당하는 피해 빈도(예: 현재 교체 가치의 20%에 해당하는 피해 빈도)

▶ 생산 또는 시장 공급 능력 손실
- 정의된 수익 손실의 원인이 되는 생산 피해 또는 중단 빈도(예: 4주 동안의 정상적인 생산의 20%에 해당하는 생산 손실)
- 정의된 기간 동안 시장 공급 피해 또는 중단 빈도

▶ 일반 사항: 다음과 같은 다양한 방법으로 정의할 수 있는 '중대 사고' 빈도
- 여러 명 사망(예: 5명)
- 여러 명 입원(예: 20명)
- 심각한 재산 피해(예: 1,000만 달러)
- 전국 주요 매스컴의 보도
- 위험 활동의 지속 또는 재개를 위협하기 충분한 대중 여론

계약 대비 비용 초과 또는 프로젝트 일정 초과와 같은 손실 유형에 대해 손실 규모에 대한 측정을 정의하거나 발생 빈도 또는 가능성을 지정할 수 있다면 정량적인 기준을 개발할 수 있다.

대부분의 경우 환경 영향, 재산 피해 및 그에 따른 사업 중단에 대한 기준은 해당 기업 구성원과 환경 기관, 보험 담당자 및 일반 이해 당사자 그룹과 같은 외부 기관이 협의하여 사례별로 정의해야 한다. 예를 들어 독성 폐기물 소각장용 보호 장치의 적합성에 대한 고려시, 자극성 물질의 연소 가스를 정화시키는 정화 시스템의 결함에 대한 최대 발생 빈도를 정의하는 것이 바람직하다. 이러한 판단 기준은 비상 정화 장비의 설치 규모, 정화 장치 결함 감지 및 교체 장비 작동을 위한 필요한 시스템 신뢰도 정도를 판단하는 데 기준으로 사용할 수 있다.

사람에 대한 위험의 경우, 특정 사례에 대해 협의가 필요할 수 있지만 지역 사회에는 여러 위험에 사용 가능한 충분한 정보와 다른 사례에 사용된 위험성 판단 기준이 있기 때문에 이를 통해 적절한 기준을 선택하는 데 참조할 수 있다.

제안된 플랜트나 기존의 플랜트 또는 조업 시설의 위험 수용성을 결정하는 기준으로 하나의 기준은 불충분하다.

4.2 '수용 가능한 위험성'에 대한 문제

'수용 가능한 위험'을 정의하기 위해 상당한 노력을 기울이는 경우가 많다. 이 용어는 상대방에게 위험을 노출시킨 행동을 정당화하기 위해 위험을 발생시킨 당사자에 의해 가장 흔하게 사용된다. 실제로 "당신은 이 위험을 수용할 수 있다고 생각합니다."라고 표현한다. 이 표현은 자의적이고 가식적인 표현이다. 개인이 수용할 수 있는 위험 수준은 개인마다, 그리고 시대마다 완전히 다르다.

'수용 가능한 위험' 대신 위험을 고려하고 협의하는 데 도움을 주는 두 가지 용어를 사용할 수 있다. 이 두 가지 용어는 논쟁보다는 입증을 위한 협의를 유도한다. 두 가지 용어는 다음과 같다.

- '수용된 위험'
- '승인된 위험'

수용된 위험은 일상적인 위험과 비교하여 상대적으로 위험 수준이 높거나 낮음에 관계없이 관련 개인 또는 여러 사람들에 의해 수용된 위험이다. 이것은 객관적인 표현이다. 즉 관련 당사자들은 위험을 수용하거나 수용하지 않는다.

승인된 위험은 일반 지역 사회 대신 해당 법률 기관 또는 법률 담당자로부터 노출된 사람의 수용 여부에 관계없이 승인 받은 위험이다. 이것도 또한 사실을 근거로 하는 객관적인 표현이다. 이러한 위험은 일상적인 위험과 비교하여 상대적으로 위험 수준이 높거나 낮을 수 있지만 법률 기관 또는 감독 기관은 위험에 대한 혜택의 형평성이 지역 사회에 중요하다고 판단하기 때문에 승인한다. 그리고 이러한 위험에 대한 최상의 대책 및 관리 방법을 결정하는 것은 위험을 발생시키는 당사자뿐만 아니라 법률 기관 또는 감독 기관의 책임이다.

'수용 가능한 위험'라고 표현하는 것은 매우 적절치 못하며 '수용된 위험' 또는 '승인된 위험' 또는 '노출된 당사자가 수용할 수 있는 위험'로 표현하는 것이 바람직하다.

4.3 일부 일상적인 위험

4.3.1 소개

사람에 대한 위험성 판단 기준은 일반적으로 지역 사회에서 이미 존재하는 위험 수준을 일부 기준으로 하거나 특정 사례의 경우 지역 사회의 기대치를 일부 기준으로 한다.

비교를 위해 Higson(1990) 및 기타 학자들은 선진국에서 대표적인 다양한 특정 활동에 대한 사망 위험을 언급했다. 그림 4-1과 동일한 기준으로 그림 4-2에 일부 활동에 대해 표시되어 있다.

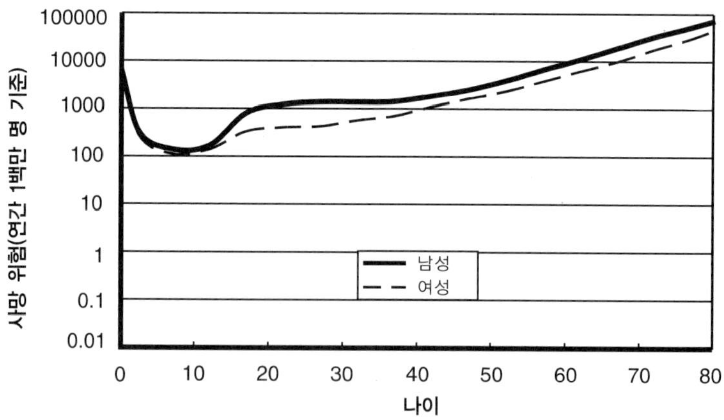

그림 4-1. 선진국에서 대표적인 모든 원인에 의한 사망 위험
출처: ABS(1999), ABS(2000).

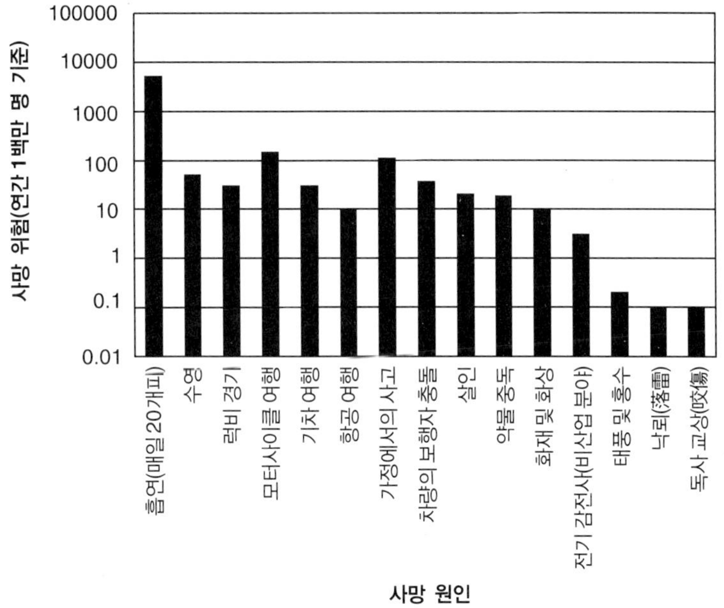

그림 4-2. 선진국의 선별 활동에 대한 대표적인 위험 (오스트레일리아, 뉴사우스 웨일즈, 1981~1986).

4.4 신설 플랜트에 의한 일반인의 위험성

4.4.1 개인적 위험성

위험에 노출된 대부분의 사람이 산업적 원인에 의해 추가적인 위험을 받을 확률이 연간 1백만 명 당 1회(연간 0.000001)이며, 이것은 일상적으로 아무런 걱정 없이 받아들이는 위험과 비교하여 매우 낮은 수준이다. 따라서 이러한 추가적인 위험이 지역 사회에서 폭 넓게 수용되고 있다는 사실은 여러 국가에 폭 넓게 확산된 인식이다(완전히 모두가 동의하지는 않음). 일부 국가 또는 지역에서는 낮은 기준을 필요로 한다. 이것을 '개인적 위험성 기준'이라 한다.

개별적으로 매우 중요한 문제는 이러한 낮은 수준의 위험을 어느 정도에서 측정하고 정량화할 수 있는가 하는 것이다.

4.4.2 사회적 위험성

특정 개인에 대한 위험성 판단 기준은 기준 자체가 불충분하다. 매년 1명이 1백만 명 분의 1 확률로 중상을 입을 수 있는 사고와 1,000명이 동일한 확률로 중상을 입을 사고 사이에는 상당한 차이가 있다. 이러한 이유로 '사회적 위험성'(또는 '그룹 위험성') 기준 유형이 여러 연구에서 주목 받고 있다.

이 유형의 기준이 가진 문제점은 현재 지역 사회가 수용하고 있는 발생 가능성은 낮지만 규모가 큰 잠재 위험에 대해 승인하기에는 너무 높기 때문에 제외하지 못하는 한계에 대해 결정하기 어렵다는 점이다. 예를 들어 영국의 템스강 수문은 '1,000년에 한 번 오는 높은 조수'를 막기 위해 의도적으로 설계되었다. 바닷물이 수문을 넘칠 경우 비상 절차에도 불구하고 수백 명이 익사할 것으로 측정되었다. 이러한 사건을 위의 차트에 작성하는 경우 '너무 높은' 영역에 표시해야 한다. 여러 국가의 대형 댐이나 기타 대형 구조물의 경우에도 동일한 현상이 발생한다.

개별 산업 시설에 대해 사회적 위험성 기준을 정의하는 데 어려움이 있다. 동일 지역의 여러 소규모 및 독립적인 시설마다 낮은 수준의 사회적 위험성이 발생할 수 있는 반면에 동일한 시설들이 단일 관리하에 모두 그룹화된 경우 해당 사회적 위험성을 모두 조합하면 차트의 고 위험 영역에 속할 수 있다. 따라서 두 개의 공정 플랜트 A 및 B의 경우 플랜트 A는 단일 설비를 가지고 있고 플랜트 B는 플랜트 A와 동일한 설계의 설비를 두 개 가지고 있으며 그 이외의 모든 물리적 측면이 동일하고 같은 안전 기준으로 운영된다면 플랜트 A 및 B의 사회적 위험성은 서로 다르다. 플랜트 B의 개별 가상 사건 발생 빈도가 플랜트 A보다 두 배가 높기 때문에 플랜트 B의 사회적 위험성 곡선은 플랜트 A 곡선보다 위에 위치하게 된다.

이러한 이유로 각 지역(예: 도시, 지방, 국가)의 교통사고에 대한 사회적 위험성은 고 위험 영역에 속할 가능성이 높다(그림 4-3 참조). 마찬가지로 주요 공항의 사회적 위험성은 공항이 안전하지 못하기 때문이 아니라 대규모 활동 범위를 가지고 있기 때문에 고 위험 영역에 속할 것이다.

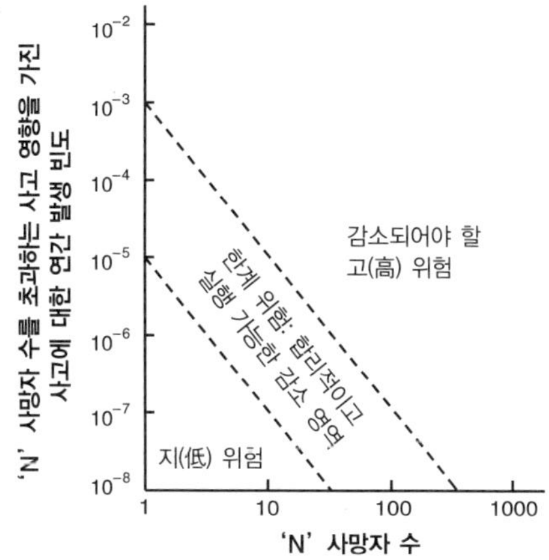

그림 4-3. 사회적 위험성 기준을 정의하기 위한 접근 방식의 예

4.5 직원에 대한 위험성

4.5.1 '사망 사고 발생율'

일반적으로 직원은 일반인보다 위험한 플랜트 및 조업 시설에 보다 근접한 위치에 있기 때문에 일반인보다 훨씬 위험이 높다. 직원 위험을 평가하는 데 사용되는 위험 단위 중에 사망 사고 발생율(FAR)이 있다. FAR은 1억 노동 시간당 사망자 수이다.

FAR은 조업자가 요청 받은 특정 활동에 대해 계산되는 경우도 있지만 일반적으로 조업자의 전체 작업량에 대한 평균값으로 산출한다. FAR은 1,000배의 종신 근로 시간당 사망자 수와 거의 일치한다.

비산업 및 산업 활동에 대한 대표적인 FAR 값이 그림 4-4 및 그림 4-5에 표시되어 있다(수직축 동일 단위 적용).

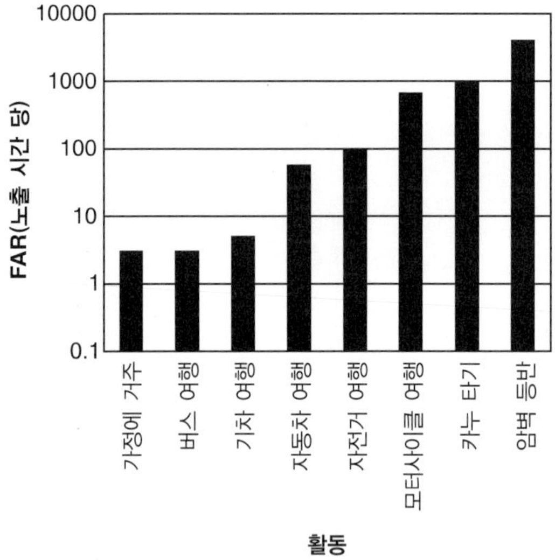

그림 4-4. 비산업 활동에 대한 사망 사고 발생율(FAR)
(1억 노동 시간당 사망자 수)

예제

교대 근무자로 구성된 팀에 의해 운영되는 A 플랜트는 대규모 폭발 발생 빈도가 연간 1/10,000로 예상된다. 이러한 폭발의 경우 플랜트의 각 근무자가 치명적 중상을 입을 확률은 40%이다. 해당 플랜트의 근무자에 대한 FAR 값은?

해답

플랜트의 운영 시간은 24 × 365 시간/1년 = 8,760시간이다. 폭발 가능성은 10,000년당 1건이 발생할 것으로 예상된다. 즉 87,600,000시간당 1건이다. 각 조업자가 직면할 사망 위험성은 87,600,000시간당 0.4이다.

따라서 1억 근로 시간당 FAR은 0.4 × 108/87,600,000 = 0.45이다.

4.5.2 제시된 신설 플랜트의 직원에 대한 위험 판별 기준

다음은 화학 산업 시설 분야에 적용된 접근 방식 중 하나이다.

발생한 사망자 중 절반 정도는 '공정' 원인에 의한 결과이고 나머지 절반 가량은 '직업적인' 원인에 의한 것이었다. 따라서 공정 원인에 대한 FAR은 전체 4 중 절

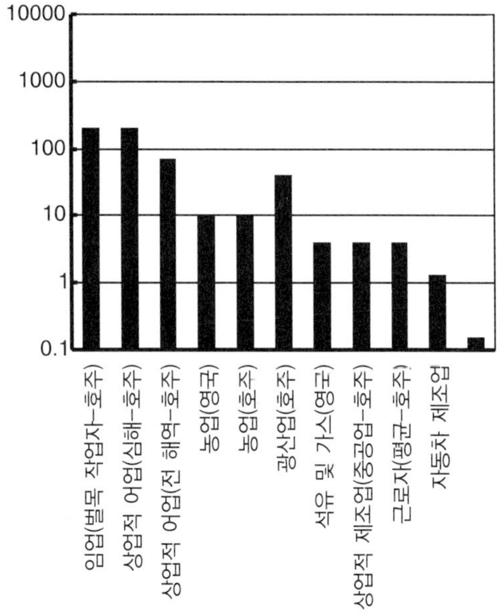

그림 4-5. 대표적인 산업 활동에 대한 사망 사고 발생율(FAR)
(1억 노동 시간당 사망자 수)

반, 즉 2이다. 해당 산업은 산업 스펙트럼에서 가장 안전한 영역에 있고 작업상의 시간당 위험은 가정에서의 시간당 위험과 비슷한 수준이다. 직원 또는 법률 기관에 의해 해당 산업이 '불안전'하다고 표현한 어떠한 언급도 없었으며 실제로는 정반대 상황이다.

단일 기업이 직원에 대한 위험을 상당히 줄이려고 시도했다면 이와 관련된 비용은 회사를 비경제적으로 만들 수 있다. 따라서 해당 산업이 이미 안전하다고 간주된다면 주요 목표는 지속적으로 발전적인 개선을 위한 방향으로 수립해야 한다.

공정 원인에 의한 평균 이력 FAR은 약 2이고 이것은 기존 플랜트에 대한 결과이기 때문에 일부는 평균보다 높은 FAR이고 일부는 평균보다 낮다. 신설 플랜트에 대한 가장 위험이 높은 직원의 FAR이 2.0이면 플랜트의 평균 FAR은 이 값보다 낮아지며, 신설 플랜트가 시간이 경과함에 따라 증가되면 될수록 평균 FAR은 내려간다. 이 영향에 대해서는 그림 4-6에 설명되어 있다. 이것은 화학 산업의 일부 분야의 경우 제시된 신설 플랜트에 대한 FAR 기준이 가장 위험이 높은 직원에 대해 2.0으로 설정되기 때문이다(법적 승인 필요).

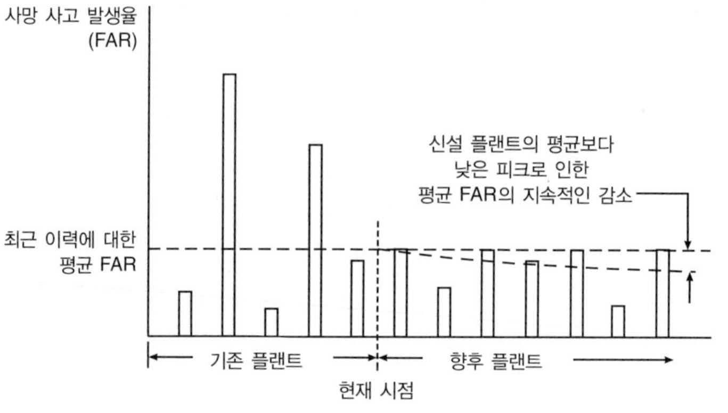

그림 4-6. 신설 플랜트 위험 제한에 의한 평균 FAR 감소

직원에 대한 기존 위험이 평균보다 높은 기타 산업 분야의 경우 다른 철학적 접근 방식을 채택하여 현재 평균값보다 낮은 FAR을 가지기 위한 신설 설비에 초점을 맞추는 것이 바람직하다.

4.5.3 기존 플랜트의 직원에 대한 위험성 판단 기준

공정 플랜트 안전성에 대한 지역 사회의 기대치가 일정하게 상승하고 있기 때문에 이전의 설계 기준대로 설계하고 그 시점의 기술 환경을 가진 기존 플랜트가 현재 설계된 유사한 플랜트보다 안전성이 떨어지는 것은 당연한 결과이다.

기존 플랜트를 최신 기준으로 완전히 업그레이드하는 것은 현실적으로 어려운 경우가 많다. 기존 플랜트에 대한 개선을 결정함에 있어서, 우선 순위 지정 및 개선이 필요한 정도를 결정하는 여러 요소를 반드시 고려해야 한다.

제한된 자원(숙련된 직원, 자금 등)을 가지고 한 번에 모든 것을 수행할 수는 없다(제3장에서 설명). 고려할 요소는 다음과 같다.

- 개별 직원의 가장 높은 수준의 위험(모든 작업자의 평균값이 낮더라도 어떤 개인은 높은 위험 상태에 있을 수 있음)
- 위험 상태에 있는 사람 수(다른 부분이 동등하면, 소수의 사람들에 대해 동일하게 개선된 개선 사항보다 높은 여러 사람들의 위험을 감소시키는 개선 사항이 우선이다)
- 개선 비용(근무 시간 및 비용 측면에서의 개선)

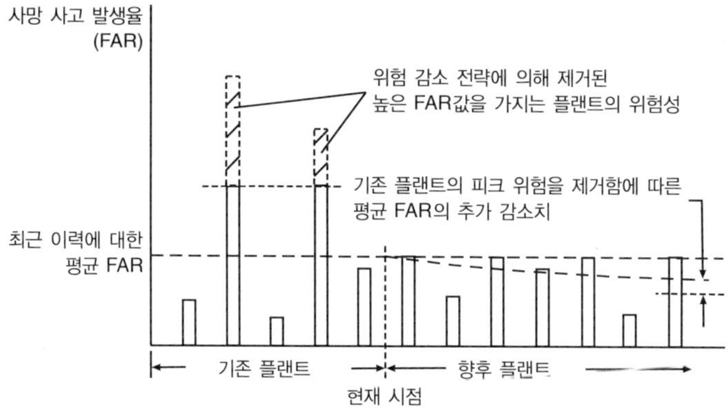

그림 4-7. 기존 위험의 피크를 제거함에 따른 평균 FAR의 감소

▶ 플랜트의 나머지 생산 활동(위험 감소에 의한 실질적인 혜택은 감소 기간 동안 영향 받은 사람들 수와 위험 감소의 곱이므로)

일부 기업은 기존 플랜트의 어떠한 작업자도 정의된 수준의 FAR(예: 6)을 초과하는 위험에 노출되지 않도록 목표를 설정하고, 정의된 수준을 초과하는 위험과 노출된 사람 수(a) 및 개선하는 데 필요한 소요 시간 및 리소스(b)에 따라 절단 우선 순위를 결정하여 정의된 수준으로 피크 위험을 절단하도록 한다.

기존 플랜트의 피크 위험 절단에 의한 평균 기업 FAR 영향은 그림 4-7과 같이 표시된다.

4.6 위험성 판단 기준의 경제적 요소

완벽한 안전성을 위해 자금이 무제한 투자될 수 있지만 자금 공급(노동 시간과 같은 기타 리소스 포함)은 제한적이기 때문에 최소한 어느 정도의 경제성을 반드시 고려해야 한다. 이와 관련하여 다양한 접근 방식이 제시되고 있다.

인간 생명을 하나의 가치로 평가하려는 시도가 인간 생명을 가장 소중한 것으로 생각하는 사람들에 의해 비판 받고 있다. 대부분의 사람들은 모든 인간 생명은 돈으로도 보상할 수 없는 친구 및 친척에 대한 정서적인 가치를 가지고 있다고 지적한다. 그러나 1명의 생명 연장에 지출할 수 있는 금액에 대해 실질적인 한계가 있다.

원칙적으로 1명의 생명을 연장할 때마다 허용 가능한 비용에 대한 절대 제한 값은 연간 국민 총생산(GNP)을 연간 출생수로 나누어 표시할 수 있다. 산출한 금전적 수치는 출산아 1명의 생명을 연장하는 데 지출할 수 있는 금액이며 지역 사회에서 기타 활동에 지출하는 금액은 제외한다. 실제로 매년 지역 사회가 창출하는 수익에 대해 기타 여러 분야에 수요가 있기 때문에 이 분야에 지출할 수 있는 금액은 많지 않다. 해당 분야에 대한 비용 규모 결정은 개인별 우선 순위에 따라 달라진다.

다른 접근 방식은 개인이 사고로 사망하지 않는 것을 전제로 하여 개인이 창출한 소득 금액을 측정하는 것이다. 원칙적으로 가까운 인척이 이러한 금액을 지급받아 재정적으로 지원 받을 수 있지만 이를 통해 정서적인 피해 및 기타 무형의 실질 손실을 제거할 수 없다.

지역 사회의 제한된 재정적 및 금융적 리소스를 위험 감소에 할당하려면 원칙적으로 1달러 지출할 때마다 실현되는 위험 감소의 측면에서 제안 사항에 대한 등급을 결정하는 것이 반드시 필요하다. 실제로 이러한 실현된 '비용 편익성' 수준에 대한 조사(Morrall, 1986)를 보면 아래에 표시된 것처럼 광범위하게 적용되고 있다.

스티어링 컬럼 보호	$0.1	1명의 생명 연장시 지출 비용(단위: 백만)
알코올 및 마약 통제	$0.5	
유아용 잠옷 화재 방지	$1.3	
벤젠: 유해 물질 배출 통제	$2·8	

독성 화학 물질의 잔류에 의한 사람에 대한 위험을 줄이는 환경 정화 프로젝트의 경우 1명의 생명 연장시 지출되는 비용이 엄청나게 높게(예: 수십 억 달러) 계산되고 있다.

판단 기준 설정의 기준으로 생명 가치를 사용하는 문제는 생명 연장의 금전적 가치가 안정 장치에 대해 제시된 비용을 정당화하지 못한다고 판단하는 경우 절감 비용과 '감수할 비용'은 서로 다른 방향으로 갈 수 있다는 것이 문제이다. 즉, 기업은 안전 장치 설치 요구를 이행하지 않음으로 인해 비용을 절감하고 감수할 비용(위험의 형태)은 노출된 사람들이 감수해야 하는 문제가 발생할 수 있다. 이것은 지역 사회가 매우 걱정하는 부분이며 매우 불공정하다고 생각한다.

예제

해상 플랫폼을 보호하기 위해 해저에 차단 밸브를 설치하는 경우를 살펴보자. 세계적인 석유 회사는 연구 끝에 안전성 향상 및 설치 비용을 함께 만족시킬 수 없다는 결론을 내렸다. 이러한 접근 방식의 문제점은 다음과 같다.

- ▶ 자산(밸브를 설치하지 않기로 결정함으로써 회사에 이익이 발생하는 부분으로, 비용 지출은 피할 수 있지만 그렇게 함으로써 직원이 감당할 비용(위험) 발생)
- ▶ 직업 윤리 의식(직원의 생명 안전은 기업의 이익보다 우선한다)
- ▶ 법적 책임(밸브 설치를 수행하지 않음으로 인해 사고가 발생하는 경우 법원은 기업에게 과실이 있는 것으로 판결할 수 있으며 해당 판결에 대해 책임 있는 담당자는 개별 고발 조치, 상당한 금액의 벌금 또는 실형을 받을 수 있다)

특정 기업이 비용이 많이 지출되는 위험 감소 프로그램을 실시할 경우 다른 기업과 비교하여 경쟁력 측면에서 불이익을 받는다. 따라서 산업 전반에 걸친 접근 방식이 필요하다. 그러나 이러한 접근 방식에 있어서 한 가지 문제는 발전 속도가 해당 산업 그룹에서 가장 보수적인 기업에 의해 지배되는 경향이 있다는 것이다. 따라서 위험성 판단 기준에 대한 법적 규제가 필요하다.

4.7 위험성 판단 기준 설정을 위한 법적 접근 방식

4.7.1 개인적 사망 위험성

해당 관할 지역이 사망 위험성에 대한 기준을 정의하는 경우 개인적 사망 위험성을 가장 일반적으로 선택한다.

해당 지역에 따라 다른 수준의 사망 위험을 정의할 수도 있다. 예를 들어 일반 주거 지역에 위치한 산업 시설의 사망 위험에 대해 연간 백만 명당 1명(pmpy) 수준을 선택하면서, 위험에 매우 취약한 지역(예: 학교, 노인 복지 시설, 병원)의 경우 낮은 위험 수준을 정의하고 간헐적으로 취약하거나 상대적으로 덜 취약한 지역(예: 상업 지역, 공원, 스포츠 시설 및 산업 지역)은 높은 수준을 정의할 수 있다.

4.7.2 위험성 노출의 개인적 위험성

개인적 사망 위험성의 문제점은 노출 및 사망 확률 사이의 관계가 불확실하고 여러 유형의 노출에 대해 자주 수정되는 점이다. 일부 지역의 경우 개인적 사망 위험성을 사용하는 대신, '위험한 노출'에 노출되는 개인 위험을 사용하기로 결정했으며 이러한 각 노출 유형에 대한 위험성 판단 기준치는 개별적으로 정의된다.

반면에 특정 수준의 노출(예: 열 복사, 압력 초과에 의한 폭발, 독성 가스)로 인한 사망 확률에 대해 논란이 있으며 어떤 수준이 '위험' 수준(예: 사망 또는 최소한 심각한 부상에 이르는 확률 수준)인가에 대해서도 많은 논란이 있다.

4.7.3 사회적 사망 위험성

사회적 사망 위험성 접근 방식이 처음으로 제시되었을 때 이 접근 방식의 제한 사항을 완전하게 이해하기 전에 일부 지역에서 채택되었다. 그 결과 해당 지역에서는 높은 위험, 중간 위험 및 낮은 위험을 가진 구역 사이에 사회적 위험성에 대해 너무 엄격하게 정의된 경계가 생겼다.

다른 일부 지역의 경우 경계는 협상 및 해석을 위해 임시적이거나 개방적이다. 그러나 다른 지역의 경우 예상 사고의 규모 및 발생 가능성에 대한 스펙트럼을 표시하는 방법으로 산업 시설의 위험과 혜택을 폭 넓은 관점에서 관찰하는 데 도움을 주기 위해 사회적 위험성을 계산하려 하지만 이러한 방법은 위험의 수용 가능성을 결정하는 데 유일한 기준이 될 수 없다.

높은 위험 및 낮은 위험 사이의 중간 구역에서 위험이 발생하는 것으로 계산되는 특정 시설에 대해, 위험을 발생시키는 활동에 의해 얻는 혜택이 발생된 위험보다 중요하다고 판단되면 일반적으로 위험을 '합리적으로 실행 가능한 수치'(ALARP) 수준으로 감소시켜야 한다. '합리적으로 실행 가능한 수치' 수준의 의미에 대해서는 4.8절에서 설명한다.

4.7.4 재산 또는 환경에 대한 피해 위험성

일부 지역의 경우 주택, 상업 시설 또는 산업 시설과 같은 인근 지역 시설에 대한 피해 위험을 제한할 목적으로 열 복사 또는 압력 초과로 인한 폭발 피해 수준에 대한 노출 빈도와 관련하여 기준을 정의한다. 인근 지역의 유형에 따라 다른 빈도/노출 수준이 정의될 수 있다.

4.7.5 암시적 위험성 판단 기준

일부 지역의 경우 예상 사고 영향에 대한 평가를 강조하지만 발생 가능성 또는 빈도 평가는 중점적으로 다루지 않는다. 그럼에도 불구하고 발생 가능성은 '최악 사례' 및 "대체 사례" 시나리오(후자가 발생 가능성이 높지만 심각도가 낮음)에 대한 결과 평가를 요구하는 미국 EPA 화학 사고 예방 규정(40 CFR 68)의 경우와 같이 평가 시나리오 정의시 암시적으로 표현되는 경우가 많다.

4.7.6 재량권

위험성의 정량화가 가능한 방법에 대한 제한 사항(제7장 참조) 측면에서 여러 지역은 다음과 같은 재량권을 가지고 있는 법률 기관이 정한 일반적인 지침만을 기준으로 적용한다.

- 계산된 위험이 판단 기준을 초과하는 지역에서도 제시된 산업 개발 허용
- 계산된 위험이 판단 기준을 만족시키는 지역에서도 제시된 산업 개발 불허(不許)

4.8 '합리적으로 실행 가능한 수치(ALARP)'의 의미 및 사용

일부 국가의 경우 위험을 '합리적으로 실행 가능한 수치'(ALARP) 수준으로 줄일 것을 법률로 정하고 있다.

ALARP를 완전히 객관적이고 절대적인 용어로 정의하는 것은 불가능하다. 항상 경험적인 판단과 주관적인 견해를 필요로 하기 때문에 항상 논란의 여지가 있다. 궁극적으로 특정 사례가 ALARP 표준을 만족시키는지 여부는 법정에서 판단할 문제이다.

그러나 해안 및 해상에서의 공정 산업 활동에 의한 위험과 관련하여 ALARP는 다음과 같이 정의할 수 있다.

시설 또는 플랜트의 경우 위험이 ALARP이다.

- ▶ 해당 환경에서 작업하는 작업자에 의해 해당 환경에서 설치, 운영 및 유지 보수에 가능한 최상의 기술을 사용한다.
- ▶ 안전성과 관련하여 최상의 운영 및 유지 관리 시스템을 사용한다.
- ▶ 장비 및 관리 시스템은 높은 기준으로 유지 관리한다.
- ▶ 노출된 작업자의 위험 수준은 지역 사회에서 아무런 걱정 없이 수용하는 많은 위험과 비교하여 높지 않다(Tweeddale 및 Cameron, 1994).

위험이 무시할 정도로 낮지 않은 경우 ALARP 수준으로 줄여야 하는 요구 사항이 있다. 산업 분야의 기업은 위험이 ALARP라고 법률 기관에게 주장한다. 위에서 정의한 요구 사항을 만족시키고 있음을 이해시키기 위해 기업은 Hawksley에 의해 제시된 효과적인 위험 관리를 위한 모든 요구 사항을 만족시키고 있는지 설명해야 한다(제10장 참조).

ALARP에 대한 자세한 내용은 Tweeddale 및 Cameron(1994)을 참조한다.

4.9 잠재적 손실에 대한 위험성 계산 및 표시

4.9.1 개인적 사망 위험성

원칙적으로 위험은 결과 및 빈도에 의해 계산된다.

대부분의 경우 위험은 위의 두 가지 항목을 곱하여 계산할 수 있다. 예를 들어 폭발 심각도가 특정 위치에서 1명이 사망할 확률이 10%이고 폭발 빈도는 0.001/년인 경우 위험은 다음과 같다.

$$\text{사망 위험성} = 0.001 \times 10\% = 0.0001/\text{년}$$

개인이 위험에 일부분 노출되는 일정 범위의 사고가 있는 지역의 경우 전체 위험은 개별 사고 위험을 합산하여 결정된다. 이것은 전체 위험이 모든 사고가 한 번에 발생하는 위험이 아님을 의미한다!

일부 사고가 다른 사고에 대해 영향을 줄 수 있는 경우 전체 위험을 결정하기 어렵다. 이러한 경우를 '연대 사고' 시나리오라고 하며 사람들이 생각하는 것보다 자주 발생하지는 않는다. 그러나 정량화가 어려운 경우 최소한 질적인 측면에서 확인할 수 있으며 확인해야 한다.

4.9.2 사회적 위험성

서로 다른 빈도와 심각도를 가진 일정 범위의 사고에 대한 확률에 대해 위험을 '그룹 위험성' 또는 '사회적 위험성' 그래프로 표현하는 것이 적절할 수 있다. 이러한 예는 그림 4-8과 같이 표시된다.

이 그래프 곡선을 통해 사고 심각도 순서를 내림 차순으로 정렬한 다음 누적 빈도를 계산하고 로그 좌표로 작성한다.

사회적 위험성 계산의 예(사망)

사고 심각도(사망)	사고 빈도(연간)	누적 빈도(연간)
10	0.001	0.001
8	0.005	0.006
2	0.01	0.016
1	0.07	0.086

그런 다음 사고 심각도에 대한 누적 빈도를 작성하여 그래프로 작성한다. 그림 4-9를 참조한다.

처음에는 사회적 위험성이 위험성 판단 기준을 표현하는 데 이상적인 방법으로 생각될 수 있다. 그러나 여러 가지 문제가 있다. 예를 들어 개별 제조 업체 공장에 대한 기준을 정의하는 경우 공장 규모가 크면 클수록 기준을 만족시키기 더욱 어렵다. 공장 규모가 기준을 초과하는 경우 기준을 만족시키도록 각 하위 사업 단위로 나눌 수 있으나 실제 변경 사항은 없다.

또한 그림 4-8에 표시된 것과 같이 항공 운송 및 육로 운송과 같은 주요 활동은 국가적 규모로 일반적으로 산업 활동에 대한 기준을 만족시킬 수 없다.

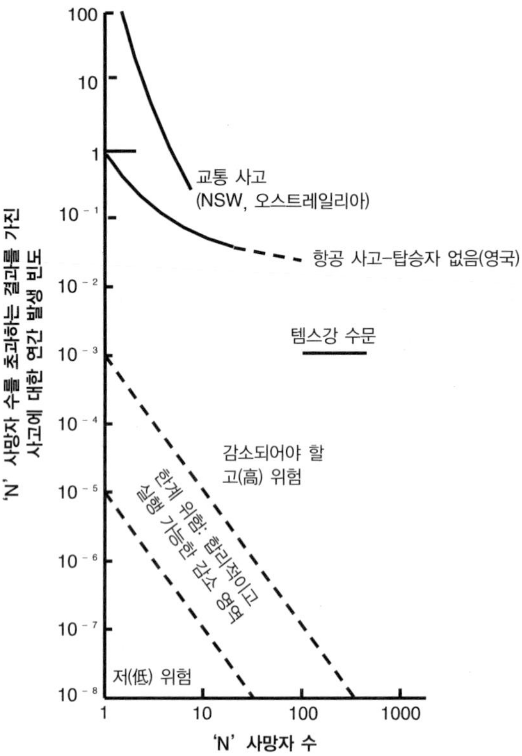

그림 4-8. 사회적 위험성에 대한 그래프 예

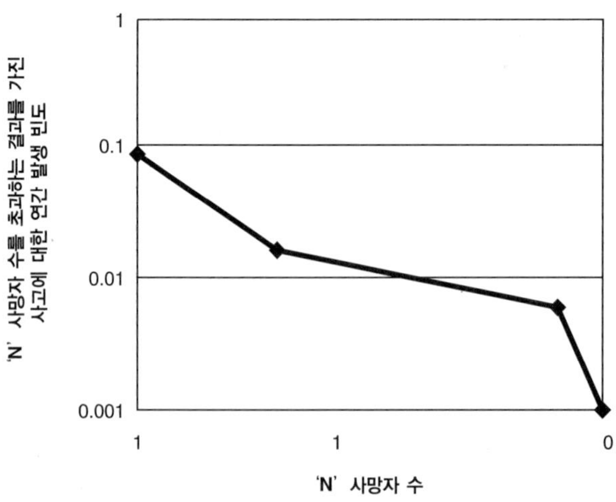

그림 4-9. 사회적 위험성 그래프 작성의 예

영국 런던에 있는 템스강 수문은 또 하나의 예이다. 때때로 높은 조수가 밀려올 때 동쪽에서 강한 바람이 부는 경우 템스강 하구의 해수면이 상당히 증가하여 런던의 상당 지역에 홍수가 발생할 잠재적인 가능성이 있다. 장기적으로 단계적인 지반 침하로 인해 이러한 가능성에 대한 위험은 연간 약 1/50의 확률로 상당히 높다. 따라서 이러한 홍수 위험이 오는 경우 강바닥에서 올릴 수 있도록 수문이 건설되었다. 이제 이 수문 또는 주변 고지대는 홍수가 발생할 확률이 연간 약 1/1000의 위험으로 측정된다. 이것은 상당한 개선이다. 그러나 모든 비상 조치에도 불구하고 수뮤 위로 물이 넘쳐 흘러 수백 명이 익사할 수 있는 경우도 발생할 수 있다. 따라서 이러한 설치물은 대표적인 산업 사회의 위험성 판단 기준을 만족시키는 수준으로 홍수와 같은 자연적인 잠재 위험으로부터 위험을 줄일 수 없다.

따라서 사회적 위험성을 사용하여 기준을 정의하는 경우 운영 규모를 고려하여 기준을 정의하는 것이 반드시 필요하다.

4.9.3 기타 위험 유형

기타 위험 유형은 개인적 위험성 또는 사회적 위험성에서 사용하는 원칙을 사용하여 계산할 수 있다. 일부 경우 단순한 막대 차트 또는 파이 차트를 통해 적절하게 표시할 수 있다. 기타의 경우 적절한 방법으로 결과를 표시할 수 있다.

4.9.4 위험 등고선

화학 공장과 같이 잠재 위험이 매우 다르지만(예: 화재, 폭발, 독성 가스 누출) 동일한 유형(예: 사망 위험)의 결과로 발생되는 수많은 잠재 위험을 가진 일부 특별한 경우 컴퓨터 프로그램을 사용하여 지형도에서 위험 수준을 계산한 다음 지형도에 위험 등고선을 작성한다(예: 그림 4-10 참조).

또한 등고선은 일반적으로 과도한 위험 노출 수준을 초과하는 빈도를 표시하는 데 사용된다.

예를 들어 지정된 수준의 열 복사, 압력 초과에 의한 폭발 및 독성 가스 누출에 대한 노출 빈도를 등고선으로 작성하는 컴퓨터 프로그램이 있다. 이 프로그램은 일부 지역의 경우 가이드라인 준수 여부를 평가하는 데 필요하다(제9장 참조).

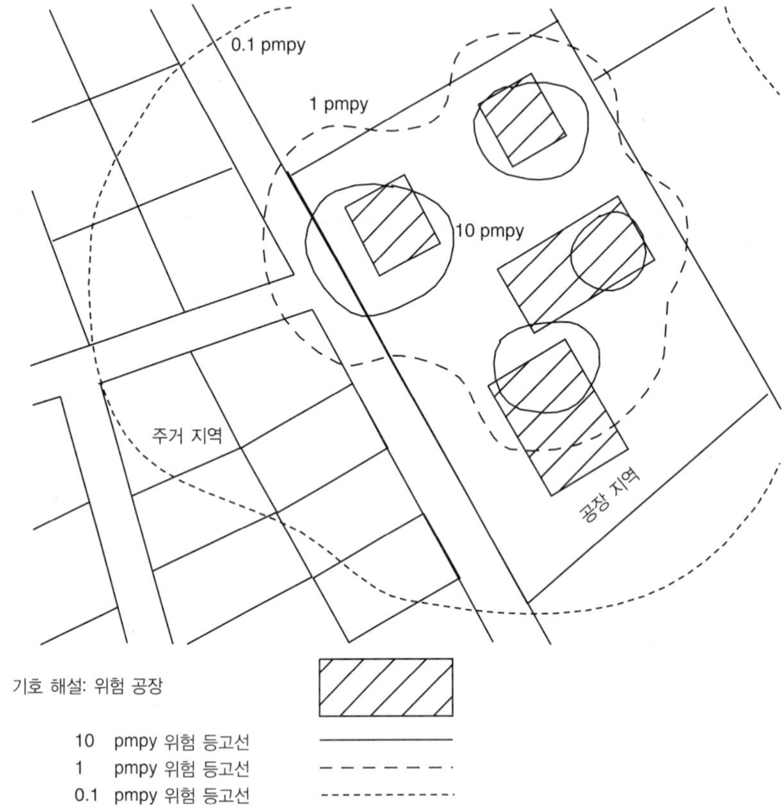

그림 4-10. 위험 등고선의 예

참고문헌

- ABS, "Population by Age and Sex, Australian States and Territories." Australian Bureau of Statistics, Publication 3201.0, Canberra, June 1999.
- ABS, "Deaths, Australia." Australian Bureau of Statistics, Publication 3302.0, Canberra, December 2000.
- Higson, D.J., "Risks to Individuals in NSW and Australia as Whole." Australian Nuclear Science and Technology Organization, Lucas Heights NSW, 1990.
- Morrall, J. F., "A Review of the Record." *Regulation*, Nov./Dec., 25-34(1986).
- Tweeddale, H. M., and Cameron, R. F., "Interpretation and Application of 'As Low as Reasonably Practicable' as a Measure of the Safety of Upstream Petroleum Facilities." Department of Primary Industries and Energy ALARP Review, DPIE, Canberra, 20 January 1994.

5 위험한 사고의 영향에 대한 심각도 평가

점차 정확도가 높아지고 있는 위험 사고 결과에 대한 심각도 예측 또는 계산 방법에 대해 심층적인 연구가 계속되고 있다. 정확도가 높아질수록 평가 방법이 보다 복잡해지고 있다. 연구 결과도 상당히 다양하게 나타나고 있다.

본 장에서는 이러한 방법에 대한 원칙을 소개하고 간단하지만 거의 정확한 평가 방법에 대해 설명하고 세부적인 방법을 고찰하는 데 필요한 참조 사항을 제공한다. 본 장을 배우고 나면 수학적 방법을 사용하여 다음을 수행할 수 있게 된다.

- ▶ 화재, 화구, 폭발 및 독성 가스 누출을 포함하여 다양한 유형의 공정 플랜트 사고 주변의 영향에 대한 심각도를 대략적으로 예측

▶ 사고 지점으로부터 다양한 범위에서 사망자 또는 심각한 부상 발생 가능성을 대략적으로 예측

▶ 사용 가능한 방법에 대한 일부 제한 사항 이해

또한 사용 가능한 컴퓨터 프로그램을 검토하여 보다 정밀한 사고영향 평가에 필요한 요구 사항을 적절하게 만족시키는 프로그램을 선택할 수 있다.

본 장에서는 그림 1-4의 단계 6, 위험성 관리의 '사고영향 평가'에 대해 설명한다(또한 EPA 40 CFR 68 및 OSHA 29 CFR 1910.119의 사고 영향 평가 요구 사항을 준수하는 데 필요한 원칙 및 방법에 대한 이해를 목적으로 한다).

5.1 소개: 계산 및 추정

대부분의 위험성 평가의 경우, 사고 영향의 규모를 계산할 수 없다. 예를 들어 철도 회사의 위험성 엔지니어가 두 대의 기차 충돌 사고에 대한 예상 사망자 수를 계산할 수 없다. 따라서 경험 많은 직원이 이전 사고에 대한 조사를 참조하여 추정할 수 밖에 없다.

공정 산업의 경우 다양한 사고에 대해 특정 거리에서 받은 영향을 계산할 수 있다. 이것은 사고 영향이 어느 정도 물리적 및 화학적 법칙의 적용을 받기 때문이다. 그러나 누출 위치, 파손 부위의 직경, 점화원의 존재 여부, 바람의 방향, 누출된 발화 액체의 확산 범위 또는 다양한 수준으로 노출되는 인명 취약성과 같이 사고 환경에 대한 불확실성으로 인해 이러한 법칙을 엄격하게 적용할 수 없음에 주의해야 한다. 따라서 계산이 가능한 경우라도 예상 결과에 대해 계산된 값을 현실적으로 적용하는 데 필요한 예측 요소가 상당히 많이 존재한다.

특히 신뢰도의 경우, 사고 영향을 생산 중단 규모 측면에서 표현해야 하는 곳(날짜 단위 또는 제품의 물리적 수량에 의한 측정)은 예비 부품의 가용성, 예비 저장물의 규모 및 수리에 필요한 시간과 같이 여러 요소에 의해 결정되기 때문에 중단으로 인한 심각도를 계산할 수 없다. 따라서 생산 중단으로 인한 사고 영향은 예측되

어야 한다. 이러한 예측을 해당 산업 분야의 경험을 가진 담당자가 수행하면 상당히 정확하게 예측할 수 있기 때문에 위험성 관리에 효과적으로 사용할 수 있다.

5.2 화재

5.2.1 소개

공정 플랜트의 화재는 다음과 같이 여러 가지 형태로 발생할 수 있다.

- ▶ 액면 화재(pool fire)
- ▶ 제트 화재(jet fire)
- ▶ 화구(fire ball)
- ▶ 증발 화재(flash fire)

위와 같은 화재의 피해는 몇 가지 효과에 의존한다.

- ▶ 화염의 강도(flame impingement)
- ▶ 대류(convection)
- ▶ 복사열(heat radiation)

화구에 대해서는 5.3절에서 설명한다. 증발 화재에 대해서는 5.4절에서 설명한다.

5.2.2 액면 화재(pool fire)

액면 화재는 화재 발화 기반(基盤)에 고여 있는 액체가 증발하면서 연소되는 화재이다. 일반적으로 누출된 인화성 또는 가연성 액체 풀(pool)에 발화할 때 발생한다.

화재 발생은 다음과 같은 여러 요소에 따라 결정된다.

- ▶ 발화하는 액체 특성
- ▶ 대기 온도

▶ 풀(pool)의 유효 직경

▶ 풍속(風速) 정도

위의 사항들은 연료 공급원으로 작용하는 증기 생성량 및 화재에 공급되는 산소량에 영향을 준다. 액체의 휘발성이 강할수록, 대기 온도가 높을수록(특히 지면 온도) 연료 공급량이 증가한다. 풀 직경이 클수록 화염에 대한 산소 공급 효율은 떨어져서 그 결과, 복사 강도는 떨어지고 화염의 연기가 증가하게 된다. 풍속이 빠를수록, 산소 공급량이 증가할수록 더욱 밝고 복사 강도가 증가하는 화염이 발생한다.

가상 화재 효과를 평가할 때 다음과 관련하여 여러 가지 가설을 수립한다.

▶ 풀(pool) 위에서의 화염 높이

▶ 풍속이 있는 경우 화염의 경사도

▶ 풀(pool) 화재에 의한 표면 증발 속도

▶ 평균 표면 방사율, 즉 화염 단위 면적당 열 에너지 방사량

▶ 연기를 통해 위로 대류된 열과는 별도로, 전체 연소열에 대한 복사열 비율

이러한 가정은 정확하지 않기 때문에 거의 근사값을 기준으로 평가를 수행하고 있다.

풀 화재 영향을 평가할 때 화염은 풀의 평균 직경과 동일한 직경의 수직축 및 이 직경에 두 배가 되는 높이를 가진 원기둥으로 표현하는 경우가 많다. 실제로 대형 풀 화재의 화염은 기반(基盤)에서 공기가 안쪽으로 이동하면서 화염을 통해 위쪽으로 대류하는 공기를 바꾸기 때문에 원뿔 모양을 형성하는 경향이 있다. 이러한 원뿔형 화염의 최대 높이는 풀 직경의 두 배보다 클 수 있다. 안정된 대형 풀 화재의 경우 주목할 만한 현상은 발생 장소에서 화염이 순간적으로 발화하면서 발생하는 연기이다. 이러한 화재의 복사열은 평균 표면 방사율이 매우 낮다.

5.2.2.1 화염의 강도

화염의 강도에 의해 용기로 입력되는 열량은 화재 방지용 릴리프 밸브 크기를 결정하는 기준으로 사용된다.

탄화수소 화염 온도는 일반적으로 화염의 난류 및 폭기(aeration)에 따라 1,200°C에서 1,600°C 사이에서 변화하는 것으로 알려져 있다. 예를 들어 LPG의 제트 화염은 약 1,600°C 온도에 도달하는 반면에 연한 빨간색의 연기가 나는 화염

을 가진 안정된 풀 화재의 경우 약 1,200°C에 도달하는 것으로 알려져 있다.

미국 NFPA(National Fire Protection Association: 미국 소방 협회)(1984)에 의하면 비절연 용기는 평균 플랜트 조건에서 화염에 휩싸이면 용기의 내용물에 의해 내부가 습한 상태가 되고, 노출된 표면의 63 kW/m^{2}를 흡수할 수 있는 것으로 알려져 있다.

화염 강도로 인한 열적 피해는 뜨거운 연소 생성물에 의한 대류에 의한 피해나 열 복사에 의한 피해보다 훨씬 크다. 일반적으로 사람에 대한 위험성 평가시 화염 강도 범위 내에 있는 사람은 치명적인 부상을 입는 것으로 가정하는 것이 일반적이다.

구조물에 대한 화염 강도 영향 평가시 노출된 플랜트 구역의 특성, 노출 기간, 설치된 화재 보호 시설 및 노출된 구조물의 부재물(部材物)에 대한 스트레스(응력-應力)를 반드시 고려해야 한다.

예를 들어 전기 케이블, 장비 케이블 및 계측 장비는 화염 강도에 의해 매우 급속하게 손상되거나 파괴된다. 튼튼한 강철 부분은 약한 부분보다 영향 받는 속도가 느리며 해당 부분이 스트레스를 많이 받을수록 해당 구조물의 결함 발생 가능성이 증가한다. 따라서 민감한 장비 또는 약한 구조강 부분에 대해 화염 강도 확률을 최소화하도록 공장 레이아웃을 설계하는 것이 바람직하다. 예를 들어 인화성 액체 펌프(상대적으로 화재에 의한 씰(seal) 결함 발생 가능성이 높음)는 화재로 인한 피해 가능성이 높은 케이블 구역, 연속 누출, 빔 등을 포함하거나 플랜지 연결 부위의 추가적인 누출 가능성이 높은 파이프 브리지 밑에는 더 이상 설치하지 않는다.

5.2.2.2 대류 현상

잠재적으로 액면 화재(pool fire)가 발생할 수 있는 장소에 위치한 공장이 대류열에 의해 피해를 입을 가능성은 일반적으로 적절한 레이아웃을 통해 해결한다. 예를 들어 플랜트 용기, 펌프 등에 의해 누출될 가능성이 있는 파이프 브리지 위에 설치되는 알루미늄 핀식 팬 열 교환기는 이제 파이프 브리지에서 충분히 떨어진 위치에 설치하는 것이 정상적이다. 또한 핀식 팬 열 교환기를 파이프 브리지 위에 설치하는 경우 일반적으로 액면 화재에 대한 노출을 최소화하기 위한 기준 등급보다 훨씬 높은 위치에 팬 교환기를 설치한다.

특정 목적 또는 위험성 평가를 위해 계산을 통해 대류 열 효과를 추정하지 않는다.

5.2.2.3 복사

공정 플랜트의 화재의 경우(수평면을 기준으로 일정 거리에서의) 주요 화재 피해는 복사열에 의해 발생한다. 일정 거리에서의 액면 화재에 의한 복사열 강도는 다음 두 가지 방법을 사용하여 계산할 수 있다.

▶ '포인트 소스' 방식

▶ '뷰 팩터' 방식

이 두 가지 방식에 대해서는 아래에 설명한다. 두 가지 방식 모두 주요 고유 근사치를 가진다.

포인트 소스(point source) 방식

이 계산 방식 단계는 다음과 같다.

1. 연료 풀의 위치 및 직경을 추정한다.
2. 실험상의 데이터를 사용하여 연료 특성 및 풀의 직경으로부터 화염 높이를 추정하고 그에 따라 화염 중심부 위치를 추정한다.
3. 실험상의 데이터를 사용하여 직경으로부터 화재에 의한 표면 증발 속도(mm/분)를 추정한다.
4. 연료 연소율(kg/초)을 계산한다.
5. 연료 연소에 의한 열을 사용하여 화재에 의해 생성된 동력(kW)을 계산한다.
6. 실험상의 데이터를 사용하여 복사열에 의해 방출되는 연소열의 규모를 추정한다.
7. 모든 열은 화염의 유효 중심부의 중심점으로부터 복사되는 것으로 가정하고 노출된 사람 또는 장비까지의 거리(m)를 계산한다.
8. 열은 모든 방향에서 동일하게 복사되는 것으로 가정하고(실제로는 구형 화염을 제외한 모든 화염의 경우 동일하지 않음) 노출된 사람 또는 장비까지의 거리를 반지름으로 하는 구(球)의 표면적으로 복사력을 나누어 이 거리에서의 복사열 강도를 계산한다.

다음 예에서 기본적인 접근 방식에 대해 설명한다.

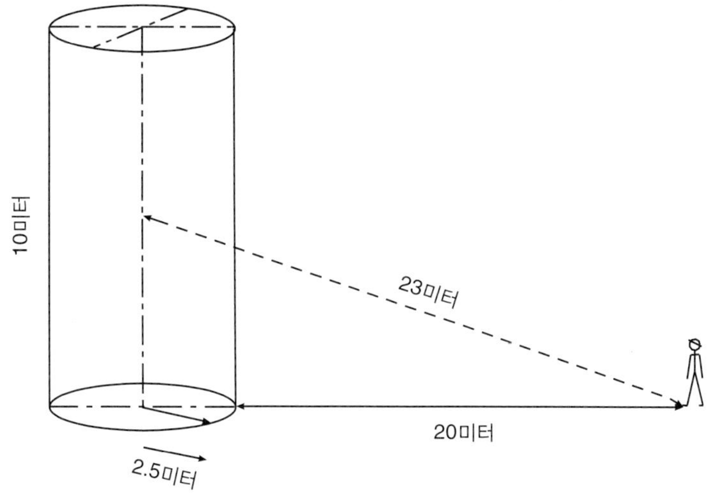

그림 5-1. 자동차용 휘발유의 액면 화재(pool fire)

예제 5.2.1: 액면 화재에 의한 복사열: 포인트 소스 방식

5미터 직경의 자동차용 휘발유의 풀이 발화되었다고 가정한다. 풀의 가장자리로부터 20미터 거리에서 복사열 강도를 계산한다.

해답

이러한 구성은 그림 5-1과 같이 표시된다. 풀의 중심부로부터 관찰자까지의 거리는 22.5미터이다. 여기서 화염의 높이는 직경의 두 배로 가정하고,[1] 화염 중심부의 높이는 풀에서 5미터이다. 따라서 화염 중심부에서 관찰자까지의 거리는,

반경 $R = (5^2 + 22.5^2)^{1/2} = 23$미터

풀의 높이 감소율은 표 5-1을 참조하고 자동차용 휘발유의 표면 증발 속도는 벤젠의 표면 증발 속도(6mm/분)와 비슷한 것으로 가정한다.

750kg/m^{3}의 밀도를 가진 자동차용 휘발유의 경우 연소 질량 유량은 다음과 같다.

연소 질량 유량 = 풀 면적 × 화재에 의한 표면 증발 속도 × 밀도
= (3.142/4) × 5 × 5 × (0.006/60) × 750kg/초
= 1.47kg/초

1) 이것은 일반적인 가정이지만 서로 다른 물질 또는 풀 직경에 대한 직경 대비 높이 비율을 측정할 때 공식 및 실험상의 데이터로 사용할 수 있다. CCPS(1999) 제3장 6절 참조.

표 5-1. 제안된 (다양한 원인에 의해 발생하는) 액면 화재에 대한 표면 증발 속도[2)]

착화 물질	화재에 의한 표면 증발 속도 (mm/분)
액화 탄화수소 가스(예: LPG)	8
경질 탄화수소 액체(예: 벤젠, 휘발유, 크실렌)	6
중질 탄화수소 액체(예: 연료유)	4
빛을 내지 않는 인화성 액체(예: 메탄올)	4

표 5-2. (다양한 원인에 의해 발생하는) 화염에 의한 복사열 비율[3)]

착화 물질	전체 열에 대한 복사열 비율 (mm/분)
수소	20
탄화수소	
C1(예: 메탄)	20
C2(예: 에틸렌)	25
C3 및 C4	30
C5 이상	40
메탄올	15
휘발유	15

약 48,000kJ/kg의 자동차용 휘발유 연소열 및 35%의 복사열(표 5-2) 상태에서 열복사율(예: 화염 복사력)은 다음과 같다.

화염 복사력 = 1.47 × 48,000 × 0.35 = 24,700kW

반지름이 23미터인 구의 표면적은,

표면적 = 4 × 3.142 × 23 × 23 = 6648m^2

이를 통해 화염 중심부에서 반지름 길이만큼 떨어진 표면의

복사열 강도 = 24,700/6648 = 3.7kW/m^2, 즉 약 4kW/m^2이다.

포인트 소스 방식에는 다음과 같은 근사치가 내재되어 있다.

- 복사는 모든 방향에서 일정(구형 화염의 경우에만 맞음)하다는 가정을 전제로, 화염은 단일 지점으로부터 복사되는 것으로 정의

2) 이러한 속도는 풀의 직경 및 그 시점에서의 풍속에 상당한 영향을 받는다.
3) 약 1~3미터의 직경을 가진 화재 기준. 풀의 직경이 증가할수록 이러한 값은 상당히 감소하고 연소 효율도 떨어지면서 그에 따라 매연 생성이 증가하기 때문에 관찰자가 화염을 관찰하는 데 방해가 된다. 또한 이러한 값은 풍속에 따라 상당히 변화한다. Lees p. 16/206, 및 CCPS의 Mudan 및 Croce 참조.

▶ 화염의 직경 대비 높이 비율 추정

▶ 액체 풀의 화재에 의한 표면 증발 속도

▶ 복사되는 전체 연소열에 대한 평균 비율

그럼에도 불구하고 멀리 떨어진 지역에서의(far field) 복사열에 대해 일반적으로 사용되는 접근 방식이다. 또한 다양한 위치 및 무작위 방향으로 발생하는 수많은 가상 화재에 의한 위험성 평가에 사용하는 대규모 위험성 평가 컴퓨터 프로그램에 적용된다.

‘뷰 팩터(View Factor)’ 방식

포인트 소스에서 일정 거리 떨어진 위치의 복사 강도는 거리의 제곱에 반비례한다. 매우 큰 소스로부터 일정 거리 떨어진 위치의 복사 강도는 거리에 반비례한다. 매우 큰 평면 소스로부터 일정 거리 떨어진 복사 강도는 일정하다.

‘뷰 팩터’ 방식은 화염 표면에서의 복사 강도를 산출한 후, 표면 복사 경사 각도를 조정하면서 전체 뷰 필드와 비교하여 화염이 차지하는 노출 표면의 뷰 필드 비율에 따라 복사 강도를 감소시키는 방식이다. 이에 대한 설명은 그림 5-2와 같다.

노출된 수평면의 한 지점에서 화염까지의 뷰에 대한 증분식 원뿔을 적분하고 노출 표면까지의 원뿔 중심선의 경사 각도를 조정하여 뷰 팩터를 결정한다.

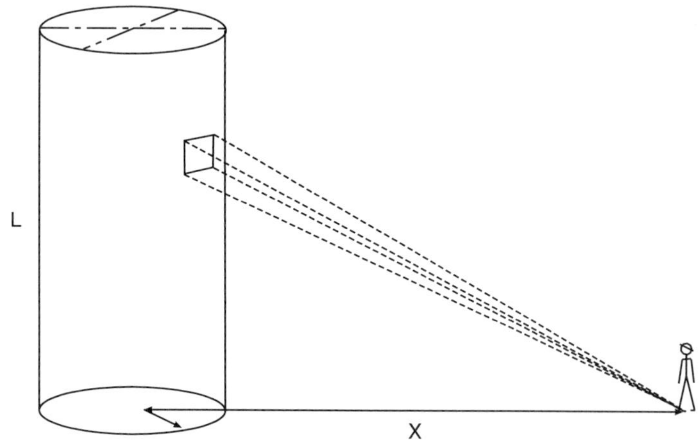

그림 5-2. 뷰 팩터 방식의 예

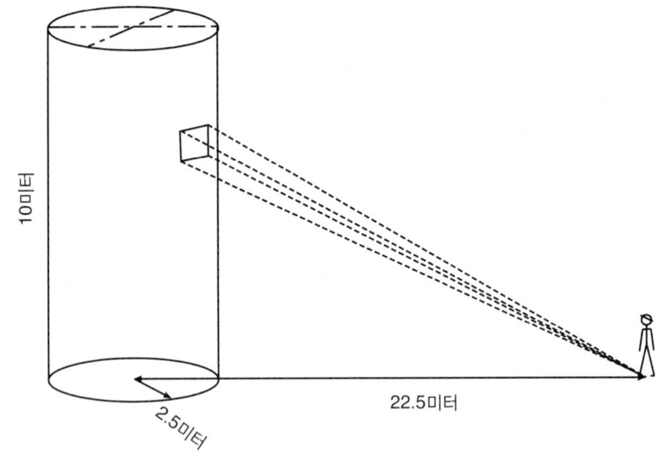

그림 5-3. 액면 화재의예(뷰 팩터 방식)

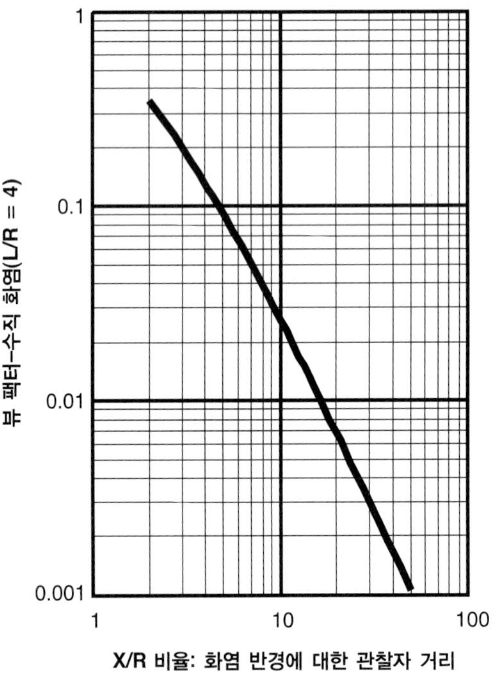

그림 5-4. 수직 원통형 화염에 대한 최대 뷰 팩터

표 5-3. (다양한 원인에 의해 발생하는) 액면 화재의 화염에 대한 제안된 평균 표면 방사율(예: 표면으로부터의 복사 강도)

착화 물질	표면 방사율(kW/m²)
액화 탄화수소 가스	90
경질 탄화수소 액체(예: 벤젠)	70
산화 에틸렌, 산화 프로필렌	40
염화비닐	25
황화 수소	20
저발광성 화염을 가진 유기성 액체(예: 메탄올, 이황화 탄소)	15
일산화탄소	15

주: 제트 화염 또는 화구와 같이 난류성 화염의 표면 방사율은 완전 연소로 인해 상당히 높을 수 있다. 방사율은 150~300kW/m² 범위이다.

다양한 형태의 화염 및 노출 표면의 위치에 대한 뷰 팩터를 표와 그래프로 구성하여 출간되었다(Howell, 1982). 이에 대한 예는 그림 5-4에 표시되어 있다.

다양한 발화 물질에 대한 화염 표면으로부터의 복사열 강도(예: 표면 방사율)는 표 5-3과 같다. 이러한 방사율은 액면 화재에 의한 방해 연막을 포함하는 평균 방사율이다(난류 및 발광성 화염의 방사율이 높다).

예제 5.2.2 액면 화재에 의한 복사열: 뷰 팩터 방식

5미터 직경의 휘발유 풀을 가진 예제 5.2.1의 동일한 화재를 예로 든다. 노출 표면은 풀 가장 자리로부터 20미터 거리에 있다. 이러한 구성은 그림 5-3과 같이 표시된다.

풀의 중심에서 노출 표면까지의 거리(X)는 22.5미터이다. 풀 반경(R)은 2.5미터이다. 따라서 $X/R = 9$이다. 화염 높이는 풀 직경의 두 배로 가정하면 $L/R = 4$이다. 그림 5-4를 참조하면 뷰 팩터는 0.03이 된다.

휘발유의 경우 표면 방사율이 벤젠과 동일하다고 가정하면 70kW/m²이다(표 5-3 참조)

따라서 노출 표면(화염 복사와 수직선상)에서의 복사열 강도 최대값은 다음과 같다.

$$
\begin{aligned}
\text{강도} &= 70 \times \text{뷰 팩터} \\
&= 70 \times 0.03 \\
&= 2.1
\end{aligned}
$$

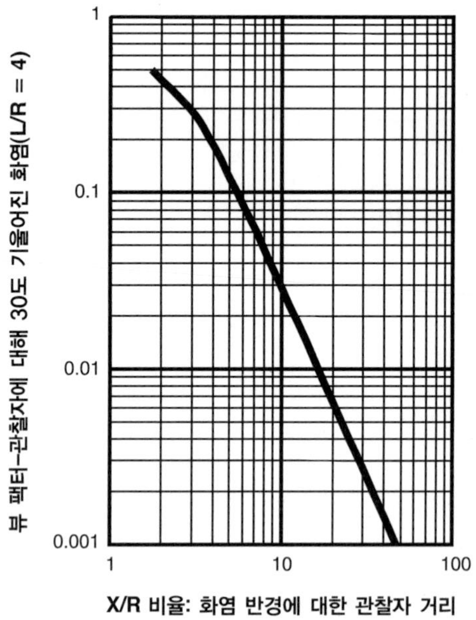

그림 5-5. 관찰자에 대해 30도 기울어진 수직 원통형 화염에 대한 최대 뷰 팩터

즉, 약 2kW/m^{2}이다. 이 값은 포인트 소스 방식을 사용하여 산출한 4kW/m^2 값과 비교할 수 있다.

뷰 팩터 방식은 포인트 소스 방식이 수행하지 못하는 한정된 크기의 화염을 고려할 수 있기 때문에 근거리 폭발에 대해 더욱 신뢰성이 있는 것으로 알려져 있다. 그러나 뷰 팩터 방식의 경우 신뢰성에 영향을 주는 근사치가 있다. 이러한 근사치에는 화염 형태, 화염 비율 및 평균 표면 방사율이 포함된다. 자세한 내용은 그림 5-5를 참조한다(자세한 내용은 Lees(1996), p. 16/207ff. 및 CCPS(1999) 제3장 6절 참조).

5.2.3 대기 수증기에 의한 복사열 감쇠(減衰)

대기 수증기(및 이산화탄소)에 의한 복사열 감쇠량 계산 방법은 Wayne(1991)에 의해 제시되었다.[4] 요약하면 다음과 같다.

4) Wayne, D. F.에 의해 재판(1991): 대기 상의 적외선 투과율 계산을 위한 경제학 공식. Elsevier Science에 의해 승인된 J. Loss Prev. Process Ind., Vol 4, 1월 .

아래 공식에서 여러 상수들은 프로판 및 LNG 액면 화재의 중간 온도인 화염 온도 1,500K에 대해 선택된 값이다. 또한 1,500K를 기준으로 수 백도 범위 내에서 서로 다른 화염 온도에 대해 결과는 영향 받지 않음을 참조한다.

$$\text{투과율} = 1.006 - 0.01171 \log_{10}X_A - 0.02368(\log_{10}X_A)^2 - 0.03188 \log_{10}X_B + 0.001164(\log_{10} X_B)^2$$

여기서

$$X_A = X_{(H_2O)} = (RH \times L \times S_{mm} \times 2.88651 \times 10^2)/T$$

$$X_B = X_{(CO_2)} = L \times 273/T$$

여기서

RH = 상대 습도(예: 0에서 1.0 사이)
L = 경로 길이(m)
S_{mm} = 켈빈 온도 T에서 포화 수증기압(mmHg)
T = 대기 온도(K)

대표적인 투과율은 그림 5-6을 참조한다(기타 접근 방식은 CCPS[1999], 제3장 4절 참조).

5.2.4 제트 화재(jet fire)

자세한 내용은 CCPS(1999), 제3장 7절 및 Lees(1996), p. 16-221ff를 참조한다.

다음 접근 방식은 제트 화재에 의한 복사량 계산에 사용한다.

- 연료 누출 속도, 연소에 의한 열 생성 속도 및 화염에 의한 복사열을 계산한 다음 화염 중심점에서의 측정을 기준으로 포인트 소스 방식을 사용하여 복사열를 계산한다(이 방식은 화염이 모든 방향에서 동일하게 복사되는 것으로 가정하기 때문에 길고 얇은 화염의 경우 정확하지 않을 수 있다).
- 실험상의 관계식을 사용하여 화염 형태 및 크기를 측정한 다음 뷰 팩터 접근 방식을 사용한다.

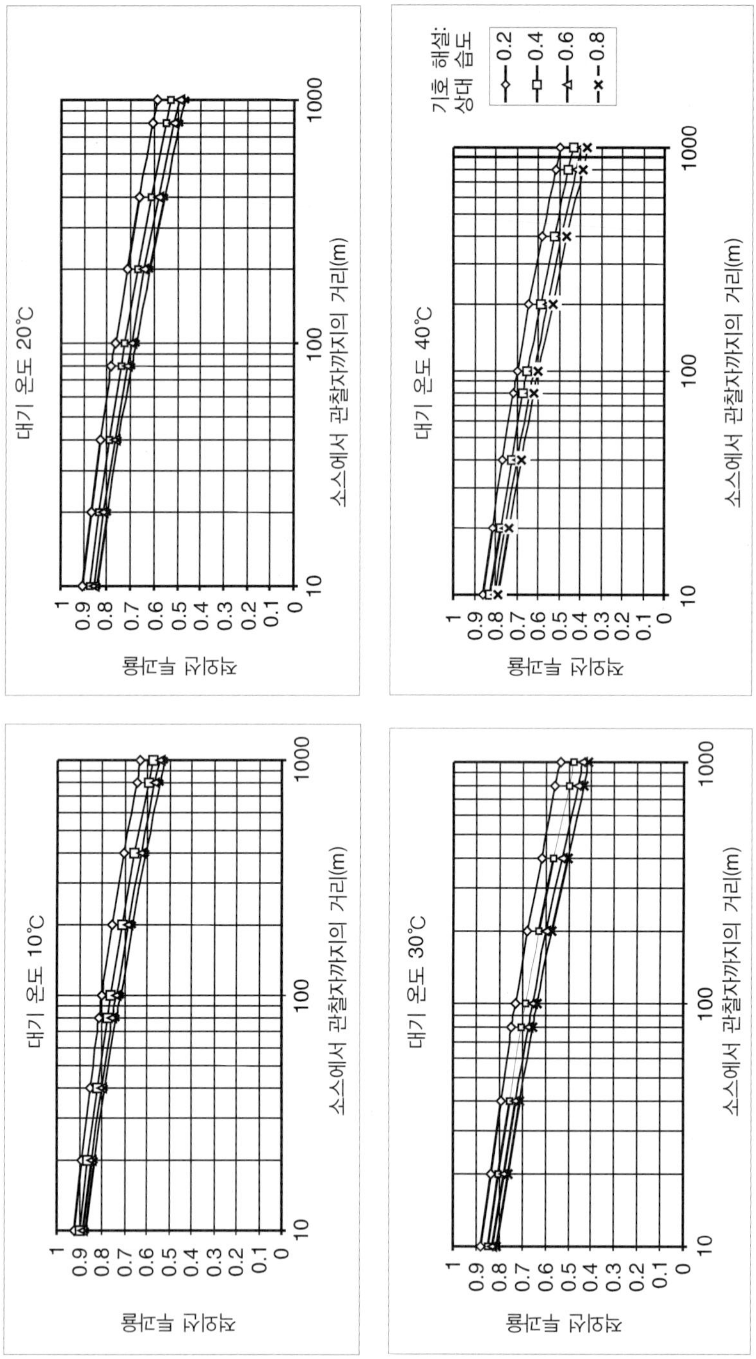

그림 5-6. 선택 조건에 대한 대기 투과율

이러한 접근 방식은 Bagster 및 Pitblado(1988)에 의해 검토되었다.

제트 화염 길이 측정 방식은 Bagster 및 Schubach(1995)에 의해 검토되었다. CCPS(1999), 제3장 7절에 화염 길이 측정에 대한 접근 방식을 제시했다. British Gas 및 Shell사는 대단위 테스트를 기준으로 다른 방식을 수립했다.

API-RP 521(1996)은 다음 모델을 제시했다.[5)]

길이 $= 0.00326 \times (H_C \times$ 질량 누출율$)^{0.478}$

여기서 H_C는 누출 가스의 연소열.

불꽃 및 화염 경사도를 가진(일반적으로 수평면에서 30도로 가정) 화염 길이를 측정하는 방식은 API-RP 521(1996)에서 수립되었다. 화염 길이는 다음과 같이 측정한다.

길이 $= 0.0177Q^{1.08}$

여기서 $Q =$ 열 누출율(MW)

제트 화재의 복사력은 예를 들어 350kW/m^{2}와 같이 매우 높을 수 있으며 일반적인 범위는 50~220kW/m^{2}이다.

5.3 BLEVE

5.3.1 소개

BLEVE는 '비등액체 팽창증기 폭발'을 의미하며 화재 접촉에 의한 인화성 액화 가스(또는 대기압 비등점 이상의 온도에 있는 압력 상태에서 인화성 액체)를 포함하는 용기 또는 시스템의 순간적인 파열을 설명하기에는 다소 미흡하다. 결과는 다음과 같다.

5) API 승인에 의해 재판: Guide for Pressure Relief and Depressuring Systems. API-RP 521, Edition 2, American Petroleum Institute, Division of Refining.

▶ 용기 또는 시스템 내의 가압 상태의 물질 누출로 인한 압력 폭발

▶ 용기 또는 시스템의 파편이 발사되는 미사일식 파편물

▶ 누출된 인화성 공기 및 액체가 공기 중에서 난류성 혼합에 의해 집중 연소되면서 발생하는 화구(火球)

일반적인 화재 발생 순서는 다음과 같다.

1. 인화성 액화 가스가 포함된 가압 상태의 용기(예: LPG 저장 탱크)가 화재에 노출된다.

2. 용기가 화재에 의해 가열된다. 용기 내의 압력이 내용물이 가열됨에 따라 상승한다. 결과적으로 압력 릴리프 밸브가 작동하여 용기로 입력된 열에 의해 증기가 배출된다. 증기는 화재에 의해 발화되어 강렬하게 불꽃을 생성하면서 강한 복사 화염을 발생시킨다. 그러나 이 화염 자체에 의해 피해를 입지는 않는다. 압력은 릴리프 밸브 설정 포인트에서 고정된다.

3. 탱크의 액체 레벨은 증기가 누출되면서 떨어진다. 내부 액체 레벨 위의 탱크 상부에서 화염이 발생하거나 액체 레벨이 외부 화염 레벨 아래로 떨어지기 때문에 결과적으로 액체에 의한 내부 냉각 효과가 감소하여 용기 표면 일부가 과열된다. 온도는 내부 압력으로 인한 스트레스를 견딜 수 없는 상태로 상승한다.

4. 탱크가 파열한다. 이 파열 현상의 원인은 과압이 아니라 표면의 온도 초과에 의한 것이다.

5. 탱크의 파편은 상당한 거리를 날아간다. 일부 내용물은 순간적으로 발화되면서 동시에 증기로 변환되고 발화하면서, 몇 초 동안(발화 내용물의 질량에 따라 최대 약 15초) 불꽃이 강한 화염 상태의 난류성 화구(火球)를 생성하고 몇 초 동안 지면을 접촉한 후 대기로 상승한 다음 불꽃이 서서히 사라지면서 완전 연소 된다. 또한 탱크 내의 압력 누출에 따른 국지성 폭발에 의한 압력파(壓力波)가 발생한다. 압력파는 심각한 열적 피해보다는 피해 범위가 심각하지 않다. (그러나 용기 주변의 심각한 피해 없이 수 킬로미터 떨어진 유리창을 흔들 정도의 낮은 과압이 발생할 수 있다.)

이 시나리오는 그림 5-7에 설명되어 있다.

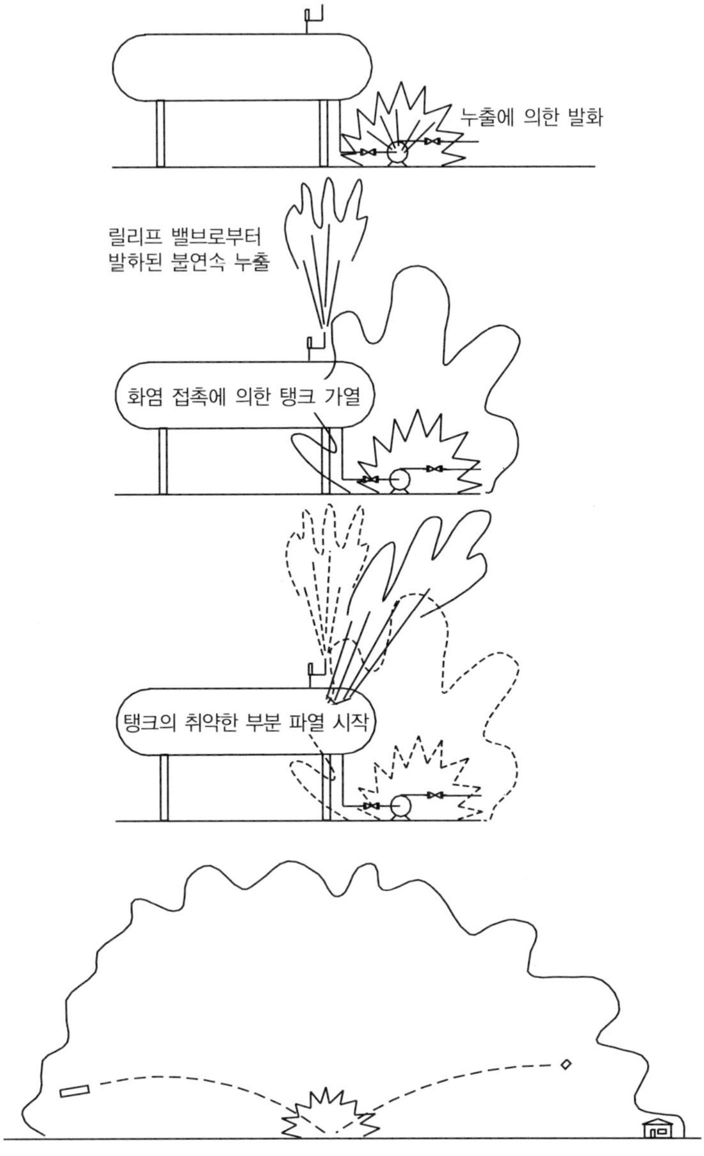

그림 5-7. BLEVE에 의한 화재 발생 순서도

용매 드럼통이 대기압 비등점 이상에서 충분한 시간 동안 내용물이 가열되는 화재에 노출될 경우 이와 유사한 시나리오가 발생할 수 있다. 드럼 저장소에 화재가 발생하면 상당수의 드럼이 폭발하여 로켓처럼 위로 치솟으면서 여러 형태(스프레이식 및 증기)의 화구를 발생시킨다.

5.3.2 BLEVE의 직경 및 시간 계산

BLEVE에 의해 복사되는 열 효과를 측정하기 위해 시작 단계에서 계산하는 두 가지 값은 직경 및 시간이다. 이 두 가지 값을 구하기 위한 공식을 수립하기 위해 다양한 상관 관계 연구가 진행되고 있다. 공통적으로 사용하는 상관 관계는 다음과 같다.

$$D = 6.48M^{0.325}$$

$$t = 0.852M^{0.26}$$

여기서

D = 직경(m)

M = 질량(kg)

t = 시간(sec)

(TNO, 1979)

TNO 공식의 그래프는 그림 5-8 및 그림 5-9와 같이 표시된다.

영국 HSE(Health and Safety Executive: 보건 안전청)가 실시한 테스트 세부사항은 Roberts 등(2000)에 의해 정리되었으며 다양한 범위에서의 직경, 시간, 화구 방사율 및 열 노출값이 기록되어 있다. 이러한 결과치는 BLEVE의 기초적인 특성에 대해 존재하는 일부 불확실성을 설명하는 데 도움을 준다.

예제 5.3.1

200톤급 저장 탱크에 프로판이 1/3 저장되어 있을 때 BLEVE가 발생했다고 가정한다. 이 결과로 발생한 화구의 직경 및 시간은?

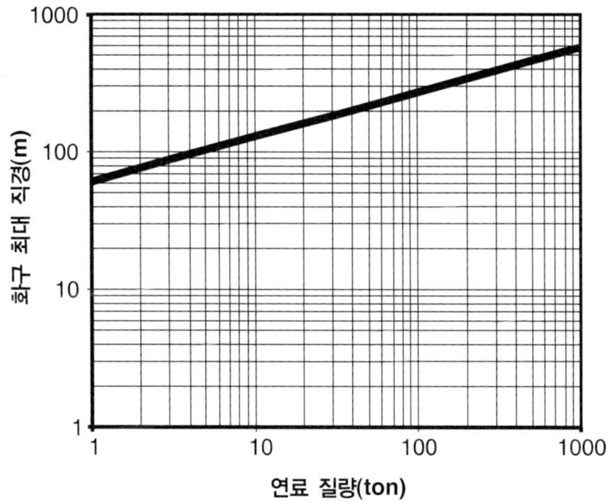

그림 5-8. BLEVE 화구의 최대 직경

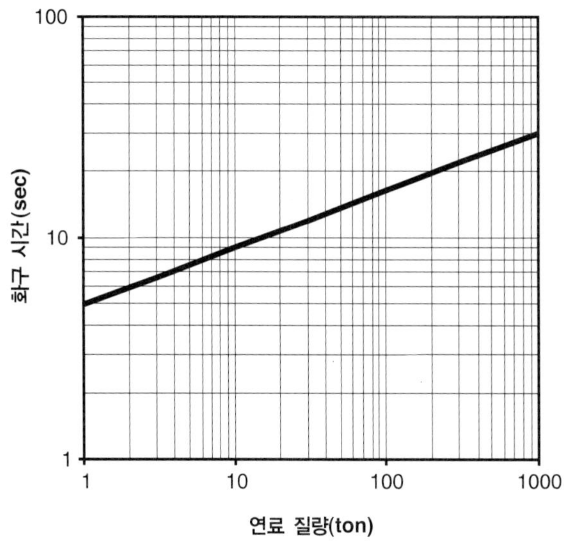

그림 5-9. BLEVE 화구의 시간

제공된 공식 또는 그래프를 참조하면 M = 66,700kg이며 따라서 최대 직경은 약 240미터이고 시간은 약 15초이다. 그러나 실제 BLEVE로 인한 시간 및 질량 측정값은 '최적으로 적합'한 그래프 상의 선 주위에 폭 넓게 산재하여 분포하게 된다. 자세한 내용은 Roberts et al.(2000)을 참조한다.

5.3.3 BLEVE에 의한 복사열 계산

복사열는 포인트 소스 방식을 사용하여 소모된 연료 질량 및 화구 시간을 기준으로 계산하거나 뷰 팩터 방식을 사용하여 계산할 수 있다. 두 가지 계산 방식을 살펴본다.

5.3.3.1 포인트 소스 방식

주: Roberts 등(2000)에 의하면 화구로부터 복사되는 전체 연소열 비율은 0.25에서 0.4 사이이다. 일반적인 사고 영향 평가에 의한 적정값은 0.35이다.

BLEVE로부터 열복사 계산시 화구는 구형체이고 지면과 접촉 상태인 것으로 가정한다. 이러한 구성은 그림 5-10과 같이 표시된다.

예제 5.3.2

LPG 67톤이 저장된 상태에서 BLEVE가 발생한 경우 저장 탱크의 중심에서 300미터 떨어진 거리의 복사열 강도를 계산하라.

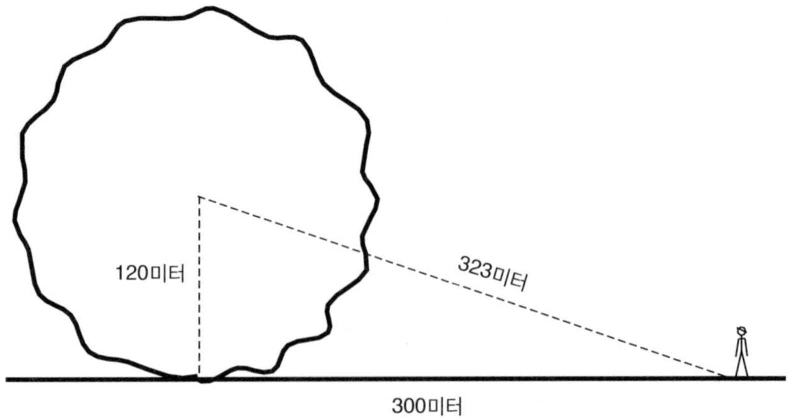

그림 5-10. 사고 영향 평가에 사용되는 BLEVE 화구의 일반적인 구성도

예제 5.3.1와 같이 시간은 약 15초이다. LPG 연소열은 약 48,000kJ/kg이고 화염 복사 효율은 35%[6](예: 난류성 불꽃 화염에서 복사된 연소열을 35%로 가정)로 가정하면 전체 복사열은 다음과 같이 계산된다.

전체 복사열 = 66,700kg × 48,000 × 35/100 × 1/15kW
= 74,704,000kW

이 복사열이 반지름이 323미터인 구 내부에서만 복사된다고 가정하면 복사열 강도는 다음과 같다.

복사 강도 = 74,704,000/(4 × 3.142 × 323 × 323)
= 약 57kW/m^2

또한 복사열에 의해 신체적 부상을 입을 수 있는 거리 범위가 상당히 넓고 감쇠도 상당할 수 있기 때문에 대기 수증기에 의한 복사열 감쇠 효과도 계산해야 한다.

예제 5.3.3

그림 5-6에 표시된 그래프에 의하면 예를 들어 온도가 20°C, 상대 습도가 50%이고 화구로부터 노출된 사람의 평균 거리가 약 250미터라고 하면 투과율 계수는 약 0.64가 된다.

따라서 복사열 강도는 약 57 × 0.64 = 36kW/m^{2}가 된다.

5.3.3.2 뷰 팩터 방식

Roberts 등(2000)에 의하면 화구 형태는 바람에 의해 영향을 받으며 화구의 투사 면적은 순풍 또는 역풍보다 옆바람이 불 때 더욱 증가한다. 따라서 뷰 팩터는 이 영향에 따라 결정된다. 그러나 사고 영향 평가시 화구는 일반적으로 구형체로 가정한다.

6) 또한 Crossthwaite 등(1988)에 의하면 화염의 복사 효율은 다음과 같이 측정할 수 있다.

효율 = $0.27(P_s \times 10^{-6})^{0.32}$

여기서 P_s는 액화 가스의 포화 증기압이다(단위는 Pa). 따라서 프로판 가스의 경우 효율은 $0.27(1{,}200{,}000 \times 10^{-6})^{0.32}$ = 29%이다. 화구 강도의 범위는 선명한 불꽃을 가진 노란색-흰색 화염부터 일부 연막이 발생하는 연한 빨간색 화염까지를 의미한다. 위의 29% 효율은 평균값이다. 화염이 가장 강한 시간 동안의 효율은 상당히 증가한다.

Roberts *et al*.(2000)에 의하면 최대 방사 시점에서 투사 면적에 대한 평균값을 구해 보면 화구의 최대 방사력은 순풍 및 역풍시 270~333kW/m^{2}이고 옆바람인 경우 278-413kW/m^{2}이었다. 그러나 이 최대 방사는 제한된 시간 동안의 계산값이며 대규모 투사 면적이 발생하는 시점의 경우 적용되지 않는다.

따라서 250kW/m^{2}의 방사력은 최대 투사 면적 및 전체 화구 발생 기간에 대한 사고 영향 평가시 사용할 것을 권장한다. 그러나 이 값도 어느 정도 근사치임에 주의해야 한다.

수직 평면 또는 수평면에 대한 뷰 팩터가 아닌 구형체의 최대 뷰 팩터 공식은 다음과 같다.

$$F = \left(\frac{R_e}{R_r}\right)^2$$

여기서

R_e = 방사체 반경
R_r = 노출 지점까지의 반경
F = 뷰 팩터

복사열 계산시 BLEVE 화구는 난류성이 강하여 공기를 적절하게 공급 받을 수 있기 때문에 액면 화재(pool fire)에 의한 화염보다 불꽃이 강하고 화구의 초기 발생 단계에서 화염은 연기에 의해 방해 받지 않는다. 최대값이 약 400kW/m^{2}까지 측정되었지만 일반적으로 화염 발생 기간 동안 평균 표면 방사율에 사용되는 값은 약 250kW/m^{2}이다(Roberts 등, 2000).

예제 5.3.4

LPG 67톤이 저장된 저장 탱크에 BLEVE가 발생한 경우 저장 탱크 중심에서 300미터 떨어진 거리에서 복사열 강도를 계산하라. 이러한 구성은 다음과 같이 표시된다.

최대 뷰 팩터 공식을 사용하고 결과는 예제 5.3.1과 같다.

R_e = 120미터, R_r = 323미터

이를 계산하면 뷰 팩터는 0.138이고 복사열 강도는 다음과 같다.

$250 \times 0.138 = 34.5\text{kW/m}^2$

수증기에 의한 복사 감쇠 효과는 5.1절에 설명한 대로 적용하고 위의 예제 5.3.2와 같이 가정하면 투과율 계수는 0.64이다. 따라서 복사열 강도는

$34.5 \times 0.64 = 22\text{kW/m}^2$

두 가지 결과 값(36 및 22kW/m^2) 사이의 차이는 두 가지 방식에 존재하는 불확실성을 보여 준다.

정확하지만 보다 복잡한 접근 방식은 화구의 방사력에 대한 시간 변이를 고려한 다음 열선량 관련 데이터를 사망 확률과 비교하는 방법으로 노출 표면에 대한 전체 '열선량'(kJ/m^2)을 계산하는 것이다. 열선량 효과에 대해서는 Mudan(1984)이 창안했다.

5.4 증기운 폭발(VCE)

5.4.1 소개

공기와 혼합된 인화성 증기운은 대기 중에서 폭발하지 않는다고 알려져 왔다. 이러한 증기운은 피해를 주는 압력파 없이 순간적으로 발화되는 것으로 알려져 있다.

그러나 최근에 이러한 피해를 주는 압력파로 보이는 여러 사고가 발생하고 있어 관심이 집중되고 있다.

1974년에 영국의 Flixborough에서 발생한 증기운 폭발은 이러한 모든 의혹을 밝혀 주었다. 공장의 제어실이 폭발에 의해 파괴되었으며(내부에 있던 26명 전원 사망) 공장 대부분은 폭발 및 후속 화재에 의해 심각하게 피해를 입었다(제13장 참조).

증기운 폭발로 인한 일반적인 사고 발생 순서는 그림 5-11에 표시되어 있으며 다음과 같이 설명된다.

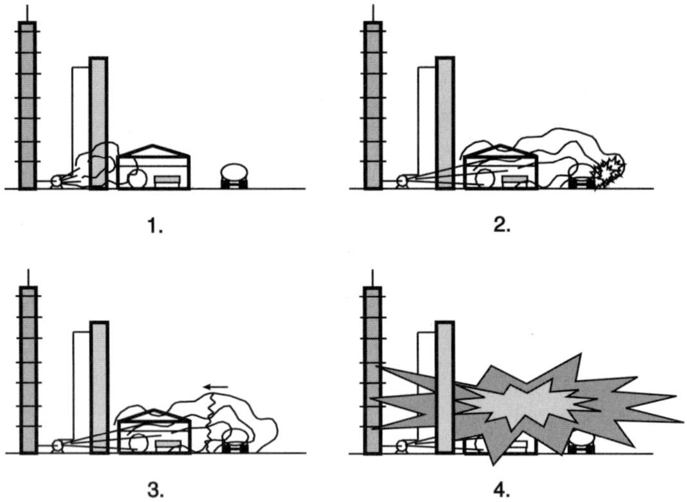

그림 5-11. 일반적인 증기운 폭발 초기 단계

1. 대기압 비등점 이상의 온도에서 가압 상태에 있는 인화성 액화 가스 또는 인화성 액체의 누출이 전개된다. 누출 액체 일부는 순간적으로 발화되면서 동시에 증기로 변환되고 그 결과 상당량의 기화되지 않은 물질이 외부로 뿌려지면서 대기 중에서 현열(顯熱)을 흡수하는 동시에 효과적으로 증발된다.
2. 증기는 주변 공기와 혼합되어 바람을 타고 이동하고 증기운에 존재하는 인화성 증기의 전체 질량은 누출이 지속됨에 따라 증가한다.
3. 공기가 혼합된 증기운은 점화원과 접촉하면서 증기 농도가 최저 인화 농도 이상으로 상승한다. 따라서 증기운이 발화한다.
4. 증기운의 화염면(flame front) 속도는 아래에 설명하는 매커니즘에 의해 가속화된다.
5. 증기운의 화염면 속도는 거의 음속에 가깝게 가속화되어 상당한 충격파를 발생시킨다.

1980년대의 대규모 증기운에 관한 연구에 의하면 공기와 혼합된 대부분 유형의 인화성 증기운은 양에 관계 없이 실제로 밀폐되거나 차단되지 않은 경우 폭발하지 않지만 장애물이 있는 경우 주변 장소에서 연소시 폭발할 수도 있음이 강력히 제기되었다. 또한 화염면 전파 속도는 장애물을 제거하면 천천히 내려간다고 주장했다.

장애물은 난류를 발생시켜 화염면 표면적이 상당히 증가하고 그에 따라 연소 질량 비율 및 발화된 증기운의 폭발 속도도 증가한다.

(예를 들어 수소와 같은 고 반응성 가스 또는 고 난류성 증기운은 결과적으로 고속의 누출을 발생시켜 밀집된 구름과 동일하게 작용하면서, 압력파를 동반하여 폭발할 수 있다.)

British Gas Corporation에 의해 실시된 테스트를 기준으로 밀집 효과는 그림 5-12에 설명되어 있다.

이것은 매우 중요한 발견이다. 격리된 탱크 저장 시설은 누출로 인한 폭발 가능성이 가장 낮으며 설비 공장 지역 내에서의 증기운 폭발은 설비 지역 내의 증기운

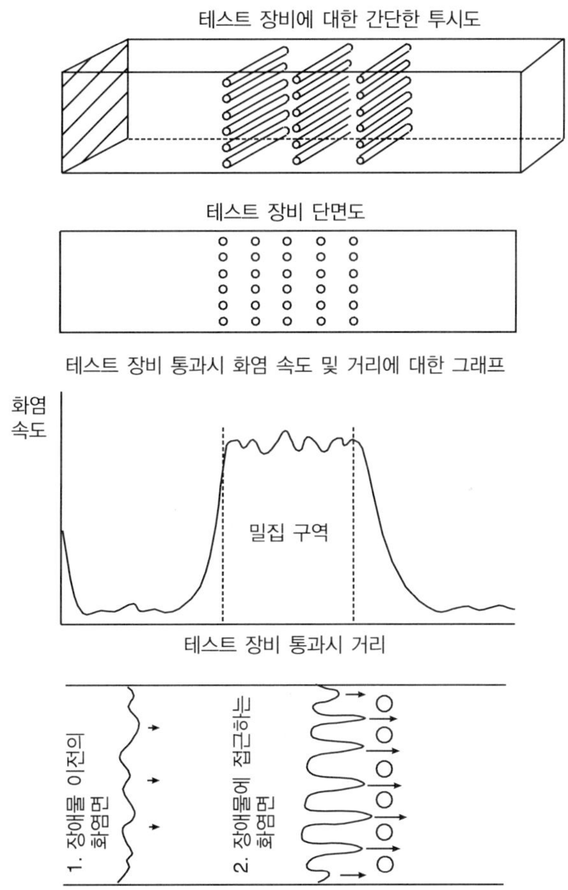

그림 5-12. 밀집 지역에서 폭발의 원인이 되는 화염면 가속 현상

에 포함된 인화성 증기의 질량만 관련있다. 이 경우 충격파에 의해 발생되는 에너지(폭발 '힘')는 누출되는 연료의 전체 질량 또는 최저 및 최고 인화 농도 사이에서 증기운의 일부인 연료의 전체 질량이 아닌, 공장 구조물 한계 내에서 최저 및 최고 인화 농도 사이에서 증기운에 포함된 연료 질량과 관련있다.

대기 중에서 증기운 폭발에 의해 전개된 압력은 일반적으로 직접적인 사망 원인이 될 만큼 충분히 상승하지 않지만 증기운 폭발이 다음과 같은 방식으로 발생하는 경우 사망에 이를 수 있다.

- ▶ 미사일식 파편에 의한 타격
- ▶ 단단한 물체에 의한 타격
- ▶ 건물 붕괴
- ▶ 발화된 구름에 포위된 사람

5.4.2 개방 공간 증기운 폭발(VCE) 효과 계산

5.4.2.1 'TNT 당량 방식'의 개론

개방 공간에서의 증기운 폭발 효과 계산에 사용되는 여러 방식이 있다.

본질적으로 'TNT 당량 방식'에서 구름에 포함된 물질의 질량은 TNT의 당량으로 변환되고 폭발 효과는 TNT 확장 테스트에 의한 데이터로부터 계산된다.

TNT 당량 방식은 고체 폭발 효과 평가에 대해서는 매우 적합한 방식이지만, 폭발되는 기체 구름의 작용은 매우 다르기 때문에 주요 한계를 가지고 있으며 가까운 거리에서 발생한 사고에 대해 신뢰성이 없다. 그러나 먼 거리에서 발생한 사고에 대해 합리적이고 신뢰할 만한 간단한 방식이다.

수행 단계는 다음과 같다.

1. 밀폐되거나 밀집된 지역의 구름에 포함된 인화성 증기에 대한 예상 질량을 계산한다.
   - ▶ 누출할 가능성이 있는 액체의 순간 발화 질량 계산
   - ▶ 순간 발화에 의해 형성된 증기 질량 또는 이 질량의 효과적인 순간 폭발 계산

2. TNT 당량을 계산한다.

3. TNT에 대한 과압 그래프를 참조하여 원하는 반경에서의 폭발성 과압을 계산한다.

4. 실험에 의해 정의된 과압 효과 표를 참조하여 예상 효과를 계산한다.

5.4.2.2 증기 질량의 계산

아래에 설명된 방법은 LPG와 같이 순간 발화되는 인화성 액체 또는 인화성 액화 가스의 누출에 사용된다.

다른 공식이 사용되는 유사한 접근 방식이 인화성 가스 누출에 대해 사용되며 액체 누출에 의해 형성되는 증기 양을 계산하는 단계가 필요 없다.

1. 누출된 액체 질량 계산

압력 용기의 심각한 오작동으로 사건이 급작스럽게 발생하여 전체 내용물이 누출된다고 가정한다.

배관 또는 용기의 구멍을 통해 누출되는 경우 누출량은 다음과 같은 단상 액체 흐름에 대한 일반적인 공식을 사용하여 계산한다.

$$G_L = C_d \cdot A\sqrt{2\rho \cdot \delta P}$$

여기서

G_L = 질량 유량(kg/sec)
C_d = 배출 계수(규칙적인 원형 구멍의 경우 0.8, 불규칙적인 구멍의 경우 0.6)
A = 구멍 면적(m^2)
ρ = 액체 밀도(kg/m^3)
δP = 구멍 통과시 압력차(Pa, kPa가 아님!)

예제 5.4.1

프로판 저장 탱크에 25°C에서 프로판 200톤이 저장되어 있다. 직경 100mm의 공급 배관이 용기 노즐 부분에서 결함이 발생하여 1,250 kPa의 압력으로 프로판 액체가 배관 전체 직경을 통해 누출된다. 이 상태에서 액체 누출량은? (액체 밀도는 492 kg/m^3)

해답: 파이프 단면적은 다음과 같다.

$$A = 0.1 \times 0.1 \times 3.142/4 = 0.00786\text{m}^2$$

누출량은 다음과 같다.

$$G_L = 0.8 \times 0.00786\sqrt{2 \times 492 \times 1{,}250{,}000} = 220\text{kg/sec}$$

용기 구멍 또는 파열된 파이프를 통해 가압 상태의 가스 누출량 계산 방법에 대해서는 Perry 및 Green(1984)을 참조한다. 순간 발화 또는 과열 액체의 2상(액체-증기) 누출량 계산 방법에 대해서는 Morris(1990) 및 Leung(1990)을 참조한다.

2. 형성된 증기 질량 계산

대기 온도에서 액화 프로판의 압력이 제거되면 증발에 사용된 증발 잠열(潛熱)은 나머지 액체가 프로판의 대기압 비등점으로 냉각되기에 충분할 만큼 순간적이고 단열적으로('순간 발화') 증발된다.

또한 일부 형성된 액체의 분무는 대기 중의 현열(顯熱)을 흡수하여 증발되고 증발량은 순간적으로 발화되는 양과 동일하다고 가정한다. 따라서 형성된 증기의 전체량은 단열적으로 순간 발화되는 양의 두 배로 가정한다.

단열적 순간 발화를 계산하기 위한 근사치 공식은 다음과 같다.

$$V = \frac{W \cdot C_{P(\text{평균})} \cdot (t_1 - t_2)}{h_v}$$

여기서

V = 생성된 순간 발화 증기의 중량(kg)
W = 누출된 액체 중량(kg)
$C_{p(\text{평균})}$ = t_1에서 t_2 사이의 비열에 대한 기하학적 평균값(J/kg°C)
t_1 = 처리중인 액체의 온도(°C)
t_2 = 액체의 대기압 비등점
h_v = 증발 잠열(J/kg)

■ 예제 5.4.2

위의 예제 5.4.1에서 가정한 누출을 기준으로 어떤 비율로 프로필렌 증기가 형성되는가?

$$C_{p(\text{평균})} = 2.3\ \text{kJ/kg°C}$$

$$t_1 = 25°\text{C}$$

$$t_2 = -42°\text{C}$$

$$h_v = 420\ \text{kJ/kg}$$

$$V = \frac{220 \times 2.3 \times (25 + 42)}{420}$$

$$= 80.7\text{kg/sec}$$

이 값은 분무(spray) 증발 효과가 포함되면 두 배가 되어 증기 형성 비율은 약 160 kg/sec로 측정된다.

실제로 프로판 액체, 프로필렌 액체 및 낮은 대기압 비등점을 가진 기타 액화 석유 가스는 누출로 인해 지면에 증발되지 않는 액체 풀을 거의 형성하지 않는 것으로 알려져 있다. 따라서 위의 계산은 다소 낙관적인 산출값일 뿐이며 실제는 이 값보다 높다.

5.4.2.3 TNT 당량 계산

첫 번째 단계는 발화될 때 증기운에 존재하는 증기량을 결정하는 것이다.

압력 용기의 오작동으로 심각한 사건이 급작스럽게 발생하여 순간적으로 누출되는 경우 위에서 결정한 것처럼 용기의 전체 액체에 대한 압력 배출에 의해 형성된 증기 질량을 직접 계산한다.

용기 또는 배관의 구멍과 같이 누출이 계속되는 경우 증기운이 점화원에 도달하기 전의 누출 기간을 측정한다.

생산 공장의 경우 용광로와 같은 시설이 필요하기 때문에 점화원을 완전히 제거하는 것은 어렵다. 더 이상의 적절한 기준이 없는 경우 일반적으로 가동 공장 내의 증기운이 약 3분 이내에 점화원에 도달하지 않으면 발화할 가능성은 거의 없는 것으로 가정한다. 3m/초의 풍속으로 바람이 부는 경우 이것은 540미터 거리에 점화원이 있는 것과 동일한 효과이며 이 거리는 실제 상당한 거리이다. 이러한 풍속에서 발생하는 대부분의 누출은 분산되면서 일반적인 대기 조건에서 점하원까지의 거리에 도달하기 전에 최저 인화 농도 아래로 내려간다.

다음은 TNT 당량을 계산하는 단계이다. 이 단계는 다음 공식을 사용하여 수행한다.

$$M_{TNT} = E\frac{M_{vap} \cdot H_c}{4600}$$

여기서

M_{TNT} = TNT 당량
M_{vap} = 증기 질량
HC = 증기 연소열(kJ/kg)
(TNT 연소열은 약 4,600 kJ/kg)
E = TNT와 비교한 폭발 효율성

상대 폭발 효율을 구하기 위한 다양한 접근 방식이 있다. 일부 사람들은 전체 증기 질량에 대한 최저 효율보다 인화성 범위 내에 있는 증기의 질량 측정값을 기준으로 10% 이상을 사용하는 경향이 있다. 예를 들어 증기가 컴프레서 하우스와 같은 건물 내에 밀폐되어 있고 인화성 범위 내에 있는 비율이 높을수록 전체 질량의 10~20%와 같이 4% 이상의 높은 상대 폭발 효율을 사용하게 된다. 그러나 완전히 밀폐된 공간의 경우 사용되는 수치에 대해 전적으로 확신할 수는 없다.

오늘날 밀폐되거나 밀집된 공간 내에 있는 증기운의 일부만이 폭발성 압력 효과에 영향을 주는 것으로 알려져 있으며 TNT 당량 측정의 한 방법으로 약 10~20%의 폭발 효율을 사용하여 밀집된 공간 전체를 차지하는 화학양론적 혼합에 대한 평가를 기준으로 한다.

예제 5.4.3

프로판 액체 누출에 의해 발생되는 프로판 증기가 발화되기 전에 3분 동안 160kg/초의 비율로 구름을 형성한다. TNT 당량을 계산한다.

증기 전체 질량은 다음과 같다.

$160 \times 60 \times 3 = 28{,}800\text{kg}$

TNT 당량은 다음과 같다(프로판 연소열은 약 50,000kJ/kg로 가정).

$$M_{TNT} = E\frac{M_{vap} \times H_c}{4600}$$

$$M_{TNT} = 0.04\,\frac{28{,}800 \times 50{,}000}{4600}$$
$$= 12{,}521\text{kg}$$

즉 TNT 당량은 약 12.5톤으로 산출되며 다시 말하면 10 및 15톤 사이에 위치한다.

IChemE(1994)는 다음 효율 사용을 권장한다.

물질	에너지율[a]	효율 E	TNT 등가
산화아세틸렌	6.9	0.06	0.4
산화에틸렌	6	0.10	0.6
탄화수소	10	0.04	0.4
염화비닐	4·2	0·04	0·16

[a] TNT 연소열에 대한 물질의 연소열 비율

또한 IChemE(1994)는 고 효율이 적용되는 아세틸렌 및 수소와 같은 고 반응성 가스를 제외하고 기타 인화성 가스에 대한 효율은 0.04를 사용할 것을 권장한다.

5.4.2.4 폭발성 과압에 대한 결정

폭발성 과압은 그림 5-13을 통해 결정된다. 이 그래프를 사용하여 먼저 '환산 거리'를 계산해야 한다. 따라서

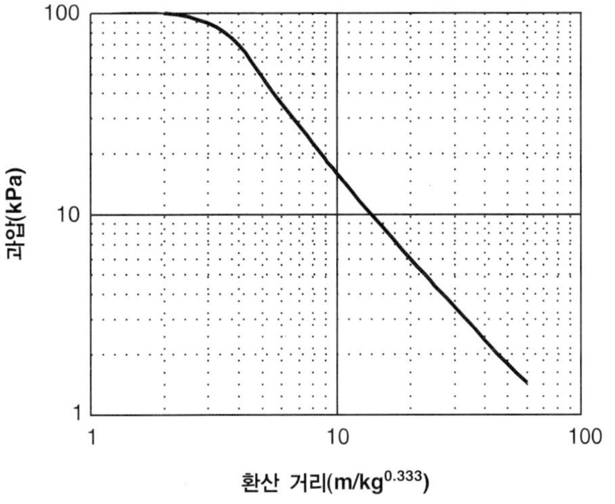

그림 5-13. 지면 폭발에 대한 과압 발생

환산 거리 λ = 반경(m)/(TNT 질량(kg))$^{0.333}$

이 때 과압은 그래프에서 찾는다.

폭발 구름 내의 과압에 대한 논란이 아직도 계속되고 있다. 일부 사람들은 일반적으로 과압은 약 100kPa를 초과하지 않는다고 생각한다. 다른 사람들은 과압이 훨씬 높고 고 난류성 지역이 포함된, 구름 내에 국부적인 포인트가 있으며 구름 내의 피해는 구름이 상당히 강렬하게 폭발하는 많은 수의 소규모 국부적인 피해가 상당하다고 생각한다. 위의 곡선은 100kPa에서 평행하지 않고 곡선의 기울기에 따라 계속 위로 향할 것이라고 가정하는 것이 타당하다.

예제 5.4.4

12.5톤의 TNT 당량을 가진 증기운 폭발 중심에서 200미터 떨어진 곳의 폭발성 과압을 계산한다.

해답

환산 거리 = 200/(12,500)$^{0.333}$

= 200/23.2

= 8.6

이 값을 그림 5-13에 적용하면 과압은 약 20kPa이다.

5.4.2.5 효과 계산

군사적 경험에 기반하여 정의된 과압 레벨에 따른 피해 정도가 표시된 여러 표들이 작성되고 있다. 이러한 표는 증기운 폭발로 대표되는 장시간 압력파가 아닌 TNT로 대표되는 단시간 충격파를 기준으로 작성되지만, TNT 당량 계산에 사용되는 폭발성 효율은 역사적으로 발생된 증기운 폭발에 의한 효과를 관찰한 결과를 토대로 작성되기 때문에 이러한 표는 신뢰할 수 있다. 표 5-4를 참조한다.

인명에 대한 위험성의 정량적 평가를 위해 그림 5-14의 그래프는 대기 중 또는 일반적인 건물 내의 자유 공간에서의 증기운 폭발에 노출된 사람에 대한 위험성을 개략적으로 제공한다. 그래프는 상당히 근사값이다. 관련 함수 관계는 다음과 같다.

대기 중의 위험성(%) = 0.0003 × (과압 kPa)^3

일반적인 건물 내의 위험성(%) = 0.04 × (과압 kPa)^2

표 5-4. 과압 효과

과압(kPa)	효 과
70	증기운 가장 자리에서 합리적인 과압 측정치로 간주. 더 가까운 위치에 있는 사람은 직접적인 화염에 포위되어 사망할 수 있다. 증기운을 벗어난 지역에 있는 사람은 빠르게 날아오는 파편으로 인해 결과적으로 치명적인 부상을 입을 수 있다. 일반적인 콘크리트 건물에 있는 사람은 벽 및 지붕의 붕괴로 인해 사망할 수 있다. 철제 구조물의 심각한 변형과 함께 심각한 구조물 피해가 발생한다. 일부 대형 장비 또는 견고한 장비는 구출할 수 있다.
30	대기 중에 있는 사람은 날아오는 파편 등에 의해서나 딱딱한 물체에 충돌하여 사망할 수 있다. 콘크리트 건물 내에 있는 사람은 구조물 붕괴로 인해 사망할 확률이 매우 높다. 대기 중의 사람은 고막이 파열될 수 있지만 이러한 수준의 과압은 흉부 압착과 같은 생리학적 피해를 주지 않는다. 이 과압 이상이 되면 구조물에 피해를 줄 수 있다. 일반적인 콘크리트 건물은 심각한 피해를 입을 수 있으며 필요한 경우 건물 자체를 헐어야 한다.
15	대기 중에 있는 사람은 미사일식 파편을 제외하고 부상을 입을 가능성이 없다. 일반적인 건물 내에 있는 사람은 날아오는 유리 파편, 천정 붕괴 등에 의해 부상을 입거나 사망할 수도 있다. 주택은 사람이 거주할 수 없을 정도로 피해를 입지만 대부분 수리 가능하다. 대기압 저장 탱크가 피해를 입을 수 있으며 지붕은 주저앉을 수 있다.
8	유리 파편이 부상을 줄 정도로 빠른 속도로 날아들 수 있다. 지붕 타일이 손상되고 거의 모든 유리창이 파손된다.
4	유리창의 90%가 파손되지만 구조물은 거의 피해를 입지 않는다.

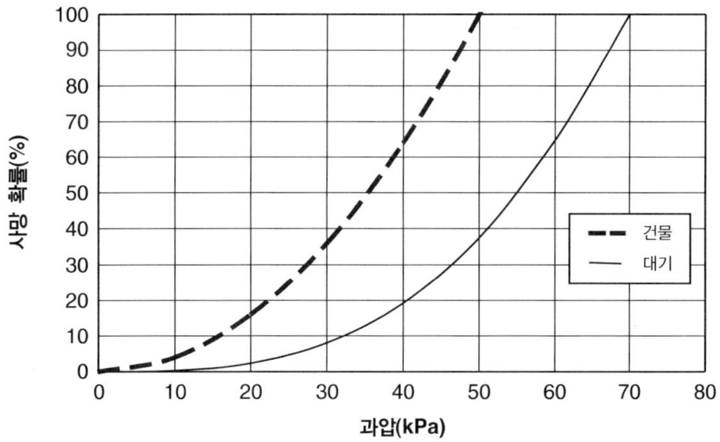

그림 5-14. 증기운 폭발에 의한 사망 위험성

그러나 이러한 그래프는 낮은 과압에서 사망 위험성을 과장하여 표현될 수 있다. 예를 들어 과압 10kPa인 건물 내에서 사망 위험성은 약 4%로 계산된다. 이 값은

너무 벗어나는 수치이다.

IChemE(1994)는 환산 거리에 따른 사망 확률과 관련하여 '생존성' 그래프를 발표했다. 이 그래프를 보면 대기 중에서의 사망 확률과 건물 내에서의 사망 확률 사이에 뚜렷한 차이는 없다.

런던에 위치한 국제 석유 보험 협회(IOI)는 1979년에 가상 증기운 폭발에 의한 공장 피해를 측정하기 위한 지침을 발표했다. 이 협회는 두 가지 피해 영역에 대해 다음과 같이 정의한다. 한 영역은 피해 비용이 공장 교체 비용의 평균 80%인 영역이고 또 하나의 영역은 두 개의 원 사이에 있는 고리 모양의 영역으로, 피해 비용이 공장 교체 비용의 평균 40%인 영역이며, 큰 원 내에 있는 모든 피해의 평균은 공장 전체 교체 비용의 약 50%가 된다.

협회는 다음과 같은 방정식을 통해 여러 반경에 대한 표를 작성했다.

$$\text{반경(80\% 평균 피해)} = 33.4\, M^{0.333}$$

$$\text{반경(40\% 평균 피해)} = 66.8\, M^{0.333}$$

여기서 반경은 미터이며 M(톤)은 증기운 내의 연료 질량이다.

5.4.3 British Gas VCE 방법

이 방법은 IChemE(1994)에 의해 제시되었다. 본질적으로 TNT 당량 방식의 변형이지만 밀집된 지역 내에 있는 인화성 구름의 일부만 폭발에 영향을 주는 것으로 가정한다. 해당 구름은 일반적으로 4%인 TNT 당량 방식의 가정보다 높은 20%의 효율로 폭발하는 것으로 가정한다.

따라서 TNT의 연소열보다 10배나 높은 연소열을 가진 탄화수소의 경우 밀집 지역에 있는 구름의 일부에 대한 TNT 당량은 다음과 같이 계산된다.

$$M_{TNT} = (0.2 \times 10)M_{CONGESTED} = 2M_{CONGESTED}$$

5.4.4 멀티에너지 모델

지난 30년 동안 특히 미국 및 유럽에서 증기운 폭발에 대한 상당한 연구가 진행되고 있다. TNT 당량 방식은 먼 거리에서 발생된 폭발 효과에 대해 합리적인 방식으로 널리 알려져 있으며 증기운의 연소 효과는 관련 질량보다 연소 방식(예: 난류성, 밀폐 공간)에 따라 결정된다는 사실을 토대로, 연소 발생 조건을 고찰하기 위한 작용 모델을 수립하려는 많은 시도가 있다. 따라서 폭발 효과 및 거리에 대한 하나의 곡선에 의해서가 아닌, 각각의 특정 유형의 조건에 따라 여러 곡선 집합을 개발하는 것이 반드시 필요하다.

이러한 접근 방식 중 하나가 합리적인 방식으로 널리 인정받고 있는, 네덜란드의 TNO에 의해 개발된 '멀티에너지 모델'이다. 이 모델을 통해 밀폐 공간, 번창 지역 내의 증기운 폭발에 대한 거리별 과압을 계산한다(이 때부터 다양한 모델들이 다른 연구자들에 의해 개발되었지만 멀티에너지 모델처럼 모든 모델은 개선 및 검증할 필요가 있다).

멀티에너지 모델에서 증기운 폭발은 단일 사건으로 간주되지 않고 여러 후속 폭발의 일부로 간주되며, 각각의 폭발은 발화된 구름 내의 난류성 점화원에 의해 발생하고 화염면이 하나의 난류성 점화원에서 옆에 있는 점화원으로 이동하면서 어느 정도 폭발이 분리된다. 실제로 발화된 구름의 자유 팽창시 장애물이 있는 경우 난류가 발생하여 가속화된 연소 및 충격성의 과압 발생의 원인이 된다. 따라서 밀집 지역의 증기운 폭발에 의해 발생한 전체 과압은 여러 소규모 피크 과압의 합계이며 밀집 지역을 연소하는 기간 동안 확산된다. Van den Berg(1985) 및 Van den Berg 등(1991)의 보고서에 의하면 폭발 효과는 연소 과정의 양 및 강도에 의해 결정되고 일부 밀폐되거나 차단된 공간의 크기, 형태 및 특성에 우선적으로 영향을 받으며 연료-공기 혼합물의 반응성은 상대적으로 중요성이 낮아진다.

이러한 방법에 대해 아래에 설명되어 있다. 이 방법은 '점화 강도 수(charge strength number)" 곡선 집합을 사용하며 밀폐 및 밀집 정도와 같은 환경에 의해 결정된다. 모든 특정 응용 분야에 사용할 수 있도록 곡선의 정확도를 높이기 위한 연구가 계속되고 있다. 점화 강도 6 또는 7은 밀집된 외부 공장에 해당하고 점화 강도 10은 완전 밀폐에 해당한다. 개략적인 접근 방식의 경우 낮은 값을 사용해야 할 명확한 경우를 제외하고 모든 상황에 대해 점화 강도 10을 사용한다.

이 방법은 다음과 같은 데이터가 필요하다.

▶ 연료-공기 구름의 물리적 양(동일한 양을 가진 반구의 반경을 계산하기 위해)

▶ 구름에 포함된 연료의 전체 연소 에너지(E)

- 밀폐 또는 밀집 공간의 특성(1부터 10까지의 '점화 강도 수' 결정을 위해)
- 대기압(P_o), 일반적으로 105Pa
- 대기상의 음속(音速)(c_o), 일반적으로 약 335 m/sec

단계는 다음과 같다.

1. 가상 폭발에 관련된 인화성 증기-공기 혼합물의 체적을 계산한다. 예를 들어 1,000m³.

2. 가상 구름과 동일한 체적을 가진 반구의 반경을 계산한다. 예를 들면:

$$R_{\text{반구}} = (3 \times 1{,}000/2 \times 3.142)^{0.333} = 7.8\text{m}$$

3. '연소 에너지 환산 거리'를 계산한다. 예를 들면 증기운의 화학양론적 화합물을 가정한다. 탄화수소-공기 혼합물의 일반적인 연소 에너지는 약 3.5MJ/m³이다. 따라서 연소 에너지는 약 3.5 × 1,000 = 3,500 MJ = 3.5×10^9 J이다.
노출된 사람 또는 시설로부터 반경 거리를 500미터라고 가정하면 연소 에너지 환산 거리는 다음과 같다.

$$\bar{R} = R/(E/P_o)^{0.333}$$
$$\bar{R} = 500/(3.5 \times 10^9/1 \times 10^5)^{0.333} = 500/32.6 = 15.4$$

4. '무차원 최대 정적 과압'을 계산한다. 예를 들면 환산 거리 및 무차원 정적 과압에 대한 그래프(그림 5-15)를 참조하고 '점화 강도' 6 이상을 사용하면(예: 상당히 밀집된 상태) 무차원 과압은 약 0.013이 된다.
따라서 100 kPa의 대기압 상태에서 폭발 과압은 약 1.3kPa이 된다.

5. 무차원 시간 특성을 계산한다. 예를 들면 환산 거리 및 무차원 시간 특성에 대한 그래프(그림 5-16)를 참조하여 점화 강도 6 이상을 사용하면 무차원 시간 특성은 약 0.5가 된다.

이 때

$$\bar{t}_+ = \frac{(t_+ \times C_o)}{(\text{E}/\text{P}_o)^{0.333}}$$

여기서

$$t_+ = [\bar{t}_+ \times (E/P_o)^{0.333}]/C_o$$

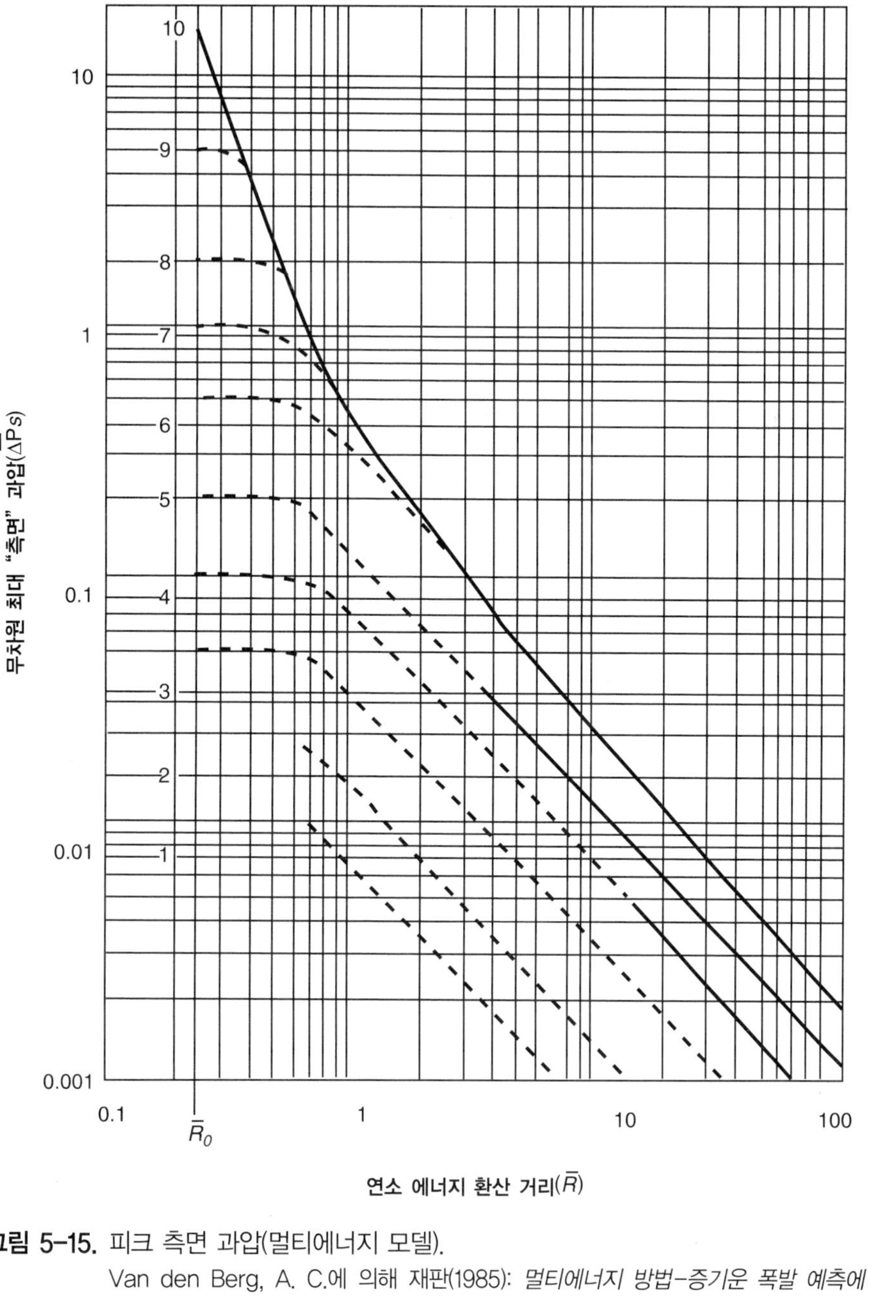

그림 5-15. 피크 측면 과압(멀티에너지 모델).

Van den Berg, A. C.에 의해 재판(1985): *멀티에너지 방법-증기운 폭발 예측에 대한 프레임워크. J. of Hazardous*, Vol. 12, pp. 1–10(Elsevier Science 및 TNO에 의해 승인).

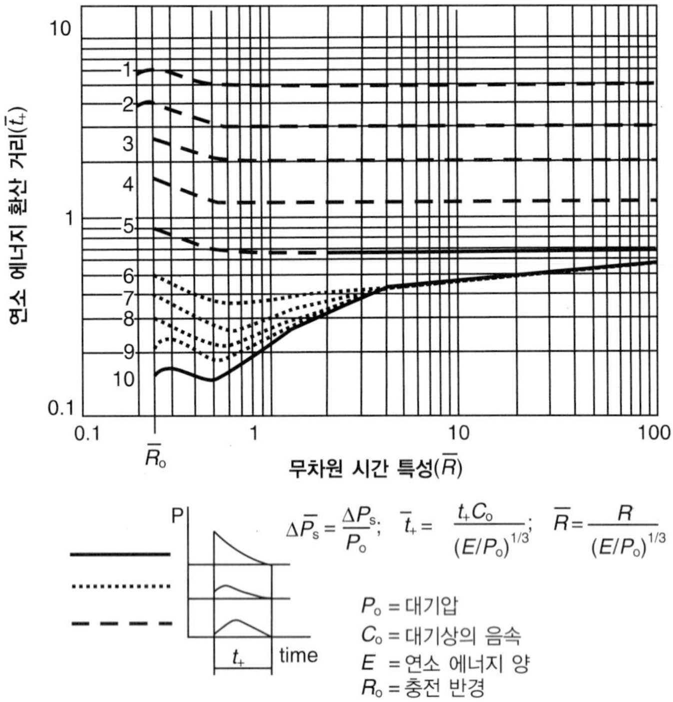

그림 5-16. 시간 특성(멀티에너지 모델).
Van den Berg, A. C.에 의해 재판(1985): *멀티에너지 방법-증기운 폭발 예측에 대한 프레임워크. J. of Hazardous*, Vol. 12, pp. 1-10(Elsevier Science 및 TNO에 의해 승인).

따라서

$$t_+ = [0.5 \times 32.6]/335$$
$$= 0.0486,$$

즉 약 0.05초이다

방정식 요약

$$\Delta\bar{P}_S = \frac{\Delta P_S}{P_o}$$

$$\bar{t}_+ = \frac{t_+ \cdot C_o}{(E/P_o)^{0.333}}$$

$$\bar{R} = \frac{R}{(E/P_o)^{0.333}}$$

여기서

P_o = 대기압(Pa)
C_o = 대기상의 음속(m/sec)
E = 연소 에너지 양(J)
R_o = 연료-공기 구름 반구의 반경(m)

멀티에너지 방법은 추가적인 연구와 검증이 계속 필요하다. 일부 기관은 TNT 당량 방식보다 이 방법을 선호하고 있다.

5.4.5 폭발 빈도 평가 및 결과 위험성

원칙적으로 폭발 빈도 측정에 사용되는 단계는 다음과 같다.

1. 예상 누출 원인(예: 파이프 결함, 운영상 오류) 분석 및 결함수 등을 사용한 측정을 통해 가상 크기에 의한 누출 빈도를 측정한다.

2. 증기운 크기를 계산한다(앞서 설명한 방법과 동일).

3. 계산한 구름 크기에 대한 다음 사항을 계산한다.
- ▶ 발화 확률
- ▶ 발화될 경우 폭발 확률

4. 누출 빈도, 발화 확률 및 발화될 경우 폭발 확률을 곱하여 폭발 빈도를 계산한다.

첫 번째 단계는 제6장에서 자세하게 설명한다. 두 번째 단계는 이 절의 전반부에서 설명한 바 있다. 세 번째 단계에 대해서는 여러 가지 방법이 채택되고 있다.

(a) 첫 번째 방법은 점검을 통해 공장 내의 발화 지점들을 정의하고 인화성 구름이 발화 지점에 도달할 경우 발화할 확률을 지정한 다음 다양한 기상 조건에서 해당 물질에 대한 누출 지점부터 최저 인화 농도까지의 거리를 계산하는 것이다(제5장 6절 참조). 그런 다음 기상 관측 기록을 사용하여 계속 최저 인화 농도 이상인 상태에서 구름이 다양한 방향에서 각 발화 지점에 도달하기 위한 조건들의 발생 확률을 계산한다(이 방법은 설비 공장 내의 가스 확산에 대한 모델을 구성할 수 있지만 반드시 CFD 방법 또는 윈드 터널 테스트를 수행해야 하는 것으로 가정한다).

(b) 다른 방법은 경험적 사고 분석에 기반한 일반 데이터를 사용하는 것이다. 대표적인 예는 제6장 9.4절에서 설명한다.

(c) 또 하나의 접근 방식은 완전히 실험적인 방법이다. 보고된 측정치를 통해 발화 확률, 발화될 경우 폭발 확률, 가동중인 공장, 저장소 등에서 발생한 증기운 발생 확률을 제시하여 그래프를 작성한다. 이러한 방식에 대한 그래프는 그림 5-16과 같이 표시되고 다음과 같은 다양한 원인에 의한 측정값을 기준으로 한다.

- ▶ 0톤의 증기운은 발화 및 폭발 확률이 0이다.
- ▶ 100톤의 증기운은 발화할 가능성이 확실하다.
- ▶ 50톤의 발화된 증기운의 폭발 확률은 50%이다.
- ▶ 1톤의 증기운이 발화 및 폭발할 확률은 약 1/1,000이다.
- ▶ 증기운이 발화될 확률은 증기운이 차지하는 체적에 비례한다. 즉 증기운의 질량에 비례한다.
- ▶ 밀집된 경우 화염면이 폭발 속도를 가속화시켜 이에 따라 확률이 결정되기 때문에 발화된 증기운이 폭발할 확률은 체적에 비례한다.

따라서 다음과 같은 상관 관계가 수립된다.

발화 확률: $P_{ign}(\%) = M$, 여기서 $M =$ 연료 질량(톤)

발화될 경우 폭발 확률: $P_{exp}(\%) = 0.9\,M$

발화 및 폭발 확률: $P_{ign+exp}(\%) = P_{ign} \times P_{exp}$

그림 5-17을 참조한다(주: 완전히 경험에 의한 측정값이다. 실제 지역 조건에 기반한 보다 나은 측정값을 사용할 수 없는 경우에만 사용해야 한다).

예제 5.4.5

다양한 원인에 의해 연간 0.001의 확률을 가진 생산 공장에서 프로판 28,800kg이 포함된 증기운이 형성되는 것으로 측정된다. TNT 당량이 12,500kg이라고 가정하고 다음을 계산하라.

(a) 발화 및 폭발 확률

(b) 폭발 빈도

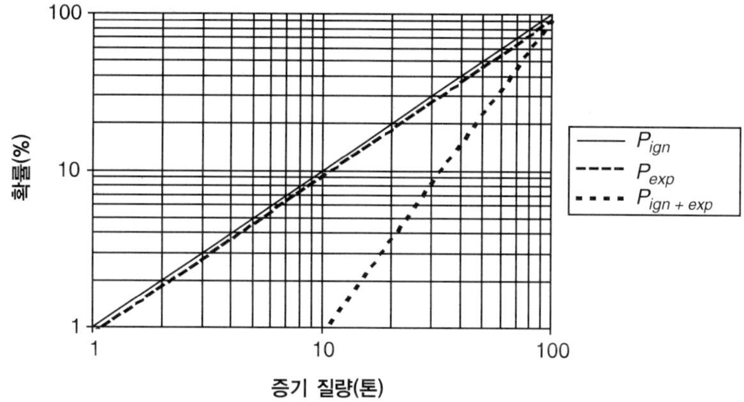

그림 5-17. 대기상의 가동 공장 내에서 밀폐되지 않은 증기운의 발화 및 폭발 확률

(c) 증기운이 누출 지점에서 폭발한다고 가정할 때 200미터 떨어진 거리에 위치한 주택에 있는 사람에 대한 위험성

(d) 발화되어도 구름이 폭발하지 않는다고 가정할 때 증발 화재 가장자리에서의 반경

(e) 증발 화재 반경 내에서의 대기 중에 있는 사람에 대한 위험성

해답

(a) 그림 5-16에서 발화 확률은 약 29%이고 발화될 경우 폭발 확률은 약 26%이다.

(b) 따라서 발화 및 폭발 확률은 약 7.5%이다. 누출 빈도가 0.001/년인 경우, 즉 평균적으로 연간 1/1,000인 경우 폭발 빈도는 다음과 같다.

$$0.001/\text{년} \times 0.075 = 0.000075/\text{년}$$

즉 평균적으로 13,000년마다 1회 발생하거나 연간 100,000분의 7.5회 발생한다.

(c) 예제 5.4.4에서 계산된 과압(16kPa)을 사용하고 그림 5-12를 사용하면 16kPa에 노출된 주택 내에 있는 사람의 사망 확률은 약 12%이다. 따라서 0.000075/년의 폭발 빈도를 가진 사람에 대한 위험성은 다음과 같다.

$$0.000075/\text{년} \times 0.12 = 0.000009/\text{년}$$

즉 연간 1백만분의 9회 발생한다(이 값은 일반적인 위험성 기준과 비교할 수 있으며 폭발 빈도 또는 규모를 줄여야 함을 의미한다).

(d) 예제 5.4.3에서 계산된 TNT 당량 값(12,521kg) 및 그림 5-13을 사용하면 증기운 가장자리에서 70kPa로 가정할 때 증발 화재의 반경을 명시적으로 계산할 수 있다.

그림 5-11에서 증발 화재의 반경은 약 $3.8\text{m.kg}^{0.333}$의 환산 거리에 해당한다. 따라서 반경은 다음 관계식을 통해 계산할 수 있다.

$$\text{반경(m)} = \text{환산 거리} \times \text{TNT kg}^{0.333}$$

따라서

$$\text{반경} = 3.8 \times (12{,}521)0.333$$
$$= \text{약 } 88\text{미터}$$

(e) 증발 화재 내에 있는 사람은 치명적인 부상을 입을 것으로 예상된다. 위의 (a)에서 발화 확률은 약 29%이고 발화될 경우 폭발 확률은 약 26%이다. 따라서 발화하여 폭발하지 않을 확률은 다음과 같다.

$$0.29 \times (1 - 0.26) = 0.21$$

0.001/년의 누출 빈도에서 증발 화재 빈도는 약 0.00021/년 또는 연간 210 /1,000,000이 된다.

이 값은 너무 현실성이 떨어지는 수치이다. 왜냐하면 폭발 없이 발화하는 여러 경우를 보면, 누출이 시작된 이후 예상 크기의 증기운이 형성되기 전에 너무 빨리 발화하기 때문이다.

5.4.6 밀폐 공간 폭발

밀폐된 용기 또는 배관 내에서 인화성 증기운이 발화하면 폭발할 수 있으며 충격파가 음속으로 이동하고 순간적으로 매우 높은 피크 압력이 발생한다.

그 결과 발화 전의 용기 내의 초기 압력보다 최대 약 7~8배 높은 과압이 발생할 수 있다. 발화 이전의 압력이 높을수록 순간 피크 압력이 높아진다. 기체가 발화 전에 난류성인 경우 순간 피크 압력이 발화 이전의 압력보다 9~10배 높을 수 있다.

배관에 충격파 속도가 3,000미터/초(해수면 음속은 300미터/초)에 도달할 수 있는 폭굉이 발생하는 경우 압력은 배관의 초기 압력보다 20배 높을 수 있다. 압력 용기의 폭발 압력을 운전 압력보다 약 4~5배 되도록 하여, 내부 폭염을 견디도록 설계하려면 상당한 추가 비용이 동반되어야 하고 폭발에 견디도록 설계하는 것은 일반적으로 경제적 또는 기타 이유로 인해 현실적으로 불가능하다.

용기 내의 피크 압력은 용기 체적과는 관계가 없지만 피크 압력에 도달하는 데 소요된 시간은 체적의 세제곱근을 구하기 위한 함수이다. 이것을 삼승 법칙이라 한다.

특정 기체/공기 혼합물의 경우 상수 KG의 값은,

$K_G = dP/dt\ V^{0.333}$

이 공식은 화염 속도와 관련 있으며 폭발 강도를 표시한다.

대기 중에서 증기운 폭발 내의 피크 압력은 100kPa를 초과하지 않는 것으로 알려져 있지만 밀폐 정도가 증가할수록 순간 과압은 밀폐 용기의 제한 조건에 가깝게 증가한다. 예를 들어 Swift(1988)와 같은 여러 참고 문헌을 보면 압력 용기 내의 폭발 압력을 지정된 레벨로 제한하는 데 필요한 환기량을 제시하고 있다.

해저 석유 시추 플랫폼의 갑판 사이와 같이 일부 밀폐된 공간 내에서 발생할 수 있는 순간 과압을 측정하는 것은 이 책의 범위를 벗어난다. 밀폐된 체적의 통풍 영역에 대한 함수로서 압력 상승에 대해 연구한 다양한 참고 문헌이 제공되고 있다. 또한 이러한 측면에서의 조사는 계속되고 있다.

구조물 내의 폭발성 과압을 계산하기 위해 컴퓨터 프로그램 개발을 위한 대형 국제 프로젝트가 진행되고 있다. 모델은 매우 복잡하며 상당한 컴퓨터 처리 시간이 필요하다. 모델은 검증이 필요하며 이에 따른 상당한 비용이 소요될 수 있다. 물리적 모델에 대한 단위 환산 테스트는 이러한 컴퓨터 모델의 초기 결과를 통한 예상치보다 상당히 다른 결과가 나오고 있다.

5.5 기타 폭발

5.5.1 분진 폭발

5.5.1.1 소개

가연성 분진을 처리할 때마다 분진 폭발이 발생할 가능성이 있다. 다량의 물질일수록 분진 폭발 가능성이 증가한다. 1977년에 미국 루지애나 웨스트웨고에서 발생한 밀 사일로의 분진 폭발로 인한 사망자 수(36명)는 1989년에 파사데나에서 발생한 Phillips 석유 화학 공장의 폭발 사고로 인한 사망자 수(24명)를 초과했다(제13장 참조).

연료-공기 혼합물의 가연성 구성 요소(예: 분진)는 많은 양을 차지하지 않기 때문에 비슷한 양의 기체-공기 혼합물보다 주어진 양의 분진-공기 혼합물에 더 많은 연료 및 산소를 포함할 수 있다. 따라서 밀폐 용기 내에 분진 폭발이 발생하면 증기운 폭발보다 높은 압력이 발생한다. 일반적으로 밀폐 용기 내의 분진 폭발은 용기 내의 초기 압력보다 최대 10배(일부 경우 10배 이상)의 피크 압력이 발생할 수 있다.

심각한 분진 폭발에 대한 대표적인 시나리오는 다음과 같다.

- 가연성 고체가 장비 내에서 연마되고 있다. 이전 가동에 의해 발생된 분진이 건물 내의 선반, 대들보 등과 같은 모든 수평면에 축적되고 있다. 연마 장비 내에서 금속 표면 연마로 인한 과열 또는 스파크에 의해 소규모 국부적인 폭발이 발생한다. 이러한 국부적 폭발에 의한 진동으로 건물 내의 축적된 분진이 흩어지게 된다. 최초 폭발에 의해 불꽃을 발산하는 분진 가루는 2차 구름을 발화시켜 상당히 강한 2차 폭발이 발생한다.
- 장비 내의 소규모 분진 폭발에 의해 장비 케이스가 파열되고 장비 내에 안착된 가루가 건물 주변으로 뿌려지면서 구름을 형성하게 된다. 이 구름은 불꽃을 발사하는 가루 또는 기타 점화원에 의해 발화되어 심각한 2차 폭발이 발생한다.
- 장비 내의 분진 환경에 존재하는 점화원은 공장의 덕트 장치를 통해 다른 용기 등으로 전파되어 분진 폭발이 발생되고 그 결과 매우 심각하고, 피해를 주는 위험한 폭발이 발생한다.

이러한 잠재 폭발과 관련하여 분진의 두 가지 중요한 특성은 다음과 같다.

- ▶ 발화 민감도를 결정하는 최소 발화 에너지
- ▶ 폭발 강도를 결정하는 화염 속도

주: Eckhoff(1977)에 의하면, 분진 폭발 및 폭발성 분진의 여러 특성을 설명하는 문서들은 표면 냉각 효과가 큰 소규모 테스크 장비를 통해 특성들을 결정했기 때문에 대규모 공장 폭발은 이러한 문서에 제시된 데이터보다 훨씬 심각한 경우가 많음을 경고하고 있다.

수많은 분진의 심각도 및 폭발력에 대한 지침을 제공하는 표를 사용할 수 있다(예: Eckhoff, 1977).

그러나 오늘날 분진 구름 내의 특정 연료에 대한 최소 발화 에너지는 점화원, 스파크 등의 형태 및 특성에 따라 달라지는 것으로 알려져 있다. 또한 밀폐된 공간의 분진 폭발력은 용기 내의 난류 생성에 대한 잠재 가능성으로 인해 밀폐 형태에 따라 달라진다. 이러한 사항은 Eckhoff(1989, 1997)에 의해 간략하게 고찰되었다.

또한 통풍 가능한 용기 내의 압력 상승을 결정하기 위한 연구가 수행되고 있다(예: Lunn 등 1988).

5.5.1.2 분진 폭발 매커니즘에 대한 개요

고체 분말 크기가 작을수록 질량 대비 표면적 비율은 커진다. 따라서 복사열에 노출되는 경우 분말이 작을수록 급속히 가열된다.

공기 중의 분진 구름이 점화원에 노출되는 경우 일부 분말은 발화되기에 충분한 온도로 가열될 수 있다. 질량 대비 표면적 비율이 높기 때문에 분말은 매우 짧은 시간 내에 완전히 연소될 수 있다. 초기에 발화된 분말에 의해 복사된 열은 자연 발화하기 충분한 정도로 주변 분말을 가열할 수 있기 때문에 연소 프로세스를 전파한다.

환경에 따라 연소 프로세스는 대부분 복사열에 의해 전파되면서 분진 구름을 통해 매우 급속하게 확산될 수 있다. 충분한 연소 속도를 가진 경우 구름 내의 공기 팽창 속도는 폭발 가능한 규모 및 속도를 위한 압력 상승을 발생시키기 충분하다.

밀폐된 용기에서 분진 구름이 발화되는 경우 압력은 분진이 폭발에 의해 소모됨에 따라 상승한다. 압력 상승 속도는 다음을 포함한 여러 요소에 따라 달라진다.

▶ 발화 에너지

▶ 화염면 속도

▶ 분진 연소열

▶ 용기 크기

분진 폭발을 적용하기 위한 삼승 법칙은 다음과 같다.

$(dp/dt)V^{0.333} = K_{St}$

여기서 dp/dt는 밀폐 시스템 내의 압력 상승 비율이며, V는 밀폐 시스템의 체적, K_{St}는 분진을 구성하는 물질에 대한 상수로서, 분진의 폭발 가능성을 정의한다. 즉 이러한 폭발에 의해 생성되는 힘이다(발화 용이성과 혼동하지 않아야 한다).

주: Eckhoff(1977)에 의하면, K_{St}는 발화 에너지 및 용기 형태와 같이 다양한 요소에 따라 달라진다. 따라서 K_{St}에 대한 산업 측면에서의 설계시 중요한 안전 계수가 포함되어야 한다. 이러한 이유로 K_{St}에 대한 표는 여기서 언급하지 않는다.

5.5.1.3 분진의 '폭발성'

분진-공기 혼합물은 특정 농도 범위에서만 폭발한다. 일반적으로 농도 범위는 0.02~0.09kg/m^{3}의 폭발 하한 및 0.7~3kg/m^{3}의 폭발 상한 사이이다. 이러한 농도는 테스트 방법에 따라 상당히 달라지기 때문에 매우 부정확한 수치로 간주된다. 많은 물질의 화학양론적 구성은 0.1~0.3kg/m^3 사이에 있다.

분진은 여러 K_{St} 등급으로 구분할 수 있다. 이러한 등급은 폭발 확률 또는 폭발 효과를 반영하지는 않는다.

분말 크기는 분진 폭발 확률에 상당한 영향을 준다. 미세한 분진은 거친 분진보다 더욱 강렬하게 폭발한다. 700마이크로미터 이상의 분말 크기를 가진 분진은 높은 발화 에너지를 통해서도 폭발하지 않는다. 약 70마이크로미터 크기가 대부분의 물질에 대해 효과적인 최대 폭발력을 가진다.

분말 크기의 분포 상태는 매우 중요하다. 중간 크기의 분말은 거의 영향을 주지 않는다. 대부분 크기가 커서 폭발하기 힘든 분말로 구성된 분진에 대해 미세한 분말이 차지하는 비율이 작아도(예: 5~10%) 폭발을 전파하고 미세 분말보다 큰 분말의 폭발에 영향을 주는 데 충분하다. 큰 분말의 기계적인 처리에 의해 분진 폭발이 발생하기에 충분한 미세 분말이 생성될 수 있다.

가장 중요한 것은 실제 분말 크기가 아니라 단위 질량당 분말 표면, 즉 일부 표면 상태이다. 특정 표면 및 폭발 강도 사이는 선형적 관계가 있다.

일반적으로 밀폐 용기에서 분진 폭발에 의해 도달하는 피크 압력(P_{max})은 초기 압력의 10~12배가 된다(이 상관 관계는 일반적으로 8배 정도인 인화성 기체-공기 혼합물보다 높다).

대표적인 P_{max}값에 대해 아래의 표 5-5에 열거되어 있다(출처: Eckhoff, 1997).

표 5-5. P_{max} 값
(Eckhoff, R. K.에 의해 재판, 1997: *프로세스 산업에서의 분진 폭발*. 제2판. Butterworth Heinemann, 영국 옥스포드, Elsevier Science 및 저자에 의해 승인)

물질	P_{max} (barg)
PVC	8.5
분유	8.1
옥수수 전분	10.1
폴리에틸렌	7.5
분탄	9.0
합성 수지 분진	7.6
갈탄	9.0
목재 분진	9.2
셀룰로우스(섬유소)	9.3
알루미늄	12.5

표 5-6. 최소 발화 에너지
(Eckhoff, R. K.에 의해 재판, 1997: *프로세스 산업에서의 분진 폭발*. 제2판. Butterworth Heinemann, 영국 옥스포드, Elsevier Science 및 저자에 의해 승인)

물질	최소 착화 에너지(mJ)
알루미늄(미세 가루)	<1
보리(곡물) 분진	100
셀룰로우스(섬유소)	250
옥수수 전분	300
밀가루	100–540
갈탄	160
알루미늄('도장용 미세 가루')	10
메틸 셀룰로우스	12–105
황	<1–5
토너(복사기)	<1
목재 분진(거친 가루)	100
목재 분진(미세 가루)	7

발화 에너지는 K_{St} 요소에 상당한 영향을 주고(예: 폭발 강도) 도달한 최종 압력에 일정 부분 영향을 준다.

최소 발화 에너지는 분진 종류 및 농도에 따라 달라진다. 각 분진 종류마다(물질 특성, 분진 크기 분포 상태) 가장 쉽게 발화되는 농도 수준이 있다.

가장 쉽게 발화되는 농도 수준에서 최소 발화 에너지는 1mJ부터 1,000mJ 이상에 이르기까지 다양하다.

대표적인 가장 낮은 최소 발화 에너지 값이 표 5-6에 열거되어 있다(출처: Eckhoff, 1997). 이러한 값은 분말 크기 분포 상태에 따라 차이가 많이 난다.

5.5.1.4 분진 폭발의 외적 사고 영향 예측

대부분의 참고 문헌에서 밀폐 용기(탱크, 사일로, 덕트 등) 내의 분진 폭발 효과에 대해 다루고 있다. 그러나 건물 내의 분진 폭발에 의한 외부 효과에 사용할 수 있는 정보의 양은 적다.

따라서 여기서는 TNT 당량 접근 방식의 변형 방식을 사용하여 측정할 것을 권장한다. 이 측정값은 매우 근사적인 값이며 다양한 물질의 여러 연소 속도에 대해서는 고려하지 않는다.

단계는 다음과 같다.

- ▶ 분진의 연소열 계산(kJ/kg)
- ▶ 폭발 한계 내에서의 예상 분진 구름 체적 계산(m^3)
- ▶ 세제곱 미터당 예상 질량 계산(kg)
- ▶ 폭발에 영향을 주는 분진 비율 계산(예: 계산값은 화학양론적 양을 초과할 수 없으며 400마이크로미터 이상의 일부 분말로 제한될 수 있다)
- ▶ 폭발에 영향을 주는 분진 질량에 대한 전체 연소열 계산
- ▶ 적절한 상대 효율 값을 사용하여 이 값을 TNT 당량으로 변환(실험적 데이터가 없는 경우, 10%~100% 사이의 값 중 사용할 수 있음. 예를 들어 30%)
- ▶ TNT 측정 방식과 같은 과압 반경 측정

이 측정 방식은 매우 얇은 용기 또는 약한 외장재를 가진 건물과 같이 밀폐성이 약한 용기 내의 폭발에 의한 외부 효과에 대해서만 적용되며 폭발적으로 팽창하는

구름 형성을 제한하는 조건으로 인해 과압에 영향을 주기에는 불충분하다. 따라서 이 방식은 밀폐된 공간 내의 효과를 평가하기에는 적절하지 않다.

밀폐되었지만 환기가 가능한 공간 내에서 전개되는 폭발 압력 계산을 위해 여러 관련 자료가 있지만 필요한 환기 지역에 대한 발화 에너지와 같은 요소의 영향에 대해서는 최근에 논의되고 있다. 일반적인 원칙은 표준 크기 결정 방식을 개략적으로 사용한 다음 '적절한 근사값'을 추가하는 것이다!

5.5.2 고체상(Solid-Phase) 폭발

불안정한 물질의 폭발 효과는 TNT의 폭발력과 비교하여 폭발력을 계산할 수 있다. 이러한 폭발력은 Blatt에 의해 표로 작성되었다. 일부 폭발력의 예는 아래와 같다.

물질	폭발력 (TNT=100)
암모늄 질산염	56
니트로글리세린	169
니트로메탄	134
피크린산	106
염소산나트륨	15

5.6 독성 가스 누출

5.6.1 소개

다양한 독성 가스가 발생, 처리, 저장 및 운송되고 있다. 예를 들어 정수 및 플라스틱 및 용매 제조에 사용되는 염소, 정유 공정에 사용되는 플루오르 수소, 냉매 및 화학 비료 제조에 사용되는 암모니아, 다양한 화학 제품 및 제약 제조에 사용되는 염화수소 등이 있다.

독성 가스 노출로 인한 생리학적 효과는 노출 농도 및 기간에 따라 달라진다. 노출 지점으로부터 떨어진 특정 위치에서의 독성 가스 농도는 그 시점에서의 기상 상태에 따라 달라진다. 예를 들어 풍향, 풍속 및 '대기 안정성'(나중에 설명) 등의 모든 요소가 중요하다.

가상 독성 가스 누출에 의한 사람에 대한 위험성 계산 단계는 다음과 같다.

- ▶ 일정 범위의 바람 및 기상 조건에 대한 특정 거리에서의 농도를 계산한다.
- ▶ 각각의 계산된 농도 및 측정된 노출 기간을 사용하여 이러한 각 노출당 생리학적 효과 및 사망 확률을 측정한다.
- ▶ 선택된 바람 및 기상 조건에 대한 발생 확률을 사용하여 누출당 사망 확률을 계산한다.
- ▶ 측정된 누출 빈도를 사용하여 연간 사망 위험성을 계산한다.

5.6.2 누출 방향에서의 가스 농도 계산

5.6.2.1 누출 방향에서의 가스 연속 누출 형상

단일 지점에서 가스 누출이 계속되는 경우 바람을 타고 이동하여 지속적으로 다양한 바람 경로를 따라 난류로 인한 수평면 및 수직면 방향으로 누출이 점차 확산된다.

그림 5-18은 단일 지점에서의 누출로 인한 가스 연속 누출의 평면도를 표시한다. 그림 5-19는 바람의 수직 방향인 단면에서의 가스 농도를 표시한 것으로 농도는 가우스 또는 정규 분포 곡선을 따르는 것으로 가정한다(이것은 공기 밀도와 거의 동일한 밀도를 가진 가스 또는 가스-공기 혼합물이 공기와 동일한 밀도를 가지기에 충분한 누출 방향에서 있는 가스의 경우에만 적용된다).

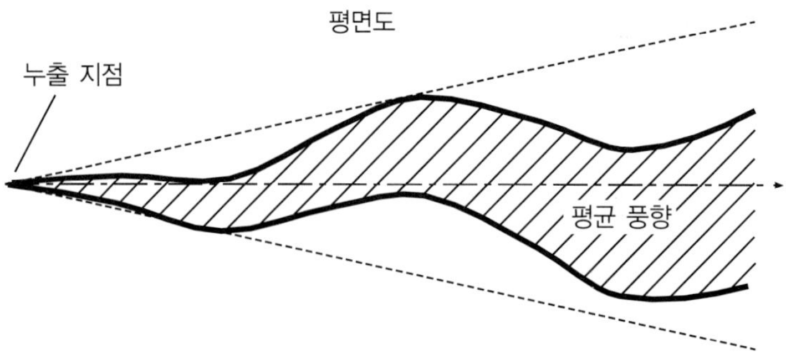

그림 5-18. 가스 연속 누출 평면도

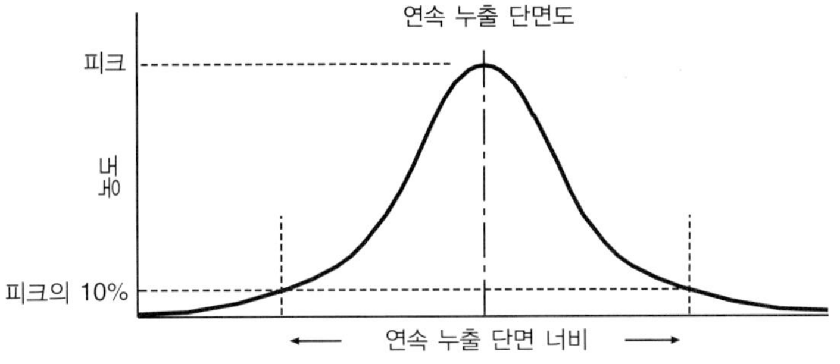

그림 5-19. 가스 연속 누출 단면도

사람이 평균 풍향 중심선에 있는 경우 순간적으로 풍향 중심선이 변화하기 때문에 가스 농도는 시간에 따라 달라진다.

이러한 독성 가스 영향 평가의 경우 평균 풍향 중심선에서 독성 가스에 대한 평균 농도를 사용한다.

5.6.2.2 가스 확산 계산 원칙

그림 5-20은 누출 방향에서의 누출 가스 농도 계산에 대한 원칙을 그림으로 설명한 것으로 Pasquill(1961, 1962)에 의해 작성되었다.

X 지점에서 시작된 누출은 누출 방향으로 수평면 및 수직면으로 점차 확산된다. 관심 지점에서의 가스 연속 누출이 차지하는 단면적은 수평 확산 및 수직 확산 정

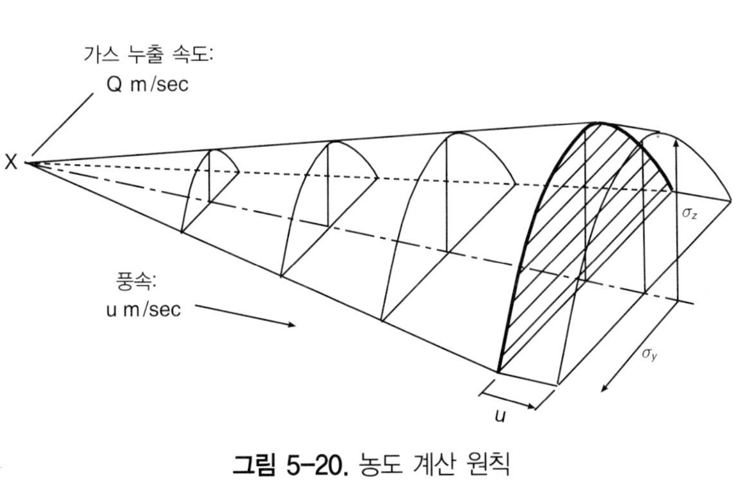

그림 5-20. 농도 계산 원칙

도에 대한 함수이다. 가스가 Q m^3/sec 속도로 누출되고 풍속이 u m/sec인 경우 확산되는 가스에 유입되는 공기량은 수평 확산, 수직 확산 및 풍속에 비례한다. 따라서 해당 거리에서의 농도는 일초당 가스와 혼합되는 공기량으로 나눈 누출 속도에 비례한다.

5.6.2.3 대기 안정성

평상시에 지면 근처의 공기 온도는 일정 고도에서의 공기 온도보다 높다. 이것은 태양열이 지면을 가열하기 때문이며 지면 위의 공기는 점차 따뜻해진다. 따라서 지면 근처의 따뜻한 공기 밀도는 지면 위의 공기보다 낮게 되어 따뜻한 공기는 상승하고 대기 중의 차가운 공기는 내려오게 된다. 그림 5-21 및 5-22를 참조한다.

이것은 '불안정한' 또는 '고도나 기온에 따라 체감'되는 대기 조건을 설명한다. 불안정한 공기 상태에서 누출되는 가스는 수직 방향으로 급속하게 확산되고 이에 따라 누출 지점에서 거리가 멀어질수록 지면의 농도는 감소한다. 하늘은 맑고 지면은 태양에 의해 가열되지 않는 맑은 저녁 또는 서리가 내린 이른 아침에 지면의 온도는 복사열이 없기 때문에 떨어진다. 따라서 지면의 공기 온도는 지면 위의 온도보다 낮다. 이러한 조건에서 지면 근처의 공기는 지면 위의 공기보다 밀도가 높고 공기가 수직적 변이에 따른 혼합 상태가 낮다. 그림 5-22를 참조한다. '안정한' 대

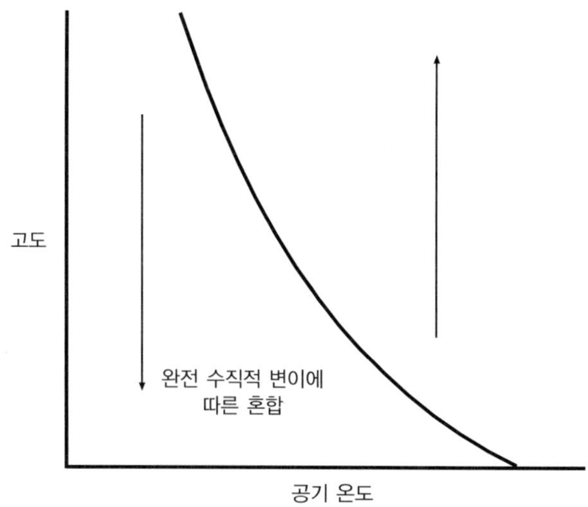

그림 5-21. 온도 분포(불안정 상태)

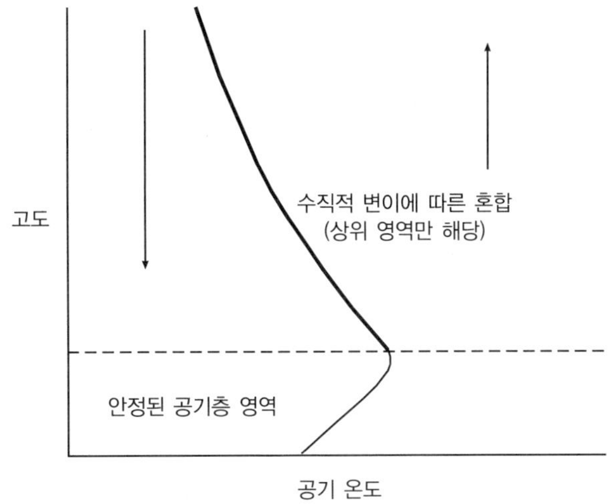

그림 5-22. 온도 분포(안정 상태)

기 조건에서 누출된 가스는 수직 방향으로 확산되기 어렵고 농도 감소 없이 멀리 떨어진 거리까지 이동할 수 있다.

5.6.2.4 중성 부력 가스의 지속적인 누출에 의한 누출 방향의 농도

Pasquill(1961)은 A(고도의 불안정성 및 수직적 혼합 상태의 뜨거운 햇볕이 잘 드는 날)에서 F(반대로, 안정된 공기층 및 산들바람을 타고 이동하는 공기에 의해 발생하는 난류를 제외하고 수직적 혼합이 거의 없는 상태)까지의 대기 안정성 범위를 정의하고 여러 대기 안정성에 대한 수평 및 수직적 확산 정도를 그래프로 작성하였다. 표 5-7을 참조한다.

표 5-7. 주요 안정성 범주
(Crown Copyright Met Office, 재판, 라이센스 번호 MetO/IPP/2/2003 0002)

	태양에 의한 가열 정도			야간	
지표풍 속도 (10m에서) (m/초)	강함	중간	약함	얇은 구름층 또는 반 하층운 이상	반 하층운만큼 맑은 정도
<2	A	A–B	B	–	–
2–3	A–B	B	C	E	F
3–5	B	B–C	C	D	E
5–6	C	C–D	D	D	D
6+	C	D	D	D	D

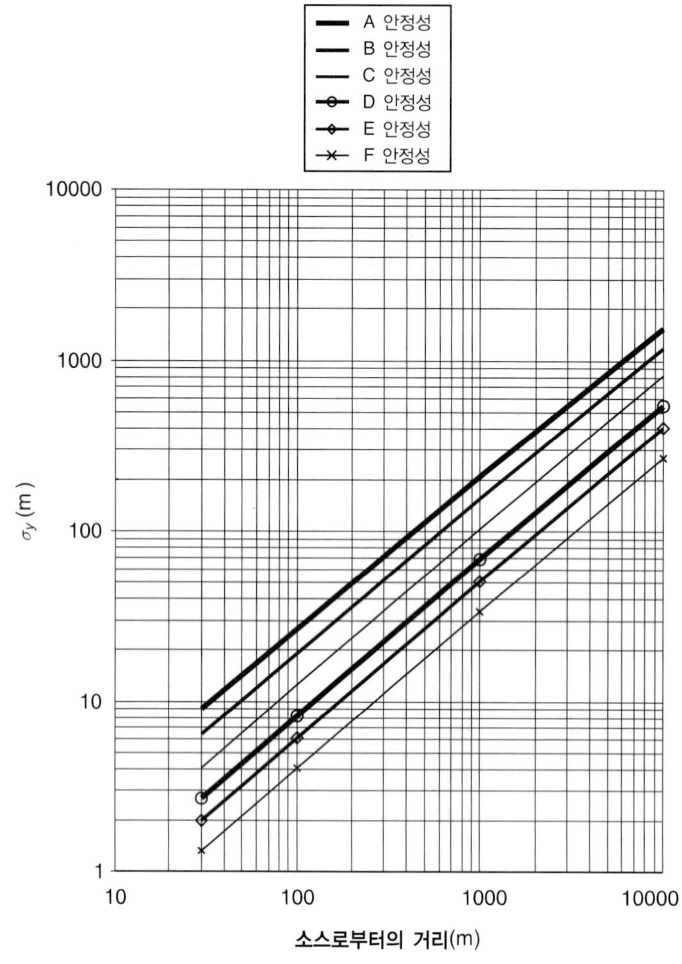

그림 5-23. Pasquill의 수평적 확산 계수(교외 지역)

Pasquill, Gifford의 저서에 제시된 그림 5-23 및 5-24와 Tuner(1970)에 의해 제시된 그림에서 수평 및 수직적 확산 계수가 표시되어 있다. 이러한 계수들은 교외 지역의 평평하며 개방된 지역에서 수행한 테스트를 통해 산출되었다.

Pasquill(1961)은 다음과 같은 공식을 제시했다. 이 공식을 통해 누출 방향에서 거리 X 미터, 중심선에서 벗어나는 거리 Y 미터, 지상의 유효 높이 H 미터에서 누출시 누출 방향의 지상에서 거리 Z 미터에 대해 중성 부력 가스의 시간 대비 평균 중량 농도를 계산할 수 있다.

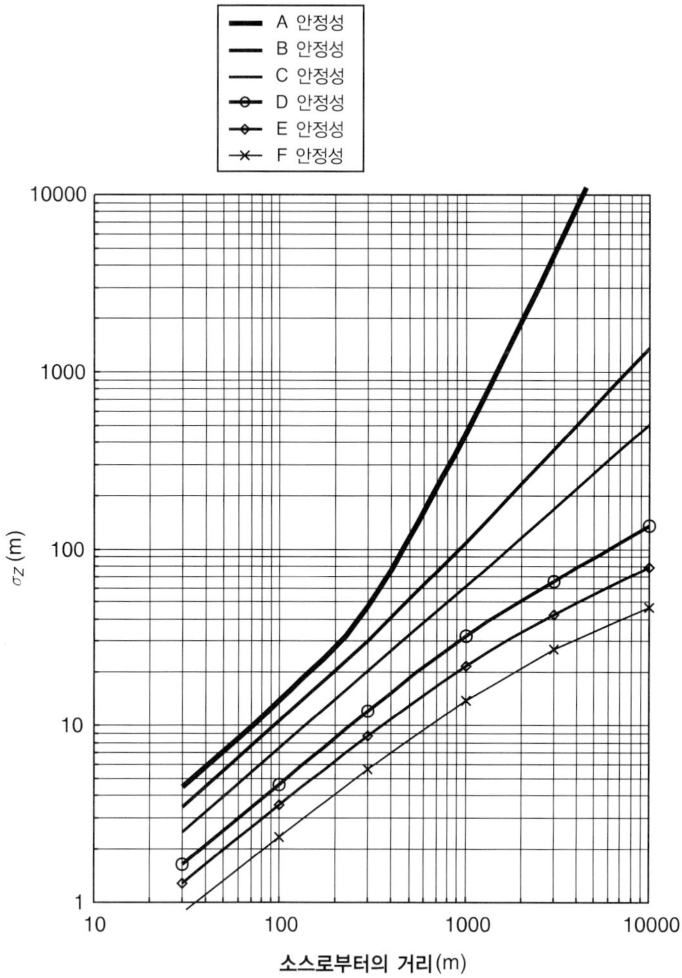

그림 5-24. Pasquill의 수직적 확산 계수(교외 지역)

크로스윈드(측풍) 방향

$$\chi(x,y,z,H) = Q\frac{1}{u}\frac{1}{\sqrt{2\pi\sigma_y}}\exp\left[-0.5\left(\frac{y}{\sigma_y}\right)^2\right]$$

$$\times\frac{1}{\sqrt{2\pi\sigma_z}}\left[\exp\left[-0.5\left(\frac{H-z}{\sigma_z}\right)^2\right] + \exp\left[-0.5\left(\frac{H+z}{\sigma_z}\right)^2\right]\right]$$

수직 방향 지표면

지표면에서의 누출 또는 굴뚝 높이 H에서의 중심선 농도의 경우 다음과 같이 감소한다.

$$\chi(x, 0, 0, H) = \frac{Q \cdot F}{\pi \sigma_y \sigma_z u}$$

여기서

χ = 누출방향 중심선에서의 평균 농도(무차원)
(예: 0.0001 = 100ppm)

Q = 가스 누출 속도(m^3/sec)

F = 상승 누출에 대한 누적 보정률 = $\exp(-H^2/2\sigma_z^2)$

H = 등급 이상의 굴뚝 높이(m)

σy = 수평적 확산 계수(m) (그림 5-23 참조)

σ_z = 수직적 확산 계수(m) (그림 5-24 참조)

U = 풍속(m/sec)

예제 5.6.2

풍속이 3m/초의 바람이 부는 맑은 날씨에 가스가 지표면에서 $2m^3$/초의 비율로 누출된다고 가정한다. 누출 방향에서의 500미터 지점에서 평균 농도는(근사값)?

단계 1. 대기 안정성을 계산한다. 가장 적절한 안정성 범주는 B이다.

단계 2. 수평 및 수직적 확산 계수를 계산한다.

그림 5-23 및 5-24를 참조하고 B 안정성 및 500미터 지역에 대한 수평적 확산 계수는 약 80미터이고 수직적 확산 계수는 약 50미터이다.

단계 3. 굴뚝 계수를 계산한다. 누출이 지표면에서 발생하면 굴뚝 계수는 1.0으로 감소한다.

단계 4. 농도를 계산한다.

Pasquill 공식을 치환하여 다음과 같이 농도를 계산한다.

$$\chi = \frac{2 \times 1}{3.142 \times 80 \times 50 \times 3}$$

$$= 0.000053 = 53\text{ppm}$$

현실적으로 모든 가스 확산 평가에 사용할 수 있는 여러 컴퓨터 프로그램 중 하나를 사용하는 경향이 많다. 위의 방법을 설명하기 위해 일부 가스 확산 원칙을 도표를 통해 설명하여 이러한 컴퓨터 프로그램의 기본적인 내용을 이해하도록 하고 있다.

5.6.2.5 교외 지역 및 도시 지역의 확산

확산 계수 그래프(그림 5-23 및 5-24)는 주요 난류 발생 원인이 없는, 평평하고 개방된 교외 지역을 기준으로 작성되었다. Pasquill이 사용한 시역의 '거칠기 계수'는 약 0.03미터, 즉 이 지역의 장애물에 대한 일반적인 높이는 약 0.3미터로 알려져 있다(확산 계산에 사용되는 거칠기 계수는 일반적인 장애물 높이의 약 10%이다). 따라서 Pasquill-Gifford 계수는 이러한 주변 지역에서만 사용되어야 한다. 또한 Pasquill의 저서는 단시간(3분) 동안의 평균 농도를 기준으로 작성되었다. 따라서 농도는 상징적으로 3분 동안의 평균값이다.

그림 5-23 및 5-24의 그래프와 유사한 기타 그래프가 도시 지역에 대해 작성되고 있지만 이러한 그래프는 컴퓨터 프로그램의 사용으로 이제 사용하지 않는다.

5.6.3 특정 사례

5.6.3.1 소개

확산에 영향을 주는 기타 요소는 다음과 같다.

- 누출이 지속되거나 간단한 폭발 또는 순간 누출(puff)
- 지면 거칠기 또는 확산 가스 경로 내에 장애물
- 굴뚝으로부터 수직적으로 누출되는 가스의 모멘텀으로 인해 굴뚝 상단 위로 연기 연속 누출 상승
- 누출 지점 근처에서의 가스 제트 혼합
- 건물 상단에서의 누출
- 밀도 및 부력 효과

지금부터 이러한 요소에 대해 차례대로 설명한다.

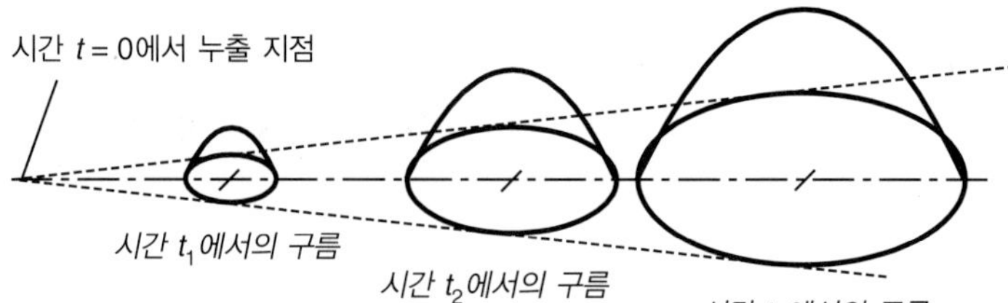

그림 5-25. 순간적인 누출을 설명하는 그림

5.6.3.2 순간 누출

순간 누출이 효과적으로 발생하는 경우(예: 컨테이너 폭발, 가스의 짧은 퍼프) 가스는 점차 크기가 커지는 반구(예: 납작하거나 늘어진 반구)로 취급되고 누출 방향의 바람을 통해 이동하면서 희석된다. 그림 5-25를 참조한다.

누출 방향에서의 '순간적인' 누출 농도 계산은 컴퓨터 모델을 사용하는 것이 가장 적절하다.

누출이 지속적 또는 순간적인지 여부를 결정하는 것은 어렵다. 짧고 지속적인 누출은 먼 거리에서 발생한 경우 순간적인 누출과 유사하게 작용할 수 있으며 이러한 경우 피크 농도는 지속적인 누출이 도달한 안정적인 수준에 도달할 수 없다.

따라서 테스트는 누출이 지속적인 것으로 간주하고 관찰자 관점에서 볼 때 형상이 넓게 전개되지 않고 상당히 길게 전개된다.

5.6.3.3 표면 거칠기

표면 거칠기 또는 장애물 효과는 수직면을 제외하고 난류를 증가시켜 확산을 촉진하고 누출 방향 농도를 감소시킨다. 그림 5-26을 참조한다.

그림 5-26. 표면 거칠기 효과

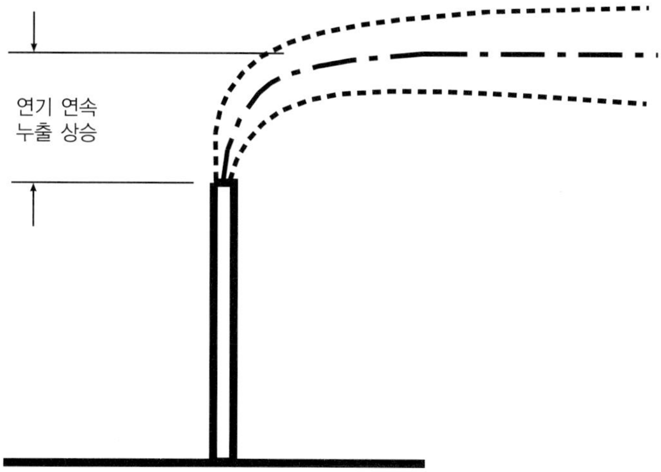

그림 5-27. 연기 연속 누출(plume) 상승

5.6.3.4 누출 가스 모멘텀

수직 굴뚝 상단에서 누출되는 가스는 초기에는 계속해서 위로 상승하다가 점차 바람에 의해 수평 방향으로 기울어진다. 효과는 굴뚝의 유효 높이를 상승시킨다. 이 효과를 '연기 연속 누출(plume) 상승'이라 한다. 그림 5-27을 참조한다.

5.6.3.5 제트 혼합

상당히 빠른 속도로 누출되는 가스는 주변 공기와 혼합되어 누출 지점의 농도와 비슷하게 농도가 상당히 감소한다. 이 효과는 실제 누출 지점에서 역풍 방향으로 일정 거리 떨어진 위치에 가상의 누출 지점을 설정한다. 그림 5-28을 참조한다.

5.6.3.6 건물 상단에서의 누출

건물 상단에서의 누출 또는 건물 상단에서의 굴뚝은 건물의 누출 방향에서의 하강 기류에 영향을 받아 누출 유효 높이는 실제 높이보다 상당히 낮다. 일반적으로 유효 높이는 건물 상단 위의 실제 누출 높이로 가정한다. 그림 5-29를 참조한다.

5.6.3.7 밀도 및 부력 효과

부력 또는 밀도가 높은 가스가 누출되면 초기에는 연기 연속 누출 상승 및 제트 혼합과 같은 모멘텀 효과에 의해 영향을 받게 되며 이는 공기와 동일한 밀도의 가

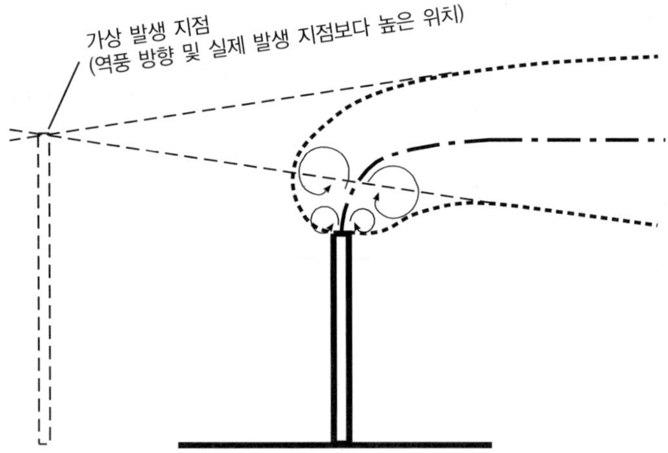

그림 5-28. 제트 혼합

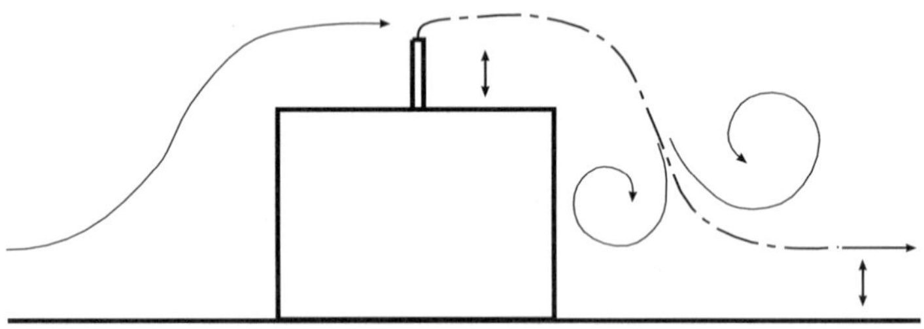

그림 5-29. 건물 상단에서의 누출

스가 누출되는 것과 동일한 효과가 발생한다. 초기 모멘텀 효과가 감소되면 공기/가스 혼합물의 밀도가 주변 공기와 동일한 효과를 내는 밀도로 확산될 때까지 부력 또는 밀도가 가스 경로 및 확산에 상당한 영향을 줄 수 있다. Pasquill이 제시한 것처럼 이 지점에서의 확산은 효과적이다.

굴뚝에서 누출되는 밀도가 높은 가스는 지면으로 급속하게 떨어져서 공기를 포함하고 희석을 도와주는 회전 동작(rolling action)을 통해 측면으로 분산된다(바람을 통해 세로 방향으로 이동). 그림 5-30을 참조한다.

이러한 모든 경우를 처리하는 수학적 계산은 컴퓨터 소프트웨어에 의해 수행된다. 최근 수 년 동안 사용되는 수학적 모델을 검증하고 연관 상수값을 산출하여 이러한 모델을 보정하기 위해 전면적인 테스트가 수행되고 있다.

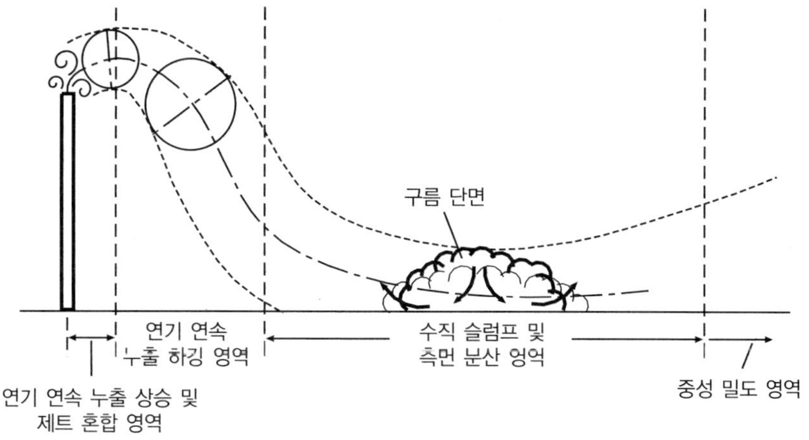

그림 5-30. 밀도 효과

다양한 모델은 사용되는 '소스 측면'에 따라 상당히 달라진다. 즉 차가운 액체 풀에서의 증발(증발 속도, 풀 크기 등) 또는 파이프에서의 누출(누출 발생 지점, 구멍 크기 등)과 같은 초기 누출에 대한 가정에 따라 달라진다.

5.6.4 독성 가스 효과

독성 가스 효과는 농도 및 노출 기간에 따라 달라진다. Probit 값은 정의된 노출(농도 및 기간)에 대한 사망 확률을 예측하는 데 사용할 수 있다.

5.7 환경에 피해를 주는 누출

많은 화학 물질은 환경에 피해를 줄 수 있는 잠재성을 가지고 있다. 특히 제약, 살충제, 제초제, 비료 및 호르몬과 같이 생물학적 활동에 의해 생산되는 화학 물질이 그러한 예이다.

예를 들어 화재가 발생한 경우 X톤의 물질 M 및 소방 용수에 의해 배출 시스템으로 씻겨 가는 물질과 같이 가상의 특정 누출에 의해 발생하는 피해 정도를 정의하는 것은 쉽지 않다.

일반적으로 선호하는 접근 방식은 환경에 수용할 수 없는 효과를 줄 것으로 예상되는 물질의 양을 정의한 다음(누출되기 전에 생물학적으로 처리되는 누출과 같이 일부 경우 배출 시스템 포함) 해당 물질의 양이 누출될 수 있는 경로를 조사하는 것이다. 이러한 접근 방식은 환경에 영향을 주는 영역, 효과의 특성(예: 공장, 미생물, 먹이 사슬의 효과) 및 효과 기간에 대한 끊임없는 논쟁을 차단한다.

다양한 화학 물질에 의한 환경 효과의 정도, 특성 및 기간 평가는 가능한 경우 일부 계산 수치의 도움과 함께 특정 지역의 환경 및 추정에 대한 해박한 지식을 필요로 하는 전문적인 작업이다. 이 부분에 대한 설명은 본 책자에서는 생략한다.

5.8 프로빗 수학을 사용한 사망 확률 평가

5.8.1 소개

특정 기간 동안 지정된 수준의 복사열 또는 특정 기간 동안 일정 농도의 독성 가스와 같이 위험 상황에 노출되는 경우 모든 사람들이 동일한 효과를 받지 않는다. 일부는 충분히 수용 가능하지만 일부는 받아들이기에 위험하다. 이러한 사항은 '프로빗 수학'을 사용하여 설명한다. 주요 위험 요소에 대한 적용 분야는 Eisenberg 등(1975)에 의해 설명되고 있지만 이러한 위험 요소에 인용되는 많은 프로빗 관계는 오늘날 실제와는 너무 거리가 멀다. 프로빗 접근 방식에 대한 기본 사항 및 제한에 대한 자세한 내용을 보려면 Lees(1996), p. 9-27ff를 참조한다. 접근 방식은 최소한 원칙적으로 주거 환경 및 재산에 대한 피해에 대해 동등하게 적용한다.

프로빗 함수의 일반적인 공식은 다음과 같다.

$$Y = k_1 + k_2 \log_e V$$

여기서 Y는 지정된 수준의 부상 또는 피해를 입은 노출된 사람, 재산 또는 환경에 대한 비율(%)이고 k_1 및 k_2는 노출 특성에 따라 달라지는 상수이며(표 5-9 참조) V는 노출 심각도에 의해 결정되는 변수로서, 일부 경우 강도 및 기간에 대한 함수(독성 가

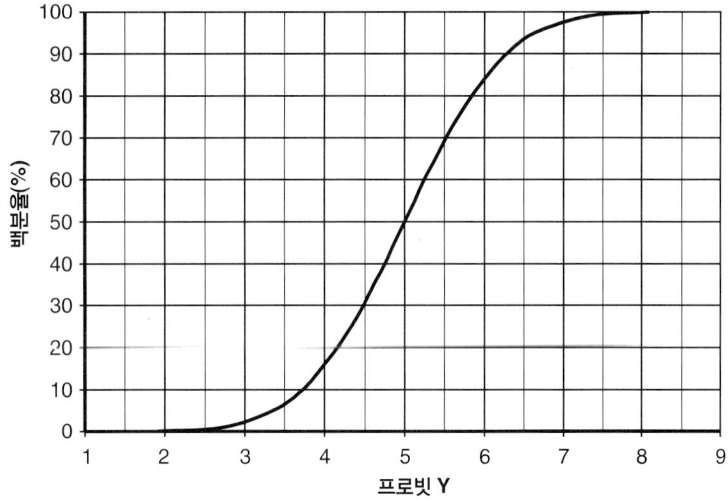

그림 5-31. 프로빗 및 백분율 사이의 관계

스에 대한), 일부 경우 강도에 대한 함수(폭발에 대한)이다. 전자의 경우 $V = C^n\ T$와 같이 표현된다.

노출 반응은 대략적으로 비대칭 정규 분포를 따르고 로그-정규 분포에 의해 대략적으로 표현되기 때문에 대수 관계가 사용된다.

프로빗 방정식은 이 방정식에 의해 유도된 데이터 범위 내에서만 유효하다. 이 범위를 벗어나면 전반적으로 잘못된 결과가 계산될 가능성이 있다.

계산된 프로빗 *Y* 및 지정된 정도로 영향 받는 노출된 사람 비율(%) 사이의 관계는 그림 5-31과 같이 표시된다.

5.8.2 화재에 의한 복사열 사망 위험성에 대해 적용

복사열로 인한 사망 위험성의 경우 평상복을 착용한 사람에 대한 프로빗 관계식은 다음과 같다.

$$Y = -37.23 + 2.56 \log_e (I^{1.333}\ t)$$

여기서 I는 복사열 강도(W/m^2)이고 t는 노출 시간(초)이다(Lees, 1996, p. 16-257ff 참조).

표 5-8. 복사열 효과

복사열 (kW/m²)	효 과
1.2	정오의 태양열
1.5	통증을 느낄 수 있는 최소값
5–10	10~30초 내에 통증을 느끼고 약 30초 내에 2도 화상
12.5	일정 시간 동안 목재에 일정 온도로 가열하면 유도 발화에 의해 발화
25	목재의 경우 순간적인 발화, 얇은 비단열 강철 구조물이 약해짐

예제 5.8.1

어떤 사람이 1분 동안 15kW/m²의 복사열에 노출되었다. 치명적인 부상을 입을 확률은?

$$Y = -37.23 + 2.56 \log_e (15{,}000^{1.333} \times 60) = 6.0$$

그림 5-31을 참조하면 위의 수치로 노출된 사람의 사망 확률은 약 85%이다. 방법이 부정확하기 때문에 그렇게 노출된 사람의 사망 확률은 매우 높다라는 식으로 표현할 수밖에 없다.

복사열에 노출된 물리적 및 생리학적 효과는 표 5-8과 같이 다양한 원인에 의한 것으로 알려져 있다.

Lees(1996, pp. 16-258)는 열 유속, 노출 시간 및 1도/2도 화상 사이의 관계를 그래프로 표시했다.

5.8.3 BLEVE의 복사열 사망 위험성에 적용

BLEVE에 노출된 사람의 사망 확률은 프로빗 방법을 사용하여 측정할 수 있다. BLEVE 노출에 대한 프로빗 방정식은 매우 짧은 기간 동안의 노출 및 상당히 높은 열 유속으로 인해 안정 상태 화재(5.8.2절 참조)의 방정식과는 차이가 있다.

프로빗 방정식은 다음과 같다.

$$Y = -10.7 + 1.99 \log_e \{(I^{1.333}\, t)/10{,}000\}$$

예를 들어 예제 5.3.1에서 고려한 BLEVE에 대한 결과를 사용하고 t = 16초, I =16,000 및 36,000W/m(사용한 평가 방식에 따라 다를 수 있음) 값을 적용하면 해당 프로빗은 2.2 및 4.3이 된다.

따라서 두 가지의 개별적인 평가 방식에 따라 사망 확률은 상당히 낮아진 약 25%가 된다.

BLEVE에 대한 생리학적 노출 효과는 Brasie(1974)에 의하면 화구의 가장자리에서 최대 한 개의 화구의 경우 노출된 사람은 2도에서 3도 화상을 입을 수 있으며 최대 두 개의 화구 직경의 경우 1도 화상을 입을 수 있다. 그러나 이것은 대략적인 지침일 뿐이며 계산 과정 및 지역적 상황(지형도, 레이아웃 등)에 대한 이해 없이 사용하지 않도록 한다.

이러한 경험적 법칙을 기준으로 노출된 사람은 2도 및 3도 화상을 입을 수 있음을 예측하게 된다. 이것은 사망 확률의 중요성을 말해 주는 것이다.

생리학적 효과 평가를 위한 가장 최신 방법에 대해서는 Lees(1996), pp. 16-258에 표시된 그래프를 참조한다.

5.8.4 독성 가스 노출에 의한 사망 및 부상 위험성에 적용

5.8.4.1 프로빗 방법

독성 가스 사망 위험성의 경우 프로빗 관계식은 가스 종류에 따라 달라진다. 관계식은 다음과 같다.

$$Y = k_1 + k_2 \log_e (C^n\, t)$$

여기서 k_1, k_2 및 n은 가스에 따라 결정되는 상수이며 C는 ppm 농도(1/1,000,000), t는 노출 시간(분)이다.

대표적인 상수값은 표 5-9와 같다.

표 5-9의 상수가 정확하다고 주장하지만 이 상수들은 제한된 곡선과 지난 사고 기록에 의해 유도된 근사값임에 주의해야 한다.

표 5-9. 대표적인 독성 가스의 프로빗 상수

물질	k_1	k_2	n
암모니아 (Opschoor 등 1992)	−15.8	1	2.0
암모니아 (세계 은행, 1988)	−9.82	0.71	2.0
염소(Withers 및 Lees, 1985)	−8.29	0.92	2.0
염소(Withers 및 Lees, 1986)	−8.29	0.92	2.0
염화수소(세계은행, 1988, CCPS에 의해 다시 인용됨 1999)	−16.85	2.00	1.0
황화수소 (GASCON2, 1990)	−36.2	2.366	2.5

뚜렷하게 서로 다른 결과가 나타나는 일반적인 독성 물질에 사용하는 여러 프로빗 상수 집합이 있다. 예를 들어 Schubach(1995), Ferguson 및 Hendershott(2000)을 참조한다. 또한 실제 독성 노출 효과는 노출된 사람의 활동 수준에 따라 많이 달라진다. 매우 활동적인 사람은 상당히 많은 영향을 받을 수 있다. 이것은 사람에 대한 독성 가스 효과의 불확실성 때문이다. (프로빗 상수에 대한 보다 종합적인 목록을 보려면 CCPS(1999)를 참조한다.)

예제 5.8.2

일정지역 사람들이 10분 동안 200ppm의 염소에 노출되어 있다. 평균적으로 1인당 사망 확률은?

해답

관계식을 사용하여,

$$Y = -8.29 + 0.92 \log_e (200^2 \times 10)$$
$$Y = 3.6$$

따라서 그림 5-31을 사용하면 사망 확률은 평균 약 6%이다. 실제로 노출량/반응 관계의 불확실성으로 인해 노출이 매우 심각하며 사망 확률이 상당히 높다라는 식으로 표현할 수밖에 없다.

5.8.4.2 HSE 위험 독성 부하/위험 노출량 접근 방식

노출량/반응 관계에 대해 계속되는 불확실성과 그에 따른 프로빗 관계식에 대한 논쟁으로 인해 Turner 및 Fairhust(1989)는 일부 분말에서 상승되는 농도(ppm)와 노출 기간 측면에서 '위험 부하' 또는 '위험 노출량'을 정의하는 접근 방식을 개발했다.

즉 $C^n t$는 정의된 독성 부하 한계 A보다 적어야 한다. 이것을 사용하여 사람에 대한 최대 노출 빈도를 해당 노출량으로 설정하는 방법으로 위험성 기준을 설정할 수 있다. 이 방법은 위험 노출량이 노출된 사람에 대해 매우 심각한 효과를 가지도록 정의되기 때문에 사망 위험성 계산에 대한 논쟁은 차단된다.[7)]

HSE에 의해 고려된 실험적인 독물학적 관계는 표 5-10과 같다.

표 5-10. '독성 노출량'의 과도 여부를 결정하기 위한 대표적인 상수

공정 물질 / 기술적 결함 유형										
운영 사고 ▶ 화재										
▶ 증기 '증발' 화재										
▶ 폭발: 증기운										
▶ 폭발: 가연성 분진										
▶ 폭발: 불안정한 물질										
▶ 폭발: 기타										
▶ 화구(예: LPG에 의한)										
▶ 자연 발화										
▶ 독성 액체 누출										
▶ 독성 가스 누출										
▶ 독성 연기										
▶ 사람에게 장기간 독성 물질 노출										
▶ 주요 부식										
▶ 핵 방사능										
▶ 일반 공해: 먼지, 냄새, 소음 등										
▶ 기타										

(승인하에 Tuner 및 Fairhall에 의해 재판[1989])

7) 위험 독성 부하 또는 위험 노출량은 다음과 같은 일반적인 특성을 가지고 있다. 노출된 거의 모든 사람은 심각한 고통에 시달리며 이중 일부는 의료 조치를 받아야 한다. 일부 사람들은 심각한 영향을 받을 수 있으며 장기적인 의료 조치를 지속적으로 받을 필요가 있다. 가장 민감한 사람(예: 노인, 환자)은 사망할 가능성도 있다(일반적으로 1~5% 사이).

예제 5.8.3

위의 예제 5.8.2에서 가정한 10분 동안 200ppm으로 노출된 염소 사고와 동일한 상황을 고려한다.

염소의 경우 $n = 2$, $A =$ 최소 1.08×10^5ppm^{2}이다. 따라서 독성 노출량은 $200^2 \times 10 =$ 최소 400,000ppm^{2}가 된다.

이것은 독성 노출령 한계인 최소 108,000ppm^{2}를 상당히 초과한다.

따라서 노출은 위험 독성 부하 정의를 만족시키고 10^{-6}p.a빈도를 초과하지 않아야 한다.

참고문헌

- API, "Guide for Pressure Relief and Depressuring Systems. API-RP 521," 2판. 미국 석유협회, 정유 사업부, 1996.
- Bagster, D. F., and Pitblado, R. M., "Thermal Radiation Hazards in the Process Industry." Proc. Chemeca 88, Sydney, August, 1988.
- Bagster, D. F., and Schubach, S. A., "A Tentative Linear Jet Fire Model." Proc. Conf. Loss Prevention in the Oil, Chemical and Process Industries. Society of Loss Prevention in the Oil, Chemical and Process Industries(Singapore), 99-105, December, 1995.
- Blatt, A. H. "Compilation of Data on Organic Explosives. Service Directives, NO-b10, OD-01 OSRD No. 2014." Office of Scientific Research and Development.
- Brasie, W., *Loss Prevention*, Vol. 10, p. 135. American Institution of Chemical Engineers, 1974.
- CCPS, "Guidelines for Consequence Analysis of Chemical Release." Center of Chemical Process Safety, AIChE, New York, 1999.
- Crossthwaite, P. J., Fitzpatrick, R. D., and Hurst, N. W., "Risk Assessment for the Siting of Developments Near Liquenfied Petroleum Gas Installations." *IChemE Symposium Series* 1988, No. 110, pp. 373-400 (1988).
- Eckhoff, R. K., "Differentiation and Tailor Making-The Rational Approach to Prevention and Control of Gas and Dust Explosions. *J. Loss Prev. Process Ind.* **2**, 122 (1989).
- Eckhoff, R. K., *Dust Explosions in the Process Industries*, 2nd ed., Butterworth-Heinemann, Oxford, UK, 1997.
- Eisenberg, N. A., *et al.*, "Vulnerability Model: A Simulation System for Assessing Damage Resulting from Marine Spills." USCG Report CG-D-137-175, available as NTIS Report AD-A015-245 (1975).
- Ferguson, J. S., and Hendershot, D. C., "The Impact of Toxicity Dose-Reponse Relationships on Quantitative Risk Analysis Results." Process Safety Prog. **19**(2), 91-97, Summer (2000).
- GASCON2 (1990), Gascon2, A Model of Estimate Ground Level H_2S and SO_2 Concentrations and Consequences from Uncontrolled Sour Gas Release (volume 5), E. Alp,

M. J. E. Davies, R. G. Huget, L. H. Lam, M. J. Zelensky. Energy Resources Conservation Board, Calgary, Alberta, Canada, October, 1990.

- Howell, J. R., *A Catalog of Radiation Configuration Factors*. McGraw-Hill, New York, 1982.
- IChmE, *Explosions in the Process Industry*. Major Hazards Monograph, 2nd ed. The Institution of Chemical Engineers, Rugby, UK, 1994.
- Institute of Petroleum (UK), *Model Code for Safe Practice in the Petroleum Industry*, Part 9: *Liquefied Petroleum Gas Safety Code*, Vol. 1: *Large Bulk Pressure Storage and Refrigerated LPG*, 2nd ed. 1987.
- IOI, "The Evaluation of Estimated Maximum Loss from Fire or Explosion in Oil, Gas and Petrochemical Industries with Reference to Percussive Unconfined Vapor Cloud Explosion." International Oil Insurers, London, 1979.
- Lees, F. P., *Loss Prevention in the Process Industries*, 2nd ed. Butterworth-Heinemann, Oxford, UK, 1996 (3 volumes).
- Lunn, G. A., Brookes, D. E., and Nicol, A., "Using the K_{st} Nomographs to Estimate the Venting Requirement in Weak Dust-Handling Equipment." *J. Loss Prev. Process Ind.* **1**(3), 123-133 (1988).
- Leung, J. C., "Two Phase Flow Discharge in Nozzles and Pipes-A Unified Approach." *J. Loss Prev. Process Ind.* **3** (1990).
- Morris, S. D., "Flashing Flow through Relief Lines, Pipe Breaks and Cracks." *J. Loss Prev. Process Ind.* **3** (1990).
- Mudan, K. S., "Thermal Radiation Hazards from Hydrocarbon Pool Fires." *Proc. Energy Combust. Sci.* **10**, 59-80 (1984).
- NFPA, "Flammable and Combustible Liquids Code." National Fire Protection Association, 1984.
- Opschoor, G., van Loo, R. O. M., and Pasman, H. J. (1992), "Methods for Calculation of Damage Resulting from Physical Effects of the Accidental Release of Dangerous Materials." International Conference on Hazard Identification and Risk Analysis, Human Factors, and Human Reliability in Process Safety, Orlando, Florida, January 15-17, 1992.
- Pasquill, F., "The Estimate of the Dispersion of Windborne Material." *Meteorol. Mag.* **90**(1063), 33-49 (1961).
- Pasquill, F., *Atmospheric Diffusion: the Dispersion of Windborne Material from Industrial and Other Source*. Van Nostrand, London, 1962.
- Pasquill, F., and Smith, F. B., *Atmospheric Diffusion*, 2nd ed. Halsted, New York, 1983.
- Perry, R. H., and Green, D. (Eds.), *Perry's Chemical Engineers Handbook*, 6th ed. McGraw-Hill, New York, 1984.
- Roberts, T., Gosse, A., and Hawksworth, S., "Thermal Radiation from Fireballs on Failure of Liquefied Petroleum Gas Storage Vessels." *Trans. IChemE* **78, Part B** (2000).
- Schubach, S., "Comparison of Probit Expressions for the Prediction of Lethality Due to Toxic Exposure." *J. Loss Prev. Process Ind.* **8**(4), 197-204 (1995).
- Swift, I., "Design of Deflagration Protection Systems." *J. Loss Prev. Process Ind.* **1**(1), 5-15 (1988).
- TNO, "Methods of the Calculation of the Physical Effects of the Escape of Dangerous Material." Report of the Committee for Prevention of Disasters, Directorate General of Labour, Ministry of Social Affairs, Balenvan Andelplein 2, 2273 KH Voorburg, The Netherlands, 1979. (Referred to as the TNO Yellow Book.)
- Turner, D. B., "Workbook of Atmospheric Dispersion Estimates." EPA Office of Air Programs Publication No. AP 26, *Quart. J. R. Met. Soc.* **93**, 383-384 (1970).
- Turner, R. M., and Fairhurst, S., "Assessment of the Toxicity of Major Hazard Substances." Specialist Inspectors Report 21. *Health Safety Executive* HMSO (1989).
- Van den Berg, A. C., "The Multi-Energy Method-a Framework for Vapour Cloud Explosion Blast Prediction." *J. Hazardous Mater.* **12**, 1-10 (1985).

- Van den Berg, A. C., van Wingerden, C. J. M., and the, H. G., "Vapor Cloud Explosion Blast Modeling." TNO Prins Maurits Laboratory, PO Box 45, 2280 AA Rijsijk, The Netherlands; Proceedings of CCPS Conference and Workshop on Mitigating the Consequences of Accidental Releases of Hazardous Materials, Lousiana, May 20-24, 1991.
- Wayne, D. F., "An Economical Formula for Calculating Atmospheric Infrared Transmissivities." *J. Loss Prev. Process Ind.* **4**, 86-92 (1991).
- Withers, R. M. J., and Lees, F. P., "The Assessment of Major Hazards: The Lethal Toxicity of Chlorine." Parts 1 and 2. Journal of Hazardous Materials 12, 3 (December), 231-282 and 283-302 (1985).

6 잠재적 위험 사고/손실의 빈도 또는 발생 가능성 평가

본 장을 배우고 나면 예상 가능한 플랜트 사고를 일으키는 데 영향을 주는 요소 또는 원인 분석, 발생 사고에 대한 확률 추정 및 사고 발생 가능성을 증가시키는 계측제어 및 보호 시스템의 설계 또는 운영상의 일반적인 취약점 파악 등을 수행할 수 있게 된다.

본 장에서는 그림 1-4의 위험성 관리에 대한 단계 7, '빈도 평가'에 대해 설명한다.

6.1 결함수를 이용한 사고 원인 분석

6.1.1 소개

예상 위험 사고 또는 필요한 경우 장비 오작동이 여러 사건의 조합으로 발생되는 경우 '결함수'를 사용하면 원인 구조를 분석하는 데 매우 유용하다. 또한 이 분석은 사고 또는 결함의 예상 발생 가능성 또는 빈도를 계산하는 데 사용된다.

사고 영향에 대한 계산/추정을 통해(제5장) 분석의 제한 사항 및 사고 발생 가능성 또는 빈도 계산을 이해하는 것은 중요하다. 분석 및 계산은 예상 사고 및 발생 가능성의 원인-영향 구조를 이해하는 데 도움을 주지만 발생 가능성에 상당히 영향을 줄 수 있는 정성적 요소들이 많이 존재한다. 이러한 요소들은 적절한 평가를 위해 고려되어야 하지만 추정만 가능하기 때문에 정확성 측면에서 광범위한 제한적 요소가 있다.

우선 본 장에서는 발생 가능성에 대한 정량화 기준으로서 원인 분석을 위한 체계적인 접근 방식을 설명한 다음, 정량화가 가능한 이러한 요소들의 정량화를 위한 수학적 방법에 대해 설명한다. 또한 예비 평가에 사용하기 위해 광범위한 수치적 데이터를 제공한다. 이러한 방법에 대한 제한 사항 및 고려해야 할 중요 요소에 대해서는 다른 장에서 설명한다.

6.1.2 '디멘드' 및 '보호 실패'의 구분

결함수의 구성을 중요시 하는 개념과 사고 또는 실패 빈도의 계산을 특히 강조하는 두 가지 개념이 있다. 이것이 '디멘드' 및 '보호 실패' 개념이다.

증기를 발생시키는 보일러의 경우 압력은 압력 센서에 의해 제어할 수 있다. 즉 압력 센서를 통해 신호를 자동 제어기에 보낸 다음 이 신호를 연료 라인의 컨트롤 밸브에 보내고, 압력이 설정 포인트 아래로 떨어지기 시작하면 밸브는 연료 흐름을 증가시키고 압력이 설정점 이상으로 상승하기 시작하면 밸브 일부를 닫아 연료 흐름을 감소시킨다.

제어 시스템은 정상적인 가동을 위해 지속적으로 필요하다. 제어 시스템의 구성 요소에 발생하는 결함은 특정 문제를 일으킨다.

이것은 보일러에 장착된 압력 방출 밸브와 좋은 대조를 이룬다. 압력 방출 밸브는 압력 제어 시스템이 중단되는 경우 과압을 배출하여 보일러가 폭발하지 않도록 설계되어 있다. 압력 방출 밸브는 압력 제어 시스템이 제대로 작동하는 상태에서는 작동하지 않기 때문에 지속적으로 필요하지는 않다. 그러나 압력 제어 시스템이 중단되고 압력이 초과 수준으로 상승하기 시작하면 압력 방출 밸브가 필요하며 이러한 경우에만 작동한다.

정상적인 운전 방식의 오작동(예: 보일러 압력 제어 시스템의 결함 또는 조업자의 정상적인 작동중에 발생하는 오작동)을 '디멘드'라고 한다.

디멘드에 대한 응답 실패(예: 압력 방출 밸브 결함)를 '보호 실패'라고 한다.

보호 시스템은 정상적인 작동 방식이 실패하는 경우, 즉 디멘드가 발생하는 경우에만 필요한 시스템이다.

이 특징은 다음과 같은 두 가지 이유로 인해 중요하다.

- ▶ 결함수를 구성하는 경우, 디멘드 및 보호 실패의 조합에 의해 발생하는 원하지 않는 위험 사고를 표현하는 데 유용하다.
- ▶ 위험 사고 빈도를 평가하는 경우, 디멘드를 빈도로 표시하고 보호 실패를 확률로 표시하는 데 필수적이다. 이에 대한 자세한 내용은 나중에 설명한다.

다음은 디멘드 및 보호 실패에 대한 예이다.

- ▶ 자동차가 고속도로에서 고장이 나고 가장 가까운 위치에 있는 전화가 파손된 경우, 고장은 디멘드이고 파손된 상태의 전화는 보호 실패이다.
- ▶ 연료 저장 탱크가 누출되고 누출 물질이 제방 내에 고인다면, 디멘드는 누출이고 보호 시스템은 제방이다(여기서는 보호가 실패 되지 않은 경우).

위험 사고는 단순히 한 가지 예상 유형의 디멘드 및 한 가지 예상 유형의 보호 실패보다 훨씬 복잡한 상황에서 발생하는 것이 일반적이다. 이러한 상황을 분석하는 경우 결함수는 매우 유용하다.

6.1.3 결함수 구성

사고 예상 원인에 대한 결함수 구성시 일반적으로 두 가지 형식의 상황 사이에 논리 연결을 사용한다. 즉 *AND* 및 *OR*이다. 이 두 가지 형식의 논리 연결(또는 '게이트')은 그림 6-1과 같이 표현된다.

- AND 게이트의 경우 상황 C는 상황 A 및 B가 모두 발생하는 경우에만 발생한다.
- OR 게이트의 경우 상황 C는 상황 A 또는 상황 B 중 하나가 발생하는 경우 발생한다.

이러한 게이트는 다음 예인 핫 오일 가열 시스템에 표시된 것과 같은 결함수를 구성하는 데 사용한다. 그림 6-2의 간단한 공정도를 참조한다.

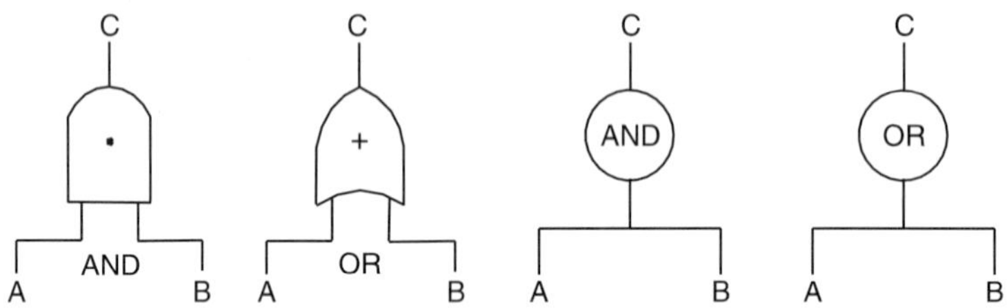

그림 6-1. 논리 게이트-다양한 대체 표현

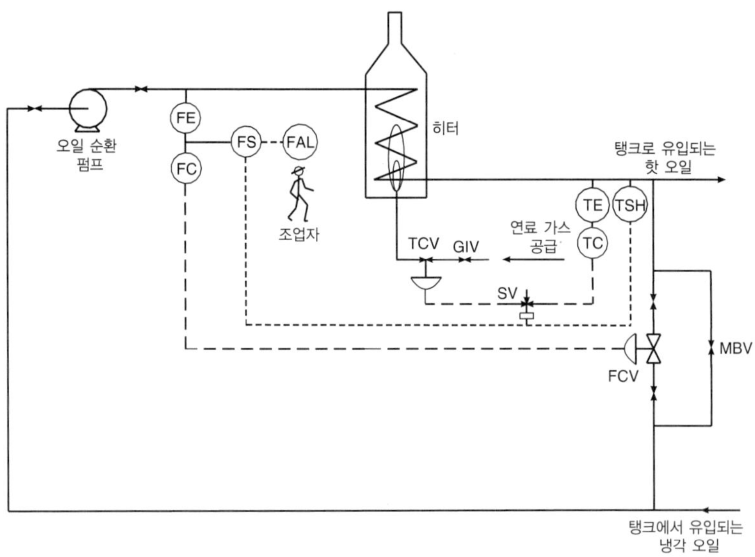

그림 6-2. 핫 오일 가열 시스템

관련 없는 주변 장치를 생략한 그림 6-3의 공정도는 비투멘 탱크의 가열 코일에 핫 오일을 공급하는 공장 내의 가열 구역을 표시한다. 비투멘 탱크 시설로부터 돌아온 오일은 가열 오일 순환 펌프에 의해 순환되고 가스 점화식 히터를 통해 비투멘 탱크로 다시 돌아온다.

흐름이 히터를 통해 유지되는 것이 중요하며 히터 코일이 과열되거나 파열되면 대형 화재가 발생할 수 있다. 히터로 유입되는 유량은 변환기 FE에 의해 감지되어 신호를 유량 제어기 FC에 보내고 FC는 이 신호를 흐름 제어 밸브 FCV에 보내고, 히터로 유입되는 흐름이 특정 원인에 의해 감소되는 경우(예: 비투멘 탱크로 유입되는 오일 흐름이 차단) FCV가 서서히 열리게 되고 펌프로 다시 유입되는 가열 오일이 재순환된다. 수동 바이패스 밸브 MBV는 FCV를 유지 보수하는 동안 사용되며, 정상 상태에서는 닫혀 있다.

히터로 유입되는 가열된 오일의 흐름 속도가 너무 느린 경우(예: 펌프 작동 중단, 흐름 제어 시스템 결함 또는 주요 누출에 의해) 흐름 변환기 FE로부터 받은 신호를 통해 흐름 스위치 FS가 작동하고 솔레노이드 밸브 SV가 작동하여 온도 제어 밸브 TCV로 유입되는 공기 라인의 공기 압력이 배출됨으로써 스프링 압력에 의해 TCV가 닫힌다. 또한 흐름 스위치는 저속 흐름 경보 장치 FAL을 작동시켜 조업자

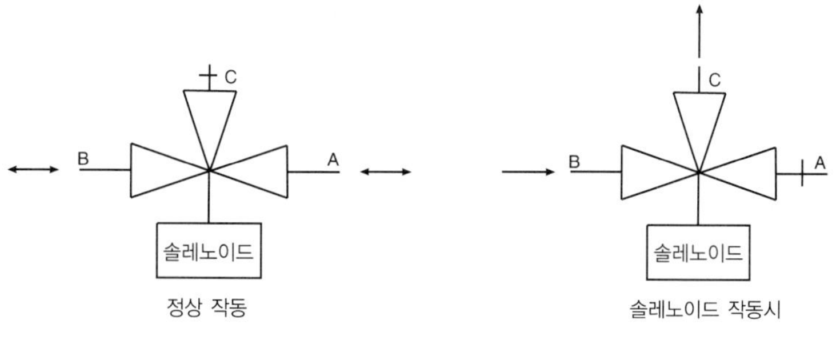

그림 6-3. 솔레노이드 밸브 작동에 대한 설명.

정상적인 공장 가동시 솔레노이드 밸브는 온도 제어기 TC 및 온도 제어기 밸브 TCV 사이(예: 위의 다이어그램에서 A 및 B 사이)에서 제어 공기의 자유로운 흐름을 허용한다. 포트 C는 정상 상태에서 닫혀 있다. 솔레노이드가 저속의 흐름 스위치 FS 또는 고온 스위치 TC가 보낸 신호에 의해 작동하면 포트 A는 닫히고 포트 C는 열린다. 따라서 온도 제어 밸브 TCV를 작동시키는 다이어프램으로 공기 라인의 공기 압력이 배출된다. 온도 제어 밸브 TCV는 TCV를 차단하는 스프링이 장착되어 있다.

에게 경보 신호를 보내고 수동 바이패스 밸브 MBV를 열거나 수동 가스 차단 밸브 GIV를 닫는 것과 같이 히터 코일의 과열을 방지하기 위한 적절한 조치를 취하게 된다.

또한 히터에서 오일 전달 라인에 장착된 고온 스위치 TSH가 있다. TSH가 온도 제어 시스템 TE, TC 및 TCV의 결함과 같이 일부 원인에 의한 초과 온도를 감지하면 솔레노이드 밸브 SV가 작동하고 온도 제어 밸브는 스프링 압력에 의해 닫힌다.

결함수 분석은 흐름이 너무 느리거나 멈추는 경우 히터에 의한 화재가 발생하거나 가스 버너가 계속 작동하는 것과 같은 복잡한 장비 결함 조합에 대한 논리적 구조를 표시하는 데 사용할 수 있다.

시작점은 잠재적으로 코일이 소손(燒損)될 수 있는 예상 트리거링 사건 또는 디멘드를 확인하기 위한 것이다. 이러한 예상 트리거링 사건 또는 디멘드는 다음과 같다.

▶ 멈추거나 느린 오일 흐름:
펌프 오작동
흐름 제어 시스템 오작동
오일의 상당한 누출
파이프라인의 일부 또는 전체 막힘
닫힌 밸브

▶ 초과 가스 흐름(예: 느린 오일 흐름 상태)
가스 흐름 제어 시스템 오작동

실행 가능한 보호 조치는 디멘드에 따라 다를 수 있기 때문에 각각의 디멘드를 개별적으로 분석해야 한다. 코일 소손에 대한 전체 빈도는 각각의 분석을 통해 산출한 결과의 합계이다(코일 소손은 "펌프 결함 OR 흐름 제어 시스템 결함 OR 오일의 상당한 누출 OR 파이프라인의 일부 또는 전체 막힘 OR 등"이 원인이기 때문). 분석은 하나의 결함수로 조합될 수 있지만 반드시 그렇게 할 필요는 없다.

간략한 설명을 위해 여기서는 한 가지 디멘드(펌프 결함)에 대해서만 분석한다. 편의상 경보 조업자가 수행하는 일부 조치는 생략한다(예: 대기 펌프 작동, 온도 제어 밸브 수동 작동). 결함수는 그림 6-4와 같이 표시된다.

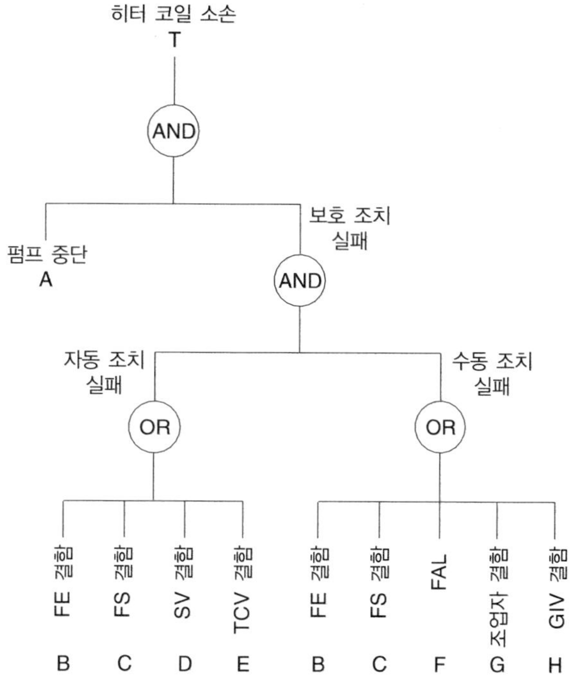

그림 6-4. 결함수 - 초기 구성

이 결함수는 다음과 같은 용어로 표현할 수 있다.

- ▶ 히터 코일은 펌프 중지 AND 보호 조치 실패의 두 가지 모두 발생하는 경우 소손된다.
- ▶ 보호 조치는 자동 응답 실패 AND 수동 응답 실패의 두 가지 모두 발생하는 경우 실패한다.
- ▶ 자동 조치는 FE 실패 OR FS 실패 OR SV 실패 OR TCV 실패 중 하나라도 발생하는 경우 실패한다.
- ▶ 수동 조치는 FE 실패 OR FS 실패 OR SV 실패 OR GIV 실패 중 하나라도 발생하는 경우 실패한다.

(초과 온도 보호 시스템 [TSH, SV 및 TCV]은 히터로부터 과열된 오일을 온도 센서 TSH로 전달하는 흐름이 없기 때문에 펌프가 중단되면 작동하지 않는다.)

위의 결함수를 점검해 보면 두 가지 요소(FE 및 FS)가 한 번 이상 나타나는 것을 알 수 있다. 따라서 결함수가 이러한 반복을 피하는 방식으로 표현될 수 있는지 여부를 조사해야 한다. 왜냐하면 반복되는 경우 이중 계산의 가능성이 있고 전반적으로 과장되거나 과소 표현되는, 원하지 않는 '정상 사상'의 빈도를 계산할 수 있기 때문이다.

이러한 조사는 점검에 의해 수행될 수 있지만 결과가 명확하지 않은 경우 부울 대수를 사용하는 것이 좋다. 처음에는 이 방법에 주저할 수 있지만 실제로는 몇 번 실습해 보면 매우 간단하다.

6.1.4 부울 대수를 통한 결함수 감소

위의 트리는 결함수의 정상 사상('히터 코일 소손')를 기호 T로 표현하여 아래와 같이 표현할 수 있다. 간략한 설명을 위해 요소 이름은 아래에 표시된 것과 같이 단일 문자로 대체한다.

펌프	A	TCV	E
FE	B	FAH	F
FS	C	조업자	G
SV	D	GIV	H

그림 6-4에 표시된 결함수는 다음과 같이 부울 대수로 표현할 수 있다.

$$T = A \cdot (B + C + D + E) \cdot (B + C + F + G + H)$$

이 식은 부울 대수를 사용한 확장형이며 이 단계에서 전통적인 대수를 적용하면 다음과 같다.

$$\begin{aligned} T = A \cdot (&B \cdot B + B \cdot C + B \cdot F + B \cdot G + B \cdot H \\ &+ C \cdot B + C \cdot C + C \cdot F + C \cdot G + C \cdot H \\ &+ D \cdot B + D \cdot C + D \cdot F + D \cdot G + D \cdot H \\ &+ E \cdot B + E \cdot C + E \cdot F + E \cdot G + E \cdot H) \end{aligned}$$

이 식은 아래에 설정한 다소 생소한 부울 항등식을 사용하여 줄일 수 있다(그림 6-5 참조).

중요 부울 항등식

1.	$A \cdot A = A$	'A 및 A는 A'
2.	$A + A = A$	'A 또는 A는 A'
3.	$A + A \cdot B = A$	'A 또는(A 및 B)는 A'

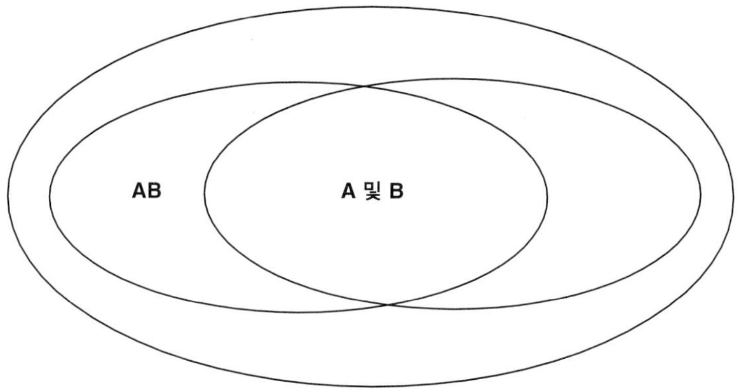

그림 6-5. 부울 항등식에 대한 설명

마지막 항등식에 대한 설명을 위해 다음과 같이 가정한다. 그림 6-5에서 맨 바깥쪽의 가장 큰 타원은 다양한 모양 및 색상을 가진 여러 객체를 표현한다. 작은 타원 A는 정사각형인 객체를 표현한다. 작은 타원 B는 빨강 색인 객체를 표현한다. 겹친 영역 'A 및 B'(또는 A · B)는 빨강색의 사각형 객체를 표현한다. 분명히 빨강색의 사각형 객체는 사각형 객체의 하위 집합이며 따라서 사각형 객체 'A'는 빨강색의 사각형 객체 "A · B"를 포함한다.

위의 설명을 단순하게 표현할 수 있다.

- 첫 번째로, 'BB' 항을 'B'로 줄인다(첫 번째 항등식을 사용)
- 그런 다음 'B'를 포함하는 모든 항을 삭제한다(세 번째 항등식을 사용). 즉 B + B · C = B 및 B + B · F = B와 같이 행 및 열에 있는 모든 항을 제거한다.

따라서

$$
\begin{aligned}
T = A\cdot(&\overset{\mathbf{B}}{\cancel{B\cdot B}} + \cancel{B\cdot C} + \cancel{B\cdot F} + \cancel{B\cdot G} + \cancel{B\cdot H} \\
&+ \cancel{C\cdot B} + C\cdot C + C\cdot F + C\cdot G + C\cdot H \\
&+ \cancel{D\cdot B} + D\cdot C + D\cdot F + D\cdot G + D\cdot H \\
&+ \cancel{E\cdot B} + E\cdot C + E\cdot F + E\cdot G + E\cdot H)
\end{aligned}
$$

마찬가지로 두 번째 열의 'CC'는 'C'로 줄이고 'C'를 포함하는 다른 모든 항을 삭제한다.

따라서

$$
\begin{aligned}
T = A\cdot(&\overset{\mathbf{B}}{\cancel{B\cdot B}} + \cancel{B\cdot C} + \cancel{B\cdot F} + \cancel{B\cdot G} + \cancel{B\cdot H} \\
&+ \cancel{C\cdot B} + \overset{\mathbf{C}}{\cancel{C\cdot C}} + \cancel{C\cdot F} + \cancel{C\cdot G} + \cancel{C\cdot H} \\
&+ \cancel{D\cdot B} + \cancel{D\cdot C} + D\cdot F + D\cdot G + D\cdot H \\
&+ \cancel{E\cdot B} + \cancel{E\cdot C} + E\cdot F + E\cdot G + E\cdot H)
\end{aligned}
$$

식을 정리하면,

$$T = A\cdot(B + C + D\cdot F + D\cdot G + D\cdot H + E\cdot F + E\cdot G + E\cdot H)$$

그런 다음 인수 분해하면 다음과 같다.

$$T = A\cdot\{B + C + (D + E)\cdot(F + G + H)\}$$

이제 구성 요소 이름으로 다시 변환하고 결함수를 다시 구성하면 그림 6-6과 같이 표시된다.

또한 이 결함수는 다음과 같은 용어로 표현할 수 있다.

▶ 히터 코일은 펌프 실패 AND 보호 조치 실패의 두 가지가 모두 발생하는 경우 소손된다.

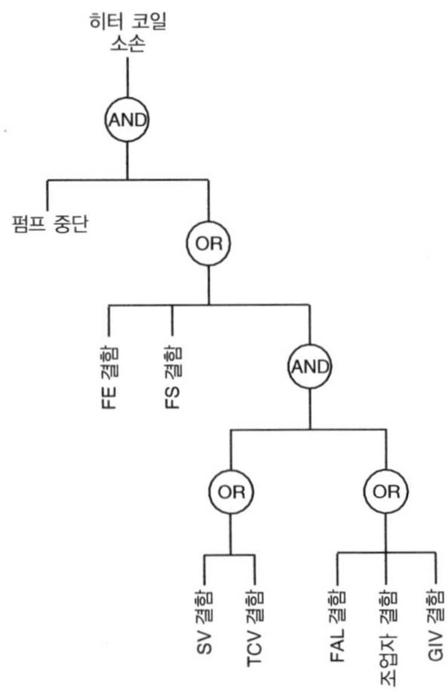

그림 6-6. 감소된 결함수

▶ 보호 조치는 FE 실패 OR FS 실패 OR 결함 조합이 발생하면 실패한다.

▶ (SV OR TCV 중 하나가 결함) AND (FAL OR 조업자 OR GIV 중 하나가 결함)인 경우 보호 조치 실패의 원인이 되는 결함 조합이 발생한다.

이것은 위의 공정도에 표시된 논리를 비교하여 점검함으로써 확인할 수 있다(그림 6-3 참조).

감소된 결함수는 이중 계산 및 불필요한 데이터 포함을 방지하기 위해 결함수를 단순화하는 것이 얼마나 중요한지를 보여 준다. 완전히 감소된 결함수에서도 일부 요소는 여전히 한 번 이상 나타날 수 있다. 그러나 초기 결함수를 정량화하면(나중에 설정되는 방식을 사용하여) 그림 6-6의 결함수를 통해 완전히 다른 결과가 나타난다.

6.2 신뢰성 수학에 대한 소개

6.2.1 소개

6.2.1.1 이 분야의 범위

위험성 분석 및 확률적 위험성 평가에 있어서 신뢰성보다 불안정성에 대해 걱정을 한다. 장비가 작동해야 할 때 장비 일부가 제대로 작동하지 않는 경우의 실패 빈도 또는 확률에 대해 주의를 기울인다. 또한 결함으로 인해 심각한 물리적 피해를 주는 사고 빈도에 대해 주로 주의를 기울인다.

생산 관리에 있어서 신뢰성은 특별하다. 생산 손실을 가져올 수 있는 사고 빈도(예: 장비 고장) 뿐만 아니라 장비를 사용할 수 없는 기간도 관심의 대상이다. 왜냐하면 고장 및 고장으로 인한 피해는 전반적인 공장 생산에 영향을 주기 때문이다.

6.2.1.2 중요 개념

시스템(장비, 사람 또는 두 가지 모두로 구성된) 신뢰성 평가시 이해가 필요한 여러 가지 개념이 있다.

'성능' 또는 '기능성'은 시스템이 설계된 대로 작동할 수 있는 능력이다. 즉 "작동 가능한가?" 이것은 신뢰성 분석가보다 설계자의 주요 책임이다. 그럼에도 불구하고 장비가 계획된 대로 수행될 수 있는지 여부를 검증하는 것은 중요하다. 성능 관련 질문에 대한 대답은 기술적 조사를 통해 구할 수 있다.

구성 요소 또는 시스템의 '신뢰성'은 지정된 기간 동안 또는 지정된 상황, 주어진 특정 범위의 조건에서 미리 정의된 기능을 수행하는 확률이다. 즉 "작동될 것인가?" 이 질문에 대한 대답은 기존적인 확률 이론을 사용하여 구할 수 있다.

예를 들어 제어 시스템 및 보호 시스템 평가하는 경우 해당 시스템의 전원 공급 장치의 신뢰성 평가 포함 여부를 결정하는 것과 같이 시스템을 평가할 때 시스템의 경계를 정의하는 것이 중요하다.

장비 '가용성'은 전체 시간의 일부로서, 장비가 작동 가능한 시간을 의미한다.

6.2.2 구성 요소 거동

구성 요소 또는 시스템 '결함'이 무엇을 의미하는지 정의하는 것이 중요하다. 결함은 지정된 수용 가능한 최대 및 최저 수준을 벗어나는 성능이다.

상당수의 명목상 동일한 구성 요소가 동시에 서비스를 받는 경우 해당 부품을 '길들이거나' 초기 결함이 감지될 때 일반적으로 실패 빈도가 처음에는 상당히 높다. 그런 다음 실패 빈도가 상대적으로 낮은 주기를 경과하고 최종적으로는 구성 요소가 마모되기 시작하면서 빈도가 상승한다. 이러한 현상을 '욕조형 곡선'이라 하며 그림 6-7의 그래프와 같이 표시된다.

여기서 설명하는 신뢰성 수학은 '정상 상태' 기간에 대해서만 적용되며 이 기간에는 시간에 따른 실패 빈도가 일정하다고 가정한다. 즉 특정 시간 간격(예: 1달, 1년) 내에 발생하는 결함 확률은 경과 시간(월 단위)에 따라 일정하다. 이것은 특정 상황에 따라 정확도가 달라지는 근사값이지만 이러한 가정을 통해 수립된 원칙은 매우 중요하며 실제로 광범위하게 적용된다.

많은 수의 구성 요소가 정상 상태 단계에서 시간 $t = 0$에서 작동 순서대로 있고 결함률이 f로 일정한 경우(예: f 결함/년) 시간 t에서의 결함 확률은 다음과 같다.

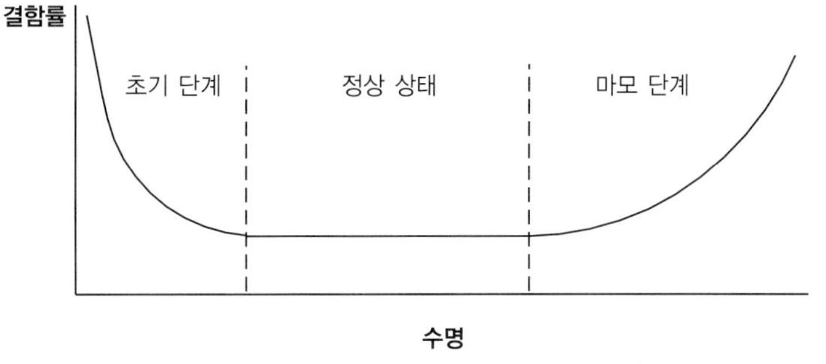

그림 6-7. '욕조형' 곡선

시간 t에 대한 신뢰성 $= e^{-ft}$

예를 들어 0.05/년의 결함률을 가진 구성 요소에 대해 10년 동안 신뢰성을 유지할 확률은 다음과 같다.

$R(t) = e^{-ft} = e^{-0.05 \times 10} = 1/e^{0.05 \times 10} = 0.606$(또는 61%)

10년 이내 결함이 발생할 확률은,

$1 - R(t) = 0.394$(또는 39%)

6.2.3 보호 시스템의 실패 가능성

탱크에 간헐적으로 물이 유입되고 있고 유입되는 유량이 계속 변동한다. 탱크가 다시 가득찰 때까지 외부 공급 장치로부터 물을 공급 받도록 레벨 제어 시스템이 탱크에 장착되어 있다. 또한 레벨이 'full' 레벨 이상으로 상승하면 최대 레벨 트립 시스템이 작동하여 외부 공급 장치를 차단함으로써 물이 범람하는 것을 방지한다.

예제 6.2.1: 레벨 제어 및 보호

다음 가상 문제를 살펴본다. 레벨 제어 시스템이 10년에 한 번씩 결함이 발생하고 최대 레벨 경보장치가 10년에 한 번씩 결함이 발생하는 경우 탱크가 범람하는 빈도는?

일반적으로 빈도가 $0.1 \times 0.1 = 0.01$/년 또는 연간 1/100회라고 생각하기 쉽다. 그러나 이것은 완전히 잘못된 계산이다. 각 경우에 대해 빈도가 연간 2배일 때 동일한 계산을 적용하면 답은 연간 4배가 되어야 하지만 실제로 제어기가 1년에 2번만 결함이 발생하는 경우는 거의 없다.

이 계산을 살펴보면 처음에 구한 답은 실제로 0.01/년이다. 년을 제곱할 수 없기 때문에 이것은 잘못된 결과이다.

예제 6.2.1에 대한 답을 구하기 위해서 보호 시스템의 실패 빈도의 작동이 필요할 때 결함 상태가 되는 확률로 변환해야 한다. 이렇게 하려면 보호 시스템을 얼마나 자주 테스트하는지 파악해야 한다.

보호 시스템을 T년마다 한 번씩 테스트하는 경우 보호 시스템이 한 번의 테스트 기간 내에 결함이 발생할 확률은 다음과 같다.

확률(시간 T 내에 결함 발생 확률) $= 1 - e^{-fT}$

여기서 f는 보호 시스템의 실패 빈도.

이 공식은 그림 6-8에서 점선으로 표시된다. 테스트 사이의 시간이 증가할수록 테스트시, 보호 시스템의 결함 발생 확률은 100%에 근접한다.

여기서 e^{-fT}를 다음과 같이 전개할 수 있다.

$$1 - fT + \frac{(fT)^2}{2!} - \frac{(fT)^3}{3!} + \ldots \text{ 등}$$

테스트 사이의 특정 기간 내에 발생하는 결함 확률이 매우 낮은 경우, 즉 T가 매우 짧고 $f \cdot T << 1$인 경우 나머지 항들은 무시된다. 따라서

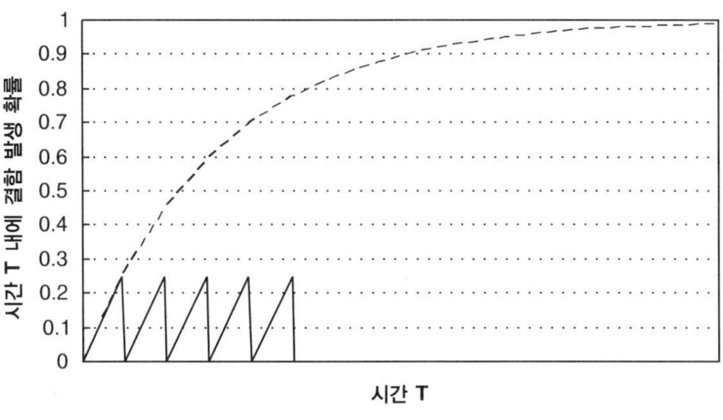

그림 6-8. 시간 T에 의한 결함 확률(테스트 간격 시간 포함)

시간 T 내에 결함 발생 확률 $= f \cdot T$(근사값)

이 관계식은 그림 6-8의 그래프의 선형적 도표와 같이 표시된다. 보호 시스템이 자주 테스트되면 테스트 사이의 시간 간격(T)에서의 결함 발생 확률은 낮아진다(위의 경우 약 15%). 따라서 톱니 모양 곡선의 경사진 부분은 실제 지수 곡선의 일부이며 수직선에 대한 근사값이다. 보호 시스템을 테스트할 때마다 시스템은 작동 상태이거나 수리되어 작동 가능 조건으로 복구된다. 따라서 이 시점에서 결함 상태가 될 확률은 0이거나 0에 가깝다.

그림 6-9에서 테스트 1, 2 및 5는 작동 가능 조건에 있고 테스트 3, 4 및 6은 시스템이 결함 상태에 있다. 테스트 시점에서는 해당 시스템이 얼마나 오랫동안 결함 상태에 있을지 여부를 확인할 수 없다. 즉 '사장' 상태이다. 그러나 시스템이 욕조형 곡선의 '정상 상태'에 있다고 가정하면 테스트 사이의 특정 시점에서 결함 발생 확률은 동일하다. 따라서 시스템은 짧은 시간 동안의 결함 상태에 있는 것과 긴 시간 동안 결함 상태에 있는 것은 동일하다.

따라서 보호 시스템이 결함 상태, 즉 '사장' 상태에 있는 경우 실패당 평균 시간은 테스트 사이 시간의 ½이 된다. 시스템이 작동할 수 없는 시간을 '사장 시간'이라 한다.

결함 상태(예: '사장' 상태)가 되는 높은 레벨의 경보 시간 일부는 실패 빈도와 곱한, 실패당 평균 사장 시간이 된다.

부분 사장 시간(FDT) = ½ fT

여기서

f = 보호 시스템 실패 빈도(단위: 시간$^{-1}$)
T = 보호 시스템의 테스트 간격(일관된 시간 단위 사용)

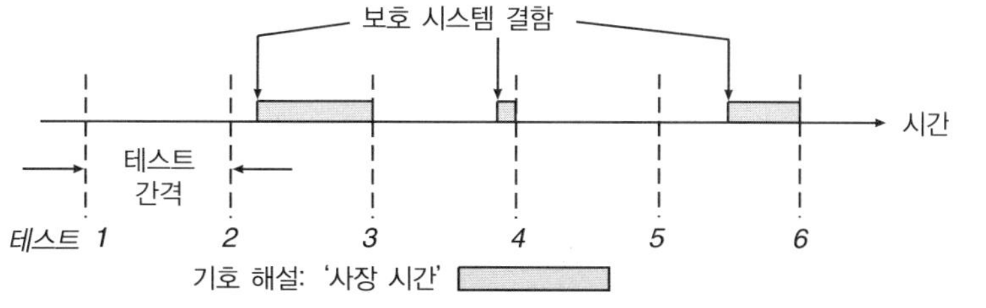

그림 6-9. '사장' 시간을 표시한 보호 시스템 테스트

부분 사장 시간(FDT)은 단위가 없으며 보호 시스템이 작동 요청시 결함 상태에 있을 확률이다.

빈도 D를 가진 디멘드가 있고 보호 시스템이 FDT의 부분 사장 시간을 가진 경우 보호 시스템이 결함 조건에 있을 때의 디멘드 빈도(예: '위험률')는 다음과 같다.

위험률(HR) $= D \times FDT = D \cdot 1/2\, fT$

예제 6.2.2

예제 6.2.1에서의 높은 레벨 경보 장치를 3개월에 한 번씩 테스트한다고 가정한다. 컨설팅 기록에 의하면 10년에 한 번씩 결함이 발생하고 있다. 결함이 발생할 때마다 결함 상태에 있는 평균 시간은 테스트 간격 사이 시간의 절반, 즉 테스트 간격의 절반으로, 각 결함 발생에 대해 평균 1.5개월 또는 0.125/년이 된다.

따라서 예제 6.2.1에 대해 다음과 같이 계산할 수 있다.

높은 레벨 경보 장치의 실패 빈도는 0.1/년이다. 또한 3개월마다 한 번씩(0.25/년) 테스트하는 것으로 가정한다.

따라서 부분 사장 시간은

FDT $= 0.5 \times f \times T = 0.5 \times 0.1 \times 0.25 = 0.0125$

디멘드 비율, 즉 레벨 제어 장치의 실패 빈도는 0.1/년이다.

HR = 디멘드 비율(D) $\times$ FDT $= 0.1 \times 0.00125$/년

이것은 연간 1/800회 또는 정확하지는 않지만 1회/800년에 해당한다.

중요 용어 정의:

'디멘드 비율'은 보호 조치가 필요한 상황이 발생하는 빈도이다(예: 제어 시스템의 실패 빈도, 시스템이 정상적인 작동 상태에서 필요한 요구 사항에 관계 없이 실패 빈도).

'부분 사장 시간'(일명 '비가용성')은 시스템이 특정 순간(무작위 선택)에 결함 상태에 있을 확률이다.

'위험률'은 원하지 않는 (정상) 사상 빈도이다.

6.2.4 테스트 시간, 수리 시간 및 복구 실패로 인한 영향

실제로 보호 시스템이 테스트를 받을 때마다 시스템은 테스트 기간 동안 사용할 수 없다. 이것은 t/T 값으로 나눈 FDT 값에 추가된다. 여기서 t는 테스트를 수행하는 데 걸리는 시간이다.

결함이 발생할 때마다 보호 시스템을 수리하는 데 걸리는 시간을 R이라 하면 추가 fR이 부분 사장 시간에 추가된다.

또한 시스템이 테스트 기간 동안 작동하지 않는 경우 테스트 장치가 시스템을 복구하지 않을 가능성이 있다. 시스템 복구 실패 확률을 P라 하면 부분 사장 시간 방정식은 다음과 같다.

부분 사장 시간 = $\frac{1}{2} fT + t/T = fR = P$

위의 공식은 $fT << 1$ 및 $DT << 1$인 경우, 즉 보호 테스트 사이의 특정 기간 내에서 디멘드 발생 확률이 매우 낮거나 보호 시스템 결함 확률이 매우 낮은 경우에만 적용된다(테스트 사이의 결함 확률이 높은 계측 시스템 등은 주의를 집중하고 확률을 낮추기 위한 조치를 수행하기 때문에 이 조건이 까다로운 제한 사항은 아니다).

6.2.5 테스트하지 않은 보호 시스템의 위험률

보호 시스템을 설치한 후 테스트를 하지 않는 것은 바람직하지 못하다. 디멘드 및 테스트하지 않은 보호 시스템으로 구성된 시스템의 위험률 계산을 위한 근사식은 다음과 같다.

$$HR(\text{테스트하지 않은 보호}) = \frac{Df}{D+f}$$

이 공식은 부분 사장 시간을 설명하기 위해 위에서 사용된 예제 6.2.2와 비교할 수 있다. 레벨 제어기가 0.1/년의 빈도로 결함이 발생하고 (테스트하지 않은) 높은 레벨 경보 장치가 일반적으로 0.1/년의 실패 빈도를 가진 장치인 경우 위험률은 다음과 같다.

$HR = (0.1 \times 0.1)/(0.1 + 0.1) = 0.01/0.2 = 0.05/$년

따라서 1회/10년의 범람 빈도는 분기별로 테스트하는 경보 장치의 경우 80배

감소하는 것과 비교하여 테스트하지 않은 높은 레벨 경보 장치를 사용하면 2배 감소된다.

디멘드 빈도가 보호 실패 빈도와 비교하여 매우 낮은 경우 테스트하지 않은 보호 시스템의 활용도는 상당히 제한된다.

예를 들면 변전실이 환기 시스템을 통해 인화성 가스 누출될 수 있는 장소에 위치한다고 가정한다. 인화성 가스 감지기가 흡기 지점에 설치되어 인화성 가스가 감지되는 경우 환기 시스템을 중단시킨다.

이 때 다음과 같이 측정된다고 가정한다.

- ▶ 환기 흡기 지점에서 가스 누출 빈도는 0.001/년
- ▶ 가스 감지기 실패 빈도는 0.2/년

변전실에 대한 가스 누출 발생 가능성이 낮기 때문에 가스 감지기 테스트를 3개월에 한 번씩 수행하거나 테스트 일정대로 진행하는 것이 타당한지 여부를 결정한다.

다음 세 가지 사례에 대해 고려한다.

사례 A: 가스 감지기를 설치하지 않은 경우 위험률은 디멘드 빈도인 0.001/년 (연간 1/1000)과 동일하다.

사례 B: 가스 감지기를 설치했지만 테스트하지 않은 경우 위험률은 다음과 같다.

$HR = Df/(D + f) = 0.0002/0.201 = 0.000995$/년

즉 연간 1/1005가 된다. 이것은 사례 A와 거의 동일한 결과이다. 즉 테스트하지 않은 가스 감지기는 변전실 안정에 거의 영향을 주기 않는다.

사례 C: 가스 감지기를 설치하고 3개월마다 테스트하는 경우 위험률은 다음과 같다.

$HR = D \times \mathrm{FDT} = 0.001 \times 0.5 \times 0.2 \times 0.25 = 0.000025$/년

즉 연간 1/40,000이 된다. 이것은 40배만큼 개선된 수치이다.

따라서 다음과 같은 두 가지 원칙을 도출할 수 있다.

- ▶ 보호 시스템이 설치되면 테스트해야 한다.
- ▶ 테스트할 수 없는 경우 잘못된 안전 감지를 방지하기 위해 시스템을 제거해야 한다.

6.3 결함수에서 사고 빈도 정량화

6.3.1 소개

본 장 전반부에서 두 가지 형식의 논리 연결인 AND 게이트 및 OR 게이트를 설명했다.

두 개의 독립된 사건가 있는 경우, 두 가지 사건 모두가 발생할 확률은 다음과 같다.

$P(\mathrm{A} \cdot \mathrm{B}) = P(\mathrm{A}) \times P(\mathrm{B})$

(그러나 두 가지 사건이 실제 독립적인지 확인하는 것과 같이 두 가지 사건 사이의 숨겨진 연결이 있는지 확인해야 한다.)

둘 중 하나가 발생할 확률(예: A 또는 B)은 다음과 같다.

$P(\mathrm{A} + \mathrm{B}) = P(\mathrm{A}) + P(\mathrm{B}) - P(\mathrm{A}) \times P(\mathrm{B})$

$P(\mathrm{A})$ 및 $P(\mathrm{B})$는 일반적으로 적은 수이기 때문에 위에서 세 번째 항은 첫 번째 두 개의 항의 합계와 비교하여 일반적으로 무시한다(그러나 확률값의 크기에 따라 세 번째 항의 생략 여부를 신중히 고려해야 한다).

6.3.2 결함수에서 사건 정량화 규칙

앞선 설명에서 빈도를 곱셈하면 완전히 잘못된 결과를 얻을 수 있음을 확인했다.

지속적으로 필요한 구성 요소(예: 결함이 발생하면 디멘드가 생성되는 요소)는 빈도 단위로 지정하고 기타 모든 구성 요소는 확률 단위로 지정하면 일반적으로 문제가 없다. 그러나 각 게이트에 대해 다음 규칙을 준수하는지 확인한다.

- ▶ OR 게이트에서 빈도는 덧셈한다(빈도 결과 산출을 위해).
- ▶ OR 게이트에서 확률값은 덧셈한다(확률 결과 산출을 위해).
- ▶ 빈도 및 확률값은 서로 더할 수 없다(혼합된 단위: 의미 없음).

▶ 빈도를 서로 곱할 수 없다(빈도 제곱 단위: 의미 없음).

▶ AND 게이트에서 한 개의 빈도를 확률값과 곱할 수 있다(빈도 결과).

6.3.3 결함수 정량화

그림 6-6에 표시된 결함수는 다음 명시적(준수하지 않을 경우 결함 발생) 데이터를 사용하여 다음 페이지 상단에 정량적으로 작성했다.

보호 시스템은 연간 4회 테스트된다.

펌프 결함이 유일한 디멘드다. 기타 요소들은 모두 보호 조치 시스템의 일부이다. 따라서 펌프 결함은 빈도로 표현되고 기타 모든 요소는 FDT, 확률 등과 같이 무단위 숫자로 표현되어야 한다.

펌프	1.5년
FE	0.02년
FS	0.1년
SV	0.1년
TCV	0.05 년
FAL	0.05 년
조업자	0.1 확률
GIV	0.005/운영(예: 필요시 실패할 확률 0.005)

따라서 부분 사장 시간은 다음과 같다.

FE: FDT $= 0.5 \times 0.02 \times 0.25 = 0.0025$

FS: FDT $= 0.5 \times 0.1 \times 0.25 = 0.0125$

SV: FDT $= 0.5 \times 0.1 \times 0.25 = 0.0125$

TCV: FDT $= 0.5 \times 0.05 \times 0.25 = 0.00625$

FAL: FDT $= 0.5 \times 0.05 \times 0.25 = 0.00625$

조업자 및 GIV에 대해 제공된 데이터는 이미 확률 단위로 제공된다.

이 값들을 결함수에 삽입하면 그림 6-10에 표시된 것과 같이 평가된다. 전체 빈도는 0.0256/년, 즉 약 연간 1/40이 된다.

결함수를 살펴보면 시스템 신뢰성은 거의 FE 및 FS 신뢰성에 의해 결정된다. FE 및 FS 사이의 확률 $(0.0025 + 0.0125) = 0.015$는 조치 실패에 대한 전체 확

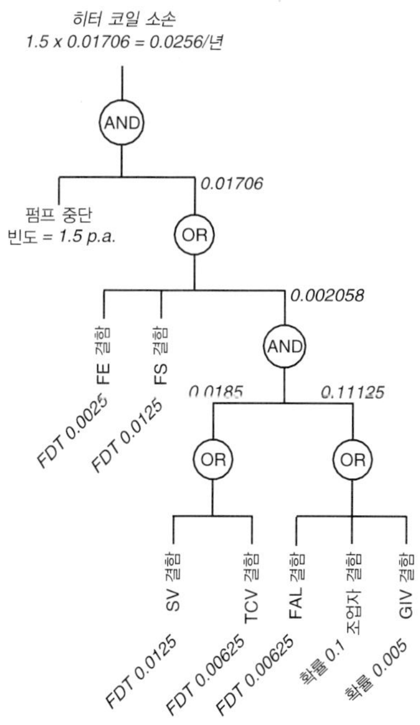

그림 6-10. 평가된 결함수

률인 0.017에 거의 대부분을 차지한다. 즉 FE 및 FS가 가장 안전하지 못한 구성 요소는 아니지만 전체에 대해 약 88%의 영향을 준다. 이것은 FE 및 FS가 자동 및 수동 보호 조치 시스템에 모두 필요하기 때문이다. 두 가지 중 하나라도 결함이 발생하면 전체 보호 조치는 실패한다.

이러한 예에 대해 보다 세부적으로 고찰할 사항이 있다. 설계시 구성 요소는 독립적으로 보이고, 수학적으로 이러한 구성 요소의 결함은 독립적인 사건으로서 취급되고 있다. 그러나 이것은 공통 모드 결함으로 알려진 상황을 고려하지 않은 것이다. 공통 모드 결함의 경우 명목적으로 독립된 결함은 일부 공통 요소로 인해 발생한다. 예를 들어 최근에 고용한 숙련되지 않은 작업자가 계측 장비를 유지 보수할 수 있다. 결과적으로 여러 구성 요소가 동일한 회수의 사건에 의해 작동하지 않을 수 있다. 따라서 결함 상태인 여러 구성 요소의 확률 조합은 계산값보다 훨씬 클 가능성이 높다. 공통 모드 결함에 대해서는 나중에 자세하게 설명한다.

위에서 설명한 것처럼 결함수의 논리를 사용하여 비용 효율적인 시스템 신뢰성 개선을 위한 접근 방식에 대해서는 나중에 설명한다.

6.4 시스템의 결함 빈도 평가를 위한 대체 접근 방식: 컷셋(cutset) 접근 방식

컷셋(cutset)은 전체 시스템의 결함을 초래할 수 있는 구성 요소 결함의 조합이다.

6.4.1 컷셋 방법

다음 단계를 수행한다.

1. 제어 및 보호 시스템을 점검하여 오일 히터 코일 과열을 방지하기 위한 '성공' 경로를 설정할 수 있다. 각 성공 경로는 원하지 않는 사건을 방지하기 위한 일련의 구성 요소 또는 활동 조합이다. 여러 경로 중 하나가 작동하면 과열 현상은 발생하지 않는다.

앞서 설정한 오일 히터 예를 참조하면 경로는 다음과 같다.

경로 1	PU 펌프
경로 2	FE, FS, SV, TCV
경로 3	FE, FS, FAL, OP, GIV

2. 모든 경로를 비활성 상태로 만들 수 있는 구성 요소 결함 조합을 확인한다.

첫 번째로 구성 요소들에 결함이 발생한 경우 모든 경로를 비활성 상태로 만드는 단일 구성 요소가 있는지 관찰한다. 그러한 구성 요소가 없다면,

다음은 모든 경로를 비활성 상태로 만드는 두 가지 구성 요소 조합을 관찰한다.

경로 1	PU 펌프
경로 2	FE, FS, SV, TCV
경로 3	FE, FS, FAL, OP, GIV

해당하는 두 가지 구성 요소 조합은 다음과 같다.

PU · FE

PU · FS

이러한 조합을 컷셋이라 한다. 즉 모든 경로를 단절시키는 구성 요소 집합이다(PU는 경로 1을 비활성 상태로 만들고, FE 또는 FS 중 하나는 경로 2 및 경로 3

표 6-1. 컷셋 평가

컷셋	빈도 FDT/확률	컷셋 빈도
PU, FE	*1.5*×0.0025	*0.00375*년
PU, FS	*1.5*×0.0125	*0.01875*
PU, SV, FAL	*1.5*×0.0125×0.00625	*0.000117*
PU, SV, OP	*1.5*×0.0125×0.1	*0.001875*
PU, SV, GIV	*1.5*×0.0125×0.005	*0.000094*
PU, TCV, FAL	*1.5*×0.00625×0.00625	*0.000059*
PU, TCV, OP	*1.5*×0.00625×0.1	*0.00094*
PU, TCV, GIV	*1.5*×0.00625×0.005	*0.000047*
	합계	= *0.0256*년

모두를 비활성 상태로 만든다).

다음은 세 가지 구성 요소 조합을 관찰한다. 이미 컷셋으로 정의된 조합을 포함하는 모든 조합들은 고려하지 않는다. 이러한 조합은 부울 항등식(A+AB = A)을 위반하기 때문이다.

세 가지 구성 요소 조합은 다음과 같다.

PU, SV, FAL

PU, SV, OP

PU, SV, GIV

PU, TCV, FAL

PU, TCV, OP

PU, TCV, GIV

이러한 조합들도 마찬가지로 컷셋이다.

위의 예는 세 가지 경로만 있기 때문에 네 가지 구성 요소 조합은 고려할 필요가 없다.

전체 컷셋 목록은 앞서 설명한 것과 같이 빈도, FDT 및 확률 데이터를 사용하여 평가할 수 있다. 여기서 컷셋의 한 개 요소만 빈도가 될 수 있으며, 컷셋이 빈도를 포함하는 경우 모든 컷셋이 빈도 또는 무단위 중 하나의 동일한 단위를 가져야 한다. 표 6-1에서 빈도 값은 기울임꼴로 표시되어 있다. 이러한 값은 결함수 방법을 사용하여 계산한 값과 동일하다.

6.4.2 토론

컷셋 접근 방식을 사용하여 정상 사상의 빈도를 정량화할 때 각 컷셋의 하나의 구성 요소만 빈도임을 주의해야 한다(표 6-1에서 기울임꼴로 표시). 다른 모든 구성 요소는 확률이어야 한다. 표로 작성된 경우 각 경우의 첫 번째 구성 요소는 빈도이고 다른 구성 요소는 확률 또는 부분 사장 시간(예: 무단위)이다.

동일한 방법으로 정량화된 결함수를 불안정성의 주요 원인에 대한 진단에 사용할 수 있다. 따라서 컷셋을 점검하여 주요 원인을 표시할 수 있다. 여기 예의 경우 주요 원인은 PU · FS 및 PU · FE이며 이 두 가지 구성 요소들의 영향은 전체의 약 88%를 차지한다.

FE, FS 및 펌프에 대해 신뢰성이 높은 구성 요소를 선택하여 신뢰성을 높일 수도 있지만 자동 및 수동 보호 시스템들을 서로 독립적이 되도록 재구성하는 것이 훨씬 바람직하다. 이것은 위의 예에서 세 가지 구성 요소 컷셋 규모가 전체의 약 12%만 영향을 주는 것을 보면 알 수 있다.

복잡한 시스템의 경우 결함수 분석 및 컷셋 분석 모두 수동으로 수행하면 힘들고 오류가 발생할 가능성이 있다. 따라서 결함수 분석, 컷셋 분석 및 전체 실패 빈도 계산을 처리하는 데 사용하는 여러 컴퓨터 패키지가 있다.

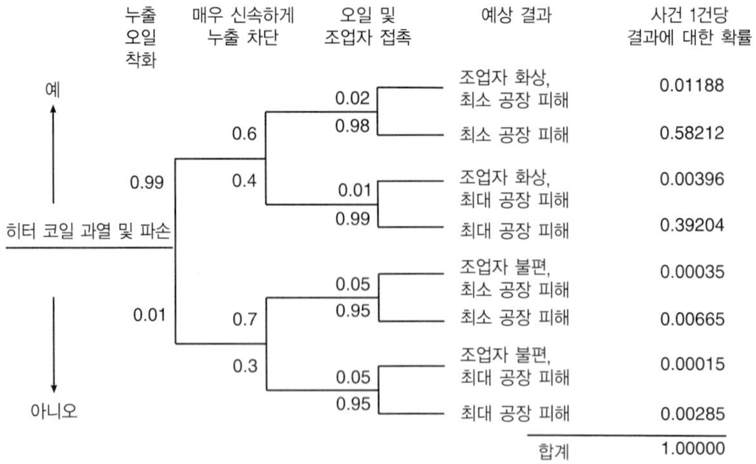

그림 6-11. 사건 트리

6.5 사건 트리를 사용하여 다양한 결과에 대한 가능성 평가

앞에서 결함수를 사용하여 히터 코일이 약 0.0256/년, 즉 연간 1/40의 빈도로 과열되는 것을 측정했다. 이러한 코일 파손 및 화재 결과는 조업자의 경고 및 적시에 도피 여부 및 다른 사람에게 도피 경고 여부와 같이 다양한 상황에 의해 결정될 수 있다.

이러한 다양한 결과에 대한 가능성은 '사건 트리'를 사용하여 측정할 수 있다. 그림 6-11을 참조한다.

사건 트리는 분기 구조이며 각 분기는 선택 가능한 예상 결과를 표시한다. 일반적으로 항상 적용되지는 않지만 선택은 예/아니오이다. 일부 경우 여러 결과가 가능하다. 트리를 선택하면 결과에 대해 측정된 가능성이 각각 표시된다. 그런 다음 최종 결과에 대한 전체 가능성은 각 선택으로 인해 최종 결과까지 도달하면서 발생된 가능성들을 곱하여 계산할 수 있다.

유사한 결과를 서로 정렬하면(히터 코일 과열 및 파손 빈도는 앞에서 0.0211/년으로 평가되었다) 다음과 같은 결과를 얻을 수 있다.

결과	1건당 확률	발생 빈도/년
조업자 화상	0.01188 + 0.00396 = 0.01584	0.01584 × 0.0212 = 0.00034
조업자 불편	0.00035 + 0.00015 = 0.0005	0.0005 × 0.0212 = 0.00001
최대 공장 피해	0.00396 + 0.39204 + 0.00015 + 0.00285 = 0.399	0.399 × 0.0212 = 0.00846
최소 공장 피해	0.01188 + 0.58212 + 0.00035 + 0.00665 = 0.601	0.601 × 0.0212 = 0.01274

예를 들어 조업자가 치명적인 화상을 입을 확률이 5%로 측정된다면 조업자에 대한 치명적 사고 빈도는 다음과 같다.

$0.00034 \times 0.05 = 1.7 \times 10^{-5}$/년

6.6 예비 부품이 설치된 장치의 신뢰성 계산

공정 플랜트에서 중요하고 특별한 경우는 예비 부품이 설치된 장비의 신뢰성이다. 대표적인 경우가 하나의 쌍을 이룬 펌프가 병렬로 설치되어 하나는 정상적으로 작동하고 다른 펌프는 예비 부품의 역할을 하는 경우다.

예제

위의 경우에 해당하는 동일한 두 개의 펌프가 있다고 가정한다(그림 6-12 참조).

기록을 조사한 결과 다음과 같은 정보를 얻었다.

- 10년 내에 두 개의 펌프에서 20회의 결함이 발생했으며 한 펌프가 다른 펌프보다 결함이 많이 발생하지 않는다.
- 평균적으로 한 펌프가 고장나면 다른 펌프가 작동하고 고장난 펌프는 5일 동안 수리를 받는다.

고장난 펌프의 수리가 완료되기 전에 작동중인 펌프가 고장 나서 모든 펌프를 사용할 수 없는 경우는 얼마나 자주 발생하는가?

해답

작동 펌프의 실패 빈도는 2p.a이다.

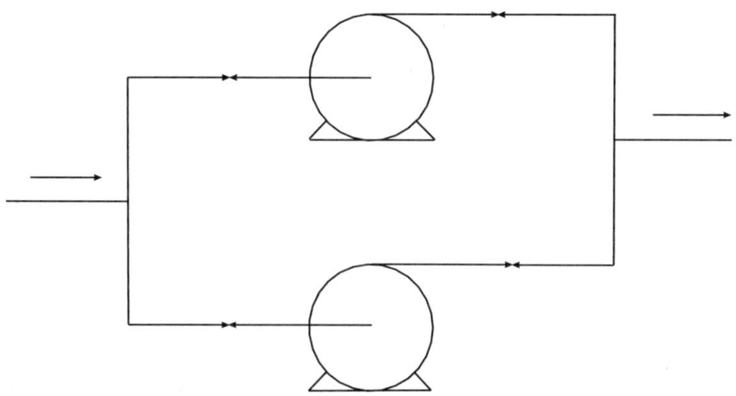

그림 6-12. 펌프 스테이션

따라서 펌프 하나가 연간 수리 받는 평균 기간은

2 × 5 = 10일/년

따라서 작동 가능한 조건의 펌프가 하나만 있을 확률은

10/365 = 0.0274

작동 펌프는 2/년 빈도로 결함이 발생한다. 작동 가능한 예비 부품이 없을 때 결함이 발생할 확률은 0.0274이다. 따라서 작동 가능한 예비 부품이 없을 때 작동 펌프의 결함이 발생할 빈도는 다음과 같다.

2 × 0.0274 = 0.0547/년

즉 평균적으로 18년에 1회 발생한다.

6.7 가용성 및 플랜트의 생산 능력 모델링

특정 플랜트가 수많은 장비를 보유하고 있는 경우 생산 능력을 판단하는 것은 매우 중요하다. 이것은 대략적인 관찰을 통해 직관적으로 결정할 만큼 간단하지 않다.

예를 들어 5개 구역으로 구성된 가상의 플랜트를 가정한다. 모든 구역이 직렬로 위치하고 모두 시간당 100유니트의 동일한 생산 속도를 가지고 있다. 플랜트는 계획된 유지 보수를 위해 동시에 모든 구역을 중단하는 기간을 제외하고 1년 내내 가동하도록 계획한다. 플랜트가 생산하는 동안 생산 속도는 100유니트/시간이 된다.

각 구역이 갑작스러운 고장과 그에 따른 수리 시간으로 인해 전체 시간의 1%는 생산 중단되고 구역 사이에 버퍼 저장소가 없는 것으로 가정하면 특정 구역의 중단으로 인해 수리하는 동안 다른 구역도 중단될 수 있다. 예정된 생산 기간 동안의 생산 시간(예: 예정된 유지 보수를 위한 중단 제외)은 $(0.99)^5 = 0.951$, 즉 100%가 아닌 약 95%가 된다.

이러한 평가 수행시 구역에 대한 가용성 측정은 반드시 필요하다.

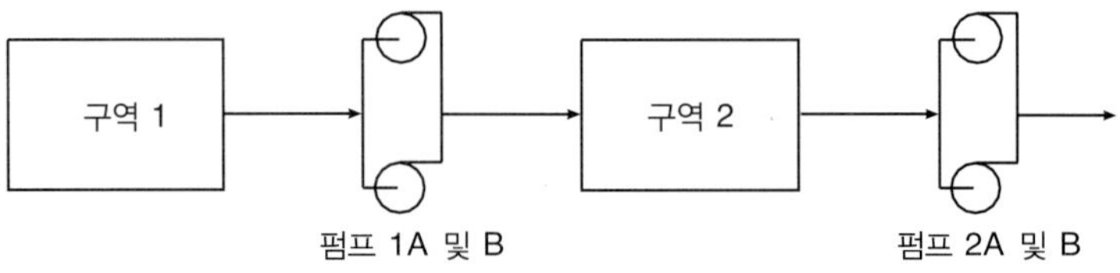

그림 6-13. 간단한 생산 구성도

$$\text{가용성} = \frac{\text{가동 시간}}{\text{가동 시간} + \text{중단 시간}}$$

$$= \frac{\text{MTBF}}{\text{MTBF} + \text{MTTR}}$$

여기서 MTBF는 결함 발생 간격 사이의 평균 시간이고 MTTR은 평균 수리 시간이다.

(위의 예에서 각 구역은 예정된 유지 보수를 위한 중단 사이에 99%의 가용성을 가졌다.)

많은 장비들이 직렬 및 병렬로 복합적으로 구성되어 있고, 각각의 장비마다 다양한 가용성 및 생산 속도를 가진 복잡한 설비에 대해 예상 생산 성능을 결정하려면 수학적 모델을 개발하는 것이 바람직하다.

이러한 모델에 대한 접근 방식 중 하나는 잘 알려진 일반 컴퓨터 스프레드시트 패키지에 '추가'할 수 있는 @RISK 패키지와 같은 컴퓨터 패키지를 사용하는 것이다. 이 패키지를 사용하면 스프레드시트의 셀에 단일 숫자가 아닌 분포 사양을 삽입할 수 있다.

예를 들어 그림 6-13과 같은 단일 플랜트 구성을 고려해 보자. 이 플랜트는 표 6-2에 표시된 것과 같이 스프레드시트로 설명할 수 있다.

그런 다음 @RISK 패키지가 '몬테 카를로' 시뮬레이션(임의의 숫자를 사용하여 다중 실행)을 수행하여 플랜트 생산량에 대한 확률 분포를 결정한다. 결과는 표 6-3에 표시된 것과 같으며 그림 6-14에 구성되어 있다.

표 6-2. 시뮬레이션 코딩을 표시한 컴퓨터 스프레드시트

A	B	설명
1 장비	생산	
2 구역 1 생산 능력	= RiskTriang(95, 100, 105)	최소 95, 가장 발생 가능성이 높은 비율100, 최대 105
3 가동 시간에 있는 구역 1	= RiskDiscrete({0, 1}, {0.01, 0.99})	1% 오프라인 시간
4 구역 1 생산량	= B2*B3	
5 펌프 1A	= RiskDiscrete({0, 100}, {0.02, 0.98})	2% 중단 시간, 정상 비율 100
6 펌프 1B	= RiskDiscrete({0, 100}, {0.02, 0.98})	2% 중단 시간, 정상 비율 100
7 펌프 1 수송 능력	= B3 + B4	필요한 경우 사용 가능한 전체 성능(이론상)
8 최대 펌핑 수송 능력	100	해당 시점에 펌프 한 개만 작동 가능
9 펌프 세트 1 수송량	= MIN(B7, B8)	
10 구역 2 생산 능력	= RiskTriang(90, 100, 110)	최소 90, 가장 발생 가능성이 높은 비율 100, 최대 110
11 가동 시간에 있는 구역 2	= RiskDiscrete({0, 1}, {0.01, 0.99})	1% 오프라인 시간
12 구역 2 생산량	= B10*B11	
13 펌프 2A	= RiskDiscrete({0, 100}, {0.05, 0.95})	5% 중단 시간, 정상 비율 100
14 펌프 2B	= RiskDiscrete({0, 100}, {0.05, 0.95})	5% 중단 시간, 정상 비율 100
15 펌프 2 수송 능력	= B7 + B8	필요한 경우 사용 가능한 전체 성능
16 최대 펌핑 수송 능력	100	일반적으로 해당 시점에 펌프 한 개만 작동 가능
17 펌프 세트 2 수송량	= MIN(B15, B16)	
18 플랜트 생산량	= MIN(B4, B9, B12, B17)	최대 비율은 해당 시점의 병목 현상에 의해 결정

그래프는 결과 확률이 명목값 이하임을 표시한다. 예를 들어 다음과 같다.

- 생산 비율이 98 이하에 있을 확률은 약 45%이다.
- 생산량이 없는 일부 시간이 있다.
- 시간 가중 평균 생산 비율은 95.8이다.

전체 분석 결과를 사용하면 전체 생산 손실에 대한 각 구성 요소의 영향을 분석할 수 있다.

표 6-3.

5 백분위수	92.5
10 백분위수	94.0
20 백분위수	95.8
30 백분위수	96.8
40 백분위수	97.6
50 백분위수	98.3
60 백분위수	99.0
70 백분위수	99.7
80 백분위수	100.0
90 백분위수	100.0
100 백분위수	100.0
최소 생산 비율:	0
최대 생산 비율:	100
평균:	95.8

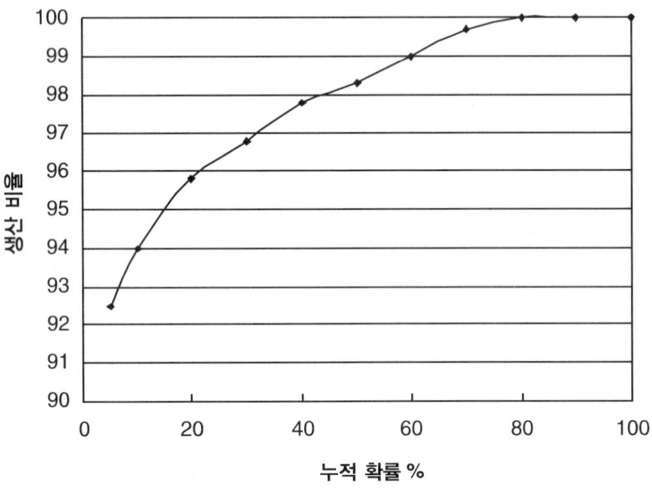

그림 6-14. 생산 비율 및 확률

업스트림 및 다운스트림 장비의 생산 손실을 완화시켜 주는 버퍼 저장소가 있는 경우 시뮬레이션은 더욱 복잡해지며 특정 목적에 맞는 시뮬레이션 모델을 개발해야 한다. 일반적으로 이러한 모델은 특정 일에 지정된 장비 또는 플랜트 구역의 예정된 중단, 모델에 의해 임의로 생성된 장비 또는 플랜트 구역의 예상치 못한 중단 등과 같이 일련의 시간 기간 동안(예: 분기별 해당 일)의 생산 패턴을 표시한다. 따라서 분기별 각 장치에 의한 생산, 중간 저장소의 상승 및 하강 수준을 볼 수 있다. 서로 다른 중단 패턴을 생성하는 무작위 숫자를 통해 여러 차례 반복적으로 모델을 실행하면 다양한 장비 부품의 상호 작용 및 생산 효과를 관찰할 수 있다.

이러한 모델은 예를 들어 다양한 프로세스 단계에서의 버퍼 저장소 증설, 특정 장비 또는 플랜트 구역 성능 증가 또는 추가적인 예비 장비 설치 등을 조사하는 것과 같이 병목 현상 해소를 위한 옵션을 검토하는 경우 매우 유용한 가이드라인을 제시한다.

6.8 제어 및 보호 시스템의 신뢰성 개선 방법

제어 및 보호 시스템의 신뢰성 개선을 위한 접근 방식에 대해서는 제8장에서 자세하게 설명한다.

개략적으로 위험 시스템의 신뢰성을 개선하려는 경우 원칙적으로 먼저 존재하는 위험성을 줄이고 밀폐 및 제어 구성 요소 개선을 통해 디멘드 빈도를 줄인 다음 보호 시스템의 부분 사장 시간을 향상시키고 최종적으로 노출된 '대상'의 분리 및 강화, 또는 내구성을 개선하기 위한 시도를 하는 것이 바람직하다. 이러한 사항도 제8장에서 설명한다.

보호 시스템의 신뢰성에 문제가 있고 부분 사장 시간이 높은 경우 다음과 같은 여러 가지 접근 방식이 가능하다.

- 여러 보호 장비를 선택하거나 결함 원인을 진단하여 조치를 취하는 방법으로 실패 빈도 감소
- 테스트 빈도 증가
- '복수' 시스템 설치

두 개의 독립적인 보호 시스템을 설치하여 동일한 역할을 수행하는 경우 한 시스템에 결함이 발생하면 다른 시스템이 계속 작동 가능하기 때문에 일반적으로 전반적인 보호 신뢰성은 개선된다. 이를 시스템의 '중복성'이라고 하며 일반적으로 두 개의 보호 시스템이 필요하지는 않다.

이론적으로는 두 개의 중복 보호 시스템의 부분 사장 시간이 0.01인 경우 이 시스템들의 FDT는 다음과 같을 것이라고 예상하기 쉽다.

$0.01 \times 0.01 = 0.0001$

그러나 실제로 이 FDT 값에 도달하지 못하는 여러 가지 이유가 있다.

- ▶ 두 개의 시스템은 동일한 일정에 의해 테스트를 받기 때문에 완전히 독립적일 수 없다.
- ▶ 일반적으로 한 시스템에 결함이 발생하면 다른 시스템도 즉시 결함이 발생할 확률이 매우 높은 환경적 요인 및 기타 효과가 있다(공통 모드 결함).
- ▶ 두 가지 시스템은 가상적으로 작동할 확률이 있기 때문에('가상 트립'(spurious trip)) 가상 트립 빈도가 두 배가 되고 조업자는 모든 트립 시스템을 비활성화하려는 경향이 있다.

동일한 일정으로 테스트 받는 간단한 복수 시스템의 부분 사장 시간은 다음과 같다.

'두 가지 중 하나'의 시스템: FDT = (4/3) (FDT1 x FDT2)

'세 가지 중 하나'의 시스템: FDT = 2(FDT1 x FDT2 x FDT3)

'네 가지 중 하나'의 시스템: FDT = (16/5) (FDT1 x FDT2 x FDT3 x FDT4)

('두 가지 중 하나'는 두 개의 시스템 중 하나는 보호 기능을 작동할 수 있음을 의미한다.)

공통 모드 결함은 두 개의 보호 시스템에 대해 서로 다른 유형의 시스템을 사용하여 최소화할 수 있다. 이것을 다양성이라 한다. 높은 신뢰성이 필요한 경우, 다양성은 높은 수준의, 서로 다른 유형의 시스템, 서로 다른 원칙을 기준으로, 서로 다른 경로를 통해 케이블로 연결된 계측 장비, 서로 다른 설계 팀과 각 시스템에 서로 다른 유지 보수 작업자의 참여 등이 결합되어야 한다. 공통 모드 결함이 발생할 수 있는 여러 형태를 정확하게 식별하는 데 어려움이 있기 때문에 이러한 노력이 필요하다.

높은 신뢰성이 필요함으로 인해 복수 시스템을 설치한 경우 및 지속적으로 증가하는 가상 트립 빈도가 문제가 되는 경우 가상 트립을 최소화하기 위한 접근 방식은 세 가지의 개별적인 보호 시스템이 다음과 같은 간단하고 안정적인 논리 프로세서에 신호를 보내는 '투표 시스템'을 사용하는 것이다.

- ▶ 작동하는 한 보호 시스템이 경보를 전달한다.
- ▶ 작동하는 두 개의 보호 시스템이 트립을 작동시킨다.

투표 구성 요소 및 작동 매커니즘(예: 차단 밸브)의 신뢰성에 대한 이러한 시스템의 의존도 때문에 두 개의 병렬식 투표 시스템을 설치할 수 있다. 이렇게 복잡한 시스템은 초기 설치 및 사용시 비용이 많이 들고 유지 보수 비용도 많이 소요된다.

따라서 존재하는 위험성을 최소화하도록 설계하는 것과 같이 무결성이 매우 높은 보호 시스템이 필요하지 않도록 하는 노력이 필요하다.

그림 6-10의 결함수를 참조하면 신뢰성 개선을 위한 몇 가지 옵션이 있다.

가장 중요한 것은 보호 시스템을 제어 시스템으로부터 분리하는 것이다. 제어 시스템이 FE 결함으로 인해 결함이 발생하는 경우 경보 장치 및 저속 흐름 보호 시스템은 작동할 수 없다. 그러나 저속 흐름 경보 장치 및 트립 시스템이 FE와는 별개로 작동되는 저속 흐름 스위치에 의해 작동되는 경우 시스템 신뢰성은 상당히 개선된다.

중요 원칙: 보호 시스템이 제어 시스템으로부터 완전히 독립적으로 작동할 수 있도록 설계하고 제어 및 보호 시스템의 공통 모드 결함 확률을 점검한다.

일반적으로 다음 수준의 FDT를 얻을 수 있다.

FDT = 0.01	정기적으로 테스트 받고 합리적으로 유지 보수되는 간단한 시스템
FDT = 0.001	고(高) 무결성 보호 시스템(HIPS) 전문가에 의한 설계 및 테스트, 이러한 표준으로 유지 보수 및 테스트를 제외한 공정 플랜트의 실제 제한 기준
FDT = 0.0001	원자력 시설 설치 또는 운영, 유지 보수, 감독 및 관리, 작동 환경에 대해 비정상적으로 높은 기준을 가진 공정 플랜트에만 해당

6.9 결함 데이터 참조 정보

6.9.1 소개

특정 설치를 위한 가장 적절한 데이터는 해당 설치로부터 수집된 데이터다. 외부 참조 정보로부터 받은 일반적인 데이터는 지침을 제공하지만 특정 플랜트에 대한 이러한 데이터의 관련성은 항상 명확하지 않다. 특히 관심이 집중되는 지역 환경

(예: 부식, 고온 또는 저온) 조건 및 운영, 유지 보수, 감독 및 관리에 대해 의심되는 지역 기준을 가진 경우 더욱 그렇다.

6.9.2 데이터의 일부 제한 사항

운영, 유비 보수, 감독 및 관리 기준에 대한 실패 빈도 효과에 대해서는 제11장에서 설명한다.

6.9.3 외부 데이터 참조 정보

참조 정보는 다음과 같다.

- *IEEE Std 500(1984).* "원자력 발전소에 대한 전기, 전자, 센서 구성 부품 및 기계 장비 신뢰성 데이터의 수집 및 프레젠테이션을 위한 IEEE 가이드"
  (엄격한 기준에 의해 유지 보수되는, 매우 높은 품질의 고가(高價) 시스템에 대한 최대 및 최소 범위의 데이터)
- MIL-HDBK-217F*(2002). 군용 핸드북*-전자 장비의 신뢰성 예측(고가 장비의 경우) 미국 국방부
- *NPRD-2(1981).* "비 전자 부품 신뢰성 데이터." 로마 공군 개발 센터의 신뢰성 분석 센터
- OREDA*(1998). OREDA(Offshore Reliability Data) 핸드북.* SINTEF: Trondheim, 노르웨이
- F.P. Lees*(1996). 프로세스 산업의 손실 방지.* Butterworth-Heinemann, 옥스포드, 영국

6.9.4 예비 결함 데이터

표 6-4의 결함 데이터는 적용하는 빈도를 수치적으로 표시하는 예비 위험성 평가에 사용할 수 있다. 항상 특정 시설 또는 연구 대상 산업 분야에서 수집된 데이터를 사용하는 것이 바람직하다. 연구 대상인 특성 시설에 대해 이 표에서 제공하는 데이터 적용 가능성은 이러한 수행 연구에 의해 평가되어야 한다.

표 6-4.

압력 용기(정기적인 법정 검사 필수)		
대형 누출(직경 50 mm)	연간 $1 \times 10^{-6} \sim 10 \times 10^{-6}$ (일반적으로 2×10^{-6}p.a.)	
소형 누출(직경 6 mm)	연간 $10 \times 10^{-6} \sim 100 \times 10^{-6}$ (일반적으로 20×10^{-6}p.a.)	
플랜트 내의 파이프라인(상당히 부식성이 강한 환경 또는 특수 파이프 작업으로 인해 특별한 관리가 필요한 경우 제외)		
완전 파손(100% 단면)	연간 2×10^{-8} L/D	
대형 누출(20% 단면적)	연간 5×10^{-8} L/D	
소형 누출(직경 6 mm)	연간 3×10^{-7} L/D	
원심 펌프		
펌프(단일 기계용 씰)– 직경 5 mm 상당의 누출	연간 5×10^{-2}	
펌프(이중 기계용 씰)– 직경 5 mm 상당의 누출	연간 1×10^{-3}	
펌프 씰(단일 기계용)– 완전 환형(環形) 누출	연간 1×10^{-3}	
펌프 씰(이중 기계용)– 완전 환형 누출	연간 3×10^{-4}	
축 이탈 – 축 전체 직경 누출	연간 1×10^{-4}	
주요 파이프 누출 – 펌프 흡입 100% 직경 누출	연간 1×10^{-5}	
플랜지 조인트 결함(볼트 구멍 사이의 가스켓 일부분에 상당하는 직경)		
일반적인 균일 가스켓 재질[a]	연간 4×10^{-5}	
나선형 손상 가스켓[b]	연간 2×10^{-5}	
원추형 지붕의 연료 저장 탱크 화재	인화성 높음	인화성
연료 탱크 직경 화재	2×10^{-4}	연간 탱크 한 개당 2×10^{-5}
제방 화재	1×10^{-4}	1×10^{-5}
부유식 루프 저장 탱크 화재		
씰 화재(주변 영역만 해당)	4×10^{-3}	4×10^{-4}
전체 직경 화재	4×10^{-4}	4×10^{-5}
제방 화재	1×10^{-4}	1×10^{-5}
국가간 횡단 석유 및 가스 파이프라인(최신 코드로 구성되고 내부 및 외부 부식 방지, 정기적인 관찰 및 검사 수행)		

고장 모드	파이프라인의 완전 파손	단면적 20%에 해당하는 구멍	단면적 5%에 해당하는 구멍
외부 간섭			
두께 구성 요소	75 pmpy/km	150 pmpy/km	75 pmpy/km
직경 구성 요소	50	25	—
구조적 결함 또는 재질 결함	25	100	100
부식	1	2	100
지면 이동	—	—	—
합계	151	277	275

[a]구멍 크기 = 파이프 내부 원둘레 x 가스켓 두께/볼트 수

[b]구멍 크기 = 4 mm^2

일부 연구에 의하면 신규 파이프라인에 대해 작성된 빈도 표는 매우 비관적이다. (Corder 및 Fearnebough(1987) 참조.) 예를 들어 호주의 경우 완전히 파손되거나 주요 누출 발생은 평균적으로 33 × 10^{-6}/km-년인 것으로 발표되지 않은 연구에서 조사되었다. (Endersbee(1992) 참조).

주요 파이프라인 결함에 의한 가스 누출로 발생할 수 있는 발화 확률

이러한 확률은 누출 주변 환경 및 누출 원인에 따라 상당히 달라진다. 예를 들어 누출이 인구 밀집 지역에 발생하거나 기계 장비가 원인인 경우 발화 확률은 격리된 지역에서 누출되고 외부 발화원이 없는 경우의 발화 확률보다 상당히 높다.

대표적인 확률은 다음과 같다.

누출 원인 설명	**발화 확률(%)**
핀홀 또는 균열	2
'구멍'	5
파손(파이프 400mm 직경 이하)	10
파손(파이프 400mm 직경 이상)	50

일부 연구에 의하면 이러한 확률은 매우 낮을 수 있으며 약 50%의 발화 확률은 누출이 상당할 경우 위험성 연구용으로 적합한 추정치가 될 수 있다. 그러나 특정 시나리오 경우 추정값을 만들 때 누출 주변의 예상 조건, 특히 누출의 원인이 되는 매커니즘을 고려해야 한다.

로드 벌크 탱커-가압 상태. 빈도는 운전자 선택, 교육, 차량 유지 보수 및 교통 상황 등에 따라 결정된다.

상당한 저장 물질 누출(100kg 이상): 0.03/1백만km 운행

로드 벌크 탱커-대기압 상태. 마찬가지로 빈도는 운전자 선택, 교육, 차량 유지 보수 및 교통 상황 등에 따라 결정된다.

저장 물질 누출 정도	0.1/1 백만 km 운행
<150 kg	50%
150–1500 kg	10%
>1500 kg	40%

제어 시스템(단일 루프 전자 기계 장치)

간단한 온도, 압력, 레벨: 위험 상황 발생 (경고 없이)	0.1년
복잡한 온도, 압력, 레벨: 위험 상황 발생 (경고 없이)	0.2년
분석	0.4년

경보 시스템(전자 기계 장치)

작동 불능 상태(주: 실패 빈도는 부분 사장 시간으로 변환해야 한다.) 0.1/년

트립 시스템(전자 기계 장치)

작동 불능 상태(작동 장비에 따라 결정, 예를 들어 밸브의 실패 빈도는 부분 사장 시간으로 변환해야 한다.) 0.2/년

보일러 안전 릴리프 밸브

Fail to lift at or below 150% of set pressure	0.02 per demand
Lift at less than 90% of set pressure	0.1 per demand

참고문헌

- Corder, I., and Fearnebough, G. D., "Prediction of Pipeline Failure Frequencies." British Gas plc Research and Technology Station, Newcastle on Tyne, UK. Proc. Second International Conference on Pipes, Pipelines and Pipeline Systems, Utrecht, The Netherlands, June 1987.
- Endersbee, L., "Risk Assessment of Pipelines." Report to the Minister for Manufacturing and Industry Development, Victoria, Australia, 30 June 1992.

7 정량적 위험성 평가: 컴퓨터 모델링, 완충 구역 설정시 사용법, 장점 및 제한 사항, 사용법 및 오용 사례

본 장을 배우고 나면 다음 사항에 대해 이해하게 된다.

- 공정 플랜트 주변의 사람에 대한 전체 위험성 평가 및 위험성 관리에 도움을 주는 위험성 등고선 작성용 컴퓨터 프로그램 사용 방법에 대한 광범위한 설명
- 정량적 위험성 평가를 사용하여 공정 플랜트 주변의 완충 구역 결정(제4장에서 설명한 법적 위험성 기준 준수)
- 정량적 위험성 평가에 대한 사용법 및 제한 사항

본 장에서는 그림 1-4의 위험성 관리 단계 8 '위험성 평가'에 대해 설명한다.

7.1 위험성 모델링

7.1.1 소개

대부분의 가동중인 공장들은 위험 물질이 포함된 수많은 용기, 파이프 및 장비 구성 부품을 가지고 있다. 이러한 물질은 화재, 폭발, 독성 가스 누출 등의 위험성을 제공할 수 있다.

하나의 용기, 파이프 또는 장비 구성 부품에 대해 소규모에서 대규모의 심각도를 가지고, 상대적으로 빈번하게 발생하거나 상대적으로 자주 발생하지 않는 것과 같이, 다양한 원인에 의한 일정 범위의 누출을 가정할 수 있다.

또한 증기운 폭발 및 독성 가스 누출과 같이 일부 누출 유형은 누출 시점에서 증기운 이동 방향 및 정도, 그에 따른 사람 또는 공장에 대한 위험성에 영향을 주는 다양한 방향에서의 기상 상태에 의해 상당한 영향을 받는다.

특정 기상 조건하에서 전체 발생 확률 범위 내의 특정 지점에 대한 위험성을 계산하려면 상당한 규모의 반복적인 계산이 필요하다. 따라서 이러한 유형의 평가는 일반적으로 컴퓨터 시스템을 사용하여 수행한다. 이러한 여러 가지 시스템이 하나의 패키지 제품으로 제공되고 있다.

이러한 시스템은 다음과 같은 사항을 사용하기 적합하다.

- ▶ 컴퓨터 시스템에 내장된 사고 유형 선택
- ▶ 가상 사고의 결과에 대한 심각도 계산시 사용되는 기본 데이터 및 모델
- ▶ 각각의 가상 사고에 대한 빈도 계산시 사용되는 기본 데이터 및 모델

이러한 모든 시스템에는 논란의 여지가 많은 가정이 포함되어 있다. 이러한 유형의 접근 방식에 대한 장점, 제한 사항 및 응용 분야에 대해서는 나중에 자세하게 설명한다.

7.1.2 대표적인 컴퓨터 시스템에 대한 설명

공정도에서 직접 위험성을 계산하기 위한 대표적인 컴퓨터 시스템은 다음 두 가지 주요 단계에 따라 수행한다.

- ▶ 예상 사고에 대한 데이터 작성
- ▶ 이러한 사고에 의해 발생하는 위험성 계산

화재 및 폭발에 의한 위험성 계산용 컴퓨터 프로그램의 기본적인 구조는 이러한 단계를 설명하기 위해 아래에 대략적으로 설명된다. 바람 및 대기 안정성에 대한 데이터를 적용하고 포함시켜 독성 가스 누출에 의한 위험성에 대해 광범위한 접근 방식을 활용할 수 있다.

7.1.2.1 예상 사고에 대한 데이터 작성

공정도는 각 용기에 연결되어 대형 사고를 일으키기에 충분한 양의 누출이 발생할 수 있는 파이프라인 및 장비와 함께 상당한 양의 위험 물질을 저장하는 용기별로 구분한다. 이러한 하위 섹션에 대한 예는 그림 7-1에 표시된 도표와 같다.

다음 사고 유형을 고려한다.

1. 용기 파열

2. 파이프라인 누출

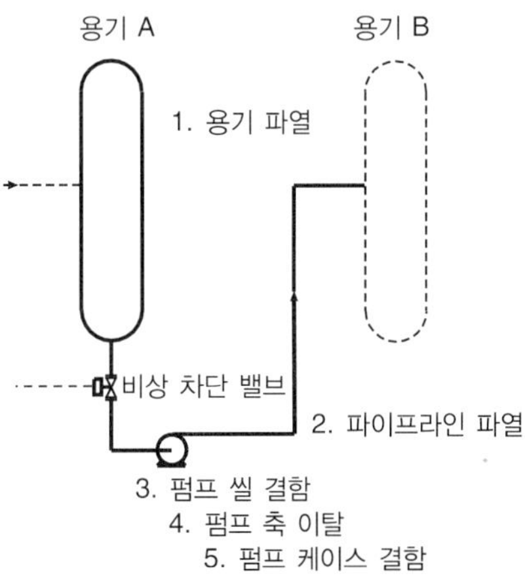

그림 7-1. 공정도 하위 섹션에 대한 설명

- ▶ 6mm 구멍
- ▶ 20% 단면적
- ▶ 100% 단면적

3. 직경이 3mm인 원형 축의 단면적에 해당하는 펌프 씰 누출

4. 흡입 파이프라인의 100% 파손에 해당하는 펌프 케이스 결함

다음은 프로그램이 위험성 평가시 사용되는 사고의 규모 및 빈도를 계산하기 위한 입력 데이터다.

- ▶ 용기 위치(눈금 좌표)
- ▶ 용기 저장량(BLEVE 또는 증기운 크기 계산시 필요)
- ▶ 프로세스 조건
  - 프로세스 유체 이름
  - 압력(누출율 계산시 필요)
  - 프로세스 유체의 밀도(누출율 계산시 필요)
  - 작동 온도(플래시 기화 정도 계산시 필요)
  - 대기압 비등점 온도(플래시 기화 정도 계산시 필요)
- ▶ 파이프라인 길이 및 직경(누출 빈도 및 누출 속도 계산시 필요)
- ▶ 용기에서 파이프라인으로 전달시 과다 흐름 제어 밸브 유무(예/아니오)
- ▶ 초과 흐름 설정
- ▶ 초과 흐름 제어 밸브가 초과 흐름을 제어하지 못할 확률
- ▶ 용기에서 파이프라인으로 전달시 비상 차단 밸브 유무
- ▶ 누출 시작 시점 및 비상 차단 밸브 작동 사이의 예상 시간(예: 3분)
- ▶ 비상 차단 밸브 작동시 밸브가 차단되지 않을 확률
- ▶ 펌프 흡입 직경
- ▶ 펌프 축 직경
- ▶ 씰 결함 빈도
- ▶ 축 파손 및 케이스로부터 이탈 빈도
- ▶ 케이스 결함 빈도

프로그램은 파이프라인 누출 빈도(파이프 직경 및 길이 기준), 누출에 의한 발화 확률(누출 규모 및 기간 기준) 등의 계산을 위한 공식을 작성한다.

그런 다음 프로그램은 다음과 같은 예상 사고에 대한 규모 및 빈도 범위를 작성한다.

- ▶ 용기 파열 및 화구(BLEVE)
- ▶ 용기 파열 및 증기운 폭발
- ▶ 파이프라인 결함(직경 6mm, 20% 및 100% 단면적) 누출 및 화재
- ▶ 파이프라인 결함(직경 6mm, 20% 및 100% 단면적) 누출, 발화에 의한 증기운 폭발 이전의 1분, 3분 및 6분 기간 동안 증기운 축적
- ▶ 화재에 의한 펌프 결함(씰, 축, 케이스)
- ▶ 발화에 의한 증기운 폭발 이전의 1분, 3분 및 6분 기간 동안 증기운 축적에 의한 펌프 결함(씰, 축, 케이스)

초과 흐름 밸브의 모든 누출(파이프라인 또는 펌프) 빈도는 흐름이 설정 포인트를 초과하는 경우 밸브 작동 결함 확률에 의해 조정된다. 마찬가지로 비상 차단 밸브의 예상 작동 시간을 초과하는 기간 동안의 모든 누출 빈도는 밸브가 작동하지 않거나 작동시 차단되지 않을 가능성에 의해 조정된다.

다음 사고 데이터는 컴퓨터 파일로 저장된다.

- ▶ 용기 이름
- ▶ 용기 위치(격자 눈금 좌표)
- ▶ 프로세스 유체 이름
- ▶ 누출 빈도
- ▶ 화재 빈도
- ▶ 폭발 빈도
- ▶ 누출율
- ▶ 누출 기간
- ▶ 화재 복사열
- ▶ 폭발 규모(TNT에 상당하는 질량)

7.1.2.2 예상 사고에 의해 발생하는 위험성 계산

간단한 형식의 그림 7-2 및 7-3은 인화성 위험 물질을 취급하는 복합 플랜트 주변의 위험 등고선을 컴퓨터로 계산하여 작성하는 대표적인 방법이며, 다양한 위치에서 다양한 규모 및 기간 동안의 사고에 대한 방대한 데이터가 제공된다. 이러한 데이터는 위에서 간단하게 설명한 프로그램 또는 일부 다른 방법에 의해 작성된다.

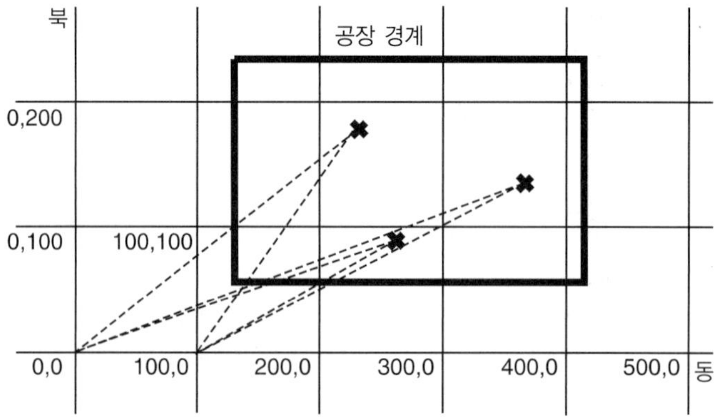

그림 7-2. 눈금 좌표에서 사망 위험성 수준 평가 방법에 대한 그림 설명.
기호 해설: 가상 위험 사고 위치 X ; 100,0 = 어떤 기준점에 대한 눈금 지점의 좌표 (동, 북)

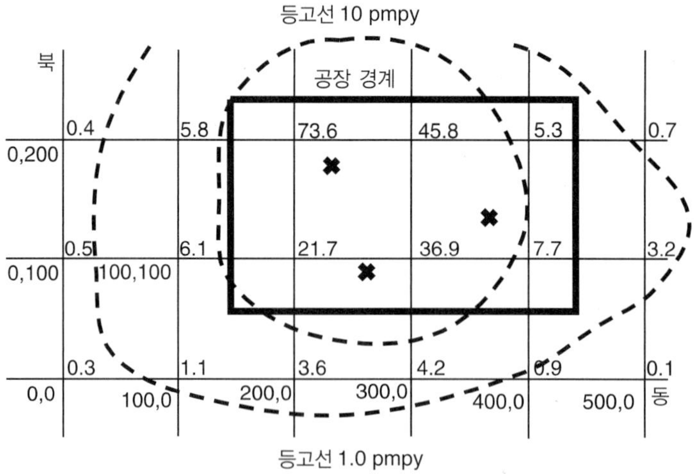

그림 7-3. 직접 검사 또는 컴퓨터에 의해 작성된 등고선을 표시한 위험성 평가 결과.
소수점(예: 0.3)은 해당 눈금 지점에서의 모든 가상 사고에 의한 누적된 사망 위험성

단계는 다음과 같다.

1. 고려할 현장에 대해 단위가 표시된 눈금 좌표를 작성한다.
2. 현장에 있는 다양한 위험 물질에 의해 발생할 수 있는 가상 사고가 기록된 데이터 파일을 준비한다. 데이터 파일에는 다음과 같은 여러 유형별 시나리오가 포함된다.
    - ▶ 제목 또는 코드 식별
    - ▶ 해당 위치 좌표
    - ▶ 사고 유형(예: 복사열, 폭발 과압)
    - ▶ 사고 결과에 대한 심각도(예: 복사열, TNT 상당 질량)
    - ▶ 사고 빈도
3. 관심 대상 지역의 지형적 한계를 정의한다.

그런 다음 컴퓨터는 데이터 파일에 열거된 첫 번째 사고에 대한 세부 정보를 읽고 다음 처리 단계를 수행한다.

1. 순서대로 각 사고에 대해
2. 순서대로 각 눈금 지점에 대해
3. 사고 지점에서 눈금 지점 사이의 거리를 계산한다.
4. 해당 눈금 지점에서 사고에 대한 물리적 영향을 계산한다(kW/m^2, kPa)
5. 해당 영향에 의해 해당 장소에서 사람이 사망할 확률을 계산한다.
6. 사고 빈도 및 사망 확률을 사용하여 해당 사고 눈금 지점에서 사망 위험성을 계산한다.
7. 해당 지점에서 해당 사고 위험성을 누적된 전체 위험성에 추가한다.
8. 다음 눈금 지점
9. 다음 사고
10. 다양한 눈금 지점에 대한 전체 위험성 표를 용지에 인쇄하거나 컴퓨터 파일에 저장한다.
11. 인쇄한 눈금 지점에서의 위험성 표를 사용하여 직접 등고선을 작성하거나 위

험성 표가 저장된 컴퓨터 파일을 사용하여 등고선 작성을 위해 컴퓨터 패키지에 입력한다.

동일한 기본적인 접근 방식을 사용하여 각 눈금 지점에서의 계산된 물리적 영향을 지정된 주요 레벨과 비교하고 주요 레벨을 초과하는 경우 해당 사고 빈도에 추가하는 방법으로 지정된 주요 레벨을 초과하는 복사열 또는 폭발 과압의 빈도를 평가할 수 있다.

독성 가스 위험성의 경우 각 날씨 조합에 따른 각 눈금 지점에서의 가스 농도와 독성 가스에 노출 빈도 계산의 한 단계로서 이러한 조건하에서의 확률을 계산할 수 있도록 각 독성 가스의 독성 특성(예: 프로빗 상수), 각 사고 기간 및 각 풍향 조합의 확률을 입력한다.

이러한 위험성 평가 프로그램은 단일 지정 장소에서 각각의 가상 사고에 의해 위험성 구성 요소가 증가하는 시설에 추가하는 것이 가장 바람직하다.

이 프로그램을 사용하면 비용 효율적으로 위험성을 줄일 수 있기 때문에 위험성이 높은 장소의 주요 원인을 신속하게 파악할 수 있다. 또한 평가된 주요 구성 요소의 위험 여부를 검토하여 위험성 평가를 '상식적인' 점검 수준으로 수행하는 데 유용하다.

7.2 완충 거리(또는 '완충 구역')

7.2.1 소개

"공장 'A'는 기타 공장, 사무실 또는 주택과 얼마나 멀리 위치하는 것이 바람직한가?"라는 질문은 보기에 따라서는 단순한 질문이다. 그러나 경우에 따라서는 이렇게 간단하게 보이는 질문에 바로 대답하지 못한다.

다양한 코드 또는 규제를 통해 이러한 유형의 설치에 대한 완충 거리를 지정하고 있다. 실제로 이러한 거리 결정은 제한된 기술적 근거에 의해 관련 이해 당사자

간의 '판단' 또는 합의를 기준으로 결정된다. 경우에 따라서는 최악의 예상 사고 발생에 대해 평가된 결과를 기준으로 이러한 거리를 결정한다. 예를 들어 상업용 폭발물 화약고 주변의 필요한 거리는 전체 화약고가 폭발하는 경우 주거 지역이 심각하게 영향을 받지 않도록 설계된다. 공정 플랜트의 경우 권장하는 거리 대부분이 역사적 경험을 가지고 있지 않으며 전혀 적절한 기준을 근거로 하지 않고 있다.

7.2.2 완충 거리 설정 기준

다음과 같이 완충 거리를 합리적으로 설정할 수 있는 다양한 기준이 있다.

- '예상되는 최악'(worst possible)의 사고 결과
- '신뢰할 만한 최악'(worst credible)의 사고 결과
- 위험성

지금부터 이러한 사항에 대해 설명하고자 한다.

7.2.2.1 예상되는 최악(worst possible)의 사고 결과

1974년 영국 Flixborough에서 발생한 폭발 사고 이후 일부 지역 기관에서는 새로운 시설물은 예상되는 최악의 사고가 발생하더라도 사람에 대한 위험성은 무시할 정도(예: 주택의 경우 유리창만 피해를 입는 정도)의 위치에 설치해야 한다고 주장하기 시작했다.

이러한 경우 상당한 범위의 완충 거리가 필요하다. 예를 들어 LPG 200톤의 압력 저장소의 경우 예상되는 최악의 사고를 가정한다면(완전 배출 및 안정된 대기 조건에서 구름 이동) 완충 거리는 수 킬로미터가 필요하다고 주장할 수 있다. 이것은 최소한 지금까지 필요했던 규모를 초과한다.

사실 지역 사회에서 수용하는 다른 분야와 비교하여 산업 플랜트에 이러한 접근 방식을 사용하는 것은 일관성이 없다. 지역 사회가 최악이 예상되는 사고의 경우에도 사람이 안전해야 한다고 주장한다면, 주택 및 도시 지역이 댐 아래 지역에 허용해서는 안 되며 항공기가 도시 위를 운항하는 것을 금지해야 한다.

7.2.2.2 신뢰할 만한 최악(worst credible)의 사고 결과

위의 일관성 문제를 해결하기 위해 '신뢰할 만한 최악'(worst credible)의 사고 접근 방식이 개발되었다. 과거의 사고들을 검토하여 실제로 발생 또는 발생하지 않는 사고 유형에 대한 기준을 수립했다. 실제로 발생 가능한 것으로 판단된 최악의 사고 결과를 평가하여 이 평가를 기준으로 완충 거리를 설정했다. 따라서 이러한 접근 방식은 신뢰할 만한 최악의 사고의 경우에도 사람의 안전을 보장하는 것이 목적이다.

그러나 '신뢰할 만한'(credible)에 용어 정의에 어려움이 있다. 지금도 다양한 의견이 전개되고 있다.

7.2.2.3 위험성

이론적으로 위험성은 완충 거리 결정을 위한 가장 적절한 기준이다. '신뢰할 만한' '신뢰할 수 없는' 사이의 경계를 구분하지 않고 모든 가상 사고를 고려할 수 있으며 고려되는 다양한 사고의 규모는 해당 확률에 의해 결정되거나 누적된다. 또한 해당 환경에 따라 서로 다른 위험성 대상을 기준으로 완충 거리를 정의할 수 있게 된다.

따라서 정량적 위험성 평가가 특히 유럽 및 오스트레일리아의 규제 기관에서 관심을 가지는 것을 포함하여 폭 넓게 사용되는 이유이기도 하다.

그러나 사용 가능한 방법에 존재하는 정성적 요소 및 영향으로 인해 기타 규제 기관(예: 미국－부록 E 참조)은 해당 환경에서 합리적인 분리의 기준으로 참조하기 위해 정량적으로 평가된 '최악 사례' 및 '대체' 시나리오 중에서 선택하여 평가하는 것을 선호하고 있다.

이러한 평가의 경우 위험성의 빈도 구성 요소에는 묵시적으로 최악 사례 시나리오 특성 및 대체 사례 선택이 포함된다.

7.2.3 완충 거리 결정에 도움을 주는 위험성 평가 사용

이해를 돕기 위해 예를 들어 설명하도록 한다.

제안된 신설 플랜트를 포함하여 특정 산업 시설의 모든 위험성에 사람이 노출되는 경우 최대 위험성을 연간 백만 명 당 1명 사망(pmpy)으로 가정할 수 있다.

또한 제안된 신설 플랜트에 인접한 공장들의 직원은 신설 플랜트에 의해 기존의 위험성이 상당히 증가되지 않는 것으로 가정할 수 있다. 기존 위험성은 약 FAR 2.0(예: 1억 근무 시간당 2명 사망)인 경우 이 값은 거의 200pmpy에 해당한다. 공장 직원들은 자체 공장에 의한 위험성의 20%를 초과하지 않는 하나의 인접 공장 위험성에 노출되지 않는 것으로 가정할 수 있다. 따라서 인접 공장의 최대 위험성은 약 40pmpy로 설정한다.

필요한 완충 거리를 결정하기 위해 신설 플랜트 및 기존 플랜트들의 전체 위험성을 평가하고(예: 위에서 설명한 위험성 평가 시스템 사용) 1pmpy에 대한 등고선 위치를 결정한다. 위험성 대상에 대한 이론적인 특성, 데이터 불확실성 및 위험 사고의 수학적 표현에 존재하는 근사치를 고려하면 1pmpy 등고선의 위치는 가장 가까운 주거 지역 위치를 측정한 값임을 알 수 있다. 그림 7-4에 표시된 가상의 플랜트의 경우 주거 지역으로부터 필요한 완충 거리는 약 350미터이다.

인접 플랜트에서 필요한 완충 거리를 결정하기 위해 신설 플랜트 단일 요소에 의한 위험성을 평가하고 40pmpy 등고선을 작성한다. 이론적으로 신설 플랜트는 기존 플랜트 지역을 침범하지 않는 위치에 있어야 하며 기존 플랜트에서 일하는 작

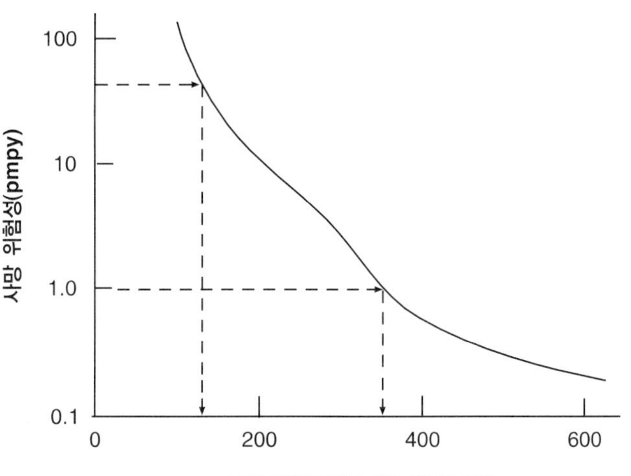

그림 7-4. 위험성 평가에 의한 완충 구역 정의

업자가 일정 시간 해당 지역에 있는 것을 허용해야 한다. 마찬가지로 기존 플랜트로부터 제안된 신설 플랜트에 대한 위험성을 평가하여 신설 플랜트의 직원들이 기존 운영 시설의 초과 위험성에 노출되지 않도록 해야 한다. 그림 7-4에 표시된 예에서 인접 플랜트로부터 필요한 완충 거리는 약 120미터이다.

기존 플랜트의 위험성 평가 수행시 주거 지역의 위험성 또는 신설 플랜트에 대해 제안된 위치에서의 위험성은 신설 플랜트를 고려하지 않아도 대상보다 초과함을 알 수 있다.

평가가 정확하지 않더라도 제안된 신설 플랜트 건설로 인해 평가된 위험성이 실질적으로 증가되지 않도록 결정할 수 있다. 따라서 제안된 신설 플랜트는 기존 위험성이 최소한 동일한 규모로 감소하는 경우에만 허용하도록 하여 실질적인 위험성 증가 없이 오히려 위험성 감소 효과를 얻도록 결정할 수 있다.

7.3 정량적 위험성 평가에 대한 일부 경험 사례

7.3.1 기존 현장에 제안된 신설 플랜트에 대한 평가

1970년대 후반에 한 기업은 대규모 석유 화학 공장 건설을 계획하고 있었다. 초기 컴퓨터 기반 모델이 프로세스 안전 관리팀에 의해 수정되어 경쟁 입찰 업체의 상대적 장점을 평가하는 데 사용되었다. 모델 실행 결과, 입찰 업체 중 두 개 업체는 플랜트 및 인접 주거 지역 사이의 완충 구역이 약 100미터에 불과했지만 세 번째 업체의 경우 약 300미터가 필요한 것으로 나타났다(그림 7-5 참조). 어느 누구도 해당 수치값에 대한 절대 규모를 믿지 않았지만(100미터는 너무 짧은 거리로 판단) 안전 관리 팀은 모델에 의해 수행된 계산을 통해 세 번째 업체가 다른 업체보다 세 배의 거리가 필요한 이유에 대해 조사했다. 이유는 밝혀졌으며 어느 누구도 인식하지 못한 매우 확실한 프로세스 특징을 가지고 있었다. 이것은 매우 가치 있는 발견이었다.

초기 모델에 대한 추가적인 경험을 통해 완벽하게 보완되었다. 제안된 플랜트에 대해 다시 계산한 결과 완충 구역은 300미터로 계산되었으며 이것은 실제 거리인

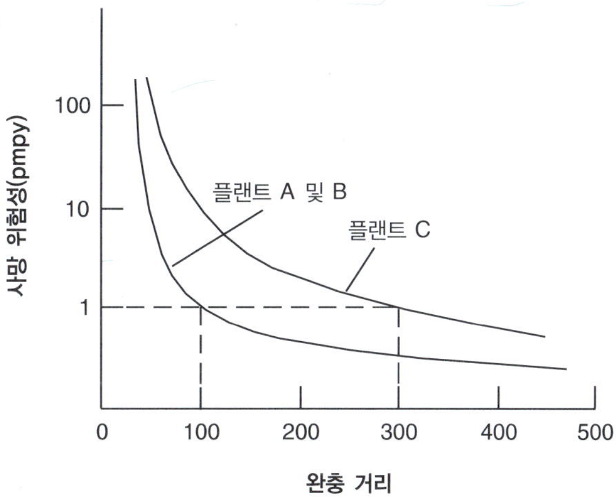

그림 7-5. 필요한 완충 구역 비교

500미터보다 상당히 감소한 거리였다. 그러나 측정 규모 정도가 합리적이었음에 주목했다. 즉 모델 실행 결과는 신뢰할 수 없는 30미터 또는 3,000미터도 아니었기 때문이다.

그런 다음 새로운 모델을 해당 현장에 있는 기존의 모든 위험 플랜트들에 대해 실행한 결과 위험 플랜트들이 서로 해당 위치에서 비교 가능한 위험성을 가진 것으로 나타났다. 이것은 관리자가 플랜트를 연구하는 데 도움을 주고 모델 신뢰성을 높여 주었다. 그런 다음 모델을 실행하여 모든 플랜트에 대한 누적 위험성을 테스트하였다(그림 7-6 참조).

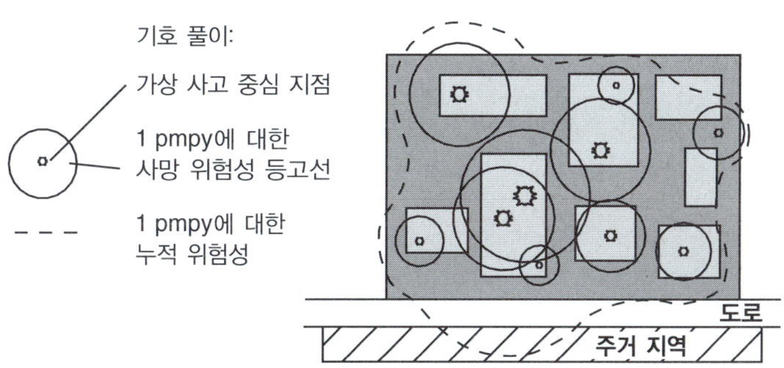

그림 7-6. 누적 위험성 예

이 테스트 결과, 인접 주거 지역에 대해 평가된 위험성은 목표 대상보다 약간 높았지만 이것은 해당 방법에 대한 오류 오차 범위 내에 있다. 초기에 이 문제가 대두되었을 때, 공장 직원들은 수 년 동안 주거 지역 개발이 안전성을 침범할 만큼 너무 근접하고 있었지만 납득할 수 있는 정도로 근접하지는 않는다고 판단하고 있었다. 따라서 모델은 사람들이 직관적으로 결론 내린 부분에 대해서만 정량적으로 표현하고 있다. 이것은 모델에 대한 신뢰성을 높였다.

그런 다음 모델을 사용하여 주거 지역의 전체 위험성에 대한 주요 영향을 식별함으로써 위험성 감소를 위한 가장 비용 효율적인 방법에 중점을 둘 수 있었다. 이것은 경영진에게 매우 중요한 요소였다.

현장의 비좁은 공간에 또 하나의 신설 플랜트를 설치하려고 했을 때 모델은 다시 실행되었다. 프로세스 안전 전문가는 약간 당황한 모습으로 프로젝트 팀에 결과를 가지고 와서, 평가된 위험성은 일부 경계선이 잘못 평가되었다고 말했다. 프로젝트 관리자는 평가된 위험성이 동일한 결과를 가져왔지만 완전히 정성적 원인 때문이라고 보고했다. 플랜트의 상업적 중요성 관점에서 볼 때, 프로젝트 팀이 주관적이고 정성적 증거만을 가지고 있었다면 설계 또는 제안된 위치를 상당 부분 변경해야 한다는 주장을 예상하지 못했을 것이다. 그러나 초기에 발견된 사항에 대한 합리성을 인식하고 있었기 때문에 이 시점에서 회사 내에 광범위하게 적용되고 있던 모델의 정량적 지원 기능을 통해 이러한 변경 사항은 적용되었다.

이 시점에서 정량적 모델을 통해 높은 수준의 신뢰성 및 적용성을 구축하게 되었다.

7.3.2 발견된 제한 사항

몇 년이 지난 후, 염소 생산 플랜트의 위험성 평가 결과는 인접 주거 지역에 대한 안전성 수준은 제어 및 경보 시스템에 대한 일부 개선 사항을 제외하고는 만족스러웠다. 따라서 공식적인 플랜트 검사를 수행하는 동안 기술 관리자는 기체 액화 장치에서 저장 탱크 사이의 주요 액화 염소 파이프라인 구역이 상당히 부식되었음을 발견했다. 부식 상태는 50mm 직경의 파이프라인 외부에 약 2cm 두께의 녹이 형성되어 있었다(그림 7-7). 기술 관리자는 위험성 평가에 발견된 부분과 같이 심

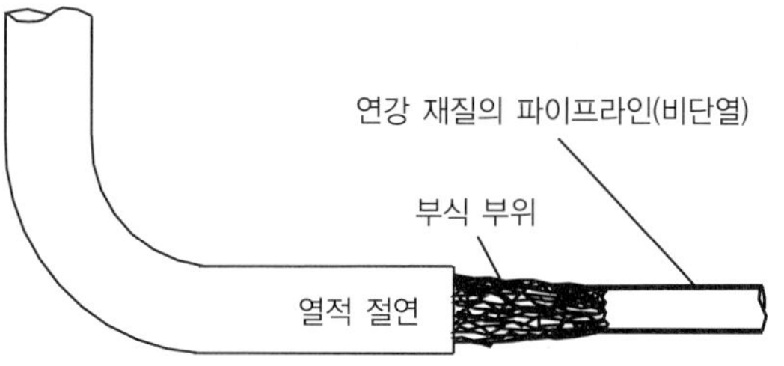

그림 7-7. 액화 염소 파이프라인의 부식 상태 예

하게 부식된 파이프라인 구역의 누출 확률이 고려되어 있는지 걱정되었지만, 이러한 문제에 대해 질문 및 답변을 통해 확인하는 것보다 파이프라인을 교체하는 것이 적절한 조치라고 판단했다. 완료된 위험성 평가는 플랜트가 양호한 상태로 판단되었기 때문에 실제 조건이 전혀 반영되지 않았다.

몇 개월이 지난 후, 염소 생산 플랜트 관리자가 플랜트에서 약 1km 떨어진 해당 지역의 쇼핑 센터를 방문했을 때 일이었다. 그는 염소 냄새를 맡을 수 있었으며 다급하게 플랜트로 돌아왔다. 문제는 염소 액화 장치의 통풍구에서 염소를 제거하는 가스 세정기가 세정 액체(가성 소다)에 완전히 반응하기 때문에 작동하지 않는다는 것을 발견했다. 조사를 계속하는 동안 다음과 같은 상황이 발견되었다.

- ▶ 가스 세정 액체가 다 소모되었기 때문에 통풍구에서 염소가 배출되고 있었다.
- ▶ 몇 주 동안 정상 조건보다 훨씬 자주 세정 액체를 교체할 필요가 있지만 조업자가 이러한 부분에 대한 관리상 주의를 준수하고 있지 않았다.
- ▶ 이러한 염소 누출에 대해 조업자가 즉시 세정 액체 교체에 대한 필요성을 이해하지 못하고 있었다.
- ▶ 세정 액체를 매우 자주 교체해야 하는 이유는 액화 장치가 제대로 작동하지 않기 때문이었고 따라서 흡수할 염소 가스량이 증가하고 있었다.
- ▶ 기록 차트는 몇 주 동안 비정상적인 상태를 표시하고 있었지만 조업자, 감독관 또는 경영진이 이 부분에 대해 인식하지 못하고 있었다.
- ▶ 이 부분을 지적했을 때 공장 직원들은 차트가 표시하는 의미, 기록이 실제 상태를 나타내는지 여부에 대한 결정 및 결함에 대한 개선 방법에 대해 명확하게 판단하지 못하고 있었다.

이러한 취약성 측면에서 플랜트에 대한 정량적 위험성 평가의 관련성은 매우 낮았다. 위험성의 실제 수준이 확실히 높더라도 명확하지 않기 때문에 관리 기준을 고려하여 평가된 위험성을 한 단계 상향(또는 하향)으로 조정하는 것은 적절치 못하였다.

따라서 관리 기준이 평가에서 판단된 기준과 일관성이 없었기 때문에 이 시점에서 위험성 평가는 플랜트에 적용되지 않았다. 이러한 운영상의 인식 부족으로 인해 플랜트가 필요한 것은 정량적 위험성 평가가 아니고 다양한 수준에서 교육 프로그램이다.

7.3.3 '인적 요소'의 문제

지난 20여 년 동안 석유 및 화학 산업에서 발생한 대형 사고들을 검토해 보면, 이러한 사고의 상당 부분이 일반적으로 예상되고 위험성 평가에서 평가되는 장비 결함의 유형이 아니라 유지 보수에 앞서 잘못된 플랜트 격리, 잘못된 일상적인 플랜트 검사, 잘못된 플랜트 변경 및 잘못된 조업자 교육과 같이 관리 시스템의 취약성 및 인적 오류에 의해 발생되고 있다.

위험성 평가는 확률적으로 우발적이고 독립된 이벤트에 의존한다. 관리 시스템 또는 일반 관리상의 잘못된 기준은 우발적인 결함이 아닌 예상되는 결함 발생의 원인이 된다. 또한 처음에는 독립적으로 보이는 다양한 원인 제공 요소 사이의 연결 관계 및 종속성을 제공하고 있다.

위에 열거한 이러한 오류는 현재의 정량적 위험성 평가에 적용하기 쉽지 않다. 이러한 몇 가지 예는 다음과 같다.

- 북해에서 발생한 *Piper Alpha* 해저 석유 시추 플랫폼 사고의 경우, 초기 누출 및 화재의 원인은 장비 결함이 아니라 작동 시스템의 결함이었다.
- 오스트레일리아 해안의 석유 시추 플랫폼은 가까스로 비슷한 재난을 피할 수 있었다. 보고에 의하면 펌프 유지 보수를 위해 전동식 밸브를 닫아 펌프를 차단시키고 "가동하지 마십시오"라는 표식을 설치했다고 한다. 적절한 차단 시설은 없었다. 펌프가 작동하는 동안 전기 작업자는 밸브 작동 시스템 주변에서 작업하였다. 작업을 완료하는 시점에서 전기 작업자는 제어 장치를 작동시켰고 밸브가 열리면서 석유가 누출되어 발화되었다. 다행히 화재가 확대되기 전에 수동 밸브를 차단했다.

▶ 화학 공장의 석유 연료 저장 탱크가 유지 보수를 중단하는 동안 폭발했다. 몇 년 전에 탱크의 통풍구를 오버플로 역할을 하도록 거의 지면으로 확장하여 개선했다. 유지 보수 작업 주변의 불꽃이 통풍구 파이프에서 증가하는 증기를 발화시켜 탱크에 화재가 발생하고 폭발하면서 탱크 하단부가 파손되었다. 그 결과 화재가 발생하여 여러 명이 사망했다.

▶ 도로 운송 산업의 경우, 위험 물질을 운송하는 운전자를 위해 매우 높은 기준의 교육을 실시하고 있다. 일반적으로 경험 많고 특별한 교육을 받은 운전자만이 LPG 탱크로리 주행에 대한 책임감이 있다고 말한다. 예를 들어 경험 많은 운전자를 모방하고 있던 견습 교육 받은 운전자가 LPG 탱크로리를 운전하고 LPG 탱그로리가 전복되었고 다행히 가스 누출은 없었다. 보고에 의하면 경험 많은 운전자는 교육 받은 운전자가 어려움에 처하는 상황을 목격했으며 만약 자신이 운전했다면 그 상황을 피할 수 있었다고 진술했다고 한다.

▶ 안전 분석가가 사고가 발생한 지 며칠이 지나서 LP 가스 저장 시설이 포함된 대형 사고 현장을 방문했다. 분석가의 관점에서 볼 때 운영상 존재하는 위험 요소에 대한 잘못된 관리 의식 및 안전상 주의 측면에 문제가 있음을 확인했다. 그는 사고 전날에 위험성 평가 요청을 받았더라면 위험성이 평균보다 매우 높은 사실을 알 수 있었을 것이라고 생각했다. 그러나 그는 평가를 했더라도 다음 날 사고가 발생할 위험성이 통계상으로 신뢰할 만큼 높다고 판단하지 않았을 것이라고 인정했다.

이러한 상황의 예는 '적절한 산업 기준'에 대한 잘못된 가정에 대해 설명한다. 위에 언급한 재난 또는 사고의 경우 통계상으로 항상 가능한, 계산된 위험성에 의해 발생된 것이 아니고 운영, 유지 보수, 감독 및 관리에 대한 잘못된 기준에 의해 발생된 것이다.

정량적 위험성 평가는 가정의 사슬(chain of assumption)의 종료 시점에서 알 수 있으며 각각의 가정은 연결 관계(link)로 되어 있고 이러한 가정이 실패하는 경우 평가시 발생 확률이 매우 낮은 것으로 판단된 사고가 발생할 가능성이 있다. 사슬의 여러 연결 관계에 대한 평균 강도가 높다고 말할 수 없다. 문제가 되는 것은 약한 연결 관계의 강도이다. 여러 위험 플랜트에서 특정 플랜트의 소프트웨어에 대한 평균 기준이 높다고 말할 수 없다. 판단할 수 있는 것은 사고 또는 재난에 대한 전체 위험성을 결정할 수 있는 최악의 상황에 대한 기준이다.

관리 및 운영상의 업무에 대한 적절한 산업 기준 가정에 대한 위험성은 평가할 필요가 없지만 그러한 가정이 실패할 확률은 평가해야 한다.

7.3.4 '관리 요소'의 문제

1980년대에 실시되던 정량적 위험성 평가에서는 소위 '인적 요소' 부분을 고려하지 않는 것으로 인식되었다.

이러한 취약점을 보완하기 위해 일부 전문가는 '관리 요소'를 개발했다. 이것은 0.1~10 사이의 수치이며 위험성 평가에 사용된 일반 결함 빈도를 곱하여 산출하는 방법으로, 고려 대상 시설의 관리 시스템에 대한 고찰을 통해 결정되었다. 예를 들어 관리 시스템이 평균값보다 양호한 것으로 평가되고 관리 요소가 0.52로 평가된 경우, 평가(파이프라인, 펌프, 밸브, 장비 등)에 사용되는 일반 데이터 뱅크 결함 빈도에 0.52를 곱한다. 관리 요소에 대한 두 가지 항목의 크기 또는 관리 요소 크기 계산시 관리 시스템의 계산 방법을 선택함에 있어서 어떠한 실험적 검증도 없었다. 또한 접근 방식이 이론적으로 완전히 잘못되었다. 이 부분에 대해서는 제11장에서 자세하게 설명한다.

7.3.5 위험성 평가의 목적

위험성 평가 보고서는 보고서가 쓰여진 종이를 재활용하는 것 이상의 본질적인 가치는 없다. 보고서가 제대로 활용되는 경우에만 가치가 있다.

위험성 평가의 목적은 위험성 관리를 활성화하는 것이다. 중요한 것은 엔지니어링과 같이 관리가 하나의 과학이 아니라 과학을 사용하는 기술이기 때문에 관리 구성 요소에 중점을 두는 것이 바람직하다. 따라서 위험성 관리에 있어서 Lord Kelvin의 격언이 절대적인 기준이 될 수 없다.

위험성 관리에 있어서 위험성 평가는 다음과 같은 유형의 질문을 해결하는 데 주로 사용된다.

- 이 상황에서 어떤 유형의 위험성가 존재하는가?
- 이 위험성은 수용할 수 없을 정도로 너무 높은가?
- 이 위험성의 주요 구성 요소는 무엇인가?
- 이 위험성에 대해 무엇을 수행해야 하는가?
- 어떤 방법으로 위험성을 가장 신속하게 줄일 수 있는가?

- 어떤 방법으로 위험성을 가장 비용 효율적으로 줄일 수 있는가?
- 어떤 방법으로 이 위험성을 낮게 유지할 수 있는가?
- 이 위험성을 현재 효율적으로 유지하고 있는가?
- 노출된 사람은 위험성에 대해 무엇을 이해해야 하는가?
- 위험성이 인식된 경우 이러한 노출된 사람은 무엇을 수행해야 하는가?

두 번째 질문만이 절대적인 기준으로 위험성 크기를 판단하기 위한 적절한 경우이며 기타 모든 질문들에 대해서는 위험성을 비교 평가하거나 완전히 정성적 분석을 통해 해결할 수 있다. 두 번째 질문에 대해서도 위험성에 대한 절대값이 유용하려면 '수용 가능한 위험성'에 대한 합의된 기준이 반드시 필요하며 이 부분에 대해서는 논란의 여지가 있다(솔루션 4.2 참조).

7.3.6 경험적으로 결정되는 위험성에 대한 제한 사항

통계학적 고찰을 통해 특정 위험성이 과거에 있었는지 판단할 수 있지만 이러한 정보를 실제로 사용하려면 신중하게 고려해야 한다.

예를 들어 지난 5년 동안 특정 국가에서 발생한 산업 사고에 대한 사망 위험성은 해당 기간 동안의 사망자 수를 평균 산업 인구로 나누어 계산할 수 있다. 그러나 해당 위험성이 향후 또는 특정 공장에 대해 적용되는지 여부는 확실하지 않다. 산업 비용의 대폭 삭감, 유지 보수 및 교육 등이 무시되는 것과 같이 산업 경제성 측면에서 변경 사항이 있는 경우 위험성은 상당히 상승하는 경향이 있으며 예측하기 어렵다. 마찬가지로 평균 산업 위험성을 특정 공장에 적용 가능한지 여부도 확실하지 않다.

따라서 경험적인 위험성은 '실제' 위험성로 간주되기 위해 일부 정당성을 가지고 있지만 향후의 현실을 표현할 수는 없다.

7.3.7 관리자에 대한 함정

일반적으로 사용하는 문장 중에 "중요한 것은 순익이다!"라는 말이 있다.

이것은 아마도 비즈니스 및 회계 분야에서 유래되었으며 회계 명세서의 하단 라인에 표시되는 수익 또는 손실이 그 위의 세부 명세 항목보다 궁극적으로 훨씬 중요하기 때문이다.

정량적 위험성 평가의 경우 일반적으로 여러 가지 불명확한 안정성에 대한 가정 및 데이터에 대한 불확실성이 있기 때문에 전체 위험성에 대한 절대값이 매우 부정확하고 앞서 언급한 염소 공장의 경우처럼 관련성에 대한 질문과는 거리가 멀다. (위험성 평가 전문가들은 그들의 평가는 차수의 크기 범위 내에서 맞다고 종종 주장하지만 그러한 주장에 대한 확실한 근거를 제공하지 못한다.)

그렇다면 왜 그러한 주장을 하는 것인가? 이 질문에 대한 답은 평가의 가치는 신뢰하기에는 모호한 정확도와 적용 가능성을 가진 손익에 있지 않으며, 일반적으로 분석을 통해 얻은 통찰력과 평가된 위험성의 구성 요소에 대한 상대 크기에 평가의 가치가 있기 때문이다.

정보를 활용하면 위험성 감소를 위해 서로 다른 위험성 구성 요소에 대한 상대적 우선 순위를 신속하게 판단할 수 있고 가장 비용 효율적이고 신속한 방법을 통해 원하는 수준으로 줄일 수 있다.

교훈: 위험성 평가의 최종 라인과는 상관 없이 관리적인 측면에서 위험성 구성 요소 및 위험성 감소를 위한 잠재력에 중점을 둔다.

예산 또는 일상적인 회계 보고서에서 비용에 대한 목록을 검토하는 경우 수치가 높은 가장 관심 없는 항목들을 중점적으로 다루어 관련 근거를 분석하고 개선 방향을 고찰하는 것이 일반적인 관리 절차이다. 예산의 경우 이러한 관리 절차를 통해 보다 엄격한 예측치를 산출하고 그에 따라 이러한 수준에 달성하기 위한 실적에 중점을 둔다. 예산 검토시 관리자는 관심 많은 항목의 느슨한 예산값보다는 관심 없는 항목의 값들에 대해 엄격하게 조사하는 경향이 있다.

관리자들은 동일한 방법으로 위험성 평가를 검토한다. '최종 라인'에 표시된 전체 위험성이 불필요하게 높은 경우 전체 항목 중 주요 구성 요소의 근거에 대해 질의한다. 예를 들어 표 7-1에서 관리자는 구성 요소 B 및 F에 대한 위험성 계산에 사용된 가정들에 대해 조사할 가능성이 높다. 일부 가정이 주관적이고 논란의 여지가 있는 경우(위험성 평가에 있어서 반드시 발생하는 부분), 관리자는 보다 낙관적

표 7-1. 비용 구성 요소와 비교하여 위험성 구성 요소의 중요성에 대한 설명

구성 요소	비용	위험성
A	23	**23**
B	1075	**1075**
C	240	**240**
D	11	**11**
E	312	**312**
F	4361	**4361**
합계	**6022**	6022

일 것을 강요한다. 그 결과 분석가는 신뢰할 만한 수준으로 값을 조정한다. 문제는 관리자가 위험성을 낮추도록 평가된 구성 요소에 대해 위험성을 높이는 측면에서 검토를 요청하지 않는다는 것이다. 예를 들어 표 7-1에서 구성 요소 A 및 D에 대한 평가의 근거가 되는 가정이 지나치게 낙관적인지를 확인하지 않는다.

따라서 관리상의 검토는 낙관적인 경향을 나타낸다.

교훈: 위험성 평가의 구성 요소를 경영진이 평가하는 경우 구성 요소의 잠재 가능성을 상향 및 하향으로 조정할 필요가 있는지에 대해 동일한 관심을 가지고 검토하는지 확인한다.

여기에서 언급한 대로 관리되지 않을 경우 평가된 위험성은 실제보다 관리상 목표에 지나지 않게 된다.

7.4 정량적 위험성 평가의 장점 및 제한 사항 요약

7.4.1 장점 및 이득

위험 요소 분석 및 위험성 평가 사용과 이러한 사용을 통해 얻을 수 있는 혜택은 다음과 같다.

- 체계적인 접근 방식은 체계적인 방법으로 안전성 개선 작업을 수행하는 데 매우 유용하다.

- 사용되는 여러 가지 유형의 기준에 대한 정의 및 합의를 포함하여 위험성 기준 수립을 위한 노력은 주요 안전성 문제 및 조직 책임을 분명히 설정해 주며 위험성 감소를 위한 노력 정도 및 일반적인 방향을 구축하는 데 도움을 준다.
- 마찬가지로 존재하는 위험 요소 파악을 위해 사용 가능한 체계적인 방법 및 위험 사고가 발생할 수 있는 시나리오 중 하나를 적용하기 위한 노력은 위험 요소 이해 증진에 도움이 되고 결과 목록이 향후 조치를 취하는 데 만족할 만한 기준이 될 수 있다.
- 가상 위험 사고 빈도 또는 발생 가능성을 결정하는 데 필요한 결함수 및 사건 트리의 작성은 위험 사고가 발생할 수 있는 시나리오 이해 증진에 도움을 주고 가장 발생 가능성이 높은 원인에 대한 인식을 높여 준다. 이러한 빈도 또는 발생 가능성이 정확하지 못하더라도 일반적으로 상대적인 사고 발생 가능성 및 사고 발생, 가능성, 또는 실제 신뢰할 수 있는지 등의 여부에 대해 판단하는 데 충분한 정보가 된다. 이러한 정보는 위험성 감소를 위해 필요한 조치 사항에 대한 합의를 유도하는 데 도움을 준다.
- 가상 위험 사고의 결과에 대한 심각도 평가를 사용 가능한 방법에 대한 제한 사항을 인식하고 있는 사람이 수행하는 경우 일반적으로 사고를 심각, 보통 또는 사소함과 같이 합리적인 기준으로 구분하여 매우 정확한 평가를 얻을 수 있다. 이러한 방법은 불확실성을 줄여 주고 비용 효율적인 위험성 감소 계획을 수립하기에 매우 적절하다.
- 평가된 빈도 및 결과로부터 제공되는 위험성 평가가 정확하지 않지만 결과가 만족, 불만족 또는 추가 감소 필요 여부가 분명한 해당 기준보다 훨씬 낮거나 높은 경우가 많다.
- 위험 플랜트 또는 운영 시설 및 주거 지역과 같은 잠재적으로 노출된 지역 사이의 필수 완충 구역에 대한 평가가 매우 근사치이고 적절한 관리의 지속적인 수행 여부에 따라 달라지지만 일반적으로 구역 정의를 위한 방법보다 적절한 방법이 없다.
- 필수 완충 구역(위에 설명)에 대한 평가가 매우 근사치이고 입증할 수 없는 가정을 기준으로 수행될 수 있지만 이러한 방법을 사용하여 동일한 가정에 의한 일관된 평가 수행 방법을 제공한다. 즉 특정 사항에 대해 완충 구역이 충분한지 입증할 수는 없지만 최소한 수용 가능한 판단을 통해 초기 작업과 일관된 기준에 의해 수립된다.

7.4.2 취약성 및 어려움

위험 요소 분석 및 위험성 평가 수행과 결과 사용에 있어서 취약성 및 어려움은 다음과 같다.

- 위험성 기준은 이론적이고 주관적이며 논쟁의 여지가 있으며 이러한 문제를 피할 수 없다.

- 여러 법규 규제의 경우 위험성 기준은 법적 구속력이 없다.
- 위험성 기준이 법적 구속력을 가진 경우 발생하는 사고는 미리 계산된 위험성 수준과 관계없이 실제 위험성이 기준을 만족시키지 못하는 경우가 대부분이다.
- 일반 사회 구성원들이 인식하는 위험성은 역사적으로 고착된 위험성과 매우 다르다. 주요 계획 결정은 정치적인 측면에서 결정되고 이러한 결정은 계산되거나 측정된 수준보다 일반인들이 인식하는 위험성 수준을 기준으로 결정된다.
- 모든 위험 요소가 식별되었는지 확신할 수 없으며 모든 위험 요소 시나리오가 가정되었는지 확신할 수 없다.[1)]
- 공정 산업의 경우 최근 수 년 동안 대부분의 주요 재난은 주로 정량적 위험성 평가가 포함되지 않은 관리 시스템의 문제가 원인이었으며, 데이터 뱅크의 데이터를 사용하여 통계적으로 평가 가능한 우발적 장비 결함이 원인은 아니었다. 이것은 매우 심각한 제한 사항이며 공정 산업의 규제 프로세스에 정량적 위험성 평가 사용이라는 중요한 함축적 의미를 가지고 있다.
- 위험 사고 결과에 대한 심각도 평가에 사용되는 수학적 방법은 상황에 따라 정확성이 다양하게 나타나며 여러 유형의 위험 사고에 대해 불분명한 관련성을 가진 가정을 다양한 방법으로 단순화하여 평가할 수 있다.
- 가상의 위험 사고 발생 빈도 또는 가능성 평가에 사용되는 데이터는 일반적으로 다양한 소스로부터 제공 받은 것으로 평가할 특정 상황에 대한 적용 여부가 확실하게 정의되어 있지 않은 경우가 많다.
- 대부분의 평가에 있어서, 잠재적인 공통 모드 결함을 식별하는 것은 어려우며 위험 사고가 외형상 보기에는 여러 가지 독립적이고 관련 없는 조건에 의해 발생하는 것 같지만 실제로는 일부 기타 단일 이벤트에 의해 영향을 상당 부분 받기 때문에 독립적이라고 말할 수 없다.
- 장비에 대해서는 일반적으로 정상적인 작동 실패에 대한 제한적이고 정의 가능한 다양한 방법을 찾을 수 있는 반면에 창의성 및 직관을 가진 사람의 경우, 실수, 예기치 못한 상황 또는 반드시 수행해야 하는 사항을 수행하지 않는 것과 같이 예측하기 어려운 다양한 측면을 가지고 있다. 이러한 부분은 위험 사고를 초래하는 시나리오를 식별하는 데 어려움이 있으며 발생하는 사고 빈도 측정에 대해 불확실성을 증가시킨다.

---

1) 레오나르도 다빈치는 이러한 사실을 오래 전에 인식하고 있었다. 그는 다음과 같이 기록하고 있다. “Il mondo épieno d’infinite ragioni che non furono mai in isperienza,” 의미는 다음과 같다: “세상은 이제까지 경험하지 못했던 원인으로 가득 차 있다.”(Robert Hughes의 *A Jerk at One End*에서 인용) 대부분의 공정 플랜트 사고는 과거에 발생했던 일반적인 유형의 원인에 의해 발생하고, 따라서 이러한 유형은 자체 공장 시설 및 다른 장소에서 과거에 발생한 사고에 대한 고찰을 통해 식별할 수 있지만 모든 유형을 식별할 수 없는 예상 취약성, 즉 시나리오 조합이 무수히 많다. 이러한 취약성을 가능한 많이 인식하여 제거 또는 최소화하는 작업을 수행해야 하며 이를 통해 예기치 못한 사고 발생 조합에 대한 확률을 최소화할 수 있다.

▶ 위에서 언급한 불확실성의 결과, 평가된 위험성 수준도 비례적으로 불확실하고 정확하지 않다.

▶ 현장에서 실제 위험성을 위험성 평가를 이용하여 검증할 수 없다. 따라서 상당한 시간이 경과해도 잘못된 평가를 발견하지 못할 수 있다.

▶ 정량적 위험성 평가를 실질적인 지침으로 사용할 수 없고 실제 경험을 참조해야 하는 경우 위험성 및 안전성과 관련된 결정을 수행하는 데 어려움이 많다. 예를 들면 화재 예방을 위한 건물 사이의 완충 구역이다. 이론적으로는 특정 건물 및 내부 구성 요소의 연소율을 가정하고 복사열을 계산하거나 안전한 수준에서 인접 건물의 복사열 수준을 유지하도록 완충 구역을 결정할 수 있지만 계산에 포함된 근사값은 의사 결정을 위해 계산된 완충 거리의 절대값으로 사용하기에는 너무 불확실하다. 화염 충돌 및 화재 파편 분산에 의한 화재 확산 예방을 위한 필수 완충 거리는 경험에 의해 적절하게 판단하며 건물 구조 및 소방 효율성에 따라 결정된다.

▶ 일부 유형의 위험성 평가를 수행하는 데 필요한 순수 작업량은 신중하고 합리적인 간단한 목록 작성과 응용 분야 선택에 있어서 반드시 필요하다. 위험성 평가를 제대로 수행하려면 상당한 규모의 필수적인 경험 요소 및 판단이 필요하며 비례적으로 상당한 범위의 오류가 동반된다.

7.5 위험 요소 분석 및 위험성 평가의 응용

7.5.1 신설 플랜트 설계에 안전성 결합

처음부터 신설 플랜트 설계에 안전성 결합을 관리하기 위한 체계적인 접근 방식이 개발되고 있다.

이러한 접근 방식을 사용하여 결과적으로 확실히 안전한 프로젝트 설계에 대한 수많은 예가 제공되고 있다.

이러한 예는 다음과 같다.

▶ 주거 지역에서 약 500미터 떨어진 위치에 석유 화학 공장 설치가 제안되었다. 첫 번째 조사에서 신뢰할 만한 최악(worst credible)의 증기운 폭발에 의해서도 주거 지역의 유리창 파손 이상의 피해를 주지 않도록 결정되었다. 따라서 지정된 요구 사항에는 설계 입찰시, 정의된 방법으로 계산된 가장 최악의 누출에도 정의된 양(톤)을 초

과하여 증기운 폭발이 발생하지 않아야 된다는 설명이 포함되어야 했다. 결과는 매우 낮은 인화성 물질 저장량을 가지도록 하는 플랜트가 설치되었다.

▶ 대규모의 냉각된 LPG 저장소 설치가 제안되었다. 일반적으로 이러한 냉각 시설에 대해 두 가지 접근 방식이 있다. 하나는 외부에 설치된 고 무결성 저장 탱크에 대량으로 저장하는 방법이고 또 하나는 소규모 저장 방식이 있다. 증기운 폭발 가능성을 최소한으로 유지해야 하기 때문에 소규모 저장 방식이 적용되었다. 따라서 플랜트 안전성이 상당히 향상되었고 추가 비용도 절감할 수 있었다.

7.5.2 기존 플랜트의 안전성 검토

기존 플랜트가 상당량의 위험 물질을 처리하거나 저장하는 경우 또는 잠재적으로 위험한 공정을 가동하는 경우 경영진은 관련 시설이 안전하게, 즉 낮은 위험성을 가지고 운영되는지 확인할 책임이 있다.

해당 위험 요소에 대한 안전상 주의 사항이 적절한지 판단하려면 플랜트 및 운영에 대해 설문 조사를 실시하는 것이 바람직하다.

이러한 설문 조사에는 다음 사항이 포함되어야 한다.

(a) 존재하는 위험 요소의 특성 및 규모, 설계에 포함된 안전상 주의 사항에 대한 특성 및 정도를 파악하기 위해 설계 검토

(b) 플랜트 환경을 검토하고 위험 물질의 적절한 수용 여부, 운영상 적절한 제어 여부 및 보호 시스템의 (능동적 또는 수동적) 작동 가능 조건 상태 여부를 확인하기 위해 플랜트에 대한 검사

(c) 관리 시스템 및 인적 요소가 플랜트 및 운영상의 위험 요소나 물리적 기능과 일치하는지 확인하기 위해 관리 시스템 및 인적 요소가 의도하는 대로 또는 실제로 존재하는지에 대해 '소프트웨어'(관리 시스템 및 인적 요소) 검사

이러한 설문 조사를 통해 주요 취약성 및 결함을 찾을 수 있기를 기대하지만 개선해야 하는 우선 순위를 반드시 제공하거나 개선해야 할 필요성을 반드시 표시할 필요는 없다. 이렇게 하려면 추가적인 구성 요소를 설문 조사에 추가해야 한다.

(d) 경영진이 동의한 기준(또는 일부 법규 기준)에 의한 비교를 통해 주요 확인된 위험 요소에 대한 분석 및 정량적 위험성 평가

7.5.3 위험 시설 주변에 필요한 완충 구역 결정

기존 주거 지역으로부터 약 500미터 떨어진 위치에 신설 석유 화학 공장을 계획한 경우(본 장의 7.5.1절 참조) 플랜트 설계 및 건설을 위해 세 개의 입찰 업체가 수행한 사전 위험성을 받았다.

두 개의 플랜트 입찰 업체의 평가는 완충 구역이 약 100미터만 필요한 반면에 세 번째 업체는 300미터가 필요하다고 했다. 초기에는 세 번째 업체가 가장 큰 완충 구역 거리가 필요한 이유를 파악하는 데 관심이 집중되었으며 이유가 타당한지 아니면 컴퓨터 계산에 의한 오류(예: 평가 방법의 오류)인지 여부를 확인하는 데 중점을 두었다. 조사 결과 주요 결함(위험 요소 관점에서)이 확인되었다.

평가된 완충 구역 거리에 대해 확신할 수는 없었지만 제시된 결과는 상당히 적절한 규모였다. 즉 결과는 실제 사용 가능한 완충 구역 거리와는 관계없이 10미터 또는 1,000미터가 아니었기 때문이다. 이것은 평가가 매우 합리적이고 적절한 것으로 보였다. 또한 주거 지역(500미터 떨어진)에서 평가된 위험성은 대상에 대해 5% 이하로 매우 낮게 나타난 것에 주목했다. 따라서 평가시 오류의 여지가 있음이 확실했다. 즉 나중에 설계 과정에 대한 세부적인 평가에서 증가된 위험성을 찾는다면 사전 평가보다 20배나 높게 나타날 수는 없는 것이다. 따라서 안전성 측면에서 선정된 위치는 적절한 것으로 판단되었다.

기존의 플랜트 및 기존의 완충 구역에 대한 안전성 평가에 동일한 접근 방식을 사용할 수 있다.

필수 완충 구역 측정을 위한 원칙에 대한 설명은 제14장의 14.13 및 14.14절을 참조한다.

7.5.4 핵심적인 문제에 집중

대형 프로젝트의 설계 단계에서, 릴리프 밸브를 통해 가스가 누출되는 경우 비정상적인 대기 조건에서 누출 가스가 발화하는 지면에서의 폭발 위치에 대해 논란이 있었다. 위험성 평가 결과, 릴리프 밸브로부터의 누출 빈도가 매우 낮게 나타났으며 그 이유는 누출 빈도가 비정상적인 대기 조건에서 평가된 것이기 때문이다. 반대로 누출이 감지되지 않거나 격리된 시설이 제공된 플랜트의 다른 구역에서 인화성 액체 누출에 대한 가능성이 상당히 높았다.

따라서 설계 팀은 상대적으로 중요하지 않은 문제로부터 누출 감지 및 격리와 같이 매우 중요한 문제로 관심을 돌렸다.

7.6 위험 요소 분석 및 위험성 평가의 응용에서의 결함

7.6.1 위험성 평가 및 설계의 분리

제안된 신설 플랜트에 대해 법적 승인을 받을 때 일반적으로 위험성 평가는 필수적이다. 컨설턴트를 찾아가서 효과적으로 제안된 플랜트의 안전성과 효과적으로 수정된 설계에 대해 설명하는 보고서를 제공할 수 있다. 이것은 컨설턴트에게는 어려운 작업이며 객관성이 요구된다.

또는 설계가 완료되지 않았지만 위험성 컨설턴트에게 개별적인 평가를 기대할 수 있으며 이것은 설계 개발에 영향을 주지 않는다.

위험성 평가를 설계 프로세스와 분리하면 위험성 평가는 무의미한 작업이 되며 이러한 노력에 의해 어떠한 혜택도 기대할 수 없다.

7.6.2 장비 및 인원 감사 없이 위험성 평가

특정 플랜트에 대해 위험성 평가를 실시하고 만족스러운 결과를 얻었다. 추가로 수 개월 동안 플랜트에 대한 세부적인 검사를 실시하는 동안 액화 독성 가스를 운반하는 파이프라인이 열적으로 단열된 부분 가장 자리에서 상당히 부식된 것을 발견했다. 단열 상태인 파이프라인의 나머지 부분의 상태는 단열제를 제거하지 않는 한 판단할 수 없었다. 따라서 평가는 부적절한 데이터를 기준으로 수행되었다. 또한 올바른 접근 방식은 부식된 파이프에서의 누출 가능성을 측정하는 것이 아니라 교체하는 것이 바람직할 것이다.

동시에 플랜트에서는 '아차 사고'(near miss)가 있었다. 연이은 조사 결과, 3주 동안 비정상적인 기록을 표시하는 패널상의 계측 장비가 있었지만 조업자, 감독관 및 플랜트 전문가가 이러한 사실을 모르고 있었으며, 조사 당시 이러한 사실에 대해 지적했을 때 기록 결함에 대한 중요성을 이해하지 못했을 뿐만 아니라 기록이 정상인지 확인하는 방법 또는 계측 장비가 결함인지 확인하는 방법도 모르고 있었고, 발생한 결함 수정 방법도 아는 사람이 없었다.

따라서 주요 누출 가능성에 대한 평가가 플랜트의 물리적 조건 및 참여한 사람들의 기술적 경쟁력과 관계없이 수행되었기 때문에 위험성 평가는 거의 무의미한 것이었다.

또한 플랜트에 실제로 필요한 것은 위험성 평가가 아니라 세부적인 물리적 검사, 의심스러운 장비 부품에 대한 복구, 절차, 교육 및 감독을 개선하기 위한 철저한 프로그램 등이었다.

이것은 적절한 엔지니어링 및 관리에 대한 우선 순위를 보여 준다.

7.6.3 장비 결함 데이터의 조정을 통한 관리 취약성 해결

다음과 같은 '소프트웨어' 즉 경영진이 결정하는 요소에 대한 중요성을 인식하고 있고,

- ▶ 조직
- ▶ 절차 및 방법
- ▶ 지식, 기술 및 교육
- ▶ 문서화된 표준 및 기록
- ▶ 근무 자세

소프트웨어 결함을 발생시키는 인적 오류에 의한 위험 요소 사건 발생 빈도를 정량화하는 것이 어렵기 때문에 일부 컨설턴트는 관리 감사를 수행한 다음, 장비 결함 데이터를 어떤 값과 곱하여(1 이상 또는 이하) 관리 상태를 고려한다. 이 값은 '평균' 레벨보다 나쁠 수도 있고, 좋을 수도 있다. 관리가 불량한 플랜트는 관리가 양호한 플랜트보다 대형 사고가 발생할 가능성이 훨씬 높지만 장비 결함 빈도가 관

리 표준에 의해 변경되는 요소에 대한 측정은 완전히 추측일 뿐이다. 또한 인적 오류에 의해 발생하는 사고의 상당 부분은 장비 결함으로 발생하는 사고와 관계가 없기 때문에 인적 오류에 의해 발생한 사고 빈도에 대해 장비 결함 빈도를 기준으로 하는 것은 적절하지 않다. 제11장 및 Tweeddale(1992)을 참조한다.

앞서 언급한 것처럼 설명 가능한 관리 취약성이 있는 경우 위험성 평가는 바람직하지 못하다. 이러한 환경에 대한 올바른 조치는 평가된 위험성의 효과를 정량화하는 것이 아니라 취약성을 해결하는 것이다.

7.6.4 데이터에 대한 편향된 검토

결과가 나왔을 때 어떤 데이터가 중요한지 확인하기 위해 위험성 평가에 사용된 데이터를 검토하는 것은 바람직하지만 선호하는 데이터와 관심 없는 데이터를 동등하게 검토하는 것이 중요하다.

클라이언트 조직의 설계자 또는 경영진은 초기 만족스럽지 못한 결과가 도출된 위험성 평가에 사용된 데이터를 다시 검토하여 관심 없는 데이터는 이의를 제기하고 선호하는 데이터는 주저 없이 받아들이는 경향이 있다. 대부분의 데이터는 '유연성'을 가지고 있으며 정확성 및 확신을 가지고 결정할 수 없기 때문에 낙관적인 편견을 가질 수 있다.

7.6.5 달성할 수 없는 정확성 가정

특정 평가에서 주거 지역과 같은 잠재적으로 노출된 시설에 거의 접근하는, 정의된 최대 수용 가능한 위험성 레벨의 등고선을 표시할 수 있다. 등고선이 주거 지역에 접근하지 않기 때문에 위험성 레벨은 만족스럽다고 판단할 수 있다. 그러나 해당 정확도 범위 내에서 데이터를 적절하게 변경하더라도 상반된 결과가 나올 수 있다.

평가가 명목적으로 수용 가능하지만 예외적인 결과가 발생할 수 있는 경우 적절한 조치는 다음과 같다.

▶ 제안 사항을 수용할 수 없도록 하는 데이터를 확인하여 해당 데이터의 정확성을 조정한다.

▶ 명목적으로 수용 가능한 위험성의 주요 구성 요소를 확인하고 위험성 감소를 위한 체계적인 접근 방식을 채택하여 위험성 수준을 한계보다 상당폭 아래로 감소시킨다.

7.6.6 특정 응용 분야의 명확하지 않은 관련성 데이터의 사용

위험성 평가에서 사용된 결함 데이터는 다양한 소스로부터 파생될 수 있다. 고려하고 있는 특정 플랜트 또는 운영에 대한 해당 데이터의 적용성 여부를 판단하는 것은 어렵다. 예를 들어 고려하고 있는 특정 응용 분야가 다음 사항과 관련된 데이터 수집을 위해 사용되는 샘플과는 다를 수 있다.

▶ 물질

▶ 공정 조건(온도, 압력 등)

▶ 환경(외부 부식 정도 등)

▶ 운영, 유지 보수, 검사, 감독 등의 기준

7.6.7 실제 경험이 없는 상태에서 위험성 평가에 의존

각각의 특정 상황에 맞도록 데이터를 조정하고 데이터 및 방법상에 존재하는 근사값을 해석하기 위해 데이터를 조정하는 것을 피할 수 없기 때문에 관련 기술에 대한 지식을 기준으로 경험에 의한 판단을 적용하는 것은 위험성 평가를 수행하는 데 있어 중요하다. 그러나 이러한 경우가 자주 발생하지는 않는다.

7.7 결론

위험성은 심각하지만 자주 발생하지 않는 위험 사고의 가능성을 가진 플랜트 안전성을 판단하는 데 중요한 개념이다.

위험 요소 식별, 분석, 위험성 평가 및 체계적인 위험성 감소에 대한 원칙은 엔지니어링 및 관리와 같은 방법에 의해 위험성 감소 및 안전성 개선을 위한 기회 및 우

8 위험성 감소를 위한 체계적인 접근 방식

본 장을 배우고 나면 다양한 유형의 공정 사고의 위험성 감소를 위한 엔지니어링 및 관리상의 옵션에 대해 이해하게 된다.

본 장에서는 그림 1-4의 위험성 관리에 대한 단계 10, '위험성 감소'에 대해 설명한다.

8.1 원칙

8.1.1 소개

위험 플랜트, 장비, 조업 시스템 또는 운송 시스템의 안전성을 결정하는 요소는 다음과 같다.

1. 존재하는 위험 요소
2. 차폐(遮蔽)의 적합성 및 위험 시설 또는 조업 시스템 제어(하드웨어 및 소프트웨어 포함)
3. 보호 시스템의 적합성
4. 피해 제한 사항

개념적으로 존재하는 위험 요소는 전체적인 안전성 패키지에 의해 균형을 이루도록 해야 한다. 이것은 그림 8-1의 위험성 저울[1]에 표시된 것과 같다(Tweeddale, 1985).

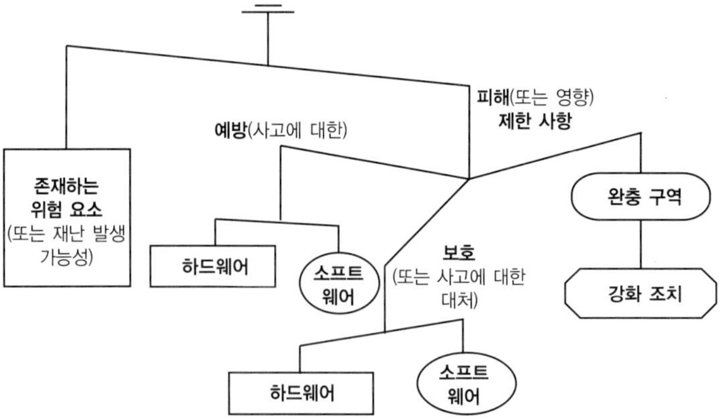

그림 8-1. 위험성 저울

1) Tweeddale, H. M.의 "기존 공정 플랜트의 프로세스 안전성 및 손실 제어 소프트웨어 개선"에서 인용. Institution of Chemical Engineers, London, Symposium Series 94, Multistream 85, 1985년 4월, IChemE 승인.

원칙적으로 위험성 감소를 위한 바람직한 접근 방식은 목록의 위에서부터 아래로 작업하는 것이다. 즉 앞의 도표의 왼쪽에서 오른쪽으로 진행하는 것이다.

첫 번째로, 기존의 위험 요소는 가능하다면 최대한 제거 또는 감소되어야 한다. 이 작업은 제안된 설계 시작 단계에서 가장 쉽게 수행할 수 있지만 기존 플랜트에 대해서도 상당한 개선 작업을 수행할 수 있다.

8.1.2 존재하는 위험 요소의 제거 또는 감소(예: 처음부터 보다 안전한 설계를 위한 전략)

존재하는 위험 요소의 여러 차원은 다음과 같다.

- ▶ 존재하는 위험 물질의 양(존재하는 물질이 많을수록 재난 발생 가능성 증가)
- ▶ 물질에 대한 물리적 및 화학적 특성(일부 물질은 다른 물질보다 반응성 또는 독성이 강함)
- ▶ 처리 또는 저장중인 물질에 대한 공정 조건(예: 극한 수준의 압력 및 온도는 물질 저장 및 운영 제어에 어려움이 있기 때문에 그에 따라 재난 발생 가능성 증가)
- ▶ 플랜트 및 장비의 복잡성(예: 플랜트 및 장비가 복잡할수록 존재하는 결함 가능성 증가)

존재하는 위험 요소의 제거 또는 감소를 위한 대응 전략은 Hendershott(1999a, b)에 의해 다음과 같이 수립되었다.

1. 최소화: 최소량의 위험 물질을 사용한다.
2. 대체화: 위험 물질을 상대적으로 위험이 낮은 물질과 교체한다.
3. 위험 완화: 다음을 사용한다.
   - ▶ 위험이 낮은 조건
   - ▶ 위험이 낮은 물질
   - ▶ 위험 물질 또는 에너지의 영향을 최소화하는 시설
4. 단순화: 다음 사항을 만족시키는 시설을 설계한다.
   - ▶ 불필요한 복잡성 최소화 또는 제거
   - ▶ 오류 발생 가능성이 낮은 조업 시스템
   - ▶ 발생된 오류 해결 가능

이러한 전략에 대해서는 IChemE(1995) 및 Bollinger 등(1996)과 같은 참고문헌에 자세하게 설명되어 있다.

예를 들어 어떤 기업이 특정 제품군을 위해 생산 시설 확장을 제시했다. 이 제안에는 위험 중간재의 생산 능력 증대 및 중간재를 사용하여 다양한 소비자 제품을 제조하는 해당 플랜트의 생산 능력 증대가 포함되어 있었다. 처음에는 위험하고 잠재적으로 불안정한 중간재용 탱크 저장 능력을 확장하여 업스트림(uptream) 플랜트 또는 다운스트림(downstream) 플랜트가 중단되거나 생산 능력을 제한 받을 동안 대처하는 데 필요한 생산 유연성을 제공하도록 제안되었다. 현장의 저장 능력 확장으로 인해 기존의 위험 요소의 증가는 수많은 복잡하고 고가(高價)의 차폐 시설 및 보호 시스템을 통해 균형을 맞추었다. 최종적으로 기존의 저장 시설은 용량 증가 없이 관리하고, 업스트림 플랜트 및 다운스트림 플랜트는 설계된 생산 능력보다 조금만 확장하여 생산 중단되는 경우를 대비하도록 결정했다. 순수하게 추가되는 비용은 전체 프로젝트 비용과 비교하여 크지 않았다.

보팔에서 제조되는 최종 제품의 제조 방식에 두 가지의 사용 가능한 공정이 있다. 두 가지 모두 그 당시 화학 산업에서 널리 사용되고 있던 공정이었다. 이 중에서 한 공정만 메틸 이소시안산염(MIC)을 중간재로 제조한다. 나중에 알게 된 사실이지만 보팔의 플랜트가 다른 공정을 사용했다면 MIC는 누출되지 않았고 사고가 발생하지 않았을 것이다. 보팔 플랜트는 사고 예방을 위해 적절한 차폐 시설, 제어 및 보호 시스템을 사용했다. 공장 외부에 인접해 위치한 빈민가에 대한 완충 구역도 없고 거주 주민들이 가스 누출 영향을 받지 않도록 보호할 어떠한 '강화 조치'(또는 외부로부터 차폐할 수 있는 능력)도 없는 상태에서 차폐 시설, 제어 및 보호를 위한 시설 및 소프트웨어에 대한 기준은 위험성을 낮추기 위해 매우 절실했다. 그러나 사고가 발생한 후에 알게 되었지만 이러한 기준은 충분하지 못했다(제13장의 13.3절 참조).

8.1.3 개선된 예방 조치

공정 산업에서 대부분의 사고는 위험 물질 차폐 실패로 인해 발생한다. 일부 사고는 위험 물질 제어 실패로 인해 발생한다.

정유 공장 및 석유 화학 공장의 화재 및 폭발 사고의 상당 부분은 파이프라인의 결함에 의해 발생한다. 이러한 결함의 대부분은 상대적으로 직경이 큰 파이프라인보다 물리적으로 활동성이 적고 직경이 작은 파생 파이프에서 발생한다. 일부 정유 공장 및 석유 화학 공장의 경영진은 이러한 직경이 작은 파생 파이프와 가능하면 벨로우 및 액면계와 같이 상대적으로 깨지기 쉬운 구성 부품을 제거하고 나머지 부분도 물리적으로 강화하는 프로그램을 수행하고 있다.

인화성 물질을 처리하는 플랜트의 대량 누출 및 화재와 독성 물질을 처리하는 플랜트의 누출이 발생하는 공통적인 원인은 펌프의 기계적인 씰 결함에 있다. 갑작스러운 기계적인 씰 결함의 주요 원인은 펌프에 사용되는 볼 또는 롤러 베어링의 파손 또는 기타 결함에 의해 심각한 진동 또는 축 이동에 의해 발생한다. 차폐 시스템의 개선을 위한 소프트웨어 구성 요소 중 하나는 베어링 조건 및 예상 결함 발생 가능성을 판단하기 위해 진동의 특성 및 정도를 참조하면서 베어링에 의해 발생된 진동을 모니터링 하는 것이다.

일부 프로세스의 경우 설계된 조건을 상당히 벗어날 경우 심각한 사고가 발생할 수 있기 때문에 일부 공정 변수(온도, 압력, 농도 등)를 철저하게 제어하는 것이 중요하다.

이러한 경우 제어 시스템에 대해 특별한 관리가 필요하며 이러한 제어 시스템은 일반적으로 단일 시스템을 사용하지만 추가 제어 시스템이 설치된 경우 변수가 정상적인 제어 범위를 약간 벗어나는 경우 일상적인 제어 수준으로 처리하도록 설정한다.

일부 프로세스의 경우 경고 및 플랜트 자동 중단 시스템과 같이 보호 조치에 의해 보완된 단일 제어 시스템을 사용하는 것이 일반적이다.

8.1.4 개선된 보호 시스템

'보호 시스템'은 일반 시설의 차폐 시스템 또는 제어 시스템에 결함이 발생하는 경우에만 사용한다. 보호 시스템은 경보 또는 트립 시스템과 같이 능동적이거나 제방과 같이 수동적일 수 있다.

(2차 제어 시스템 또는 작동 제너레이터 옆에 설치된 예비 제너레이터와 같이 일반 장비를 지원하기 위해 설치된 예비 장비도 해당 환경에 따라 보호 시스템으로 취급할 수 있다.)

대표적인 능동적 보호 시스템의 하나인, 냉각 시스템의 결함 또는 기타 결함 조건으로 인한 사고를 예방하기 위한 반응 장치로서, 고온 경보 장치를 예로 들 수 있다. 경보 장치는 보호 시스템의 일부분이며 또한 조업자도 경보에 대처하여 적절한 조치를 취하는 데 필요한 시스템의 일부이다. 이러한 경보 장치가 작동하지 않거나 무시될 수 있기 때문에 자동 해결 또는 중단 시스템으로 보완할 수 있다.

일부 장비는 여러 조건 중 하나가 발생하면 작동하도록 설계된 매우 안정된 중단 시스템이 장착되어 있다. 안정성 향상을 위해 중단 시스템의 핵심적인 구성 부품은 필요한 경우 해당 구성 부품 중 최소한 하나가 작동되도록 하기 위해 이중으로 중복되게 설치될 수 있다.

모든 보호 시스템은 작동 가능 상태인지 확인하기 위해 테스트를 받아야 한다. 이러한 시스템은 오랜 기간 동안 작동 요청을 받지 못하기 때문에 해당 시스템의 상태가 비상 상황이 발생하기 이미 오래 전에 작동 불능 상태가 되기 쉽다. 보호 시스템 수리 필요성을 발견할 때는 이미 늦을 수도 있다.

보호 시스템 테스트는 안정성 측면에서 매우 중요하기 때문에 많은 기업들이 신설 플랜트 설계시 보호 시스템 테스트에 대한 세부적인 일정을 준비하며 보호 시스템은 고려하는 테스트 필요성에 따라 설계된다.

제방과 같은 수동적 보호 시스템의 테스트는 검사 형태로 수행된다.

보호 시스템의 불안정성의 주요 원인은 다음과 같다.

- 테스트 실패
- 보호 시스템의 모든 구성 요소 테스트 실패
- 테스트 결과 분석 실패 및 반복되는 결함 원인에 대한 조사 및 확인 실패

8.1.5 피해 제한 사항

일반적으로 플랜트가 이미 건설된 경우 완충 거리를 개선하는 것은 어렵다. 위험 플랜트 또는 운영 시설의 위치는 기존의 안전성, 차폐 시설, 제어 및 보호 시스템을 개선하기 위해 필요한 조치를 결정하는 데 매우 중요하다. 이러한 부분은 설계에 상당한 영향을 준다. 따라서 제안된 위험 장비 또는 운영 시설의 위치와 그 결과로

서 발생하는 잠재 '대상'에 대한 완충 거리를 잠재 위험 사고 발생 가능성과 관련하여 설계 초기부터 고려하는 것이 중요하다.

경우에 따라서는 기존 플랜트의 잠재적인 핵심 '대상'을 강화할 수 있다. 예를 들어 한 기업이 폭발성 과압을 견디기 위한 주요 저장 시설의 능력을 조사했다. 육면체의 압력 저장 탱크는 매우 저항성이 좋았지만 구형 압력 저장 탱크는 지지대가 무게를 감당하지 못하고 붕괴하기에 충분할 정도로 옆으로 기울었다. 지지대 사이에 대각선 방향으로 설치된 보조 교차 지지대는 폭발 과압이 아닌 일반적인 풍력을 견디기 위해 설계되었다. 구형 압력 탱크 붕괴 없이 폭발에 의한 에너지를 흡수할 수 있는 개선된 교차 지지대를 설계하여 설치하는 것은 상대적으로 간단한 문제였다.

위에서 언급한 위험성 감소를 위한 모든 분야에 있어서, 개선을 위한 옵션을 철저히 조사하고 확인하는 것이 필요하다. 위험성 감소가 필요한 거의 모든 경우 위에서 언급한 옵션을 철저하게 조사하면 가장 실용적이고 비용 효율적인 옵션을 선택할 수 있다.

8.1.6 비용 및 시간 효율성

원칙적으로 위에 언급한 순서대로 위험성 감소를 위한 절차를 접근하는 것이 바람직하지만 비용 효율성을 위해 다른 요소에 대해 고려해야 한다.

바람직한 접근 방식은 위험성 감소를 위한 다양한 옵션을 나열한 다음, 각각의 옵션에 대해 다음과 같은 사항을 측정하는 것이다(일반적으로 이러한 방법은 매우 대략적으로만 수행 가능함).

- ▶ 예상되는 위험성 감소의 성취 정도
- ▶ 위험성 감소 성취에 수반되는 비용, 이러한 비용은 금액, 노동 시간 또는 기타 리소스와 같이 적절한 단위로 표현된다.
- ▶ 혜택을 받기 전의 예상되는 옵션에 대해 소요된 직원의 노동 시간

그런 다음, 다음과 같은 적절한 기준(또는 기준 조합)을 선택한다.

- ▶ 단위 '비용'당 위험성 감소
- ▶ 소요 시간 단위당 위험성 감소

사용 가능한 리소스를 통해 또는 일부 대상 시간 기간 내에서 가장 위험성 감소가 클 것으로 예상되는 옵션별로 우선 순위를 설정할 수 있다.

이것은 우선 순위를 서로 다른 기준으로 설정하는 경우 컴퓨터 스프레드시트를 사용하면 매우 쉽게 해결할 수 있다.

8.2 위험성 이전

위험성 이전 방법은 다양하지만 모든 방법은 보험의 형태로 설정된다.

영향에 의한 잠재적 손실을 금액 측면에서 합리적으로 표현할 수 있는 경우(예: 재산 피해 또는 생산 중단, 신체적 부상 또는 환경 피해는 제외) 보험으로 손실 전체를 보상 받는 것은 이론적으로 가능하다. 그러나 실제로 이러한 경우는 흔치 않다.

손실 위험성에 대해 금전적 보상으로 적절하게 처리할 수 있는 기업은 정기적으로 보험료를 지불하는 대가로 보험 회사에 위험성을 이전할 수 있다.

보험 업계에는 다음을 포함한 여러 '이해 당사자'가 있다.

- 피보험인, 손실 위험성을 가지고 있으며 발생하는 경우 손실 비용을 감당하지 않으려는 개인 또는 기업
- 보험 중개인, 피보험인의 요구 사항을 적용할 수 있는 보험 종류를 명확하게 제시하는 역할을 하는 조언자 또는 약속한 보험료 수준에서 보상할 수 있는 보험 회사(아래 참조)를 중개하는 에이전트
- 보험 회사, 피보험인으로부터 정기적인 보험료를 받는 대가로 손실이 발생하는 경우 클레임을 지불해야 하는 위험성을 수용하는 회사
- 보증 보험인, 일반적으로 클레임 규모가 큰 경우 보험 회사로부터 정기적인 보험료를 받는 대가로 보험 회사를 보증하는 회사

보험 중개인은 피보험인이 지급하는 보험료의 일부를 수수료로 받는다.

보험 회사는 비즈니스 기업이며 자선 단체가 아니다. 보험 회사가 받는 보험료에는 관리 비용이 포함되어 있으며 수익성을 높이기 위해 노력한다. 따라서 평균적으

로 해당 분야 전반에 걸쳐 지급되는 클레임 비용은 지불하는 보험료보다 적다.

따라서 잠재적 손실에 대해 보험을 가입하면 경제적으로 부담이 없으며 손실이 발생하더라도 해당 기업에게 심각한 문제가 되지 않는다. 마찬가지로 손실이 상대적으로 빈번한 경우에도 보험료는 지급 받는 클레임 비용을 초과하지 않는다.

반대로 예측할 수 없는 비용이 수반될 수 있는 클라이언트에 대한 위험성이 고정 금액 지불 방식의 계약을 통해 계약자에게 이전될 수 있다. 그러나 계약자는 일반적으로 해당 분야의 경쟁력 정도에 따라 예측할 수 없는 비용이 수반될 수 있는 위험성을 감당하기 위해 보험료 역할을 하는 금액에 일정 부분 비용을 추가한다.

8.3 공정 플랜트의 화재 위험성 감소

8.3.1 일반적인 설계상 특징

특정 프로세스 구역에 인화성 또는 가연성 물질이 있는 경우 화재 안전성을 위해 고려할 일반적인 설계상 특징은 다음과 같다.

- ▶ 재고량 최소화(기존 안전성 극대화)
- ▶ 차폐 시설에 대한 엄격한 기준 또는 누출 예방 시스템(대부분의 화재는 누출에 의해 발생)
- ▶ 레이아웃(열복사 또는 연소 제품에 취약한 지역으로부터 주요 재고 물질 분리)
- ▶ 환기 시스템(인화성 증기 누출로 인해 발화 없이 확산 가능)
- ▶ 억제 장치, 차단 장치 및 배수 장치(인화성 액화 액면 화재의 규모는 풀의 크기에 따라 결정되기 때문에 유출된 인화성 액체의 확산 방지. 누출 발생 가능성이 높은 누출원은 누출 경로 영역을 최소화하기 위해 배출 입구 가까이에 위치하도록 해야 한다.)
- ▶ 즉각적인 누출 감지(즉시 대처할 수 있도록)
- ▶ 누출 격리 방법(화재 또는 잠재적 화재 진화)
- ▶ 점화원 통제(누출에 의한 발화 가능성 감소)
- ▶ 적절한 소방 시설

일반적인 안전 조치는 다음과 같다.

8.3.2 파이프라인

- 유지 보수를 위한 일관된 접근성을 확보하기 위해 최소한의 조인트를 사용한다.
- 필요한 경우 플랜지 조인트를 사용하고, 가스켓 종류는 처리하는 물질과의 접촉을 고려하여 안정성 및 누출 예방을 위해 신중하게 선택한다. 스크류 형식의 조인트는 위험한 서비스에 사용하지 않는다.
- 상대적으로 취약한 소규모 내경을 가진 파이프(40mm 이하 직경) 사용을 최소화한다. 필요한 경우 피해 및 누출을 방지하기 위해 기계적인 장치를 지원한다.
- 액면계는 경험적으로 결함을 가지고 있기 때문에 인화성 또는 독성 물질 취급시 사용하지 않는다.
- 복잡한 파이프라인을 통해 휘발성이 강한 액체 또는 인화성 가스를 취급하는 경우 인화성 가스 감지기를 주변에 설치한다.
- 원격 작동식 비상 차단 밸브를 인화성 물질을 처리하는 모든 대형 용기의 배출 노즐에 장착하여 다운스트림 파이프라인의 누출을 격리시킬 수 있다.
- 유리 재질의 파이프는 사용하지 않는다.
- 사용 재질 및 제조 방법을 신중하게 선택하여 처리 물질(예: 수소) 및 환경 물질(예: 빗물의 염수(鹽水) 분무에 의한 염화물 흔적)에 의한 부식 및 기타 야금술적 손상으로 발생할 수 있는 문제를 방지한다.
- 특히 처리 물질의 역류 예방이 중요한 경우 역류 방지 밸브보다는 이중 블록 및 누출 밸브와 같은 적절한 설계 조치를 취한다.

8.3.3 인화성 액체를 저장하는 탱크

- 저장 탱크는 실제 크기를 최소화한다.
- 탱크는 관련 규정을 준수하도록 차폐 시설 내에 설치한다.
- 탱크는 질소 블랭킷팅(blanketing), 통풍 및 진공 방지 시스템, 통풍구의 화염 방지기, 접지 케이블 등과 같은 방법으로 저장된 물질로부터 적절하게 보호한다.

8.3.4 인화성 액체를 취급하는 펌프

- 펌프는 가능한 외부에 설치한다.
- 사용 재질을 신중히 고려하여 선택한다.

- 기계적 씰을 사용하고 특별히 씰링 안정성이 요구되는 경우 누출 감지 경보 장치가 장착된 인터씰 플러싱 시스템과 함께 이중 기계적 씰을 선택한다.
- 이중 기계적 씰을 사용하지 않는 경우 스로틀 부싱을 부착하여 씰 결함에 의한 누출 발생 가능성을 최소화한다.

8.3.5 인화성 액체를 취급하는 반응기

- 배출 노즐은 원격 작동식 비상 차단 밸브와 함께 장착한다.
- 작업 지역에 인화성 증기를 배출하지 않는 반응기 개발 또는 고체 원료 충전을 위한 방법을 제공한다.
- 릴리프 밸브는 블로우다운 드럼, 불꽃 등이 적절한 방향으로 배출되도록 혼합 액체 및 증기 배출(해당하는 경우) 처리를 위한 적정 규모의 사양을 선택한다.
- 반응기의 교반 장치에 대한 씰 설계시 특별한 주의를 기울여야 한다. 씰에 결함이 발생하는 경우 대량의 유출 가능성을 최소화하기 위해 탑 엔트리형 교반기를 사용하는 것이 바람직하다.

8.3.6 건물

- 공정 건물은 비가연성 재질로 건설해야 한다.
- 높은 위치에서의 배출 장치는 비가연성 재질로 건설해야 한다.
- 화재 감지 및 소방 장비는 화재 위험 요소에 적합하게 설계하고 설치해야 한다. 연기 감지기 또는 인화성 가스 감지기를 내부에 설치하는 경우 공조 시설 및 대류에 의해 발생하는 실제 공기 흐름을 확인하기 위해 연기 테스트를 실시한 후 이러한 감지기의 최종 위치를 결정한다.
- 물류 창고 운영과 관련된 사무실은 사무용 비품에 의한 화재 발생 가능성을 최소화하기 위해 물류 창고 외부에 설치한다.
- 지게차에 필요한 배터리 충전기는 결함으로 인해 저장된 물질이 발화하지 않도록 적절한 장소에 배치한다.
- 저장소 패턴은 함께 보관하지 않아야 되는 물질 사이에 적절한 거리를 유지하고 인화성 물질은 격리되도록 설계한다.

8.3.7 촉매제 취급

▶ 촉매제가 일정 시간 동안 대기 중에 노출되면 자연 발화할 수 있는 경우 질소와 같은 비활성 기체의 블랭킷에 저장하고 이러한 촉매제를 취급하는 플랜트는 공기를 차단하도록 설계한다.

8.4 신설 플랜트 설계시 화재 안전성을 극대화하기 단계

신설 플랜트의 레이아웃, 배출 시스템 및 소방 시스템 설계를 위해 합리적인 접근 방식을 적용하여 화재 안전성을 극대화한다. 이를 위한 단계는 다음과 같다.

1. 플랜트를 개별 블록 또는 스트립으로 분리하고 서로 간에 적절하게 떨어지도록 한다.

그림 8-2의 왼쪽에 표시된 레이아웃은 대표적인 기존의 석유, 가스 및 석유 화학 공장의 예이다. 오른쪽 레이아웃은 현재의 일반적인 형태이다. 플랜트 구역들은 일반적으로 15미터씩 분리하여 대부분의 화재 발생에 대비한 적절한 완충 거리를 제공한다.

인화성 누출 발생 가능성이 가장 높은 블록은 용광로와 같이 영구적이거나 피할 수 없는 점화원을 가진 블록으로부터 가능한 멀리 떨어지도록 한다. 적절한 완충 거리를 제공할 수 없는 경우 증기막(steam curtain) 또는 수막(water curtain) 시

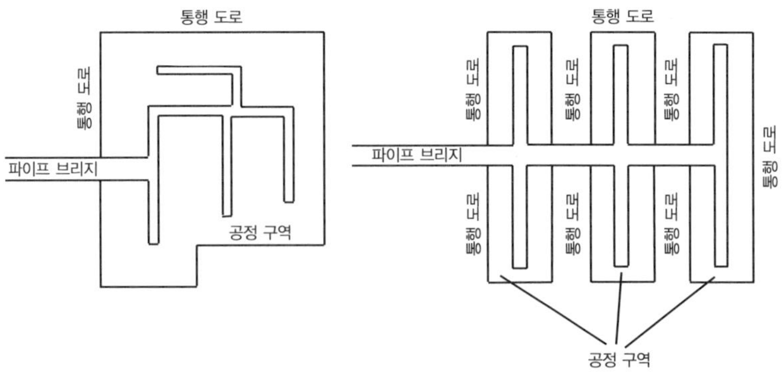

그림 8-2. 플랜트의 블록 레이아웃

스템을 설치하여 인화성 증기가 점화원으로 이동할 가능성을 줄인다.
파이프 브리지 아래로 이동하지 않고(이동식 크레인과 같은 차량에 의해 파이프 브리지가 손상될 가능성을 줄이기 위해) 이러한 차량이 플랜트의 모든 구역에서 이동식 크레인과 같은 차량의 파이프 브리지 경로에 접근 가능한지 확인한다.

2. 공정 영역의 포장 노면을 일정 크기의 개별적인 배수 저장 구역으로 나누어 누출에 의한 표면적을 제한함으로써 액면 화재(pool fire) 규모를 줄인다.
일반적으로 인화성 액체 누출 위험성이 있는 경우 공정 플랜트의 모든 지면은 포장해야 하고 약 $100m^2$(예: 약 10 × 10미터)의 배수 저장 구역으로 나누어 배수 개방구에 대해 약 1/50의 경사도를 가지도록 설치한다.
유출 영역을 제한하여 누출에 의해 화재가 발생하는 액체의 높이 및 열 복사를 감소시켜 소화 시설의 필요성을 줄일 수 있다. 그림 8-3을 참조한다.

3. 취약한 플랜트(대형 저장 시설, 다수의 증류탑 등)의 플랜트 장비는 높은 지점 및 포장면의 봉우리에 설치하고(유출된 인화성 물질이 취약한 플랜트로부터 가능한 멀리 흐르도록) 주요 누출 가능성이 있는 누출원(펌프 등)은 가능한 배수 개방구 가까이에 배치하여 누출원에서 배수 시설까지의 누출 경로를 최소화함으로써 액면 화재 영역 및 피해를 줄일 수 있다. 그림 8-4를 참조한다.
기존 플랜트의 공통적인 결함은 파이프 브리지 아래에 펌프를 배치하는 것이다. 이것은 펌프가 특히 씰 결함으로 인해 화재가 발생하기 쉽기 때문이다. 이

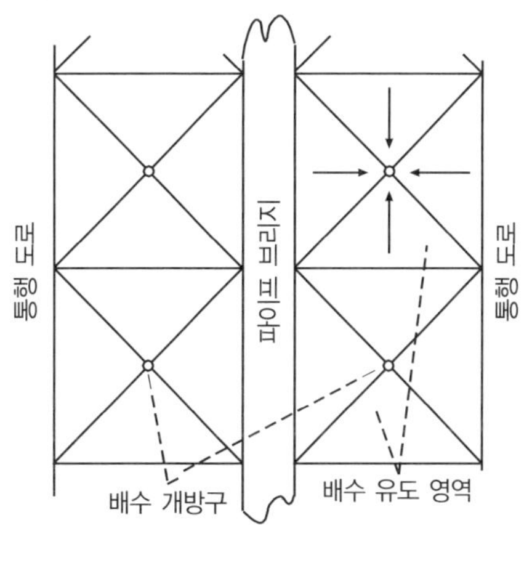

그림 8-3. 배수 구역 및 배수 개방구를 가진 플랜트 블록 및 파이프 브리지에 대한 평면도

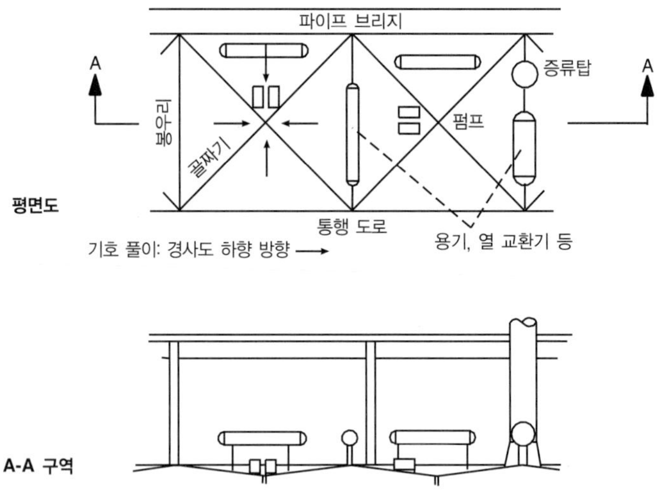

그림 8-4. 장비 위치

러한 화재는 파이프 브리지 아래에 상당한 피해를 줄 수 있으며 케이블을 매우 빠르게 절단하고 노출된 파이프 브리지는 화염 접촉을 촉진하여 결과적으로 수동적 화재 보호 시설의 필요성을 증가시킨다. 최근 여러 설계상에서 일부 개선됨에 따라 펌프를 파이프 브리지 외부에 설치하여 파이프 브리지 아래의 케이블에 대한 급속한 피해를 예상되는 대형 씰 화재(상대적으로 흔한 사고)를 줄일 수 있다. 또한 용기, 증류탑 등과 파이프 브리지 사이에 펌프를 배치하면 화재가 발생할 경우 노출된 플랜트의 화재 진화를 위한 접근성이 떨어진다. 반면에 펌프를 플랜트 블록 외부에 배치하면 화재가 발생했을 때 플랜트가 덜 노출되고 화재 진화를 위한 접근성이 용이해진다(유지 보수를 위한 접근성 포함). 그림 8-5를 참조한다.

4. 각각의 배수 개방구가 분당 2,000리터의 소방 용수를 공급할 수 있도록 하고 메인 시스템은 분당 8,000리터를 공급할 수 있도록 배수 시스템을 설계한다. 각각의 배수 개방구는 자체 스퍼 위에 있도록 배수 시스템을 설계한다. 석유화학 공장의 경우 배수 시스템이 완전히 범람하는 경우 인화성 증기가 배수 시설에 집수되어 배수 시설을 통해 다른 지역에 확산되지 않도록 설계한다. 그림 8-6을 참조한다.

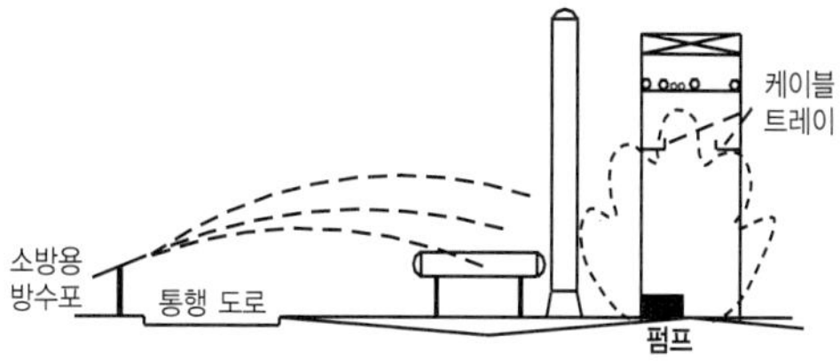

1. 파이프 브리지 아래의 펌프: 화재 진화에 위협이 되는 케이블 트레이 및 가열된 플랜트와 구조물로 인해 소방용 방수포 접근이 어렵다.

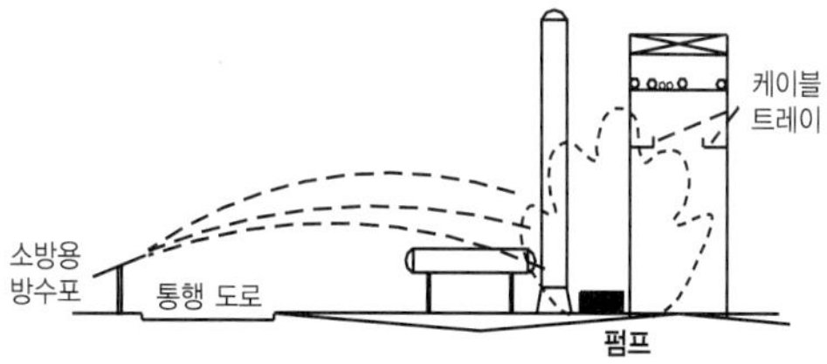

2. 파이프 브리지 옆에 설치된 펌프: 케이블 트레이가여전히 화재 진화에 위협이 되고 가열된 플랜트와 구조물로 인해 소방용 방수포 접근이 어렵다.

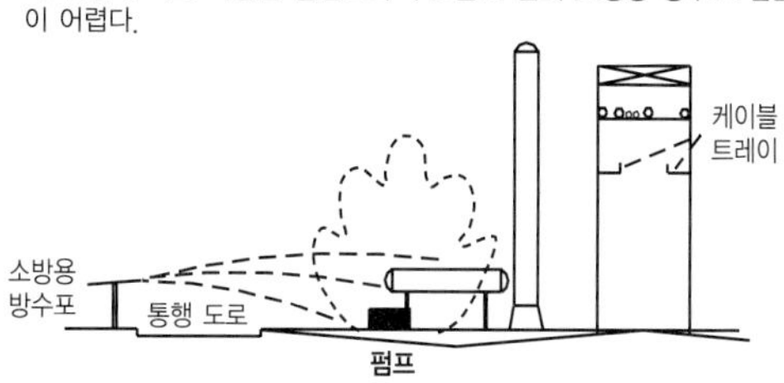

3. 바람직한 펌프 배치: 위협 요소는 플랜트가 유일하며 소방용 방수포가 쉽게 접근한다.

그림 8-5. 펌프 위치

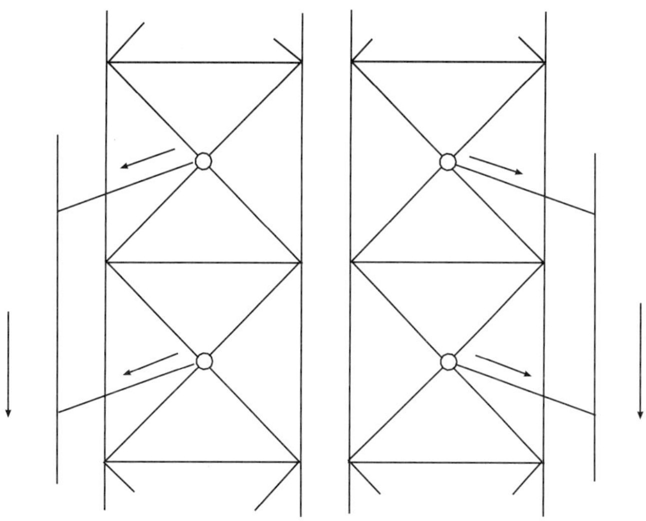

그림 8-6. 배수 시설 설계

5. 주요 잠재 누출원(예: 펌프, 복잡한 파이프 매니폴드, 여러 플랜지 파이프 연결 장치를 가진 용기)을 확인하여 레이아웃을 검토한다.

- ▶ 인화성 물질을 보관하는 대형 저장 시설(예: LPG 5톤, 인화성 액체 10톤)을 통해 이러한 누출원이 공급되는 경우 잠재 누출원의 업스트림에 원격 작동식 차단 밸브(10~15분 동안 화재 차단)를 설치하고(또는 한 밸브가 화재로 인해 접근할 수 없는 경우 다른 밸브를 사용하도록 두 개의 수동 밸브를 적절한 위치에 설치) 다운스트림의 적절한 위치에 역류 방지 밸브를 설치한다. 예를 들어 대형 저장 시설에서 공급 받는 펌프의 경우 원격 작동식 흡입 밸브와 불환식 공급 밸브를 장착할 수 있다.
- ▶ 누출 지점에서 반경 6미터 이내에 9미터 높이의 강철 구조물로 구성된 수동식 소방 시설(예: 소방용 클래딩) 설치를 규정한다.
- ▶ 마찬가지로 잠재 누출원으로부터 반경 12미터 이내에 화재 차단 시설 또는 대형 케이블의 움직임으로부터 보호할 수 있는 기타 보호 시설에 대한 계획을 수립한다. (콘크리트 소방용 클래딩은 발포성 방화 도료에 대해 적합하다.)

6. 인화성 가스 감지기 및 화재 감지기를 적절한 위치에 설치한다. 예를 들어 LPG를 취급하는 펌프 베이에는 베이 주변의 4개의 지점에 인화성 가스 감지기를 설치해야 한다. 화재 감지 시스템은 응용 분야에 따라 신중하게 선택해야 하며 UV, IR, 소방용 케이블(두 개의 배선 사이의 절연체가 열에 의해 파손될 수 있음) 또는 가압식 플라스틱 튜브(열에 노출되면 파손되어 압력 배출)를 기준으로 선택한다.

7. 고정식 능동형 소화 시설(개방 밸브(deluge), 스프링클러 등)에 대한 기준을 정의한다. 예를 들어 '경수' 첨가제 유도용 장치를 가진 개방 밸브는 인화성 액체를 취급하는 대형 펌프에 설치하여 씰 파손과 같은 원인에 의해 발생하는 화재의 강도를 낮추는 데 도움을 줄 수 있다. 작동 지점은 안전 거리를 확보해야 한다.

LPG와 같이 플래싱 인화성 액체를 취급하는 펌프는 해당 용수가 LPG의 증발을 증가시킬 수 있기 때문에 개방 밸브를 장착하지 않아야 한다. 그러나 이러한 펌프 주변의 플랜트는 냉각을 위해 개방 밸브가 필요하다.

고정식 능동형 소방 시설 설치에 대한 결정시 다음 사항을 고려해야 한다.

- ▶ 비상 상황시 소방수의 접근성
- ▶ 가능한 대응 조치 속도
- ▶ 비상 상황에 대응할 수 있는 인력 배치

적절한 수준의 보호 장치를 수동으로 제공할 수 있는 경우 고정식 능동형 소방 시설의 필요성은 낮아진다.

8. 고정식 방수포 및 소화전 지점에 대한 기준을 정의한다. 그림 8-7을 참조한다.

인화성 물질을 대량으로 저장한 모든 용기에 대해 완전히 서로 다른 방향을 가진 두 개의 방수포가 접근 가능하도록 방수포를 배치해야 한다. 일반적으로 방수포를 보호할 플랜트에 너무 가까이 배치하거나 너무 멀리 배치하는 실수를 범하는 경우가 많다. 최대 설계 유량에서 용수 시스템의 설계 압력을 고려하여 공급 업체로부터 지침을 받도록 해야 한다.

(평면도에서는 방수포가 필요한 범위를 수행할 수 있도록 배치된 것 같지만 플랜트 모델과 같이 3차원에서 보면 해당 범위가 구조물 및 장비에 의해 방해 받고 있는 경우가 많다. 따라서 신중하게 고려해야 한다.)

두 개의 방수포가 하나의 화재를 감당하는 것으로(플랜트 냉각을 위해) 가정하면 전체 소방 용수 요구 사항을 만족시키는 데 필요한 소화전 방수구 수를 계산한다. 일반적으로 하나의 방수포는 분당 약 2,000리터를 공급하고 38mm 소방 호스(스프레이식 노즐 장착)는 분당 400리터를 공급한다. 설계상 최악의 화재에는 4군데의 집수 구역(예: 약 400평방미터 영역)을 포함하는 것으로 정의하고 플랜트 장비는 해당 지역에 합리적으로 배치되어 있다면 소방 용수는 분당 20,000리터가 필요하다.

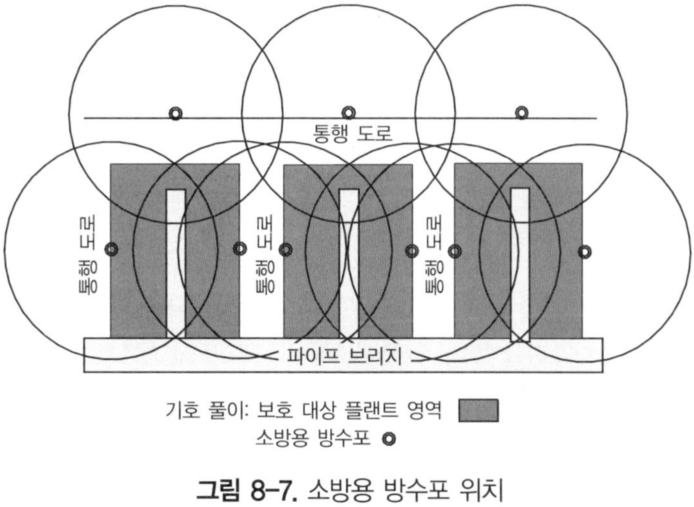

그림 8-7. 소방용 방수포 위치

따라서 두 개의 방수포를 사용하는 경우 호스 또는 이동식 방수포를 통해 약 분당 16,000리터가 추가로 필요하다. 결과적으로 약 40개의 소화전 방수구가 필요하다. 이러한 방수구는 예를 들어 화재 가장 자리에서 호스 방수 거리(예: 15미터) 및 두 개의 호스 길이를 합한 거리와 같이 화재에 합리적으로 접근 가능한 거리 내에 있어야 한다. 이렇게 해야 4개의 밸브를 가진 소화전 방수구를 적절히 배치하게 되는 것이다.

호스를 통해 필요한 용수를 공급하는 데 필요한 인력 배치 기준은 인력을 즉시 배치할 수 없는 경우 이동식 방수포 준비 및 사용에 대한 계획을 수립한다.

플랜트 모델을 사용할 수 있는 경우 소방 시설이 필요한 중요 플랜트가 기타 플랜트에 의해 소방 용수 적용 범위를 방해 받지 않는지 조사해야 한다. (평면도에서 이러한 사항을 확인하는 것은 어렵다.) 플랜트가 건설되면 이러한 장애물이 존재하는지 조사해야 한다.

8.5 사례 연구: 소방 용수 시스템 업그레이드

석유, 가스 또는 화학 관련 플랜트 부지의 확장에 따라 소방 용수 시스템에 대한 변경된 기준은 적절하지 못한 것이 일반적인 견해이다. 새로운 플랜트 또는 시설을 위해 제공되는 것은 추가적인 용수관, 방수포 및 소화전 설치가 거의 전부이다. 추가적인 펌프 용량도 고려할 수 있다. 그러나 결과적으로 시스템이 비공학적 방법으로 증설되기 때문에 작동시 실패할 가능성이 높다.

다음 사례 연구는 예상 문제와 체계적인 접근 방식을 통한 시스템 업그레이드에 대해 설명한다.

석유 화학 부지에는 많은 플랜트가 설치되어 있다(그림 8-8 참조). 소방 용수가 배관 시스템을 통해 각 플랜트에 공급되며 이 시스템은 세 개의 펌프 세트(A)와 용수 저장소(B)로 구성되어 외부의 용수관에서 플랜트 현장으로 공급되었다. 시간이 경과함에 따라 추가적인 플랜트가 건설되고 용수 시스템에 추가 장치가 설치되었다.

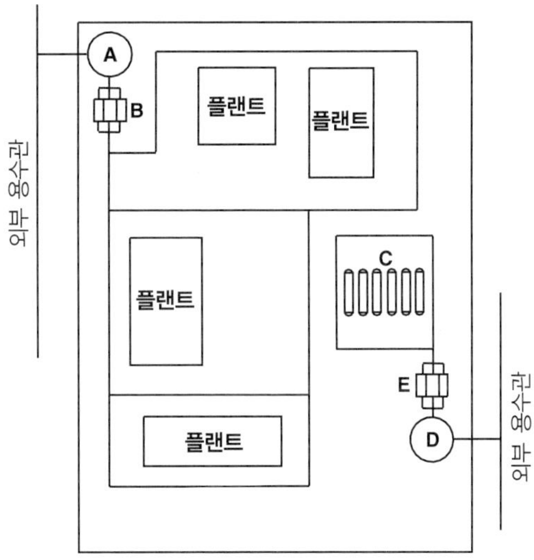

그림 8-8. 기본적인 소방 용수 시스템 개략도

하나의 생산 시설이 확장된 후, 여러 플랜트로부터 중간재 및 제품을 보관하기 위한 독립적인 저장 탱크 시설(C) 건설을 결정했다. 개별적인 소방 용수 시스템은 저장 탱크 시설에 개방 밸브 및 소방 용수를 공급하기 위해 건설되었다.

저장 탱크(D) 및 세 개의 펌프 세트(E)를 통해 외부 용수관에서 소방 용수가 공급된다. 시간이 경과함에 따라 탱크가 추가로 설치되고 탱크 시설에 공급되는 소방 용수 시스템이 수정되었다.

이러한 과정에서 특정 플랜트를 훨씬 규모가 큰 대형 플랜트로 교체하기로 결정했다. 이 프로젝트의 일부로서, 해당 현장의 소방 용수 시스템을 검토하였다.

이 검토 과정의 일부로서, 소방 용수 시스템에 대한 일련의 테스트를 수행하여 시스템의 흐름 및 압력을 측정했다.

테스트 결과, 여러 가지 중요한 취약점이 발견되었다.

- 플랜트를 추가하고 탱크를 탱크 시설에 추가했을 때 전기 펌프의 임펠러 크기를 증가시키고(한 개의 전기 펌프와 두 개의 디젤 펌프로 구성된 펌프 세트) 디젤 펌프의 제한 속도를 증가시키는 방법으로 두 가지 시스템의 펌프 능력을 향상시켰다.

  용수 저장 탱크에서 펌프로 이어지는 흡입 파이프라인의 유압 마찰은 탱크의 용수 레벨이 50%일 때 펌프에 캐비테이션이 발생하는 원인이 되어(모든 펌프가 작동하는 경우) 효율적인 용수 저장 능력을 감소시켰다.

디젤 펌프가 작동중이고 배관 시스템에 용수가 공급되는 경우 최대 압력이 배관의 정격 압력에 거의 근접하여 잠재적으로 파손될 위험이 있다.
펌프가 고속의 유량에서 소화전에 필요한 압력을 공급하도록 수정되었기 때문에 저속의 유량에서 소화전의 압력이 너무 높아서 표준 장비를 통해 성공적으로 거품을 생성할 수 없다.

▶ 펌프를 수정한 결과 펌프 압력/유량 특성이 더 이상 일치하지 않고 모든 펌프가 동시에 작동하는 경우 일부 펌프는 전류(全流) 상태에서 작동하고 일부는 작동하지 않는다.

▶ 두 가지 용수 시스템(플랜트 소방 용수 시스템 또는 탱크 시설 소방 용수 시스템)의 각각에 대한 여러 가지 단일 결함이 전체 결함으로 발전할 가능성이 있다. 예를 들면 특정 시스템에 공급되는 배관의 결함, 펌프 세트로의 흡입 라인의 파손 또는 펌프 세트에서 파이프라인에 이르는 전달 경로의 결함.

다음 작업을 수행했다.

▶ 소방 용수 시스템의 구조를 자세하게 검토하여 플랜트 또는 탱크 시설의 화재에 대비하기 위해 두 가지 시스템이 거의 독립적으로 운영되고 용수를 원료로 하며 최대 6개의 펌프로부터 공급 받도록 했다(그림 8-9 참조).

▶ 각 플랜트에 대한 일련의 화재 시나리오가 정의되고 소방 용수 기준(흐름, 기간)을 수립했다.

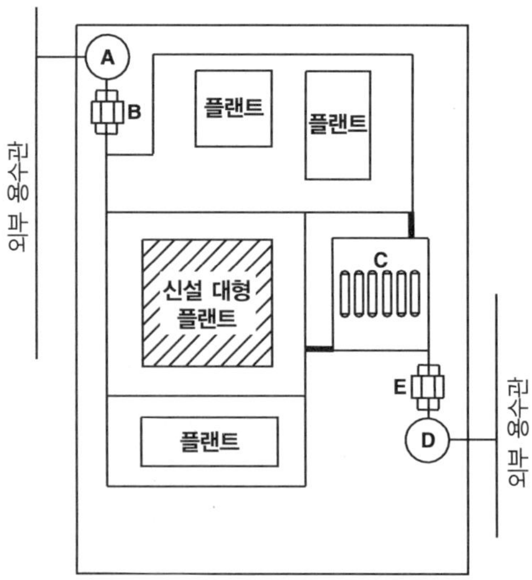

그림 8-9. 수정된 소방 용수 시스템

- ▶ 다양한 시나리오에 대해 네트워크 유압 분석을 수행하여 방수포, 소화전 및 개방 밸브에 필요한 압력을 제공하도록 각 플랜트에 필요한 펌프 전달 압력을 결정하였다.
- ▶ 배관 시스템이 화재 시나리오에서 과도한 압력 강하가 있는지 확인했다(확인 결과 통합 시스템 및 배관 시스템의 서로 다른 지점에 있는 두 개의 펌프 스테이션에서 공급받는 용수에는 문제가 없었다.).
- ▶ 필요한 용수 저장 기준은 외부 용수관으로부터의 측정된 공급 속도를 고려하여 최악의 흐름/기간으로 결정했다(확인 결과 기존의 두 개 탱크 전체의 저장 능력은 적절하지만 개별 시스템의 경우 그렇지 않았다).
- ▶ 펌프들이 특성에 맞게 최초 구성대로 복원되었다.

펌프의 작동 순서는 공학적으로 다시 설계되었다. 증가하는 소방 용수의 필요성으로 인해 펌프는 두 개의 펌핑 스테이션에서 교대로 작동하도록 했다. 또한 각 펌핑 스테이션에 대한 최초 설계시 전기 펌프는 필요할 때마다 가능한 신속하게 작동하고 디젤 펌프는 배관 압력이 단계적으로 떨어지면 자동으로 작동하도록 했다. 6개의 펌프를 연결하여 각 펌프는 압력이 단계적으로 떨어지기 시작하면 작동하고 6번째 펌프는 배관 압력이 매우 낮아져서 그에 따라 소화전의 압력이 수용할 수 없을 정도로 낮아지면 작동하도록 설계되었다.

따라서 소방 용수 필요시 첫 번째 전기 펌프가 즉시 작동하고 다른 모든 펌프는 작동 순서에 따라 작동하도록 결정되었다. 첫 번째 펌프를 통해 배관 압력이 작동 레벨로 복원되면 다른 펌프에 대한 작동 순서는 취소될 수 있다. 소방 작업이 원활하고 소방 용수 필요량이 증가할수록 작동 순서는 다시 초기화되고 배관 압력이 복원될 때까지 추가 펌프가 작동한다. 이 방법을 통해 모든 펌프는 배관 압력이 수용할 수 없는 낮은 레벨로 떨어지지 않는 상태에서 서비스를 받을 수 있다.

8.6 소방 작업 원칙

8.6.1 소개

소방 작업은 매우 광범위한 주제이므로 여기서는 간략하게 설명한다. 산업 플랜트의 여러 화재의 경우 다음과 같은 세 가지 단계를 확인할 수 있다.

- ▶ 소방 대응 조치
- ▶ 소방 작업 팀 대응 조치
- ▶ 관할 소방대 조치

자체 소방 팀이 없는 경우 두 번째 단계가 존재하지 않거나 플랜트 직원들이 해당 작업을 수행할 수 있다. 이러한 단계에 대해 아래에서 차례대로 설명한다.

8.6.2 소방 '대응 조치'

소방 대응 조치는 화재가 발견된 즉시 취할 수 있는 조치이다. 소방 대응 조치의 목적은 다음과 같다.

- ▶ 지원을 요청하기 위해
- ▶ 화재 규모가 작은 경우 화재를 진화하거나 확산을 제한하기 위해

이러한 목적은 부상자가 없고 '용감하거나' 무모한 사람이 없다는 전제하에 달성할 수 있다.

주변에 있는 사람이 화재를 발견하면 첫 번째 조치는 경보 장치를 작동하여 주위의 도움을 받도록 해야 한다. 이 조치가 가능한 경우 경보 장치는 플랜트 내의 어디에서도 30미터 이내에 접근할 수 있는 위치마다 설치해야 한다. 상당히 화재 위험이 높은 멀티 레벨 플랜트의 경우 각 레벨의 계단마다 경보 장치를 설치하는 것이 적절하다. 이러한 경보 지점은 시각적으로 확실하게 표시하여 멀리서도 볼 수 있도록 한다.

경보 장치는 작동했지만 소화기 또는 소방 호스 사용 장소를 찾지 못하는 문제가 있을 수 있다. 소화기 및 소방 호스 릴(제공된 경우)은 경보 지점에 함께 배치하는 것이 가장 바람직하며 이렇게 함으로써 화재를 발견한 사람이 해당 장소로 가서 경보 장치를 작동시키고 동시에 소방 장비를 준비할 수 있다.

대응 조치에 적합한 장비는 사용시 불필요한 사전 준비 절차가 없어야 한다. 이러한 대표적인 장비로는 소화기 및 소방 호스 릴(소방 용수 공급 장치에 영구적으로 연결된 고정식 호스이며 즉시 사용할 수 있도록 드럼에 감겨져 있다)이 있다. 기존의 직물 재질의 소방 호스는 특히 사용 경험이 없는 작업자의 경우 설치하는 데

시간이 너무 걸리기 때문에 대응 조치에 적합하지 않다.

8.6.3 작업 팀 대응 조치

수동 또는 자동 시스템을 통해 경보 장치가 작동되면 소방 작업 팀이 대응 조치를 수행한다.

일반적으로 소방 작업 팀은 한 사람 이상의 전담 소방수로 구성되며 관련 교육 및 장비 유지 보수를 수행하고 비상 상황시 지원 가능한 플랜트 직원이 충원된다. 플랜트 및 기타 운영 통제에 필요한 직원은 활용하지 않도록 한다. 소방 작업 팀은 화재 발생시 플랜트의 가용 인원만 포함될 수 있도록 한다.

소방 작업 팀 대응 조치의 목적은 다음과 같다.

- ▶ 소방 작업을 통해 플랜트 안전 확보
- ▶ 화재의 원인이 되는 연료 공급 차단을 위한 조치
- ▶ 인명 보호를 위한 조치
- ▶ 화재 진화 또는 외부 소방대가 도착하기 전에 화재 확산을 최소화하기 위한 추가 소방 작업 수행

이러한 조치에는 다음이 포함된다.

- ▶ 화재 진화를 신속하게 수행할 수 있는 경우 플랜트 중단
- ▶ 화재가 발생한 플랜트 구역의 전력 차단
- ▶ 관련 밸브를 원격 또는 플랜트에서 차단하여 누출된 인화성 액체 또는 가스 공급 차단
- ▶ 화재의 원인이 되는 용기 및 시스템의 압력 배출
- ▶ 화재로 인해 폭발 가능성이 있는 용기 등의 압력 배출
- ▶ 개방 밸브 시스템 등을 작동시켜 노출된 플랜트의 열기를 낮추기 위해 방수포 배치
- ▶ 소방 호수를 통해 노출된 플랜트에 분사 시작

석유 화학 및 정유 플랜트의 경우 연료가 계속 누출되거나 존재하는 동안 화재를 진화하는 것은 불가능하거나 안전하지 못하다. 특히 인화성 가스가 누출되는 경우 발화하지 않은 가스의 누적 및 폭발 가능성이 있기 때문에 누출을 차단하지 않고서는 화재를 진화할 수 없다.

이러한 환경에서 소방 작업의 목적은 화재의 원인을 제공하는 추가적인 누출을 방지하여 인접 플랜트에 대한 피해를 줄이는 것이다.

또한 소방 용수가 석유 등의 화재를 확산시켜 더욱 심각한 상황을 초래할 수 있기 때문에 소방 용수의 사용을 최소화해야 한다. 소방 용수는 필요한 경우를 제외하고 냉각용으로 사용하지 않아야 한다. 소방 용수를 사용했을 때 '증기' 구름의 발생 여부를 테스트하여 냉각 필요 여부를 확인할 수 있다. 냉각을 위한 소방 용수는 분사 형태로 사용해야 한다. 소방 호스 상자에서 제공하는 기존의 고정 노즐을 통한 제트 분사는 뜨거운 용기 및 플랜트에 충격을 줄 수 있으며 조절식 노즐을 통해 분사하는 것이 바람직하다.

환경에 피해를 줄 수 있는 화학 물질이 존재하는 경우 이러한 화학 물질에 의해 소방 용수가 오염되어 배수 시스템을 통해 해당 지역의 환경에 영향을 주지 않도록 세심한 주의가 필요하다. 모범적인 화학 공장은 적절한 집수 구역을 설치하여 오염된 소방 용수를 집수하고 있지만 필요한 경우 소방 작업 팀이 소방 용수를 제어하기 위해 수로를 설치해야 한다. 장시간 진행되는 화재를 제외하고 비상 상황 계획이 사전에 준비된 경우 이러한 조치는 가능하다.

8.6.4 관할 소방대 대응 조치

관할 소방대는 다음과 같은 외부 리소스를 제공한다.

- ▶ 인원
- ▶ 장비
- ▶ 소방 경험

그러나 화학 또는 기타 공정 플랜트의 경우 종사하는 직원들은 화학 물질 위험 요소에 대한 전문 지식을 가지고 있을 것으로 예상된다. 따라서 평상시 화재에 대비하여 긴밀한 연락 체계를 구축하여 화재 발생시 플랜트 직원들이 제공하는 전문적인 화학 물질 위험 요소 취급 지침에 대해 관할 소방대 직원이 신뢰할 수 있도록 하는 것이 가장 바람직하다.

8.6.5 소방 계획

비상 상황 계획의 특별한 형태인 소방 계획을 수립하는 것이 매우 중요하다. 일반적인 소방 계획에는 다음과 같은 사항이 포함된다.

- 존재하는 인화성 물질의 재고량
- 일반적인 예상 화재 유형
- 일반적인 소방 접근 방식 및 각각의 경우에 사용할 소방 매체
- 플랜트에 존재하는 점화원
- 고려해야 할 환경 보호 조치
- 관할 소방대의 도착 전후 시점에서 소방 작업을 위한 조직 및 통제
- 통신 채널, 라디오 등

8.6.6 소방 미디어

여러 가지 유형의 소방 매체가 있다. 일반적인 소방 매체의 예는 다음과 같다.

- 용수
- 거품(물과 혼합되지 않는 액체와 같은 오일 타입(oil type) 화재, 물과 혼합되는 액체와 같은 알코올 타입 화재 및 LPG와 같은 특수 물질 등의 여러 유형이 있으며 확장성이 높은 거품은 증발 증가 없이 화재가 차지하는 표면적을 줄일 수 있다)
- 건조한 화학 물질
- 불활성 물질 또는 소방용 가스

다양한 매체에 대한 적합성 여부는 본 책자에서 설명하지 않는다. 이러한 정보에 대해서는 관련 소방 장비 공급 업체에 문의하는 것이 바람직하다.

8.7 물류 창고 운영에 있어서의 화재 위험성 감소

8.7.1 소개

화학 물질 보관하는 물류 창고에 대해 지난 수 년 동안 다양한 화학 물질에 의해 발생할 수 있는 여러 유형의 위험 요소를 고려하고 경험적 사고의 원인과 발생 결과의 심각도에 영향을 주는 요소를 분석함으로써 적절한 원칙이 정의되고 있다.

화학 물질 물류 창고에서 가장 심각한 위험 사고는 화재이며 다음과 같은 여러 가지 종류의 심각한 결과가 발생할 수 있다.

- ▶ 열에 의한 신체적 화상
- ▶ 불연소 독성 또는 자극성 물질 또는 제품에 포함된 연기 노출로 인한 신체적 손상
- ▶ 오염된 소방 용수의 유출로 인한 환경 피해
- ▶ 물류 창고 및 주변 시설에 대한 재산 피해
- ▶ 잔존하는 화재에 의한 화재 현장의 오염

또한 물류 창고에서 유출물에 의해 환경 피해가 발생하지만 이러한 피해 규모는 화재에 의한 피해보다는 적다.

요약하면 화학 물질 물류 창고에서의 위험성은 다음과 같은 여러 가지 원인이 결합되어 발생한다.

- ▶ 인화성, 불안전성, 폭발성, 독성 물질이 대량으로 저장된 경우
- ▶ 포장재가 가연성인 경우
- ▶ 저장소 레이아웃이 포장재 주변에 환기 시스템이 적절히 설치되어 화염이 급속하게 확산될 가능성이 있는 경우
- ▶ 저장층 사이에 공기 갭이 있는 수직적 보관 형태로 인해 화염이 수직으로 급속하게 확산될 가능성이 있는 경우
- ▶ 차폐된 공간으로 인해 국부적 화재에 의한 열이 유지되어 건물 내의 일정 거리 떨어진 다른 물질에 열을 가하거나 화염이 수평으로 급속하게 확산될 가능성이 있는 경우

따라서 위험 물질이 저장되고 해당 시설이 화재를 확산시킬 조건을 갖추게 되면 화재에 대한 필수 요건은 발화이다.

화학 물질 물류 창고에 화재 위험성이 존재하는 경우 점화원을 최소화하거나 신속하게 통제해야 한다. 실제로 이러한 조치를 취하는 것은 쉽지 않다. 다음은 물류 창고 화재의 원인이 되는 점화원이다.

- 연기
- 랩 포장에 사용되는 나화(naked flame) 또는 플레임 커팅(flame cutting)
- 용접
- 방화
- 사무용 집기, 종이류 등의 발화로 인한 물류 창고의 화재 확산
- 전기 라디에이터 및 기타 히터
- 전기 배터리 충전기
- 전기 장치
- 결함이 있는 전기 조명 장치(예: 고정 장치가 떨어지면서 화재가 발생한 형광등)
- 전기 조명 장치에 의해 저장 물질이 열을 받기에 충분한 높이의 저장 공간 위에 설치된 조명 장치
- 저장 물질이 온도가 상승하기 쉬운 증기 라인, 전기 케이블 등과 너무 가까이에 위치
- 지게차 및 기타 차량의 배출 가스에 의한 불꽃

최상의 위치, 레이아웃, 설계 및 운영을 위한 원칙은 아래에 설명되어 있으며 물류 창고 사고에 대한 경험을 기반으로 하여 이러한 사고 경험을 가진 대기업의 업무 규정을 참조하여 재발 가능성을 줄이기 위한 규정을 수립하였다.

8.7.2 위치

화재 발생 가능성 및 그에 따른 독성 연기에 의한 문제로 인해 화학 물질 물류 창고는 주거 지역, 학교, 병원 및 쇼핑 센터와 멀리 떨어져 위치하는 것이 바람직하다. 특정 구역별로 필요한 거리를 지정하는 것은 현실적으로 어려우며 저장되는 물질의 독성 및 인화성 범위 때문에 화학 물질 물류 창고에 대한 원칙을 일반화하는

것도 불가능하다. 그러나 대형 물류 창고의 경우 주거 지역에서 수 백 미터 떨어져 위치하는 것이 적절하다.

또한 같은 이유로 화학 물질 물류 창고는 식료품 처리 시설과 격리하여 배치하는 것이 바람직하다. 같은 장소에 설치하는 경우 식료품 처리 및 독성 화학 물질 보관 프로세스는 서로 피해야 하는 위험 요소가 존재하기 때문에 정상 조건 및 비정상 조건에서 양쪽의 취급 물질이 접촉되지 않도록 철저한 예방 조치를 취해야 한다.

화학 물질 물류 창고 및 인접 시설 또는 건물 사이의 필요한 완충 거리는 과거에 화재가 확산된 방법(화염 접촉, 상승 기류에 의해 전달되는 연소중인 파편)이 대부분 정형적인 수학 공식에 의한 분석에 적용하기 어렵기 때문에 경험을 기반으로 결정되는 것이 바람직하다.

소방대가 최소한 두 군데 이상의 측면에서 접근 가능하도록 해야 하며 다른 건물 또는 시설물과 최소한 10미터 이상의 완충 거리를 가진 통행 도로가 있어야 한다.

8.7.3 레이아웃

화재 확산을 제한하기 위해 대형 물류 창고는 방화벽을 통해 여러 구역으로 나누도록 해야 한다.

물류 창고 시설 중 일부가 생산 또는 사무실 및 기타 지원 공간과 같이 다른 용도로 공유하는 경우 마찬가지로 물류 창고 공간은 방화벽으로 이러한 용도별로 분리해야 한다.

이러한 용도는 다음과 같다.

- 사무실
- 화장실 및 락커룸
- 체력 단련실
- 배전실
- 보일러실
- 배터리 충전실

위에 언급된 장소에 관계없이 연기, 전기 장치, 전기 라디에이터 또는 사무용 기계와 같은 매체에 의해 화재가 발생할 가능성이 있다. 이러한 보조 지원 공간에는 제품을 저장하지 않도록 한다.

물류 창고 내의 각 구역마다 최소한 두 개 이상의 비상구가 설치되어야 한다.

8.7.4 설계

8.7.4.1 건설

구조물은 화재에 견뎌야 하며 붕괴되지 않아야 한다. 강화 콘크리트가 일반 강철 재질보다 널리 사용된다. 일반 강철을 사용할 경우 수직 하중 지지 부재 위에 질석 콘크리트에 의한 코팅 처리 또는 분사식 광물질 섬유에 의한 코팅 처리를 고려해야 한다.

방화벽의 설계 및 적절한 설치가 최근의 물류 창고 화재에 대한 이해와 함께 가장 중요하다. 방화벽에 대한 일반적인 결함은 다음과 같다.

- 가장 자리 주변의 부적절한 마감 처리로 인한 주변 지역의 화재 확산 가능성
- 지붕에 대한 설치 계획을 수립하지 않음으로 인해 지붕을 통해 화염이 확산되어 인접 구역으로 화재 확산 가능성
- 지붕을 지지하는 데 사용하거나 지붕 부재 또는 지붕 연속 누출과 연결되어 화재로 인한 구조물 붕괴시 방화벽 돌출 가능성
- 방화용 문의 미장착으로 인한 통로 또는 유리창을 통한 화재 침투 가능성

바닥은 침투되지 않도록 처리해야 하며 청소 용이성을 위해 부드러운 마감재를 사용한다. 이렇게 하면 화학 물질 취급시 누출로 인해 침투할 가능성이 줄어든다. (세계적인 화학 분야 대기업이 운영하는 물류 창고에 질산칼륨, 황산 및 활성 탄소를 물리적인 분리 없이 포대에 저장했던 적이 있다. 중국인들은 몇 천 년 전부터 이미 이러한 물질들이 혼합되면 어떤 현상이 일어나는지 알고 있었다!)

지붕 클래딩은 화재에 의해 위협 받는 구조물 하중을 최소화하도록 무게를 경량화해야 한다. 연기 및 가열 공기의 환기 시스템을 설치하여 초기 단계에서 화재 확산 가능성을 줄이고 소방수의 접근을 용이하게 한다. 플라스틱 패널은 화재가 활발

하게 확산될 때 전달 매체가 될 수 있기 때문에 지붕에 플라스틱 패널을 사용하는 것은 적절하지 못하다.

8.7.4.2 가열, 조명, 전기 장치

적용한 가열 장치는 물류 창고에 저장된 제품, 종이류 등이 발화되지 않도록 조치해야 한다. 직접 전기 가열식 장치 및 개방식 석유 또는 가스 버너는 사용하지 않도록 한다.

전기 조명 장치는 복도 또는 통행로 위에 설치하고 저장 랙 위에 설치하지 않도록 한다.

배터리 충전기는 배터리 충전 구역이 저장 구역과 분리된 경우를 제외하고 물류 창고 내에 설치하지 않도록 한다. 배터리 충전기는 환기가 잘되는 장소에 설치하여 배터리에 포함된 수소가 적절하게 분산되도록 해야 한다. 전기 장치는 배터리 충전 구역에서 사용을 가급적 제한하여 수소에 의한 발화 가능성을 최소화해야 하며 방염 설계 기준을 준수해야 한다.

8.7.4.3 배수 시스템

물류 창고가 환경 활성 물질을 저장하는 경우 바닥에 배수로를 설치하지 않거나 이러한 배수로는 유출 물질을 보관하기에 충분한 용량을 가진 집수지로 배출되어야 하며 전체 건물에 차단 시설을 설치하여 오염된 소방 용수가 누출되지 않도록 해야 한다.

인화성 액체가 저장된 경우 바닥이 건물 외부의 집수공으로 배수되도록 하여 누출되는 경우 다른 저장된 인화성 물질 주변에 접근하지 않고 신속하게 배출되도록 하는 것이 바람직하다. 이러한 집수공은 하수도에 직접 배출되지 않도록 해야 한다.

8.7.5 소방 장비

소방 시스템의 주요 요소는 다음과 같다.

- ▶ 화재 방향(화재 발생 몇 시간 경과 후 특히 중요)

▶ 소방 장비:
자동(예: 스프링클러)
수동

근무 시간중에 물류 창고가 정상적으로 가동하는 경우 화재는 육안으로 적절하게 감지할 수 있으며 소화기 또는 호스 릴을 사용하여 초기에 화재를 진화할 수 있다.

근무자가 화재를 목격한 경우 화재 진화를 시도할지 경보 시스템을 작동시켜야 할지 초기 조치 사항에 대해 결정하지 못하는 경우가 많다. 이러한 문제는 소화기 및 호스 릴이 있는 장소에 경보 버튼을 설치하여 혼동을 줄일 수 있다. 원칙적으로 화재가 발생하면 경보 시스템을 작동시켜야 한다. 화재가 소규모이고 화재를 진화하기에 충분한 직원들이 확보되어 있더라도 소방대에게 신고하는 것이 중요하다.

호스 릴과는 다른, 소방 호스는 배치하기에 시간이 너무 소요되기 때문에 소방 대응 조치로는 적합하지 않다.

화재가 발생한 지 몇 시간이 경과하여 상당 부분 진행이 되었고 물류 창고에 근무자가 없는 경우 설치된 화재 감지 시스템을 통해 해당 구역의 경보 및 외부 관할 소방대에 경보를 알리도록 하는 것이 중요하다. 초기 대응 조치는 감당하기 힘들 정도로 화재가 전개되지 않도록 제한하는 데 매우 중요하다. 스프링클러(적절한 규정에 따라 설계되고 적절하게 유지 보수해야 함)는 화재 감지 및 초기 화재 진화에 매우 효과적이다. 또한 스프링클러의 오작동 빈도는 매우 낮다.

화재 초기 단계에서는 국부적인 화재에 의해 발생하는 연기 및 열이 지붕 아래로 상승하고 건물을 통해 옆으로 확산된다. 이러한 현상은 소방수의 접근과 효과적인 조치를 방해하고 나머지 물류 창고 공간의 온도를 상승시켜 화재 확산을 촉진한다. 이러한 이유로 지붕에 연기에 대한 환기 장치를 설치하는 것이 매우 중요하다. 연기가 배출되도록 시설을 설치하는 경우 신선한 공기와 산소가 유입되도록 고려해야 하지만 이러한 시설이 화재 초기 단계에서는 화재 확산을 최소화하는 효과가 크지 않은 것으로 보고되고 있다. 일부 경우 플라스틱 지붕 패널이 수동 작동 또는 자동 환기 장치에 사용되지만 이러한 패널은 화염 접촉에 의해 가열될 때까지 개방되지 않기 때문에 작동이 너무 지연될 수 있다.

8.7.6 화학 물질 물류 창고를 위한 적절한 운영 방침

8.7.6.1 물류 보관 전용으로만 물류 창고 사용

물류 창고는 대량의 물질을 저장하는 것을 주 목적으로 설계된다. 저장된 물질에 인화성, 독성 등의 위험 요소가 존재하는 경우 이러한 물질과 관련된 비정상적인 결과로 인해 심각한 영향을 줄 수 있다.

위험 사고가 발생하지는 않지만 원인을 제공할 수 있기 때문에 물류 작업에 필요 없는 작업은 물류 창고 외부에서 수행하도록 운영 방침을 정하는 것이 바람직하다. 물류 창고에서 주로 수행되는 작업으로, 위험 사고에 원인이 되거나 상당한 영향을 주는 작업은 다음과 같다.

- ▶ 생산 또는 프로세싱 작업, 이러한 작업은 화재 발생 가능성이 있으며 용접, 플레임 커팅 또는 연삭 작업을 포함한 유지 보수 작업의 경우 저장된 물질에 화재가 발생하여 확산될 가능성이 있다.
- ▶ 워크샵 및 유지 보수 활동, 기계 공구에 의한 발화, 연삭기에 의한 불꽃 또는 용접으로 인한 화염이 발생할 가능성이 있다.
- ▶ 저장소 사무실을 포함한 사무실, 담배 꽁초, 전기 라디에이터 및 사무실 기계는 사무실 내에 반드시 필요한 종이류를 연소시켜 물류 창고 나머지 공간으로 화재가 확산될 가능성이 있다.
- ▶ 물류 창고 내의 근무자에 의한 피할 수 있는 작업, 근무자가 대부분의 사고 원인을 제공한다(컨테이너 주차 작업과 같이 물류 작업으로 간주되는 일부 작업은 자체 저장 공간과 떨어져서 수행되어야 한다. 근무자의 위치와 관계 없이 화재 발생 가능성이 증가된다.)
- ▶ 나화(naked flame)가 발생할 수 있는 포장 제품 또는 필름에 의한 발화 가능성이 있는 오븐을 통해 저장된 물질에 대한 화재 확산 가능성이 있다.

8.7.6.2 운영

바람직한 운영 방침은 여러 가지 일상적인 업무에서 발생할 수 있는 사항에 대해 세심한 주의를 기울이는 것이며 몇 가지 예는 다음과 같다.

- ▶ 관계자 이외의 사람이 허가되지 않은 출입을 제한하기 위한 보안
- ▶ 금연 규정의 철저한 적용 및 화재 예방을 위한 기타 조치

- ▶ 복도에 '임시' 저장을 금지하고 지정된 저장 장소에 규정에 맞게 보관
- ▶ 저장 물질을 너무 높게 쌓아서 스프링클러의 설계 부하를 초과하거나 스프링클러 분사를 방해하지 않도록 주의
- ▶ 누출된 물질의 청소 및 폐기를 포함하여 일반적인 청소
- ▶ 인화성, 독성 및 기타 물질을 개별적으로 저장
- ▶ 화재 안전 장비를 정기적으로 관련 담당자가 점검
- ▶ 비상 상황 절차 및 소방 절차의 숙지 및 실습
- ▶ 오래된 재고의 품질이 떨어지지 않도록 재고 품목의 회전

8.7.7 물류 창고 화재에 의한 독성 가스 효과

물질에 화재가 발생하면 연소성 가스가 생성된다. 나무, 종이, 천연 수지 및 인조수지, 플라스틱과 같은 일반 물질 및 화학 물질은 다양한 농도의 질식성 또는 독성의 연소 가스를 생성한다. 이러한 가스는 다음과 같다.

- ▶ 일산화탄소 및 이산화탄소(다양한 물질에 의해 발생)
- ▶ 염화수소(PVC와 같은 플라스틱 연소에 의해 발생)
- ▶ 시안화수소(폴리에틸렌과 같은 플라스틱 연소에 의해 발생)
- ▶ 수증기
- ▶ 포스겐(화재시 염소계 용제에 포함)
- ▶ 이산화황
- ▶ 질산계 산화물
- ▶ 연소되지 않은 물질의 증기 또는 분진

다음 조건에 의해 완전 연소가 이루어진다.

- ▶ 높은 연소 온도
- ▶ 충분한 산소
- ▶ 화재의 고온 영역에서 연소 가스의 장시간 잔존 시간

위의 조건들은 잔여 화재와 관련된 연소중인 물질의 위치에 따라 달라진다. 화재의

가장 자리에서 온도는 중심 온도보다 낮을 수 있으며 독성 물질은 연소되지 않은 상태에서 증발되거나 산소가 충분하더라도 일부분만 연소될 수 있다. 화재 중심부로 갈수록 온도 및 잔존 시간은 높아지지만 산소를 급속하게 사용한다. 따라서 실제 화재에서 연소 가스에 대한 정량적 구성 상태를 예측하는 것은 어렵다.

냄새는 화재로부터 상당히 떨어진 위치에서도 불쾌할 수 있다. 독성 화학 물질이 화재에 관련되고 연소 가스가 확실한 '화학적' 냄새를 가진 경우 일반인들은 장기적인 노출 영향에 대해 우려할 수 있다.

8.8 위험 물질 수송시 위험성 감소

8.8.1 소개

위험 물질 수송중에 발생하는 위험 사고와 관련된 다양한 언론 보도가 발표된다. 이것은 다음과 같은 원인으로 인해 발생될 수 있다.

- 발생하는 사고의 심각성
- 이러한 사고들이 일반적으로 도로 및 주거 지역 또는 학교와 같이 공공 장소에서 발생

위험 물질 수송에 의해 발생하는 위험성을 최소화하기 위한 다양한 방법이 있다.

8.8.2 존재하는 위험 요소의 최소화

이러한 옵션은 다음과 같다.

- 예를 들어 위험 물질을 사용할 플랜트와 동일한 장소에서 위험 물질을 생산하는 것과 같이 위험 물질 수송의 최소화
- 적절하게 설계된 파이프라인과 같이 장소 사이에 안전한 방법으로 위험 물질 수송
- 염화 비닐(인화성이 강하고 압축 액화 인화성 가스 형태로 발화 가능성이 높음) 대신 2염화에틸렌(인화성이 강하지 않고 정상 온도에서 액체 상태이며 냉각시 발화하기 어려움)을 선적하는 것과 같이 대체 물질 수송

8.8.3 위험 사고 예방

이러한 옵션은 다음과 같다.

▶ 내장형 밸브 등을 부착된 견고한 배럴을 가지도록 유조차를 설계하여 부식 또는 전복 시 저장된 위험 물질이 유출되지 않도록 한다.

▶ 구조적으로 완벽하고 도로 주행용으로 적합하고 고급 운반 차량에 맞게 섀시를 설계하여 기계적인 손상에 의해 배럴이 노출되면서 발생하는 교통 사고 가능성을 최소화한다.

▶ 다음 사항을 고려하여 운전자를 선정한다.
- 조심하고 집중하는 운전 습관(안전 운전 기록 및 차분한 성격 사이의 상호 관계를 입증한 연구는 아직 없다)
- 장거리 및 장시간 운전을 위한 적합성, 필요한 경우 위험 및 비상 대응 조치에 대한 전문 교육 이수

▶ 운전자 교육을 위한 적절한 교육 일정 수립 및 테스트, 위험 요소 대처, 바람직한 운전 요령 및 비상 대응 조치를 포함한 높은 수준의 교육 수행

▶ 출발 및 운행 전에 해당 차량에 대한 점검 및 차량의 비정상 상태 또는 결함 보고 또는 위험 물질 수송중에 비정상 상태 또는 결함 보고

▶ 교육을 이수하고 공인된 운전자만이 위험 물질 수송할 자격 부여

▶ 평상시 차량 및 탱크 상태, 사용되는 절차에 대한 감사

▶ 교통 사고를 최소화하기 위한 운행 경로 선택

8.8.4 예방 조치

이러한 옵션은 다음과 같다.

▶ 필요한 장비, 책임 소재 및 커뮤니케이션 채널에 대한 정의, 해당 장비가 제공되고 대기할 수 있도록 준비, 모든 관련 담당자가 해당 책임 및 수행 방법을 인지하고 커뮤니케이션 경로 구축을 포함하는 비상 계획 수립

▶ 특히 운전자 교육은 비상 조치 중 가장 필요한 사항이다.

▶ 비상 상황 실습은 가능한 실제 상황에 가깝게 수행한다.

8.8.5 피해 제한(격리 및 강화)

차량이 일반 도로에서 주행하기 때문에 경찰이 차단벽을 설치하거나 인접 지역을 통제하는 것 이외에 사고로부터 일반인 또는 공공 재산을 격리하는 것은 어렵다.

8.9 BLEVE 위험성 감소

1970년대 전세계 여러 지역에서 발생한 BLEVE 사고 이후 사고 예방을 위한 원인 분석 및 방법에 대해 활발하게 연구되었으며 오늘날 심층적으로 분석되고 있다.

원인은 내부의 액체 레벨 위에서 가압 저장 용기의 표면 강판에 화염이 접촉하면서 발생한다. (액체 레벨 아래의 경우 외부 화염에 의한 열은 강판의 대류 및 액체 내부의 비등점에 의해 제거된다.) 액체 비등점은 릴리프 밸브가 추가 압력 상승을 제한하기 위해 작동할 때까지 압력이 증가한다. 그러나 액체 레벨 위의 강판은 설계 응력을 더 이상 견딜 수 없는 수준으로 가열되어 파손되고 결국 내용물이 유출되어 발화될 수 있다.

BLEVE는 간단한 설계 및 작동 원칙을 적용하여 완전히 예방할 수 있다. 이러한 설계 원칙은 다음과 같다.

- 인화성 액화 가스 또는 정상적인 대기압 비등점 이상의 인화성 액체를 저장하는 용기의 수 및 크기를 최소화한다.
- 이러한 용기 및 상대적으로 낮은 비등점을 가진 인화성 액체를 저장하는 차폐 용기의 화재 노출 가능성을 최소화한다. (일반적으로 인화성 용제를 저장하는 200리터 드럼은 내용물이 끓어 내부에 압력이 형성되기에 충분한 시간 동안 화재에 노출되는 경우 BLEVE가 발생할 수 있다.)
- 역사적으로 여러 BLEVE 사고를 보면 파이프라인의 누출이 원인이었기 때문에 앞서 언급한 화재 안전성 원칙을 적용해야 한다.
- 용기 또는 파이프라인의 액체 누출로 인해 용기에서 멀리 떨어진 장소까지 흐르거나 화염이 용기 표면에 충돌할 수 있는 화재가 발생하지 않도록 해야 한다. 이를 위해 용기 주변의 지면에 용기로부터 1/50 및 1/100 사이의 경사도를 가지도록 배수로를 설치해야 한다.

- 또한 용기 주변의 파이프라인은 누출 가능성을 최소화하도록 설계해야 한다. 일반적으로 이를 위해 용기 노즐 설치를 특히 액체 레벨 아래에서는 최소화하거나 액면계 설치를 피하고 소규모 직경의 파이프라인 및 파이프 조인트 사용의 최소화 및 액체 배출 라인의 첫 번째 밸브를 비상 차단 밸브로 설치하고 안전상 일정한 거리에 펌프 및 기타 장비를 배치한다.
- 불연성 단열재를 사용하여 용기를 화재로부터 보호하거나 일정 거리에서 개방 밸브 시스템이 작동하도록 한다.
- 인화성 가스 감지기를 설치하여 용기에서 인화성 물질 누출이 발생하는 경우 경보 장치가 작동하도록 한다.
- 용기를 정기적으로 점검하지 않는 구역에는 화재 감지기를 설치하여 화재 발생시 감지기가 자동으로 작동하여 개방 시스템 및 경보 시스템을 작동하도록 한다.

8.10 증기운 폭발 위험성 감소

인화성 증기가 공기와 혼합되어 발화되면 증기운 폭발이 발생할 수 있다.

대기 중에서 인화성 증기가 폭발하려면 상당량(일반적으로 5톤 이상) 및 급속한 배출 속도가 필요하다. 실제로 이러한 속도는 상당량 및 고압가스 파이프라인의 파손, 정상적인 대기압 비등점 이상의 온도에서 저장된 인화성 액화 가스 또는 인화성 액체의 누출에 의해서만 발생한다.

실내의 경우 보다 소량의 증기로도 발화된 구름의 차폐성으로 인해 증기운 폭발이 발생할 수 있다. 결과적으로 인화성 가스의 소량 누출 또는 인화성 액체 용제의 증발을 통해 제한된 증기운 폭발에 충분한 대량의 구름이 생성될 수 있다. 이러한 폭발은 건물 및 내부에 상당한 피해를 줄 수 있지만 폭발에 사용 가능한 소량의 열 에너지로 인해 폭발은 건물 주위에 순간적인 영향을 주는 것으로 제한된다.

또한 아세톤 또는 이소프로판올과 같은 용제의 누출에 의해 누적된 증기는 증기가 건물에 의해 차폐된 경우 증기운 폭발이 발생할 수 있다. 실제로 이러한 폭발은 공장 경계를 벗어나는 범위의 영향을 주지는 않지만 작업자와 공장 재산에 심각한 영향을 줄 수 있다.

증기운 폭발에 의한 위험성을 최소화하기 위해 적용되는 일반적인 설계 원칙은 다음과 같다.

▶ 구름의 잠재적인 크기를 최소화한다(구름이 클수록 점화원에 접근할 가능성과 발화된 구름이 폭발할 가능성이 높고 폭발력도 강해진다).

▶ 구름의 차폐성을 최소화한다(차폐성이 높을수록 구름이 발화하기에 충분할 정도로 농축되고 발화된 구름이 폭발할 가능성이 높고 폭발력도 강해진다).

▶ 점화원을 최소화한다.

설계시 다음 사항의 적용 여부를 고려한다.

▶ 대기압 비등점 이상의 온도에서 고압의 인화성 가스, 인화성 액화 가스 및 인화성 액체의 저장을 최소화한다. (이러한 액체가 누출에 의해 감압되는 경우 전체 또는 일부 양이 순간적으로 증기로 전환되면서 다량의 증기를 생성한다.)

▶ 누출에 의해 일정량의 증기가 발생하는 경우 누출 속도를 낮추기 위해 압력 및 온도를 최소화한다.

▶ 파이프 연결 장치의 최소화, 견고한 파이프라인, 액면계 사용 제한 등을 통해 누출 가능성을 최소화한다.

▶ 인화성 가스 감지기와 같은 누출 감지 시스템을 사용한다.

▶ 누출을 신속하게 차단하기 위해 원격 작동식 비상 차단 밸브 설치

▶ 위험 물질에 대한 주요 잠재 누출원을 외부에 배치하고 인접 장비의 차폐성을 최소화한다. 가스 컴프레서 건물과 같이 차폐된 공간에서 소량의 구름(예: 100kg 이하)에 의한 폭발로도 상당한 피해를 줄 수 있다.

▶ 점화원을 통제한다.

해양 석유 시추 플랫폼의 경우 플랫폼 가동 기간 동안 특정 시점에서 응축물이 유출될 가능성이 있지만 차폐 또는 밀집 환경은 피할 수 없으며 폭발 가능성(상대적으로 피해가 적은 증발 화재보다 피해가 큰 폭발)을 최소화하고 폭발시 피해를 최소화하도록 설계시 여러 사항을 고려한다. 이러한 고려 사항은 다음과 같다.

▶ 응축물이 누출될 가능성이 높은 원인(예: 펌프)을 플랫폼의 가장 자리 주변과 같이 차폐가 최소인 장소에 배치하여 누출원 주변에 차단벽 설치를 최소화한다.

▶ 외부 환경에 대한 보호용으로 차단벽이 필요한 경우 폭발을 최소화하도록 외부 벽을 설계하고 내부 벽은 폭발에 견딜 수 있도록 설계한다.

- 점화원에 대한 철저한 관리를 수행한다.
- 응축물이 누출될 수 있는 잠재적 원인과 플랫폼의 외부 가장 자리 또는 내폭성 벽 사이에 밀집 상태가 되지 않도록 하거나 최소화하여 발화 및 연소되는 구름의 확장으로 인한 난류를 최소화한다.
- 작은 직경의 파이프라인 사용을 최소화하고 반드시 필요한 경우 파이프라인을 강화하거나 보호하도록 특별히 관리한다.
- 일반적인 가스 감지 장치, 원격 차단 장치 및 누출 방지 시설을 설치한다.
- 작업 절차 및 수정 제어 절차에 대한 승인 여부에 대해서는 철저한 주의가 필요하다.

8.11 분진 폭발 위험성 감소

분진 폭발은 발생하는 건물 주변에서 순간적으로 영향을 준다.

일반적으로 분진 폭발은 기계 또는 건물과 같은 차폐된 공간 내에서 가연성 분진이 발화할 때 발생한다. 대부분 공통적으로 소량의, 상대적으로 위험이 없는 초기 분진 폭발은 지붕 빔 및 선반과 같은 건물 내의 수평면에 쌓인 분진을 흔드는 정도이며 몇 초 지난 후의 두 번째 폭발이 심각한 피해를 줄 수 있다. 이 사이클은 여러 차례 반복될 수 있다. 그림 8-10을 참조한다.

분진 폭발을 방지하기 위한 설계 원칙은 다음과 같다.

- 습식 공정과 같이 분진 생성 작업을 피한다.
- 차폐된 공간에 분진이 축적되지 않도록 한다.
- 덕트를 통해 분진이 배출되도록 한다.
- 승강식 선반 및 수평면(예: 시간이 경과함에 따라 분진이 축적될 수 있는 지붕 구조물) 사용을 피한다.
- 분진을 취급하는 기계 내의 점화원을 통제한다.
- 기계 장치 내 특정 공간에 질소가 축적되어 분진 구름이 생성되지 않도록 한다. (질소에 의해 질식할 수 있는 심각한 위험이 있으므로 주의해야 한다.)

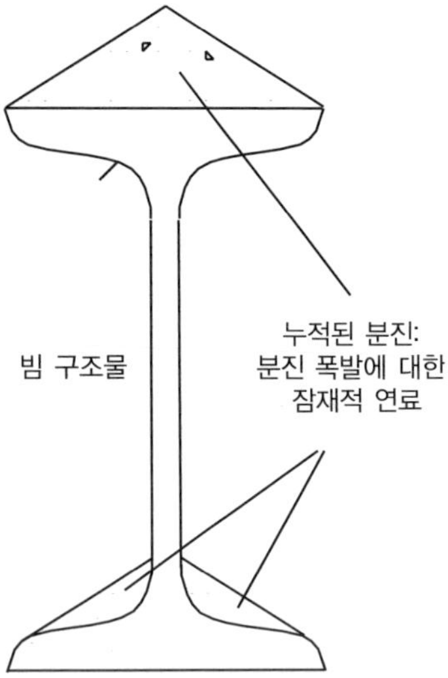

그림 8-10. 빔에 축적된 분진

- 분진 폭발이 발생할 수 있는 컨테이너를 제어하고 폭발이 발생했을 때 압력 상승을 억제하기 위한 폭발 억제제를 투입하는 차단 시스템을 설치한다.
- 프로세스 전반에 걸쳐 폭발이 전파되지 않도록 프로세스 상의 용기 사이에 전파 경로를 차단한다(예: 로터리 밸브 등).
- 분진 폭발 가능성이 있는 장비(예: 백 필터)를 건물 외부에 설치하여 폭발 가능성을 최소화한다.

가장 중요한 제어 조치는 축적된 분진을 정기적으로 제거하는 작업을 수행하는 것이다. 이 작업은 제약 회사의 경우 폭발 안전성 기준과는 별도로 제약 회사 기준을 만족시키기 위해 반드시 필요하다.

8.12 독성 가스 위험성 감소

독성 가스 위험성의 최소화를 위해 필요 적절한 조치는 기존의 안전성, 적절한 격리, 하드웨어 및 소프트웨어 제어, 적절한 보호 하드웨어 및 소프트웨어, 피해 방지를 위한 시설과 같은 화재 및 폭발에 대비하여 필요한 안전 조치와 매우 유사하다 (주요 차이점은 점화원이 문제가 되지 않는다는 점이다).

다음은 적용해야 할 주요 설계 특성이다.

- 누출을 방지하도록 독성 물질의 완전한 격리
- 누출에 의한 누출율을 최소화하기 위해 최소한의 크기의 견고한 파이프라인
- 누출 발생시 즉각적인 경고를 알리기 위한 가스 감지 시스템
- 주요 누출 발생시 즉시 흐름을 차단하는 누출 체크 밸브 장착
- 누출 규모에 관계없이 즉시 차단하도록 독성 물질 저장 시설에 원격 작동식 비상 차단 밸브 장착. 이러한 밸브 작동이 플랜트 운영에 심각한 영향을 주지 않는 한 밸브는 가스 감지 시스템에 의해 자동으로 작동하여 누출 기간 및 인명 피해를 최소화한다.
- 밀봉할 경우 인화성 문제가 없고 수용성인 독성 물질의 경우, 가스 감지기에 의해 자동으로 작동하며 수동으로도 작동 가능한 스프링클러 시스템이 설치된 건물 내에 가스 실린더의 보관. 이러한 물질의 예는 염화수소 및 암모니아이며 이러한 물질은 수용성이 강하고 건물 내의 대기 중으로 급속하게 분산되어 유출되지 않는다.

8.13 환경 위험성 감소

8.13.1 소개

여기서 설명하는 환경 위험성은 재고품 보관에 의한 지속적인 배출 또는, 밸브 스템 및 펌프 씰과 같은 원인에 의한 지속적인 배출을 통한 환경 피해를 제외하고 갑작스럽고 예기치 못한 이벤트로 한정한다.

일반적으로 환경 피해는 환경 활성 물질의 차폐 실패로 인해 발생한다. 즉 이러한 물질이 다음과 같은 경로를 통해 환경에 누출될 수 있다.

- 대기 중으로 누출되는 증기
- 지면 또는 배수 시스템을 통해 지면 또는 강, 호수 또는 해양으로 누출되는 액체
- 환경 활성 물질로 적합하지 않은 고체 물질이 쓰레기 폐기장에 폐기되는 경우

가장 환경적으로 피해가 심각한 사고 중 하나는 화학 물질을 보관하는 컨테이너에 화재가 발생하여 소방 용수가 이러한 물질을 강 또는 해양으로 유출하는 경우이다.

여기서는 몇 가지 옵션에 대해 간략하게 설명한다.

8.13.2 존재하는 위험 요소의 감소

몇 가지 옵션은 다음과 같다.

- ▶ 환경 활성 물질에 대한 프로세스, 보관 또는 운반의 제한 또는 최소화
- ▶ 환경 활성력이 낮은 물질로의 교체
- ▶ 환경 활성 물질이 유출될 수 있는 비정상적인 조건을 제한하도록 프로세스 설정

8.13.3 예방

옵션은 다음과 같다.

- ▶ 기타 물질과는 별도로 환경 활성 물질의 보관 및 취급, 화재에 노출 또는 기계적 피해가 상대적으로 적은 컨테이너에 보관
- ▶ 견고한 컨테이너 사용
- ▶ 환경에 누출될 가능성을 최소화하기 위해 플랜트 장비 및 운영 절차에 대한 검사 및 모니터링
- ▶ 화재 예방을 위한 철저한 주의 및 관리
- ▶ 전직원에게 환경 피해 예방의 중요성에 대한 교육 실시

8.13.4 예방 조치

옵션은 다음과 같다.

- ▶ 누출시 지면에 스며들거나 배수로를 통해 유출되지 않고 차단되거나 제한된 공간에 환경 활성 물질 보관
- ▶ 우발적으로 배수 시스템을 통해 누출된 특정 물질을 적절하게 처리할 수 있도록 집수

시설 설치

- 제한된 독립적인 배수 시스템을 통해 환경 활성 물질을 처리하는 구역을 제공하여 이러한 물질이 일반 배수 시스템으로 유입되는 것을 차단
- 환경 활성 물질을 보관하는 물류 창고의 경우 가능한 최대한의 소방 용수를 저장하기 충분한 집수 시설을 설치하거나 물류 창고를 격리시켜서 오염된 소방 용수를 저장하기 위한 적절한 배수 시스템 및 집수 시설 설치
- 전직원에게 환경 활성 물질이 유출되는 경우 수행해야 하는 절차 및 이러한 물질 주변에서 소방 용수 사용시 필요한 절차에 대한 교육 실시

8.14 신뢰성 손실 위험성 감소

8.14.1 신뢰성 중심 유지 보수(RCM)

8.14.1.1 소개

신뢰성 중심 유지 보수(RCM)는 위험 식별 및 등급 결정을 위해 앞서 언급한 일반적인 접근 방식 중 특별한 경우이다. 겉으로 보기에 위험성이 높은 시나리오 또는 심각한 결과가 예상되는 시나리오의 경우 예상 장비의 결함 또는 고장으로 인해 발생되고 이러한 사고 예방을 위해 유지 보수 옵션이 고려된다. 예방적 차원의 유지 보수를 실행하는 검사 프로그램을 감독하기 위해 RCM을 위험성 기반 검사(RBI-나중에 설명)와 연결하는 것이 바람직하다.

RCM 프로그램 개발에 있어서 핵심 장비보다 핵심 기능에 중점을 두는 것이 문제 해결에 도움이 된다. 이것은 보기에 따라서는 용어 개념의 문제로 볼 수 있지만 유지 보수가 필요한 대상에 중점을 두고자 하는 것이며 장비가 고장나기 전에 관련 예상 비용을 평가하는 사무직 직원(예: 회계사 및 경영진)에게 도움을 준다.

효과적으로 RCM 프로그램을 개발하려면 다양한 분야의 엔지니어 및 관련 분야 종사자, 조직의 다양한 레벨의 직원을 포함하여 적절한 범위의 경험과 전문 지식을 가진 구성원으로 팀을 구성하여 관련 장비에 대한 정보를 수집하고 해당 설비 구축시 적절한 도움을 받는 것이 매우 중요하다.

과거에는 RCM을 수리 비용 및 고장으로 인한 생산 손실 비용 측면에서 보는 경우가 많았다. 제련, 화학, 석유 및 가스와 같이 고위험 프로세스 산업(이러한 산업 분야의 위험성이 반드시 높지는 않음)의 경우 장비 결함, 인명 피해, 환경 피해, 추가 개발에 대한 법적 승인을 견제하는 여론, 기존 운영 시설에 대한 철저한 제어 및 징역형 이상의 판결 가능성을 동반하는 법적 요구 사항을 포함하여 모든 결과에 대해 고려하는 것이 중요하다.

8.14.1.2 RCM 발전의 역사

몇 년 전까지 유지 보수는 장비에 결함이 발생하는 경우 주로 수행되었다. 그 이후 일부 고장은 상당한 피해를 주고 이러한 고장을 방지하기 위해 장비를 유지 보수하기 시작했으며 이를 통해 정기 유지 보수의 필요성이 대두되었다.

너무 빈번한 사전 유지 보수(불필요한 작업 수행에 따른 비용 발생) 및 너무 가끔 수행하는 사전 유지 보수(고장에 의한 초과 비용 발생) 사이에 균형을 맞추기는 어렵다. 많은 기업들은 사전 및 사후 유지 보수 비율을 모니터링하고 50:50와 같이 임의의 비율을 설정한다.

그러나 여러 유형의 장비에 대한 사전 유지 보수를 수행해도 사후 유지 보수 비율이 반드시 감소되지 않고 일부 경우 오히려 증가되는 것으로 밝혀졌다.

또한 고장으로 인한 피해 비용이 상당하거나(예: 항공 운송) 위험 상황이 발생할 수 있는(예: 기타 여러 산업) 산업 분야의 경우 유지 보수 관리에 적절한 방법이 필요한 것으로 밝혀졌다.

미국에서는 관련 산업 및 감독 기관이 참여하는 항공 산업 전담 특별팀이 구성되어 다음과 같은 결론을 얻었다.

(a) 사전 정비 작업은 확실한 고장 모드를 제외하고 복잡한 장비의 안정성에 영향을 거의 주지 않았다.

(b) 여러 유형의 장비를 위한 사전 정비 작업에 대해 효율적인 형식은 없다.

특별팀은 유지 보수를 위한 권장 사항에 대해 보고서를 작성했으며 그 이후 여러 번 개정되었다. 3차 보고서가 비공식적으로 산업계에서는 RCM(신뢰성 중심 유지 보수)으로 알려져 있다.

미 국방부는 UA(유나이티드 에어라인) 항공사에게 유지 보수, 신뢰성 및 안전성 사이의 관계에 대한 지침서를 작성할 것을 의뢰했다. 이 지침서를 'RCM'(신뢰성 중심 유지 보수)이라 한다.

8.14.2 RCM의 원리

RCM의 원리는 다음과 같은 네 가지 원칙을 기반으로 한다.

1. 사전 유지 보수의 목적은 고장 발생을 최소화하거나 예방하고자 하는 것이다. 장비가 여러 모드에서 고장 나는 경우 일부 모드는 다른 경우보다 매우 심각한 결과가 발생할 수 있다. 가장 중점을 두어야 할 사항은 이러한 고장을 예방하거나 발생 빈도 또는 그에 따른 영향을 최소화하는 것이다.
2. 결함에 따른 결과는 설치되어 작동하는 장비에 따라 결정된다. 따라서 한 기업에서 특정 유형의 장비에 대한 사전 유지 보수는 다른 기업의 동일 장비에 전혀 맞지 않을 수 있다.
3. 사전 유지 보수를 통해 모든 결함을 예방할 수 없으며 그렇게 기대하는 것도 바람직하지 못하다.
4. 가장 핵심적으로 중점을 두어야 하는 것은 장비로부터 필요한 기능이며 장비 자체는 의미가 없다.

8.14.2.1 RCM 프로세스의 절차

RCM 프로세스 절차는 다음과 같다. (이러한 절차는 원칙적으로 위험성 관리 단계와 동일하다.)

1. 유지 보수 관리의 목표를 정의한다. 목표 수립시, 예를 들어 안전성, 중단 없는 생산, 환경 영향 및 자산 보전과 같이 다양한 유형의 성과에 대한 우선 순위를 정의하는 것이 중요하다. 성과 기준은 이러한 각각의 사항에 대해 정의되어야 한다.
2. 이러한 유형의 성과와 관련하여 장비에 필요한 성능(또는 기능)을 정의한다. 성능 또는 기능은 명사-동사 쌍의 형태로 정의된다. 예를 들어 제6장에서 설명한 핫 오일 가열 플랜트의 경우 펌프에 필요한 성능은 다음과 같다.
   - ▶ 압력을 생성한다.

▶ 오일을 포함한다.

3. 필요한 유형의 성과에 영향을 주는 고장 모드를 정의한다.

4. 이러한 고장 모드에 대한 영향 유형을 식별한다.

5. 필요한 유형의 성과에 대한 영향 규모를 평가한다.

6. 성능 또는 기능의 우선 순위, 고장 모드 및 영향에 대해 분석하여 관련 결함 또는 영향의 개선, 제거 또는 감소를 위한 방법에 대해 고찰한다. 우선 순위 평가 프로세스는 결함으로 인한 잠재적 결과 및 측정된 상대적 발생 가능성 측면에서 고려해야 한다. 이 평가에는 일반적인 유지 보수 및 대상 플랜트의 유지 보수에 대한 경험을 가진 유지 보수 직원이 참여해야 한다.

7. 수행해야 할 조치를 정의한다. 이러한 조치에는 다음이 포함된다.

▶ 사전 계획된 검사(결함이 발생할 가능성이 높은 장비의 상태를 미리 감지하여 개선함으로써 결함이 발생한 후 소요되는 상당한 비용을 절감할 수 있다.)

▶ 사전 계획된 복구 작업(항공기의 구성 부품의 경우 일상적인 작업 수행을 통해 새로운 상태로 복원 가능)

▶ 폐기 및 교체

위에서 언급한 절차는 다음과 같이 요약할 수 있다.

▶ 시스템 성능 보존에 중점을 둔다.(장비 자체 상태의 보존이 아님)

▶ 성능 손실을 가져올 수 있는 특정 고장 모드를 식별한다.

▶ 상대적으로 발생 가능성이 높은 결함을 우선적으로 고려하여 성능에 영향을 주는 중요성에 따라 고장 모드 우선 순위를 결정한다.

▶ 우선 순위가 높은 고장 모드를 최소화하거나 예방하기 위해 효과적이고 작업 가능한 사전 유지 보수 작업을 식별한다.

위에 언급한 분석은 전문가로 구성된 '특별 연구' 팀이 은밀하게 수행하는 것보다 이러한 기능을 담당하는 작업자에 의해 수행되는 것이 바람직하다.

8.14.2.2 적절한 기술

Hazop 연구(부록 A 참조) 및 고장 모드 및 영향 분석(FMEA- 부록 B 참조)은 고장 모드 식별 및 필수 성능에 대한 영향 규모 평가에 매우 적절한 기술이다. 각각의 기술은 관련 팀이 특정 유형의 기술을 가진 전문가와 작업자가 함께 수행해야 한다.

(FMEA는 일반적으로 결과 및 발생 가능성의 심각도를 정량화하는 FMECA (고장 모드 및 영향 치명도 분석)로 확장된다. 부록 B를 참조한다. 따라서 FMECA는 신속한 등급 결정을 위한 특별한 방법이다.)

FMEA 또는 FMECA는 기계 플랜트를 위해 개발되고 널리 사용되고 있으며 반면에 Hazop은 공정 플랜트를 위해 개발되고 널리 사용되고 있다. 두 가지 방식은 기타 산업 분야에도 적용할 수 있다.

제3장에서 설명한 신속한 등급 결정은 Hazop 및 FMECA와 동일한 원칙을 사용하며 특정 기술의 적용 여부 분석시 고려하는 고장 모드 유형을 정의할 때, 광범위한 기술이 적용되도록 구성할 수 있다. 측정된 상대적 발생 가능성을 고려하여 서로 다른 유형의 영향(안전성, 환경, 생산 연속성, 자산 피해 등)을 동시에 고려하는 경우 매우 적합한 방법이다.

8.14.3 위험성 기반 검사(RBI)

8.14.3.1 소개

신속한 등급 결정 접근 방식은 이러한 검사가 가장 비용 효율적인 장비 또는 시스템에 중점을 두는 검사 프로그램 개발에 사용된다.

겉으로 보기에 위험성이 높은 시나리오 또는 심각한 결과가 예상되는 시나리오의 경우 예상 장비 결함 또는 고장, 작업자 실수에 의해 발생할 때 감지되며 이러한 검사에 의해 즉각적이고 효과적으로 사전 조치를 수행하기 충분할 정도로 초기에 감지되어 검사 일정이 수립된다. 물론 검사 및 사전 조치 비용과 비교하여 예상되는 연간 비용 절감 효과를 산출하기 위해 예상 결함 및 발생 빈도에 대한 전체 비용을 고려해야 한다.

따라서 위험성 기반 검사 프로그램 설치 및 새로운 검사를 프로그램에 추가할 때 고려해야 할 일부 요소는 다음과 같다.

▶ 전체 결함 비용(피해를 입은 장비 및 생산 손실 등과 같은 유형 비용 및 부상, 환경

피해, 시장 손실 및 기업 이미지 손실 등과 같은 무형 비용 포함)

- 검사가 필요한 빈도 및 교대 근무자 또는 해당 직원에 의한 교대 수행 필요 여부를 결정하는 기준으로 사용되는 사고가 전개되는 속도
- 테스트를 수행하는 담당자에게 필요한 교육 및 경험의 레벨 표시하는 데 필요한 검사 및 테스트 장비의 특성
- 충분한 시간 동안 증상을 감지하는 검사를 통해 효과적인 조치 수행
- 개선 조치를 결정하고 승인하는 데 필요한 경험 및 전문 지식
- 제시된 검사의 실질적인 경제성 여부를 결정하기 위해 필요한 검사 및 조치에 수반되는 비용

일부 경우 감지 실패로 인해 발생하는 사고 비용과 비교하여 검사 비용이 상당히 저렴하다. 이것은 작동할 것으로 예상된 보호 시스템의 작동 불능 상태로 인해 사고가 발생할 때까지 결함을 감지할 수 없는 경우가 특히 그렇다. 이 경우 사고가 발생했을 때 보호 시스템의 결함을 확인할 방법이 없다.

이와 관련하여 하나의 접근 방식은 보호가 필요한 상황이 발생하거나 보호 시스템에 결함이 발생하는 상황에 대한 최대 수용 가능한 확률을 정의하는 것이다. 예를 들면 고압 경보 시스템 및 트립 시스템이 결함 상태일 때 압력 제어기의 결함 빈도를 들 수 있다.

이 경우 제6장에서 설정한 수학 공식을 사용하거나 제어 시스템 및 경보/트립 시스템의 연간 결함 확률 빈도에 대한 데이터를 사용하여 장비를 테스트하기 위한 원하는 최대 빈도를 계산할 수 있다. 이를 통해 적절한 컴퓨터 스프레드시트를 작성하여 많은 수의 보호 시스템을 신속하게 분석할 수 있다.

8.14.4 위험성 기반 검사 빈도(그림 8-11 참조)

다음과 같이 가정한다.

*T*년은 결함을 거의 감지할 수 없는 결함 조건에 대한 시간

p(범위 0~1)는 T 기간 내에서 진행되는 결함 조건을 성공적으로 감지할 검사 확률

c(범위 0~1)는 실패하기 전에 진행되는 결함을 감지하는 데 필요한 확률(확실성)

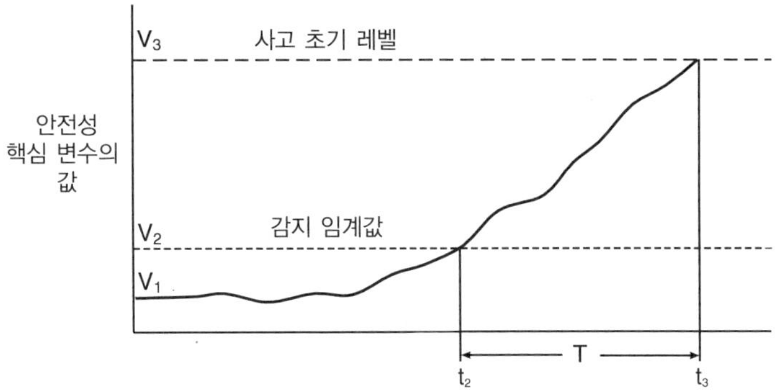

그림 8-11. 결함 전개도

진행되는 결함 조건을 감지하지 못할 검사 확률;

$$(1 - p)$$

실패하기 전에 감지하지 못할 진행되는 결함 조건의 최대 수용 가능한 확률;

$$(1 - c)$$

그러면 다음과 같은 관계가 성립된다.

$$(1 - c) = (1 - p)^n$$

여기서 n은 필요한 감지 확률에 도달하기 위해 T 시간 내에서 필요한 테스트 수이다. 따라서

$$n = \log(1 - c)/\log(1 - p)$$

그렇다면

연간 필요한 검사 빈도, $F = \log(1 - c)/T\log(1 - p)$

예제 8.14.1

프로세스 조건이 변경하는 경우 용기에 부식이 진행될 수 있다. 부식은 용기 결함을 감지할 정도로 진행하는 데 3개월이 소요된다고 가정한다. 한 번의 검사로 결함을 감지할 확률은 75%로 가정한다. 결함이 발생하면 결과의 심각도로 인해 실패하기 전에 진행되는 결함 조건을 감지하는 데 필요한 확률은 95%이다. 필요한 검사 빈도는?

$T = 0.25$년

$p = 0.75$
$c = 0.95$
$F = \log(1 - 0.95)/0.25 \log(1 - 0.75)$
$= (\log 0.05)/(0.25 \log 0.25)$
$= (-1.30)/0.25 \times (-0.6)$
$= 8.6$/년

즉, 약 6주마다 실시한다(실제로는 장비 검사를 월별 또는 분기별로 실시하는 경우가 많다).

예제 8.14.2

부탄 액체를 취급하는 대형 펌프가 이중 기계적 씰로 처리되어 있다. 씰은 베어링 결함으로 인해 손상될 수 있다. 이 펌프에 대한 대부분의 베어링 결함은 씰 손상을 감지하기 충분할 정도로 노이즈가 발생하는 데 약 2일이 걸린다고 가정한다. 작업자가 펌프의 노이즈 검사를 통해 문제를 감지할 확률은 50%로 가정한다. 대형 화재 또는 증기운 폭발 가능성으로 인해 씰 손상 이전에 베어링 결함을 감지할 확률은 최소 90% 이상이어야 한다. 작업자가 펌프에 대한 베어링 노이즈 검사를 얼마나 자주 실시해야 하는가?

$T = 2/365; p = 0.5; c = 0.9$
$F = (365 \times \log 0.1)/(2 \times \log 0.5)$
$= 365 \times (-1)/2 \times (-0.301)$
$= 601$/년

즉 실제의 경우 약 2회/일 또는 교대시 1회 실시한다.

8.14.5 검사의 경제적 타당성

결함으로 인한 영향을 금전적인 비용으로 표현하면 다음과 같다.

- C는 건당 전체 테스트 실시 비용($)
- F는 테스트 빈도
- D는 전체 결함 비용($)
- H는 결함 빈도(p.a.)

▶ c는 실패하기 전에 결함 조건을 감지할 테스트 확률

여기서

연간 검사 비용 = $C \times F$

그리고

검사에 의해 감지되는 연간 결함 비용 = $D \times H \times c$

따라서 결함 방지를 위해 필요한 검사 방식은 다음 조건이 성립되는 경우에만 경제적으로 타당성이 있다.

$$D \times H \times c > C \times F$$

여기서 시간 값을 비용으로 환산하는 것은 고려하지 않는다. 이 접근 방식은 NPV(순현재 가치) 개념에 따라 다를 수 있다. 또한 여기서는 안전성, 환경 또는 실제로 금전적 측면에서 표현할 수 없는 기타 영향에 대해서는 고려하지 않는다.

8.15 제어 및 보호 시스템의 신뢰성을 위한 설계

제어 및 보호 시스템에 대해 설계 및 운영상 안정적인 수학적 기준은 제6장에서 수립하였으며 여기서는 요약하여 설명하도록 한다.

원칙은 다음과 같다.

▶ 제어 및 보호 시스템의 설계는 경험 많은 제어 및 계측 엔지니어의 안정성 이론에 의해 발전된 판단과 경험을 통해 이루어져야 하며 안정성 이론에만 의존하지 않도록 한다. 제어 및 보호 시스템은 해당 프로세스 조건에 필요한 사항을 수행할 수 있어야 한다.

▶ 시스템을 위해 선택한 구성 요소의 품질이 양호해야 한다. 안정적인 시스템을 이중으로 중복되게 설치하더라도 구성 요소가 불안정하다면 안정적인 시스템을 이중으로 조합하는 것은 의미가 없다. 안정성은 일반적인 유형의 구성 요소 및 제조 업체에 따라 결정된다.

▶ 시스템은 원래의 사양과 동일한 기준으로 유지 보수되어야 한다. 즉 매우 안정된 시스템은 매우 높은 유지 보수 기준이 필요하다. 이러한 기준을 적용하려면 높은 수준

의 전문적인 관리 및 기술적인 지식을 가진 숙련되고 교육 받은 영업 사원으로 팀을 구성하고 높은 수준의 시설 및 리소스가 필요하다.

▶ 제어가 중단되지 않는 것이 중요하며(예: 보호 조치가 거의 도움이 안되는 경우) 시스템 제어 범위가 점차 폭 넓어짐에 따라 제어 시스템을 중복되게 설치할 수 있다. 이러한 경우 하나의 시스템만 정상적으로 작동하고 다른 시스템은 정상적으로 작동하는 시스템에 결함이 발생하는 경우 작동되도록 한다(그러나 두 번째 제어 시스템이 상당히 광범위한 경우 제어는 두 번째 시스템이 작동하기 전에 중단될 수 있으며 두 번째 제어 범위가 너무 좁은 경우 두 개의 제어기 사이에 충돌할 가능성이 있다).

▶ 제어 시스템은 정기적으로 보정해야 한다.

▶ 특히 최신 또는 정밀한 제어 시스템의 경우 다음 사항이 필요하다.

- 제어 시스템의 정기적인 성능 평가(예: 목표 성능의 만족 여부)
- 제어 시스템의 기능 및 조업자 역할에 대해 정기적이고 공식적인 조업자 교육

▶ 보호 시스템은 제어 시스템과 완전히 독립적으로 운영되어야 한다.

▶ 보호 시스템은 테스트해야 한다. 테스트 받지 않은 보호 시스템은 작동을 요청 받았을 때 이미 결함 상태에 있을 확률이 높기 때문에 신뢰할 수 없다.

▶ 보호 시스템 테스트는 가능한 결함 조건에 대한 시뮬레이션에 근접해야 하며 결함 조건을 가진 센서로부터 플랜트를 보호하는 작동중인 구성 요소에 이르기까지(예: 고온을 감지하는 서모커플(열전기 쌍)에서 연료 차단 밸브까지) 가능한 시스템 전반에 걸쳐 테스트해야 한다.

▶ 제어 결함으로 인해 보호 조치가 필요한 경우 안정된 단일 보호 시스템을 적용할지 또는 이중 보호 시스템을 설치할지 여부를 선택한다.

▶ 특정 기간 동안 보다 안정된 구성 부품을 사용하거나, 자주 테스트하거나 또는 테스트 수행 후 시스템이 '작동 가능한지' 확인 작업을 포함하여 향상된 테스트 수행을 통해 단일 보호 시스템이 더욱 안정될 수 있다. (그러나 단일 보호 시스템이 적절한 보호를 제공하지 못하는 경우가 많다. 왜냐하면 최초의 프로세스 또는 제어 시스템은 초창기에 설계된 것임을 간과하기 때문이다. 따라서 겉으로 보기에 과도하게 불안정한 상태에 대해서는 프로세스 측면에서 먼저 조사한 다음 제어 및 보호 시스템 설계 측면에서 조사해야 한다.)

▶ 이중 보호 시스템은 최소한 하나 이상의 보호 조치를 작동할 확률을 증가시키지만 또한 구성 요소 결함으로 인한 잘못된 '안전상 오류' 조치를 수행하여 부적절한 보호 조치를 수행할 확률이 증가한다. (잘못된 경보 시스템 또는 트립으로 인해 조업자가 이러한 오류에 지치게 되고 보호 시스템과 단절되는 문제가 발생할 수 있다.

▶ 잘못된 보호 시스템 조치를 수행할 확률은 '투표' 시스템의 사용을 통해 줄일 수 있다.

- 제어 또는 보호 시스템의 경우 이중 시스템의 공통 모드 결함 확률은 전체 설계 프로세스 및 운영중인 시스템 유지 보수시 다양한 방법을 사용하여 줄일 수 있다. 예를 들면 다음과 같다.
  - 제어 중단의 표시로서 다양한 공정 변수 사용
  - 선택한 장비의 다양한 운영 원칙 사용
  - 다양한 장비 케이블 경로 사용
  - 장비 보정, 테스트 및 유지 보수를 위한 다양한 전문가 활용
  - 백업 시스템 설계 및 제공을 위한 다양한 팀 구성 및 계약 업체 선정

정리하면 주요 원칙은 다음과 같다.

- 성능
- 중복성
- 다양성
- 일상적인 보정 및 테스트

8.16 석유 및 가스 산업 분야에서 신뢰성 및 안전성을 위한 장비 설계

석유 및 가스 산업 분야에서 안전성 및 안정성을 위한 적절한 사례를 보여 주는 수많은 설계 성과가 있다. 이러한 수많은 예는 Lieberman(1988)에 의해 실질적인 방법으로 설명되었다.

참고문헌

- Bollinger, R. E., Clark, D. G., Dowell, A. M., Ewbank, R. M., Hendershott, D. C., Lutz, W. K., Meszaros, S. I., Park, D. E., and Wixom, E. D., "Inherently Safer Chemical Process: A Life Cycle Approach." (D. A. Crowl, Ed.). American Institute of Chemical Engineers, New York, 1996.
- Center For Chemical Process Safety (CPPS), "Guidelines for Engineering Design for Process Safety." American Institute of Chemical Engineers, New York, 1993.
- Hendershot, D. C., "Inherently Safer Process Design Philosophy." Proc. Conf. Process Safety, The Israel Institute of Petroleum and Energy, Herzliya, Israel, May 5-6, 1999a.
- Hendershot, D. C., "Inherently Safer Design Strategies." Proc. Conf. Process Safety, The Israel Institute of Petroleum and Energy, Herzliya, Israel, May 5-6, 1999b.
- The Institution of Chemical Engineers (IChemE) and the International Process Safety Group (IPSG), "Inherently Safer Process Design." The Institution of Chemical Engineers, Rugby, UK, 1995.
- Kletz, T. A., "Cheaper, Safer Plants, or Wealth and Safety at Work." The Institution of Chemical Engineers, Rugby, UK, 1984.
- Kletz, T. A., *Plant Design for Safety*. Taylor and Francis, Bristol, PA, 1991.
- Kletz, T. A., Process Plants: A Handbook for Inherently Safer Design. Taylor and Francis, Bristol, PA, 1998.
- Lieberman, N. P., *Process Design for Reliable Operations*, 2nd ed. Gulf, Houston, 1988.
- Tweeddale, H. M., "Improving the Process Safety and Loss Control Software in Existing Process Plants." Institution of Chemical Engineers, London. Symposium Series 94, Multistream 85, April 1985

9 신설 플랜트의 위험성 및 신뢰성 관리

본 장을 배우고 나면 다음 사항에 대해 이해하게 된다.

- 초기 단계에서 새로운 설계에 안전성 및 신뢰성 적용 방법
- 수행 가능한 방법

이 장에서는 새로운 프로젝트의 위험성 관리 프로세스에 대한 통합 접근 방식에 대해 설명한다.

9.1 소개

새로운 프로젝트 초기 단계에서 설계에 안전성을 고려하는 것은 이러한 개념을 개발하고 정의하는 시점에서 적용하는 것이 설계가 완료된 후 안전성을 추가하는 것보다 훨씬 쉽다. 예를 들어 제시된 플랜트 위치가 부적절하게 주거 지역에 근접한 경우 이를 보완하기 위해 상당한 안전 장비가 필요하다. 이것은 추가적인 자본 및 유지 보수 비용을 필요로 한다. 반면에 안전성 연구를 초기 단계에서 시작하는 경우 부적절한 위치 선정을 피할 수 있으며 다른 프로세스 선택 또는 위험 물질 저장을 최소화하도록 설계하는 방법으로 기존의 플랜트 안전성을 개선함으로써 제한된 완충 구역 설정에도 불구하고 주거 지역에서의 심각한 사고 발생을 줄일 수 있다.

설계 및 건설 단계에서 새로운 프로젝트의 안전성 관리를 위한 적절한 접근 방식 중 하나는 설계 및 건설 단계에서 다양한 연구를 반복적으로 수행하는 것이다. 이러한 연구에는 사용 가능한 정보 및 각각의 프로젝트 단계에서 수행되는 활동이 포함되며 아래에서 설명한다.

이러한 단계는 그림 9-1과 같이 요약할 수 있으며, 이것은 PMI(Project Management Institute, 1996)이 정의한 프로젝트 단계이다.

(이러한 접근 방식에 대해서는 IChemE(1994)에서 자세하게 설명되어 있다.)

9.2 안전성, 신뢰성 및 환경 기준

본 연구는 특정 프로젝트에 대한 설계가 개념적 단계에 있을 때 하며 가능하면 블록 다이어그램 단계에서 시행한다(예: 그림 9-1의 단계 1).

본 연구 목표는 다음과 같다.

1. 사용할 물질 및 프로세스에 존재하는 위험 요소 식별

단계	단계 1 개념 및 정의	단계 2 플로우시트 설계	단계 3 세부적인 설계	단계 4 건설 및 시운전	단계 5 운영
프로젝트 활동	설계 측면에서의 개념 검토 기술 사양 수립 →	입찰 업체 선정 계약 체결 →	세부적인 설계 설계 확정 →	건설/조립/시운전 고객/사용자에게 전달 →	사용/유지 보수
신뢰성 및 위험성 활동	▶ 위험 요소 식별 ▶ 설계 가이드라인 수립	▶ 사양 준수 여부 점검 ▶ 예비 위험 분석 및 평가 ▶ 입찰 업체 비교 ▶ 세부적인 설계 기준 수립	▶ 세부적인 설계 지원 ▶ '최종' 설계에 대한 점검 ▶ 단계 4 및 5로의 진행을 위한 준비	건설/조립 공정의 사양, 계약 사항 및 설계 기준 준수 여부 확인 '목적에 맞게 적합'한지 여부 확인	건설 과정에서의 모든 수정 사항 검토 ▶ 향후 위험성이 낮은지 여부 확인
신뢰성 및 위험성 방법	▶ 위험 요소 식별 체크 시트	▶ 위험성 관리 프로세스 ▶ 위험성 감소를 위한 위험성 밸런스 ▶ 유형/무형의 위험성 요소식별	▶ Hazop ▶ FMEA/FMECA* ▶ 기타 세부 사항 식별 방법	▶ 품질 검증 방법	▶ 수정 사항에 대한 사후 가동 검토 ▶ 지속적인 위험성 모니터링, 감사 및 검토

그림 9-1
부록 C 참조

2. 플랜트가 안전성, 신뢰성 및 환경 분야에서 적정 수준을 만족시키는 데 필요한 기준 정의

3. 입찰 업체에게 제공하는 기술 사양에 포함되며 이러한 기준을 만족시키는 설계를 제공하도록 플랜트 설계를 위한 가이드라인 정의

이러한 연구는 두 개의 회의를 통해 수행되며 연구 및 조사를 위해 몇 주 동안 개별적으로 진행된다.

첫 번째 회의는 플랜트의 다양한 부분을 책임지는 경영진으로 구성된다. 일반적으로 다음과 같은 구성원으로 구성된다.

- 프로젝트 관리자
- 프로젝트 설계 관리자
- 프로젝트 건설 관리자
- 건설 현장 소장
- 공정 안전 관리자

플랜트 설계 개념은 회의를 통해 개략적으로 수립된다. 그런 다음 원자재, 중간재, 최종 재품 등과 같은 플랜트에 존재하는 모든 공정 물질에 대한 목록이 작성된다. 공정 물질 워크시트(제2장 참조)는 위에서부터 관련 물질들을 열거하고 해당 물질 옆에 관련 위험 요소 또는 환경 문제를 언급하며 화재, 폭발, BLEVE, 독성 누출, 만성 독성, 수용할 수 없는 수준의 액체 유출 등과 같은 제목이 포함된 플립 차트 형식으로 작성된다.

그런 다음 팀은 각 물질들을 차례대로 검토하여 이론적으로 언급한 위험 요소 또는 환경 문제를 제공하는 평가한다.

팀은 원자재 저장, 다양한 공정 구역, 최종 제품 보관, 탱크로리 선적, 운반 등의 각 플랜트 구역에 대해 정의하고 플랜트 구역 및 공정 운전을 위한 두 가지 워크시트를 사용하여 예상 문제 목록에서 각 사항을 검토한다(제2장 참조).

생산 손실의 원인이 되는 위험 요소, 잠재적 환경 문제 및 주요 잠재적 요소가 확인되면 다음 단계는 이러한 문제를 해결할 수 있는 대표적인 방법에 대해 토론하고 이해하는 것이다.

다음 단계는 위험 요소 및 위험성을 제거하거나 최소화하는 데 적절한 엔지니어링 및 관리 이니셔티브를 정의하는 것이다. 이 부분은 제8장에서 자세하게 설명하며 일반적으로 다음과 같은 고려 사항이 포함된다.

- ▶ 위험 물질 사용 금지 또는 보다 낮은 온도, 압력, 유량 등을 사용하는 방법으로 존재하는 위험 요소 제거 또는 감소. Kletz는 다음과 같이 언급했다: "위험 물질이 없다면 누출될 가능성도 없다."
- ▶ 누출 방지를 위해 개선된 위험 물질 밀폐, 반응 활성화 또는 기타 형태의 제어 손실을 방지하기 위한 공정 작업 제어. 여기에는 장비('하드웨어') 조치, 관리 및 운영상('소프트웨어') 조치가 포함된다.
- ▶ 밀폐 손실 또는 제어 손실이 발생한 경우 조치를 위해 개선된 보호 시스템. 여기에도 '하드웨어' 및 '소프트웨어' 조치가 포함된다.
- ▶ 발생된 사고에 대해 보호 조치를 통해 해결할 수 없는 경우 사고 영향을 제한하기 위한 피해 범위 제한. 이것은 위험 사고 발생 위치 및 노출되는 인명 또는 재산 사이의 완충 구역을 확대하거나 위험 사고 영향을 줄이기 위해 노출되는 시설의 강화를 포함한다.

이러한 단계가 완료되는 시점에서 모든 참석자들은 고려해야 할 주요 문제 유형에 대한 명확한 견해를 가지게 된다. 주요 문제는 다음과 같다.

- ▶ 화재
- ▶ 증기운 폭발
- ▶ 자연 발화
- ▶ 심각한 독성 가스 누출
- ▶ 수용할 수 없는 수준의 대기 유출
- ▶ 예상치 못한 중단
- ▶ 예상치 못한 생산 능력 감소

그런 다음 회의 주최자는 참석자 개인별로 각 위험 요소에 대한 보고서를 작성하도록 책임을 할당한다. 각 보고서는 다음 세 가지 사항에 대한 설명이 포함되어야 한다.

1. 안전성, 환경 또는 신뢰성에 위협이 되는 특성 및 원인
2. 적절한 적용 기준
3. 이러한 기준을 준수하도록 수용 가능한 설계

이제 회의를 종료한다. 대형 플랜트의 경우 이 첫 번째 회의는 하루 종일 계속될 수 있다.

보고서 작성 책임이 있는 각 참석자는 관련 전문 지식을 수집하고 사용해야 한다. 실제로 보고서 작성에 있어서 다른 관련 직원의 도움을 받을 수 있다. 보고서 작성을 완료하면 보고서 초안의 복사본을 팀 내의 모든 구성원들에게 배포한다. 각 구성원은 해당 보고서 초안을 검토한다.

모든 보고서 검토가 완료되면 두 번째 회의를 소집한다. 관련 보고서를 함께 페이지별로 검토하고 제시된 모든 의견에 대해 토론하고 합의된 의견은 채택한다. 그런 다음 합의된 보고서는 엔지니어링 계약 업체에 전달하여 기술 사양에 맞게 엔지니어링 가이드라인 및 요구 사항에 포함시키도록 하여 입찰 업체에 제출한다(또는 내부에서 설계하는 경우 설계 팀에 제출).

생산 관리 책임 범위 내에서 추가적인 요구 사항이 제시된 경우 생산 팀이 참고하여 처리하도록 한다.

이러한 접근 방식의 중요성에 대한 예는 다음과 같다.

1. 석유 화학 공장은 주거 지역으로부터 약 500미터 떨어져서 플랜트를 건설할 것을 제안했다. 이 첫 번째 연구에서 신뢰할 만한 최악의 증기운 폭발도 유리창을 깨는 정도 이상의 피해를 주거 지역에 주지 않는 것으로 판단했다. 따라서 입찰 업체가 제시한 설계는 정의된 방법으로 발생하는 최악의 누출 사고가 정의된 무게(톤) 이상의 증기운을 발생시키지 않도록 요구되었다. 그 결과, 플랜트는 인화성 물질 저장량이 상당히 감소되었으며 그에 따라 존재하는 위험 요소를 확실하게 줄일 수 있었다.
2. 대형의 LPG 냉동 저장 시설이 제안되었다. 범용으로 사용하는 이러한 시설의 냉동 방식으로 두 가지 접근 방식이 있다. 하나는 완전한 대형 탱크 외부에 위치하는 대용량 LPG 저장 시설이고 다른 하나는 소규모 저장시설이다. 우발적으로 발생할 수 있는 증기운 폭발에 확실하게 대비하기 위해 소규모 저장 시설이 채택되었다. 그 결과, 플랜트의 존재하는 위험 요소는 상당히 감소되었으며 추가 비용도 거의 소요되지 않았다.

9.3 안전성, 신뢰성 및 환경에 대한 검토

그림 9-1의 단계 2에서 입찰 업체로부터 제안서를 받은 경우(또는 내부 설계와 같이 입찰이 필요 없는 경우, 플로우시트 초안 작성이 완료된 경우) 개발한 폭 넓은 설계 사항은 다음과 같은 기준으로 검토한다.

- ▶ 안전성, 신뢰성 및 환경 기준의 결과로 지정된 설계 가이드라인이 이 설계 단계에 모두 포함되었는지 확인
- ▶ 설계가 위험성 및 환경 기준을 준수하는지 여부를 가능한 실질적으로 평가
- ▶ 세부적인 후속 설계시 중점적으로 다루어야 하는 설계상 특성 또는 여러 구역 식별

여러 입찰 업체로부터 제안서를 받은 경우 입찰 업체 선정 프로세스의 일부로서 각 업체에 대한 신속한 SRE(안전성, 신뢰성 및 환경) 검토를 수행하는 것이 일반적이다. 그런 다음 계약 업체와의 협상을 종료하기 전 또는 우선 협상 업체가 변경 요청에 대해 수용 가능하고 입찰 가격은 상향 조정하기 힘든 시점에서 보다 세부적인 SRE 검토를 수행하여 원하는 개선 사항을 확인한다.

일반적으로 검토에는 위의 세 가지 목표를 달성하기 위해 다음과 같은 세 가지 특징적인 작업 프로그램이 포함된다.

(a) 우선 협상 업체 선정 전에 모든 입찰 업체에 대한 신속한 검토

(b) 우선 협상 업체와의 계약 체결 전에 보다 세부적인 검토

(c) 안전성 및 환경 요구 사항을 준수하는지 확인하기 위해 설계에 대한 정밀한 조사

이러한 사항은 성공적인 입찰 업체 선정을 위해 설계 사무실에 구성된 클라이언트 팀의 주요 역할 중 하나이다.

이러한 프로그램은 다음과 같은 단계로 구성된다.

1. SRE 사양에 대한 각 항목이 모든 물리적 요구 사항을 만족시키는지 확인하기 위해 입찰 업체에 대한 철저한 검토를 수행한다.
2. 전반적인 안전성 점검 및 세부적인 설계 지정을 위한 기준으로 주요 위험성 원

인의 식별을 통해 가능한 실질적으로 사전 위험성 평가를 실시한다(예: 특정 프로세스 구역에 대한 거의 완벽한 제어 및 보호 시스템, 펌프 및 파이프라인에 대한 특별 설계 요구 사항).

이러한 사전 위험성 평가는 세부적인 설계 사항에 대해 전반적이고 충분하게 수행할 수 없기 때문에 '신속한 등급 결정' 방식을 통해 체계화될 수 있다(제3장 참조). 그러나 감독 기관이 정량적인 사전 보고서를 요청하는 경우 간단한 위험성 목록에 대한 철저한 분석 및 정량화를 통해 보다 세부적으로 수행하는 것이 바람직하다. 사전 평가가 감독 기관의 검토를 위해 필요한 경우 예상 위험성에 대한 포괄적인 검토를 제공하는 신속한 등급 결정과 설계 및 사후 관리시 세심한 주의가 필요한 이러한 간단한 위험성 목록은 해당 감독 기관과의 협상 및 성숙된 상호 신뢰 조성을 위해 매우 적절한 수단이 될 수 있다.

또한 신속한 등급 결정을 포함하여 이러한 사전 평가는 계약을 체결하기 전에 최소한의 추가 비용으로 위험성 최소화를 위한 설계 변경에 합의하기 위해 우선 협상 업체에게 고려 사항에 대한 많은 정보를 제공한다.

이러한 접근 방식의 예는 다음과 같다.

1. 제7장에서 설명한 것처럼 대형 석유 화학 공장의 경우 주거 지역으로부터 필요한 완충 구역 거리를 판단하기 위해 기본적인 정량적 위험성 평가 컴퓨터 시스템을 사용하여 세 개의 모든 입찰 업체에 대해 평가했다. 평가를 시작하기 전에는 모든 입찰 업체가 동일한 결과가 나올 것으로 예상되었다. 그러나 두 업체는 동일한 결과가 나왔지만 세 번째 업체는 다른 업체보다 세 배의 거리가 필요한 것으로 나왔다. 이러한 평가를 조사한 결과, 특정 구역 프로세스의 설계에 대한 접근 방식에 차이가 있었다. 즉 특정 구역의 경우 직경이 큰 파이프라인 및 펌프를 통해 상당히 대용량의 위험 물질 저장 시설이 필요했던 것이다. 이러한 사항이 확인된 후 상당한 위험 요소가 실제로 존재하는 것으로 확인되었다. 따라서 플랜트의 해당 구역에 대한 재설계 가능성이 제기되었고 입찰 업체 선정 연기를 고려하게 되었다.
2. 플랜트에 스팀 터빈에 의해 구동되는 대형 가스 컴프레서 설치가 제안되었다. 컴프레서 및 터빈은 신뢰성이 뛰어나기 때문에 비상 차단 시스템을 위해 매우 중요하다고 판단되었다. 따라서 이 단계에서 일반적인 수준보다 높은 신뢰성을

가진 시스템 사양으로 결정되었다. 또한 해당 장비 제조 업체에 대해 검토하고 전체 플랜트 중단을 방지하기 위해 스팀 밸브를 포함하여 차단 시스템에 대해 정기적으로 테스트할 수 있도록 설계 단계에서 특별한 기능을 제공하도록 했다.

9.4 위험과 운전 분석(Hazop)

9.4.1 소개

세부적인 설계상 '공정 및 계측 다이어그램' 단계를 완료한 시점인 그림 9-1의 단계 3(모든 장비 항목, 모든 파이프라인, 밸브, 계측 장비 및 제어 시스템을 도식적으로 표시한 최종 플로우시트)에서 Hazop 연구를 수행하는 것이 가장 적절하다.

9.4.2 목적

Hazop(위험과 운전 분석)의 목적은 비용이 많이 소요되거나 최종 단계의 사소한 수정 사항 없이 신설 플랜트에 대한 원활하고 안전하며 신속한 시운전을 촉진하고 그에 따라 결함 없이 지속적으로 운영되는 것이다.

Hazop 연구에 대한 지금까지의 개발 과정은 상당히 독특하다. 아래에 설정된 원칙에 따라 관련 기술이 적용되고 있다.

- ▶ 원활하고 결함이 없는 시운전 및 가동
- ▶ 비용이 많이 소요되거나 최종 단계의 사소한 수정
- ▶ 적절히 구성된 직원
- ▶ 원활한 후속 운영(Hazop이 후속적으로 해결하지 못한 예상 문제는 제외)

9.4.3 Hazop 연구의 핵심적인 특징

Hazop 연구는 다양한 형식으로 수행할 수 있으며 임의의 옵서버가 다른 형식의 회의 또는 검토와 Hazop 연구의 차이점을 확인할 수 있다.

Hazop 연구의 핵심적인 특징은 다음과 같다.

- ▶ 사전에 수립된 일정에 따라 진행되는 체계적이고 세부적인 연구이다.
- ▶ 다양한 경력 및 책임을 가진 구성원으로 팀을 구성하여 수행되며 각 구성원은 모든 그룹의 운영 책임을 대표한다(예: 새로운 프로젝트 설계에 대한 Hazop에는 설계, 건설 및 운영에 대한 대표자 포함).
- ▶ 일반적 또는 수용 가능한 조건에 대한 여러 가지 문제가 발생할 확률 및 그 결과에 대한 연구에 중점을 둔다.
- ▶ 최종 설계에 대한 감사이다.

요약하면 Hazop 연구는 설계 또는 운영과 관련된 각 항목을 차례대로 조사하고 각 항목에 대한 예상 문제를 작성한 체크리스트를 고려하여 토론 형식으로 수행된다. 각 예상되는 문제에 대해 문제가 발생하는 유형을 조사하고 각각의 유형에 대한 예상 결과의 심각도 및 발생 가능성을 판단에 근거하여 측정한다. 회의를 통해 관련 사항이 심각도 및 발생 가능성과 충분히 연관되어 있는 것으로 판단되면 문제를 해결 대상으로 결정한다. 해결을 위해 상당한 노력이 필요한 것으로 보이는 문제는 외부에 알리기 위해 목록을 작성한다.

위에서 언급한 원칙과 결합된 Hazop 연구를 수행하기 위한 다양한 접근 방식이 있다. 이러한 접근 방식 중 하나는 부록 A에서 설명한다.

기계 장치 및 장비의 구성 부품에 특히 적합한 접근 방식은 FMEA(또는 FMECA)이며 부록 B를 참조한다.

9.5 건설에 대한 품질 검사 및 감사

건설 및 시운전 단계에서 일반적인 품질 검사 절차(예: 그림 9-1의 단계 4) 이외에 초기 안전성 및 환경 연구에서 확인된 요구 사항이 실제로 건설된 플랜트에 적용되었는지 확인하는 것을 포함하여 완성된 실제 플랜트를 점검하는 것이 매우 중요하다.

이러한 검사는 신입 사원의 교육 및 적응 프로그램의 일부로도 활용할 수 있다.

9.6 안전성 검사의 사전 실습

또한 그림 9-1의 단계 4에서 플랜트를 시운전하기 전에, 가동 준비 단계로써 위험 물질을 플랜트에 공급하기 전에 플랜트와 관련 없는 외부 선임 안전 관리자에 의해 플랜트를 검사하는 것이 매우 중요하다.

이 단계에서 선임 관리자가 간단한 검사를 통해 심각한 결함을 확인할 가능성은 높지 않지만 검사가 실시되고 관리자가 Hazop 연구에 대한 세부 사항, 압력 용기 등록, '보류된 사항' 목록 또는 완료될 예정인 작업 목록 확인 및 여러 감독 기관으로부터 받은 승인 사항과 같은 여러 사항들을 요청할 것에 대처하기 위한 올바른 작업 수행을 유도할 수 있다.

9.7 가동 후 Hazop 연구

플랜트 건설 및 시운전의 최종 단계에서 일반적으로 필요할 수 있는 Hazop 연구 수행 없이 플랜트 일부 사소한 사항을 변경하는 것은 일반적이다(초기 연구가 신중하게 수행되었다면 최종 단계의 사소한 변경 규모는 매우 작은 비율이 될 것이다).

그림 9-1의 단계 5의 초기 단계인, 플랜트를 가동하고 가동 시점에서의 압력이 약간 낮아지는 경우 이러한 변경 사항은 설치 기준 내에 있는지 확인하기 위해 Hazop 연구에 제출되어야 한다.

9.8 특정 사례

앞서 설명한 연구의 여섯 단계에 적용된 원칙은 특정 사례에 대해 채택할 수 있다.

예를 들어 대형 반응기 설치를 통해 플랜트 성능을 증가시켰다고 가정한다. 이 반응기는 잠재적으로(최소한 이론적으로) 폭발하여 작업자의 신체적 부상 및 주변 재산 피해를 줄 수 있다. 프로젝트의 개념적인 단계에서 엔지니어링 프로젝트 관리자는 플랜트의 제어 및 보호용 계측 장비가 대형 반응기의 적절한 안전성을 보장하기 위해 '완벽한 무결성'을 가져야 하는지(예: 특히 설계, 설치 및 유지 보수를 포함하는 종합적인 시스템에 대해) 또는 일반적인 수준의 계측 장비로도 충분한지 여부를 알고 싶어한다. 두 가지 접근 방식에 대한 비용 차이는 전체 프로젝트 비용의 약 10%에 해당한다.

조업자 및 일반인에 대한 정의된 안전성 기준을 검토하여 최대 폭발 빈도가 결정되었다(예상한 대로 매우 낮았으며 확률이 연간 1/1,000로 나타났다). 폭발이 발생할 수 있는 이벤트 구조(계측 장비 결함 포함)를 표시하는 결함수가 작성되었다. 기존의 소형 반응기에 대한 경험을 가진 직원들이 다양한 이벤트에 대한 빈도 및 확률을 측정하고 최대 폭발 빈도를 초과하지 않는 수준으로 제어 및 보호 계측 시스템에 필요한 무결성 수준이 결정되었다. 조사를 통해 확인된, 기존의 소형 반응기로는 감당할 수 없는 위험 요소를 감당하기 위해 여러 추가적인 시스템이 설치되고 일부 경우 백업용으로 추가 보호 시스템이 제공된 경우 일반적인 계측 장비로도 모든 경우를 대처하기에 충분했다. 일반적으로 이러한 연구를 통해 기대하는 것처럼 연구 성과는 특정 접근 방식이 충분히 안전하다는 확인이 아니라 보다 안전하게 설계하는 방법에 대한 이해 및 기준에 주목해야 한다.

이 연구와 관련된 작업에는 일반적으로 안전성, 신뢰성 및 환경 기준에 포함된 모든 작업이 포함되며 설계 작업이 플로우시트 단계에 따라 진행됨에 따라 재구성되는 안전성, 신뢰성 및 환경 검토의 일부가 포함된다.

참고문헌

- Bollinger, R. E., Clark, D. G., Dowell, A. M., Ewbank, R. M., Hendershot, D. C., Lutz, W. K., Meszaros, S. I., Park, D. E., and Wixom, E. D., "Inherently Safer Chemical Processes: A Life Cycle Approach." (D. A. Crowl, Ed.) American Institute of Chemical Engineers, New York, 1996.
- Center for Chemical Process Safety (CPPS), "Guidelines for Engineering Design for Process Safety." American Institute of Chemical Engineers, New York, 1993.
- Hendershot, D. C., "Inherently Safer Process Design Philosophy." Proc. Conf. Process Safety, The Israel Institute of Petroleum and Energy, Herzliya, Israel, May 5-6, 1999a.
- Hendershot, D. C., "Inherently Safer Design Strategies." Proc. Conf. Process Safety, The Israel Institute of Petroleum and Energy, Herzliya, Israel, May 5-6, 1999b.
- IChemE, *Safety Management Systems*. European Process Safety Center, published by The Institution of Chemical Engineers, Rugby, UK, 1994.
- IChemE (The Institution of Chemical Engineers) and IPSG (The International Process Safety Group), "Inherently Safer Process Design". The Institution of Chemical Engineers, Rugby, UK, 1995.
- Kletz, T. A., "Cheaper, Safer Plants, or Wealth and Safety at Work." The Institution of Chemical Engineers, Rugby, UK, 1984.
- Kletz, T. A., *Plant Design for Safety*. Taylor and Francis, Bristol, PA, 1991.
- PMI, "Project Management Body of Knowledge." Project Management Institute, 130 South State Road, Upper Darby, PA 19082, USA, 1996.

10 기존 플랜트 및 운영에 대한 위험성 및 신뢰성 관리

본 장을 배우고 나면 다음 사항에 대해 이해하게 된다.

- 공정 안전성 및 신뢰성(및 모든 유형의 위험성)에 대한 핵심 요소에 대해 6개 분야로 분류하는 방법
- 플랜트 운영상 발생하는 위험성 관리를 위한 접근 방식 수립 방법
- 모니터링 및 감사의 중요성 및 차이점
- 참여 직원의 노력 정도를 포함하여 안전성 소프트웨어의 업그레이드 방법
- 29 CFR 1910.119의 OSHA 요구 사항 및 20 CFR 68의 EPA 요구 사항의 기준이 되는 여러 원인

본 장에서는 그림 1-4의 위험성 관리 단계 11, '품질 작업 설정', 단계 12, '모니터링' 및 단계 13, '감사'에 대해 설명한다.

10.1 공정 안전성 및 신뢰성의 적절한 관리를 위한 원칙

위험 플랜트의 안전한 운영 또는 위험 물질 취급시 안전한 운영을 위한 기본적인 요구 사항에 대해 다음과 같이 분류할 수 있다(Hawksley, 1987).

1. 모든 직원은 위험 요소의 안전성 및 신뢰성, 이러한 위험 요소를 포함한 잠재적 사고 결과, 사고 발생을 예상하는 대표적인 시나리오 및 적절한 보호 장치에 대해 이해해야 한다.

2. 위험 물질의 밀폐 보관 및 운영(조업)상 제어에 의해서 잠재 위험에 의한 위험성을 최대한 줄일 수 있도록 '목적에 적합한' 장비 및 시설을 적절하게 제공해야 한다.

3. 설계 목적에 맞게 적절한 방법으로 관련 장비를 운영하고 결함 방지를 위한 유지 보수를 수행하기 위해 시스템 및 절차를 구축해야 한다. 이러한 시스템의 목적은 다음과 같다.

- ▶ 플랜트를 품질 기준에 맞게 운영 및 유지 보수
- ▶ 일상적인 제어의 일부로서 위험성 및 신뢰성과 관련된 성과 모니터링
- ▶ 6개 원칙 모두에 대한 위험성 및 신뢰성 감사
- ▶ 위험성 및 신뢰성에 대한 점진적인 개선

4. 관련 조직은 해당 직원과 함께 시설, 장비, 시스템 및 절차를 운영하고 유지 보수하기 위한 커뮤니케이션 및 교육을 구축해야 한다.

5. 예측 가능한 비상 상황을 초기 단계에서 감지하고 처리할 수 있도록 적절한 배치가 필요하다.

6. 안전성을 향상시키고 철저한 안전성 및 신뢰성, 환경 및 문화를 조성하기 위해 효과적인 배치가 필요하다.

위에서 언급한 사항을 요약하면 다음과 같다.

- 이해
- 하드웨어
- 소프트웨어
- 인원
- 비상 상황
- 문화

기타 요구 사항에 대해서는 CCPS(1989) 및 API(1990)와 같은 다른 조직에 의해 정의되거나 여러 법적 규정(예: 부록 E 참조)에서 설명한다.

여러 기업들은 IChemE에 의해 수립되고 토론된 높은 수준의 관리 시스템을 설계하려고 노력한다. 요약해서 말하자면 가장 필요한 사항은 다음을 포함하는 '품질' 접근 방식이다.

- 조직, 지역 사회, 직원 및 정부의 요구 사항을 고려한 정책 정의
- 각 운영에 대한 성과 기준 및 사용할 시스템 및 절차를 위한 가이드라인 정의
- 현장별 또는 활동별 절차 수립
- 성과를 책임지는 직원 임명
- 성과 모니터링
- 시스템 및 모니터링에 대한 정확성 감사
- 경영진의 기준 준수 여부에 대한 공식적인 검증
- 정책 검토
- 기준 등의 검토 및 업데이트를 통해 사이클 다시 시작

10.2 공정 안전성 및 신뢰성에 대한 지속적인 모니터링 및 감사

10.2.1 생산 관리의 책임

공정 플랜트 운영의 경우 성과와 관련하여 다음과 같은 특징을 관리해야 한다.

- 시장 요구 사항 측면에서 수립된 생산 계획에 의해 생산된 제품 수량

- ▶ 시장 요구 사항을 만족시키기 위해 정의된 품질 기준에 의해 생산된 제품 품질
- ▶ 시장이 부담하는 비용 측면에서 수립되는 예산을 근거로 발생하는 생산 비용
- ▶ 지역 사회가 기대하는 사항을 기준으로 감독 기관 및 관련 산업에 의해 정의된 기준과 관련된 안전성 및 환경 성과

'관리'는 다음과 같은 대표적인 분야로 분류하여 정의될 수 있다.

- ▶ 계획
- ▶ 동기 부여
- ▶ 조직화
- ▶ 제어

'제어' 요소(모든 관리 활동 정의에 공통적)는 다음과 같이 구성된다.

- ▶ 기준 정의
- ▶ 실제 성과 측정
- ▶ 실제 및 기준 성과 사이의 차이점에 대한 원인 분석
- ▶ 실제 성과를 기준에 맞게 조정하기 위한 조치

생산량 관리 측면에서, 생산 능력은 시간별로 기록하고 일별, 주별, 월별 등으로 생산량을 계산하여 지속적이고 주기적으로 모니터링된다. 이러한 생산량은 생산 계획과 비교하여 문제가 있는 부분의 생산 능력을 조정한다.

제품 품질 관리 측면에서, 자재를 자주 샘플링하고 QC 테스트 프로그램을 통해 품질 문제 원인을 파악하여 조정을 통해 품질 문제를 해결한다.

비용 관리 측면에서, 비용 정보를 지속적으로 수집하고 정기적으로 보고 받아 예산과 비교하여 고비용(또는 저비용)의 원인을 파악하고 조정을 통해 비용 구조를 개선한다(다른 시장의 요구 사항을 만족시키는 방향으로).

산업 보건 관리 측면에서, 손실 시간 및 기타 사고에 대한 정보를 정기적으로 수집하여 이러한 문제의 원인을 파악하고 조정을 통해 재발생을 방지한다.

일반적으로 이러한 생산 관리의 네 가지 책임에 대한 성과 레벨은 관리 체계를 통해 정기적으로 보고되고(예: 월별) 월례 보고서에 모두 포함되어 보고되는 경우가 많으며 경영진 회의에서 검토된다.

그러나 위에 언급한 모든 사항이 중요하지만 공정 안전은 일상적인 관리 측면에서 몇 가지 문제가 있다.

10.2.2 공정 안전 및 신뢰성 관리의 어려움

위에서 언급한 산업 안전 분야의 경우 상대적으로 사소한 사고가 상대적으로 빈번하게 발생하는 것을 특징으로 하며 대부분의 경우 근로 작업에 의한 신체적 부상 및 작업장의 신체적 위험 요소와 관계되어 있다.

반면에 '공정 안전' 분야의 경우 프로세스 자체에 존재하는 위험 요소와 관련된 상대적으로 심각한 사고가 상대적으로 낮은 빈도로 발생하는 특징을 가지고 있다.

대기업의 경우 일반적으로 산업 재해 빈도를 통해 경영진은 성과의 개선 또는 퇴보 여부를 쉽게 파악할 수 있다. 또한 일반적으로 무재해는 높은 수준의 산업 안전을 유지하고 있다는 명확한 증거가 된다.

반면에 대형 화재, 폭발, 독성 가스 누출 및 상당한 피해를 줄 수 있는 고장에 대한 빈도가 제어 기준으로 활용할 만큼 충분히 큰 생산 시설은 거의 없다. 따라서 이러한 사고가 없다고 위험성 관리 수준이 높다고는 말할 수 없다. 지난 20년 동안 대형 사고 없이 가동되는 플랜트도 사고가 언제 발생할지 알 수 없다.

(다음을 고려해 보자. 대형 공정 플랜트의 대형 사고 빈도가 평균적으로 연간 1/3,000이고-측정에 따라 더 낮을 수도 있음- 특별히 위험한 플랜트의 경우 평균보다 33배가 높은 위험성을 가진다면, 위험 플랜트의 대형 사고 예상 빈도는 연간 약 1/100이 된다. 결과적으로 대형 사고 없이 가동한 20년의 시간은 적절한 결론을 도출하기에는 너무 짧은 기간이다.)

또한 산업 안전 수준을 대형 사고 위험성에 대한 관리 수준의 기준으로 사용할 수 없다. 예를 들어 세계 2차 대전 이후 수 년 동안 프로세스 산업의 산업 안전 분야는 상당히 발전되었고, 해당 산업 분야 및 관련 기업들의 산업 안전 수준은 기록상으로 높은 것으로 나타났지만(1960년대 후반 및 1970년대 초반) 대형 사고 발생 건수는 증가하기 시작했다(그림 10-1 참조, 이 도표는 특정 대기업의 결과를 나타낸 것이며 대부분의 기업도 유사하게 나타난다.). 우수한 산업 안전 수준을 가지고 있는 플랜트에서 대형 사고가 발생한 예는 무수히 많다. 산업 안전 및 공정 안전 사이의 상호 관계가 밀접성이 없는 이유는 앞에서 언급한 분야가 서로 다른 특성을 가지고 있기 때문이다.

(일반적으로 최고 경영진이 공정 안전 및 주요 위험 요소를 이해하지 못하고 그

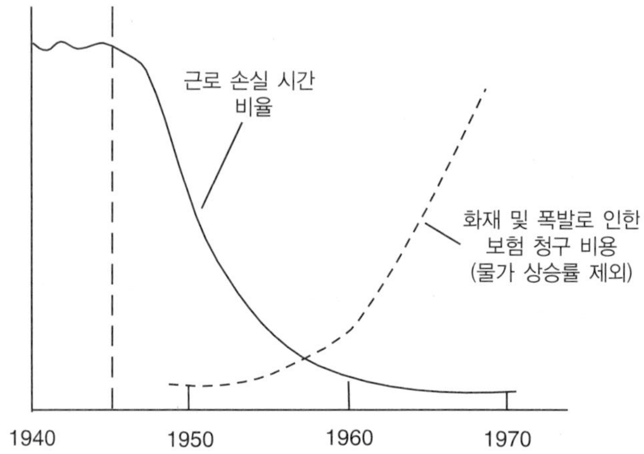

그림 10-1. 산업 안전 및 공정 안전 성과

에 따라 이러한 부분을 효과적으로 관리하지 못하는 경고 신호는 경영진이 운영 상태가 안전하다고 주장하는 증거로 양호한 산업 안전 수준을 언급하는 경우이다. 이러한 유형의 상황은 상당히 흔하게 발생한다.)

(다행히도) 화재, 폭발 및 독성 가스 누출의 빈도는 대형 사고 위험성 관리를 위한 기준으로 사용할 수 없다. 다른 접근 방식이 필요하다.

안전성 저울에 대한 표시(제8장) 또는 Hawksley에 의해 수립된 이론(10.1절)과 같이 공정 안전에 대한 요구 사항을 기준으로 접근 방식이 구축되어야 한다.

10.2.3 공정 안전 및 신뢰성 관리에 사용되는 일반적인 방식

일반적으로 높은 수준의 공정 안전을 달성하기 위해 여러 활동들이 수행된다. 이러한 활동은 다음과 같다.

- 위험 요소 연구, 위험성 평가, 위험 요소 및 운영성 연구, 적절하게 인식된 업무 규정과 같은 방법으로 초기 단계부터 플랜트에 안전성을 결합하여 설계
- 기존에 운영중인 플랜트에 대한 세부적인 위험 요소 분석 및 위험성 평가
- 기타 사고 관련 보고서 검토 및 특정 플랜트에서 발생하는 유사 사고 발생 가능성을 줄이기 위한 조치 사항 고려
- 플랜트의 일일 검사

- 유지 보수 및 활동을 제어하고 제안된 플랜트 수정 사항을 검토하기 위한 다양한 절차 실시
- 감사 실시
- 플랜트 및 관련 프로세스의 위험 요소에 대한 직원 교육

이 모든 사항은 매우 중요하며 공정 안전 프로그램에 적용되어야 한다. 그러나 다음과 같은 몇 가지 의문점이 남는다.

"공정 안전 기준이 높은가 아니면 낮은가?"

"상승중인가 아니면 하강중인가?"

"취약점은 무엇인가?"

이러한 문제를 해결하지 않는 한, 경영진은 눈을 감고 하늘을 나는 것과 같으며 공정 안전 프로그램의 부적절성, 과도함 또는 적합성 여부를 파악하지 못한다.

평상시 공정 안전에 대한 다양한 구성 요소를 모니터링한다.

10.2.4 모니터링 및 감사 사이의 차이점

모니터링	감사
유닛을 책임지는 현장 감독관에 의해 수행되어야 함	감사 대상 유닛에 대한 현장 책임이 없는 직원에 의해 수행되어야 함
지속적 수행	주기적 및 간단한 실시
종합적 수행	선별적 실시
관리 제어 시스템의 일부로서, 실행 가능한 결과를 지속적으로 제공	보호 시스템의 일부로서, 관리 시스템에서 결함이 감지되는 경우에만 실행 가능한 결과 제공

실제 모니터링은 일반 관리 제어 시스템의 일부이다. 모니터링을 수행하지 않으면 활동을 제어할 수 없다. 즉 제어는 관리의 핵심적인 부분이기 때문에 활동을 관리할 수 없다. 반면에 감사는 보호 기능이다. 제어 시스템에 취약점이 있는 경우에만 실제로 필요하다. 설치된 제어 및 보호 시스템 간의 유사성이 매우 강하다. 두 가지 시스템 사이에서 혼동하지 않는 것이 중요하다.

10.3 효과적인 공정 위험성 관리를 보장하기 위한 접근 방식

10.3.1 '안전성 관리 시스템(SMS)'

'안전성 관리 시스템(SMS)'은 안전성에 영향을 주는 광범위한 절차 및 활동을 설명하는 데 사용하는 일반적인 용어이다. 또한 이러한 절차는 환경 성과 및 신뢰성에 상당한 영향을 주도록 설계되어야 한다.

이러한 SMS를 구성하는 수많은 방법이 있으며 공정 산업 분야의 대부분 대기업마다 자체 환경에 맞는 특정 구조를 가지고 있다.

그러나 이러한 방법을 수립할 때 안전성, 환경 보호 및 신뢰성과 관련되기 때문에 모든 관리 역할이 포함되도록 하는 것이 중요하다. 첫 번째 원칙을 통해 이러한 구조를 수립하는 접근 방식 중 하나는 Hawksley로부터 파생된 요구 사항을 기준으로 하는 것이며(10.1절 참조) 계획, 동기 부여, 조직화 및 제어(필요한 성과, 측정, 분석 및 활동 포함)와 같은 각 요구 사항을 관리하기 위해 필요한 사항을 고려하고 정의한다.

모든 종류의 공정 위험성 관리를 위한 체계적인 접근 방식을 채택하는 것이 매우 중요하다. 이것은 OSHA 29 CFR 1910.119 및 EPA 40 CFR 68.10에서 언급하는 요구 사항의 목표이다(부록 E 참조).

10.3.2 안전성 보장을 위한 '안전 관리 규정' 접근 방식

본질적으로 안전성 보장을 위한 '안전 관리 규정' 접근 방식은 최근 수 십 년 동안 안전성 관련 법규가 변경됨에 따라 대두되었으며 기업마다 이러한 성과를 기준으로 하는 규제에 맞게 요구 사항이 정의되었다.

법규가 성과를 기준으로 하는 경우 기업은 안전하게 운영해야 하고, 일반적으로 사고를 단지 방지하는 것이 아니라 사고 대처 사항을 설명할 수 있어야 하며, 안전 운영을 기대할 수 있는 적절한 관리 시스템 구조를 구축해야 한다.

각 기업은 이러한 요구 사항에 대해 문서 형식으로 보관할 필요성이 있다.

- ▶ 위험 요소 목록
- ▶ 위험 요소에 의해 발생하는 위험성 평가
- ▶ 위험 요소 감소 초기화 목록
- ▶ 존재하는 위험 요소에 대한 위험성을 최소화하기 위해 사전 조치 및 사후 조치
- ▶ 존재하는 위험성을 관리하는 데 사용되는 시스템 및 절차

감독 기관은 이 문서를 승인한 후 평상시 검사 기준으로 사용한다. 기업이 법제화된 안전성 요구 사항을 준수하는지 여부를 평가하는 기준인 사후 대처적인 규정으로 사용하지 않고 기업이 자체 정의한 안전성 시스템 및 절차를 준수하는지 여부를 평가하는 데 사용한다.

원칙적으로 이러한 접근 방식은 발전하는 기술의 안전성 요구 사항에 맞게 세부적인 법규를 개정해야 하는 어려움이 있다. 각 기업은 승인 받기 위해 이러한 요구 사항의 내용을 정의할 수 있으며 감독 기관은 필요할 때마다 기업이 실제 수행하는 사항과 정의한 내용을 비교하여 조치를 취한다.

규제 측면에서 중점을 두는 것은 '안전 관리 규정'이지만 환경 보호(예: 미국 EPA) 및 신뢰성 분야에도 동일한 원칙이 적용된다.

그러나 실제로 문제가 발생하고 있다. 안전 관리 규정은 컨설턴트 또는 기업의 전문가 팀에 의해 작성되어 단지 문서로만 보관되는 경우가 많으며 안전 관리 규정을 작성한 적이 없는 기업의 경우 예전처럼 운영하고 있다.

10.3.3 공정 안전 보장을 위한 '상당히 안정된 기업' 접근 방식

여러 경우에서 안전 관리 규정 접근 방식에 취약점이 있는 것으로 확인되고 있기 때문에 기업이 '상당히 안정되어' 있는지 여부에 대한 관심이 증가하고 있다.

실제로 신뢰성 및 환경 보호, 품질 등을 포함하는 확장된 공정 안전 요구 사항(10.1절)과 관련하여 기업에게 높은 수준의 이해와 노력을 요구하고 있다.

그러나 다른 시스템의 경우와 마찬가지로, 예를 들어 이사회 수준의 핵심 경영진의 교체 또는 경제적 압박으로 인해 기술 전문가의 관리, 교육, 채용 및 유지와 같

은 장기적으로 영향을 주는 활동에 중점을 두지 않고 단기적인 기업 생존을 위한 변화에 중점을 둘 수 있다.

10.4 공정 위험성 및 신뢰성에 대한 정기적인 모니터링을 위한 프로그램 설계

10.4.1 중요 원칙

사람에 대한 위험성 및 플랜트 신뢰성에 대한 모니터링 접근 방식을 개발하는 경우 다음과 같이 적용해야 할 다양한 원칙이 있다.

플랜트의 공정 안전 수준이 생산, 품질 및 비용만큼 중요하다면 모니터링 및 보고를 포함하여 공정 안전 수준 관리는 체계적으로 설계되고 철저하게 실시되어야 한다.

제품 제조 비용을 파악하기 위해 연말까지 기다릴 사람은 아무도 없다. 품질 점검 전에 제품이 고객에 의해 거부될 때까지 기다리는 것은 바람직한 관리 방식이 아니다. 제조 비용을 조사하기 전에 기업의 연간 재무 상태가 작성되고 발표될 때까지 기다릴 사람은 아무도 없다. 따라서 마찬가지로 플랜트에 대형 사고가 발생하기 전에 공정 안전, 신뢰성 및 환경 보호를 관리하기 위한 체계적인 접근 방식을 수립해야 한다.

- ▶ 모니터링되는 공정 안전성 성과는 생산, 품질 및 비용 측면에서 생산 성과와 동일한 관리 보고 구조를 따르는 조직을 통해 보고되어야 하며 동일한 관리 검토 프로세스를 적용해야 한다.
- ▶ 대규모의 공정 안전 모니터링은 공정 안전 담당자에 의해 수행되어야 한다.
- ▶ 조업자, 작업자, 감독관 및 전문 생산 직원은 공정의 안전성에 대한 책임이 있으며 개인마다 이해 관계에 있다. 또한 플랜트 조업자 및 현장 감독관은 누구보다도 플랜트에서 근무하는 시간이 많으며 지속적으로 공정 안전을 모니터링하는 데 유리한 위치에 있다. 따라서 이러한 직원들이 해당 역할을 수행해야 한다.
- ▶ 각 플랜트의 공정 안전을 모니터링하기 위한 프로그램은 해당 플랜트의 특정 위험 요소와 관련 안전 장치에 중점을 두도록 설계해야 한다.

▶ 실제로 개선이 필요하다고 판단된 영역에 대해 시간이 경과함에 따라 변경되는 사항에 중점을 두어 경영진이 효과적으로 적절한 조치 및 프로그램을 수행할 수 있도록 한다.

▶ 각 플랜트의 관리자 및 각 공장의 관리자는 공정 안전을 관리하는 데 필요한 기초 정보를 제공하는 기업 외부의 사외 인원에 의해 수행된 감사에 의존하지 않도록 공정 안전을 모니터링하기 위한 프로그램을 확보해야 한다. (감사는 이미 관리되는 활동에 대한 2차적인 점검이어야 한다. 활동 관리를 위한 주요 방법은 아니다.)

▶ '하드웨어' 및 '소프트웨어'에 대해 모니터링해야 한다.

10.4.2 성과 측정을 위한 접근 방식

관리 이론 전문가들은 '주요 성과 결과' 및 '주요 성과 동인' 사이의 중요한 차이점을 발견했다. '주요 성과 결과'는 기업 성공에 대한 차원이며 일반적으로 개인 기업의 경우 수익성이 포함된다. 그러나 회사 이사진이 직접적으로 수익에 대한 조치를 취할 수 없으며 수익에 영향을 주는 여러 변수에 대해 조치를 취해야 한다. 이러한 변수를 주요 성과 동인이라 한다. 여기서는 공정 산업 전문 용어인 '주요 안전성 결과' 및 '제어 가능한 안전성 입력'을 사용한다. 주요 안전성 결과는 생산량, 품질 및 공정 플랜트의 비용에 해당하며 제어 가능한 안전성 입력은 프로세스 흐름, 온도, 압력, 레벨, 구성 요소 등에 해당한다.

공정 안전 관리의 경우 최상의 안전성 결과는 사고율 0이다. 그러나 앞서 언급한 것처럼 30년 동안의 기간은 사고율 0 기록이 역사적으로 낮은 사고 위험성을 통계적으로 표현하기에 충분하지 않다. 이러한 과거의 사고 이력은 안전성, 환경 성과 또는 생산 결과에 영향을 주는 대형 공정 사고에 대한 현재 또는 미래의 위험성을 표현하는 데 미흡하다.

공식적인 정량적 위험성 평가는 정량화 가능한 위험 요소만을 평가하는 것으로 제한되기 때문에 실험적이며 조사 시점에서 위험성에 대한 '개략적인 평가'일 수 있다. 또한 중요한 무형의 구성 요소(예: 안전 '문화' 또는 '의식')에 대한 영향을 이론적으로 적절하거나 경험적으로 검증된 이러한 평가에 포함시킬 수 없다.

수익성과 같이 결과에 대한 관리적인 측면의 분석은 직접 조정할 수 없으며 측정만 가능하다. 그러나 공정 안전의 경우 문제는 더욱 복잡해진다. 주요 안전성 결과를 일상적인 모니터링에 적합한 방법으로 직접적으로 측정할 수 없다. 따라서 공정 안전 관리를 담당하는 사람들이 수행할 조치 사항이 안전성 결과에 어떠한 영향을 줄지 예상하지 못하는 상태에서 조치 사항을 결정하는 것은 "눈을 감고 하늘을 나는" 것과 같다. 측정 가능한 공정 안전 결과에 가장 근접한 근사치는 '아차 사고' 및 빈번하지 않는 결과 발생에 대한 패턴이다(단지 빈도만 포함된 패턴이 아님). 이러한 패턴은 일부 측면에서는 주요 안전성 결과에 대한 대체 측정 방식이다. 그림 10-2를 참조한다.

공정 안전 결과에 대한 현재 레벨을 확실하게 측정 및 모니터링할 수 없기 때문에 성과 측정을 위해 다른 접근 방식을 채택해야 한다.

조정 가능한 안전성 입력 및 하나 이상의 주요 안전성 결과 사이의 연관 관계는 여러 레벨을 통해 연결되어 있다. 예를 들어 주요 위험 요소에 대한 안전성 교육에 대한 시간 및 품질은 경영진이 직접 제어할 수 있다. (물론 이것은 낮은 확률을 가진 대형 사고 위험성와 같이, 바람직한 안전성 결과를 목표로 하는 두 가지의 제어 가능한 안전성 입력만 해당한다.) 앞에서 언급한 것처럼 대형 사고 위험성은 직접적으로 측정할 수 없으며 예측만 가능하다. 그러나 이것은 어떤 측면에서는 유지 보수 및 교육 사이의 중간 레벨에서의 지표이고 다른 측면에서 보면 유지 보수 및 사고 위험성 사이의 중간 레벨에서의 지표이다.

이러한 예는 다음과 같다.

▶ 플랜트 및 장비의 물리적 조건

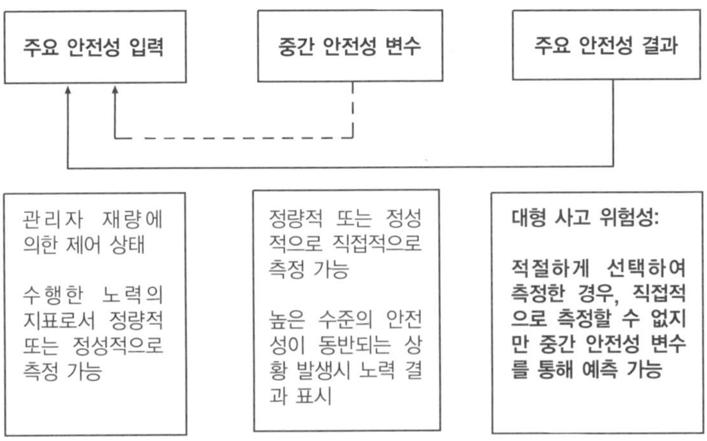

그림 10-2. 노력 및 결과 측정

- ▶ 주요 위험 요소 및 관련 안전 장치에 대한 이해 수준, 이것은 공식적인 테스트 및 비공식적 변환을 포함하여 여러 가지 방법으로 측정할 수 있다.
- ▶ 설문 조사를 통해 측정 가능하지만 직무 관찰을 통한 정량적 평가가 필요한 안전 운영 업무 규정을 준수하는 태도

이러한 정량적 조건(예: 플랜트 조건, 이해도, 태도)을 '중간 안전성 변수'라고 한다. 일부 측면에서 보면 이것은 대체 주요 안전성 결과이다.

따라서 주요 안전성 결과(낮은 위험성의 대형 사고)를 측정할 수 없는 경우 대부분은 제어 가능한 안전성 입력 및 중간 안전성 변수의 결합을 통해 측정한다.

10.4.3 '위험 경고'의 개념

예를 들어 대형 LPG 탱크로리의 충돌, 누출 및 화재 진압과 같은 주변에 매우 심각한 영향을 줄 수 있는 이벤트가 발생할 확률이 매우 낮은 경우 위험성 평가가 상당히 어려울 수 있다. 이러한 확률을 수학적으로 계산할 수 있는 경우라도 평가된 위험성은 탱크로리의 조건 및 도로, 운전자 숙련도, 비상 조치의 효율성 등과 같은 여러 가정에 따라 결정된다.

반면에 탱크로리 로딩 베이에서 소량의 누출 사고 발생 빈도를 모니터링하거나 절차가 개선되고 있는지 또는 악화되고 있는지 여부에 대한 의견 수렴 등은 가능하지만 이러한 경우에도 성과가 개선되고 있는지 또는 악화되고 있는지 여부를 결정하기 위한 대형 탱크로리 사고 사례가 충분하지 않다.

위험성 스펙트럼의 높은 빈도-낮은 영향 종단의 경우, 사고 빈도는 경영진이 수 년 동안의 사고 발생 건수를 비교하여 위험성 관리 노력의 성공 여부를 측정하기에 충분하다.

예를 들어 수 년 동안 탱크로리 로딩 베이에서 발생한 소량의 누출 사고 건수를 다음과 같이 가정한다.

9 13 11 16 18 15 23

탱크로리의 선적 및 하역 비율이 일정한 경우 성과는 분명히 악화된다.

위험성 스펙트럼의 낮은 빈도-높은 영향 종단의 경우, 빈도는 이러한 비교를 수

행하기에는 너무 낮다. 예를 들어 일반적으로 올해의 폭발 건수와 작년의 건수를 비교할 수 없다. 이것은 경영진에게 대형 사고 위험성에 대해 "보지 않으면 마음까지 멀어진다"라는 속담처럼 심각성을 간과하는 문제가 발생할 수 있다.

대형 사고는 소규모 사고와는 다른 원인을 가지고 있다. 소규모 사고 빈도가 낮아진다고 대형 사고 위험성도 낮아질 것으로 예상하는 것은 잘못된 것이다.

Lees(1982a)는 '위험 경고' 원칙에 대한 가정을 수립했다. 그의 주장에 의하면 대형 사고 빈도는 매우 낮지만 특정 조건에서 대형 사고를 일으킬 수 있는 이벤트 징후를 훨씬 측정하기 용이하다고 주장한다.

예를 들어 화학 공장은 매우 중요한 압력 제어 시스템을 가질 수 있다. 과압 제어의 중요성으로 인해 플랜트는 고압 경보 장치인 과압 자동 차단 시스템 및 릴리프 밸브를 설치한다. 이러한 계측 장비와 운영, 유지 보수 및 기술진의 철저한 관리를 통해 제어할 수 없는 과압에 의해 플랜트 피해 빈도가 매우 낮아졌다. 과압에 의한 용기 파손 빈도는 연간 1/10,000(예: 10^{-4}p.a.)으로 평가되었다. 이 빈도는 모니터링하기에는 너무 낮은 수치이다. 100년 동안 발생할 가능성이 1%에 불과하기 때문이다.

그러나 과압으로 인한 파손에 대해 매우 낮은 빈도 평가는 결함이 감지되고 보호 시스템(경보 시스템)에 의해 작동되는 제어 시스템의 연간 결함 건수(1회/년)를 기준으로 평가된다. 경보 장치 또는 기타 보호 시스템의 작동 빈도를 모니터링하여 파손 위험성의 증가 또는 감소 여부를 파악할 수 있다. 고압 경보 장치가 1년에 세 번 작동하는 경우 파손 위험성 빈도가 세 배 증가한 것으로 볼 수 있기 때문에(기타 모든 요소는 변경 없음) 철저한 조사를 실시해야 한다.

Lees(1982b, 1985), Pitblado 및 Lake(1987)는 위험 경고 원칙에 대한 수학적 체계를 분석했다. 이 원칙을 통해 학습되어야 할 중요 내용은 다음과 같다.

교훈: 대형 위험사고의 빈도가 너무 낮아 위험성 관리 프로그램의 효율성의 지표로 모니터링할 수 없는 경우 프로그램은 사고 징후를 모니터링하도록 구현되어야 한다.

10.4.4 선택 원칙

공정 플랜트 운영에 존재하는 위험성 관리의 성과를 측정하려면 다음과 같은 두 가지 접근 방식을 채택해야 한다.

1. 확인된 시나리오를 방지하기 위한 조치

2. 적절한 업무 규정을 개발하고 유지하기 위한 조치

(이 부분은 10.10절의 '하향식' 및 '상향식' 접근 방식에서 자세하게 설명한다.)

따라서 측정할 변수 중 일부는 플랜트 기준(플랜트의 특정 위험 요소 및 잠재 위험 요소 시나리오 기준) 및 일부는 일반적 기준(적절한 업무 수행을 위한 요구 사항 기준)으로 선택한다.

플랜트별 기준으로 선택하는 경우 모든 플랜트에 대한 측정 사항이 포함되는 일반적인 목적의 체크리스트는 작성할 수 없다.

위험성 관리 시스템의 성과 측정에 대한 신뢰성을 극대화하기 위해 세분화된 유형의 중복된 접근 방식을 사용하는 것이 바람직하다. 이것이 하향식 및 상향식 접근 방식을 함께 사용하는 이유이며 제어 가능한 안전성 입력을 사전에 측정하고 조정하여 여러 사고 및 비정상적인 사건을 적극적으로 분석하기 위함이다.

10.4.5 유형 및 무형적 변수

정량적 위험성 평가의 한계는 본질적으로 정량화 가능한 구성 요소만 평가할 수 있다는 점이다. 객관적인 방법으로 정량화할 수 없는 구성 요소가 상당히 많이 있다. 이러한 구성 요소는 다음과 같다.

- 플랜트에 대한 부적절한 설계 또는 물리적 조건
- 잘못 설계된 시스템 및 절차
- 부적합한 조직, 명령 체계, 커뮤니케이션 및 교육
- 무관심한 경영진, 잘못된 안전 의식 및 안전 관련 기업 문화

정량적 위험성 평가를 수행하는 경우 정량적 위험성에 대한 무형적 변수의 장점 및 단점은 정량적 평가와 병행하여 고려되어야 하며 일부 잘못된 방법에 의한 정량

적 평가와 수학적으로 통합되지 않도록 한다. 심각한 무형적 단점은 단순히 조정이 필요한 것이 아니라 정량적 위험성 평가를 무의미하게 만든다.

마찬가지로 진행중인 안전성 성과에 대한 일반적인 측정시 객관적인 수치적 측정을 사용하지 말고 일부 변수에 대해 설명하고 점수를 지정하는 방식으로 보고하는 것이 필요하다. 특히 객관적으로 정량화할 수 있는 이러한 변수에 대한 측정을 제한하지 않는 것이 중요하다.

10.4.6 주요 안전성 결과

일반적으로 대형 사고의 경우 발생 빈도 또는 사고 발생 간격을 측정할 수 없지만 대체 방법으로 '아차 사고' 또는 '빈번하지 않은 사고 결과'를 모니터링하는 것이 매우 중요하다. 그러나 이러한 사고에 대해 보고된 빈도를 줄이지 않도록 하는 것이 중요하다. 왜냐하면 이러한 사고를 보고하는 직원의 행동을 제한하는 결과를 초래할 수 있기 때문이다. 대신, 이러한 보고서의 빈도를 안전성 측면에서 긍정적인 지표로 참고하여 사고 빈도, 잠재적 심각도 및 근본적 원인에 대한 분석을 중간 안전성 변수의 단점을 파악하고 제어 가능한 안전성 입력을 적용하는 방법으로 활용하는 것이 바람직하다.

아차 사고, 빈번하지 않은 발생 사고에 대한 빈도 및 잠재적 심각도를 기반으로 하는 플랜트 안전성 성과를 판단하기 위해 과거의 사고 이력에서 현재에 이르는 기록이 모두 적용된다. 이러한 분석이 통계적으로 유효성을 가지도록 하려면 상당한 시간 범위를 고려해야 하며 현재 시점의 조건으로 표현하지 않도록 한다.

반면에 최근 아차 사고 및 빈번하지 않은 발생 사고에 대한 근본적 원인 분석을 통해 가장 최근의 중간 안전성 변수 상태를 제공할 수 있으며 현재 및 가까운 미래의 위험성 발생 수준을 제공할 수 있다.

아차 사고 및 빈번하지 않은 발생 사고 분석의 주요 가치는 중간 안전성 변수에 대한 일상적인 모니터링의 품질을 제공할 수 있는 판단력에 있다.

10.4.7 중간 안전성 변수의 예

모니터링할 중간 안전성 변수는 사고, 아차 사고 및 빈번하지 않은 발생 사고 분석에 사용하는 구조와 일치하는 체계적인 방법으로 선택해야 한다. (중간 변수 선택 작업은 일상적으로 모니터링하고 이러한 사고 조사시 사용하거나 조사에서 확인된 사항을 모니터링 프로그램에 직접 연결할 수 있도록 종합적인 연구 방식으로 수행하는 것이 바람직하다.)

앞서 언급한 것처럼 다양한 형식의 구조를 적용할 수 있다. 이러한 예는 Hawksley, CCPS, API 또는 안전성 저울(제8장)에 의해 개발되었다.

정량적 방법으로 모니터링할 수 있는 중간 안전성 변수의 예는 다음과 같다.

- ▶ 월말에 감지되는 프로세스 물질의 누출 회수(소량의 누출과 관련된 밀폐 수준 표시)
- ▶ 검사 회수와 비교하여 월중에 감지된 결함 작업 허용 회수(조업자, 작업자 및 감독관의 이해 및 노력 수준 표시)
- ▶ 월말에 결함 상태에 있는 제어 계측 장비의 수(제한된 제어 능력 표시)
- ▶ 월중에 핵심적인 경보 장치 작동 회수(제어 장애 표시)
- ▶ 테스트 회수와 비교하여 월중에 테스트에서 실패한 경보 및 자동 차단 시스템 수(자동 보호 시스템의 신뢰성 표시)
- ▶ 월말에 작업 대기열에 있는 안전 관련 작업 수(필요한 안전성 레벨을 유지할 수 있는 조직 역량 표시)

정성적 방법으로 모니터링해야 하는 수많은 중간 안전성 변수가 있다.

10.4.8 제어 가능한 안전성 입력의 예

측정할 변수 선택은 공정 안전에 대한 요구 사항을 정의하는 데 사용되는 개념적 프레임워크에서 구축된 프로세스를 사용해야 한다. 적절한 프레임워크에는 Hawksley(위에서 언급했으며 아래에서 사용), CCPS, API 등에 의해 설계된 프레임워크가 포함된다. 또한 안전성 저울의 정보를 결합해야 한다.

모니터링할 중간 안전성 변수를 선택하면 관련 제어 가능한 안전성 입력을 열거해야 한다. 아래에 열거한 일부 예와 같이, Hawksley에 의해 개발된 구조를 기반으로 광범위한 중간 안전성 변수 분류에 따라 그룹화된다.

위험 요소의 이해:

- 참여한 직원에 대한 공식적인 교육 세션
- 참여한 직원과의 비공식적인 토론
- 사고 조사시 적극적인 직원 참여

시설 및 장비:

- 관리자, 감독관, 조업자 및 작업자에 의한 플랜트 조건의 체계적인 검사
- 사전 유지 보수 비용
- 사전 유지 보수 프로그램 재설계 필요성 검토

시스템 및 절차:

- 절차 수정(결함 발생에 대한 철저한 분석 포함 또는 생략)
- 절차를 사용 또는 감독하는 담당자의 공식적인 교육
- 참여한 직원과의 비공식적인 토론
- 절차 수행에서 발생하는 결함에 대한 검토시 적극적인 직원 참여

조직, 직원, 커뮤니케이션, 교육:

- 경영진 회의 프로그램 검토 및 참석자 선정
- 공식적인 경영진 회의 및 비공식적인 경영진 업무 규정, 조치 결정 및 후속 조치 방법 검토

비상 상황 대처 능력:

- 위에서 언급한 사항 중에서 비상 상황 이해력 및 비상 장비와 같은 비상 상황 대처 능력과 관련된 사항 확인

안전 관련 의식 및 문화에 대한 적극적인 장려:

- 최고 경영진의 플랜트 방문
- 안전 업무 규정 설계 및 안전성 모니터링, 조사, 개선과 관련된 모든 직원 참여
- 안전성보다 수익성을 우선시하는 경영진과의 충분한 커뮤니케이션

위에 언급한 사항은 극히 일부 예이다. 각 플랜트의 안전성을 책임지는 담당자는 다음 사항이 포함되도록 보다 종합적인 목록을 구성해야 한다.

▶ 플랜트별 정보 포함

▶ 이해 증진을 위한 지원

▶ 헌신적인 노력을 위한 지원

10.4.9 평가된 안전성 성과의 표시

그림 10-3에 표시된 예는(예: 연도별 기준과 같은 현재 기간 동안 평가된 성과 레벨에 대한 가상 데이터 사용) British Petroleum사가 사용하는 '공정 안전 풋프린트(footprint)'를 기준으로 작성되었다.

관리자는 개별 점수의 평균 또는 합계와 같이 단일 수치로 풋프린트를 단순화하려는 경향이 있다. 그러나 이러한 방법은 중요한 세부 정보가 누락될 수 있으며 특정 영역의 취약점(예: 잘못된 작업 허가 시스템)은 다른 영역의 장점(예: 적절한 계측 장비 설계)에 의해 보상될 수 있음을 제시한다.

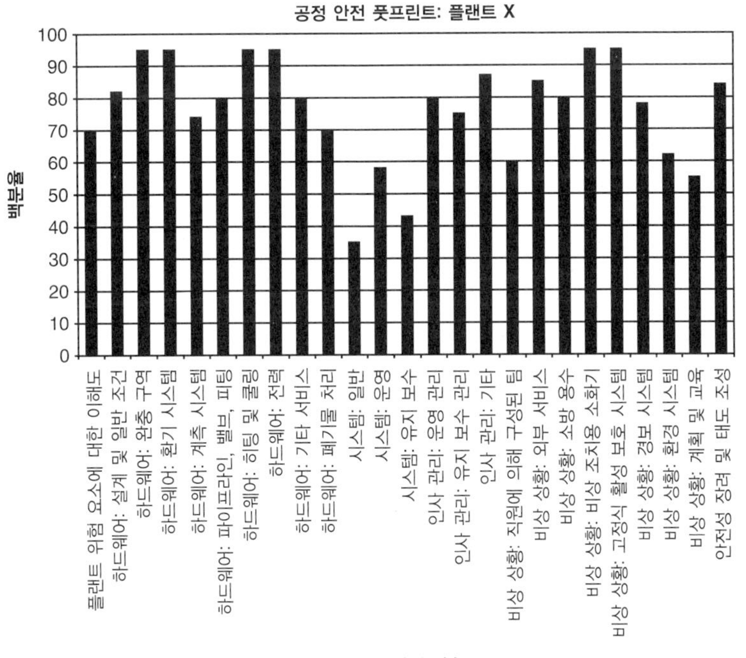

그림 10-3. 공정 안전 풋프린트의 예

10.4.10 원칙의 구현

10.4.10.1 소개

위험 요소 식별 및 모니터링에 모든 레벨의 플랜트 직원이 참여하는 체계적인 접근 방식은 Tweeddale(1985)에 의해 설명되었으며 공정 안전 보장을 위한 전략은 Hawksley(1987)에 의해 설명되었다.

여기서 개략적으로 설명하는 두 가지 접근 방식은 실험적이며 생산량, 품질 및 비용에 대한 관리 시스템을 개발할 여지가 많은 것으로 인식되고 있다. 여기서는 주로 원칙에 대해 설명하고 구축된 기타 원칙 기준을 제공한다.

10.4.10.2 화학 공장에 대한 접근 방식

Simpson 및 Smith(1988)는 공정 안전 관리 시스템 개발을 위한 체계적인 접근 방식을 수립했다. 이들은 공정 안전 모니터링 구축을 위해 세 가지 단계의 프로그램을 적용했다.

1. 각 플랜트에서 모든 레벨의 플랜트 직원이 월별로 모니터링하고 보고한 성과에 대해 간단하게 측정한 지표를 작성했으며 주요 내용은 다음과 같다.
   - ▶ 결함이 발견된 작업 허가 수(전월 대비)
   - ▶ 월말 검사에서 발견된 공정 물질 누출 건수(전월 대비)
   - ▶ 수립된 최신 운영 절차 비율(전월 대비)

   이 단계의 목적은 사전 모니터링 시스템을 실행하여 다음 단계에서 보다 철저하고 체계적인 연구를 통해 개선하기 위한 것이다.

2. 워크시트를 사용하여 물질 밀폐 보관 및 프로세스 제어와 관련하여 각 플랜트의 핵심 기능을 확인하고 적절한 모니터링 프로그램을 수립했다. 프로그램에는 다음과 같은 항목이 포함된다.
   - ▶ 전월 대비 주요 경보 시스템의 작동 빈도(컴퓨터 제어 플랜트에서 수집되는 단순한 수치일 수 있다)
   - ▶ 매월 테스트되는 경보 및 트립 시스템의 수 및 테스트 실패 회수
   - ▶ 재보정되는 제어 장비의 수 및 한정된 양으로 인한 보정 실패 회수
   - ▶ 검사 결과 부식 또는 두께 불량 지적 건수 및 주의가 필요한 건수

3. 각 플랜트에 대한 Hazop 연구를 차례대로 수행하여 핵심 기능 및 절차에 대해 이해를 재정립하고 그에 따라 모니터링 프로그램을 업데이트한다. 동시에 다른 플랜트 공장 내의 직원으로 구성된 내부 감사 프로그램을 수립한다.

이러한 단계는 공정 안전을 위한 일상적인 모니터링 시스템의 점진적인 개선을 목표로 한다. 이러한 단계를 실시할 때 공장 외부 직원의 참여를 통해 감사 특성을 변경할 수 있다. 이러한 감사 목표는 다음과 같다.

- ▶ 모니터링 및 보고 시스템과 내부 감사 품질 검토
- ▶ 플랜트 또는 기타 지역의 사고 경험을 설명하기 위해 개정 필요 여부 검토
- ▶ 내부 감사 시스템을 점검하기 위해 하나 또는 두 개의 선택된 영역에 대한 철저한 조사
- ▶ 주요 하드웨어 개선에 대한 진행 상황 검토

10.4.11 관리 '혁신'

Juran(1964)은 높은 수준의 성과를 위해 '혁신'하는 기업은 차분함, 정렬됨 및 모든 사항이 통제되는 이미지와는 거리가 멀다. 이러한 이미지는 기존의 수준에서 성과를 조정하고 매우 점진적으로 개선하는 기업의 대표적인 모습이다.

상당한 실적 향상을 올리는 기업은 논쟁, 개인 역할에 대한 토론, 긴장감 및 겉으로 보기에는 무질서와 같은 특징으로 대표된다(이러한 특징을 가진 기업이 발전하지 않을 수 있으며 단순히 관리를 잘못할 수 있다!). 급속히 발전하는 기업의 경우 예상치 못한 일들이 발생하고 직원들은 이전에 이미 설정된 책임만 수행하는 것이 아니라 자신들의 능력에 따라 최선을 다한다.

여기서 중요한 교훈을 얻을 수 있다. 기업이 신뢰성 및 공정 안전 성과 부분에 급속한 향상을 달성하려면 문서화에 너무 지나치게 중점을 두는 것은 바람직하지 않다. 일부 문서는 매우 중요하지만 특정 상황에 대한 자세한 내용을 문서화하는 것보다 성과 개선을 위한 조치를 취하는 것이 더욱 중요하다. 모든 문서는 모든 부분에 대한 내용을 자세하게 언급할 수 없기 때문에 오해 및 논쟁의 여지가 있을 수 있지만 이것은 Juran이 말하는 '혁신'의 일부분이다.

10.5 감사

10.5.1 공정 안전 및 손실 예방을 위한 회계 감사 원칙

회계 전문가는 엔지니어 및 생산 관리자가 수행하는 기간보다 더 오랫동안 감사를 수행하기 때문에 회계사의 경험을 통해 교훈을 얻을 수 있다.

가장 일반적인 회계 감사를 '입증감사'라고 하며 주장의 내용을 책임지는 사람에 의해 작성된 서면 주장의 신뢰성을 높이기 위해 의견을 개진하는 감사를 말한다. (예: 회계 감사자는 기업이 준비하는 연례 회계의 적법성에 대한 의견을 제시할 수 있으며 이것은 세무 당국이 필요한 일반적인 감사 형태이며 감독 기관은 기업 지배 구조의 적법성에 대해 관계가 있다.) 입증 감사를 수행하는 경우 감사자는 모든 수입 및 지출을 다시 계산하지 않지만 기업이 수행한 계산 중 샘플을 조사하고 회계 시스템의 적합성 여부를 조사한다.

동일한 접근 방식을 공정 안전 및 신뢰성 감사에 적용할 수 있다. 감사 대상인 플랜트의 모든 부분을 세부적으로 감사자가 조사하지 않고 플랜트 관리자에게 Hawksley의 여섯 가지 원칙과 같은 체계적인 구조를 사용하여 일정 수준의 공정 안전을 평가한 간단한 보고서 제출을 요청할 수 있다(이 장의 후반부에 있는 그림 10-4를 참조한다).

회계 전문가에 의한 감사 및 감사 원칙 사용을 통해 얻을 수 있는 교훈에 대한 여러 가지 예가 아래에 언급되어 있다. 이러한 예는 여러 국가 및 문화의 경험을 통해 얻은 결과이다. 일부 주목할 만한 예는 선진국 및 고수익 회사의 예이다(Tweeddale, 1995 참조).

- 회계 감사는 모든 회계 사항을 조사하지 않고 샘플링을 기준으로 실시하지만 샘플링의 모든 주요 원인이 전체 결과에 영향을 주도록 설계된다. 공정 안전 감사를 통해 모든 장비 및 모든 절차에 대해 완전히 세부적으로 조사할 수는 없지만 확신을 가지고 표현하고 수용할 수 있는 결론을 위해 각 항목에 대한 충분한 샘플을 조사해야 한다. 높은 위험성 및 높은 발생 결과 시나리오는 반드시 포함되어야 한다.

교훈: 공정 안전 감사를 수행할 때(감사 관련 서비스와는 다름) Hawksley가 수립한 여섯 가지 원칙 또는 CCPS 또는 API가 지정한 요구 사항과 같이, 공정 안전에 대한 모든 요구 사항을 조사해야 한다. 이 조사에는 위험 요소 및 안전 장치, 위험성 관리 활성화 수준에 대한 경영진의 이해 정도가 포함된다.

▶ 공공 기업은 법적으로 외부 감사자를 채용해야 하며 감사자는 '합리적인' 임금을 받을 자격이 있다. 감사 기간 동안 초기에 예상한 것보다 세부적인 조사가 필요한 경우 추가 조사 기간에 대한 추가 비용을 기업은 지불해야 한다.

교훈: 추가 안전성 감사자는 초기에 예상한 것보다 세부적인 조사가 필요한 경우 지급 받을 추가 비용의 제한으로 인해 업무 수행에 영향을 받지 않도록 해야 한다. 이것은 클라이언트 및 감사자 모두를 보호하기 위해 필요하다. 또한 이 부분은 감사 계약서에 적절한 조항으로 삽입할 수 있다.

▶ 공정 안전 감사자가 드럼에 보관된 인화성 액체, 살충제 및 제초제 활성 물질, 인화성 물질 및 일반 화학 물질을 포함하여 다양한 물질이 보관된 물류 창고를 방문했다. 감사자는 먼저 소화기를 검사했다. 소화기의 검사표에는 지난 달에 점검한 기록이 표시되어 있었다. 그럼에도 불구하고 압력 게이지는 0을 표시하고 있었다. 그런 다음 감사자는 직경 약 15미터, 높이가 약 1.5미터인 벽돌로 세워진 탱크로 이루어진 소방용수 저장 시설을 검사했다. 검사 시점에서 반 정도 용수가 저장되어 있었고 가득 채우고 있는 중이었다. 감사자는 축적된 찌꺼기를 청소하기 위해 얼마 전에 비웠다는 보고를 받았다. 여전히 찌꺼기가 있는 것으로 볼 때 상당 시간 동안 비워져 있었고 감사 전에 채우려는 것 같았으며 관리자는 채워지는 시간을 예측하지 못했다.

▶ 비슷한 사례로, 전문가용 윤활유 제조 업체에 대해 감독 기관을 대신하여 공정 안전 감사를 실시했다. 감사 시점에서 감사자는 주변 지역이 오일 누출 흔적이 전혀 없는 청결함에 감명받았다. 감사 보고서는 더욱 훌륭했다. 몇 개월 지난 후, 제조 업체는 공장 확장을 위한 승인 공정의 일부로서 화재 안전성 보고서를 제출했다. 감사를 수행했던 동일한 컨설턴트 회사가 화재 안전성 조사를 수행했다. 컨설턴트는 정상 가동중인 시점에 제조 업체를 방문했다. 저장 탱크 주변의 차단벽, 혼합 및 주입 공정 주변의 가동 지역은 상당히 오일이 누출되어 있었으며 정상적인 가동에 의해 상당한 누출이 발생하고 있으며 이러한 유출은 한 번에 세척되지 않는다는 점을 컨설턴트는 알게 되었다. 앞서 플랜트가 매우 청결했던 이유는 법적 감사를 위해 특별히 준비된 것일 가능성이 높았다.

교훈: 감사가 예정된 경우 평소보다 나은 모습을 보여 주기 위해 오랫동안 지속되던 문제를 감사 직전에 해결하는 경우가 많다. 회계 감사자는 사전 통보 없이 자주 무작위 점검을 수행한다. 마찬가지로 일부 안전성 감사도 감사 결과가 정상적인 상황으로 나타나는 경우 사전 통보 없이 수행해야 한다.

▶ 안전성 감사자는 공장에서 소방 용수 펌프를 검사했다. 스탠드 위에는 가솔린 엔진이 장착되어 있었고 원심형 펌프가 연결되어 있었다. 그는 오일 레벨 및 배터리 액 레벨을 점검한 결과 적정 수준이었다. 라디에이터를 검사하려면 스탠드 위를 올라가야 했지만 제한된 지붕 간격으로 인해 라디에이터를 확인할 수 없었다. 감사자는 종이를 접고 간격 사이에 끼워 넣은 결과, 라디에이터에 수분이 없는 것으로 확인되었다. 관리자는 이유를 설명할 수 없었으며 몇 가지 조사 결과 라디에이터가 누수 되는 것을 알게 되었고 펌프 작동시 근처에 있는 큰 저장 컨테이너에 있는 물로 라디에이터를 채우고 있었다. 라디에이터는 오랜 기간 동안 결함이 있었으며 경영진은 이러한 문제를 모르고 있었다.

▶ 또 다른 예로서, 안전성 감사자는 모든 경보 및 차단 시스템과 모든 비상 차단 밸브를 정기적으로 테스트한다고 보고 받았다. 이러한 보고를 뒷받침하는 테스트 기록을 제출받았다. 개별적으로 공장을 검사하는 도중에 감사자는 육교 건너편에 공장 철로 끝에 있는 LPG 용기를 주목했다. 감사자는 LPG 용기를 확인할 것을 요청했다. 다리 통로는 탱크 상단의 플랫폼으로 연결되었다. 탱크 하단에는 밸브로 내려가는 사다리가 있었다. 감사자는 사다리를 타고 내려가 비상 차단 밸브 축에 묻은 그리이스 및 먼지를 발견했으며 이것은 오랜 기간 동안 작동 또는 테스트 받지 않았음을 증명한다.

교훈: 접근하기 어려운 구성 부품 및 수행하기 어려운 운영 시설은 담당자가 높은 수준의 안전성을 유지하기 위해 상당한 노력을 기울여야 한다는 사실을 증명한다. 이러한 부분은 감사자가 점검하기에도 매우 어렵다. 따라서 감사자는 거의 점검하지 않을 가능성이 높은 이러한 구성 부품 및 운영 시설에 각별한 주의를 기울여야 한다.

▶ 외부 회계 감사자는 감사를 통해 확인된 문제 및 권장 사항의 중요성을 고려하여 기업 수준에 맞는 보고서를 작성하는 데 각별한 주의를 기울여야 한다.

교훈: 마찬가지로 공정 안전 또는 안전성 결여는 기업의 상업적 역량에 심각한 영향을 줄 수 있기 때문에(예: 대형 사고 발생 후 생산, 주가, 신용 등급, 지불 능력 등) 공정 안전 감사자는 기업에 대한 보고서 작성시 각별한 주의를 기울여야 한다.

▶ 한 컨설턴트가 석유 및 가스 시설의 위험성 분석 수행에 대한 계약을 체결했다. 분석 대상은 '소프트웨어'가 아닌 장비 부분(예: '하드웨어')으로 한정하였다. 장비의 유지보수 및 비상 대응 조치의 효율성에 대한 사전 정보를 수집하는 과정에서 여러 절차상에 중요한 결함이 있는 것으로 보였다. 예를 들어 플랜트 대부분에 대해 문서화된 운영 절차가 없었으며 비상 조치 팀은 적절하게 구성되어 있었지만 운영 직원들에게 인정받지 못하고 있었고 비상 계획에 참여하지 않고 있었다. 매우 만족스러운 보고서를 기대했던 기업은 컨설턴트에게 조사 범위를 벗어나는 부분의 '소프트웨어'에 대해 해당 보고서에서 모든 관련 자료를 삭제할 것을 요구했다. 컨설턴트는 고위 관리자와의 회의에서 안전상 확인된 결함이 범위를 벗어나더라도 경영진에게 보고할 책임이

있으며 이러한 사실에 대해 보고하지 않는 상태에서 사고가 발생할 경우 악화될 수 있다고 주장했다. 감사자는 클라이언트에 의해 정의된 범위 내에서 조사의 정확성을 유지하는 제한된 책임을 가지고 있지만 그럼에도 불구하고 보고 절차를 생략하거나 소프트웨어의 안전성에 대한 문제를 무시하면 심각한 결과를 초래할 수 있다.

교훈: 계약에 명시적으로 감사를 포함하지 않더라도 여러 가지 안전성 및 손실 예방과 관련된 조사에는 데이터 수집 차원에서 감사 구성 요소가 포함된다. 이러한 조사를 수행하는 사람의 책임은 안전성 감사자의 책임과 비슷하다.

▶ 내부 회계 감사자가 회계 사무실을 방문했다. 그는 공급 업체에서 받는 송장 결제에 사용되는 시스템 관리 체계를 점검해 주기를 요청했다. 시스템 및 다양한 직원에 의해 운영되는 방법을 조사하면서 그는 실제 상황에 대한 테스트를 수행하기로 결정했다. 이러한 계획에 대해 사무실 관리자에게 통보하고 그는 공급 업체의 빈 송장 양식으로 위조 송장을 작성하여 시스템에 삽입하여 최종 단계인 담당 회계 직원의 지불 승인 절차를 면밀히 관찰했다. 일반적으로 송장은 다음의 경우에만 지불 처리되어야 한다.

- 정상적인 주문은 파일로 처리된다.
- 주문한 제품 또는 서비스는 해당 주문서를 받은 담당자에 의해 승인된다.
- 송장 금액은 주문서와 동일하다.
- 명목상 모든 회계 전표는 순서대로 발행된다.

▶ 위조 송장은 모든 전표와 함께 전달되고 감사자는 회계 직원이 지불을 승인하고 컴퓨터로 처리되기 전에 중단하도록 했다.

교훈: 시스템은 만족스러워 보였지만 시스템을 제대로 이해하고 적절하게 운영되는지 확인하려면 테스트해야 한다. 안전성 및 손실 예방의 경우 이러한 테스트는 잘못 완료된 작업을 점검 절차에 삽입하여 이러한 점검 절차를 통해 문제의 작업을 검색할 수 있는지 확인하거나 잘못 판단된 수정 제안을 '변경 관리' 시스템에 삽입하여 이 제안이 어느 단계까지 통과하는지 확인하는 것이다.

▶ 내부 회계 감사자는 외부 검토자보다는 문제 해결을 위한 담당자 및 추가적인 회계 직원을 지원 받는 경우가 많다. 이러한 참여자는 자신들이 참여한 작업 내용에 대해 외부에 유출할 수 없다. 또한 내부 회계 감사자의 경험은 인사 고과상 유리한 경력으로 인정받는다. 또한 내부 감사 부서에서 활용 가능한 전문 지식으로 인정받을 수 있다.

교훈: 내부 안전성 감사자는 이해 관계 충돌에 대비하여 매우 신중하게 수행해야 하며 감사자가 수행중인 내용에 대한 문의 요청에도 신중하게 대응해야 한다. 누구도 자신의 작업에 대해서는 감사할 수 없다.

- ▶ 안전성 감사자는 수많은 다국적 석유 회사가 사용하고, 높은 안전성 기준을 가진 항만 시설을 조사하고 있다. 항만 시설은 제방 일부가 침식되어 있었고 제방 내/외부의 지면이 석유에 의해 오염되어 있었으며 로드 탱커 선적 시설은 부식되고 오래되어 낡은 상태였으며 전반적으로 방치되어 있는 것처럼 보였다.
- ▶ 감사자는 다국적 화학 회사가 가동하는 공장의 물류 창고를 조사하고 있었다. 물류 창고에는 질산 칼륨, 활성 탄소 및 분말 황산이 종이 포장지에 보관되고 있었다. 이러한 물질이 서로 인접하여 있지는 않았지만 바닥에 유출될 가능성에 대해 어느 누구도 고려하고 있지 않았다.

교훈: 기업의 규모 및 명성을 통해 부주의하기 쉬운 저장소 및 물류 창고와 같은 단순 시설 및 활동을 포함하여 모든 시설에 대한 안전성 기준을 신뢰할 수 없다.

- ▶ 감사를 시작하기 전에 공장의 안전 관리자와의 토론을 통해 감사자는 관리자 및 해당 팀이 자체 플랜트 안전성 검사에 매우 철저하다는 사실을 알았다. 감사 기간 동안 플랜트 관리자는 보고서로 작성하기 전에 모든 유지 보수 작업 사항에 대해 점검했으며 유지 보수 작업 기간 동안 플랜트를 수시로 점검했다고 말했다. 또한 안전 관리자는 수시 점검을 통해 작업 허가 시스템이 제대로 작동하는 것을 확인했다고 말했다. 감사자는 시스템이 제대로 작동하고 적절하게 관리되고 있다고 결론내렸다. 몇 개월이 지난 후, 위험 사고가 발생하여 작업자가 심각한 중상을 입었다. 정밀 조사 결과 작업 허가 시스템이 부적절하게 가동되고 관리되고 있었음이 확인되었다.

교훈: 보고하는 사람의 신뢰성과 관계 없이 보고서에 의존하지 않는 것이 중요하다. 직접 검사 이외에 대안은 없다.

플랜트에 대한 조사를 실시하기 전에 안전성 감사자는 제어 통제실을 조사했다. 감독관이 방명록의 새 페이지에 서명해 줄 것을 부탁했으며 비상 상황 발생시 플랜트에 있었던 사람들의 기록을 보관하기 위해서라고 이유를 설명했다. 감사자는 이 바람직한 업무 규정에 주목했고 검사를 계속 수행했다. 다른 감사 팀 구성원도 방명록에 확인했고 해당 연도 초반에 감사자 방문이 있었음을 확인했다.

교훈: 직접 조사를 통해 감사자는 전반적으로 잘못된 인상을 받을 수 있다.

공정 플랜트의 위험성 또는 신뢰성 감사 중 일부 교훈의 예로, 회계 감사를 포함한 법적 사례를 들 수 있다. 예를 들어 Bottomley 및 Tomasic(1992)에 의해 언급된 오스트레일리아 판례(AWA Limited v Daniels t/as Deloitte Haskins & Sells & Orrs, 1992)의 벤치마킹에서 여러 교훈들에 대해 강조했다. 이 특정 사례 중에서 해외로부터 수많은 구성 부품을 수입하여 제조한 제품을 다시 해외로 수출하는 제조 회사의 경우 초기에 환율 변동에 대응하기 위해 외환 거래를 활발하게 수행했다. 초기에 매우 성공적인 업무 수행을 보인 젊은 직원은 업무 전권을 부여 받았다. 회계 감사자는 상당한 자금이 관계되어 있고 외환 시장의 투기적인 특성으로 인해 회사가 상당한 위험성에 노출되어 있다고 보고했다. 그러나 여러 가지 이유로 어떠한 조치도 취하지 않았다. 이 회사는 외환 거래를 통해 상당한 손실을 입었고 감사 회사에 법적인 소송을 제기하여 감사자가 이러한 위험성에 대해 적절하게 보고하지 않았다고 주장했다. 판결 결과, 제조 업체도 책임을 일부 감수했지만 감사 회사는 평가 결과를 수행하기 위한 조치를 취해야 했다.

평결에서 언급한 여러 가지 지적 사항은 다음과 같다.

▶ 회사는 내부적으로 제어 및 기록을 유지하도록 하는 회사의 시스템에 결함 또는 문제가 있을 경우 감지하여 회사에 보고할 전적인 책임이 감사자에게 있다고 주장했다. 이러한 주장에 대해 감사자는 "내부 제어 및 회계 시스템에 대한 적절한 운영은 주로 관리상의 책임이다"라고 답변했다. 판결 결과, 회사는 부적절한 관리 시스템을 인정해야 하며 감사자 및 회사 모두 책임이 있지만 감사자의 책임이 상당히 크고 따라서 양측은 그에 따라 법적 책임을 져야 한다고 판결했다.

교훈: 현장 관리자만 이해, 장비, 관리 시스템에 대한 취약성으로 인해 발생한 결과에 전적으로 책임이 있다고 감사자는 주장하지 않아야 한다. 감사자는 이러한 문제점을 감지하지 못한 법적 책임을 질 수도 있다.

▶ 감사자와 제조 업체의 고위 관리자와의 밀접한 업무 관계는 감사자가 회사에 견해를 밝히는 데 제약이 될 수 있다. "이사, 관리자 및 외부 전문가 사이의 관계는 법적 책임 및 의무보다는 비즈니스 관행 및 개인적 친밀도에 따라 형성되는 경우가 많다"(Tomasic 및 Bottomley, 1992).

교훈: 감사 역할은 매우 진지하게 수행되어야 한다. 비즈니스 또는 개인적 관계에 관계없이 공정한 관점에서 수행되어야 한다.

▶ 감사자는 외환 거래에 참여한 특정 직원의 권한에 대해 의문이 있었다. 판사는 "의심스러운 경우 감사자는 조사해야 한다."라고 지적했다.

교훈: 의심스러운 경우 조사해야 한다.

▶ 판결 결과 관리상의 중요 역할은 업무 권한상 가이드라인을 '지나치게 침해하는' 사항에 대해 이사진에게 보고해야 한다. 안전성 및 손실 예방 차원에서 이것은 이사진이 안전성 정책에 대해 직원들에게 충분히 자세하게 설명한 경우(그렇지 않을 경우 감사자는 이 부분에 대해 언급해야 함) 안전성 감사자는 해당 정책과 관련하여 안전

성 관리 및 성과에 있어서 주요 취약점을 이사진에게 보고해야 하며 중간 경영진에 의해 이 보고 사항이 필터링되지 않도록 해야 한다.

교훈: 공정 안전 및 신뢰성 감사자는 "어떤 제어 시스템이 있는가? 직원과는 어떤 방법으로 의사 소통하는가? 이사진에게 어떤 내용을 보고하는가? 보고 내용은 얼마나 정확하고 대표성이 있는가?"와 같은 질문을 해야 한다.

▶ 판사는 이사회에서 외부 "감사자는 침묵으로 일관했고 결과적으로 이사회가 잘못된 판단을 하도록 했다"고 지적했다.

교훈: 감사자는 적절한 수준으로 자신의 견해를 쉽게 전달해야 한다.

▶ 또한 판사는 감사자의 초기 경고에 대해 고위 관리자가 조치를 취하지 않은 사실을 알면서도 감사자가 어떠한 대응 조치를 하지 않은 것에 대해서도 지적했다. 감사자는 결함을 발견하고 보고하는 이상의 역할을 수행해야 하며 경영진이 조치 및 신속성 측면에서 적절하게 대응하도록 사후 관리의 책임도 있다고 지적했다.

교훈: 안전성 감사자는 초기 감사에서 확인된 사항이 적절하게 조치되는지 철저하게 점검해야 한다. 그렇지 않을 경우 감사자는 다음 보고서에 이러한 미조치 사항에 대해서만 언급할 것이 아니라 최고 경영진과 함께 적극적으로 사후 관리해야 한다.

▶ AWA 사례 등을 통해 관리자는 기술 전문가의 작업에 대해 철저하게 조사하지 않는 경우가 많은 것으로 나타났다. 이러한 이유는 다음과 같다.
- 전문가 분야에 대한 이해 부족으로 인한 회피
- 해당 전문가의 전문 지식에 대한 신뢰
- 비판 및 철저한 조사에 민감한 일부 전문가의 신뢰 부족으로 인한 회피

교훈: 감사자는 기업의 안전성 전문가가 수행한 작업에 대한 관리상의 검토 및 조사를 점검해야 한다.

국가별 특정 상황에 따라 다르지만 위의 교훈에서 가장 중요한 사항은 안전성 및 손실 예방 감사자는 법적 및 도덕적 책임을 포함하여 상당한 책임을 가지고 있기 때문에 감사 결과에 대해 감사 받는 기업의 해당 경영진과 커뮤니케이션이 이루어져야 하고 확인된 결과의 상당 부분은 충분한 상호 이해가 형성되어야 한다. 이해 정도를 판단하는 가장 최상의 방법은 이전 감사 결과에 대한 실현 수준과 실현된 사항들의 우선 순위를 확인하는 것이다.

위의 내용을 요약하면:

▶ 현장 관리자의 공정 안전에 대한 '권한'을 개선하려면 현장 관리자는 공정 안전 및 신뢰성 수준 및 장점과 단점에 대한 검토 결과를 문서로 작성하고 현장 관리자의 요구 사항에 대한 이해 정도를 판단하는 지표로서 이 문서를 감사 결과와 비교해야 한다.

▶ 외부 감사의 경우 모든 중요 요소를 점검하고 바람직한 샘플링 패턴 설계에만 의존하지 않도록 한다.

▶ 때때로 약속 없이 방문한다.

▶ 수행하기 어렵거나 노동력이 많이 소모되는 안전성 활동이나, 점검 또는 감사하기 어려운 안전성 활동에 대해 특별히 주의한다.

▶ 재정상 또는 기타 인위적인 이유로 인해 감사 범위를 제한 받는 사항에 대해 인지한다.

▶ 실질적인 예를 통한 시스템 및 절차를 테스트한다.

▶ 감사 대상 기업의 규모 또는 명성에 의해 선입감을 가지지 않도록 한다.

▶ 단순한 또는 '기술이 필요 없는' 작업을 간과하지 않도록 한다.

▶ 제공되는 정보의 신뢰성과 관계 없이 직접 점검하도록 한다.

▶ 항상 의심한다.

▶ 의심스러운 사항은 철저하게 조사한다.

▶ 기업은 취약점에 대한 주요 정보로서 감사 보고서에 지나치게 의존할 수 있으며 주요 취약점을 파악하지 못한 결과를 감사자의 책임으로 간주하는 경향이 있다.

▶ 감사자의 권고 사항을 실시하는지 사후 점검하는 의무 사항을 인지한다.

▶ 기업의 감사 결과를 보고할 경영진 직급 선택에 신중을 기한다. 기업의 안전성 정책에 상반되는 기업의 중요 사항에 대해 이사진에게 통보해야 한다.

국가별 법적 상황에 따라 다르지만 위의 교훈에서 가장 중요한 사항은 공정 안전 및 손실 예방 감사자는 법적 및 도덕적 책임을 포함하여 상당한 책임을 가지고 있기 때문에 감사 결과에 대해 감사 받는 기업의 해당 경영진과 커뮤니케이션이 이루어져야 하고 확인된 결과의 상당 부분은 충분한 상호 이해가 형성되어야 한다. 이해 정도를 판단하는 가장 최상의 방법은 이전 감사 결과에 대한 실현 수준과 실현된 사항들의 우선 순위를 확인하는 것이다.

10.5.2 공정 안전 및 손실 방지를 위한 감사 프로그램 설계

감사 프로그램은 현장 관리자에 의해 운영되는 일상적으로 진행중인 모니터링 프로그램의 백업용으로 고안된 것으로 대체할 수 없음에 주의해야 하며 프로그램을 통해 현장 관리자가 감사 프로그램에 의존하지 않고 자체 모니터링 프로그램을 수행하도록 지원하는 것이 중요하다.

현장 관리자가 진행중인 모니터링을 지원하는 접근 방식 중 하나는 감사 실시 전에 사전 감사 평가 시트를 메일로 보내거나 감사 시작 단계에서 제공하여 사전 감사 평가 시트를 작성하도록 하는 것이다. 이러한 사전 감사 평가 설문지는 아래 그림 10-4와 같다.

플랜트 관리자에게

귀하의 플랜트 및 공정 안전에 대한 향후 감사를 대비하기 위해 다음 설문 내용을 작성하여 감사 시작 단계에서 복사본을 보내 주시면 감사하겠습니다. 보내 주신 설문지는 귀하와의 토론 및 플랜트 검사에 소중한 자료로 활용될 것입니다.

	최하 보통 최상
1. 이해도	
귀하는 공정 플랜트 사고의 특성, 규모 및 예상 원인에 대해 자신을 포함하여 플랜트에서 근무하는 직원들이 어느 정도 이해하고 있다고 생각하십니까?	1.....2.....3.....4.....5
2. 시설 및 장비	
공정 안전 측면에서 다음 사항과 관련하여 플랜트 및 장비의 설계 및 조건이 얼마나 적절하다고 생각하십니까?	
a) 설치, 레이아웃 등	1.....2.....3.....4.....5
b) 용기, 파이프라인, 기계류 등	1.....2.....3.....4.....5
c) 제어 계측 장비	1.....2.....3.....4.....5
d) 경보, 트립 시스템, 기타 보호 장비	1.....2.....3.....4.....5
3. 시스템 및 절차	
다음 사항에 대해 시스템 및 절차가 얼마나 적절하다고 생각하십니까?	
a) 운영(개선 사항 제어 포함)	1.....2.....3.....4.....5
b) 유지 보수(작업 허가 포함)	1.....2.....3.....4.....5
c) 장비 성능 및 절차 모니터링	1.....2.....3.....4.....5
d) 감독 및 관리	1.....2.....3.....4.....5
e) 성과에 대한 제3자 감사	1.....2.....3.....4.....5

(다음 페이지에 계속)

4. 조직, 직원, 커뮤니케이션 및 교육
다음 사항이 얼마나 적절하다고 생각하십니까?
a) 직원들이 함께 근무하는 조직 및 방법 1.....2.....3.....4.....5
b) 직원의 역할에 대한 해당 직원의 수준 및 완성도 1.....2.....3.....4.....5
c) 공식적 및 비공식적 커뮤니케이션 채널 1.....2.....3.....4.....5
d) 교육 및 재교육 프로그램 및 과정 1.....2.....3.....4.....5

5. 비상 상황에 대한 준비 상태
비상 상황에 대한 배치 및 준비 상태가 얼마나 적절하다고 생각하십니까?
a) 예상 상황에 대한 이해도 1.....2.....3.....4.....5
b) 비상 조치 시설 및 장비 1.....2.....3.....4.....5
c) 비상 시스템 및 절차 1.....2.....3.....4.....5
d) 조직, 직원, 커뮤니케이션 시스템 및 교육 1.....2.....3.....4.....5

6. 공정 안전 및 신뢰성 장려
고위 경영진은 공정 안전 및 신뢰성 장려를 위해 다음과 같은 방법에 대해 얼마나 적절하게 수행하고 있다고 생각하십니까?
a) 가시적으로 공정 안전에 소요하는 시간 및 노력 1.....2.....3.....4.....5
b) 개선하기 위한 비용 승인 1.....2.....3.....4.....5
c) 일상적인 관리 활동 중에 최우선 순위로 선정 1.....2.....3.....4.....5
d) 관련 분야에 근무하는 직원은 경영진의 노력에 대해 어떻게 평가하겠습니까? 1.....2.....3.....4.....5
e) 귀하는 관련 분야에 근무하는 직원에 대해 어떻게 평가하겠습니까? 1.....2.....3.....4.....5

참여해 주셔서 감사드립니다.

그림 10-4. 사전 감사 설문 조사의 예

초기 감사

플랜트 초기 감사는 감사자가 안전성 관리 상태에 대해 전반적으로 판단할 수 있도록 매우 종합적으로 설계된다. 그러나 시간적인 제약으로 인해 모든 항목에 대해 심층적으로 조사할 수는 없다.

종합적인 감사 프로토콜 기준으로 사용될 수 있는 일반적인 체크리스트는 부록 D를 참조한다. 이 체크리스트는 Hawksley에 의해 파생된 공정 안전 보장을 위한 여섯 가지 요구 사항으로 구성되어 있다. 특정 플랜트 또는 운영에 대한 위험 요소 및 안전 시스템을 조사하기 위해 다른 형식을 사용할 수 있다.

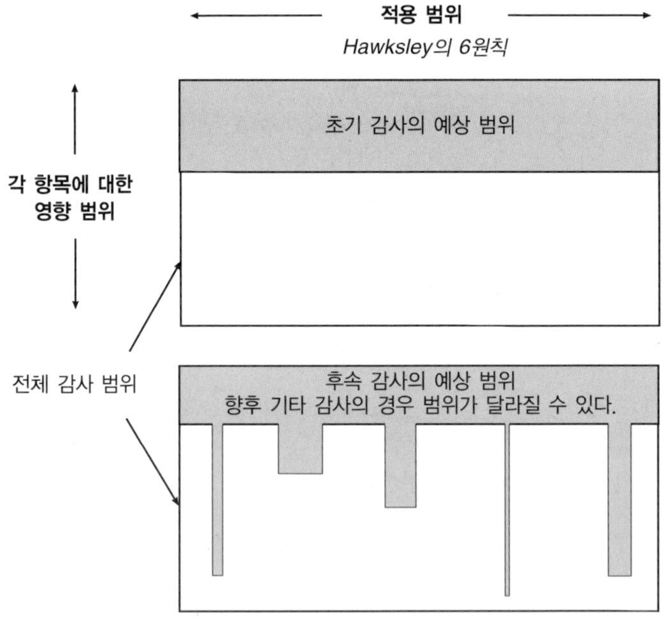

그림 10-5. 프로세스 위험성 감사의 개념적인 표현

후속 감사

후속적인 감사의 경우 여섯 가지 요구 사항에 대해 개략적으로 조사한 다음 여섯 가지 요구 사항 중 하나 이상의 요구 사항에 대해 특정 항목을 선택하여 심층적으로 조사하는 것이 일반적이다.

감사의 목적은 현장 관리자의 진행중인 모니터링 개선을 지원하는 것이기 때문에 감사 확인 사항은 현장 관리자와의 토론을 통해 현장 관리자가 자체 모니터링에 의해 파악할 수 있도록 지원하는 데 중점을 준다.

두 가지 감사 유형의 범위는 그림 10-5에 개념적으로 설명되어 있다.

10.6 매우 중요한 핵심 절차

플랜트 위험성 및 신뢰성에 상당한 영향을 주는 많은 절차가 있다. 특히 최상위 조건으로 유지되는 여섯 가지 핵심 절차는 다음과 같다.

- ▶ '표준 운영 절차'(SOP)
- ▶ 신임 조업자 교육 및 경험 많은 조업자의 재교육 및 혁신 교육
- ▶ '작업 허가' 절차
- ▶ 개선 사항 제어 또는 '변경 관리' 절차
- ▶ 조건 모니터링
- ▶ 보호 시스템 테스트

이러한 사항들은 아래에서 자세하게 설명한다.

(사고, 아차 사고 및 기타 빈번하지 않은 발생 사고에 대한 가장 중요한 작업에 대해서는 10.9절에서 자세하게 설명한다.)

10.6.1 표준 운영 절차(SOP)

표준 운영 절차의 목적

생산 요구 사항을 안전하고 환경 피해 없이 만족시킬 수 있는 운영을 위해 이러한 방법을 정의한다.

중요 원칙 및 특징

- ▶ 모든 사항을 문서화해야 한다.
- ▶ 모든 사항은 종합적이어야 한다.
- ▶ 위험 상황 인식 방법 및 적절한 조치에 대한 내용이 포함되어야 한다.
- ▶ 다음의 경우 운영 지침 및 참조 문서, 도면 등의 업데이트를 위한 일상적인 절차이어야 한다.
  - 하드웨어 수정이 있는 경우
  - 공정 물질, 조건, 절차 등을 변경하기로 결정한 경우
- ▶ 모든 사항은 플랜트 조업자 및 감독관이 접근 가능하고 사용 가능해야 한다. 즉,
  - 제어 통제실 및 기타 접근 가능한 지점에 배치되어야 한다.
  - 완전히 세부적이고 신속한 요약(예: 배치 시트)을 사용할 수 있어야 한다.

- 단기적인 개선 사항을 실행하고 종료하는 매커니즘이 있어야 한다(최소한 이동 변경 기록부에 기재). 이것은 연구 또는 개발 이력을 파악하는 데 매우 중요하다.
- 운영 지침에는 조업자가 맹목적으로 지침을 따르지 않도록 교육 및 감독 규정이 포함되어야 하고 이러한 지침을 판단의 기준으로 해야 한다.

설명

- 업데이트를 위한 접근 방식 중 하나는 특정 구역에 대해 변경 사항이 발생할 때마다 업데이트하고 정기적으로(예: 매년) 간과한 것이 없는지를 검토하는 것이다.
- 운영 지침서의 페이지마다 날짜를 표시해야 한다.
- 일부 경우, 세부적인 교육 일정을 보조하는 간단한 운영 지침이 제공된다.
- 공정의 빈번한 변경이 있는 회분식 운전이 채택된 방법은 지침이 포함된 일괄처리 시트 목록 전산 파일에 모든 물질, 예방 조치 사항 등의 위험에 대한 세부적인 정보를 포함하는 것이다.

일반적인 오류

- 시동, 중단, '일시 중지'와 같은 자주 실행하지는 않지만 매우 위험한 상황, 세척 또는 유지 보수에 대한 지침은 너무 쉽게 무시된다.
- 운영 지침은 너무 방대해서 세부적인 지침이 작업 요약서 또는 체크리스트에서 생략된다.
- 운영 지침이 너무 현실과 맞지 않게, 시대에 뒤쳐져 있는 경우가 많다.

10.6.2 교육 및 재교육

조업자 및 감독관이 숙지하고 주의해야 할 사항 및 자주 발생하지는 않지만 특별한 관리가 필요한 사항(예: 일년에 한 번 정도 있을 수 있는 복잡한 플랜트의 중단 및 시동)에 대해 많은 사람들이 교육이 가장 어려운 분야 중 하나라고 생각하는 것은 놀랄만한 일이 아니다.

이것은 운영, 유지 보수, 감독, 관리 및 설계에 대한 교육을 포함하여 매우 중요한 부분이다. 그러나 일부 사람들은 다음과 같이 지적한다.

조업자 교육 목적

교육은 조업자가 생산 요구 사항을 안전하고 환경 피해 없이 달성하는 데 필요한 운영 사항을 수행하기 위한 것이다. (이러한 교육에는 시동, 중단, 비정상적인 상황 및 정상적인 운영에 대한 내용이 포함된다.)

중요 원칙 및 특징

▶ 문서화되고 업데이트된 운영 지침을 기준으로 해야 한다.

▶ 다음 사항에 대해 교육을 받은 자격 있는 사람이 수행해야 한다:
- 플랜트 운영
- 강의 기법

▶ 다음 사항에 대한 균형적인 조화를 이루어야 한다:
- 원칙에 대한 이해력(예: 왜?)
- 절차에 대한 지식(예: 무엇을?)

▶ 잠재적 사고, 초기 징후 인식 방법, 나타나는 상황, 필요한 상황 및 필요한 예방 조치, 해결 방법, 비상 상황 대응 조치 방법에 대한 이해가 포함되어야 한다.

▶ '강의' 및 '실습'을 통한 교육이 병행되어야 한다.

▶ 정의(문서화)된 교육 일정을 준수해야 한다.

▶ 정상적인 운영 조건, 예상되는 특정 상황(중단, 시동), 예측 가능한 비정상 및 비상 상황 등이 포함되어야 한다.

▶ 정의된 질문 목록 또는 기타 성과 기준을 사용하여 강의실(지식 및 이해) 및 현장 실습을 통해 공식적으로 교육 성과를 테스트해야 한다.

▶ 다음 사항이 포함되어야 한다.
- 화학 물질 및 해당 위험 요소
- 공정 및 해당 위험 요소
- 화학 물질 취급시 주의 사항
- 유지 보수를 위한 플랜트 준비 원칙(작업 허가 시스템 포함)
- 전력, 계측 장비, 기계 장비, 위험 실패 시나리오에 대한 인식 및 통제

▶ 최상의 학습 효과 및 비정상적인 환경에 대한 대응 능력을 키우기 위해 변화하는 환경에 대한 적응 교육을 포함하여 재교육이 필요하다.

설명

조업자 간의 상호 지원을 통한 팀워크가 중요한 경우 각각의 조업자는 팀에서의 자신의 역할에 대해 숙지해야 하며 자신의 책임에 대해 이해해야 한다. 그렇지 않

을 경우 일부 중요한 점검 사항 및 작업을 다른 사람이 대신 할 것이라고 판단하고 지나칠 수 있다. (예: 항공 분야에서 사용하는 사전 비행 체크리스트가 도움을 줄 수 있다.)

일반적인 오류

- 경험 많은 조업자와 함께 작업을 통해 배운 지식에 거의 의존(이것은 잘못된 교육의 원인이 된다) 그러나 경험 많은 조업자와 함께 작업하는 것은 실습을 통한 경험 축적의 유일한 방법이다.
- 교육과 재교육이 필요한 경쟁력을 갖추기 위해 개별적인 효과가 없는 경우의 관리 부재(신입 사원의 3개월 동안의 실습 기간은 부적절한 인재 양성을 방지하는 한 방법이다)
- 가장 일반적인 오류로서, 공식적으로 문서화된 교육 일정 또는 교육 후 조업자의 공식 테스트 부재

10.6.3 '작업 허가' 절차

운영중인 플랜트에서의 작업 허가가 느슨하여 심각한 플랜트 피해를 줄 수 있는 대형 사고가 무수히 많다.

'작업 허가' 절차의 목적

인명, 환경 및 플랜트를 보호하기 위해 다음 사항을 확인한다.

- 제대로 승인된 경우에만 플랜트에서 작업이 진행되는지 여부
- 플랜트가 허용 기준 내에서 적절한 정보를 제공하면서 안전하게 작업할 수 있는 조건이 있는지 여부
- 적절한 장비를 사용하여 적절한 작업을 수행하는지 여부
- 작업자가 위험 요소 및 안전 절차를 숙지하고 이해하는지 여부
- 작업을 안전하게 시작, 수행 및 종료하는지 여부
- 조업자가 작업 진행중인 플랜트에 대한 이해 여부
- 재가동을 위해 플랜트가 안전하고 환경적으로 안전한 상태에 있는지 여부

중요 원칙 및 특징

- 예를 들어 계측 장비 점검 및 일부 일상적인 작동 수리와 같이 허용 승인이 필요 없는 작업 구분

- ▶ 작동 대상 장비에서 작업하는 작업자에 대한 적절한 식별(플랜트에 표시를 하거나 작업자를 물리적으로 표시하는 것은 간단한 방법이 아니다)
- ▶ 수행할 작업에 대한 명확한 정의
- ▶ 플랜트 위험 요소, 교통 및 배출 가스와 같은 외부 위험 요소에 대한 종합적인 식별
- ▶ 해당 고위 관리자에 의한 절차 승인
- ▶ 할당된 허용 시간 범위
- ▶ 작업 종료 전에 안전 조건에 대한 승인되지 않은 변경을 방지하기 위한 종합적인 안전 조치 및 방법 수립
- ▶ 설치된 격리 시설 확인
- ▶ 계약 업체의 작업 및 제어를 위한 준비 작업. 계약 업체는 직원과 동일한 규정을 적용 받아야 한다. 또한 필요성 및 절차에 대한 추가적인 설명이 필요하다.
- ▶ 굴착 작업, 화기 작업, 폭발 구동식 도구의 사용, 방사성 물질의 사용, 밀폐된 공간 출입, 비계 작동, 석면 취급, 지붕 접근 또는 임시 접근 방법을 제공해야 하는 기타 장소와 같은 특별 작업 절차에 대한 참조 사항
- ▶ 준비 작업은 기록되어야 한다.
- ▶ 작업 종료 후 책임 있는 생산 직원의 공식적인 승인을 받아야 한다.

일반 설명

- ▶ 플랜트 관리자를 통해 파일 접근을 허용하는 것은 절차를 모니터링하기 위한 바람직한 방법이다. 다른 방법으로, 정기적인 감사를 수행할 수 있다.
- ▶ 한 교대자는 작업을 준비하기 위해 차단 시설을 준비할 때 다른 교대자가 안전 거리 문제를 제기하는 경우 점검할 필요가 있다.
- ▶ 슬립 도금의 경우 적절한 안전 거리가 필요할 수 있다.

일반적인 오류

- ▶ 허용 기준을 수립해야 하는 담당자의 촉박한 일정
- ▶ 플랜트의 안전 여부 및 작업자의 필요 사항에 대한 명확한 이해 여부에 대한 실질적인 점검 없이 허용 기준 제시
- ▶ 교대 시점에서 불완전하거나 성급한 변경
- ▶ 특정 작업에 대한 허용 기준과 차단 시설을 설치한 이전 작업을 비교 참조할 때 발생되는 문제

- ▶ 작업 완료시 식별태그 및 레이블 제거 실패 또는 기타 부적절한 계약 종료 절차(계약 종료는 유지 보수 직원과의 계약 체결만큼 공정 직원에게 중요)
- ▶ 다중 작업 활동의 어려움
- ▶ 계약 업체의 불이행

예를 들어 다국적 석유 기업이 운영하는 해양 석유 시추 플랫폼에 잠재적으로 심각한 '아차 사고' 사고가 있었다(사고는 펌프에 대한 유지 보수 작업과 관련되고 *Piper Alpha*의 사고와 유사-제13장 참조). 사고 조사를 통해 알아 낸 주요 원인 중 하나는 잘못된 작업 허용 기준 시스템에 있었다.

작업 허용 기준 시스템의 개선을 권고하기 위해 팀이 구성되었다. 팀은 1명의 플랫폼 감독관, 두 명의 엔지니어 및 계약직 유지 보수 감독관으로 구성되었다. 이 팀은 세 가지 양식의 작업 허용 기준(일반, 화기 작업, 제한된 공간 출입)을 새로운 여섯 가지 양식으로 교체하고 각 양식은 새로운 점검 상자로 다시 설계할 것을 권고했다.

컨설턴트가 참여하여 권고 사항들을 검토했다. 컨설턴트는 기존 시스템 운영 방법에서 다음과 같은 특징을 확인했다.

- ▶ 계약직 유지 보수 감독관은 작업 허용 기준 시스템을 작업 시작 전에 작성하는, 단지 문서 작업으로 간주하고 있었다.
- ▶ 유지 보수 작업 수행을 위해 야간 교대 조업자에게 장비가 안전한 상태로 유지되도록 하는 임무가 부여되었다.
- ▶ 주간 교대 플랫폼 감독관은 작업 순서를 계약 업체에 할당하고, 이 계약 업체는 조업자가 적절한 장비가 안전한 상태가 되도록 하는 추가 점검 없이 바로 작업을 시작했으며 실제로 안전한 상태에 있었다.
- ▶ 하루가 끝나는 시점이 되면 완료된 작업 허용 기준은 무시되었다.

또한 컨설턴트는 작업을 시작하기 전에 펌프를 적절하게 격리시키고 원격 작동 차단 밸브를 통해 조정하여 '아차 사고'의 가능성이 없음을 확인했다.

컨설턴트는 효과적인 격리를 위한 교육, 유지 보수 작업에 대한 개선, 유지 보수 후의 점검 개선, 철저한 작업 허용 기준 시스템의 필요성에 대한 교육에 모든 관련자의 참여, 시스템 결함으로 인해 발생한 대표적인 사고 등에 중점을 둘 것을 권고했다. 또한 그는 시스템이 문서의 세부적인 사항을 기준으로 운영되어 오히려 중점 사항이 간과되지 않도록 기존의 작업 허용 기준 문서를 변경하지 않고 유지할 것을 권고했다.

10.6.4 플랜트 개선 사항에 대한 제어('변경 관리')

10.6.4.1 소개

플랜트를 환경 친화적이고 안전하게 운영할 수 있도록 설계하고 운영 지침 및 유지 보수, 감독 및 관리를 위한 절차를 설계하는 것이 바람직하다. 그러나 플랜트 또는 절차가 지속적으로 변경되는 경우 무결성이 손실될 수 있다.

훌륭한 목표를 가지고 있지만 매우 심각한 영향이 발생할 수 있다는 사실을 인식하지 못하고 수정하는 경우는 무수히 많다.

제13장에서 설명하는 여러 사고는 예상 영향에 대한 조사 없이 플랜트 또는 절차를 수정하는 위험에 대해 설명한다. 올바른 운영 지침에 대한 수정으로 인해 잠재적으로 위험 요소가 발생할 수 있다.

예를 들어 반응기가 가동되는 경우를 가정한다. 2차 반응 물질이 투입되기 전에 재순환될 1차 반응 물질이 도달하기 위한(증기 가열을 사용) 최소 온도가 필요하다. 일부 경우 온도에 도달하기 전에 2차 반응 물질이 투입된다. 결과적으로 반응기가 반응이 일어나는 데 필요한 온도에 도달하는 시점에 2차 반응 물질의 농도는 정상 상태보다 높기 때문에 압력 릴리프 장치에서 자극성 물질이 배출될 수 있다. 따라서 지역 사회의 항의 및 법적 규제가 발생할 수 있다.

여러 가지 다른 예는 제13장을 참조한다.

10.6.4.2 변경 관리 절차 설계

프로세스 산업 분야의 경우 제안된 변경 사항을 승인하기 전에 표준 절차를 준수해야 하는 것이 일반화되어 있다.

여기서 "변경 사항이란 무엇인가?"라는 의문이 생긴다. 변경 사항은 플랜트 장비 또는 절차를 원래 조건에서 변경하는 조치를 말한다. 절차에 대한 변경도 변경 사항이다.

Kletz(1976)는 플랜트 변경 사항을 안전하게 수행하기 위해 세 가지 요구 사항을 제시했다. 본질적으로 세 가지 요구 사항은 다음과 같다.

- 변경 사항으로 인해 발생할 수 있는 모든 결과를 확인하여 세부적인 변경을 지정하는 권한이 부여된 담당자에 의해서만 모든 변경 사항이 승인되도록 엄격한 절차가 있어야 한다.
- 담당자가 예상 결과를 식별하기 위한 가이드시트 또는 체크리스트가 있어야 한다.
- 지침 및 지원만으로는 충분하지 않다. 사람들은 필요하다고 확신하는 경우에만 지침을 수행하고 지원 사항을 사용한다. 교육 프로그램은 반드시 필요하다.

Mant(1981)는 이러한 절차에 대해 설명하고 체크리스트 양식 하나를 제시했다. IChemE(1994)는 또 다른 시스템에 대해 세부적으로 설명한다.

모든 변경 사항을 점검 절차 제출(상당한 시간을 두고 노력이 필요하며 변경 사항 실현이 지연되거나 형식에 치우치는 경향이 있음) 및 선택한 변경 사항만 절차를 통해 원활하게 수행(위험할 수 있는 절차는 제외한 변경 사항만 수행) 사이에 상충되는 점이 있다.

철저함 및 효율성 사이의 적절하게 균형을 이루려면 다음과 같은 2단계의 승인 절차를 채택하는 것이다.

1. 모든 변경 사항은 표준 변경 사항 요청서에 설명한다. 뒷면에 제공되는 질문 목록에 대해 요청자가 답변한다. 질문 내용은 광범위한 주변 영향에 대해 포함되고 요청자가 원하지 않는 결과에 대해 고려하도록 한다. 예상되는 주변 영향을 고려할 때 변경 사항이 다음과 같은 항목에 대해 부정적인 영향을 줄 수 있는지에 대해 고찰한다.
   - 공정 조건
   - 운영 방식
   - 유지 보수 및 엔지니어링 방법
   - 안전 장비
   - 환경 조건
   - 광범위한 설계 및 장비 특징

   그런 다음 플랜트 또는 운영 책임이 있는 여러 선임 기술자 및 현장 관리자에게 차례대로 회람된다. 이러한 책임자들은 변경 사항 및 체크리스트를 검토하여 만족스러운 경우 변경 사항 요청서에 서명한다.
2. 고위 관리자가 예상하지 못한 문제의 발생 가능성에 대해 확신하지 못하는 경우 변경 사항은 적절히 선정된 팀에 의한 전체 위험 요소 및 운전 분석(Hazop)

연구를 위해 전달된다(Hazop 연구 수행 방법은 부록 A에서 설명한다).

이러한 검토를 통해 잠재적인 문제가 확인되는 것이 일반적이며 그렇지 않은 경우 이러한 문제가 플랜트에서 발생할 때까지 확인하지 못할 수 있다. 이러한 경우 제시된 변경 사항은 원래의 목적에 영향을 주지 않으면서 문제를 예방하기 위해 수정하거나 제안 자체를 거부할 수 있다.

절차 수행 여부를 확인하기 위해 정기적으로 절차를 감사하는 것이 중요하다. 플랜트에 대한 변경 사항을 실행하기 위해 작업 변경을 요청하는 데 필요한 추가 조치는 승인된 변경 사항 요청서 사본을 정리해서 보관하고 해당 관리자가 작업 요청에 대해 월별로 점검하는 것이다.

위에서 언급한 내용은 요약하면 다음과 같다.

변경 관리 절차의 목표

장비 및 절차에 대한 제안된 변경 사항이 예상하지 못하거나 원하지 않는 효과를 발생시키지 않으면서 목표한 혜택을 달성하는 것이다.

중요 원칙 및 특징

▶ 절차는 문서화되어야 한다.

▶ 변경 사항의 내용, 즉 어떤 사항을 검토해야 하는지에 대한 정의가 반드시 필요하다(프로세스 제어를 위해 사용되는 컴퓨터 프로그램의 개선 사항에 대해 부적절하게 검토하는 것은 특히 위험하다).

▶ 변경 사항을 실시하는 데 필요한 권한을 정의해야 하며 권한은 충분히 높은 직책에 있거나 관련 경험을 충분히 가진 사람에게 부여해야 한다.

▶ 하드웨어 및 정의된 관련 소프트웨어에 대한 모든 변경 사항은 최소한 초기 단계에서 검증을 받아야 한다.

▶ 검증 및 세부적인 검토는 한 사람 이상의 경험 많고 관련 지식을 갖춘 책임 있는 사람에 의해 수행되어야 한다.

▶ 제안된 변경 사항을 2차 단계(보다 세부적인 검토를 위해)로 제출하는 경우 확실한 가이드라인이 필요하다.

▶ 검증 및 세부적인 검토는 표준화되고 종합적이며 합의된 체크리스트를 사용해야 한다.

▶ 모든 합의된 변경 사항에 대해서는 동의해야 하며 도면, P&ID(배관 및 계장도), 운영 지침 등은 업데이트해야 한다.

설명

- 작업 부하 및 소요 시간을 줄이기 위해 이러한 절차를 2단계로 나누는 것이 일반적이다.
- 변경 사항이 원하지 않는 영향을 줄 가능성이 충분한지 여부를 판단하기 위한 사전 검증
- 1차 검증에서 통과하지 못한 변경 사항에 대해 Hazop 방식(부록 A 참조)을 사용하여 충분히 검토
- 프로그램 가능한 전자 시스템에 사용되는 프로그램 로직을 수정하려는 경우 특별한 관리가 필요하다.
- 장비에 대해 승인 받지 못한 변경 사항을 제어하는 방식 중 하나는 장비에 대해 변경 사항이 있는 모든 작업 절차에 개선 사항 검토서 작성을 포함시키고 이러한 작업 사항이 시스템을 바이패스하는지 확인하기 위해 정기적으로 작업 절차를 감사해야 한다.

일반적인 오류

- 책임 있는 관리자가 제안된 변경 사항이 연구 가치가 있는지 여부를 단독으로 결정할 수 있다.
- 변경 사항 승인에 대한 압력으로 인해 세부적으로 고찰하지 않을 수 있다.
- 변경 사항을 적용하는 사람(감독관, 기획자 등)이 승인하는 내용이 연구 과제임을 인식하지 못할 수 있다.
- 충분한 고찰 또는 고려 없이 개선 사항 일부만 실시할 수 있다(예: 야간 교대 기술자).

10.6.5 상태 모니터링

상태 모니터링은 밀폐 실패, 제어 실패 또는 장비 기능 손실을 예방하기 위한 사전 유지 보수의 한 형태이다.

상태 모니터링의 목적

고장, 밀폐 실패(예: 누출) 또는 제어 실패(예: 폭주 반응)과 같은 잠재적으로 위험한 이벤트가 발생하기 전에 적절한 조치를 취할 수 있도록 플랜트 상태의 결함을 초기에 발견하고자 한다.

(이것은 압력 용기 검사와 같이 감독 기관 및 회사의 요구 사항으로 더욱 중요해지고 있는 분야이다.)

중요 원칙 및 특징

▶ 모니터링은 밀폐, 구조적 강도, 공정 제어 등에 잠재적으로 위험 사고가 발생하거나 발생할 가능성에 대해 정기적이고, 일정에 의한 체계적이고 종합적인 검토를 기준으로 해야 한다.

▶ 모니터링은 사용 가능한 모니터링 기법보다는 특정 위험 요소에 대한 식별을 위해 설계해야 한다.

▶ 모니터링 방법 및 결과는 문서화하고 파일로 보관해야 한다.

▶ 모니터링 일정은 평상시 정의하고 준수해야 하며 결과는 평상시 경영진에게 보고해야 한다.

▶ 모니터링 절차 및 일정의 타당성은 기술 발전 및 축적된 플랜트 경험 측면에서 검토되어야 한다.

▶ 결함에 의해 발생되는 사고는 기록되어야 한다.

설명

상태 모니터링은 일반적으로 다음 사항에 대한 조기 발견을 목적으로 한다.

▶ 밀폐 실패

▶ 제어 실패

▶ 기계 장치 고장

▶ 구조적 결함

다양한 기법이 있다.

일반적인 오류

▶ 플랜트 또는 장비 지향적 접근 방식보다는 기법 지향적 접근 방식이 채택된다. 즉 사용 가능한 모니터링 장비는 플랜트 요구 사항이 아닌 모니터링 대상을 결정한다.

▶ 이전에 수행된 모니터링 및 이러한 모니터링의 결과에 대한 경험적 정보를 잘못 보관할 수 있다.

▶ 실질적인 발생 가능성에 대한 고찰보다 과거 사고 또는 아차 사고만을 기준으로 한다.

10.6.6 보호 시스템의 테스트

필요한 보호 시스템의 신뢰성 수준을 유지하기 위해 수행한다.

중요 원칙 및 특징

▶ 계측 장비를 제외한 적극적이거나 수동적인(예: 차단벽) 시설을 포함한 모든 보호 시스템의 목록을 정의하는 것이 중요하다.

▶ 정의된 법적 빈도 또는 공식적인 회사 정책이 없는 경우 각 보호 시스템에 대한 테스트 주기는 다음 사항을 기준으로 필요한 신뢰성 검토를 통해 결정되어야 한다.

- 위험 사고의 예상 규모
- 위험 이벤트가 발생할 가능성(예: 디멘드) 및 그에 따라 필요한 보호 조치
- '디멘드' 또는 테스트 사이에서 보호 시스템이 결함 상태가 될 가능성

▶ 트립 및 기타 보호 장비(차단벽, RV, 통풍구, 화염 트랩, 배수 시설 등)에 대한 공식적인 테스트 일정을 수립해야 한다.

▶ 각 시스템은 가능한 안정되고 완벽하게 테스트해야 한다(예: 센서부터 작동되는 보호 장비에 이르기까지).

▶ 되는 경우 하드웨어는 테스트 종료시 시스템이 다시 작동 가능한지 여부를 명확하게 확인할 수 있도록 설계되어야 한다(예: 트립 중단 잠금 장치 및 전면 패널의 경고 등).

▶ 트립 시스템을 바이패스하는 권한을 정의해야 한다.

▶ 테스트 결과의 기록은 개별 시스템의 신뢰성이 부적절하거나 감소하는 상황을 인식할 수 있도록 설계되어야 한다.

▶ 절차에는 보호 시스템이 테스트 작동하는 기간이 포함되어야 한다.

설명

▶ 보호 시스템은 잠재적인 위험 상황이 발생할 때 작동하며 위험 요소를 사전에 예방하거나 발생 규모 또는 영향을 줄이기 위한 시스템이다.

▶ 이러한 보호 시스템에는 다음 항목이 포함된다.

- 계측 경보 시스템 및 트립 시스템
- 펌프 씰 표면의 스로틀 부싱
- 릴리프 밸브
- 화염 트랩
- 통풍구

- 배수 시설
- 논리턴 밸브(NRV) 또는 체크밸브 (펌프 전달 NRV는 펌프의 수리 또는 정비를 위해 탈거할 때마다 일상적으로 테스트를 위해 쉽게 제거할 수 있다.)
- 차단벽(차단벽 바닥을 통한 누출 가능성 포함)
- 스팀 커튼 및 용수 커튼
- 소방 시스템
- 비상 조치

▶ 테스트 받지 않은 보호 시스템은 신뢰할 수 없으며 디멘드가 발생하는 시점에서 보호 시스템이 작동하지 않을 가능성이 높다.

▶ 트립 테스트는 일부 경우 일상적인 테스트로 인해 플랜트가 중단될 수 있기 때문에 세심한 주의가 필요하다.

▶ 경보 및 트립 시스템의 목적 및 중요성을 명확하게 구분하는 것이 바람직하다.

일반적인 오류

▶ 기타 보호 시스템을 제외하고 계측 트립 시스템만 테스트

▶ 테스트 주기 정의 및 계측 엔지니어 단독으로 테스트 결과 검토

▶ 승인되지 않은 작동을 통한 '문제가 있는' 트립 실행을 방지하는 데 사용되는 트립 중단 스위치에 주요 키가 꽂혀 있는 경우. 키 인증 및 로그인 사용을 위한 시스템에 대해서는 각별한 주의가 필요하다.

▶ 테스트 후에 트립이 다시 작동 가능한지 여부를 명확하게 알 수 없도록 설계된 트립 중단 시설

10.6.7 프로세스 위험성 및 신뢰성 관리 절차에 대한 감사[1)]

위에서 언급한 여섯 가지 절차는 필요한 절차 중 일부이다. 일반적으로 감사자가 각각의 경우에 대해 모든 필요한 절차를 점검할 수 없다. 중요한 것은 감사 수행에 필요한 시간을 최소화하기 위한 간단한 목록 프로세스이다.

이러한 접근 방식은 각 절차에 대한 네 가지 검색 질문을 통해 성공적으로 수행된

1) Tweeddale H. M.(1993): 안전성 감사 장애물 경주. 화학 엔지니어, No. 553, 11월(IChemE으로부터 승인)으로부터 각색.

다. 네 가지 질문 중 하나에 대한 답변이 만족스럽지 못한 경우 감사자는 설계 또는 수행 절차에 문제가 있다고 결론 내릴 수 있다. 해당 절차에 대한 추가 질문은 필요 없으며 감사자는 다음 절차를 진행할 수 있다. 네 가지 질문 모두에 대해 적절한 답변을 한 경우 감사자는 절차 및 사용 방법에 대한 세부적인 조사 여부를 결정할 수 있다.

이러한 접근 방식은 긴 습지를 따라 단계적으로 높은 네 개의 허들이 설치된 장애물 경주와 유사하다. 허들에서 넘어지는 선수는 실격이며 네 개의 허들을 뛰어넘어도 완주하기 위해서는 습지가 앞에 펼쳐져 있다.

첫 번째 질문은 "다음 사항에 대한 절차를 가지고 있는가?"(예: 유지 보수 작업 허용 기준)이다.

답변이 예인 경우 첫 번째 허들은 건너뛴다. 답변이 "아니오"인 경우 감사자는 이러한 절차의 필요성 및 작동 방법에 대해 설명하여 이러한 절차를 채택하기 위한 기본 사항을 준비할 수 있도록 한다.

두 번째 질문은 "해당 절차의 목적은 무엇인가?"이다.

이 질문에 납득이 가는 답변을 한 경우 답변한 관리자는 해당 항목에 대해 적절하게 이해하고 있는 것이다. 그러나 허들을 건너뛰었으면 감사자는 세 번째 질문을 한다. 답변이 만족스럽지 않은 경우 감사자는 목적에 대한 이해 부족으로 인해 절차를 적절하게 사용하지 못하고 있음을 지적하면서 목적에 대해 설명한다.

세 번째 질문은 "절차가 제대로 사용되고 있는지 여부를 어떻게 알 수 있는가?"이다.

답변을 통해 관리자가 개인적으로 필요한 사항에 대해 적절하게 이해하고 있고 정기적으로 점검하는 경우 허들은 건너뛰고 감사자는 네 번째 질문을 한다. 그러나 요구 사항에 대한 이해 부족 또는 개인적인 점검 부족으로 질문에 대해 적절하게 답변하지 못하는 경우 관리자는 해당 허들에서 넘어지고 감사자는 개인적인 점검 및 고려 사항에 대한 필요성을 설명한다.

지금까지 질문에 대해 적절하게 답변하는 경우 마지막으로 네 번째 질문으로, 가장 어려운 질문을 한다. "절차가 적절하게 운영되고 있는지에 대해 조직의 누구에게 보고해야 하는가?"

답변이 "아니오"인 경우 해당 성과가 관리 시스템에 통합되지 않았기 때문에 절차는 중단되거나 이미 수행되었을 가능성이 높다. 답변이 "예"이고 보고 방법에 대한 설명이 제공된 경우 관리자는 가장 높은 허들을 뛰어넘게 된다. 이제 감사자는 개인적으로 절차에 대해 세부적으로 점검해야 한다. 이러한 세부 사항 중 하나 또는 두 가지 사항만 점검할 수도 있다. 예를 들면 작업 허용 기준 절차의 경우 감사자는 플랜트 검사시 여러 유지 보수 작업자에게 사용하는 작업 허용 기준에 대해 질문할 수 있다.

이러한 접근 방식은 감사자가 감사 절차를 수행하는 시간을 줄이고 현장 관리자가 절차에 대한 해당 책임을 이해하는 데 매우 중요한 방법이다.

10.7 사고 및 '아차 사고'를 통한 교훈

(Tweeddale, 1999a 참조.)

10.7.1 사고 분석을 위한 접근 방식

일반적으로 사고가 발생하면 겉으로 보기에는 명백한 '원인'이 있다. 이것은 결과적으로 원인이 발생한 환경을 고려하지 않고 해당 원인에 대해서만 조치를 취하는 '터널 비전'이 발생할 수 있다. 재발의 여지가 있는 이러한 방식으로 조치를 취하면 최초 사고 또는 유사한 원인을 가진 기타 사고가 발생하는 원인이 된다.

염소 플랜트 관리자가 플랜트에서 약 1km 정도 거리에 떨어져 있다. 그는 염소 냄새를 맡고 급하게 플랜트로 복귀했으며 어느 누구도 이 문제를 인식하지 못하고 있음을 알게 되었다. 그는 퍼지 가스 흡수 플랜트의 상승 통풍구에서 염소가 누출되고 있는 사실을 발견했다. 가스 세정기에 사용되는 가성 소다 용액이 염소와 완전히 포화되어 교체되지 않고 있었다.

첫 번째 대응 조치는 가성 소다 용액 장치의 점검 및 교체 조치를 취하지 않은 조업자에게 책임을 묻는 것이었다. 조사 결과, 최근 몇 주 동안 이 장치는 정상 상태보다 훨씬 빠른 속도로 급속하게 포화되고 있었지만 이 사항에 대해 공식적인 보고 또는 조사가 없었다. 또한 급속한 포화 원인은 제어 문제로 인해 염소 액화 플랜트의 성능 불량이었음이 조사팀에 의해 밝혀졌다. 차트 기록은 문제가 3주 이전부터 발생되고 있었음을 표시하고 있었다. 차트상의 비정상 상태에 대해 교대 조업자, 교대 감독관 또는 전문가 중 어느 누구도 인지하지 못했다. 조사 기간 동안 차트상의 비정상 상태에 대해 감독관에 지적했을 때 감독관은 오히려 차트의 표시가 무엇을 의미하는지, 원인은 무엇인지, 실제 문제인지 아니면 단순한 기록 결함인지를 어떻게 판단할 수 있으며 실제 액화 장치의 문제가 발생하는 경우 어떻게 조치를 취해야 하는지를 물었다.

분명한 것은 가성 소다 용액 장치의 점검 및 교체 조치를 취하지 않은 조업자에게 책임을 물을 때 이해, 교육, 관리 시스템 등에 무수히 존재하는 심각한 결함과 실제 발생된 사고를 파악할 기회를 주지 않았다는 점이다.

예를 들어 무수(無水) 액화 암모니아를 취급하는 펌프를 정비하려고 한다. 작업자는 펌프의 볼 밸브 업스트림을 막고 '작동하지 마십시오'라는 태그를 부착하여 펌프를 격리시켰다. 휴식 시간에 작업자는 작업장에서 멀리 벗어났다. 이 시점에서 외부 감사 팀이 작업장을 방문하여 펌프가 부적절하게 격리되어 있고 현장이 방치되어 있는 모습을 목격 했고 펌프는 부주의하게 이동할 경우 볼 밸브가 튕겨져 나와 무수 암모니아가 빠른 속도로 배출될 수 있었다.

하나의 지표가 될 수 있는 단일 사고에 대해 여러 유형의 취약점을 고려하는 것은 매우 가치 있는 일이다. 거의 누출될 뻔한 발생 가능성에 대한 징후가 없기 때문에 이 사고는 '아차 사고'는 아니다. 이번 경우처럼, 잘못된 격리 조치가 주요 누출 가능성을 제공하는 것과 관계 없이 중요하지 않을 수 있다. 그러나 감사 팀은 플랜트의 다른 구역에서 다음과 같은 취약점을 발견했다.

- 무수 암모니아 저장 탱크는 주변에 차단벽이 설치된 대기압 상태로 설계되었다. 이러한 탱크 안전성은 탱크 레벨(릴리프 밸브 등을 통해 오버플로를 방지하기 위해)을 포함하여 여러 변수에 대한 완벽한 제어에 의존한다. 일반적으로 이러한 탱크는 다양한 측정 원리를 사용하는 세 가지 독립된 레벨 표시기를 가지고 있다. 감사 기간 동안 표시기 중 하나만 작동하고 있었으며 다른 하나는 12개월 이상 동안 고장난 상태였고 나머지 하나는 약 3개월째 작동 불능이었다.
- 무수 암모니아의 탱커 베이는 붐(boom)이 장착된 탱크로리를 통해 주입되며 붐이

하강할 때만 탱크로리에 주입되도록 설계되어 있고(연결된 상태에서 탱크로리가 이동하는 것을 방지하기 위해) 붐이 연결된 상태에서 하강하면, 주입 호스가 스탠드에서 교체되는 경우에만 상승하도록 되어 있다. 감사 기간 동안 한 탱크로리가 붐이 상승 상태에서 주입되는 것을 확인했다. 붐에 결함이 있었으며 조업자는 상승 위치에서 주입을 계속하기 위해 연결 장치를 무시하고 있었음이 확인되었다. 또한 플랜트 관리자는 이러한 결함 상태를 모르고 있었다.

위에서 언급한 취약점은 다양한 관리상의 문제를 나타내는 것이며 각각의 문제들은 안전성 보장을 위한 여섯 가지 일반적인 요구 사항에 의해 분류될 수 있다.

또한 위에서 언급한 예는 사고 및 아차 사고만이 아닌, 비정상 또는 부적절한 환경에 대한 조사의 중요성을 설명하고 있다. 또한 이러한 예는 존재하는 원인을 파악하기 위해 취약점의 신속한 분석에 대한 필요성을 설명하고 있다.

근본적 원인 및 요소 분석에 사용되는 구조는 안전성 성과 측정에서 사용하는 구조와 일치하는 것이 중요하며 이러한 분석을 통해 확인되는 사항은 개선 사항 관리를 위한 가장 유용한 양식에 포함되어야 한다. (Tweeddale, 1999b 참조.)

10.7.2 사고 및 아차 사고 조사를 위한 이론적인 프레임워크

사전 대처적인 안전성 관리에 있어서 다음을 수행하기 위한 적절한 업무 규정을 숙지한다.

- 위험 요소에 대한 적극적인 식별
- 각 위험 요소에 의해 발생할 수 있는 사고 유형 식별
- 존재하는 위험 요소를 제거하거나 줄이기 위해 위험성을 최우선으로 관리
- 사고 예방 또는 존재하는 위험성에 의해 발생할 수 있는 모든 사고에 대한 대응 조치 강화

이것은 '하향식' 접근 방식으로 설명된다(그림 10-6 참조). 첫 번째 단계는 플랜트의 각 위험 요소를 식별하는 것이다. 일반적으로 이것은 상대적으로 간단한 작업이다. 이 그림에서 식별된 위험 요소는 가솔린 저장 탱크이다. 다음 단계는 다이어그램에서 아래로 이동하여 위험 요소로부터 발생할 수 있는 위험 사고 유형을 식별하는 것이다.

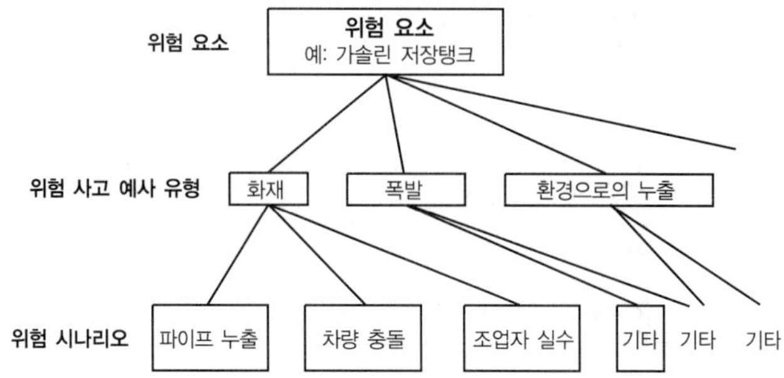

그림 10-6. 위험성 식별을 위한 '하향식' 접근 방식

또한 이것은 비교적 단순한 작업이다. 위의 그림에서 보면 확인된 사고 유형에는 화재, 폭발 및 환경 피해가 발생하는 누출이 있다. 다음 단계는 발생할 수 있는 사고 유형이 포함된 위험 시나리오를 정의하고 이해하는 것이다. 위의 예에서 화재는 탱크에 연결된 파이프라인의 누출, 탱크와의 차량 충돌, 조업자의 실수에 의한 밸브 개방 등에 의해 발생할 수 있다. 일반적으로 다양한 시나리오에 의해 발생할 수 있기 때문에 이것은 단순한 작업이 아니다. 예를 들어 모터 원료 저장을 포함하여 다양한 예상 시나리오에 의해 화재가 발생할 수 있다.

이 다이어그램을 계속해서 아래로 진행하면서(그림 10-7 참조) 확인된 시나리오의 근본적 원인을 찾는다면 중요한 원칙을 발견할 수 있다.

여러 방법을 통해 다양한 유형의 근본적 원인을 분류할 수 있다. 예를 들어 Hawksley에 의해 제시된 안전성 보장을 위한 여섯 가지 요구 사항의 구조를 사용하여 분류할 수 있다. 각각의 확인된 시나리오는 하나 이상의 요구 사항의 결함으로 인해 발생하는 것을 확인할 수 있다. 그런 다음 한 단계 아래로 진행하면 '보편적인 근본적 원인'은 '관리 실패'로 귀결된다.

보편적인 근본적 원인을 직접적으로 '관리 실패'로 규정하지는 않는다. 왜냐하면 거의 모든 문제의 책임은 경영진에게 있는 것으로 인식되고 있기 때문이다. 그러나 '상향식' 접근 방식의 경우 여기가 시작 지점이 된다.

'관리 실패'에서 시작하여 다이어그램을 위로 이동하면 공정 안전과 관련하여 관리 실패는 여러 형태로 구분될 수 있다. 예를 들어 '잘못된 직원 교육'을 선택하고 다이어그램의 위로 이동하면 하향식 접근 방식에서는 확인되지 않는 다양한 시

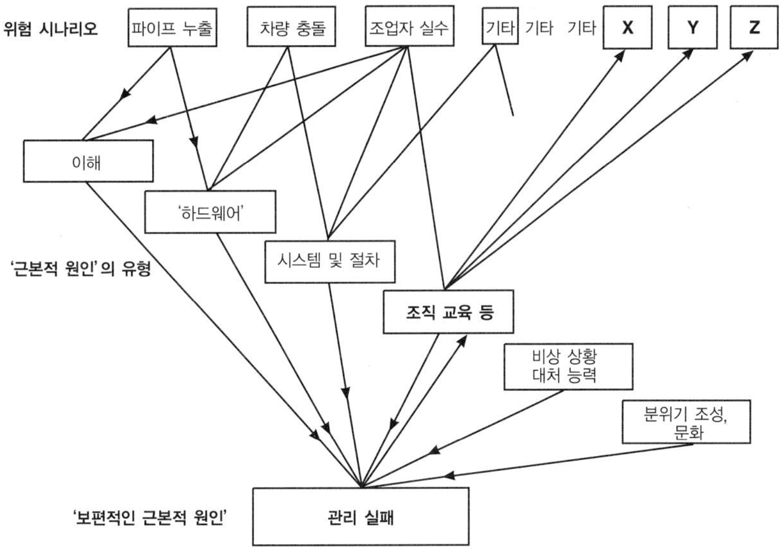

그림 10-7. 위험성 관리를 위한 보충적 '상향식' 접근 방식의 필요성

나리오(여기서는 도표에 X, Y 및 Z로 표시)가 나타난다. 실제로 직원 교육이 잘못되어 발생할 수 있는 재난 시나리오의 범위는 상상할 수 없을 정도로 무수히 많다.

이것은 공정 안전 및 신뢰성 관리에 대한 중요한 원칙을 제공한다.

교훈: 위험성 관리 프로그램의 이니셔티브를 확인된 위험 요소 및 위험 시나리오에만 의존하는 것은 바람직하지 않다.

X, Y 및 Z로 대표되는 여러 시나리오는 하향식 접근 방식을 통해 확인할 수 없기 때문에 이러한 시나리오는 명시적인 확인 없이 관리되어야 한다. 따라서 이러한 시나리오는 한 단계 아래인, 효과적인 위험성 관리를 위한 여섯 가지 요구 사항의 레벨에서 각 항목에 대한 '적절한 업무 수행'을 통해 이루어진다.

따라서 사고, 아차 사고 및 여러 유형의 빈번하지 않은 발생 사고 조사시, 공정 안전 이니셔티브의 식별 및 설계를 위해 두 가지 접근 방식을 채택하는 것이 필요하다. 두 가지 접근 방식은 다음과 같다.

▶ 확인된 시나리오를 예방하지 위한 조치

▶ '적절한 업무 수행'을 개발하고 유지하기 위한 조치

또한 그 밖에 보고된 사고는 해당 플랜트에서 과거에 확인되지 않았던 사고인지 여부를 판단하기 위해 검토되어야 한다.

바람직한 접근 방식은 다음 사항에 대해 관련 있는 담당자 또는 관리자가 책임지고 해결하는 것이다.

▶ "여기서 어떤 유형의 사고가 발생할 수 있습니까?"

▶ "발생하지 않는다면 그 이유는 무엇입니까?"

따라서 사고 분석은 다음과 같은 두 가지 유형의 조치를 목표로 해야 한다.

▶ 특정 유형의 사고가 재발하지 않기 위한 조치(업무 과실을 제외하고 동일한 사고가 정확하게 재발하기는 어렵다.)

▶ 존재하는 취약점 제거 및 그에 따른 이러한 취약점에 의해 발생할 수 있는 사고 예방 조치

10.7.3 분석 방법

사고 및 아차 사고 조사하는 여러 가지 방법이 있다.

사고 조사를 위해 여러 가지 다양한 접근 방식이 가능하지만 몇 가지 중요한 원칙이 있다. 일부 원칙은 위험 요소 식별에서 채택한 원칙과 매우 비슷하다(실제로 발생할 가능성은 있지만 아직 발생하지 않은 사고 조사). 이러한 원칙은 다음과 같다.

▶ 모든 조사는 공개적으로 수행되어야 하며 이전에 고려하지 않았던 예상 원인을 지속적으로 찾아야 한다.

▶ 책임 소재 및 인사 고과 반영은 직원들을 방어적 및 폐쇄적 자세로 만들기 때문에 지양한다.

▶ 개인마다 '맹점'(사람마다 인식하지 못하는 지식의 차이)을 가지고 있기 때문에 조사는 관련 전문 및 경험을 가진 팀에 의해 수행되어야 한다.

▶ 팀에는 안전성 분야에 상당한 지식을 가진 구성원이 포함되어야 한다.

▶ 조사는 체계적이고(열띤 토론 과정에서 중요한 부분이 간과되지 않도록) 세부적으로(발생한 이벤트 또는 원인에 대한 가설을 증명 또는 반박하기 위한 세부적인 정보) 수행되어야 한다.

▶ 보고된 '요소'를 실제로 수용하기 전에 신중해야 한다.

▶ 어떤 부분이 문제가 되고 문제가 되지 않는지, 문제의 경계를 정의하는 것이 중요하다. 따라서 발생한 이벤트 및 관련 원인과 발생하지 않은 이벤트 및 관련 원인을 구분하여 정의하는 것이 중요하다.

결함수 분석 양식은 매우 유용한 구조이며 확인된 사고에 대해 위에서부터 아래로 분석하면서 단계적으로 관련 요소 또는 '원인'을 파악한다. 각 레벨마다 명백한 원인만 표시하는 것이 아니라 이론적으로 가능한 기타 원인도 표시하고 특정 사고와의 관련성이 있거나 의심되는 증거를 찾도록 한다.

사고에 대한 기술적인 원인이 명확하지 않은 경우 문제가 발생한다. 이러한 경우 예상되는 기술적 원인 및 관련 사항에 대한 목록을 작성하고 이러한 사항에 대해 입증 또는 반박할 증거를 찾는 신중한 분석이 요구된다. 그러나 사고에 대한 기술적 요소에 중점을 두는 것이 비기술적 요소에 대한 관심을 분산시키거나 추가적인 분석이 기술적 요소에 대한 비기술적 근본적 원인을 간과하지 않도록 주의해야 한다(예: 그림 10-6 및 10-7에서, 그림 10-6에 표시된 기술적 요소의 중요성이 그림 10-7의 하단으로 조사를 진행하는 데 방해가 되지 않도록 해야 한다).

10.7.4 사고에 의해 얻은 교훈을 일상적인 관리 시스템에 적용

Van der Schaaf(1991)는 화학 물질 공정 플랜트의 아차 사고 관리 시스템에 대해 설명했다. 시작 지점은 '사고 및 아차 사고 보고서'이다. 이를 통해 조업자의 폭넓은 관점에 따라 설계된 분류표를 사용하여 관련 요소를 분석한다. 분류표는 두 가지 단계로 구분된다. 첫 번째 단계는 개략적 범위의 요소 그룹화로 기술, 조직 및 행동의 세 가지 주요 클래스로 분류되고, 두 번째 단계는 각각의 세 가지 주요 클래스에 대한 예상 원인 및 관련 요소에 대한 트리 구조로 구성된다. 조사 시점에서 예상 원인의 기여도를 고려하게 된다. 확인된 사항은 통계적인 분석, 교육 및 개선된 안전성 모니터링을 위한 기준으로 제공하기 위해 데이터베이스에 저장된다.

Hale(1991)은 사고 데이터 수집 및 처리를 위한 양방향 컴퓨터 프로그램에 대해 설명했다. 이 프로그램은 심층적인 사고 조사에서 발생하는 문제를 차단하도록 설계되었다. 컴퓨터 시스템을 통해 사고 세부 정보로 이동하면 여러 질문을 받게 되며 질문의 답변에 따라 진행하는 방식으로 조사자가 근본적 원인을 파악하기 위해 가장 명백한 관련 요소를 검색할 수 있다.

채택한 접근 방식에 관계 없이 사고 조사를 통해 얻은 교훈을 잊지 않는 것이 중요하다. 이러한 교훈을 진행중인 관리 체계에 결합하는 매우 효과적인 방법은 조사를 통해 사고에 영향을 주는 것으로 확인된 사항을 조업자, 감독관 및 관리자가 운영 제어의 일부로서 일상적으로 모니터링하는 중요 사항 목록에 추가하거나 정기적인 감사를 위해 선택하는 프로그램의 목록에 추가하는 것이다.

10.7.5 사례 연구

다음 예는 특정 사고 경계를 벗어나서 관찰하는 방법의 중요성에 대해 설명한다.

주요 도시 및 여러 지역의 마을에 전달되는 도시 가스를 처리하는 플랜트에서 소규모 화재가 발생했다. 플랜트는 가장 가까운 마을에서 수 백 킬로미터 떨어져 있었다. 장치에서 배출되는 메탄올이 응축되고 통풍 파이프를 통해 배출되어 버너에 의해 발화하는 글리콜 복원 히터에서 발생했다. (글리콜은 탄화수소 수산화물에 의해 막히지 않도록 하는 데 사용되며 메탄올은 차단물이 형성되는 경우 막히지 않도록 하기 위해 분사된다. 희석된 글리콜은 흡수된 물과 분사된 메탄올을 증발시키는 방법으로 히터에서 복원된다.) 차단물을 뚫기 위해 실제보다 많은 메탄올을 사용하는 것으로 나타났다. 화재는 통제 관리실 조업자가 건물 밖으로 나갔을 때 육안으로 목격되었다. 5분 내에 진화되었으며 피해는 없었다. 사고 발생 원인을 조사하여 적절한 관리 및 엔지니어링 조치가 수행되었다. 이 플랜트의 사소한 부분이 작동하지 않았다면 전체 플랜트가 중단되었을 것이다.

이 특정 사례를 통해 회사 감독자는 사고에 대해 보다 폭 넓게 고려하고 생산 능력에 손실을 줄 수 있는 기타 예상 사고 발생 가능성 및 적절한 안전 조치 수행 여부에 대해 생각하는 계기가 되었다. 또한 플랜트 하드웨어에 대한 광범위한 검토가 수행되었다. ('소프트웨어'는 안전성 관련 절차 및 시스템 실행을 위한 주요 프로그램이 이제 시작했기 때문에 검토에서 명시적으로 제외되었다.)

검토를 통해 다음과 같은 취약점이 확인되었다.

- ▶ 특히 현장에 배치된 인력이 매우 적은 경우 매우 제한된 누출 감지 및 화재 감지 장비
- ▶ 해당 API 업무 규정의 요구 사항을 만족시키면서 발견 후 상당한 시간 동안 누출(및 그에 따른 화재 발생)이 지속되지 않도록 하는 릴리프 및 중단 시설

- ▶ 매우 제한된 소방 시설(특히 현장에 배치된 인력이 매우 적은 경우) 및 소방 장치 설치시 결함
- ▶ 유지 보수 후 플랜트 외부에서 세척시 모호한 규정
- ▶ 주요 플랜트 전력 시설 및 계측 장비 케이블이 플랜트에 핫 오일을 공급하는 펌프와 너무 가까이 배치되어 펌프 화재가 발생할 수 있는 것과 같은 주요 레이아웃의 취약점
- ▶ 인화성 액체 취급 지역의 부적절하고 잘못된 배수로 높이, 이로 인해 누출로 인한 화재 발생시 대형 화재로 확산될 수 있음.
- ▶ 가압LPG 용기에 대한 부적절한 화재 보호 시스템

참고문헌

- API, "Management of Process Hazards, Production and Refining Departments." API Recommended Practice 750, 1st ed., January 1990.
- AWA Limited v Daniels t/as Deloitte Haskins & Sells & Orrs. 10 ACLC 933, 1992.
- Bottomley, S., and Tomasic, R., "Corporate Governance and Responsibility: the AWA Case." Australian Corporations and Securities Law Reporter Special Report. CCH Australia Ltd., 1992.
- CCPS, "Guidelines for Implementing Process Safety Management Systems." Center for Chemical Process Safety, American Institute of Chemical Engineers, New York, 1994.
- Hale, A. R., "IDA: An Interactive Program for the Collection and Processing of Accident Data." Chapter 7 in *Near Miss Reporting as a Safety Tool* (van der Schaaf *et al.*, Eds.) Butterworth-Heinemann, Oxford, UK 1991.
- Hawksley, J. L., "Strategy for Safety Assurance for Existing Installations Handling Hazardous Chemicals." WHO Conference on Chemical Accidents, Rome, July 1987.
- IChemE, *Safety Management Systems*. European Process Safety Center, published by The Institution of Chemical Engineers, Rugby, UK, 1994.
- Juran, J. M. *Managerial Breakthrough: A New Concept of the Manager's Job*. McGraw-Hill, New York, 1964.
- Kletz, T. A., "A Three Pronged Approach to Plant Modification." *Chemical Engineering Process*, November 1976.
- Lees, F. P., "The Hazard Warning Structure of Major Hazards." *Trans. IChemE* 60, 211(1982a).
- Lees, F. P., "Hazard Warning: Some Implications and Applications." IChemE Symposium Series No. 71(1982b).
- Lees, F. P., "Hazard Warning Structure: Some Illustrative Examples." *Reliability Engineering* **10**, 65(1985).
- Mant, W. D., "A Stepwise Approach to Hazard Reduction in Process Plant from Process Specification through to Plant Operation." *Chemical Engineering in Australia* **ChE 6**(2), 31-35 (1981).
- Pitblado, R. M., and Lake, I. A., "Guidelines for the Application of Hazard Warning." *Trans. IChemE*, July (1987).

- Simpson, C. M., and Smith, D. A., "Development of a Process Safety Management System." CHEMECA Conference, Sydney, Australia, August 1988.
- Tweeddale, H. M., "Improving the Process Safety and Loss Control Software in Existing Process Plants." Institution of Chemical Engineers, London. Symposium Series 94, Multistream 85, April 1985.
- Tweeddale, H. M., "Upgrading Safety Management in Process Plants." Proc. International Conference on Safety Loss Prevention in the Process Industries, Singapore, 23-27 October 1989.
- Tweeddale, H. M., "The Safety Audit Steeplechase." *The Chemical Engineer*, No. 553, 15-16 November 1993.
- Tweeddale, H. M., "Principles and Practices for Design of Process Safety Monitoring and Auditing Programs." European Federation of Chemical Engineering Process Safety and Loss Prevention Conference, Antwerp, Belgium, 6-9 June 1995.
- Tweeddale, H. M., "Learning from Accidents and Near Misses." Proc. Conference Israel Institute of Petroleum and Energy, Herzlia, Israel, May 1999a.
- Tweeddale, H. M., "Measuring Safety Performance in Process Plants." Proc. Conference Israel Institute of Petroleum and Energy, Herzlia, Israel, May 1999b.
- van der Schaaf, T. W., Lucas, D. A., and Hale, A. R. (Eds.), *Near Miss Reporting as a Safety Tool*. Butterworth-Heinemann, Oxford, UK, 1991.

11 안전 문화, 안전 의식 및 인적 오류를 포함하여 '소프트웨어' 또는 '인적 요소'에 대한 소개

본 장을 배우고 나면 다음 사항에 대해 이해하게 된다.

- '안전 소프트웨어' 또는 '인적 요소'의 구성 요소 분류 방법
- 소프트웨어 중요성
- 평가된 위험성에 대한 소프트웨어 영향
- 무형의 위험성 구성 요소 중요성
- 전체 위험성에 영향을 주는 무형의 구성 요소의 영향에 대한 평가 불가능
- 소프트웨어 개선을 위한 체계적인 접근 방식 (안전 '문화' 포함)
- 안전 의식 장려 방법 및 악화 요소
- 인적 오류의 특성 및 상태

본 장에서는 그림 1-4의 위험성 관리 단계, '위험성 감소'에 대한 핵심적인 요소에 대해 설명한다.

11.1 '소프트웨어'의 구성 요소

11.1.1 소개

'안전 소프트웨어'의 의미에는 인적 요소와 같은 필수적이지만 무형의 요소가 포함되어 있다. 소프트웨어는 다음의 예와 같은 다양한 방법으로 분류할 수 있다.

- ▶ 조직
- ▶ 절차 및 방법
- ▶ 지식, 기술 및 교육
- ▶ 문서화된 표준 및 방법
- ▶ 사고 방식/'안전 의식'/'안전 문화'

지금부터 이러한 항목에 대해 차례대로 설명한다.

11.1.2 조직

조직 차트는 조직 내의 권한 및 책임에 대한 계층 구조 및 패턴을 표시한다. 불행하게도 비공식적이며 실제 계층 구조를 정확하게 표시하지 못한다. 실제 조직은 다음 사항에 의해 결정된다.

- ▶ 의사 결정자
- ▶ 커뮤니케이션 수행자
- ▶ 결정 위임자

실제로 직원들이 상호 작용하는 방법이 다양하기 때문에 조직은 너무 복잡하여 명확하게 차트에 표시할 수 없지만 조직에서 직원 간의 상호 작용 관계는 위험성 및 신뢰성 관리에 매우 중요하다.

예를 들어,

- ▶ 위험성 및 신뢰성에 영향을 주는 사항에 대해 충분한 정보를 가지고 의사 결정을 하는가?
- ▶ 총괄 책임자에게 보고하는 위험성 및 신뢰성 관리자는 실질적으로 총괄 책임자와 솔직하게 의사 소통하는가? 아니면 조직 차트상 상당히 하위직에 있는 사람들과만 의사 소통하고 있는가? 이것이 위험성 및 신뢰성 관리자가 의기 소침하는 원인인가? 아니면 조직이 수동적 또는 적극적으로 관리자 또는 그 역할에 대해 제한하고 있는가?
- ▶ 모든 플랜트가 안전하고 안정된 조건에서 유지 관리되고 있는지 확인해야 할 책임이 있는 엔지니어링 관리자가 실질적으로 생산 관리자에게 영향을 주고 있는가? 아니면 엔지니어링 관리자는 총괄 책임자에게 어떠한 문제도 제기하지 않고 무사 안일하게 자리를 지키고 있는가?
- ▶ 생산 관리자는 생산 직원 또는 엔지니어링 직원의 요구 사항에 대한 중요성을 이해하여 플랜트를 보다 안정되고 안전하도록 자본을 투자하기에 충분한 기술적 경험을 가지고 있는가? 아니면 비용 절감 및 단기간의 생산 극대화를 최우선으로 하는 경향이 있는 '전문 관리자'에게 영합하고 있는가?

11.1.3 절차 및 방법

신뢰성 및 공정 신뢰성에 영향을 주는 절차 및 방법은 다음과 같은 일반적인 항목을 통해 그룹화할 수 있다.

- ▶ 운영 절차 및 방법
- ▶ 유지 보수 절차 및 방법
- ▶ 감독 및 관리 절차 및 방법

공식적인 절차 문서화의 주요 목적은 다음과 같다.

- ▶ 개선이 필요한 취약점 파악을 위해 이러한 취약점에 대한 토론 활성화
- ▶ 필요할 때마다 직원과의 커뮤니케이션 및 교육 활성화
- ▶ 공정한 업무 규정 적용 장려
- ▶ 경험을 통한 업무 규정 개선 및 업데이트에 대한 의사 결정 활성화

안전성 정책도 문서화해야 한다. 또한 책임 소재를 지정하는 '정책 수행을 위한 배치'도 문서화해야 한다.

주요 위험 요소 또는 기타 주요 잠재적 손실(위험 플랜트가 참조해야 하는 사항 포함)과 관련하여 신뢰성 측면에서 중요한 다양한 절차 및 방법이 있다. 이러한 절차 및 방법은 다음과 같다.

- ▶ 직원 선정 절차
- ▶ 운영 지침
- ▶ 조업자 교육
- ▶ '작업 허가' 절차(위험하거나 중요한 플랜트 및 장비의 경우: 유지 보수 작업의 진행 및 준수를 위해, 직원 및 플랜트를 보호하기 위해)
- ▶ 유지 보수 절차
- ▶ 유지 보수 직원 교육(특히 특정 플랜트의 위험 요소에 작업하는 직원)
- ▶ 변경 관리 또는 '변경 제어'(장비 또는 절차에 대한 바람직한 변경 사항이 위험하거나 생산 손실 측면에 영향을 주지 않도록)
- ▶ 상황 모니터링(위험 물질을 취급하는 플랜트의 밀폐 기준, 핵심 작업의 제어 및 운전 중인 플랜트의 신뢰성 수준이 적절하게 유지되는지 점검)
- ▶ 보호 시스템이 능동적 또는 수동적으로 작동하는지 여부, 장비 또는 절차 기준으로 작동하는지 여부에 대한 테스트 및 검사(작동 가능 상태인지 확인하기 위해)
- ▶ 인화성 구역으로 지정된 곳에서의 전기 장비 제어(내화성 장비의 내화 특성이 유지되는지 확인)
- ▶ 안전성 검사/공정 안전 감사
- ▶ '보기드문 사건' 조사 및 보고(예: 주변 환경이 변경될 경우 심각한 사고 징후가 보이는 사고에 대한 조사)
- ▶ 사고 조사
- ▶ 비상 조치 계획 및 절차
- ▶ 안전성 및 소방 교육
- ▶ 보안 절차
- ▶ 기술적 자원에 대한 접근 및 사용을 위한 배치
- ▶ 안전성 정책 및 이를 수행하기 위한 배치

- 절차에 대한 일상적인 관리 감사(절차가 적절하고 제대로 준수하는지 확인하기 위해)

수많은 심각한 사고는 장비 결함이 아닌, 부적절한 절차 또는 지정된 절차를 준수하지 않기 때문에 발생한다. 몇 가지 중요한 절차에 대해서는 제10장에 자세하게 설명되어 있다.

11.1.4 지식, 기술 및 교육

기업 내의 직원들이 절차를 수행하기에 충분한 지식 및 기술을 갖추지 못한 경우 기업의 발전과 적절하게 구성된 절차를 가질 수 없다. 따라서 이를 위해 교육이 필요하다.

교육에 있어서 공통적인 문제는 다음과 같다(제10장의 10.6.2절 참조).

- 목표 및 '주요 포인트'를 포함하여 학습한 사항에 대한 잘못된 기준
- 주요 포인트를 심층적으로 이해하는 데 필요한 기본 지식에 대한 잘못된 인식
- 정의한 '경쟁력'에 대한 너무 제한적인 관심 집중, 즉 배경 및 존재하는 원칙에 대한 핵심적인 이해를 제외하고 '주요 포인트'에만 중점을 둠
- 정상적인 운영에만 주로 중점을 두고 비정상적인 운영에 대한 인식, 원인 진단 및 대응 조치에 대해서는 무관심
- 과도한 교육 일정 및 프리젠테이션으로 인해 유연성 및 경험 축적 부족
- 신입 사원은 단지 경험 많은 조업자가 교육시키고 정확한 방법 및 올바른 이해보다는 단지 잘못된 습관만 지적하는 방식의 잘못된 교육 방법
- 교육생이 필요한 지식 및 기술을 실질적으로 배우기 위해 실시하는 테스트의 부적합성

11.1.5 기준 및 기록의 문서화

기준의 문서화는 여러 분야에서 매우 중요하다. 신뢰성 및 대형 위험 사고 예방이 특히 중요한 분야는 엔지니어링 기준이다. 이러한 분야의 설계 접근 방식은 다양한 응용 분야에서 사용되며 선택된 건설 자재는 온도, 압력, 부식, 반응 등을 포함한 다양한 조건에 견뎌야 한다. 이러한 기준을 채택하지 않은 기업 또는 문서화하지 않은 기업의 경우 개인적인 취향에 따라 그때마다 다양한 접근 방식을 채택하는 경향이 있다.

플랜트 자체 또는 운전 조건에 대한 변경을 고려하는 경우 플랜트에 대한 세부적인 설계 기록을 확보하는 것이 매우 중요하다. 예를 들어 내부 압력 및 누출시 발생할 수 있는 위험 요소를 줄이기 위해 저온(냉동 방식)에서 압축 액화 가스를 저장하는 탱크 운전을 고려할 수 있다. 그러나 건설 자재에 대한 기록이 충분하지 않다면 저온 운전 조건에 적합한 자재 선택에 어려움이 발생할 수 있다.

플랜트 특정 구역의 변경을 고려하는 경우 변경 작업에 의해 안전 장치가 제거되지 않도록 해당 구역의 위험 요소를 조사한 기록 및 적용된 설계 원리에 대한 기록을 확보하는 것이 중요하다.

모든 종류의 문서화된 기록은 기업이 장기적으로 보관할 수 있기 때문에 평균적으로 수년마다 한 번씩 바뀌는 직원들의 경력 개발 또는 기타 이유를 위해 기록을 지속적으로 유지할 수 있다. 사고 및 아차 사고 또는 기타 보기드문 사건, 이러한 사고 발생 이후 수행되는 조사를 통해 얻는 교훈에 대한 기록을 보관하지 않는 기업은 동일한 사고가 반복될 수 있다. Trevor Kletz는 “기업은 기억력이 없다”라고 주장하면서 최초 사고를 경험한 사람들이 해당 기업을 떠난 후 동일한 기업 내에서 동일한 유형의 고장 또는 위험 사고가 반복되는 무수한 예를 들고 있다.

11.1.6 사고 방식, ‘안전 문화’ 및 ‘안전 의식’

기업이 체계화되고 적절히 운영되고, 적절하게 정의된 절차 및 방법, 직원들의 높은 지식 수준 및 기술 수준, 기준 및 기록에 대한 종합적인 문서화 등이 최상으로 갖추어져 있더라도 기업의 사고 방식이 잘못되어 있다면 신뢰성 및 안전성 성과는 좋지 않을 것이다.

‘사고 방식’에 대한 다른 표현이 ‘문화’ 및 ‘의식’이다. 이러한 용어를 사용하는 경우 일부 사람 또는 전체가 잘못이라는 인상을 줄 수 있기 때문에 신중하게 사용해야 한다.

지속적인 생산, 품질 및 비용에 중점을 두는 사람들은, 안전성은 선택적인 추가 사항이고 관심을 가져야 할 중요 사항이라고 생각하지 않는다. 이러한 사고 방식은 안전성 관리를 위한 일반 규정이 기업 구조 및 명백한 상업적 목표 관리를 위해 사용되는 관리 절차와 분리되어 있기 때문에 강화된다.

안전성을 위한 바람직한 사고 방식은 다음의 경우 발전할 수 있다.

▶ 안전성 혜택을 이해하고 있는 경우

▶ 개선이 가능하다고 생각하는 경우

▶ 개선이 다른 일부 혜택에 대해 과도한 손실을 주지 않는다고 생각하는 경우

주로 사고 방식 개선에 목표를 둔 프로그램 실행보다 하드웨어 및 소프트웨어 측면에서 신뢰성 및 안전성 개선에 필요한 사항을 파악하기 위한 프로그램을 설계하여 이를 위해 기업은 최선의 노력을 다하고 신뢰성 및 안전성을 담당하거나 책임 있는 모든 관련 직원이 참여하는 것이 훨씬 효과적이다. 프로그램을 적절하게 관리하면 사고 방식을 개선시킬 수 있다.

11.2 소프트웨어 기준 측정

소프트웨어 기준은 중요 기능이 포함된 체크리스트를 사용한 검사를 통해 측정한다. 이러한 측정은 완전히 설명적인 내용일 수 있으며 경영진이 이를 통해 필요한 개선 조치의 특성을 판단할 수 있다.

측정은 '준 정량적' 방법일 수 있다. 즉 각 기능에 대한 기준을 표현하기 위해 주관적으로 수치를 지정하거나 정량적 기준으로 참조할 수 있다. 예를 들어 공정 산업 분야를 전문으로 취급하는 보험 회사가 장비(하드웨어) 및 광범위한 소프트웨어 요소에 대한 검사를 기준으로 보험료 등급 시스템을 개발했다. 이러한 등급 점수는 보험료 결정에 사용되기 때문에 점수 결정의 일관성을 유지하기 위해 상당한 노력을 해야 한다.

이러한 기준표는 경영진이 선호하며 일부 경우 내부적으로 비교하거나 개선 사항이 있는지 여부를 판단하기 위해 사용하기도 한다. 이것은 매우 잘못된 결과를 초래할 수 있다.

11.3 정량적 위험성 평가에 대한 소프트웨어 기준의 효과[1]

관리 기준이 평균보다 높거나 낮음에 따라 위험성도 평균 이하 또는 이상이 되는 경우는 상당히 많다.

그러나 현재로서는 위험성 레벨의 하향 또는 상향 정도를 정량화할 수 있는 데이터가 충분하지 않다. 이 부분은 아래에서 설명한다.

위험 사고에 대한 전체 빈도는 다음과 같은 원인에 의해 발생하는 사고들의 합계이다.

- ▶ 장비 결함(기계 장비, 전기 장비, 구조물 관련 장비 등)
- ▶ 인적 오류(설계, 건설, 운영, 유지 보수, 감독, 관리 등)

다양한 원인이 관리 시스템의 기준 및 적절한 관리 여부에 따라 영향을 받는다.

분명히 관리 기준은 장비 결함의 빈도에 영향을 줄 수 있다. 일부 컨설턴트는 관리 감사를 수행하여 감사 점수표의 특정 등급을 일반적인 장비 결함 빈도와 곱한다. 이러한 접근 방식은 원칙 및 응용 분야 모두에 대해 심각한 취약점을 가지고 있다. 간략하게 설명하면 원칙에 있어서 취약점은 하드웨어 및 소프트웨어 결함을 곱하지 않고 더하는 경우가 많으며(관리 시스템의 결함으로 인해 장비의 특성 및 조건과는 관계 없이 완전히 독립적으로 위험 사고가 발생할 수 있기 때문) 실제 현장에서의 취약점은 현재 중요 요소의 규모를 파악할 수 없다는 점이다.

위험 사고 빈도의 합계는 다음과 같다.

$$\text{위험 사고 빈도} = H \times F_{ENG} + E \times F_{OP}$$

여기서

H = 일부 불완전하게 정의된 관리 수준을 기준으로 한, 장비에 대한 일반적인 결함 빈도

---

1) Tweeddale, H. M., "*Balancing Quantitative and Non-Quantitative Risk Assessment*." Trans IChemE Vol **70 (Part B)** 1992년 5월, 70-74, (IChemE로부터 승인)으로부터 개작.

F_{ENG} = 장비 결함과 관련된 관리 수준이 데이터 H에서의 정의되지 않은 관리 수준보다 이하 또는 이상인지 여부에 따라 1.0 이하 또는 이상으로 결정되는 장비 결함에 대한 엔지니어링 관리 요소

E = 특정 유형의 플랜트에 대한 운영 또는 유지 보수 오류의 기본 빈도(예: 복잡성 또는 필요한 제어 접근성 레벨을 기준)

F_{OP} = 인적 오류와 관련된 운영 관리 수준이 데이터 E에서의 정의되지 않은 관리 수준보다 이상 또는 이하인지 여부에 따라 1.0 이상 또는 이하로 결정되는 인적 오류에 대한 운영 관리 요소

결함 데이터 H는 일반적인 양식으로 데이터 뱅크에서 사용할 수 있다.

엔지니어링 관리 요소 F_{ENG}는 원칙적으로 설계, 유지 보수 기준, 장비의 상태 및 결함 확률에 직접적으로 영향을 주는 다양한 측면의 감독 및 관리에 의해 결정된다. 관리 수준이 평균 이상 또는 이하인지 여부를 판단할 수 있지만 현재로서는 1 이하 또는 이상인지 여부를 판단할 수 없는, F_{ENG}의 크기를 측정할 수 없다. 잘못 관리되고 있는 플랜트의 경우 크기가 순서대로 10, 100, 1000 또는 그 이상일 수 있다.

특정 플랜트의 인적 오류 빈도 E는 플랜트 구성 요소의 물리적인 결함 이외의 대형 사고를 발생시킬 수 있는 설계, 건설, 운영, 유지 보수 또는 감독상의 인적 오류에 대해 다양한 방법으로 측정해야 한다. 그러나 물리적 장비의 제한된 고장 모드 유형과 비교하여 인적 오류는 광범위한 형태로 나타나기 때문에 종합적으로 측정하기에는 매우 어렵다.

관리 요소 F_{OP}는 현재 상당한 조사를 수행하고 있지만 대부분 결과가 정성적으로 나타나고 인적 오류에 대한 발생 가능성을 줄이기 위한 가이드라인의 형태를 취하게 된다.

두 가지 관리 요소(F_{ENG} 및 F_{OP})는 관리 역할 및 관리 시스템의 서로 다른 구성 요소와 관련될 수 있다. 예를 들어 F_{ENG} 요소는 장비 검사, 유지 보수 교육 및 감독 등의 타당성을 포함하는 반면에, F_{OP} 요소는 운영 지침, 조업자 교육, 감독 교대 등에 대한 기준이 포함될 수 있다.

관리 및 자세와 관련된 요소를 플랜트 정량적 위험성 평가에 결합하는 방법을

개발하기 위한 연구가 상당히 진행되고 있다. 이러한 연구에 감독 기관, 심리학자 및 안전 컨설턴트가 참여하고 있다. Hurst 등(1996)은 이러한 유형의 접근 방식에 대해 세부적으로 설명한다. 이 접근 방식은 시스템을 포함한 '소프트웨어'의 개별적인 등급 결정 및 설계, 유지 보수 활동, 유지 보수 감독, 운영 및 운영 감독과 같은 8가지 주요 감사 항목에 대한 자세에 의존한다. 장비에 대한 일반 결함율은 각 감사 항목의 점수로부터 계산된 수정자 요소와 수많은 과거 사고 원인 분석을 통해 각 감사 항목에 대해 결정된 가중치 요소를 곱하여 산출한다. 수정자 요소는 0.1에서 10 사이의 범위를 가진다. 방법 개발자는 방법이 이론적 및 통계적으로 적절한 기준을 가지고 있지만 관리 시스템 및 자세를 감사하는 담당자의 태도에 달려 있다. 또한 담당자는 결과가 여러 플랜트의 근로 손실 상해율과 적절하게 연관되어 있는지 보고한다.

위험성 관리를 지원하기 위해 프로그램을 통한 접근 방식은 프로그램 실행을 위해 상당한 노력을 기울이는 측면을 제외하면 상당히 권장할 만하다. 개선을 위해 집중적으로 노력한다면 프로그램은 명시적인 방법으로 업무 수행 및 자세에 대한 연구 및 보고 방법을 제공한다. 그러나 장비 및 인적 오류에 의해 발생하는 위험성의 절대적 수준을 계산하는 데 적절하게 사용하더라도 이러한 위험성 수준은 철저한 검토를 통해서만 명확해질 수 있다. Tweeddale(1992)에 의해 설명된 경험을 기준으로 해결해야 할 사항은 다음과 같다.

- 조업자 오류 및 잘못된 운영 감독에 의해 발생되는 위험성을 장비 결함 빈도를 기준으로 평가한 사항이 이론적으로 유효한지 여부(조업자가 잘못된 밸브를 열어 위험 물질이 배출되는 경우 장비 결함율과는 관련이 없다.)
- 여러 플랜트에 대한 평균값을 기준으로 특정 플랜트에 대한 위험성 평가를 적절하게 수행하는지 여부
- 일부 감사 항목에 대한 양호한 점수가 다른 항목에 대한 부적절한 점수와 균형을 이룰 수 있는 개선 요소를 사용하는 것이 이론적으로 유효한지 여부(예: 철저한 운영 감독은 심각하게 부식된 파이프라인을 보상하고 마찬가지로 일부 견고하게 연결된 체인은 다른 약한 연결 부위를 보상하게 된다.)
- 감사 기간 동안 형성된 관점에 대한 확신(감사 기간 동안 제기된 일부 문제에 대한 토론을 위해, Tweeddale(1995) 참조)
- 개선 요소의 크기를 정의하기 위한 기준이 적절한지 여부
- 근로 상실 상해율 및 공정 안전 사이의 연관 관계가 잘못되어 위험성 점수 및 근로

상실 상해율의 연동 관계에 의한 프로세스 위험성 평가 방법을 검증하기 위한 절차가 적절한지 여부

공정 플랜트의 예상 위험성 평가에 대해 소프트웨어를 포함한 적절한 접근 방식은 다음과 같다.

▶ 특정 인적 오류를 정의할 수 있는 경우 이러한 오류는 결함수 및 사건수에 포함되어야 하며 빈도 측정 프로세스에도 포함되어야 한다.

▶ 일반적으로 일반 결함 데이터는 장비에 대해 사용해야 하지만(높거나 낮은 빈도를 사용할 분명한 이유가 없거나 일반 데이터의 편차를 선택할 명확한 기준이 없는 한) 아래와 같이 광범위하게 문서화된 보고서의 규정을 통해 명확하게 사용해야 한다.

"위험성 평가는 일반 데이터를 사용하여 정의된 결함 목록을 통해 리스트를 정량화한다(특정 장비의 알려진 조건을 고려하여 조정).

이러한 특정 결함에 대한 빈도는 다양한 관리 및 인적 요소의 결과로서 겉으로 보기에 높거나 낮을 수 있지만 현재 시점에서 평가할 수 없는 값이다.

설계 단계에서 결함 있는 인적 요소에 의해 발생하는 평가할 수 없는 추가적인 위험성이 있을 수 있다. 이러한 위험성 중 일부는 장비 결함에 사용되는 일반 데이터에 암시적으로 포함될 수 있지만 확신할 수는 없다.

관리 시스템의 결함이 위험성 평가 수행 프로세스에서 확인되는 경우(그리고 이러한 결함은 반드시 확인되어야 한다) 위험성 평가에 포함시키는 것보다 해결해야 한다."

위험성 가시화를 위한 유용한 방법 중 하나는 정량적 및 정성적 차원에서 위험성을 확인해야 한다. (이 개념은 Argand Diagram에 의해 제시되었으며 이 개념에 의하면 하나의 축은 '실제' 차원이고 다른 축은 '가상'의 차원이다.) 정량적으로 측정할 수 없는 위험성은 주관적, 감성적 및 가치 판단에 의존하는 것과 같이 무형적인 것이다. 이 부분은 그림 11-1에 표시된 것과 같다.

그림 11-1에 표시된 전체 위험성은 다음과 같이 표현할 수 있다.

전체 위험성 = 1.6 × 유형적 위험성 구성 요소 + 고(高) 무형적 위험성 구성 요소

주관적인 수치적 범위는 무형 축의 최저 및 최고 사이에서 파생될 수 있지만 두 가지 축의 단위가 다르고 전체 위험성 표현식에서 두 가지 개념을 사용하지 않을 수 없다. 따라서 벡터 합계에 대한 정량적 값을 결정할 수 없다.

위험성 평가의 목적은 위험성이 무엇인지를 파악하는 것이 아니라 위험성을 줄

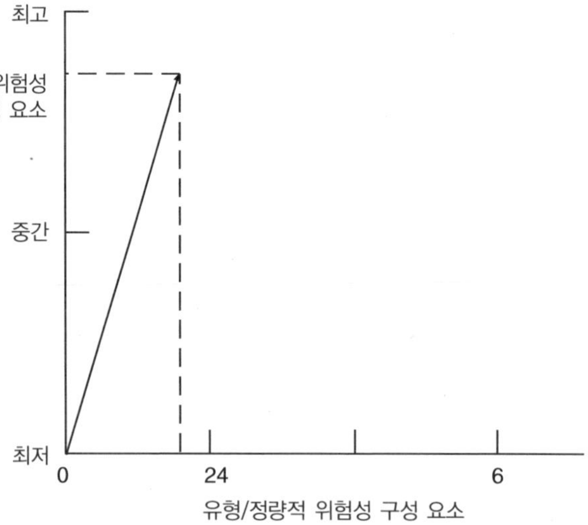

그림 11-1. 위험성에 대한 정량적 및 정성적 평가의 조합

이고 위험성을 관리하는 것이며 이것은 심각한 문제는 아니다. 평가 기간 동안 유형 및 무형의 위험성을 분석하는 경우 위험성을 조사할 수 있으며 위험성을 줄이기 위한 조치를 취할 수 있다.

11.4 '안전 문화' 및 '안전 의식'[2)]

IAEA(1991)에 의해 제시된 강력한 '안전 문화'에 대한 설명을 적용하여, "안전 문화는 기업 및 개인의 특성과 사고 방식을 결합한 것으로써, 중요성에 따라 안전성 문제에 대한 관심 수준이 결정된다."로 정의할 수 있다.

대기업 노동 조합의 안전 관리자가 '안전 문화'는 불행한 함축적 의미를 가지고 있는 용어라고 언급한 적이 있다. 이 용어는 '문화'가 조성되지 않은 조합 구성원들

2) Tweeddale, H. M. (2001): *Nourishing and Poisoning a "Safety Culture."* Trans IChemE Vol **79 (Part B)** number B3, (IChemE로부터 승인)으로부터 개작.

에 의해 안전 문제가 발생한다는 의미로 사용되고 있다고 언급했다. 그는 기업의 '안전 의식'이라는 용어를 선호했다. 즉 최고 경영진에 의해 안전 의식이 결정되고 구성원들은 이러한 안전 의식에 대해 반응하는 것을 의미한다. 두 가지 용어가 함께 사용되는 경우도 있지만 '안전 문화'가 일반적으로 지역 사회에서 사용되는 '문화'의 의미와는 차이가 있다.

따라서 안전 문화의 개념은 다음과 같은 두 가지 보완적인 요소로 나눌 수 있다.

▶ 안전 문화(현장에서 안전성에 대한 특징 및 자세와 관련)

▶ 안전 의식(중역 레벨로부터 대부분의 현장 고위 관리자에 이르는 레벨에서 안전성에 대한 특징 및 사고 방식과 관련)

(안전 의식을 책임지는 직원과 안전 문화를 책임지는 직원 사이의 경계에 대해서는 논란이 많지만 일반적인 경계는 현장 관리자 레벨이다. 현장 관리자는 양쪽 분야에 대해 책임이 있다. 위로는 안전 의식 영역으로, 최고 경영진이 안전성 필요성 및 안전 의식을 강화하기 위해 취해야 할 이니셔티브를 평가하도록 충분한 정보를 전달하고 아래로는 안전 의식이 허용하는 범위 내에서 현장 내의 강력한 안전 문화를 조성하도록 한다.)

다이어그램이 항상 개념을 충분하게 설명하지는 못하지만 그림 11-2는 이러한 의식 및 문화 사이의 차이점을 설명하는 데 도움을 줄 것이다.

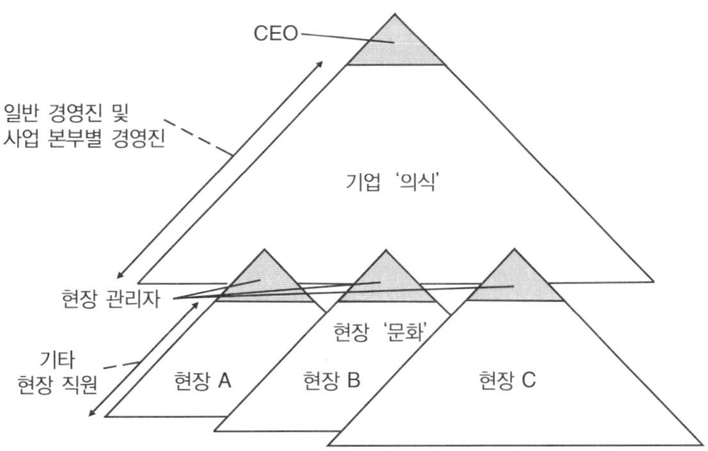

그림 11-2. 안전 의식 및 안전 문화

11.5 안전 의식 및 문화에 대한 최고 경영진의 역할

11.5.1 소개

기업 의식은 외부 영향으로 인한 제한 범위 내에서 최고 경영진이 결정한다.

Kletz(1977)는 공정 안전을 위한 혁신 또는 주요 단계로 도약해야 하는 이유에 대해 다음과 같이 설명했다.

- 대형 사고: 영향을 주는 주요 요소 및 원인에 대한 조사 및 이해, 예방을 위한 적절한 접근 방식, "소 잃고 외양간 고치기"식의 상황 전개에 대한 경영진의 우려
- 법규 제정: 항상 적극적으로 수용하지 않더라도 경영진의 법규 준수를 위한 동기 부여 (법규는 사고 방식이 아닌 행동을 요구한다. 도덕성을 위한 법률을 제정할 수는 없다.)
- 보험 회사: 여러 일류 보험 회사의 조사를 통해 해당 클라이언트에게 위험성 감소를 위한 조언을 할 수 있는 역량
- 바람직한 기준을 성공적으로 적용하기에 충분한 근무 경험과 영향력 및 직원들의 사고 방식을 변화시키고 이끌어 갈 수 있는 지도력과 자세를 가진, 기업의 관심 사항에 대한 '챔피언'

작업장에서의 안전 문화에 대한 상한선이 안전 의식에 의해 결정되고 안전 의식은 CEO의 노력에 의해 결정된다면 산업 전반에 걸쳐 공정 안전 수준 향상을 위해 노력하는 사람들이 직면한 우선 과제는 이러한 기업의 CEO를 동기 부여하고 교육하는 것이다.

안전성 수준 향상을 위해 노력하는 사람들은 다음과 같다.

- 개인적으로 위험성의 영향을 받거나 이러한 위험성을 인식하고 있는 위험한 플랜트에서 작업하는 사람
- 필요한 개선 사항을 수행하기 위해 고위 경영진에게 지원을 요청하는 현장 생산 및 엔지니어링 관리자
- 이러한 운영 시설을 담당하는 안전 관리자
- 안전성 유지 실패에 대해 해당 지역 주민을 책임지고 있는, 심각한 사고가 발생하는 지역의 법률 제정가

제1장에서 설명한 것처럼 안전성 동기 부여를 위한 주요 분야는 다음과 같다.

- 법적
- 상업적
- 윤리적

지금부터 위의 항목에 대해 차례대로 설명한다.

11.5.2 법적 동기 부여

법규를 통해 안전성 수준을 향상시키려는 노력은 1800년대 최초의 공장 안전성에 관한 법규를 시작으로 현재까지 상당한 효과가 있었다.

사후 대처적인 성격의 법규(기계 안전 장치, 절차상의 요구 사항과 같은 필수 안전 조치와 안전 관리자와 같은 기업 요구 사항이 규정된 법규)는 기술 및 관리 이론의 변화를 따라갈 수 없기 때문에 주목받지 못하고 있다. 오늘날, 감독 기관 및 경영진은 '성과' 또는 '목표 지향적' 법규를 널리 선호하고 있지만(작업장에서 위험성이 있는 근무자의 경우 일부 제외) 이를 위해 경영진은 '안전한 작업 공간'을 제공해야 한다. 그럼에도 불구하고 이 법규에는 사후 대처적인 요소가 포함되어 있다. 즉 안전한 작업 장소 제공 방법에 대한 경영진 지침 및 이를 수행하기 위한 재정적 근거 설명(예: 정량적 위험성 평가, '경쟁력 기반 교육'의 준비, 종합적인 '안전성 사례' 작성 및 안전성 감사에 의한 방법)이 그것이다. 최근 몇 년 동안 이러한 접근 방식은 이전의 사후 대처적인 성격의 법규가 그랬던 것처럼 부적절한 것으로 판명되었다.

안전성에 대한 법적 요구 사항과 관련하여 다른 차원에서 고려할 사항이 있다. 경영진은 법규에 의해 필요한 법적 의무 사항뿐만 아니라 일반적인 요구 사항도 고려해야 한다.

수 년 동안 최고 경영진은 법적 진행 상황에 대한 여론의 부담에 대해서는 어느 정도 동기가 부여되지만 법규 위반으로 인한 벌금 부과 또는 피해 보상에 대한 가능성으로 인해 플랜트 안전성에 대해 관심을 가지지 않는 것 같다. 오히려 불안정성으로 인한 생산 손실 또는 사고로 인한 생산 설비의 피해 비용 발생으로 인한 심각한 경제적 손실 가능에 대해서는 어느 정도 관심을 가진다. 또한 법률에 의거한 구속 등의 처벌 가능성에 대해서는 상당히 민감한 것이 사실이다.

그러나 개인적인 처벌의 위험성으로 인해 최고 경영진은 안전성 관리 활동을 통해 진행되는 법적인 조사로부터 자신을 방어하기 위한 조치를 취하는 반면에, 부하 직원들에게는 필요한 안전성 수준을 구축할 수 있는 여건이 조성되지 않는다. 법적 처벌의 가능성이 제기될 때마다 부하직원들에게 이러한 현상은 더욱 분명해지며 안전 문화 환경은 붕괴된다.

이러한 현상은 기업의 구성원이 안전성 의무 조항을 위반한 혐의가 있는 경우, CEO가 조사 대상에 자동적으로 포함되는 경우, 필요한 안전 의식 제공을 불이행하는 경우 및 모든 직원의 해당 의무 조항 준수 위반의 경우에 대해 법적인 조사를 받을 때마다 발생한다. CEO가 구금되는 사례가 흔하지는 않지만 법적 대응 조치를 준비해야 하는 스트레스 및 여론에 대한 부담으로 인해 일반적으로 CEO는 이러한 상황에 대한 위험성을 최소화하기 위해 노력하게 된다.

11.5.3 상업적 동기 부여

안전성에 대한 상업적 동기 부여는 제한적이다. 플랜트 안전성을 금전적인 측면에서만 측정하는 경우 안전성 우선 순위는 수익에 영향을 주는 모든 활동에 대해서만 결정된다. 이러한 접근 방식은 인간 생명에 대한 가치를 무시하고 관련 기업 뿐만 아니라 전체 산업 분야에 정치적인 영향을 주는 지역 사회에 대한 불법 행위를 초래할 수 있다. 그러나 경제적 합리주의 시대에 이러한 현상은 일반적이며 불행하게도 모든 위험성을 금전적인 측면에서 줄이려는 클라이언트의 요구에 따라 일부 부적절한 위험성 컨설턴트에 의해 묵시적으로 수용되고 있다. 이것은 복잡하고 다원화된 문제에 대해 단순히 1차원적인 해결 방법을 활용하는 사례이다.

11.5.4 도덕적 또는 윤리적 동기 부여

세 가지 동기 부여 유형 중에서 가장 항구적인 특징을 가진 것이 윤리적 문제다. CEO가 안전성에 대한 도덕적 또는 윤리적 노력을 기울이는 경우 CEO가 안전성에 대한 요구 사항을 이해하고(예: 제10장의 10.1절에 설명된 Hawksley의 여섯 가지 요구 사항) 경영진 전체가 노력하도록 이끌 수 있는 리더십 능력을 가지고 있다면(11.6.1 절의 사례 연구 참조) 이러한 영향은 기업 전체로 확산될 수 있다.

한 아동 심리학자는 아이들이 위험하거나 잘못된 행동을 했을 때 부모 및 선생님이 '미소'를 짓지 않는 것이 중요하다고 언급한 적이 있다. 아이들이 미소 짓는 모습이나 기타 감탄을 표현하는 행동을 보면 언어적으로 꾸중해도 아이들은 듣지 않는다.

마찬가지로 어떠한 노력으로도 상업적 또는 기타 관심 사항을 안전성보다 우선시하는 현장 직원들의 인식을 바꾸는 것은 쉽지 않다. 최고 경영진은 기업의 변화 또는 유지 관리 예산의 규모와 같은 문제를 고려할 때 이러한 문제에 대해 안전성 개념이 포함되어 있는지 적극적으로 조사하고, 어떠한 결정 사항도 이러한 안전성 개념에 대한 충분한 이해를 바탕으로 수립되어야 하며, 결정 사항이 적절한 안전성 업무 규정을 제한하는 경우, 안전성 문제를 적극적으로 고려하고 있으며 경영진은 요구 사항을 정확하게 이해하고 있다는 설명과 함께 이러한 결정 기준에 대해 관련 현장 직원들에게 명확하게 전달해야 한다.

그러나 CEO가 안전성에 대해 별다른 노력을 기울이지 않는 경우 기업의 공정 안전 수준과 관련된 직원들이 노력의 강도를 높일 수 있는가?

이는 수 년 동안 법률 제정가, 안전 전문가들의 연구 과제였지만 불행하게도 적절한 해답을 구하지 못하고 있다. 아마도 적절한 선택 사항은 (a) 안전성 및 신뢰성 사이의 관계와 생산성 및 수익 사이의 관계를 규명하거나 (b) 안전성 및 신뢰성 손실과 연관된 주요 플랜트의 피해로 인한 기업의 경제적 손실과 최고 경영진의 개인적 위험성와의 관계를 보여 주는 것이다.

따라서 최고 경영진은 가시적인 방법으로 안전성에 대한 개인적 노력을 보여 주어야 하며 마찬가지로 현장 관리자는 CEO를 포함하여 최고 경영진이 위험성 및 현장의 요구 사항에 대해 이해할 수 있도록 적절한 정보를 제공해야 한다.

11.6 의식 및 문화 측정

위험성 및 신뢰성 관리와 관련된 주요 의식 요소는 다음과 같다.

- ▶ 관리 노력
- ▶ 관리 스타일

위험성 및 신뢰성 관리와 관련된 주요 문화 요소는 다음과 같다.

- ▶ 위험성 및 위험성 최소화에 대한 관심
- ▶ 적절하게 조치하려는 의지

의식은 직원들에 의해 임의적, 정량적 및 주관적인 방법으로 지속적으로 측정된다. 적절한 조치 또는 지표는 다음과 같다.

- ▶ 경영진이 위험성 및 신뢰성 관리를 위해 투자하는 시간의 양
- ▶ 경영진이 직원에게 위험성 및 신뢰성 관리 성과 및 노력에 대한 보고를 하도록 지시하는 정도
- ▶ 일반적인 기획, 예산 및 보고 사이클에 위험성 및 신뢰성 관리가 포함된 정도
- ▶ 경영진이 위험성 및 신뢰성 관리에 관심을 가지는지에 대한 직원들의 평가 정도
- ▶ 생산에 우선하여 위험성 및 신뢰성 개선을 위한 비용 투자 의지 또는 노력 정도

문화도 비슷한 방법으로 임의의 정량적 및 대체로 주관적인 지표를 사용하여 측정할 수 있다.

F_{ENG} 및 F_{OP}의 경우(11.3절) 이해를 돕기 위해 이러한 지표를 수치적인 점수로 표현할 수 있지만 실제 합계에 점수를 더하거나 정량적 위험성 평가에서 숫자를 사용하는 것은 바람직하지 않다.

11.6.1 안전 의식 및 안전 문화 육성을 위한 사례 연구

사례 1

수 년 동안 안전성 측면에서 일류 기업이었던 한 화학 회사가 있었다. 회사는 안

전성 분야에서 뛰어난 경력을 가진 신임 CEO를 임명했다. 신임 CEO는 부임하자마자 회사의 근로 상실 손해율(LTIR)을 연간 20% 줄이겠다고 발표했다. 최고 경영진은 이 발표를 회의적으로 보았다.

신임 CEO는 회사 내에서 수행되는 안전성 감사의 차기 일정을 요구했다. 그는 새 안전성 감사 프로토콜이 최근에 개발되었으며 다음 주에 처음으로 특정 공장에서 실시된다는 보고를 받았다. 그는 직접 감사에 참여하겠다고 말했다. 감사 기간 동안 안전성 문제가 확인되었을 때 플랜트 관리자는 이를 조치하는 데 필요한 비용 승인을 신청했지만 그의 신청은 수용되지 않았다고 보고했다. CEO는 그 관리자에게 다시 신청하면 틀림없이 결제해 줄 것이라고 말했다. 그는 다시 신청했고 당연히 비용은 결제되었다.

이때까지 이 회사는 이사회에 의해 운영되고 있었으며 6개월마다 점검 회의를 수행했고 이 회의에서 각 사업 본부장(사실상 각 사업부의 CEO)은 최고 경영진 회의에서 지난 6개월 동안의 성과 분석 보고서와 함께 향후 비즈니스 계획을 제출했다. 신임 CEO이 부임한 이후 첫 번째 사업 본부장과의 회의에서 그의 첫 번째 질문은 각 사업부별 LTIR 레벨이었다. 사업 본부장은 이전까지 이러한 용어조차 들은 적이 없었으며 이에 관한 정보도 없었다. 그는 이해할 수 없는 모호한 용어로 들렸다. 다음날 아침에 다음 사업 본부장이 패널 회의에 참석했을 때 그는 미리 정보를 들었기 때문에 자신의 사업 본부에 대한 LTIR을 알고 있었다. 그가 질문을 받았을 때 답변했으며 CEO는 LTIR 레벨이 너무 높으니 이를 줄일 수 있는 방안을 제시할 것을 요구 받았다. 그는 이와 관련된 계획이 없었다. 머지않아 회사의 모든 관리자가 안전성 개선 계획을 준비하고 있었다.

그런 다음 CEO는 본사를 시작으로 직원 커뮤니케이션 세션을 실시했다. 모든 직원이 참여하도록 초청되었으며 각 층마다 전화를 받기 위해 1명만 남도록 했다. CEO는 회사의 상황 및 앞으로의 계획에 대해 설명하고 공개 질문 시간을 통해 누구나 질문하고 CEO가 답변하는 시간을 가졌다. 이 세션은 각 공장마다 반복되었으며 일반적으로 해당 공장의 물류 창고에 의자를 배치하여 플랜트 조업자, 유지보수 작업자를 포함한 직원과 경영진이 참석했다. CEO는 이러한 세션을 통해 안전한 플랜트 및 안전한 작업 여건을 위한 그의 요구 사항을 포함하여 모든 주요 주제에 대해 토론했다.

그는 몇 개월만에 기업의 안전 의식을 완전히 바꾸었다. 초반에 지역 관리자의 회의적인 분위기에도 불구하고 LTIR은 실제로 CEO로 재임하는 기간 동안 연간 20%씩 감소되었다. CEO는 생산량, 품질 및 비용과 같은 기획, 조직화, 제어 및 통솔 등이 필요한 현장 관리 직무를 수행하는 담당자가 안전성을 확인해야 한다고 강조했다. 또한 현장 관리자를 행동하도록 지시하는 '임원진'보다 현장 관리를 지원하기 위해 전문가 역할이 요구되는 안전 관리자 및 직원이 정상적인 현장 체계를 통해 관리하도록 해야 한다고 주장했다.

사례 2

한 회사의 의료 담당 최고 책임자는 독성의 휘발성 액체 드럼의 누출로 인해 심각하게 오염된 공사 현장에 특정 플랜트를 건설할 예정임을 알게 되었다. 그는 책임 있는 관리자에게 기초 굴착 공사 및 배수 시설을 설치하는 작업자가 위험한 농축 액체 및 수증기에 노출되어 있으며 공사 현장은 공사를 진행하기 전에 세척해야 한다고 설명했다. 그러나 관리자는 그의 경고에 아무런 조치를 취하지 않았다. 따라서 그는 안전 및 환경 담당 이사에게 가서 이러한 문제를 설명하면서 자신에게 이제 남은 선택은 이사에게 문제의 심각성을 경고하는 것뿐이라고 말했다. 다음 날 이사는 관리자, 엔지니어, 안전 보건 담당자 및 노동 조합 대표를 포함한 모든 이해 관계자가 참석하는 회의를 소집하고 감독 기관 및 지역 사회와의 충분한 협의와 승인을 통해 문제를 적절하게 해결해야 한다고 말했다. 결과적으로 비용이 상당히 소요되었지만 성공적으로 수행되었으며 안전성 및 보건과 관련된 심각한 문제가 발생했을 때 회사는 적절하면서 전문적으로 대처할 수 있다는 자부심을 가지게 되었다.

사례 3

한 화학 기업이 고반응성 액체를 생산하는 플랜트의 확장 공사를 계획했다. 현장은 이미 상당히 개발된 상태였기 때문에 기존의 플랜트에 근접하여 확장 시설을 배치하는 데는 제약이 있었다. 특정 증류탑을 실제 배치할 수 있는 장소는 압축 액화 독성 가스를 저장하는 대형 탱크 옆이었다. 이러한 증류탑은 전세계적으로 폭발 사고 사례가 있었기 때문에 안전 관리자는 생산 직원이 지정한 장소는 수용할 수 없다고 주장했다. 결국 총괄 책임자는 관련 담당자 회의를 소집했다. 공장 관리자는 회사의 안전성 정책 및 기준에 전적으로 동의하지만 상황에 따라서는 유연하게 대처해야 한다고 말했다. 총괄 책임자는 공장 관리자가 치명적인 사고 발생 후 조사관에게 자신이 추천한 장소에 대한 명확한 기준을 설명하지 못한다면 이 장소를 추천하지 않는 것이 바람직하다고 결론내렸다. 따라서 설계 옵션에 대한 조사가 다시 실시되었고 존재하는 위험 요소를 방지할 수 있는 다른 설계 사항이 보완된 만족할 만한 결과를 도출했다. 결과적으로 기업의 안전성 정책은 구호에 그치지 않고 실현됨으로써 더욱 신뢰받게 되었다.

사례 4

대기업의 사업 본부장은 Flixborough 폭발 사고 내용을 읽고 자신의 사업부에서 현재 설계중인 무기물 프로세싱 플랜트가 외형상 유사한 점에 주목했다. 그는 설계 안전성에 대해 별도의 검토 작업을 진행했다. 프로세스는 Flixborough 공장과 완전히 다르지만 검토 결과, 적절하게 해결할 수 없는 주요 위험 요소가 존재함이 판명되었다. 따라서 총괄 책임자는 대응 조치와 후속적인 관리를 통해 플랜트 설계에 있어서 안전성이 매우 중요함을 효과적으로 인식시켰다.

사례 5

다국적 자원 개발 기업이 운영하는 금속 광산의 무기물 프로세싱 구역에 치명적인 사고가 발생했다. 이 사업 본부의 총괄 책임자는 관리자가 추가적인 사고를 예방할 수 있는 방법을 파악하기 위해 방문했다. 그는 이 구역을 모두 폐쇄할 계획임을 설명했지만 관리자들이 종합적인 프리젠테이션을 통해 설득한 결과 한 번 더 기회를 주기로 했다. 그 결과 안전성 개선을 위한 상당한 노력을 기울였다.

위의 다섯 가지 사례를 통해 얻을 수 있는 교훈은 최고 경영진의 가시적인 노력은 기업의 안전성 문제를 해결하는 데 강력한 효과가 있다는 점이다.

사례 6

상당히 넓은 화학 제조 공장의 환경 관리자는 1년에 4회에 걸쳐 각 생산 관리자를 방문하여 해당 플랜트의 환경 성과에 대해 토론하고 문제 해결을 위한 적절한 조치에 합의하며 추가적인 성과 개선을 위해 노력한다. 그는 생산 관리자가 합의된 조치를 실행하도록 하는 데 어려움을 겪고 있다. 한 회의에서 생산 관리자들은 합의된 조치를 이행할 것을 약속했지만 다음 회의에서 진행하지 못한 사실에 대해 사과했다. 환경 관리자에게 보고 받은 선임 관리자는 고위 경영진 레벨에서 분기별 환경 성과 점검 회의를 실시하고 환경 관리자도 참석할 것을 결정했다. 최고 경영진이 합의된 조치를 설명할 수 있는 관련 생산 관리자를 소집하여 일상적인 관리 회의를 통해 계획대로 진행되고 있는지를 확인했다.

이것은 환경적인 측면의 사례이지만 안전성 분야에도 동일한 원칙이 적용된다. 이러한 원칙 중, 강력한 안전 문화를 위해서 안전성은 비즈니스에 대한 기타 우선 순위와 병행되어 동일한 경영진 체계에서 관리되어야 한다는 점이다. 하위 레벨의 경영진 노력이 부족하면 상위 경영진이 이끌어야 한다.

사례 7

다수의 사망자, 심각한 플랜트 피해 및 환경 누출이 발생할 수 있는 대형 공정 사고의 가능성을 가진 기업이 안전성 개선 프로그램에 대한 조업자 및 노동 조합의 관심을 이끄는 데 어려움을 겪고 있다. 노동 조합 대표는 회사가 안전 표시를 상당 수 설치하지 않는 한 심각성을 믿을 수 없다고 주장했다. 따라서 회사는 조업자, 유지 보수 작업자, 감독관, 전문가 및 선임 관리자로 구성된 팀을 통해 위험 요소 파악 및 위험성 등급 결정을 위한 프로그램을 시작했다.

체계적인 토론과 기술자, 조업자, 작업자 및 감독관 그룹의 토론을 통해 작성된 결과 및 발생 가능성에 대한 정량적 지표는 위험성, 예상 원인, 결과에 대한 잠재적인 심각도, 필요한 엔지니어링 및 운영상의 안전 장치를 이해하는 데 상당한 도움이 되었다. 이를 통해 위험성 감소 조치가 가장 중요하다는 전사적인 합의를 도출했으며 기업의 다양한 그룹 사이에 강력한 팀워크가 구축되고 경영진도 최선의 노력을 다했다.

위의 예에서 얻을 수 있는 교훈은 엔지니어, 생산 직원, 감독관, 조업자 또는 작업자와 같은 기업 내의 특정 그룹 내에서 안전성에 대한 최상의 효과를 얻으려면 가능한 모든 구성원이 안전 관리 프로그램에 참여하는 것이 중요하다.

사례 8

광범위한 위험 화학 물질을 처리하는 대규모의, 지역적으로 분산된 작업의 경우 수많은 유지 보수 작업장을 가지고 있으며 각 작업장마다 자체 팀을 가지고 있으며 팀별로 소수의 플랜트를 담당하고 있었다. 이러한 유지 보수 조직을 단일 중앙 작업장과 단일 유지 보수 팀으로 구성하면 상당히 효율적이라고 판단되었다. 그러나 생산 직원은 이렇게 할 경우 유지 보수 작업자, 감독관 및 엔지니어의 '지역적 현장 경험'을 활용하지 못하고 플랜트 조건이 악화되어 자주 플랜트가 중단되고 안전성 수준이 떨어질 수 있다는 문제를 제기했다.

생산 직원과 엔지니어는 토론을 통해 적절하게 운영되는 플랜트의 물리적 특징과 모니터링할 기타 변수 및 조건(많은 부분은 정량화할 수 없지만 정의를 통한 설명은 필요)에 대한 목록을 작성했다. 그런 다음 검사 워크시트를 준비하여 확인된 결함에 대해 작성하도록 했다. 유지 보수 조직의 구조 조정을 실시했을 때 플랜트 조건의 변경 사항을 관찰하기 위해 동일한 워크시트를 사용하여 분기별로 검사를 실시했다. 이러한 접근 방식은 참여한 모든 직원들로부터 유지 보수 조직의 변경 사항을 효과적으로 관리할 수 있는 방법이며 신뢰성 및 안전성을 위한 경영진의 노력을 입증하는 것으로 받아들여졌다.

위의 예에서 얻을 수 있는 교훈은 경영상의 이유로 모든 레벨의 생산 또는 유지 보수 조직을 반드시 축소해야 하거나 생산 또는 유지 보수 서비스에 대해 외주 용역을 반드시 사용해야 하는 경우, 무엇보다 먼저 공정 안전 수준을 표시하는 핵심적인 변수 또는 조건을 파악하고 조직 축소를 실행하기 전에 이러한 변수를 조사하는 모니터링 프로그램을 실시하여 안전성에 결정적인 영향을 주지 않는지를 판단하는 것이 반드시 필요하다. 이 절차를 통해 안전성에 대한 영향을 관리할 수 있으며 직원들은 안전성 수준이 유지되고 있는지를 파악할 수 있으며 경영진이 단지 구호에 그치지 않고 실제로 안전성 보장을 위해 노력하고 있는지를 확인할 수 있다.

경영진이 철저한 기술적 평가 및 검토를 고려하지 않고 수익성 측면에서 조직 축소 및 유지 보수 예산 삭감을 실시한다면 그 결과는 최소한 100년 전부터 명확하게 입증되고 있으며 기술적인 고려 없이 상업적인 '원칙'만 계산하는 기술자의 필요성을 상징적으로 묘사하는 Kipling(1898)의 해양우화에서도 잘 설명되어 있다.

Tweeddale(2001), Kean(1995) 등은 건전한 안전성 문화 육성을 위한 다른 접근 방식을 제시했다.

11.6.2 안전 문화를 방해하는 사례 연구

사례 9

정유 회사의 안전성 및 환경 성과를 담당하는 관리자들은 해외 모기업의 요청에 따라 안전성 및 환경 비전 선언문 및 내년 목표 수립을 위해 컨설턴트의 도움을 받고 있었다. 컨설턴트는 정유 산업 차원에서 목표가 수립되었는지 의문을 가졌다. 비전 검토 및 목표 수립 과정에 정유 회사 경영진이 참여하지 않았기 때문에 컨설턴트는 안전성 및 환경 성과를 책임지는 이사가 토론에 참여하고 주요 안전성 및 환경 업그레이드가 필요한 플랜트를 방문해 줄 것을 요청했다. 그러나 담당 이사는 너무 바쁘다는 이유로 참석할 수 없음을 통보했다.

위의 예에서 얻을 수 있는 교훈은 안전 문화를 개선하려면 최고 경영진이 반드시 참여해야 한다는 점이다(직원은 정책 선언문, 포스터, 메모 및 언론 발표가 아닌 최고 경영진이 안전성을 위해 투자하는 시간과 노력 및 재정적으로 어느 정도 지원하는지 관찰하여 안전성에 대한 노력 정도 및 할당하는 우선 순위 레벨을 평가한다).

위의 예는 또 하나의 교훈을 제시하고 있다. 안전 문화를 개선하려면 안전 담당자는 여러 가지 역할을 할 수 있는 사람을 배치해야 한다는 점이다. 정유 공장의 주요 문제점에 대해 이사가 직접 방문할 것을 제안했을 때 안전 관리자 및 환경 관리자의 반응을 판단해 보면, 두 사람은 이사의 신뢰를 받지 못하고 있었으며 이사의 방문을 불편하게 생각하고 있는 것으로 보였다. 그 이후 한 관리자가 회사를 그만 둔 것은 이러한 판단을 증명한다.

사례 10

화학 회사의 CEO가 살충제 및 제초제를 생산하는 공장을 방문했다. 공장은 빗물 및 폐수 시스템이 수 년 전에 설치되었고 제대로 작동하지 않았기 때문에 빗물 배수 시스템으로 누출되어 환경적으로 피해를 입은 사고 경험을 가지고 있었다. 공장 관리자는 CEO에게 취급하는 수많은 화학 물질 중 한 물질이 누출되어 개방된 배수로를 통해 공장이 심각하게 오염된 사고에 대해 보고했다. CEO는 정중하게 문제를 인정했다. 또한 공장 관리자는 누출 사고 경험, 점차 비판적인 지역 사회 및 감독 기관의 규제 조치로 인해 더 이상의 누출 사고가 발생할 경우 공장을 폐쇄해야 한다고 보고했다. 이 시점에서 CEO는 예민해졌다. 그러나 수익성에 역효과가 있지 않는 한 CEO는 환경 성과에 대해 특별한 관심이 없는 것으로 보였다. 이 메시지는 공장에 신속하게 전달되었다. 이것은 안전성 문화보다 환경 문화에 대한 또 다른 예이지만 동일한 원칙이 적용된다.

위의 예에서 얻을 수 있는 교훈은 안전 문화를 개선하려면 안전성은 수익성, 즉 불안정성 및 생산 손실에 영향을 주는 경우에만 중요하게 생각하는 자세를 지양해야 한다는 점이다.

사례 11

(이 사례는 공정 산업의 예는 아니지만 원칙은 공통적으로 적용된다.) 금융 기관의 정보가 사전에 유출되어 이해 관계에 있는 기업이 정보가 공개되기 전에 수익을 올렸다. 사전 유출은 컴퓨터 조업자에 의해 발생했다. 컴퓨터 조업자는 전자 메일 메시지 전송시 6분 지연되도록 입력할 것을 지시 받고 지연에 필요한 명령을 입력했지만 실제 지정된 지연 명령이 작동되는 별도의 메뉴를 호출하지 않았다. 그 결과 지연이 지정되었지만 메시지가 바로 전송되었다.

내부 조사를 통해 금융 기관이 사용하는 시스템에 수많은 취약점이 확인되었다. 시스템의 여러 부분을 개선해야 하고 컴퓨터 조업자는 다른 자리로의 전근 및 급여 감봉의 징계를 받도록 권고되었으며 일부 관련 감독관도 징계할 것을 권고했다.

이 조치의 정당성에 대해 상당한 논란의 여지가 있다. Kletz(2000)에 의하면 "사고에 대한 인적 오류를 징계하는 것은 지면으로 낙하하는 원인인 중력에 대해 비난하는 것과 같다"라고 주장하였다. 엔지니어가 중력을 이해하고 그에 따라 설계하는 것과 같이 인간이라면 누구나 실수할 수 있다는 점을 이해해야 하며 그에 따라 시스템을 설계해야 한다. 이 문제와 관련하여 얻을 수 있는 교훈은 한 가지 인적 오류에 의해 심각한 결과가 발생할 수 있는 시스템은 상당히 위험성이 높은 시스템이며 사람이 참여하지 않더라도 이러한 결과는 피할 수 없을 것이라는 점이다. 컴퓨터는 특히 이러한 현상이 발생하기 쉬우며 컴퓨터를 사용하는 대부분의 사용자는 중요한 파일 손상 또는 삭제와 같은 심각한 오류를 경험한다.

조사를 통해 답변을 듣는 과정에서 금융 기관의 경영진은 시스템에 확실한 취약점이 있지만 문제가 된 조업자가 오류 결과에 대한 적절한 조치가 없었다고 주장했다. 이것은 사고가 발생할 때 일반적으로 나타나는 행동으로 "조업자가 관리를 잘했어야 한다"라고 변명한다. 그러나 최고 경영진에게 이러한 시스템의 구축을 위한 어떠한 제안도 없었으며 최고 경영진이 결함 위험성에 대해 적절하게 검토하기 위한 어떠한 조치도 없었다.

엄격히 말해서 이것은 안전 문화의 예는 아니지만 원칙은 안전성 분야에 동일하게 적용된다. 하위 직원에 대한 선별적 징계는 '기업'이 낮은 위험성 운영을 위한 요구 사항을 제대로 이해하지 못하는 것을 입증하는 것이며 문제를 은폐하고 결정적인 조치를 취하는 데 있어서 정치적인 고려만 있음을 반증하는 것이다.

사례 12

야간에 헬리콥터로 군대를 이동시키는 군사 훈련 도중에 두 대의 헬리콥터가 충돌하는 사고가 발생했다. 헬리콥터 조종사를 포함하여 여러 군인들이 사망했으며 다수의 부상자가 발생했다.

같은 부대의 조사 장교의 공식적인 조사 결과, 훈련에 참여한 중간급 장교 및 하위급 장교에게 책임이 있는 것으로 나타났지만 사고 또는 희생자 주변에 가장 가까이 있었던 하급 군인이 징계를 받은 것으로 나타났다. 보고서는 가능한 예비 훈련의 규모를 최소화하도록 한 예산상의 제약을 언급했지만 군대에 필요한 능력 수준을 정의했지만 필요한 예산을 동결한 고위급 장교(조사 장교보다 직급이 높은 장교), 민간 공무원 및 정치인에 대한 어떠한 문책이나 징계가 없었다.

위의 예에서 얻을 수 있는 교훈은 안전 문화를 개선하려면 사고가 발생했을 때 최고 경영진을 향한 중상 모략을 제거하기 위한 모든 방법을 동원하여 희생양을 위한 마녀 사냥을 하고 무고한 사람을 처벌하는 상황을 막아야 한다.

사례 13

대량의 용융 금속을 취급하는 공장에서 프로세스 결함에 의해 사망자를 포함한 심각한 사고가 발생한 경험이 있었다. 경영진은 직업 안전 분야를 전문으로 하는 안전 컨설턴트를 고용했다. 컨설턴트는 플랜트에 존재하는 위험 요소 또는 위험 요소별 안전 장치의 적합성에 매달리지 않고 승강, 이동, 추락 등으로 인한 근로 손실 상해 시간 감소에 중점을 두었다. 이러한 접근 방식에 대해 조업자 및 작업자는 실질적인 문제를 해결할 수 없을 것으로 판단했고 확신도 없었으며 경영진이 장려하는 안전성 프로그램에만 관심을 가졌다.

이것은 또한 공정 안전(취급 물질 및 사용 프로세스에 존재하는 위험 요소 해결) 및 직업 안전(관련된 작업 방법에 존재하는 위험 요소 해결) 사이의 차이점을 이해하지 못하는 경영진의 안전 문화에 대한 역효과에 대해 설명한다.

위의 예에서 얻을 수 있는 교훈은 최고 경영진이 안전 문제에 대한 이해가 부족한 경우(경영진이 경제적인 문제에만 관심을 두는 것과 비교할 때) 안전성에 대한 실질적인 관심도 부족하고 설치된 안전성 프로그램에 대한 확신도 없다는 것을 설명하고 있다.

사례 14

독성 가스를 생산하는 플랜트에 대해 위험성 평가를 실시했다. 상당한 문제 사항과 일련의 권고 사항이 세부적으로 포함된 보고서가 작성되어 공장을 책임지고 있는 공장장에게 제출했다.

그는 이 보고서를 뿌리치면서 나중에 확인하겠다고 말했다. 그 이후, 그는 법률 고문과 관리상의 의무 사항에 대해 협의한 후 보고서의 확인 사항에 대해 간단하게 요약하여 브리핑하도록 하고 확인 사항을 조치하기 위한 작업 계획 프리젠테이션을 통해 진행 사항에 대해 월별로 보고할 것을 지시했다. 그는 작업이 진행되면서 확인되는 플랜트와 관련된 기타 안전성 문제에 대한 정보에 관심이 없었다. 또한 다른 플랜트에 대해 비슷한 조사를 실시할 생각도 없었으며 추가적인 지원의 필요성 여부를 조사할 생각도 없었다. 오히려 그의 행동은 현장 관리자의 무능함을 보이고 있었다. 중요한 안전성 문제에도 관심이 없는 것이 분명했다. 플랜트의 안전을 위한 결정보다는 자신의 법적 책임을 피하는 태도를 취했다.

위의 예에서 얻을 수 있는 교훈은 최고 경영진이 주로 향후 사고에 대한 법적 책임을 최소화하는 데 관심을 가지는 경우 나머지 분야에는 성실하지 못한 것으로 판명되었으며 안전성 프로그램을 적극적으로 수행하려는 노력이 없는 것으로 입증되었다.

사례 15

다국적 광업 회사의 계열사로 운영되는 탄광은 탄층 채굴 작업의 특성상 심각한 사고 경험을 가지고 있다. 경영진은 탄광 노동 조합과 모든 경영진이 진행 과정에 참여할 수 있는 종합적인 안전 관리 프로그램을 개발했다. 프로그램은 적절히 설계되었지만 탄광에서의 산업 관련 문제에 대한 경험으로 인해 경영진은 노동 조합에게 이 프로그램을 최종적으로 완성된 프로그램으로 제시했다. 이러한 자세는 협업적인 방법으로 운영되도록 설계된 프로그램의 특성과 모순되는 것이었다. 노동 조합이 어떠한 협조도 거부했을 때 경영진은 노동 조합이 프로그램 설계 과정에 참여했을 경우 토론 과정으로 인해 실행 시점이 지연되었을 것이며 아직도 프로그램은 설계중이었을 것이라고 주장했다. 현재 프로그램을 실행할 수 없는 문제가 경영진의 설계 프로세스에 대해 노동 조합이 근본적으로 잘못된 방향에서 접근하고 있기 때문으로는 보이지 않았다. 그러나 이러한 접근 방식은 경영진이 관리해야 하는 관점(외관상으로는 기업 특성의 일부)과 일치했다. 이러한 논리에 대해 일부 논란이 있지만 경영진의 관리 방법에 대한 다양한 접근 방식이 있다.

위의 예에서 얻을 수 있는 교훈은 안전 문화를 개선하려면 전문 관리자 및 기술자의 전문 분야로서 안전 관리 시스템 및 안전 관리 프로그램의 설계 측면에서 개발을 방해하지 않아야 하며 직원들을 과거의 관행대로 수행하는 수동적인 자세로 유도하지 않도록 해야 한다는 점이다.

지금까지의 사례를 통해 다음과 같은 결론을 얻을 수 있다.

1. 상호 보완적인 개념의 안전 문화 및 안전 의식을 개발, 강화 및 유지 관리하기 위해서는 이러한 분야를 책임지고 있는 사람들의 노력이 필요하다.
2. 필요한 노력에는 긍정적인 자세, 자원 및 동기가 수반되며 아울러 실질적인 노력의 부족으로 인해 부정적으로 판단하는 자세를 지양해야 한다.
3. 안전 의식의 수준은 안전 문화 수준의 상한선을 결정한다.
4. 안전 의식은 다음과 같은 방법에 의해 육성된다.
   - CEO 및 최고 경영진의 시간 및 관심을 포함하여 안전성에 대한 자원의 가시적인 투자 및 안전 문제를 해결하기 위한 직원 자원 및 재정적 투자 가용성
   - 바람직한 공정 안전 관리 원칙을 이해하고 기업의 안전 문제를 학습하기 위한 경영진의 가시적인 노력
   - 안전성 성과의 개선 사항에 대한 긍정적인 인식
   - 안전성은 생산, 품질 및 비용과 동일한 관리 체계에 의해 동시에 관리되어야 한다.
5. 최고 경영진이 경제적인 사항을 이해하는 것과 동일하게 안전성 사항을 인식하지 않고 안전성을 적극적으로 관리하지 않거나 다른 비즈니스 목표를 관리하는 방법으로 고려하지 않을 경우 안전 의식은 조성할 수 없다.
6. 현장에서의 안전 문화는 최고 경영진 레벨의 가시적인 노력과 함께 안전성 계획, 안전성 조사, 이러한 조사를 통해 확인된 사항 해결 및 안전성 성과 모니터링에 대해 모든 현장 직원의 참여를 포함하여 강력한 안전 의식이 조성될 때 가장 효과적으로 구축할 수 있다.

7. 안전 문화는 회사 경영진의 관심 부족으로 인해, 신뢰성 고취를 위해 사용 가능한 자원을 너무 지나치게 제한함으로써 방해 받을 수 있다. 또한 경영진 레벨의 불성실함 및 모든 직원들의 안전성 프로그램에 기여할 가능성 제한에 의해서도 방해 받을 수 있다.

11.6.3 참여 기회를 높여 안전 문화를 개선하는 접근 방식

플랜트는 개선된 안전 소프트웨어가 필요한 것으로 알려져 있다. 이러한 인식은 다음과 같은 다양한 원인에 의해서 발생한다.

- ▶ 손실, 대형 사고, 빈번하지 않은 사고 발생 또는 아차 사고에 대한 수용할 수 없는 빈도에 대한 잘못된 기록
- ▶ 위험 요소 분석 및 소프트웨어 결함에 대한 위험성 평가, 안전성에 대한 소프트웨어 의존성
- ▶ 프로세싱 또는 제어 측면에서 점차 기술적으로 복잡해지고 있는 장비

Tweeddale(1985)은 플랜트의 하드웨어 및 소프트웨어 요구 사항을 정의하기 위한 단계적인 접근 방식을 수립했다. 이 접근 방식은 요구 사항을 효과적으로 파악하고 팀워크 및 긍정적인 자세(이러한 사항은 소프트웨어의 중요한 구성 요소임)를 구축하기 위해 플랜트 조직의 모든 레벨이 참석하도록 고안되었다.

단계에 대해 개략적으로 설명하면 다음과 같다.

1. 신뢰성 및 공정 안전, 이러한 사항을 위협하는 위험 요소의 특성과 관련된 모든 사항을 요약 정리한다.
2. 모든 조직 레벨의 대표자로 구성된 그룹을 통해 체계적으로 플랜트의 중요 위험 요소를 파악한다. 화학적 위험 요소 체크리스트 및 플랜트 구역 위험 요소 체크리스트를 사용하여 제2장에서 설명한 일반적인 접근 방식에 따라 토론을 실시할 수 있다.
3. 그룹을 통해 각각의 확인된 위험 요소에 대해 발생할 수 있는 위험 사고 범위를 예상하고 예방 방법 또는 조기 발견 및 중단 방법을 수립한다.
4. 그룹을 통해 잠재적인 사고에 대한 예방 또는 조기 발견 및 제어를 촉진하기 위한 절차 또는 장비에 대해 정의한다.

5. 그룹을 통해 절차를 수행하고 정기적인 점검을 위한 적절한 책임 소재를 정의한다.

6. 절차 수행 또는 새로운 장비 운영 및 유지 보수를 담당하는 직원을 위한 세부적인 교육 일정을 정의한다.

7. 실행한다.

8. 모니터링 및 유지 보수를 수행한다.

Kletz(1992)는 다음과 같이 말했다: "사람들의 사고 방식을 바꾸려고 노력하지 말고 단지 그들의 문제에 대해 도움만 준다." 이 말을 다르게 표현하면, "사람들의 사고 방식을 바꾸려고 노력하지 말고 단지 그들의 작업 '환경' 만 개선한다."

결국 대부분의 사람들이 자신들의 처한 상황에 대해 적절하게 반응한다. 만약 사람들이 잘못된 사고 방식을 가졌다면 잘못된 사고 방식으로 상황에 반응할 가능성이 높다. 따라서 Kletz에 의하면 경영진의 임무는 적절히 대처할 수 있도록 상황을 개선시키는 것이다. 이를 위해 가장 먼저 선행되어야 하는 것은 경영진의 사고 방식이 확실하게 변화해야 한다. 즉 경영진의 행동, 스타일, 의식 등을 개선되어야 한다. 다시 말하면 잘못된 직원 안전 문화는 경영진의 잘못된 안전 의식의 결과일 가능성이 높다.

위에서 수립한 접근 방식을 채택하면 경영진은 직원들로 구성된 팀 내에서 학습하고 업무를 수행하려는 의지를 보인다. 또한 안전성에 대한 경영진의 적극적인 노력을 보이게 된다. 이러한 유형의 접근 방식은 플랜트 및 절차에 대해 가시적인 개선 효과를 얻을 수 있으며 직원들의 안전성에 대한 노력을 이해하는 데 무형적이지만 상당한 개선을 이끌어 낼 수 있다. 또한 모든 레벨의 직원이 위험 요소 및 위험성 등급 결정(제3장 참조)을 위한 신속한 등급 결정 프로세스에 참여하여 혜택을 받게 된다.

직원들은 경영진이 약속한 대로 투자하는 데 있어서 불성실 또는 불이행에 대한 어떠한 징후도 면밀히 관찰한다. 개선된 성과에 대해 장려하는 것은 가치가 없다. 관리자가 개인적인 노력을 다하고 다른 사람들이 노력하도록 하려면 상당한 지원이 필요하다. 비용이 수반되는 투자에 인색하고 생산 활동 지장을 우려하는 것과 같이 반대 상황이 발생하는 경우 즉시 경영진의 실제 최우선 과제가 무엇인지 의심받게 되고 주목 받게 된다.

11.7 인적 오류

11.7.1 인적 오류의 유형

Kletz는 사고에 대해 인적 오류를 비난하는 것은 낙하의 원인인 중력에 대해 비난하는 것과 같이 의미가 없다는 점을 개인적으로 피력했었다.

그는 엔지니어는 중력에 의해 구조물이 붕괴될 수 있으며 따라서 이러한 중력을 고려하여 설계해야 한다고 언급했다. 마찬가지로 사람들은 규정을 제대로 준수하지 않거나, 주의를 소홀히 하거나, 중요한 의사 결정에 대해 스트레스를 받거나 신속히 처리해야 하는 부담이 있는 경우 제대로 수행하지 않는 경우가 있을 수 있기 때문에 이러한 일반적인 인적 요소의 영향을 최소화하도록 플랜트 및 절차를 설계해야 한다.

Kletz(2001)는 때때로 실수하는 것과 같이 대부분의 사람들에게 발생할 수 있는 행동에 대해 비난하지 않아야 한다고 언급했다. 그는 인적 오류를 피할 수 없는 장비에 대한 수많은 예를 제시했다.

대표적인 경우가 화이트보드 및 플립차트 용지가 준비된 강의실이다. 화이트보드에는 지우개가 준비되어 있고 용지 작성을 위해 유성팬이 제공된다. 강사는 유성팬을 사용하여 플랩차트를 작성하다가 화이트보드로 가서 유성팬을 사용하는 실수를 한다. 누구의 잘못인가? 잘못한 사람은 강사가 아니라 화이트보드가 있는 강의실에 유성팬을 준비한 사람이다.

마찬가지로 특수 윤활유를 사용하는 장비가 있고 다양한 윤활유 드럼이 동일 장소에 있는 경우 잘못된 윤활유를 사용할 가능성이 높다.

사례 연구

폴리에스테르 섬유 방적에 사용되는 세척 장비를 위해 고온의 용융염욕을 사용하는 플랜트에서 한 조업자는 저장소로 가서 욕조에 사용되는 특정 염제(鹽劑) 부대를 추가로 가지고 올 것을 지시 받았다. 그는 지시대로 수행했지만 잘못된 염제를 가지고 왔으며 분명히 부대에는 해당 염제를 표시하는 레이블이 굵은 글씨로 부착되어 있었다. 감독관은 부대는 확인했지만 레이블은 보지 않았고 조업자에게 부대를 욕조에 투입하라고 지시했다. 조업자는 지시에 따랐고 강렬한 화학 반응에 의해 욕조가 폭발할 때 가까스로 심각한 부상을 피할 수 있었다.

단순히 다른 사람의 확인 사항만 의존하는 자세는 바람직하지 않다.

사례 연구

약 700여 곡이 수록된 유명한 책에 대해 5명이 각 페이지의 교정을 위해 검수했다. 책이 출판되었을 때 두 개의 노래에 대해 잘못된 악곡이 인쇄되었고 수많은 오류와 누락이 발견되었다.

적절한 교정을 위한 바람직한 접근 방식은 다음과 같다.

- ▶ 발생 가능성이 높은 오류 유형에 대한 체크리스트 준비(오타, 레이아웃 오류, 누락, 잘못된 악곡 및 가사 연결 등 포함)
- ▶ 검수 관련 모든 담당자를 위한 점검 회의
- ▶ 체크리스트에 점검 완료한 노래에 대해 체크 표시
- ▶ 각자의 역할에 집중하기 위해 각 페이지 검수는 두 명만 배치

다음 사례 연구를 살펴보자.

사례 연구

수 킬로미터 떨어진 지역에서 전철로 통근하는 직원이 있다. 그의 아내는 매일 아침 남편을 전철역에 자동차로 태워 주고 퇴근시 그의 전화를 받고 마중 나간다. 절약하기 위해 공중 전화 박스에서 전화를 걸고(7자리 번호) 상대방이 전화를 받는 순간 전화를 끊는 방식을 사용하기로 했다(그는 상대방의 전화 받는 소리를 듣지만 아내에게 말하거나 아내의 소리를 들을 수 없었다). 그의 아내도 퇴근 시간에 전화가 울리면 자신이 수화기를 들자마자 바로 전화를 끊고 이것이 남편이라는 사실을 알고 있다. 그러나 남편이 전화를 잘못 거는 경우 다음과 같은 상황이 발생할 수 있다.

- ▶ 그는 아내가 자신을 마중 나오기 위해 오고 있다고 생각하고 오랜 시간 동안 기다린다.
- ▶ 아내는 남편이 전화가 올 시간이 지난 것에 대해 걱정한다.
- ▶ 남편 옆에 있던 사람은 그가 전화를 걸자마자 끊는 행동을 이상하게 생각한다.

이제까지 이러한 절차를 약 500여 차례 수행했고 약 3,500번의 전화를 거는 동안 이 통근자는 한 번도 잘못된 전화를 걸은 적이 없었지만 전화를 제대로 거는 것은 중요하며 주의해야 했다. 전화를 제대로 거는 중요성 때문에 그는 잘못 전화를 걸었다고 의심될 때마다 다시 전화를 걸어야 한다.

위의 예에서 인적 오류 발생율은 일부 경우 매우 낮을 수 있다(특정 작업을 수행하는 사람이 오류 발생 가능성을 이해하고 있고 이러한 오류를 예방하기 위한 노력을 하는 경우).

Kletz(2001, pp. 3-5)는 인적 오류를 다음과 같은 범주로 분류하고 있다.[3]

1. 실수 또는 순간적인 부주의

2 잘못된 교육 또는 지침(수행 사항을 모르거나 잘못된 사항을 '알고 있는' 경우)

3. 신체적 또는 정신적 능력 부족, 즉 개인의 능력 및 처한 상황의 불일치

4. 동기 부여 부족 또는 지침을 준수하지 않는 결정

5. 관리자의 책임 또는 수행해야 하는 역할에 대한 이해 부족

그런 다음 Kletz는 발생한 사고를 2차 방법으로 분류하고 사고를 예방하기 위한 사용 가능한 방법에 따라 다음과 같이 분류한다.

(A) 적절한 설계

(B) 적절한 건설

(C) 적절한 유지 보수

(D) 적절한 운영 방법

특정한 분류로서 다음이 포함된다.

(E) 컴퓨터 제어와 관련된 사항

그는 이러한 사항에 대해 자세하게 설명했다.

3) Kletz T. A.로부터 채택(2002): *An engineer's view of human error*(2판). IChemE, Rugby, England with permission from IChemE and the author.

11.7.2 인적 오류 확률 추정

Gonner(1913)는 인적 오류 확률 추정과 관련하여 다음과 같이 언급했다. "인적 오류 추정을 아무리 정확하게 수행하더라도 근사치일 뿐이며 가장 잘못된 추정도 실제와는 전혀 관계없다."

위험성 평가에 인적 오류를 포함하는 접근 방식은 개인의 필수 활동에 대해 세부적으로 연구한 작업 분석을 수행하고 오류 발생 항목을 파악한 다음 각각의 항목에 대해 오류 발생 가능성을 추정하는 것이다.

예를 들어 경보에 대한 대응 조치와 같이 '작동' 또는 '작동 안함'과 같이 간단하게 선택하는 경우 개인마다 처한 환경을 고려하여(스트레스, 일정상의 부담 등) 합리적으로 추정을 수행할 수 있다.

그러나 다양한 형태의 잘못된 작동이 발생하는 상황을 고려할 때 주요 문제가 발생한다. 이러한 예는 교육 받은 조업자가 수많은 경보 장치가 동시에 작동하는 상황에 직면하는 경우이다. 아마도 이러한 경우 아무런 조치를 취할 수 없게 된다. 잘못된 조치를 수행하는 것에 대한 두려움에 주저하게 된다. 그러나 조업자가 교육을 받지 않았다면 작동시켜야 할 수많은 버튼과 광범위한 후속 조치 사항에 대해 잘못된 조치를 취할 가능성은 상당히 높다.

하나의 최상위 이벤트로부터 아래로 진행하는 일반적인 방법의 결함수를 작성하면 조업자가 결함수에서 발생할 수 있는 여러 가지의 인적 오류를 쉽게 확인할 수 있다. 그러나 잘못된 교육, 잘못된 변경 관리 절차 및 잘못된 작업 허용 기준 시스템과 같은 요소들을 고려한다면 매우 다양한 유형의 상위 이벤트로부터 발생할 수 있는 모든 결과를 확인하는 것이 무의미할 수 있다.

지난 수 년 동안 인적 오류 확률에 대한 다양한 표가 여러 가지 작업과 작업 상황에 대해 개발되고 있다. 이 중 상당 부분은 Kletz(1992)에 의해 작성되었다. 그러나 이러한 표를 검증한 결과, 결과 및 실제 성과 사이의 상당한 편차가 있었다.

위험성 및 개선 사항 선택을 위한 이해 증진에 상당히 중요한 이러한 접근 방식에 대해 의사 결정의 상당 부분에 사용되는 절대값 기준이 너무 비현실적인 측면을 가지고 있지만 이러한 접근 방식은 정량적 위험성을 평가하는 일부 전문가의 판단에 상당한 도움을 주고 있다.

참고문헌

- API, "Management of Process Hazards, Production and Refining Departments." API Recommended Practice 750, 1st ed., January 1990.
- CCPS, "Guidelines for Implementing Process Safety Management Systems." Center for Chemical Process Safety, American Institute of Chemical Engineers, New York, 1994.
- Gonner, E. C. K., in *Royal Statistical Society Journal*. Quoted by J. Boreham and C. Holmes in *Vital Statistics*. BBC Publications, 1974.
- Hurst, N. W., Young, S., Donald, I., Gibson, H., Muyselaar, A., "Measures of Safety Management Performance and Attitudes to Safety at Major Hazard Sites." HSL, Liverpool University, Four Elements NL VROM. *J. Loss Prev. Process Ind.*, **9**(2), 161-172(1996).
- IAEA, "Safety Series No. 75-INSAG-4." International Atomic Energy Agency-International Nuclear Safety Advisory Group, Vienna, 1991.
- Kean, N., "Developing a Risk Awareness Culture through the Implementation of Total Risk Management." Proc. AIC Conference "Total Risk Management," Sydney, July 1995.
- Kipling, R., "Bred upon the Waters." Short story in *The Day's Work*. Macmillan, London 1898. (Reprinted by Penguin 20th Century Classics, 1990.)
- Kletz, T. A., "What Are the Causes of Change and Innovation in Safety?" Loss Prevention Symposium, Heidelberg, Germany, September 1977.
- Kletz, T. A., *An Engineer's View of Human Error*, 3rd ed. Institution of Chemical Engineers, Rugby, UK, 1992.
- Kletz, T. A., *By Accident*, Chapter 10. PFV Publications, London, 2000.
- Lees, F. P., *J. Loss Prev. Process Ind.* Butterworth-Heinemann, UK, 1980, 1996.
- Tweeddale, H. M., "Improving Process Safety and Loss Control Software in Existing Process Plants." IChemE Symposium Series No. 94, 269-278, May 1985.
- Tweeddale, H. M., "Balancing Quantitative and Non-Quantitative Risk Assessment." *Trans. IChemE* **70 (Part B)**, 70-74 (1990).
- Tweeddale, H. M., "Nourishing and Poisoning a Safety Culture." *Trans. IChemE* **79 (Part B)**, 167-173 (2001).

12 위험성 및 신뢰성 관리자의 역할

본 장을 배우고 나면 위험성 및 신뢰성 관리자의 역할과 관리자가 책임을 수행하는 방법에 대해 이해하게 된다. 이것은 그림 1-4의 각 요소에 대한 접근 방법과 이를 통한 성공 여부에 상당한 영향을 준다.

12.1 관리 항목

관리는 제10장의 10.2절에서 설명한 것과 같이 '인적 자원을 통한 업무 수행'으로 설명할 수 있지만 관리 항목을 정의하는 여러 가지 방법이 있다.

그러나 일반적으로 다음 사항은 핵심적인 항목으로 포함된다.

- ▶ 계획
- ▶ 동기 부여
- ▶ 조직화
- ▶ 제어

이러한 사항은 상호 연관되어 있으며 공정 플랜트 위험성 및 신뢰성 관리와 관련하여 아래와 같이 간략하게 설명할 수 있다.

12.1.1 계획

공정 신뢰성 및 신뢰성에 있어서 가장 먼저 필요한 사항은 정책이다.

정책이 수립되면 다음 단계는 각 요소에 대한 목표를 정의하는 것이다. 공정 신뢰성 측면에서 보면, 이러한 사항에는 직원 및 지역 주민에 대한 위험성, 재산 또는 환경에 대한 위험성이 포함된다. 신뢰성 측면에서 보면 플랜트 가용성, 사용 불능에 따른 전체 유지 보수 비용 및 수익성 손실을 들 수 있다.

(예: "안전성이 우리 회사의 최우선 목표이다!"와 같이 안전성에 대한 매우 가식적인 표현이 있다. 어떠한 기업도 안전성을 주요 목표로 수립하지 않는다. 이러한 기업에 자금을 투자하는 투자자는 없다. 투자자는 기업으로부터 이익을 추구한다. 이러한 이익에는 수익 창출 또는 서비스 제공을 들 수 있다. 그러나 투자자는 기업에 대한 합의된 목표를 달성하는 과정에서 불안정한 상태를 원하지 않는다. 따라서 '불안전한' 영역보다 안전한 영역에서 운영되기를 원한다. 즉 신뢰성 또는 '낮은 위험성'은 운영 목표가 아니며 운영을 위한 경계 조건에 대해 정의된 개념이다.)

그런 다음 현재 처한 상황을 이해해야 한다. 예를 들어 어떤 영역에 대해 정책을 수립하고 이러한 정책은 어떠한 경우에 정의해야 하는가? 어떠한 영역에 대해 목표를 수립하고 어떠한 경우에 성과 목표를 정의해야 하는가? 어떠한 경우에 정책과

성과 목표에 맞게 성과를 달성하고 어떠한 경우에 실패하는가?

그런 다음 현재 처한 상황에 맞게 정책을 준수하는 기준과 정의된 성과 목표를 수립해야 한다.

12.1.2 동기 부여

이것은 위험성 및 신뢰성 관리자가 '관리자' 또는 '컨설턴트'인지 여부에 따라 상당히 달라진다. 이 부분에 대해서는 12.2절에서 설명하도록 한다. 또한 제11장을 참조한다.

12.1.3 조직화

조직화를 위해서 필요한 작업을 완료하는 데 필요한 자원, 사용 가능한 인적 및 물질적 자원 및 다양한 작업의 우선 순위 설정에 필요한 정보를 수집해야 한다. 이를 위해 신속한 등급 결정 양식을 사용하는 것이 도움이 된다(제3장 참조).

이 양식을 사용하면 작업 또는 프로젝트에 대한 등급별 목록을 작성하고 각 작업에 대해 필요한 자원이 정의된다. 그런 다음 필요한 진행 일정에 대해 결정해야 한다. 모든 프로젝트를 동시 또는 한 회계 연도 내에 수행할 수 없기 때문에 1년 동안 수행할 프로젝트는 사용 가능한 인적 자원 또는 자금 상황에 따라 결정될 가능성이 높다. 반면에, 목록에서 긴급한 작업은 사용 가능한 자원 검토를 요청하고 추가 인원을 제공 받거나 프로그램에 대한 금전적 지원을 받는다.

자원은 인적 요소, 재정적 요소 등과 같이 개략적으로 분류될 수 있지만 최소한 인적 자원은 책임자, 전문가, 지원 인력 등이 포함된 프로젝트 팀으로 구성되어야 한다. 각 프로젝트는 정의된 목표, 프로젝트 담당 관리자, 직원, 가용 비용, 보고 요구 사항 등이 필요하다.

시작일 및 종료일이 표시된 모든 프로젝트와 해당 담당자가 표시된 Gannt 차트 형식의 문서화된 작업 계획은 위험성 및 신뢰성 프로그램의 구성 방법에 대해 설명하고 비용 및 시간 테이블 일정에 따른 관리를 위한 기초 정보를 제공한다.

12.1.4 제어

제10장에서 설명한 것처럼 제어 요소는 다음과 같다.

- ▶ 원하는 벤치마킹 또는 표준화된 성과 레벨의 정의
- ▶ 실제 성과에 대한 모니터링 또는 측정
- ▶ 실제 성과와 기준과의 비교
- ▶ 실제 성과를 기준에 맞게 조정하기 위한 조치

12.2 성과를 위한 권한 및 책임

'권한'은 결정하고 조치를 취할 수 있는 능력이다. 즉 업무를 수행하기 위한 능력이다. 책임은 책임을 져야 하는 의무 사항이다.

모든 직책의 권한과 책임은 일치해야 한다. 책임이 수반되지 않는 권한을 부여하면 권한을 가진 사람은 무엇이든 원하는 대로 할 수 있기 때문에 바보가 되기 쉽다. 권한 없이 책임만 부여하면 책임질 사항은 다른 사람에게 전가하려는 경향을 보이기 쉽다(이러한 예는 사고 발생시 어떠한 조치를 취하기보다 사건에 대해 보고만 하려는 경우를 들 수 있다).

'현장' 및 '기능'별 권한과 책임은 공정 신뢰성 및 신뢰성 성과와 관련되어 있기 때문에 이러한 개념을 이해하는 것이 중요하다.

'현장 관리자'는 특정 영역에서 근무하는 직원들에 대한 비용 지출을 승인하고 지침을 전달하는 권한을 가진 사람이다. 플랜트 관리자 및 생산 관리자는 현장 관리자의 대표적인 예이다. 이러한 관리자는 예산 및 생산 계획을 수립하는 권한을 가지고 있다. 따라서 이러한 관리자는 지출 비용 및 생산 계획 달성에 대한 책임을 가져야 한다.

현장 관리자 및 모든 레벨의 직원은 해당 플랜트 및 운영에 대한 작업 수행을 결정할 권한을 가지고 있기 때문에 대형 사고 위험성(공정 신뢰성 또는 신뢰성과 관

련하여)은 현장 관리자가 전적으로 이러한 권한에 대한 책임을 가지는 경우에만 효과적으로 관리된다.

'위험성' 및 '신뢰성 관리자'는 관리 체계, 정의된 권한 및 책임에 따라 다음과 같은 두 가지 역할 중 하나를 가질 수 있다.

- ▶ 요청하는 경우 적절한 조언을 제공하는 책임만 있고, 그 결과 플랜트에 제대로 적용되는지에 대한 책임은 없는 현장 관리자에 대한 조언자 역할
- ▶ 성과에 대해 현장 관리자와 일부 책임을 분담하는 관리자 역할

위험성 및 신뢰성 관리자의 권한 특성을 파악하기 위해 다음과 같이 질문 할 수 있다. "사고가 발생하는 경우 현장 관리자가 발생 상황을 설명하고 책임을 져야 하는 1차적인 책임자이지만 위험성 및 신뢰성 관리자도 사고 발생 조건을 초래한 일부 책임이 있다고 생각합니까?"

대표적인 질문은 다음과 같다.

- ▶ "이번 사고가 발생할 가능성을 알고 있었습니까?"
- ▶ "몰랐다면 왜 모르고 있었습니까?"
- ▶ "알고 있었다면 왜 아무런 조치를 취하지 않았습니까?"

위험성 및 신뢰성 관리자가 이러한 질문에 답변할 수 있다면, 위험성 및 신뢰성 관리자는 위험성 및 신뢰성 성과의 '기능' 측면에서 책임을 가지고 있다. 따라서 이러한 관리자는 사후 대응 조치에 대한 권한을 공유하고 있다. 즉 조언 뿐만 아니라 다음 사항도 수행해야 하는 권한을 가지고 있다.

(a) 조언 필요성 여부를 판단하기 위한 성과 모니터링

(b) 조언을 채택하도록 적극적인 요청

다시 말하자면, 위험성 및 신뢰성 관리자는 단순한 컨설턴트가 아니라 '인적 자원을 통해 업무를 수행하는 관리자'이다. 위험성 및 신뢰성 관리자는 일반적으로 "현장 관리자를 통해 업무를 수행하는 기능적 관리자"이다.

위험성 및 신뢰성 관리자가 이러한 질문에 답변할 수 없다면, 이러한 사항에 대해 책임이 없으며 수동적인 조언 또는 컨설팅 역할만 수행하고 적극적으로 관리적인 역할은 수행하지 않는다.

이러한 환경에서는 다음 사항 중 하나를 선택할 수 있다.

- 권한 및 그에 합당한 책임을 가진 적극적인 관리자 역할로 전환
- 무시될 수 있는 단순한 조언을 제공하는 수동적인 역할 수행

위험성 및 신뢰성 관리자는 수동적인 조언을 위해 대기하고 현장 관리자가 만족하는 경우 종료하는 수동적인 역할을 수행할 수 있다.

또한 현장 관리자가 위험성 및 신뢰성 관리자의 역할을 이해하는 것도 매우 중요하다.

12.3 일부 관리 상황 및 기법

12.3.1 '상황의 법칙'

초창기 관리 이론가 중 한 사람은 감독관이 지켜보는 가운데 한 실험자를 공개된 장소로 데리고 와서 특정 방향으로 도랑을 파도록 했다. 1시간 정도 도랑을 판 후 실험자는 다른 장소로 이동하여 다른 방향으로 도랑을 파도록 했다. 또 1시간이 지난 후 그를 세 번째 장소로 이동하여 다시 파도록했다. 네 번째 장소로 이동하여 반복할 것을 요청했을 때 실험자는 거절하고 포기했다. 이 때 감독관은 이 구역 내에 어딘가에 계획도에도 표시되지 않은 배수 파이프가 있다는 점을 말해 주면서 이 파이프를 찾는 유일한 방법은 도랑을 파는 것이라고 말했다. 실험자는 "왜 그 사실을 시작 단계에서 말하지 않고 이제야 알려 주는가?"라고 하면서 도랑 파기를 다시 시작했다.

이 실험을 통해 관리 이론가는 간단한 '상황의 법칙'을 제시했다. 간단하게 설명하면 사람들은 단순히 지시하는 대로 동일한 행동을 반복하는 것을 가장 싫어하지만 일반적으로 아무리 불편하더라도 상황에 의해 필요한 사항을 수행할 준비가 되어 있다.

이 원칙은 위험성 및 신뢰성 관리자의 역할을 개발하거나 확대하는 데 매우 유용할 수 있다. 예를 들면 새로운 직책을 정의하는 경우 책임이 따르는 권한보다 책임에 대해 세부적으로 규정하는 것이 일반적이다. 이를 위해 현재 책임자를 변경할 필요는 없다. 책임을 규정하는 경우 책임지기 위해 수행해야 하는 사항을 정의하는 것은(광범위한 측면에서) 상대적으로 간단하다. 결과적으로 현재 책임자는 지금 처한 상황에 의해 권한을 부여 받게 된다.

예를 들어 하나의 접근 방식은 위험성 및 신뢰성 관리자가 자발적으로 현장 관리자에게 가서 다음 사항을 위한 승인을 요청한다.

▶ 플랜트 및 운영 프로세스에 대한 적응

▶ 해당 구역에 존재하는 현재 문제 또는 잠재적인 문제의 특성 및 규모를 파악하기 위한 플랜트 및 운영 프로세스에 대한 검토

▶ 올바른 조치와 프로그램 구현에 대해 합의하기 위해 현장 관리자와 파악된 문제에 대한 토론

현장 관리자가 관할하는 구역에 대해 조사하기 전에 위의 사항에 대한 승인 요청은 중요하지만 현장 관리자가 '반대'하는 상황이 발생할 수 있다!

현장 관리자가 반대하거나 위험성 및 신뢰성 관리자가 조사를 완료하기 전에 중단할 것을 요청하는 경우 위험성 및 신뢰성 관리자는 권한 및 책임을 가진 관리자 또는 수동적인 컨설턴트와의 상담 여부를 결정한다. 적극적인 관리자와 상담한다면 상황을 설명하여 조사를 계속 진행할 수 있도록 허가를 받을 수 있을 것이다. 만약 거절당한다면 보다 높은 직급의 경영진의 권한이 필요하게 된다(일반적으로 생산 관리자가 현장 관리자를 정중하게 설득하여 결정을 변경시킬 수 있다.).

12.3.2 '무인 지대'에서의 영향 구축

새로운 직책을 신설하거나 기존 직책을 개발하는 경우 항상 권한에 대해 논란이 있거나 불분명한 사각 지대가 있다.

예를 들면 이것은 대치한 양측 군대 사이의 완충 지역과 비슷하다. 소규모 충돌이 빈번한 완충 지역 사이에서 양측 군인이 순찰하도록 하는 것은 일반적이다. 한쪽 군인이 상대편 군인을 부동 자세로 쳐다보고 있다면 이 완충 지대에 대한 통제

는 효과적으로 수행되는 것이며 '무인 지대'의 일부 구역은 권한이 상대방에게 이양된다.

예를 들어 새로 임명된 위험성 및 신뢰성 관리자는 프로젝트 엔지니어 및 프로젝트와 관련된 기타 직원과 회의를 하고 있다. 안전 관리자는 명백한 취약점을 가진 설계 사항에 대해 질의했다. 토론이 끝난 후 다른 엔지니어와 관련 설계 사항에 대해 이전에 이미 동의했고 체면이 깎이고 싶지 않았던 프로젝트 엔지니어는 다음과 같이 주장했다. "저는 프로젝트 엔지니어로서 안전 성능에 대해 책임이 있으며 안전성에는 문제가 없습니다!" 위험성 및 신뢰성 관리자는 다음과 같이 답변했다. "위험성 및 신뢰성 관리자 직책의 신설로 인해 규정이 변경되었으며 앞서 제가 설명한 여러 이유로 인해 저도 만족스러웠으면 좋겠지만 실제 그렇지 못합니다!"

회의에 참석한 다른 사람들은 이러한 토론을 지켜보고 있었다. 논쟁은 중단되었고 회의 주제는 다소 예민하지 않은 안건으로 돌렸다. 위험성 및 신뢰성 관리자는 논쟁의 템포를 조절하는 차원에서 프로젝트 엔지니어가 생각할 시간을 주는 것이 좋겠다고 판단했다. 다음 날 다른 점검 회의에서 프로젝트 엔지니어는 여러 설계 엔지니어와 추가 회의를 가졌으며 설계를 개선하기로 했다고 말했다. 결과적으로 위험성 및 신뢰성 관리자의 권한은 확대되었다.

12.3.3 논쟁에 대한 해결 방안

앞서 언급한 관리 이론가는 논쟁을 해결하기 위해 다음과 같은 세 가지 방법을 제시했다.

- '지배' 승리한 측은 만족하고 패배한 측은 추가 논쟁의 여지를 남겨 둔 채 실망한다.
- '타협' 양측이 어느 정도 만족하고 추가 논쟁의 여지를 남겨 둔 채 협상을 재개한다.
- '통합' 또는 양측 모두 완벽하게 만족할 수 있는 해결 방안을 창의적으로 검토

예를 들어 잠재적으로 불안정하고 폭발 가능성이 있는 물질을 취급하는 플랜트에 대규모 확장 시설 건설이 계획되었다. 제시된 확장 유형은 전세계적으로 여러 플랜트에서 폭발 사고 경험을 가진 유형이었다. 확장 시설은 기존의 플랜트 가까이에 설치해야 했다. 또한 활용 가능한 유일한 장소도 독성 액화 가스를 저장하는 안전성이 취약한 저장 탱크에 매우 근접한 위치였다. 확장 시설 건설에 대한 강한 상

업적 동기가 있었으며 현장 관리자는 확장 추진을 강력하게 주장했다. 안전 관리자는 저장 탱크 파손과 그로 인해 예상되는 폭발의 심각도를 생각해 볼 때 제시된 위치는 적합하지 않다고 말했다. 이러한 이유로 안전 관리자는 해당 장소에 확장 시설 건설을 반대했다. 점차 토론은 대결 양상을 보였다. 이 때 최고 경영진이 주관하는 계획 회의 과정에서, 상업적인 필요성이 강할수록 신뢰성 기준도 상대적으로 높아야 한다는 주장이 현장 관리자에 의해 제기되었다. 최고 경영진은 회사 신뢰성 정책을 강조했고 관련 기술진이 어느 정도 비용을 감수하더라도 해외 출장을 통해 안전 문제를 심층적으로 조사하도록 했다.

조사 결과, 폭발 경력이 있는 모든 플랜트마다 특별한 설계 특징을 가지고 있는 반면에 다른 접근 방식을 가진 플랜트의 경우 폭발 경험이 없었으며 그 이유도 명확했다. 따라서 확장도 가능하고 독성 가스를 보관하는 저장 탱크의 안전성도 유지되고 있었다. 이 사례는 통합의 예이다. 이 사례에서 기술적으로 민감할 수 있는 타협의 형식을 예상하는 것은 어려운 반면에, 상업적인 비용 또는 증가되는 위험성을 감수한다면 지배의 형식은 가능하다.

접근 방식의 중요한 특징 중 하나는 안전 관리자는 문제 제기, 그에 대한 원인 및 자신이 처한 입장 등을 초기에 제기함으로써 참석한 사람들이 갑작스러운 문제 제기에 당황하여 의견 충돌하지 않도록 했다. 따라서 개인적인 대립이 없었으며 올바른 조치를 결정하는 과정이 합리적이고 차분한 분위기에서 수행되었다.

12.3.4 의견 충돌

양측의 의견 충돌에서 벗어나는 유일한 방법은 서로 의견 충돌하지 않는 것이다!

공정 위험성, 신뢰성 또는 산업 보건 분야에 새로운 직책을 신설하거나 기존의 직책을 개발하는 경우 의견 충돌이 있을 수 있다. 해결 방안은 다음 사항 중에서 선택한다.

- 위에서 설명한 것처럼 모든 당사자가 만족할 수 있는 해결 방안을 찾는다.
- 논쟁이 과열되는 것을 피한다. 따라서 상대방에게 무인 지대의 일부를 이양한다.
- 보다 우선 순위가 높은 목표를 위해 해당 사항을 잠시 보류하고 좀더 편해지거나 성공할 가능성이 높을 때 다시 검토한다.

▶ 신뢰성 직책이 명확하고 위치가 확고하도록 하고 양보할지 의견 충돌할지 여부를 결정할 기회를 상대방에게 제공한다.

전략적인 차원에서 볼 때, 반드시 성공해야 하는 상황(상대방과 대립하고 지속적인 협력이 감소되는 희생을 감수하더라도)이거나 성공하는 것이 바람직한 경우에만 의견 충돌하는 것이 중요하다.

위에서 언급한 사례의 경우(위험 플랜트 확장) 안전 관리자는 해당 프로젝트에서 초기에 자신의 주장을 명확하게 설명했고 프로젝트를 계속 진행할 경우 매우 심각한 결과가 예상됨을 주장했으며 자신의 책임하에 처한 상황은 기업의 점진적인 발전을 위해 반대해야 했다(이러한 단계는 문제를 자체적으로 해결할 수 없음을 인정하는 것과 마찬가지로 가능한 경우 궁극적으로 '예비 권력'으로 유지되어야 한다). 이러한 직책을 공개적으로 채용할 때 일반 관리자의 참여와 채택된 긍정적인 해결 방안은 장려되었다.

12.3.5 정보원

위험성 및 신뢰성 관리자와 같은 기능적 역할을 하는 직원이 직면하는 공통적인 문제는 도움을 줄 수 있는 상황에 대해 제안을 해도 상대방이 관심을 가지지 않는 것이다. 이것은 거의 대부분 고의적인 행동이 아니며 현장 관리자는 위험성 및 신뢰성 관리자가 도움을 준다고 생각하지 않기 때문이다.

기능적 관리자는 비공식적 커뮤니케이션 라인을 개발하는 것이 바람직하다. 이러한 비공식적 커뮤니케이션 라인은 단순히 점심 시간에 휴게실에서 생산 또는 엔지니어링 직원들과의 대화를 의미할 수도 있다. 이 시간을 통해 일상적인 대화와는 별개로 현재 제기되고 있는 문제에 대한 생각을 듣거나 다른 시간에 다른 직원에게 자연스럽게 접근하여 문제에 대한 인식과 해결 방법에 대해 듣는다. 이러한 방법을 수차례 반복하면 현장 관리자는 적절한 상황이 발생하여 이러한 상황에 대해 자체적으로 접근하고자 할 때 신뢰성 또는 산업 보건 관리자를 생각하기 시작한다.

그러나 신뢰성 또는 산업 보건 관리자에 대한 기업 내의 인지도는 신뢰성 또는 산업 보건 관리자와 함께 점심 식사하는 상대방의 직책에 따라 결정된다. 따라서 점심 식사를 함께 할 상대방은 신중하게 선택해야 한다!

12.4 위험성 및 신뢰성 관리자의 조사 방침

위험성 및 신뢰성 관리자는 다음 사항과 비교하여 지속적으로 운영 성과를 평가한다.

- 감독 기관, 지역 사회 또는 해당 기업에 의해 정의된 성과 기준 및 목표
- 일반적인 성과 기준의 개선 가능성에 대한 지표로 사용되는 일부 절대 기준

12.4.1 신설 현장에 대한 위험성 및 신뢰성 관리자

신설 현장 또는 시설에 대해 위험성 및 신뢰성 관리자로 임명된 사람은 특별한 임무를 가지지만 또한 특별한 문제가 있다.

특별한 임무는 다음과 같다.

- 운영 시설 가동 전에 해당 지역 사회 및 환경 상태에 대한 표본 조사 실시
- 초기 단계부터 현장 내의 플랜트 위치 및 플랜트 설계에 참여하고 지역 사회의 의견 반영
- 해당 지역 사회와의 긴밀한 관계 구축을 통해 설계가 결정되기 전에 지역 사회의 의견 경청

특별한 문제는 다음과 같다.

- 설계 및 건설 프로젝트 작업에 미리 참여한 직원들의 거부감 및 플랜트 운영에 대해 운영 직원의 고유 권한으로 인식하는 문제
- 너무 늦게 임명되어 레이아웃 및 플랜트 설계에 영향을 줄 수 없는 문제

플랜트를 가동하기 전에 주변 지역 사회 및 환경 상태를 판단하기 위해서는 철저한 통계적 및 분석적 설계가 필요하기 때문에 지속적인 비교 검토를 수행해야 한다. 이러한 초기 조사를 위해 사용 물질 및 관련 프로세스의 특성으로 인해 이론적으로 발생할 수 있는 외부 영향의 특성을 먼저 파악하는 것이 중요하다. 그런 다음 조사 결과가 유효하도록 하기 위해 해당 전문가의 지원을 받아 조사 계획을 수립하고 향후 변경 사항에 대해 적절하게 샘플링 조사, 분석 및 초기 데이터와 비교한다.

이를 위해 통계 전문가, 설계 엔지니어, 분석 전문 화학자, 음향 전문가, 식물학자, 생태학자 등의 지원을 받아야 한다.

12.4.2 기존 현장에 대한 위험성 및 신뢰성 관리자

기존 현장에 대해 위험성 및 신뢰성 관리자로 임명된 사람은 신설 현장의 관리자와는 상황이 다르다. 여러 부분이 이미 완성되어 있기 때문에 초기 검토는 '역할 상태'를 파악하기 위해 Hawksley(제10장 참조)가 정의한 여섯 가지 요구 사항에 대해 신속하고 개략적으로 파악해야 한다.

기존 현장의 위험성 및 신뢰성 관리자로 임명된 사람은 여러 가지 장점 및 단점을 가질 수 있다. 예상되는 장점은 다음과 같다.

▶ 개선에 대한 필요성과 이를 위한 노력에 대해 이미 인식되고 있다.

▶ 이미 사용 가능한 자원이 있다.

▶ 예를 들어 플랜트 조건 감사, 샘플링 및 폐기물 처리 과정 분석 등을 위한 시스템이 이미 설치되어 있다.

예상되는 단점은 다음과 같다.

▶ 기존의 업무 수행에 만족하고 있고 회사의 약속을 '본사'의 정치적인 행동으로 생각한다.

▶ 기존 시스템에 심각한 결함이 있고 기존 시스템의 변경이 새 시스템으로 교체하는 것보다 어려울 수 있다.

▶ 기업 내의 의식 및 문화가 자기 만족 및 변화를 거부하는 분위기에 의해 경직되어 있다.

플랜트 및 주변 지역 사회의 자세와 관심 사항에 대한 초기 검토를 완료하면 다음 작업은 결함 또는 개선 조치 사항에 대한 목록을 작성하여 개선 작업을 위해 사용 가능한 방법을 파악하고 우선 순위를 결정하고 기업 내의 지원을 받도록 한다. 다음 작업은 프로젝트 경영진이 제1장에서 수립한 단계를 수행하는 것이다.

12.5 지역 주민과의 관계

12.5.1 소개

위험성의 기술적 측면만 강조되고 지역 사회의 인식에 대한 중요성은 간과되는 경향이 있다.

다음 절에서는 발생 가능한 광범위한 상황에 대한 취급 방법 설정보다는 원칙에 대해 소개한다.

지역 사회와의 올바른 관계 설정에 대한 개인적인 견해는 다음과 같은 다양한 요소에 의해 영향을 받는다.

- ▶ 민주주의가 작동하는 방식에 대한 개인적인 견해
- ▶ 지역 사회의 '알 권리'에 대한 개인적인 견해
- ▶ 논리적인 의견 개진 및 기술적 사실의 영향력에 대한 개인적인 신뢰
- ▶ 지역 사회와의 관계에 대한 개인적인 경험

이러한 사항에 대해 지금부터 간단하게 설명하도록 한다.

12.5.2 사회 작동 방식에 대한 다양한 해석

민주주의에 대한 견해 중 하나는 지역 구성원들이 정기적으로 대표자를 선출하여 국회를 구성하고 다음 선거가 올 때까지 운영하도록 허용한다. 지역 주민들이 선출한 대표자의 성과에 대해 실망하는 경우 다음 선거가 올 때까지 대표자의 의사 결정을 수용하고 다음 선거에서 다른 대표자로 교체한다. 상반되는 견해는 모든 구성원이 자신에게 영향을 주는 의사 결정을 할 권리를 가지는 것이다.

중간 입장에 있는 견해는, 지역 주민들이 자신들의 견해를 선출된 대표자에게 알리고 대표자의 결정에 따르는 것이다. 이 방식의 변형된 형태는 선출된 대표자가 지역 사회 그룹의 제시된 견해에 동의하기 않는 경우 해당 그룹이 선출된 대표자가 방법을 제시할 때까지 반대의 강도를 높이는 것이다.

또한 감독 기관의 운영되는 방식 또는 운영되어야 하는 방식에 대한 다양한 견해가 있다. 일부 사람들은 감독 기관은 선출된 대표자의 의사 결정을 수행하기 위해 존재하는 것으로 생각한다. 일부 사람들은 감독 기관은 주로 지역 주민을 보호할 목적으로 업무를 수행한다고 생각한다. 다른 사람들은 감독 기관은 자체 '일정'과 계획을 가진 실제(선출되지 않은) 정부이며 선출된 대표자는 이들에 의해 조정되고 감독 기관의 견해를 법제화하기 위해 행동하며 지역 주민의 안전과 관심 사항은 감독 기관에게는 중요하지 않다고 생각한다.

실제로 이러한 모든 견해가 지역 사회에 존재한다.

기업이 지역 사회 내에서 운영하기 위한 함축적 의미는 나중에 설명하기로 한다.

12.5.3 지역 사회의 '알 권리'

지역 주민이 정보 공개를 요구할 수 있는 특정 권한을 강화하는 법률 제정이 증가하고 있다. 지역 주민에게 영향을 주는 사항에 대한 정보를 알고자 하는 지역 주민의 기대치가 증가하고 있다. 지역 사회의 알 권리를 법률에 의해 강화해야 한다는 지역 사회 그룹의 요구가 증가하고 있다.

지역 주민의 알 권리에 대한 개인적인 견해와 관계 없이 지역 주민의 기대치는 점차 높아지고 있다. 이러한 기대치를 무시하고 지역 사회에서 기업을 운영하는 경우 지역 주민의 불신으로 인해 어려움을 겪을 수 있다.

12.5.4 논리적인 의견 개진 및 기술적 사실에 대한 불합리성

르네상스 시대가 도래한 이후 지역 사회는 위대한 지식의 혜택을 폭 넓게 받고 있다. 과학의 발견과 기술의 발전은 실제로 엄청난 결과를 낳았다. 인류는 소위 '황금 시대'를 향해 진보할 것이라는 낙관주의가 팽배했었다.

그러나 이것은 더 이상 현실이 아니다. 히로시마 원폭 투하를 계기로, 과학의 발견과 기술 발전의 부정적인 측면을 인식하기 시작했다. 비관주의가 팽배하고 있다(인류는 공해와 핵 에너지를 통해 세상을 파괴하고 있으며 석유 원료는 바닥을 드러내고 있다). 그리고 과학과 기술은 많은 사람들에게 비난 받고 있다.

과학자의 무결성(예: 과학적 기만)에 환멸을 느끼고 엔지니어를 불신한다(예: 환경의 희생을 감수한 엔지니어링 작업). 종종 실패로 끝나거나 여론과의 끊임없이 대치하거나 또는 법정에 증인으로 서는 '전문가'에 대해 신뢰가 없다.

논리적인 전개는 또 다른 문제를 일으킨다(논리상의 결함, 잘못된 '사실' 또는 불충분한 정보로 인해). 기술적인 '사실'은 이제 기술적인 의견 이상의 의미를 갖지 않는다. 사람들은 무책임한 과학자와 탐욕스러운 엔지니어와 함께 동시대를 살고 있다고 생각한다. 따라서 우리는 스스로 논리적이고 가능한 사실에 기초한 작업을 수행하지만 지역 주민에게 확신을 주기 위해 '논리적' 또는 기술적 '사실'에만 의존할 수 없다.

두 가지 중요한 관계는 다음과 같다.

1. 위험(기술적) = 잠재적 사고 영향(위험 요소 발생에 대한) × 발생 가능성

2. 위험(사회적) = 잠재적 사고 영향 + 비난(Sandman, 1991)

이것은 지역 사회의 위험성에 대한 대응이 다음 사항에 의해 주로 결정된다는 것을 의미한다.

▶ 위험성 규모(예: 빈도에 중점을 둔 결과)가 아닌 위험 요소 규모(예: 예상 결과)

▶ 위험 시설과 관련된 정서적 스트레스 또는 비난

지역 주민은 발생 가능성에 대한 평가를 신뢰하지 않는다. '전문가'의 오류를 잘 알고 있다. '발생 가능성이 있다면' 사람들은 '발생할 것'으로 생각한다.

정서적 스트레스는 위험 요소의 규모보다 중요할 때가 많다. 정서적 스트레스 규모에 영향을 주는 요소는 다음과 같다.

▶ 위험 요소 특성에 대한 이해 부족

▶ 감지 난해성(예: 핵 방사능)과 같이 위험 요소에 대한 모호함

▶ 무의식적인 노출

▶ 신뢰할 수 없는 정보 또는 위험성 관리자

▶ 정보 제공에 대한 거부감

또한 기업의 관리자는 지역 주민에게 다음과 같이 인식되는 경우가 많다.

- ▶ 생색내는 사람
- ▶ 조작하는 사람
- ▶ 완벽주의자
- ▶ 기만하는 사람
- ▶ 거만한 사람

이 모든 유형의 사람은 추가적인 비난을 한다. 따라서 지역 주민을 상대하는 기업 대표자 및 대변인은 이러한 지역 주민의 인식을 이해하고 이러한 인상을 주지 않도록 노력하는 것이 중요하다.

두 번째 공식에서 더하기 기호(+)에 주목하는 것이 중요하다. 이 공식은 시설이 물리적으로 심각한 영향력을 가진 사고를 발생하지 않더라도 사회학적인 관점에서 위험성이 심각할 수 있다는 것을 보여 준다.

정서적 스트레스가 일단 발생하면 줄이기는 어렵다. 위험성 특성에 대한 합리적인 설명을 통해 정서적 스트레스를 줄일 수 없다. 오히려 프로젝트 초기 단계부터 정서적 스트레스 요소를 검토하여 스트레스 수준의 상승을 방지하는 것이 바람직하다.

12.6 사전 예방적 원칙

12.6.1 원칙

1992년에 환경 및 개발에 관한 리오 선언 원칙 15에서 환경 문제에 적용할 광범위한 형태의 사전 예방적 원칙을 수립했다. 선언문 내용은 다음과 같다.

환경을 보호하기 위하여 각 국가의 능력에 따라 사전 예방적 조치가 널리 실시되어야 한다. 심각한 또는 회복 불가능한 피해의 우려가 있을 경우, 과학적 불확실성이 환경 악화를 지양하기 위한 비용 효율적인 조치를 지연시키는 구실로 이용되면 안 된다.

이 내용을 공정 플랜트 위험성에 적용하면 다음과 같이 이해할 수 있다.

“잠재적으로 노출되는 사람, 재산 및 환경을 보호하기 위하여 각 기업의 능력에 따라 사전 예방적 조치가 널리 실시되어야 한다. 심각한 영향의 우려가 있을 경우, 위협의 실체가 기술적으로 입증되지 않는다는 이유로 이러한 영향에 대한 예방, 보호 또는 이전 조치를 지연시키는 구실로 이용되면 안 된다.”

그러나 지역 주민은 사전 예방적 조치에 대한 이해가 부족하고 수용 여부를 궁극적으로 결정해야 하는 주체는 지역 주민이다. 사전 예방 조치에 대한 지역 주민의 공통적인 견해는 다음과 같다.

“제시된 신설 시설 또는 활동의 절대적인 안전성을 확실하게 입증할 수 없는 한 실시되지 않아야 한다. 마찬가지로 절대적인 안전성을 확실하게 입증할 수 없는 기존의 시설 또는 활동도 중단되어야 한다.”

다시 말하면, 일부 지역 주민은 사전 예방적 조치를 “위험성이 있다면 예방 조치를 취해야 한다”라는 의미를 “위험성이 있다면 활동을 실행하지 않아야 한다.”라고 생각하는 경향이 있다.

물론 이것은 도시 하늘을 항공기가 운항하거나 댐에서 흐르는 강물이 도심을 통과하도록 허용하는 것과 모순된다. 또한 사망 위험성의 존재도 실제 결과와 맞지 않으며 모든 종류의 진행 상황과 전혀 일치하지 않는다.

12.6.2 사전 예방적 노력

잠재적인 영향을 방지하거나 줄이기 위한 노력의 정도는 12.5.4절의 관계식 2를 통해 산출할 수 있다.

필요한 사전 예방적 노력 = (위협이 존재하는 경우 예상되는 영향
× 위협에 대한 신뢰성 인식 수준) + 비난

이 공식은 다음과 같이 관리상 명백한 의미를 함축하고 있다.

- ▶ 지역 주민은 불특정 다수에 의해 전파되는 선정적인 여론에 의존하기보다 위협의 실체를 이해하는 것이 중요하다.
- ▶ 지역 주민은 이러한 위협이 현실화되는 과정과 발생을 방지하기 위한 사전 예방적 조

치에 대해 이해하는 것이 중요하다. 위협에 대한 신뢰성 인식 수준은 위협을 주는 시설 또는 활동을 책임지고 있는 기업에 대한 지역 주민의 신뢰성에 의해 상당한 영향을 받는다.

- 그러나 가장 중요한 요소는 비난이다.

예상되는 영향, 신뢰성 인식 및 비난의 세 가지 요소 모두, 상호 연관성이 있으며 기업이 지역 주민과의 상호 작용에 의해 결정된다.

12.6.3 지역 주민과의 관계

지역 주민과의 관계에 있어서 실질적인 기대치를 갖는 것이 중요하다.

- 지역 주민들은 자신들이 투표하지 않은 정당의 정치적인 발언을 적극적으로 불신하며 선호하는 정당의 정치적인 발언도 경계한다.
- 지역 주민은 감독 기관을 신뢰하지 않으며 감독 기관은 '개발 업체', '대기업' 및 기타 이해 관계에 있는 그룹과 결탁하고 있다고 생각한다.
- 지역 주민은 전력, 철도, 항만청 등과 같은 공공 산업 또는 정부 기관이 지역 주민의 관심 사항을 수행할 것으로 생각하지 않는다.
- 지역 사회는 전문가 활동 그룹으로부터 다음과 같은 말을 듣는다. "비즈니스 기업 및 산업 분야는 단기적인 이익에 의해 움직이기 때문에 신뢰할 수 없습니다. 정부는 권력에 의해 조정되고 비즈니스 기업 및 산업과 결탁되어 있기 때문에 신뢰할 수 없습니다. 그러나 우리 전문가 활동 그룹은 신뢰해도 됩니다!"
- 지역 주민은 법률 시스템의 무결성(예: 공정성)을 신뢰하는 것으로 보이지만 법률 기관의 능력에 대해서는 의문을 가지고 있다. 사람들은 자신들의 자체 법률 고문은 신뢰하지만 변호사에 대해서는 전반적으로 불신하고 있으며 기술 분야의 경우 기술적인 논쟁을 해결하는 수단으로써 제대로 역할을 수행하지 못하는 데 대한 실망이 증가하고 있다.
- 많은 사람들이 모이면 일부는 체계적인 의사 결정 구조의 부재로 인해, 일부는 지역 주민 또는 기업 관리자에 관계없이 사람이기 때문에 우유부단한 태도로 인해 논리적이고 합리적으로 의사 결정하기 어렵다.
- 지역 주민은 관리자가 지역 주민에게 영향을 줄 수 있는 의사 결정 또는 공식적인 발표시 논리적이고 합리적이지 못하다고 인식한다. 지역 주민의 객관성이 상업적인 이익에 의해 흐려지는 경우 관리자의 제안이 지역 주민의 이해 관계에 부응하거나 최소한 피해를 주지 않도록 합리적인 경우도 있다고 생각한다.

- ▶ 지역 사회 그룹은 다음을 포함하는 광범위한 목표와 동기 부여를 가진 사람들로 구성된다.
  - 지역 사회의 발전을 추구하기 위해
  - 다른 지역 사회 그룹의 목표와 연대하기 위해(예: 전문가 활동 그룹은 지역 사회 발전 그룹과 연합하여 공동의 목표를 추진할 수 있다.)
  - 개인의 정치적 목표를 실현하기 위해
  - 알려진 정당의 정치적 목표를 실현하기 위해
  - 개인적인 공공성 및 관심을 실현하기 위해

어느 누구도 '기정사실화'되는 것을 원하지 않는다. 그럼에도 불구하고 산업 및 정부는 제안자가 제안에 대해 집착하고 상당한 변경을 매우 꺼리는 경우 계획이 '비교적 상당한 비용이 수반되는 공개 보고서 단계'에 도달할 때까지 공개적인 답변을 지연하는 경우가 많다. 이러한 환경에서 실질적인 커뮤니케이션은 불가능하며 단지 제공 받은 정보에 대한 고려 없이 서로 간에 정보만 교환한다. 의견이 충돌하는 상황은 발생하지 않는다.

여러 가지 이유로 적대적인 관계에 있는 지역 사회 그룹을 이기기는 어렵다. 오히려 적대적인 지역 사회 그룹이 발생하는 상황을 사전에 차단하는 것이 바람직하다. 이를 위해 필요한 것은 개방적인 커뮤니케이션과 신뢰를 구축할 수 있는 커뮤니케이션이다. 이를 위해 다음 사항이 필요하다.

- ▶ 상호 이해 가능한 커뮤니케이션(예: 모호한 표현 지양)
- ▶ 약속을 지키는 커뮤니케이션
- ▶ 숨기지 않는 커뮤니케이션
- ▶ '취약성', 개방성 또는 불확실성, 무지 및 실수를 인정하는 자세

지역 주민에게 이러한 프로세스를 기대할 수 없다.

지역 주민과의 다양한 유형의 상호 작용에 대해서 Arnstein은 '사다리'를 통해 설명했으며 그림 12-1은 수정된 형태이다.

사다리의 끝은 이상적이지 않다. 하단에서 지역 주민은 무시되고 적대감을 가지게 된다("여러분의 생각과는 관계 없이 우리는 여기에 정유 공장을 건설할 예정입니다."). 사다리 상단으로 가면, 기업의 운명을 지역 주민이 결정하도록 하고 이러

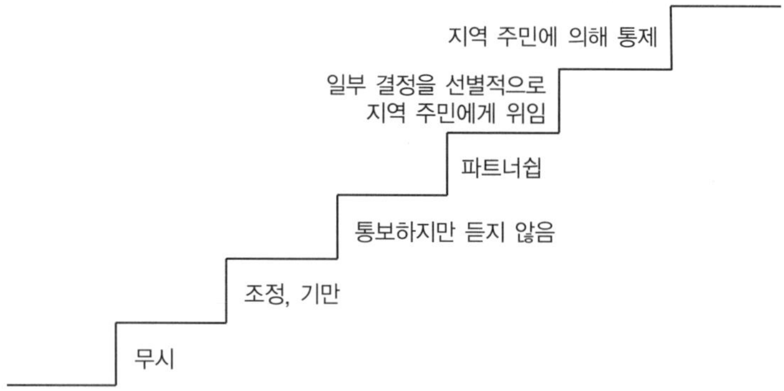

그림 12-1. 통제 계층 구조

한 결정은 완전히 비실용적이거나 비경제적일 수 있다. ("우리는 상당한 자본을 투자할 것입니다. 여러분은 우리가 어디에 투자하기를 원합니까? 정유 공장입니까? 위락 시설과 보육원입니까? 병원과 노인 복지 시설입니까?")

성공할 가능성이 높은 접근 방식은 지역 주민들이 익숙해져 있는 상황보다 한 단계 높은 사다리의 방법을 사용하는 것이다. 사다리에서 너무 낮은 위치에 있으면 지역 주민의 정서를 건드려 예상보다 참여도가 낮아질 수 있다. 너무 높으면 지역 주민은 바로 의심하게 된다.

12.6.4 지역 주민의 건의 사항 및 불만 사항 처리

지역 주민의 건의 사항 또는 불만 사항은 지역 사회와의 '연결 다리를 구축하는' 매우 긍정적인 기회일 수 있다. 이를 해결하기 위해 다음과 같은 여러 가지 간단한 원칙이 있다.

- ▶ 예의 바르게 응대한다(친절한 전화 응대 장려를 포함하여 첫 번째 접촉에서 대화의 지속성 여부가 결정되는 경우가 많으며 수화기를 들었을 때 전화한 당사자가 동료, 지역 주민 구성원, 감독 기관 등 누구와 대화할지 아무도 모른다).
- ▶ 상대방의 이야기를 막지 말고 신중하게 경청한다.
- ▶ 답변할 때는 가능한 솔직하게 응대하고 문서를 요청하는 경우 즉시 보내도록 한다.
- ▶ 통화자가 전화를 잘못한 경우 다른 번호로 전화하도록 하지 말고 담당자가 통화자에게 다시 전화하겠다고 말한다(그리고 담당자가 다시 전화하도록 한다).

- 가능한 경우 불만을 가진 당사자를 직접 방문하여 불만 사항을 철저하게 조사하고 본인이 기업의 대표자로서 상대방의 불만 사항을 처리할 것이며 불만 사항을 심각하게 생각하고 있음을 보여 준다. 불만 사항을 적절하게 처리하면 지역 사회에서 강력한 지지를 받게 되는 경우가 많다.
- 기업이 실수하거나 기업의 알려진 잘못에 대해 불만을 가진 경우 그것을 인정한다. 그러한 사항이 발생하게 된 과정, 해결하기 위한 조치 사항 및 재발 방지를 위한 방법에 대해 설명한다.
- 불만 사항에 대해 조사가 필요하거나 사고의 원인이 명확하지 않은 경우 현재 파악된 내용을 설명하고 조사가 완료될 때 연락할 것임을 알린다(완료되면 반드시 연락한다!).
- 사고 설명시 발생한 내용에 대해 개략적으로 설명하고 책임 소재에 대해서는 설명하지 않는다.

사고 설명에 대해 일부 법적 제한이 있을 수 있지만 설명 기회를 제공하지 않을 경우 기업의 법적 변호인이 참여해야 할 상황이 발생할 수 있다.

12.6.5 특정 기업의 관련성

특정 기업의 일부 활동이 지역 사회와 충돌하는 경우 기업은 적극적으로 지역 사회와의 커뮤니케이션을 구축하는 것이 중요하다.

위험성이 포함된 경우 기업은 지역 사회가 의심 없이 수용하고 있는 위험성(육안으로도 위험성이 높음을 확인할 수 있는 도로 사고와 같은 위험성이 아닌)과 기업의 위험성에 대해 간단히 비교하는 방법으로 위험성에 대해 설명해야 한다.

기업은 존재하는 위험성, 특히 위험성 평가를 통해 검증할 수 없는 미래의 변경 가능성으로 인해 낮게 평가된 위험성도 안전성을 보장하지 못한다는 사실을 받아들여야 한다.

기업은 화학 산업 분야의 환경 안전 보건 개선 프로그램(Responsible Care Program)에 함축된 원칙을 고려하는 것이 바람직하다.

- 지역 주민과 상당한 관련성이 있는 지역의 운영 표준 수립(관심 분야 및 관련 기준 수립을 위한 지역 주민 그룹과의 협력을 통해)
- 이러한 표준을 수립하기 위한 계획 준비 및 실행(지역 주민 그룹과의 토론)
- 표준, 계획 및 목표를 달성하기 위한 진행 상황 공개

참고문헌

- 환경 및 개발에 관한 리오 선언, 원칙 15.31 ILM 874, 1992년 6월 14일
- Sandman, P. N., "Risk Communication." Australian Institute of Petroleum Seminar, Sydney, Australia, 5 December 1991.

13 사고를 통한 교훈

본 장을 배우고 나면 다음을 이해하게 된다.

- ▶ 공정 플랜트의 심각한 사고에 대한 대표적인 원인 및 원인 요소(하드웨어 및 소프트웨어 결함 포함)
- ▶ 운영중인 플랜트에서 관찰되는 조기 경고 징후

이 장은 제9장, 10장 및 11장에서 수립된 원칙을 설명하기 위해 실제 예제를 자세하게 제공한다.

(처음 4개의 사례에서 설명하는 사고는 오프 사이트에 심각한 영향을 줄 수 있는 시설 설치시 안전성 향상을 위한 법규 개발에 상당한 영향을 주었다.)

13.1 영국 Flixborough에서 발생한 증기운 폭발 사고, 1974년 6월 1일

영국의 Flixborough에 위치한 Nypro사는 나일론을 제조하는 데 필요한 물질을 생산하기 위해 여러 플랜트를 가지고 있었다. 이러한 플랜트 중 하나인 사이클로헥산 산화 단위 공정은 그림 13-1에 표시된 것과 같이 6개의 반응기를 가지고 있었다. 반응기는 상승 온도 및 압력에 따라 작동되었다.

다섯 번째 반응기에서 균열이 발견되었고 수리를 위해 탈거하기로 결정했다. 수리 기간 동안 생산을 계속하기 위해 탈거된 반응기 자리는 파이프로 연결하기로 결정했다. 다섯 개의 반응기만 사용함으로써 발생되는 생산 손실은 반응기들을 연결하지 않고 전체 생산을 중단하는 것보다는 크지 않았다(사이클로헥산의 물리적 특성 및 위험 요소는 정제된 휘발유와 유사하다).

보고에 의하면 작업장 감독관이 파이프 설계도를 간단하게 스케치했고 그림 13-2에 표시된 것과 같이 설치되었다고 알려져 있다. 양쪽의 장착 부위는 '굽은' 형상으로 되어 있고 각 종단 부위에는 열 팽창을 견디기 위해 벨로우즈를 설치했고, 조립된 발판으로 지지하였다.

플랜트는 가동하기 시작한 지 며칠이 경과한 후 종단 부위의 벨로우즈가 변형되어 있었고 목격자는 원인을 파악하지 못했다(이해를 돕기 위해 그림 13-3을 참조한다).

토요일 오후(1974년 6월 1일), 플랜트에는 연구실 직원, 일부 교대 근무자 및 제어실의 상당수 직원(26명)을 제외하고 거의 대부분의 작업자가 퇴근하고 없었다. 이 시점에서 벨로우즈가 파열되면서 파이프가 지면에 떨어졌고 50톤으로 추정되

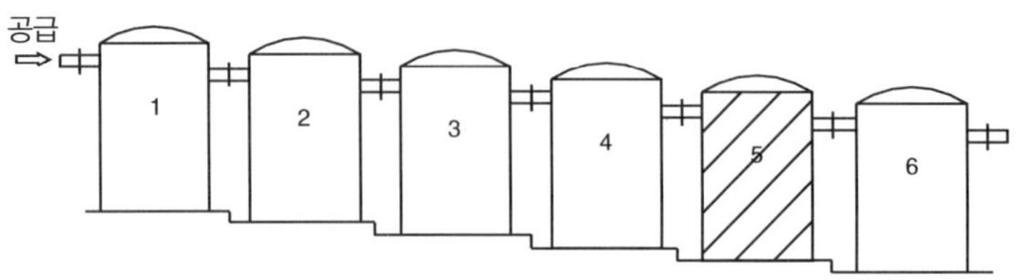

그림 13-1. 일반적인 반응기 배치

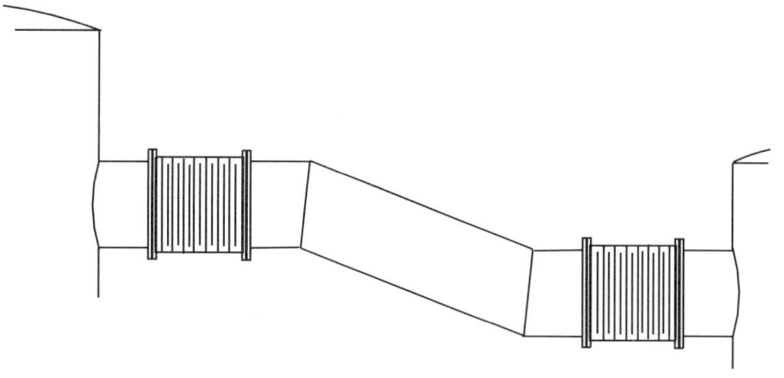

그림 13-2. '굽은' 파이프의 구성도

는 사이클로헥산이 누출되었다.

플랜트 내의 사이클로헥산은 대기압에서 비등점 이상의 온도 상태에 있었지만 고압의 액체 상태로 유지되고 있었기 때문에 상당량이 순간적으로 증기로 증발하면서 누출되었다. 약 1분이 지난 후 증기가 발화하면서 폭발했다. 이 폭발로 인해 제어실을 포함한 플랜트의 상단 부분이 파괴되었고 다른 인화성 액체가 누출되면서 대형 화재로 확산되기 시작했다. 제어실에 있던 탱크로리 운전기사 및 보조원 26명 전원이 사망했다. 피해가 확대되어 약 400미터 반경 내에 있던 주택에도 영향을 주었으며 수 킬로미터 떨어진 상점의 유리창이 파손되었다. 지역 사회는 혼란 속에 빠졌으며 국가 전반적으로 비난이 표출되었다.

부상자가 추가적으로 발생했으며 굽은 파이프를 설계했던 작업장 감독관과 파이프에 작용하는 회전력과 파이프 형상에 의해 벨로우즈에 의해 문제가 발생할 것을 이해하지 못했던 목격자에 대해서는 책임을 묻지 않았지만 수개월 전에 담당 엔지니어가 퇴직한 이후 후임 엔지니어를 임명하지 않은 경영진에게는 책임을 물었다.

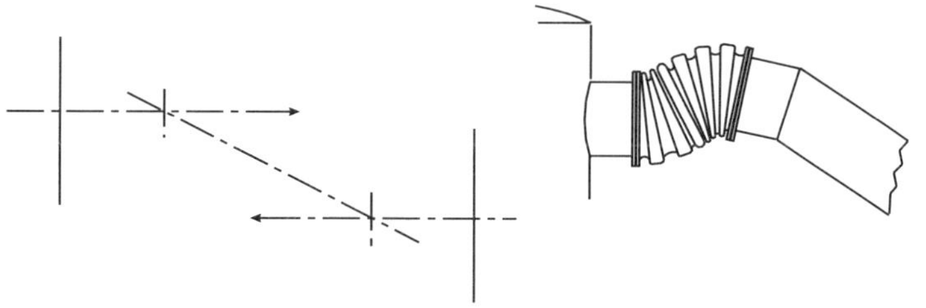

그림 13-3. 임시 파이프에 작용하는 회전력

작업장 감독관은 파이프 설계에 대한 지식이 부족했음을 인식하지 못했으며 이러한 설계를 수행하는 담당자에게 필요한 지식이 있어야 하는지도 이해하지 못했다. 그러나 경영진은 높은 수준의 공학적 기준의 중요성을 인식하고 적절한 설계를 위해 교육을 받은 경험 많은 엔지니어를 임명했어야 했다.

이 사례를 통해 다음과 같은 여러 가지 교훈을 배울 수 있다.

- ▶ 제품과 관련된 기타 공정에 대한 관찰
- ▶ 다른 공정 물질, 저온 및 저압, 소량의 저장물 등을 사용하는 경우 공정에서 존재하는 위험 요소 최소화
- ▶ 이러한 플랜트의 경우 높은 수준의 엔지니어링 기준 유지 관리 및 전문적으로 자격을 갖춘 직원에 대한 중요성 인식
- ▶ 특히 제어실 위치 및 설계를 포함하여 플랜트 설계 및 레이아웃의 중요성
- ▶ 안전 정책 및 기준을 책임지고 플랜트를 함께 운영할 파트너 관계 구축에 대한 필요성
- ▶ 재난에 대한 사회적인 대응 및 책임 있는 기업과 다른 기업의 차이

또한 다섯 번째 반응기를 분리하는 시점에서 어느 누구도 다른 반응기의 균열 여부를 확인하려고 하지 않았다. 폭발 사고 후 조사에서 다른 반응기도 동일한 영향을 받고 있었다는 사실이 입증되었다. 파이프를 설치하지 않았더라도 시간이 지남에 따라 특정 반응기에서 균열이 발생했을 가능성이 높다.

이 사고 이후 영국 정부는 '위험' 산업에 대한 위치 선정과 안전성에 대한 통제 계획을 세웠으며 나중에 발생한 Seveso 누출 사고 이후 유럽 공동체가 통제 권한을 이양받았다.

(공식적인 사고 조사를 통해, 소위 '2단계 이벤트' 이론이 가정되었다. 즉 플랜지의 누출로 인한 소규모 화재가 대형 파이프를 약하게 하여 균열이 발생하고 이로 인해 인화성 증기가 축적되어 폭발하면서 굽은 파이프에 균열이 발생했다. 이 시점에서 조사를 실시했다면 완벽하게 피해를 방지할 수 있었다. 그러나 Flixborough 폭발 사고의 초기 '트리거'에 대해서는 아직도 논란의 여지가 많으며 2단계 이벤트 이론에서 가정한 화재보다 더욱 소규모인 화재가 원인일 수 있다.)

폭발 시점에서 해당 공장은 매우 우수한 직업 안전 기록을 가지고 있었다는 점에 주목했다. 이 점은 공정 안전성 수준의 지표로 사용되는 근로 손실 상해율의 부적합성을 입증하는 또 하나의 예이다(13.11절 참조).

13.2 이탈리아 Seveso에서 발생한 반응기 누출 사고, 1976년 7월 10일

에틸렌 글리콜에 함유된 1,2,4,5-테트라클로로벤젠 및 가성 소다로부터 제초제 245T(2,4,5-트리클로로페놀)를 생산하기 위해 회분식 반응기를 사용했다. 반응기에서는 일반적으로 소량의 TCDD 다이옥신이 생성되지만 반응 온도가 상승(동시에 반응 속도도 증가)함에 따라 농도가 증가한다. 반응기는 터빈으로부터 배출되는 스팀에 의해 가열되고 스팀 온도는 일반적으로 너무 낮아 반응기가 과열되지는 않았다.

1976년 7월 10일 당시, 반응 속도가 가속화되고 과열되면서 파열판에 균열이 발생했다. 배출수를 집수할 시설이 없었기 때문에 사방으로 분사되면서 주변 사람들에게 접촉되고 상당한 지역을 오염시켰다. 사망자는 없었으나 약 250명의 작업자가 피부 질환과 심각한 피부병에 걸렸고 상당 지역이 사용할 수 없게 되었다.

반응기가 과열된 과정은 다음과 같다.

- 반응기는 외부 스팀 코일에 의해 가열되었고 터빈으로부터 배출 스팀을 공급 받고 있었다.
- 반응기가 반응 과정을 완료하는 시점에서 에틸렌 글리콜이 완전히 제거되기 전에 중단되었다(이것은 주말에는 플랜트를 중단해야 하는 이탈리아 관련 법규 때문이었다).
- 플랜트는 일반적으로 이 단계에서 중단되지 않았다.
- 교반기 작동은 중단되었다.
- 액체 레벨 위의 반응기 벽 온도는 증가했으며 이로 인해 액체 상위 영역에서 느린 발열 반응이 시작되었다.
- 약 7시간이 경과한 후 폭발적인 반응이 발생했다.
- 폭발적인 반응은 회분식 반응기의 온도를 상승시켜 다이옥신 발생 수준이 일반적인 기준과 비교하여 상당히 증가되었다.
- 파열판으로부터의 배출수를 집수할 시설이 없었다.

이 사고를 통해 얻을 수 있는 교훈은 다음과 같다.

- 정상적인 운영 절차를 수정하면 예상치 못한 위험 요소가 발생할 수 있다.

- 정상적으로 가동을 종료한 후 존재하는 열에 의해 물질이 과열되고 그에 따라 폭발적인 반응이 일어나 자연 발화될 수도 있다(13.7절 참조).
- 플랜트에서 물질이 배출되는 경우 해당 물질이 주변 지역 또는 환경에 접근하지 못하도록 집수 시설 또는 기타 방법이 고려되어야 한다.
- 작업일을 종료하기 바로 직전에 위험 물질 공급을 중단하면 위험 요소가 증가할 수 있다.

여론의 거센 항의 결과, 유럽 공동체는 'Seveso 규정'으로 잘 알려진 규정을 발표하여 회원국들은 해당 기업이 운영하는 위험 시설 등에 대해 안전성을 입증하도록 하는 법률을 제정하도록 했다. 이 규정과 유럽 공동체 회원국이 제정한 법률은 Flixborough 폭발 사고 이후 영국이 제정한 법률에서 제시한 원칙들을 광범위하게 적용했다.

13.3 인도 Bhopal에서 발생한 독성 가스 누출 사고, 1984년 12월 3일

1984년 12월 3일, 인도 Bhopal에서 Union Carbide India Limited사가 운영하는 살충제 제조 플랜의 저장 탱크에서 약 25톤의 메틸 이소시안염(MIC)이 누출되었다. 이 사고로 공장 인근의 시골 마을까지 증기가 확산되어 수천 명이 사망하고 수만 명 이상의 부상자가 발생했으며 부상자 중 일부는 영구적인 장애자가 되었다. 이 사고는 역사상 최악의 화학 플랜트 사고였다.

MIC는 휘발성이 매우 강한 액체로 약 30°C에서 끓는다. 증기는 0.02ppm의 TLV[1)]에서 강력한 독성 가스가 발생한다.

시장 규모가 예상했던 것보다 적은 관계로 해당 플랜트의 수익성은 상대적으로 낮았다. 직원 이직률이 높았으며 최근 수 년 동안 플랜트에 소규모 누출 사고가 있었다. 1982년에 Union Carbide Corporation의 자체 감사에서 중요한 안전성 문제가 상당히 지적되었었다.

1) TLV: 대부분의 작업자가 건강에 악영향을 주지 않는 범위 내에서 매일 노출 가능한 특정 물질에 대한 대기 농도

카바릴 살충제 제조시 중간재로 사용되는 MIC를 저장하는 저장 탱크가 물에 의해 오염되면서 사고가 발생했다(이 사고의 원인이 조업상의 실수인지 불만을 가진 직원의 고의적인 행동인지 아직도 논란의 여지가 있다. 인도 정부가 의뢰한 조사 결과는 파이프라인을 세척하는 데 사용되는 용수가 저장 탱크에 접근하도록 한 설계 및 조업상의 실수가 있었다고 주장하는 반면에, Union Carbide Corporation이 의뢰한 조사는 그러한 시나리오는 실제 불가능하며 불만을 가진 직원에 의한 고의적인 사고일 가능성이 높다고 결론 내렸다.[2] (Kalekar(1988) 참조).

그러나 물이 유입되면서 폭발적인 발열 반응이 시작된 점은 모든 사람이 인정한다. 저장 탱크를 냉각시키도록 고안된 냉각 시스템은 그 당시 작동되지 않았다. 릴리프 밸브로부터 배출된 증기를 흡수해야 하는 세정 플랜트는 그 당시 작동되지 않았으며 시장이 예상보다 좋지 않음으로 인해 플랜트 수익성이 떨어지는 경제적인 이유로 몇 개월 전부터 중단되어 있었다.

세정 작업을 마친 후 보완을 위한 2차 작업인 플레어 시스템은 유지 보수를 위해 정비중이었다(그러나 세정 플랜트 및 플레어 시스템은 이러한 급속한 증기 발생을 방지할 수 있는 규모가 아니었던 것으로 보고되었다).

Union Carbide 팀원들은 인도 정부의 공식 조사관들이 사고가 발생한 후 오랜 시간 동안 이 사고와 밀접하게 관련된 직원과의 접촉 및 중요 문서 접근을 방해했다. 따라서 조사 진행에 방해를 받았으며 그에 따라 조사시 확인된 사항에 대한 추가적인 의문이 제기되었다.

이 재난 사고를 통해 다음과 같은 교훈을 얻을 수 있다.

▶ 위험한 원자재 또는 중간재가 필요 없는 공정을 사용하도록 한다(그 당시 중간 단계에서 MIC를 사용하지 않고 동일한 원자재로부터 카바릴을 생산하는 다른 공정이 있었다).

▶ 거주 지역 또는 인구 밀집 지역과 같은 민감한 구역과 위험 플랜트 사이에 완충 구역을 두도록 한다.

---

2) 심각한 사고 원인을 조사해 보면 일반적으로 해당 책임이 있는 기업은 사보타지를 주장하고 이러한 주장을 입증하는 증거도 발견된다. 이것은 여러 가지 이유로 인해 발생할 수 있다. 예를 들면, (a) 해당 기업은 고의적인 행동 없이 이러한 사고가 발생할 수 없다고 생각하고 (b) 사보타지는 경영진의 권한 및 책임으로는 막을 수 없는 한계가 있다고 주장한다. 따라서 사고 조사관 또는 감시관은 이러한 사보타지 논리를 수용하기 전에 신중해야 한다. 그러나 사보타지가 간혹 발생하기도 하며 이러한 경우 대체 논리를 반박하고 사보타지 논리를 지지하기 위한 증거를 입증하기 어려운 것으로 알려져 있다..

- 플랜트 설계 및 Hazop 연구에 있어서 예상 결과 및 오염 원인을 파악하고 이러한 결과의 발생 가능성을 최소화하도록 설계 및 운영한다.
- 사전 예방 및 보호 시스템의 안정성을 유지하기 위한 설계 및 운영을 포함하여 확인된 이벤트를 제어할 수 있는 능력을 가지도록 플랜트를 설계한다.
- 모든 장비는 올바른 작업 순서를 지키도록 한다. 핵심 과정에는 보호 시스템을 이중으로 설치하고 조사, 유지 관리를 통해 발견된 결함은 즉시 수리하여 모든 보호 시스템이 동시에 중단되는 상황을 방지하도록 한다.

Kletz(2001)는 이외에도 여러 교훈을 열거했다. Lees(1996)를 참조한다.

이 재난 사고에 대한 전 세계적인 비난은 해당 회사 뿐만 아니라 화학 산업 전체에 영향을 주었다. 주요 다국적 기업들은 이전의 자체 내의 자발적인 자세와 관계없이 여러 국가에 분포된 계열 회사의 운영에 있어서 공정 안전성 감독을 시작하거나 강화했다.

13.4 미국 텍사스주 Pasadena의 필립스 66 플랜트에서 발생한 폭발 및 화재 사고, 1989년 10월 23일

1989년 10월 23일 오후 1시쯤에 텍사스주 Pasadena에 위치한 필립스 석유 공장에서 가동하던 폴리에틸렌 플랜트에서 누출 사고가 발생했다. 이 사고로 인화성 증기가 발생하여 누출하기 시작한 지 몇 분 내에 폭발했다.

수차례의 추가적인 폭발 및 화재가 있었다. 이 사고로 23명이 사망하고 100명 이상이 부상을 입었으며 플랜트도 상당 부분이 피해를 받았다.

해당 플랜트의 공정은 이소부탄의 순환 과정에 에틸렌이 주입되도록 하는 촉매 캐리어가 약 5,000kPag의 압력과 고온 상태에서 작동하고 있었다. 에틸렌을 중합하는 과정에서 입자가 세팅 렉에 침전되고 공정을 통해 제거된 후 촉매 캐리어에서 분리된다. 그림 13-4를 참조한다.

사고가 나던 당일, 작업자들은 세팅 렉에 축적된 폴리에틸렌을 플러그에서 세척하고 있었다. 정상적인 절차를 통해 공압 작동식 DEMCO 밸브를 차단하고 에어 라인을 분리했다.

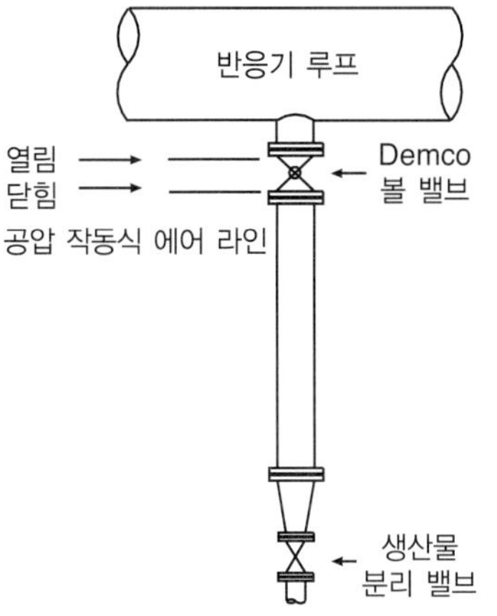

그림 13-4. 반응기 세팅 렉의 개략도

유지 보수 팀은 렉 일부를 분해하여 일부 플러그를 청소했고 이 때 누출되기 시작했다. 반응기는 렉을 통해 증기가 배출되었고 상승되는 온도로 인해 증기가 순간적으로 증발하면서 대량의 증기운이 발생하여 누출되기 시작한지 1~2분 사이에 발화되었고 TNT 2.5톤에서 10톤 규모에 해당하는 폭발력을 가지고 폭발했다. 폭발 및 화재로 인해 20,000 US 갤론이 저장된 다른 두 개의 이소부탄 저장 탱크가 폭발했으며 인근의 폴리에틸렌 반응기는 완전히 파손되었다. 사고 통제 센터가 피해를 입어 전화 통신 시설이 파손되고 5개의 소화전이 떨어져 나갔으며 전기 구동식 소방 펌프의 전력 공급 장치가 파손되었다.

조사 결과, 사고 당시 DEMCO 밸브가 열려 있었던 것으로 밝혀졌다. 에어 라인을 닫도록 작동시켰지만 에어 라인은 열려 있었다. 유지 보수를 위해 밸브 차단시 두 개의 차단 밸브를 통해 '이중 차단'하도록 하거나 슬립 플레이트의 장착을 통해 적극적으로 차단하도록 하는 회사 규정이 있었지만(관련 업계의 일반적인 규정) 이 플랜트에는 적용되지 않았다. 플랜트는 전용 소방 용수 시스템이 없었으며 화재 발생시 공정 공업 용수를 사용하도록 되어 있었다. 세 개의 디젤 소방 펌프 중 하나는 사고 당시 유지 보수를 위해 수리중이었으며 나머지 두 개 중 하나는 연료가 바닥난 상태였다.

OSHA 보고서(OSHA, 1990)는 이 플랜트의 여러 가지 안전성 관리 문제에 대해 보고했다. 이러한 문제는 다음과 같다.

- ▶ 위험 요소 분석을 실시하지 않았음
- ▶ 플랜트 사이의 완충 거리 설정을 고려하지 않음
- ▶ 부적절한 제어실 위치
- ▶ 위험 가능성이 높은 지역에 작업자 밀집 최소화 실패
- ▶ 누출 경로에 대한 대응 조치 계획 부족
- ▶ 고정식 인화성 가스 감지기 부족
- ▶ 부적절한 점화원 관리
- ▶ 부적절한 유지 보수를 위한 작업 허가 체계
- ▶ 유지 보수를 위한 부적절한 차단 절차
- ▶ 소방 시스템의 결함
- ▶ 불안정한 소방 펌프 조건
- ▶ 안전성 감사 이후 후속 조치 부재
- ▶ 부적절한 비상 조치 계획

자세한 내용은 OSHA(1990) 및 Lees(1996)를 참조한다.

13.5 스위스에서 발생한 물류 창고 화재로 인한 라인강 오염

1986년 11월 1일, 스위스 바젤의 물류 창고에서 발생한 화재 사고로 제초제 및 살충제가 소방 용수와 함께 라인강으로 유입되었다. 그 결과, 수생 생물(물고기, 동물 등)과 강가 주변의 가축들이 죽었으며 이 사고는 북해까지 영향을 주었다.

독일의 경우 강둑을 따라 위치한 마을들은 상당 부분 우물을 통해 식수를 사용하고 있었고 우물은 라인강에 의해 오염된 지하수가 공급되고 있었기 때문에 수개월 동안 식수 공급 차량을 통해 식수를 공급 받아야 했다.

이 사고를 통해 다음과 같은 교훈을 얻을 수 있다.

- ▶ 물류 창고 화재를 예방해야 한다(제8장 참조).
- ▶ 화학 플랜트 및 물류 창고는 사용된 소방 용수를 집수할 시설을 준비해야 한다.

이 화재 사고는 유럽 전체적으로 상당한 반향을 불러 일으켰으며 특히 스위스, 독일 및 네덜란드와 같이 직접적으로 영향을 받은 국가는 더욱 민감한 반응을 보였다. 해당 기업은 사용한 소방 용수를 위한 대형 집수 시설을 건설했다. 다른 지역의 신설 물류 창고도 유사한 집수 시설을 설치해야 했으며 기존의 물류 창고도 관련 시설을 개조했다. 이러한 작업으로는 물류 창고의 경우 차단 시설을 설치하거나 저지대의 경우 둑을 쌓고 빗물 배수로를 차단하거나 배수 방향을 바꾸는 방법을 예로 들 수 있다.

13.6 인쇄용 잉크 탱크의 폭발

어느 날 아침에 인쇄용 잉크 생산 공장에서 탱크가 폭발했다. 탱크 뚜껑이 약 30미터 떨어진 위치로 날아갔으며 출근하는 직원들이 거의 부딪칠 뻔 했다. 탱크 내용물로 인해 화재가 발생했지만 거품으로 인해 즉시 진화되었다. 그림 13-5를 참조한다.

탱크는 직경이 약 4.5미터이고 높이가 12미터였다. 탱크 안은 거의 비어 있었으며 잉크 깊이는 약 1미터였다. 지붕에는 약 50mm의 통풍구가 장착되어 있었다.

프린터 잉크는 요변성(thixotropy) 특성을 가지고 있기 때문에 지속적으로 유동하지 않는 한 겔 상태를 유지한다. 탱크 내용물은 15kW의 공급 펌프에 의해 지속적으로 재순환되고 있었다.

펌프 흡입구 주변에 잉크가 유동하도록 하기 위해 세 개의 전기식 히터(3,000W 히터 두 개, 750W 히터 한 개)를 탱크 바닥 근처의 외벽에 부착했다. 탱크 구성은 그림 3-15와 같이 표시된다. 재순환되는 잉크는 750W 히터에 의해 가열된 표면을 타고 벽 아래로 떨어진다.

750W 히터와 탱크 외벽의 히터 상단에 직접 부착된 공급 케이블이 과열되어 서모스탯 벨로우즈가 손상되면서 개방구가 영구적으로 변형되었으며 다른 히터는 상태가 양호한 것으로 확인되었다. 이 히터들은 70°C 및 90°C 사이에서 유지되도록 설정되었다. 가열 코일은 탱크에 직접 부착되지는 않았지만 탱크에 부착된 스테인레스 강 재질의 백킹 플레이트에 부착되었다.

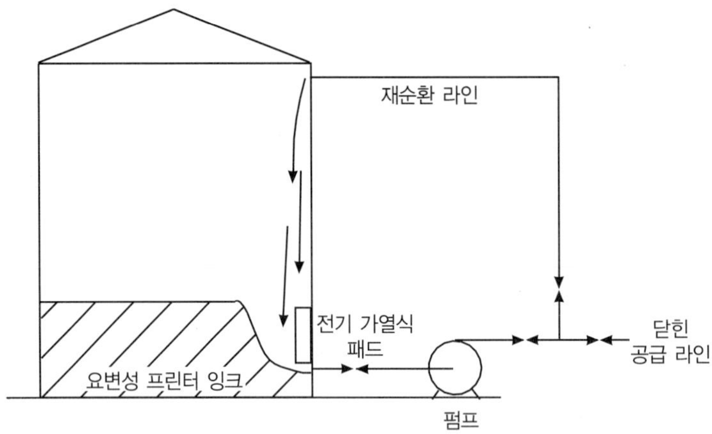

그림 13-5. 탱크 및 펌핑 회로 구성도

먼저 750W 히터의 온도 조절 실패로 탱크 표면이 과열되면서 증발 효과에 의한 자연 발화가 의심되었다.

조사 결과, 재순환 파이프라인이 흡입 라인을 통해 탱크로 직접 유입되어 다량의 잉크가 재순환에 의해 혼합되지 않고 극소량의 잉크만이 급속하게 재순환되었던 것으로 확인되었다. 따라서 이 잉크가 펌프 마찰열을 흡수하여 증발되면서 자연 발화하기에 충분하게 가열되었을 것으로 의심되었다. 간단한 온도 상승 계산을 통해 마찰 에너지가 소량의 재순환 잉크를 가열하여 자연 발화되었음이 확인되었다.

탱크로 재순환되는 라인 주변에 잿더미가 있었고 이것은 이전의 국부적인 과열 및 폭발 전의 발생한 이 스트림라인의 연소 결과와 일치했다.

조사를 통해 탱크에서 수차례 '펑하고 튀는' 현상이 있었으며 과거에 다른 탱크에서도 이러한 현상이 있었지만 탱크가 파손되지 않았기 때문에 철저한 조사가 수행되지 않았음이 확인되었다.

이 사고를 통해 여러 가지 교훈을 얻을 수 있다. 여러 가지 예방 조치 옵션은 다음과 같다.

- ▶ 심각한 사고가 발생하기 전에 학습할 수 있고 조치를 취할 수 있도록 비정상적인 현상은 조사한다.
- ▶ 펌프 공급 라인에서 흡입 라인까지의 재순환 라인을 주의하여 관리한다. 이 부분이 충분하게 냉각되고 있는지 확인한다.

여러 가지 보호 조치 옵션은 다음과 같다.

- 질소 블랭킷을 사용한다.
- 펌프 흡입 라인에 고온 감지 센서를 장착한다.

13.7 '폐유' 탱크 폭발 사고

해양 석유 터미널에 있는 오래되고 리벳으로 용접된 폐유 저장 탱크가 폭발했다. 지붕은 리벳 용접 라인을 따라 파손되었고 지붕 위에서 새로운 난간을 설치하고 있던 두 명의 계약 업체 작업자가 심각한 화상을 입었다.

작업 시작 당일(금요일), 작업자는 탱크 통풍구에 대한 인화성 가스 테스트 결과 용접 작업에 의한 틈새가 발견되었다. 더 이상 가스 테스트를 수행하지 않았다. 계약 업체 감독관은 작업 완료를 위한 최종 지침을 전달하고 떠났다. 작업은 오후에 완료되었으며 작업자들도 철수했다. 날씨는 화창하고 탱크 주변에 바람이 가볍게 불고 있었다. 아침에 추가적인 폐유가 탱크로 유입되었다.

탱크는 정오쯤에 폭발했다. 탱크 지붕은 리벳 용접 라인을 따라 벗겨졌다. 화염 폭발에 뒤이어 소규모의 화재가 발생했지만 몇 초 내에 자체 진화되었다. 두 명의 계약 업체 작업자는 화상을 입었지만 사다리를 통해 탱크를 벗어났으며 피해는 있었지만 피해 규모가 크지는 않았다.

계약 업체 직원들은 폭발 직전에 무엇을 수행하고 어디에 있었는지 혼란스러웠다. 다음과 같은 몇 가지 예상 시나리오가 있다.

- 탱크는 태양열에 의해 가열되고 있었고 통풍구를 통해 증기가 배출되기 시작했으며 용접 또는 용접 장비의 스파크에 의해 발화되었다.
- 탱크 지붕에서의 용접으로 인해 내부 온도가 증기 또는 탱크 내부에 있는 폐유가 자연 발화하기 충분한 온도로 상승되었다.
- 리벳 용접 플레이트 또는 개방된 통풍구 사이의 틈새로 용접 스파크가 유입되었고 탱크 내부의 인화성 증기 혼합물이 발화되었다. 그림 13-6을 참조한다.

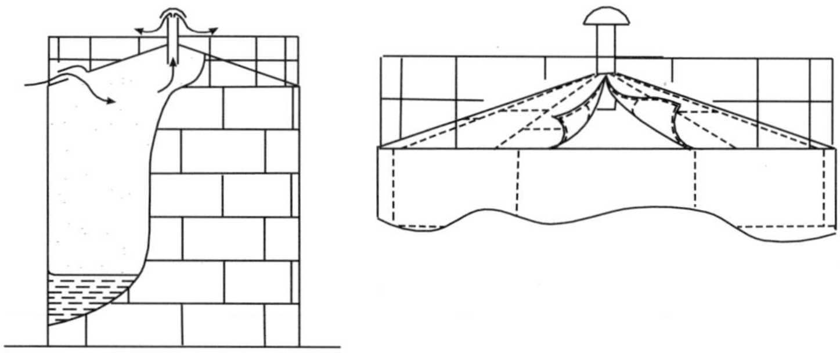

그림 13-6. 폐유 탱크

이 사고로부터 다음과 같은 교훈을 얻을 수 있다.

- 인화성 물질 주변에서 용접 작업 수행시 대기에 대한 테스트를 자주 수행해야 한다.
- 계약 업체 작업자는 위험 요소 및 안전 장치에 대한 철저한 교육이 필요하다.
- 계약 업체의 작업을 철저하게 감독해야 한다.
- 작업 종료시 대강 마무리하고 철수하는 경향이 있기 때문에 많은 사고가 발생한다.

13.8 니스 케틀의 반복적인 폭발

한 회사가 '케틀'에서 니스 및 기타 표면 코팅제를 제조하고 있었다(그림 13-7 참조). 케틀은 파이어박스에서 직접 가스 분사 방식에 의해 가열되었다. 전기 모터에 의해 구동되는 교반기가 있었으며 공정은 합성수지와 솔벤트를 혼합하는 일체식 공정으로 이루어져 다른 화학 반응 과정은 없었다. 솔벤트는 인화점이 180°C, 자연 발화 온도가 약 280°C이었다.

공정은 약 150°C에서 일정량의 솔벤트를 가열한 다음 수지를 추가하고 약 3시간 동안 용해시켰다. 그런 다음 솔벤트 및 기타 성분을 추가하고 가스 가열을 중단했다. 추가로 몇 시간이 지난 후 내용물을 탱크로 공급했다.

금요일 오후 4시 30분 경 작업자는 가스를 중단하고 완료된 혼합물을 저장 탱크

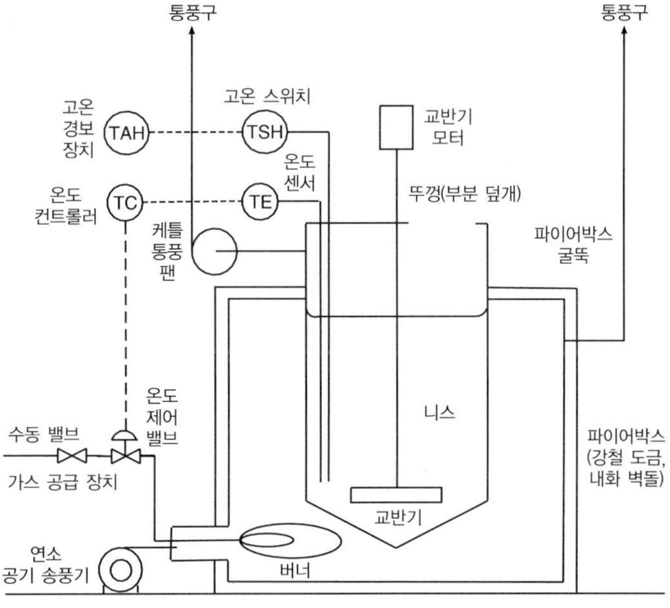

그림 13-7. 합성 수지 플랜트

에 펌프를 통해 공급하기 시작했다. 보고에 의하면 이 작업을 수행하는 데 약 5분이 소요되었다. 그런 다음 작업자는 철수했다. 펌핑 작업이 종료된 지 약 10분 후에 케틀에서 폭발이 발생했을 때 케틀은 거의 비어 있었으며 하단부에 약 50mm의 니스만이 있었다.

인근에 있던 사람들이 건물에 왔을 때 케틀은 뚜껑이 열려져 있었고 맹렬하게 타고 있었다. 사람들은 파이프식 이산화탄소 소방 시스템을 작동시켜 케틀을 향해 직접 분사하여 화재를 진화했다. 그런 다음 계단을 통해 케틀 플랫폼으로 올라가서 어떤 조치를 취해야 할지 고민했다. 약 10분이 지난 후 케틀은 다시 폭발했고 한 명이 노출된 피부에 경미한 화상을 입었다.

사고 진상은 파이어박스가 충분히 식기 전에 내용물을 펌핑했기 때문에 내화성 라이닝에 남아 있던 열은 케틀 내부 표면에 묻어 있던 니스를 충분히 가열시켜 인화점 및 자연 발화 온도이상으로 온도가 상승되어 케틀에 있던 증기가 폭발했다. 후속적인 화재를 진화한 후 이산화탄소는 통풍 팬에 의해 제거되면서 케틀의 사각지대(하단부)에 있던 증기가 다시 발화했고 2차 폭발이 발생했다.

이 사고로부터 다음과 같은 교훈을 얻을 수 있다.

- 고온의 직접 화염 분사 방법은 잠재적으로 과열될 가능성이 있으므로 다른 가열 방식을 사용한다.
- 남아 있는 열을 확인한다.
- 작업 종료시 대강 마무리하고 철수하는 경향이 있기 때문에 심각한 위험 사고가 발생할 수 있다.
- 승인된 운영 절차를 변경하는 경우(또는 전혀 다른 방법을 사용하는 경우) 변경 관리 절차의 일부로서 신중하게 검토한 후에만 적용되어야 한다.
- 작업자는 맹목적으로 운영 지침을 준수하기보다 운영 지침에 함축된 의미를 이해하도록 교육 받아야 한다.

13.9 '연료유' 탱크의 폭발

보일러 연료로 사용되는 부산물 석유를 저장하는 탱크의 상단에 환기 파이프를 장착하여 연료량이 상승 또는 하강함에 따라 공기가 배출 또는 유입되도록 했다. 환기관은 초기에 철망으로 장착하여 화염을 차단하는 역할을 하고 새들이 침입하는 것을 방지할 수 있다.

탱크는 기울어진 지면을 콘크리트로 수평을 맞춘 바닥 위에 설치되었다. 소량의 오버플로우를 차단하기 위한 벽이 건설되었지만 완벽하게 차단하지 못했다.

일반적인 구성은 그림 13-8과 같이 표시된 것과 같지만 폭발 사고 전 몇 년 동안 개조되었기 때문에 정확하게 일치하지는 않으며 개조 관련 기록도 찾을 수 없다.

정확한 사고 진행 과정을 파악할 수는 없지만 특정 시점에 오버플로우로 인해 탱크 측면이 오염되는 것을 방지하기 위해 확장 시설에 환기관이 설치되었다. 이 시점에서 통풍구가 막히는 것을 방지하기 위해 철망이 제거되었고 그 결과 탱크가 파열된 것 같다.

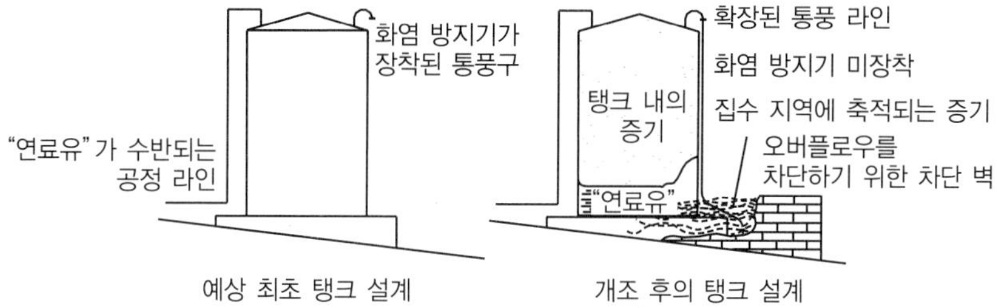

그림 13-8. 연료유 탱크

어느 날 탱크가 폭발하면서 바닥의 용접 부위가 떨어지면서 파편이 약 100미터 이상 날아갔다. 탱크에 있던 석유는 발화되면서 언덕 아래로 흘렀다. 이 사고로 여러 명이 사망했다.

사고 이후 후속 조치로 다시 건설되었다. 화창한 아침이었다. 햇볕은 탱크를 따뜻하게 데웠다. 탱크 안의 공기 및 증기(석유는 희석 과정에서 생성되는 부산물이며 일부 가벼운 입자가 포함되어 있다.)는 팽창하여 환기관을 통해 유출되어 탱크와 차단 벽 사이의 집수 영역으로 떨어지면서 축적되었다. 이 시점에서 작업이 중단되었다. 여러 가지 작업 허용 기준에 대해 문제가 제기되었다. 감독관은 작업 허용 기준을 쓸데없는 문서 작업으로 여기고 있었다. 탱크와 인접한 장소에서 계약 업체는 절단 작업을 수행하고 있었다(이러한 작업은 허용 기준 또는 유지 보수 감독관을 통해 금지해야 한다).

절단 작업에서 발생하는 스파크에 의해 이 축적된 증기/공기 혼합물이 발화되면서 순간적으로 증발 화재가 발생하여 통풍구를 통해 탱크로 유입되었다.

이 사고로부터 다음과 같은 교훈을 얻을 수 있다.

- 플랜트에 대한 변경 작업은 변경 관리 절차의 일부로서 신중하게 검토한 후에만 적용되어야 한다.
- 유지 보수 작업 허용 기준 절차는 안전성에 매우 중요하기 때문에 지속적으로 재교육, 감독 및 모니터링이 필요하다.
- 협력 업체는 안전성 교육 및 철저한 감독을 받아야 한다.

13.10 *Piper Alpha* 해양 석유 및 가스 플랫폼의 화재 사고

1988년 6월 6일, 북해 해안으로부터 약 100km 떨어진 수심 75미터의 바다에 위치한 *Piper Alpha* 해양 석유 및 가스 플랫폼에서 화재가 발생했다. 이 사고로 플랫폼은 파괴되고 167명이 사망했다. 스코틀랜드 판사인 Lord Cullen의 책임하에 그를 보좌하기 위해 세 명의 기술 조사관과 함께 수행된 공식 조사는 이러한 구조물에 대한 위험 요소 및 이러한 구조물을 안전하게 유지 관리하기 위해 필요한 사항에 대한 이해에 상당한 도움을 주었다. 이를 계기로 설계 원리 및 관련 법규에도 상당한 변화가 있었다.

플랫폼의 기능은 해저의 유정으로부터 석유, 응축물(대부분 프로판) 및 가스를 분리하고 해안의 공정 플랜트에 3상으로 공급하는 것이다. 또한 다른 플랫폼의 제품에 대한 집수 지점의 역할을 하기 때문에 통합된 제품을 함께 해당 플랜트로 공급할 수 있다.

플랫폼의 일반적인 레이아웃은 그림 13-9에 표시된 것과 같다.

사고 진행 과정은 다음과 같이 파악되었다.

1. 두 가지 공정 모듈 중 하나에서 두 개의 응축물 배출 펌프가 있었으며 그 중 하나는 작동하고 있었고 나머지 하나는 대기 상태였다. 공급 압력은 약 7,000kPag이었다. 예비 펌프는 당일 아침에 분해 작업을 위해 전기적으로는 차단되어 있었지만 슬립 플레이트 등을 통해 물리적으로 차단하지는 않았다. 사고 당일 모든 작업이 중단되었다. 오전 9시 45분쯤에 작동 펌프에 결함이 발생하여 다시 작동할 수 없었다. 따라서 작업자는 전기 공급 장치를 다시 연결하여 원격으로 밸브를 개방하여 예비 펌프를 다시 작동할 것을 결정했다. 작업은 성공적으로 수행되었다.

이 시점에서 작업자는 응축 라인의 릴리프 밸브를 교환하면 개별 작업 허용 기준에 문제가 발생하는 것을 모르고 있었다. 밸브는 제거되었고 시간 지연으로 인해 계약 업체는 다음 날 교체하기로 했다.

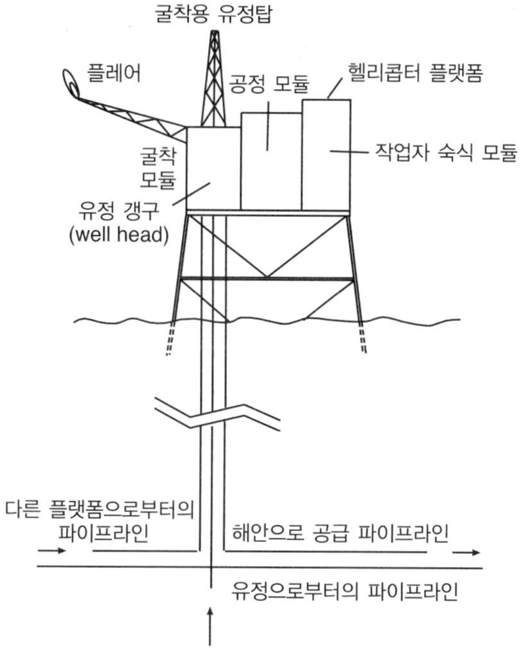

그림 13-9. *Piper Alpha* 석유 및 가스 플랫폼

작업 허용 기준이 감독관에게 제출되었지만 그는 바쁜 일정으로 인해 검토하지 않았다. 따라서 이 시점에서 응축 펌프가 다시 작동하기 시작했고 응축 라인의 노즐이 개방되어 있었기 때문에 프로판 가스가 누출되었다(작업 허용 기준에 대한 상호 참조 절차가 없었다. 계약 업체 감독관은 작업 허용 기준 시스템에 대해 교육 받지 않았으며 대부분의 공정 직원들도 마찬가지였다. 작업 허용 기준 시스템에 대한 이러한 조업상의 문제는 일시적인 문제가 아니라 일반적인 관행이었음이 확인되었다).

이 구역에서의 해저 가스 경보 시스템이 여러 번 작동되었다.

오후 10시가 막 경과할 때 이 구역에서 가스 폭발이 있었다.

폭발 사고로 인해 두 명이 사망했다. 일부 소방 용수관과 공정 섹션의 일부인 전기 공급 시스템이 피해를 입었다.

2. 가스 폭발로 응축 모듈 주변의 방화벽도 피해를 입었으며 중유(重油) 모듈을 따라 누출되기 시작했다. 그 결과 대형 석유 화재가 발생했다.

플랫폼 설계시 화재 가능성에 대해서는 고려되었지만 폭발 가능성은 고려되지 않았다.

화재는 오랜 시간 동안 플랫폼에 저장된 석유를 소모했다.

*Piper Alpha*에 석유를 공급하던 다른 플랫폼은 이 심각한 화재 사실을 알고 있었지만 *Piper Alpha*가 화재를 진화할 것으로 판단했기 때문에 계속해서 석유를 공급했다. *Piper Alpha*의 모든 통신 장비가 초기 폭발시 손상되었다.

비상용 디젤 소방 펌프(소방 용수가 필요하거나 구동 펌프가 전기적으로 작동하지 않는 경우 자동으로 작동)가 작동하지 않아 노출된 플랜트를 냉각시킬 수 없었다.

플랫폼 주변의 해저에서 작업하는 다이버가 펌프 흡입 라인으로 흡입될 수 있는 위험성으로 인해 플랫폼 관리자는 다이버가 펌프 흡입구 근처에 있는 경우만이 아닌, 해저에 들어간 경우 모든 펌프를 수동식으로 전환할 것을 지시했다. 이 규정에 대한 문제점을 오래 전에 안전성 감사 보고서에서 지적했지만 적용되지 않았다. 다이버는 여름에 매일 12시간 동안 수중에서 작업했기 때문에 자동 작동은 반나절만 적용되고 있었음을 의미한다.

소방 용수로 바닷물을 사용하고 있었기 때문에 용수 공급 파이프는 부식되었으며 분사 노출은 막히기 쉬웠다. 파이프 세척 작업도 수행되었지만 부식은 확산되었다. 크기가 큰 노즐을 사용해 봤지만 효과가 없었다. 따라서 내식성 파이프라인으로 교체할 것을 결정했고 한 모듈에 적용되었다. 그러나 문제가 확인될 때까지 4년 동안 조치한 사항은 이것이 전부였다.

3. 석유 화재는 유정 및 다른 플랫폼으로부터 해저 바닥에서 프로세싱 모듈 중앙(석유 화재 중심부)으로 올라오는 주요 가스 파이프라인(일반적으로 400~500mm NB 및 약 14,000 kPag)을 약화시켰다. 가스 파이프라인이 파손되고 그 결과 화구(火球)가 플랫폼을 뒤덮었다. 계속 진행하는 화재를 차단할 수 없었다.

이러한 화재 전개 가능성은 12개월 전에 한 젊은 엔지니어에 의해 플랫폼 주변에 비상용 대기 선박의 지속적인 필요성을 연구하던 중 확인되었다. 그는 보고서를 통해 화재 발생시 비상용 대기 선박은 무용지물이며 상당한 인명 피해가 발생할 수 있다고 언급했다. 한 경영진이 그의 보고서에 대해 토론했지만 이 부분은 부각되지 않았다. 파이프라인은 단열 처리되거나(시간을 벌기 위해) 개방 밸브가 설치되었다.

4. 사람들은 일반적으로 직원 숙식 모듈의 지붕에 위치한 헬리콥터 플랫폼을 통해 이착륙했다. 화재가 발생했을 때 사람들은 앞 다투어 숙식 모듈로 갔으며 이 무리 속에는 경영진도 있었다. 모듈은 일정 수준의 화재에 견디도록 설계되어 있었지만 독성 가스에 대해서는 고려되지 않았다.

숙식 모듈에서 사망한 대부분의 사람들은 문들이 열려 있었고 유리창이 깨졌기 때문에 일산화탄소에 의해 질식사했다.

헬리콥터가 착륙할 수 없는 상황이었지만 사람들을 대피시키거나 바다에 뛰어들라는 등의 어떠한 명령도 없었다. 추측하건대 관리자는 당황하여 상황을 논리적으로 판단할 수 없었던 것으로 보인다(이러한 상황에 대비하여 비상 계획이 수립되고 관련 교육이 수행되어야 한다. 이를 통해 신속하고 냉철한 판단에만 의존하지 않고 상황에 따라 적절히 대처할 수 있다). 만일의 사태에 대한 대비도 없었으며 관련된 비상 조치 계획을 수립하거나 교육도 실시하지 않았다.

일부 사람들만 모듈을 벗어나 바닷물에 뛰어들었다. 얼마나 많은 사람들이 바닷물에 뛰어들었는지 모르지만 28명이 그렇게 해서 생존했다(숙식 모듈은 붕괴되어 바다에 추락했으며 나중에 화재가 발생된 상황을 재현하기 위해 적절한 절차에 의해 복원되었다).

이 재난 연구를 통해 수많은 취약점과 결함을 확인할 수 있다. 이러한 사항은 다음과 같다.

- ▶ 관리 시스템의 부재 또는 잘못 운영된 관리 시스템
- ▶ 안전성에 대한 노력 부족(예: 소방 용수 파이프의 부식에 대한 때 늦은 대처)
- ▶ 부적절한 품질 감사 및 후속 조치의 부재(수많은 감사를 수행했지만)
- ▶ 부적절한 교육
- ▶ 경영진의 '신뢰할 만한 최악의 사고'에 대한 가능성 검토 및 예방적 보호 조치에 대한 거부감
- ▶ 안전 문제에 대해 경험한 적이 없었기 때문에 모든 것이 만족스러웠던 경영진의 무사안일한 자세(안전 속에 항상 문제가 있다. 무소식은 나쁜 소식이다!)

(종합적인 교훈 목록은 IChemE(1990)에 의해 수립되었다.)

13.11 LPG 레일 탱커 하역 공간에서의 BLEVE

1987년 8월 17일, 호주 Cairns의 터미널에 있던 22톤급 LPG 레일카에서 BLEVE 폭발 사고가 발생했다. 1명이 사망했다. 그는 인근에 있던 자신의 집에서 대피할 것을 거부하고 화재가 자신 집에 확산되는 것을 막으려고 호스로 물을 뿌리다가 사망했다.

오후 3시쯤에 탱커가 터미널에 도착했다. 작업자는 액체 배출 호스와 증기 리턴 호스를 탱커에 연결했다. 오후 3시 20분쯤에 밸브를 개방하는 즉시 호스 또는 커플링 등의 주요 결함으로 인해 다량의 LPG 가스가 누출되었다. 탱커 내부의 과류 방지 밸브는 작동하지 않았다. 탱커 사다리에 있던 작업자는 바닥에 떨어져서 가벼운 부상을 입었다. 이 작업자와 플랜트 배관 작업자는 사무실로 뛰어와서 감독관에게 이 사실을 알렸다.

증기운이 인근 주거 지역에 퍼지면서 발화되었다. 화염이 순간적으로 탱커로 오면서 강력한 화재가 발생했다.

소방 방수포와 호스 릴을 사용하려고 시도했지만 뜨거운 열로 인해 성공하지 못했다. 방수포 로컬 밸브는 잠겨 있었고 원격 밸브는 열려 있어 모니터를 원격으로 작동시킬 수 없었다.

오후 3시 26분, 소방대가 도착하여 제한된 소방 용수로 탱커를 식히기 시작했다.

오후 3시 27분, 탱커 릴리프 밸브가 작동하여 누출 가스가 발화되었다.

오후 3시 31분, 탱커가 파손되면서 BLEVE 화구가 반경 50미터 내에 분출되었다.

탱커의 절반은 약 110미터 떨어진 곳으로 날아갔다. 파편들은 약 300미터 떨어진 곳으로 날아갔다.

28명이 부상을 입었으며 1명이 사망했다. 5명은 심각한 화상을 입었으며 그 중 3명은 소방관이었다.

이 사고를 통해 다음과 같은 교훈을 얻을 수 있다.

▶ 예방적 유지 보수의 중요성

- 과류 방지 밸브는 정비중에 테스트하기 어렵지만 보호 시스템 테스트의 중요성
- 비상 조치 시스템(예: 소방 방수포 시스템)의 설계 조건 유지
- LPG 탱커 베이에 개방 밸브 시스템 장착(검시관의 권장 사항)
- LPG와 같은 위험 물질에 대해 가장 엄격한 설계, 운영, 유지 보수, 감독 기준 요구

(자세한 사항은 Hopkins(1987)를 참조한다.)

13.12 가스 처리 플랜트에서의 용기 파손 및 화재

13.12.1 소개

1998년 9월 25일, 오스트레일리아 Longford의 Esso 플랜트에서 폭발 및 화재가 발생했다. 이 플랜트는 Bass Strait의 해양 플랫폼에서 공급 받은 액체 및 기체 탄화수소를 처리하고 있었다. 이 사고로 2명이 사망하고 여러 명이 부상을 입었으며 멜버른시의 가스 공급이 몇 주 동안 중단되어 산업, 비즈니스 및 주거 지역에 상당한 혼란을 가져 왔다.

여기에서 설명하는 사고 발생 해당 연도에 플랜트는 근로 손실 상해가 전혀 없는 우수한 직업 안전 경력을 가지고 있었다.

사고 결과는 Dawson 및 Brooks(1999)가 작성한 조사 보고서에 자세하게 설명되어 있다. 다음은 사고 경위에 대한 간단한 설명이다. 일부 시나리오는 추측에 의해 가정임을 밝혀 둔다.

13.12.2 사고 경위

Longford에 위치한 Esso사는 세 개의 플랜트(GP1, GP2 및 GP3)를 병렬로 구성하여 유사한 기능을 수행하고 있었다. 여기에 설명된 사고는 가장 오래된 GP1에서 발생했다.

탄화수소는 중력에 의해 분리되고 그림 13-10 및 13-11에 표시된 것과 같이 기체가 플랜트 구역에 도달하기 전에 제거된다.

혼합 가스는 냉각되어 흡수 장치로 전달되며 응축물(주로 LPG)은 바닥에 가라앉고 상단에서 제품용 가스가 배출되고 기타 구성물은 냉각된 '희박 석유'의 역류

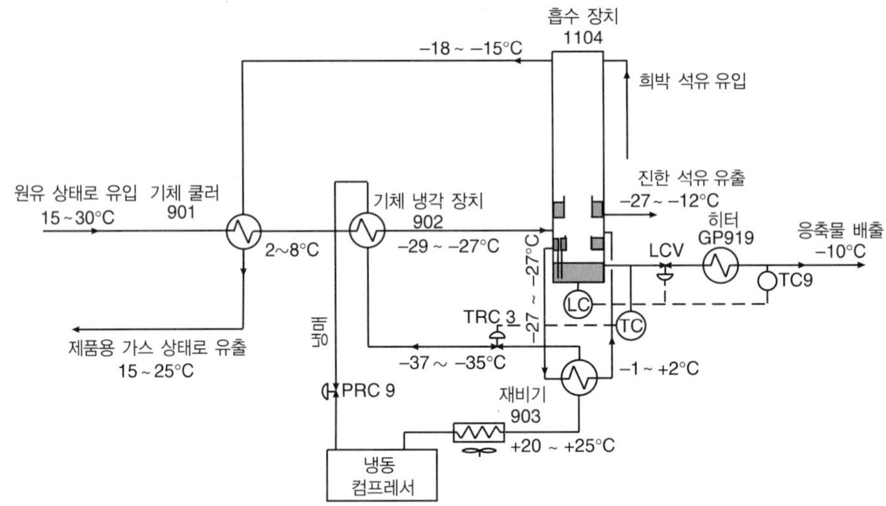

그림 13-10. 흡수 장치로의 공급 과정

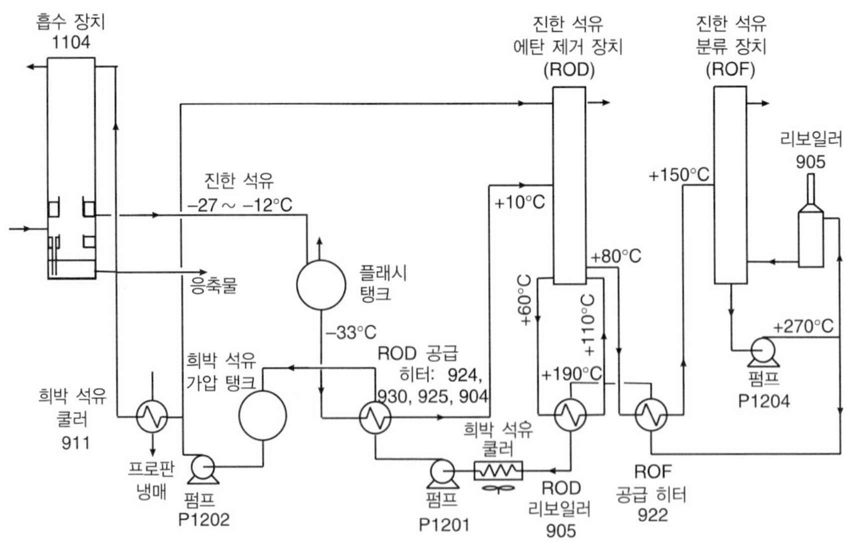

그림 13-11. 분류 구역 공정도

에 의해 흡수된다. 그 결과 '진한 석유'(예: 희박 석유 + 흡수된 탄화수소)는 플래시 탱크를 거쳐 여러 열 교환기를 통과하면서 뜨거운 희박 석유의 역류에 의해 가열되어 진한 석유 에탄 제거 장치(ROD)로 이동한다.

ROD 리보일러의 진한 석유는 희박 석유의 역류에 의해 가열되어 일반적으로 약 80~100°C에 이르게 된다. 그런 다음 진한 석유는 진한 석유 분류 장치(ROF)로 유입된다. 이제 정제된 진한 석유, 즉 희박 석유는 가스 분사식 히터에 의해 270°C까지 가열되어 진한 석유를 가열하는 데 사용되는 열 교환기를 통해 흡수 장치로 돌아간다.

사고 당시 Bass Strait의 가스는 정상보다 훨씬 높은 응축물을 가지고 있었다. 대기 온도는 낮았으며 온도 제어 밸브 TRC3에 문제가 지속적으로 발생했다. 따라서 응축물 온도가 정상 수준인 −10°C보다 낮은 −20°C로 떨어졌다. 이 저온 상태에서 높은 유량 속도를 가진 응축물과 비정상적으로 혼합되어 히터 GP919에 과부하가 걸렸으며 그에 따라 TC9가 응축물 유량 제어기를 무시하고 히터를 통해 응축물 흐름을 방해했다. 이 결함과 기타 제어 문제로 인해 흡수 장치에 있는 응축물 유량이 지속적으로 증가하여 진한 석유 스트림에서 응축물이 유출되었다.

응축물 초과 유량이 ROD로 유입되어 증기가 상당히 증가하고 ROD 컬럼 위로 상승하면서 범람하여 컬럼 상층부의 증기에 의해 초과 액체가 흘러 나왔다. 기타 원인도 예상할 수 있지만 이러한 기타 원인들이 연속적인 화재에 의한 ROD 컬럼 피해에 직접적인 원인이었는지 확인할 수 없으며 플랜트 제어 시스템을 복구하려는 작업자의 조치 노력도 불확실했다.

희박 석유 가압 탱크의 유량이 상승하기 시작했으며 이로 인해 유량 제어 시스템은 희박 석유가 최소한으로 유입되도록 작동했다.

그 결과, 펌프 1201은 유량 감소로 인해 결함이 발생했다.

ROF 공급 열 교환기에서 누출되기 시작했다.

펌프 1201에 결함이 발생한 시점에서 희박 석유 가압 탱크의 유량은 떨어졌고 이것이 펌프 1201이 낮은 레벨에서 결함이 발생된 원인이 되었다. 레벨이 다시 복원되었을 때 펌프는 낮은 레벨임에도 불구하고 다시 작동하기 시작했고 계속 작동하는 것으로 보였으며 이것이 배선 손상의 원인이 되었다. 펌프는 과열되어 수동으로 중단시켰다.

몇 시간 동안 펌프 1201을 작동시키기 위한 시도가 계속되었다. 이 때 펌프에 응축물의 존재를 의미하는 얼음을 목격했으며 이것은 펌프 1201 중 하나에서 역류 방지 밸브가 작동하지 않았기 때문이다.

가스 공급 장치를 차단할 때까지 일정 시간 동안 흡수 장치에서 ROD로의 흐름은 계속 진행되었다. ROF 탱크의 온도는 펌프가 중단되었을 때 약 −42℃로 떨어진 다음 다시 액체 대기압 비등점(−48℃)로 떨어졌다.

이 저온이 결함의 원인은 아니었다. 추가적인 문제가 연속적으로 발생했다.

ROD 리보일러 905는 튜브 방향의 경우 적은 유량을 가진 극저온 상태의 응축물이 있었으며 셀 방향의 경우 유량의 흐름이 없고 동일 온도에서 차가운 희박 석유가 있었다.

펌프 1201 및 1202를 작동시키려면 펌프 1204가 필요했기 때문에 펌프 1204를 작동시켰다. 뜨거운 희박 석유가 ROD 리보일러 905에 유입되면서 깨지기 쉬운 연강 재질이 열적 충격을 받아 심각하게 파손되면서 대형 화재가 발생했다.

이 시점에서 2명이 사망했고 여러 사람이 부상을 입었다. 화재는 플랜트 1 뿐만 아니라 플랜트 2 및 3 구역의 파이프라인과 기타 장비에 피해를 주어 몇 주 동안 모든 플랜트의 운전이 중단되었다.

13.12.3 사고를 유발시키는 상황에 대한 일반적인 특징

- 플랜트로 공급되는 응축물 농도가 비정상적으로 높다(플랜트 설계 제한 기준 이상).
- 설계 제한 기준을 넘어서는, 즉 경보 작동 기준 이상으로 응축물 레벨이 상승할 때 철저한 안전성 검토 없이 계속해서 플랜트를 운영한다.
- ROD(또한 가스 플랜트 1 전체)는 냉각 위험으로 인해 희박 석유 흐름이 없는 상태에서 작동하지 않아야 함을 인식하고 있었다면 사고가 발생하지 않았을 것이다.
- 문제를 인식하고 있었다면 펌프 GP1201의 재가동하려는 노력을 배가했을 것이고 여의치 않은 경우 GP1을 중단했을 것이다.
- Hazop 연구를 하였다면 희박 석유의 흐름이 적거나 없는 상태에서 작동하면 ROD를 냉각시킬 수 있는 위험이 있음을 확인했을 것이다.
- 희박 석유 흐름을 복구하지 않고 공정 제어 시스템의 복구만 시도했다면 제어 문제는 더욱 악화되고 주요 공정 결함 및 확인되지 않는 위험 상황이 발생할 수 있었다.

- ROD 및 GP905는 예를 들어 압력 저하로 인한 비정상적인 냉각 상태와 같은 문제에 대해 고려되지 않았다.

13.12.4 결과에 영향을 주는 요소

- 지속적인 문제가 발생할 수 있는 플랜트 설계 및 조정하기 거의 불가능한 신뢰
- 통제하기 어려운 플랜트의 예상 문제(다양한 유형) 인식 실패 및 그에 따른 통제 문제 예방 실패
- 흡수 장치의 응축물 레벨이 최대 기록 가능한 수준을 초과하도록 허용(느슨한 플랜트 제어 기준이 문제인가? 아니면 주요 결함을 '정상적인' 상황으로 보기 때문에 플랜트를 통제하기 어려운 상황을 일반적 상황으로 인식하는 것을 의미하는가?)
- 일부 차트 레코더가 작동하지 않아 통제 문제의 파악이 지연
- 이전에 발생한 냉각 문제를 통제하기 어려운 심각한 문제가 발생할 수 있다는 경고의 표시로 인식하지 않았다.
- 휴가, 교육 또는 본사 방문 등의 이유로 관리 직원의 부재는 작업자가 징후 파악, 문제에 대한 이해에 어려움이 있으며 그에 따라 적절한 조치를 취할 수 없다.
- 이전의 수화물(水化物) 사고 이후 Esso는 생산량을 유지하라는 압력이 있었기 때문에 작업자 및 감독관은 복잡하고 이해하기 힘든 상황이 발생했을 때 중단할 수 없었다.

13.12.5 왕립 위원회(Royal Commission)의 조사 결과 요약

EXXON은 Esso Austrailia Ltd,를 포함하여 회원 기업에게 종합적인 운영 무결성 관리 시스템(OIMS)을 실시할 것을 요청했다. 이것은 EXXON급 시스템(Exxon 기업 국제 업스트림 가이드라인-ECIUG)의 일부이다. OIMS는 11개 분야를 정하고 각 분야에 대한 '책임자'를 임명했다. 왕립 위원회는 Longford의 OIMS 분야에 여러 가지 결함이 있음을 발견했다. 이러한 분야는 다음과 같다.

- 생산 손실을 줄이고 제품 사양을 유지 관리하는 내용만 강조하는 교육
- GP1에 대한 계획된 Hazop 연구가 매년 반복적으로 변경되는 것과 같은 위험성 식별, 분석 및 관리
- 플랜트 설계상 변경 사항을 안전성 검토에서 적극적으로 검토하지 않는 경우와 같이 변경 사항에 대한 관리

▶ 느슨한 규정 적용이 일반적인 관행이 되는 것과 같은 감독 기준

▶ 다음과 같은 여러 가지 결함을 감지하지 못한 OIMS의 실시 및 요구 사항에 대한 검토
- 문서화
- 특히 레코더 차트 및 전산 기록을 사용하지 않는 경우와 같이 데이터 수집 및 분석
- 특히 플랜트 기록 및 교대자 간의 구두상 의사 소통과 관련된 의사 소통

또한 왕립 위원회는 플랜트 엔지니어를 멜버른에 배치한 결과, 비공식적 의사 소통의 단절 및 플랜트 성능에 대한 직접적인 관찰 실패에 대해 언급했다.

이러한 결함에 대한 자세한 내용은 왕립 위원회(1999)를 참조한다. 기타 분석 내용에 대해서는 Hopkins(2000) 및 Kletz(2001)를 참조한다.

참고문헌

- Dawson, D. M., 및 Brooks, B. J., "The Esso Longford Gas Plant Explosion–Report of the Longford Royal Commission." Government Printer for the State of Victoria, June 1999.
- Hopkins, A., *Lessons from Longford: The Esso Gas Plant Explosion*.CCH, Australia, 2000.
- Hopkins, J. McE.,: "LPG Rail Tank Car Accident Report." Queensland Department of Mines, Gas Operations, 1987.
- IChemE, Piper Alpha–*Lessons for Life-Cycle Safety Management*. Institution of Chemical Engineers, Symposium Series No. 122, 1990.
- Kalelkar, A. S., "Investigation of Large-Magnitude Release: Bhopal as a Case Study." Proc. IChemE Conf. Preventing Major Accidents, London, May 1988.
- Kletz, T. A., *Lessons from Accidents*, 3rd ed. Butterworth-Heinemann, Oxford, UK, 2001.
- Lees, F. P., *Loss Prevention in the Process Industries*, 2nd ed., Appendix 5. Butterworth-Heinemann, Oxford, UK, 1996.
- OSHA, "Phillips 66 Company Houston Channel Complex Explosion and Fire." Occupational Safety and Health Administration, Washington, DC, 1990.

14 사례 연구 및 문제 해결 예제

참고

1. 대부분의 사례 연구는 여러 국가에서 발생한 실제 사례를 기반으로 하고 있으나 특정 시설을 보호하기 위해 일부 명칭은 변경되었으며 이해를 돕기 위해 간단하게 요약하여 설명한다.

2. 또한 문제 해결 예제도 적용 방식을 명확하게 이해하기 위해 간단하게 요약하여 설명한다.

본 장을 배우고 나면 위험성 및 신뢰성 관리에 대한 특정 분야의 원리 및 방식에 대해 폭 넓게 이해하고 앞서 설명한 계산 방식 이해 증진에 도움을 준다.

14.1 사례 연구: LPG 시설 위험성

14.1.1 소개

과거에 한 지방 도시가 석탄 가스화 플랜트로부터 가정용 가스를 공급 받았다. 몇 년 전에 가동을 중단하고 LPG를 사용하는 시설로 교체되었다. LPG는 탱크 로리를 통해 운반되어 플랜트에 저장되었다. LPG는 증발 장치까지 파이프에 의해 공급되었고 발생되는 증기는 최대 인화성 제한 기준을 초과하는 수준으로 공기와 혼합되었지만 이전의 석탄 가스와 유사한 연소 특성을 가지고 있었다. LPG 증기/공기 혼합물은 이전에 석탄 가스용으로 사용했던 가스 저장 시설에 저장되었고 이전부터 사용하던 석탄 가스 배관 네트워크를 통해 사용자에게 공급되었다.

해당 시설이 위치한 지역의 감독 기관은 모든 '위험' 시설은 해당 지역 의회 및 긴급 서비스 기관(emergency services)과 협력하여 비상 대응 계획을 수립하도록 하는 법률을 채택하고 있었다.

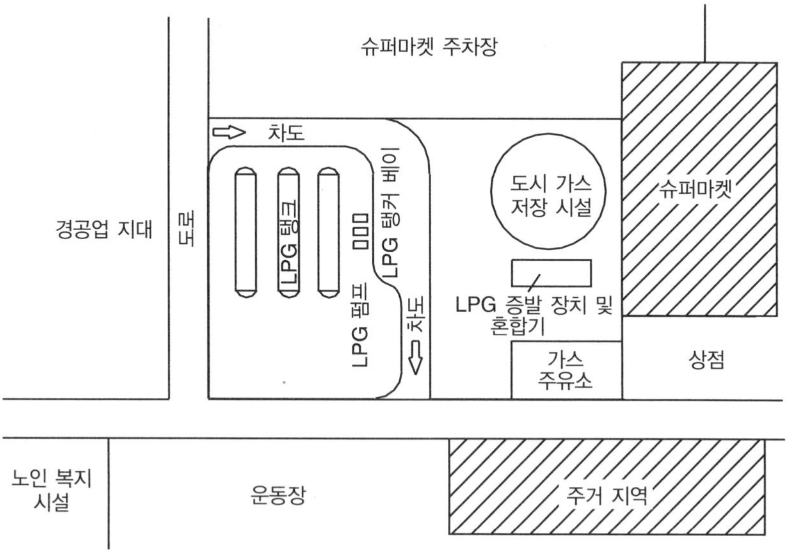

그림 14-1. 간단한 LPG 가스 시설 레이아웃

가스 회사는 컨설턴트에 의뢰하여 다음 세 가지 사항에 대한 연구를 수행했다.

▶ 플랜트를 검사하여 관련 법규 및 LPG에 대한 국가 기준을 준수하는지 여부 점검

▶ 시설 및 운영에 대한 정량적 위험성 평가 수행

▶ 해당 시설이 기존 위치에서 계속 운영 가능한지 여부, (a) 다른 장소로 이전 또는 (b) 현재 천연 가스를 공급 받는 가장 가까운 마을로부터 공급 파이프라인을 설치하여 천연 가스로 교체해야 하는지 여부에 대한 조언. 그림 14-1 참조한다.

14.1.2 설명

이 사례 연구와 관련한 시설 및 운영상의 특징은 다음과 같다.

운영

플랜트의 직원들은 주 5일, 사무직 근무 시간 동안만 근무했다. 직원은 LPG 조업자 1명과 사무실의 판매 직원 2명으로 구성되어 있었다. 현장은 근무 시간 이외에는 닫혀 있었다.

LPG는 18톤급 탱커가 매주 여러 차례 운반하였으며 일반적으로 겨울에는 매주 4번, 여름에는 매주 2차례 운반했다. 또한 인근 지역 농장에 공급하기 위해 소형 LPG 탱커를 사용했다. 5대에서 7대의 이러한 소형 탱커가 매주 LPG 가스를 공급받았다.

감독

감독 경력이 많은 감독관 1명이 해당 지역을 방문하여 회사의 모든 시설을 둘러보고 있었으며 이 특정 시설의 경우 3주마다 1일 정도 할당하고 있었다.

유지 보수

회사는 6주마다 정기적으로 방문하는 순회 유지 보수 팀이 있었으며 조업자 또는 감독관 요청시 즉시 출동한다.

전기 장비 및 계측 장비 유지 보수

회사는 경보 및 비상 시스템 테스트와 필요한 경우 수리를 위해 해당 지역의 전기 회사와 계약을 맺고 있었다.

감사

보고에 의하면 시설은 본사에서 파견된 팀에 의해 6개월 마다 감사 받고 있었다.

긴급 서비스 기관

이 지역은 비상 전화 연락망과 마을의 화재 경보 벨을 통해 소집할 수 있는 자원 소방대가 있었다. 이 소방대의 구성원들은 주택 화재 및 인근 지방의 산불 진화 경험을 가졌지만 산업 분야 화재 경험 및 LPG 진화 경험은 전혀 없었다. 이 지역에는 중간 규모의 병원 및 앰뷸런스를 가졌으며 경찰서에는 5명의 경찰이 근무하고 있다.

14.1.3 연구

컨설턴트는 관련 법규 및 기준을 철저하게 점검하여 해당 시설을 세부적으로 검사했다. 일부 사소한 사항을 제외하고 해당 시설은 요구 조건을 만족시켰다.

화재, BLEVE, 증기운 폭발 등의 원인이 된 다양한 예상 누출 빈도에 대해 컴퓨터 시스템 및 일반적인 데이터를 사용하여 전통적인 정량적 위험성 분석을 수행했다. 위험 등고선은 관련 감독 기관의 요구 사항을 만족시키지 못했다.

시설에 사용된 시스템 및 절차를 검토한 결과 컨설턴트에게 주요 결함은 발견되지 않았지만 어느 정도 비공식적인 사항이 확인되었다.

컨설턴트는 감독, 유지 보수 및 시설 보안에 대한 우려를 표명했다. 감독관 및 유지 보수 팀의 드문 방문, 해당 지역 전기 계약 업체의 전문적인 계측 경험 부족 등을 포함하여 모든 것이 사람들이 빈번하게 왕래하는 슈퍼마켓과 주차장, 인근의 주거 지역 및 노인 복지 시설 옆의 상업 지구에 위치한 시설에 맞는 요구 사항을 만족시키지 못하고 있었다.

컨설턴트는 다른 마을의 유사한 시설을 방문하여 동일한 감사를 수행할 것을 요청했다. 컨설턴트의 요청에 따라 방문한 마을은 최근에 감사를 받은 곳으로 소방용수 개방 밸브도 감사 절차의 일부로서 테스트 받은 것으로 알려졌다. 그러나 컨설턴트 조사 결과, 이러한 테스트는 충분한 시간 동안 수행되지 않은 증거가 나타났으며 기타 여러 가지 과실이 드러났다.

또한 해당 지역 소방대의 자원 봉사자, 화재 초기 단계와 효과적인 대응 조치 사이의 피할 수 없는 지연 등의 문제가 발견되었다.

최종적으로 회사는 지역 의회와 협력하여 비상 대응 계획을 수립할 것을 요청받았다. 신뢰할 만한 사고의 범위(계획 프로세스의 평가 대상)가 지역 주민에게 공론화되어 지역 주민의 심각한 우려와 분노가 증가할 것이 확실시되고 있다. 또한 회사는 시설 이전에 대한 정치적인 압박을 받게 될 것이다.

따라서 컨설턴트는 시설을 이전하거나 가장 가까운 마을로부터 공급 파이프라인을 설치하여 천연 가스로 교체해야 한다는 견해를 표명했다.

이 권고 사항은 초기에 회사의 엔지니어링 부서에서 반대했으며 이 부서는 위험 등고선은 계약 업체를 통해 약간의 공학적인 수정으로 해결할 수 있다고 생각했다. 그러나 최고 경영진은 계산된 위험성을 줄이는 것 뿐만 아니라 납득할 수 있는 '모범적인 업무 수행'과 지역 주민이 수용할 수 있는 시설을 제공해야 한다고 생각했다.

(이 부분은 제8장의 안전성 저울에 자세하게 설명되어 있다. LPG 탱크, 탱커 및 관련 장비와 같이 존재하는 위험 요소가 상당히 많고 줄이는 것도 쉽지 않다. 위험한 시설과 취약한 주변 지역 사이의 완충 구역도 충분치 않았다. 따라서 사전 예방적 및 보호 조치는 관련 규정 및 국가 기준에 의해 설정된 수준 이상으로 필요했다. 하드웨어는 기본적으로 일반적인 시설에 필요한 최소한의 기준을 만족시켰지만 조직, 절차, 교육, 문서화 및 의식/문화와 같은 소프트웨어는 추가 비용 없이 충분하게 업그레이드하기 어려웠다.)

14.2 사례 연구: 탄화수소 처리 플랜트의 위치 설정

액화 탄화수소 가스를 포함하여 일정 범위의 최종 제품을 생산하는 소규모 탄화수소 처리 플랜트 건설을 위해 가장 가까운 주거 지역과 플랜트 경계 사이에 300미터의 완충 구역을 가지도록 제안했다. 폭발 발생 가능성을 최대한 낮은 수준으로 유지하기 위해 설계, 운영 및 유지 보수에 대한 가장 엄격한 기준을 적용했지만 이러한 유형의 플랜트의 경우 증기운 폭발 위험이 존재한다.

거주 지역의 주민들에게 유리창이 파손되는 압력 이상의 증기운 과압이 노출되지만 상당한 구조물 피해 또는 신체적 부상을 입지 않도록 설계 기준이 결정되었다. 최대 폭발 압력은 3kPa로 결정되었다.

최대 증기운 폭발이 이러한 기준을 만족하는지 판단하기 위해 계산 방법이 채택되었다. 이 계산은 제5장의 5.3절에서 수립한 방법을 사용하여 아래와 같이 설정되었다.

거리:	400미터
과압:	3kPa
3kPa에 대한 환산 거리:	33미터/$kg_{TNT}^{0.333}$

환산 거리 = 거리/(TNT 당량)$^{0.333}$

즉 TNT 당량 = (거리/환산 거리)^3

따라서

TNT 당량 = $(400/33)^3 = (12.1)^3 = 1771$kg(TNT)

폭발 효율성 4%, 증기 연소열이 TNT의 약 10배라고 가정하면 해당 증기 질량을 계산할 수 있다.

계산하면

TNT 당량 = 폭발 효율성 × (증기 연소열/TNT 연소열) × 증기운 질량

증기운 질량 = 1771 × (100/4)/10 = 4427kg(증기)

결론적으로 플랜트는 대기상에서 최대 증기운 폭발이 약 4.5톤을 초과하지 않도록 저장 탱크 사양과 자동 누출 감지 및 차단 시설을 갖추어 설계되어야 하는 것으로 판명되었다.

이러한 간단한 계산 결과는 거주 지역의 주민들의 안전을 위해 플랜트가 수용해야 하는 결과였다. 초기의 설계상 플로우시트 단계에서 수행한 공식적인 정량적 위험성 평가와 플랜트가 준공되었을 때의 위험성 평과 결과에서 저용량 탱크, 사전 예방 및 보호 조치의 혜택이 입증되었다.

14.3 사례 연구: 제안된 LPG 저장 및 처리 플랜트에 대한 위험성 분석

기존의 LPG 컨테이너 공급 플랜트에는 수많은 하드웨어 및 절차상 보호 장치에 대해 엄격한 기준을 적용하는 동시에 병행해서 수행된 정량적 위험성 평가 결과를 수용하고 법적 요구 사항을 만족시키는 탱크 시설을 가지고 있었다. 그림 14-2를 참조한다.

인접 장소에 금속 구조물 작업장이 있었지만 전용 도로 근처의 대부분 부지는 비어 있었다. 금속 구조물 작업장도 확장할 계획이 없었기 때문에 비어 있는 부지에 대해 임대 신청을 했다.

도시에서 떨어져 있는 이 중소기업은 LPG 운반 및 저장에 대한 경험이 많았으며 다음과 같은 두 가지 목적으로 임대 협상을 시작했다.

- ▶ LPG 저장 및 탱커 선적/하역 시설 건설 및 운영을 위해
- ▶ 액화 인화성 가스 생산 및 LPG 저장 구역에 저장을 위한 소규모 플랜트 건설 및 운영을 위해

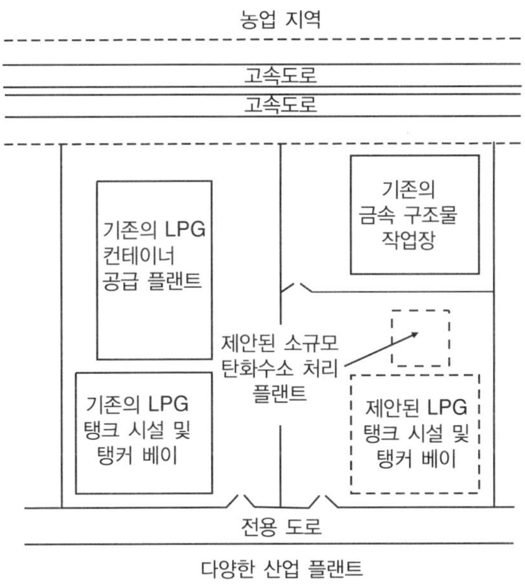

그림 14-2. 기존 및 제안된 플랜트 레이아웃

기존 탱크 시설과 LPG 컨테이너 공급 시설에 대해 처음에 위험성 평가를 수행했던 컨설턴트가 설계 안전성을 조언하고 위험성 평가를 수행하기 위해 참여했다.

새로운 시설을 제안한 회사 담당자와의 최초 회의에서 컨설턴트는 기존의 탱크 시설의 안전성에 대해 평가된 위험성이 법규 기준을 만족시켰지만 동일 지역에 있는 2개의 탱크 시설은 위험성 누적으로 인해 지역 주민에게 영향을 줄 수 있다고 설명했다.

그는 제3장의 3.9절에서 언급한 질문에 대한 답을 구하는 방향으로 토론을 이끌었다.

그는 다음과 같은 사항을 확인하였다.

- ▶ 현장은 하역/선적시 관련 직원 없이 탱커 운전자가 직접 수행하도록 계획되어 있었다.
- ▶ 회사는 화학 물질 처리 경험이 없었다.
- ▶ 소규모 제조 플랜트는 옆에 위치한 LPG 공급 플랜트의 직원이 수차례 교대하면서 운영하도록 계획되어 있었다.

컨설턴트는 정량적 위험성 평가를 통해 법규 기준을 만족시키는 위험 등고선을 만들 수 있지만 보고서에 정성적 위험성 평가 내용도 포함해야 했다.

이러한 정성적 위험성 평가에는 회사가 낮은 위험성 수준에서 제조 시설을 운영하기 위한 경험이 없었으며(실제로 회사는 "무엇을 모르고 있는지를 모르고 있었다.") 인접 LPG 공급 플랜트의 직원들이 수행하는 정기적인 감독에 의존하는 것에 대한 견해가 포함된다. 또한 컨설턴트는 제안된 LPG 탱크 시설 및 탱커 시설이 감독 절차 없이 탱커 운전자에 의해 운영되도록 하는 개념에 대해서도 불만이 있었다.

회의는 끝났으며 컨설턴트는 책임자가 좀더 '유연한' 컨설턴트를 찾을 것을 기대했다.

몇 개월 지난 후 책임자는 주요 LPG 대기업의 컨설턴트와 함께 왔다. 두 번째 회의에서 소규모 제조 플랜트는 제안된 LPG 저장 시설 지역이 아니라 일부 비슷한 프로세스를 운영한 경험이 있는 다른 회사가 소유한 장소에 건설될 것이라고 설명했다. 따라서 플랜트는 위험 물질 처리에 경험 많은 사람들에 의해 운영되고 감독될 예정이었다. 또한 LPG 저장 시설 및 탱커 시설에 대해서는 이 중소기업과 LPG 대기업과 제휴 관계를 체결하여 LPG 대기업이 운영하고 감독하기로 결정되었다.

제안된 새로운 플랜트의 개념 설정 단계에서 '바람직한 업무 규정'에 대한 위험성 및 요구 사항을 적극적이고 솔직한 토론을 통해 컨설턴트는 위험성 계산을 수행하기 전에 위험성을 상당 부분 줄이는 방향으로 토론을 이끌었다.

14.4 사례 연구: LPG 탱커 로딩 베이 제어실 위치 설정

탄화수소 공정 플랜트는 탱크 시설에 있는 LPG 탱커 로딩 베이를 업그레이드하고 탱크 시설 및 탱커에 대한 새로운 제어 센터를 계획했다.

새로운 제어실 위치 선정에 있어서 제한 사항이 있었다. 운영 감독을 위해 탱커 베이 가까운 곳이어야 하며 베이로의 접근이 용이한 장소를 선정해야 했다. LPG 탱커 베이와 관련된 일반적인 위험 요소가 있었으며 인근 지역에 증기운 폭발 위험성(최소한이지만 신뢰할 만한 위험성)을 제공하는 주요 공정 플랜트가 있었다.

제어실은 화재 방지 및 폭발 방지를 고려하여 설치하도록 결정되었다. 경제적 및 운영상의 이유로 완벽한 폭발 방지 구조를 설치할 수는 없었다.

탱크 시설 및 탱커 베이를 포함하여 현장에 대한 컴퓨터 기반 위험성 평가가 실시되었다. 또한 시설에 대한 위험 등고선을 작성하고 위험성 평가를 통해 열 복사 및 폭발 압력에 의한 피해 수준에 노출되는 빈도에 따라 등고선이 작성되었다.

운영상 적합하고 폭발 압력에 노출되는 빈도가 매우 낮게 계산된 탱커 베이를 위한 장소가 선정되었다. 그러나 계산된 폭발 압력 빈도는 중간 수준이었기 때문에 제어실 건설은 이러한 수준을 견딜 수 있도록 결정되었다.

역사적으로 보면 폭발 사고시 벽과 지붕이 붕괴되어 제어실이 붕괴되는 사고(예: Flixborough)가 전세계적으로 있었다. 따라서 채택된 설계 원칙은 지붕이 벽과는 관계없이 지지될 수 있도록 하고 벽의 하단 및 상단은 폭발에 견딜 수 있어야 했다. 이러한 구조는 그림 14-3과 같이 구성할 수 있다.

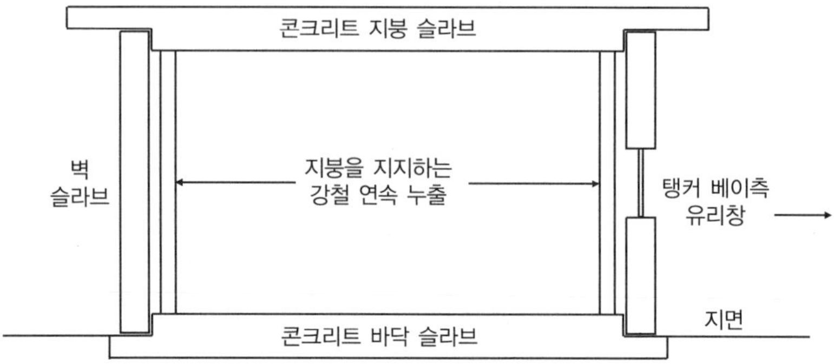

그림 14-3. 건축 원칙을 보여 주는 제어실 구역

14.5 사례 연구: 독성 가스 플랜트의 위치 재설정

오래 전에 건축된 한 화학 물질 공장은 독성 가스를 포함하여 다양한 물질을 제조하고 있었다. 이러한 저농도의 가스에 노출되면 호흡 곤란 및 심각한 시각 장애가 발생한다.

공장이 위치한 지역 부근에 도시 도로망 개선 작업의 일환으로, 독성 가스 플랜트 옆의 공장 부지를 관통하는 고속도로 건설이 계획되었다.

공장을 운영하는 회사는 계획된 고속도로가 플랜트에 너무 근접되어 있어 플랜트 안전상 문제에 대한 클레임을 제기하고 고속도로에서 보다 안전한 위치에 새 플랜트를 건설하기 위한 보상을 요구했다. 도로 공사는 클레임에 대한 타당성을 조사하기 위해 위험성 평가를 요청했다. 해당 회사는 정량적 위험성 평가에 있어서 상당한 전문 지식을 가지고 있었기 때문에 필요한 평가 작업을 자체에서 수행할 것을 요청했다. 도로 공사는 위험성 평가에 사용되는 데이터 및 방법을 모니터링하고 회사가 평가한 사항에 대한 유효성을 검증하는 보고서 작성을 위해 독립적인 컨설턴트(컨설턴트 A)를 임명했다.

회사와 컨설턴트 A는 위험성 정도와 평가에 사용된 빈도 데이터에 대해서 의견이 달랐지만 위험성이 너무 높다는 평가에 대해서는 동의했다. 그러나 컨설턴트는 회사가 컨설턴트가 권고하는 대로 여러 부분의 플랜트 개선 사항을 수행한다면 위

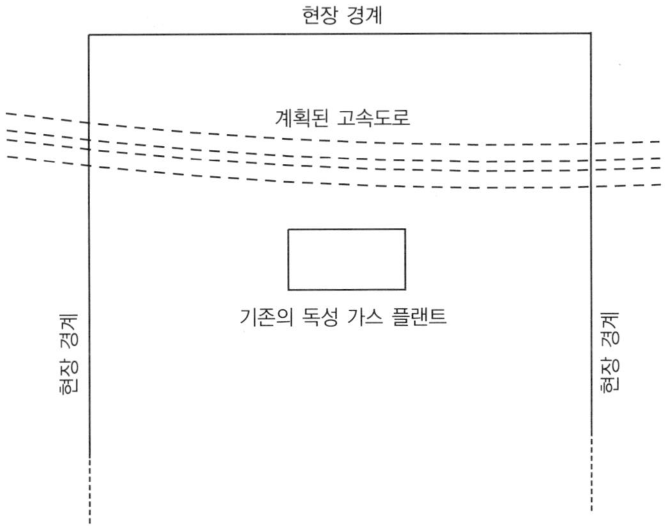

그림 14-4. 독성 가스 플랜트를 가진 현장의 레이아웃

험성은 상당히 감소할 것이라고 주장했다. 회사는 이 주장에 동의하지 않았다. 따라서 상황은 난관에 부딪혔다. 그림 14-4를 참조한다.

이러한 난관을 해결하기 위해 회사 동의하에 도로 공사가 임명한 또 다른 독립 컨설턴트(컨설턴트 B)가 참여했다. 그는 플랜트를 조사하고 회사의 위험성 평가 및 먼저 수행한 컨설턴트의 보고서를 검토하는 동시에 회사 직원과 컨설턴트 A가 참여한 회의를 개최했다.

컨설턴트 B가 조사를 통해 확인한 사항은 다음과 같다.

- ▶ 회사가 사용한 위험성 평가 방법은 합리적이었다.
- ▶ 사용된 빈도 데이터(회사 또는 컨설턴트 A)의 타당성을 확신할 수 없었으며 논쟁이 끊이지 않았다.
- ▶ 정량적 위험성 평가는 정량적으로 평가 가능한 위험성에 대해서만 실시하고 사고 발생 가능성이 매우 높은 사항에 대해 확실하게 정량적으로 평가할 수 없다.
- ▶ 독성 가스가 누출되는 경우 풍향에 의해 가스가 고속도로로 확산되면 운전자의 시야를 방해하여 심각한 충돌 사고가 발생할 수 있다.
- ▶ 이러한 사고에 대해 회사의 주장은 타당성이 있지만 컨설턴트 A는 그렇지 못하다.

▶ 따라서 회사가 책임을 지기 때문에 회사가 고속도로에 근접하여 플랜트를 운영할지 여부를 결정할 권한이 있다. 반면에 컨설턴트 A는 권고 사항대로 수정하는 경우 플랜트 운영이 안전하다고 주장하지만 그는 사고가 발생할 경우 책임을 지지 않을 것이다. 따라서 컨설턴트 B는 회사의 견해를 수용해야 한다고 권고했다.

14.6 사례 연구: 정유 공장에 대한 검토

한 컨설턴트는 오래된 정유 공장에 대해 가능한 현재의 공정 안전성 기준에 적합하도록 하기 위해 고려해야 할 주요 개선 사항을 파악하기 위한 간단한 조사를 요청 받았다.

채택한 접근 방식은 주요 생산 구역을 담당하는 직원들과 여러 차례 회의를 갖고 그에 따라 이러한 구역에 대한 간단한 조사를 실시했다.

회의의 목적은 다음 사항에 대한 정보를 파악하는 것이었다.

- ▶ 관련 공정의 특성 및 범위
- ▶ 이러한 공정이 제공하는 위험 요소의 특성
- ▶ 설치된 보호 시스템의 특성
- ▶ 사용되고 있는 안전성 시스템의 유형
- ▶ 담당자의 공정 안전성 이해 수준
- ▶ 2차 조사시 조사 대상 플랜트의 주요 기능

실제로 동일한 순서는 아니지만, Hawksley의 여섯 가지 요구 사항을 기준으로 토론이 진행되었다.

그런 다음 조사 과정에서 다음 사항을 중점적으로 다루었다.

- ▶ 플랜트 및 플랜트 구역 사이의 완충 구역
- ▶ 저장 탱크, 파이프라인 및 피팅, 계측 장비 등을 포함한 플랜트의 물리적 조건
- ▶ 누출 감지 및 차단 장비
- ▶ 화재 감지 및 소화 장비

▶ 유지 보수 작업 수행 방법

▶ 제어실의 경보 시스템

보고서는 Hawksley의 여섯 가지 요구 사항을 기준으로 작성되었으며 드러난 주요 장점 및 취약점에 대한 토론 내용과 정유 공장 직원 또는 외부 리소스에 의해 보다 세부적인 연구가 수행되어야 한다는 내용을 포함하고 있었다.

주요 내용 중 하나는 원격 작동식 비상 차단 밸브의 설치에 대한 심층적인 연구가 권장되었다. 설치비용으로 인해 이러한 밸브 설치의 우선 순위를 신중하게 평가하는 것이 중요했다. 이 작업은 스프레드시트 양식으로 작성되어 각 행에는 주요 누출 가능성이 있는 파이프라인 시스템을 기록하고 예상 결과 및 사고 발생 가능성에 대한 개략적인 평가를 위해 보관, 설계 및 프로세스에 대한 충분한 정보(예: 예상 누출율, 화재 강도, 증기운 규모 등)가 함께 제공되었다. 스프레드시트는 화재 위험성 및 증기운 폭발 위험성이 높은 순서 및 비상 차단 시설이 가장 필요한 순서대로 정렬되어 등급이 결정되었다. 등급이 지정된 목록은 정유 공장 직원이 경제적인 이유로 수년에 걸쳐 설치해야 하는 차단 시설의 설치 일정에 대한 합의를 도출하기 위한 기준으로 사용되었다.

14.7 사례 연구: 가스/액체 분리 플랜트에 대한 검토

한 회사가 반사막 지대에 여러 가스 및 석유 유정과 중앙 집중식 가스/액체 분리 플랜트를 운영하고 있었다. 플랜트에서 생산하는 천연 가스와 기타 제품은 멀리 떨어진 여러 도시에 파이프라인을 통해 공급되고 있었다.

회사는 다음 사항에 대해 대형 엔지니어링 컨설턴트 회사에 의뢰했다.

▶ 플랜트 내의 압력 안정화 및 차단 시설의 검토

▶ 화재 안전성 연구

▶ 직원에 대한 사망 위험성 및 천연 가스 공급 불능에 대한 위험성을 포함하여 정량적 위험성 평가

또한 명시적으로 언급되지는 않았지만 업무 적응의 일환으로 프로젝트 리더는 플랜트의 설계 및 조건에 대해 조사하고 '소프트웨어'에 대해서도 조사했다.

확인된 취약점은 다음과 같다.

- 소방 용수 방수포의 상당 부분이 너무 가까이 위치하고 있어 화재 발생시 작동할 수 없거나 플랜트와 너무 멀리 위치하고 있어 플랜트의 높은 지대에 있는 구역에 적절하게 대응할 수 없었다.
- 대부분의 플랜트 구역에 대한 문서화된 운영 지침이 없었다.
- 작업 허용 기준 시스템이 너무 비공식적으로 운영되고 있었다.
- 비상 대응 조치 팀 및 소방 팀은 차량 및 장비를 잘 갖추고 있었지만 조직에서 퇴출된 사람들로 구성되어 있고 플랜트 발전을 위한 업무에 참여하지 못하고 있었다.
- 비상 대응 팀에 의해 개발된 비상 대응 절차는 자체 비상 대응 절차를 가진 생산 직원들에 의해 일방적으로 개발되었다.

안정화 및 차단 시설에 대한 연구는 프로세스 엔지니어 전문가에 의해 관련 업무 수행 규정과 비교하여 시스템 능력을 평가하였다. 많은 취약점이 확인되었고 적절한 엔지니어링 측면에서의 변경이 지적되었다.

정량적 위험성 평가를 통해 정량적으로 평가 가능한 위험성을 통한 직원에 대한 위험성은 일반적으로 만족스러웠고 위험성 영향을 추가로 줄이기 위해 여러 가지 사전 예방적 보호 조치에 대한 개선 사항이 권장되었다. 또한 평가에 사용된 컴퓨터 시스템은 다양한 수준의 영향(예: 플랜트의 핵심 구역에 대한 다양한 수준의 열복사 및 폭발 압력 노출 빈도)을 가진 사고 빈도를 계산하는 데 사용되었으며 생산 및 엔지니어링 직원과의 토론에 사용된 이러한 평가를 통해 가스 공급 시설의 복구에 필요한 시간을 측정하였다.

소방 용수 방수포, 호스 및 해당 유량에 대한 실제 범위를 테스트한 후 수행된 화재 안전성 연구 결과, 방수포 재배치, 소화전 추가 설치, 펌프 용량 용수 저장 시설 등의 추가를 포함하여 수많은 권고 사항이 제시되었다.

전체 보고서의 양이 상당히 방대하였다. 따라서 관리자에게 효과적으로 설명하기 위해 약 30페이지 분량으로 고품질 재질을 사용하고 사진 설명이 포함된 요약 보고서 발행이 결정되었다. 이 보고서는 조사 결과에 대한 내용과 소프트웨어에 대한 내용으로 구성되어 있다.

회사의 최고 경영진은 소프트웨어에 대한 내용이 포함되는 것을 강력하게 반대했다. 그들은 요약 보고서를 감독 기관, 보험 회사, 노동조합 등에게 폭 넓게 배포하는 것은 동의했지만 주요 관리상의 결함을 공개하는 것을 원하지 않았다. 최고 경영진은 소프트웨어는 조사 범위를 벗어나는 것이며 평가는 주관적이고 공정하지 않기 때문에 삭제되어야 한다고 주장했다. 최고 경영진은 모든 요약 보고서 발행본을 회수했다.

컨설턴트는 몇 가지 사항을 고려한 후 확인된 세부적인 취약점을 생략하고 소프트웨어에 대한 엄격한 기준의 중요성, 엄격한 기준의 정량적 위험성 평가 및 회사가 현재의 소프트웨어 상태를 신속하게 검토하여 필요한 개선 사항을 수행할 것을 내용으로 하는 소프트웨어에 대한 부분을 수정했다.

그런 다음 프로젝트 리더가 방문하여 최고 경영진 회의에서 보고서에 대한 프레젠테이션 시간에 다음과 같은 사항을 강력하게 제기했다.

- 위험성에 영향을 주는 취약점을 확인한 컨설턴트(또는 실제 확인한 사람)는 법적 및 도덕적으로 경영진에게 이러한 사항을 제기해야 한다.
- 플랜트가 제공하는 위험성에 대한 충분한 이해의 일부로서, 이러한 여러 가지 취약점이 확인되었다.
- 이러한 취약점은 요약 보고서 초판 발행시 경영진에게 제기되었다.
- 경영진이 초판 발행을 회수하고 발행 금지한 것을 알고 있지만 컨설턴트 회사는 파일 복사본을 가지고 있다.
- 회사 경영진은 이러한 취약점에 대해 책임을 느끼고 신속하게 해결해야 한다.

14.8 사례 연구: 위험성 기반 검사에 대한 잘못된 접근 방식

정유 공장과 같은 공정 플랜트의 압력 탱크를 검사하려면 생산을 중단해야 한다. 문제는 검사를 수행하기 위해 소요되는 시간이 아니라 플랜트를 중단하고 탱크를 식히고, 차단 및 세척한 다음 플랜트를 다시 가동할 때까지 절차를 역순으로 수행하는 데 소요되는 시간이다.

정유 공장 엔지니어의 임무는 신뢰성 수학 법칙을 사용하여 압력 탱크 검사 기간을 기존의 4년에서 10년 또는 15년으로 연장하는 가능성을 파악하는 것이었다. 자연스럽게 엔지니어는 정유 공장 관리자가 원하는 결과를 얻기 위해 노력했다.

그의 방법은 심각한 결함을 가지고 있었으며 신뢰성 원칙 및 적절한 업무 수행에 대한 이해도 부족했고 모호하거나 완전히 확인되지 않는 가설에 의존하고 있었다. 예를 들어 그는 탱크가 25년 동안의 부식에도 견딜 수 있도록 설계되어 있기 때문에 각 탱크의 결함 확률을 연간 1/25로 가정하고 있으며, 이것은 수많은 압력 용기를 가진 정유 공장에서 연간 여러 결함이 발생하는 현실과는 거리가 있었다.

그의 방법은 위험성 및 신뢰성 컨설턴트 회사에 의해 점검 받도록 했다. 컨설턴트 회사는 그의 방법에 있어서의 취약점 및 오류에 대해 설명했고 필수적인 데이터 부재로 인해 계산된 결과는 추측일 뿐이며 매우 모호하다고 말했다.

몇 개월 지난 후 컨설턴트 회사는 최종 보고서 사본을 받았다. 일부 사소한 부분이 변경되었으며 보고서는 검사 기간을 4년에서 14년으로 확대할 것을 권장하고 있었다. 또한 보고서는 이러한 조사 작업을 컨설턴트 회사와 함께 협력하여 수행했다는 내용이 언급되어 있었다. 컨설턴트 회사는 토론을 한 적은 있지만 사용된 방법을 승인한 적이 없으며 따라서 보고서 내용이 잘못되었음을 제기하는 내용을 서면으로 즉시 정유 공장에 보냈다.

문제의 근본 원인은 조사 과정에서 엔지니어에게 원하는 결과를 얻도록 압력을 행사한 정유 공장 관리자에게 있다. 두 번째 근본 원인은 필요한 노하우가 부족하고 자신의 한계를 극복하기에는 경험이 부족한 엔지니어에게 작업을 부여했다는 점이다.

탱크 결함에 대한 잠재적인 심각도로 인해 매우 제한되고 통계적으로 부적절한 데이터에 의존하기 보다는 제어 및 관리 가능한 접근 방식이 필요했다. 각 압력 탱크에 대해 다음과 같은 접근 방식을 예로 들 수 있다.

- ▶ 다양한 잠재적 고장 모드 및 원인에 대한 목록 작성
- ▶ 발생할 가능성이 높은 결함에 대한 조기 경보 체제를 구축할 수 있는 검사 및 테스트 방법 목록
- ▶ 다음 정기 검사에서 검사 또는 테스트를 통해 입증할 수 있는 상태 조사 결과

테스트 주기는 약간 늘어날 수 있다(예: 4년에서 6년). 검사 결과(예: 부식 정도)는 예상 결과와 비교한다. 결과가 예상 결과와 상당히 근접한 경우 검사 주기를 다시 확장할 수 있다. 결과가 예상과는 달리 상당한 차이가 있는 경우 이러한 차이를 상태 예측 부정확도로 표시할 수 있으며 검사 주기는 원래 기간보다 단축된다. 마찬가지로 탱크가 설계 수명에 거의 도달했거나 기타 이유로(예: 부식 허용 기준에 도달한 경우) 검사 주기가 단축될 수 있다.

14.9 사례 연구: 감사자의 법적 장애

에탄올 증류 플랜트를 운영하는 한 소규모 회사가 있었다. 공급 원료는 발효 작용의 부산물이었다. 제품의 특성으로 인해 플랜트는 정부 관계자가 원하면 언제라도 검사를 받아야 했다.

어느 날 폭발 사고가 발생하여 한 작업자가 가벼운 부상을 입었다. 정부 기관은 파견한 검사자가 검사 기간 동안 위험에 노출될 수 있음을 우려하여 운영 라이센스 취소를 위한 법적 조치를 착수했다.

법원은 독립된 전문가가 안전성 검사를 수행하는 것으로 조정했다. 이 조정 결과 회사와 정부 기관 모두를 위한 법적 고문이 배치되었다.

전문가가 플랜트 관리자에게 던진 첫 번째 질문은 Hawksley의 첫 번째 원칙(제10장의 10.1절 참조)의 준수 여부를 테스트하는 것이었다. 전문가는 다음과 같이 질문했다. “이론적으로 귀하의 플랜트에는 어떤 종류의 위험 사고가 존재하고, 이러한 사고가 발생한다면 얼마나 심각할 수 있습니까?”

법적 고문은 즉시 그의 클라이언트에게 답변하지 말 것을 지시했다. 전문가는 공정 안전성 수준을 결정하기 위한 기준인, Hawksley가 정의한 여섯 가지 요구 사항에 대해 개략적으로 설명하고 이 질문과의 관련성에 대해 설명했다. 법적 고문은 그의 클라이언트는 답변할 수 없다고 주장했다.

전문가는 플랜트 관리자가 높은 수준의 안전성을 향후 계속 유지할 수 있는지 확인하기 위해 플랜트 관리자가 플랜트에 대한 안전성 요구 사항을 충분히 이해하고 있는지 파악하는 데 방해를 받고 있다는 내용을 보고서를 통해 제출할 것임을 설명했다. 그러나 법적 고문은 입장을 고수했으며 따라서 보고서는 기타 Hawksley의 다섯 가지 요구 사항을 기준으로 검사한 결과와 함께 법원에 제출되었다.

14.10 문제 해결 예제: 열 복사 위험성

LPG 100톤을 저장하는 가압식 저장 탱크가 화재에 노출되어 BLEVE 화구를 발생시키면서 파손되었다. 그림 14-5를 참조한다.

다음 항목을 계산하라.

(a) 화구 직경

(b) 화구 지속 시간

(c) 화구에 의해 복사된 열(MW), 여기서 LPG 연소열은 48,000kJ/kg이고 연소열의 복사율은 35%로 가정한다.

(d) BLEVE 발생 전에 저장 탱크에서 350미터 떨어진 지면에서의 복사열 강도 (kW/m^2), 그림 14-5에 표시된 것과 같이 화구의 하단부가 지면에 접촉된 상태

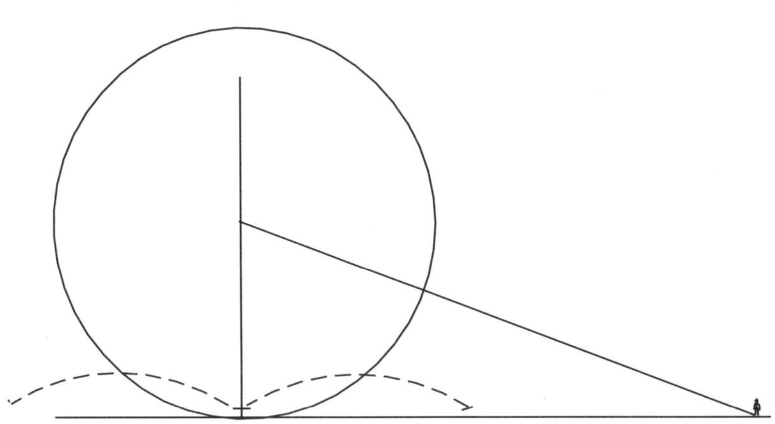

그림 14-5. 일반적인 평가를 위한 BLEVE 구성도

에서 250kW/m^{2}의 화염 표면 방사율을 가진 화구의 위치, 대기상의 수분 증기 및 이산화탄소에 의한 열 복사 감쇠를 고려한다(평균 온도 20°C, 상대 습도 40%로 가정).

(e) (b)에서 계산한 시간 동안 (d)에서 계산한 감쇠 열 복사에 노출될 경우 사망할 확률

■ 계산

(a) 화구 직경:

직경 = 6.48 $M^{0.325}$미터

= 6.48 × 100,000$^{0.325}$

= 273미터

(b) 화구 발생 시간

시간 = 0.852$M^{0.26}$

= 0.852 × 100,000$^{0.26}$

= 17초

(c) 복사 열(MW):

복사 열 = (100,000 × 48,000 × 0.35)/(17 × 1,000)

= 98,823MW

(d) 열 복사 강도:

화구 중심에서 관찰자까지의 거리 = (300^2 + 175^2)$^{0.5}$

= 347미터

뷰 팩터 = (136.5/347)^2

= 0.155

열 복사 강도(감쇠 효과 없음) = 0.155 × 250

= 38.7kW/m^2

화구 표면에서 관찰자까지의 거리 = 347 − 150

= 197미터

평균 온도 20°C, 상대 습도 40% 및 197미터 거리에서 대기 투과율은 약 0.67로 가정하면(그림 5-6),

감쇠된 열 복사 강도 $= 38.7 \times 0.67$

$= 25.9\text{kW/m}^2$

(e) 사망 위험성:

프로빗(제5장 8.3절) $Y = -10.7 + 1.99\ln\{(I^{1.333} \times t)/10{,}000\}$

(여기서 I 단위: W/m^2)

$Y = -10.7 + 1.99\ln\{(25{,}900^{1.333} \times 17)/10{,}000\}$

$= 3.56$

프로빗 확률 그래프(그림 5.31)를 참조하면 사망 확률은 약 7%이다.

14.11 문제 해결 예제: 증기운 위험성

대기 온도 30°C에서 프로필렌 액체가 150kg/초의 속도로 탱크에서 누출되고 있다. 누출된 액체에 의해 증기운이 형성되어 밀집된 플랜트를 지나 누출원에서 100미터 떨어진 곳에 있는 용광로에 초당 1미터 풍속의 바람을 타고 지속적으로 도달한다. 증기운은 용광로에 의해 발화되어 폭발한다.

다음과 같은 조건을 가정한다.

- 프로필렌 증기 연소열: 48,000kJ/kg
- 프로필렌 대기압 비등점: −46°C
- 관련 온도 범위 내에서 프로필렌 비열 열용량: 2.3kJ/kg K
- 프로필렌 증발 잠열: 420kJ/kg

(a) 폭발 장소 중앙 지점에서 200미터 떨어진 곳의 폭발 압력?

(b) 전통적인 벽돌 구조의 주거 건물에 대한 이러한 폭발의 효과?

(c) 해당 장소의 전통적인 벽돌 구조의 주거 건물에서 측정된 사망 확률?

(d) 해당 장소의 외부에서 측정된 사망 확률?

■ 계산

(a) 폭발 압력:

액체 프로필렌 누출 속도 = 150kg/초

단열 증발 속도 = 150 × 2.3 × (30 + 46)/420

= 62.4kg/초

온도 30°C의 대기 중에서 증발 속도는 이 값의 2배가 된다.

증발 속도 = 124.8kg/초

증기운이 1미터/초의 속도로 100미터 떨어진 용광로까지 확산되므로 증기운은 100초 동안 누적된다.

폭발시 증기운 질량 = 12480 × 0.1 × 48000/4600

= $13{,}022kg_{TNT}$

관찰자까지의 거리가 200미터라고 가정한다면,

환산 거리 = $200/(13{,}022)^{0.333}$

= 200/23.45

= 8.52

그림 5-13을 참조하면 폭발 압력은 20kPag이다.

(b) 폭발 효과: 표 5-4를 참조하면 주택은 상당히 심각한 피해를 입으며 수리 불가능하다. 대기 중에 있는 사람은 폭발 파편에 의해 부상을 입을 수 있다. 주택 내에 있는 사람도 부상을 입을 수 있으며 사망할 수도 있다.

(c) 주택 내의 사망 확률: 그림 5-14를 참조하면 주택 내의 사망 확률은 낮지만 중요한 의미를 가지며 약 10~20%이다.

(d) 대기 중에서 사망 확률: 그림 5-14를 참조하면 대기 중에서의 사망 확률은 5% 미만으로 낮다.

14.12 문제 해결 조치: 독성 가스 위험성

주변 지역이 탁 트인 장소에 위치한 플랜트에서 $5m^3$/초의 속도로 지면에서 황화수소 누출 사고가 발생한다고 가정한다. 누출 시간은 약 5분 동안 발생한다. 가장 가까운 주택은 플랜트 부지의 동쪽으로 150미터 떨어진 위치에 있다. 누출 발생 빈도는 0.001/년으로 측정되었다.

해당 지역의 기상 데이터를 조사한 후 다음과 같은 데이터를 산출했다. 바람이 서쪽에서 주택 지역으로 부는 경우 풍속에 따른 확률 및 대기 신뢰성은 다음 표와 같다.

대기 신뢰성	풍속(m/초)	확률(%)
A	3	4
C	5	6
E	2	2

가스 누출을 피할 수 있는 어떠한 조치도 취하지 않는 것으로 가정하고 주택 내에 있는 사람에 대한 사망 확률(황화수소에 노출)?

■ 계산

사례 A3(대기 신뢰성 A: 풍속 3m/초): 떨어진 거리가 150미터이고 그림 5-23 및 5-24를 참조하면,

σ_y = 38미터

σ_z = 20미터

지면에서의 누출이므로 스택 팩터는 1.0으로 감소한다. 따라서

가스 농도 $= (5 \times 1)/\pi \times 38 \times 20 \times 3$

$= 0.000698$

$= 698\text{ppm}$

노출 시간은 약 5분으로 측정되었다.

표 5-9에서 황화수소에 대한 프로빗 상수는

$$K_1 = -36.2,$$
$$K_2 = 2.366,$$
$$n = 2.5$$

따라서

$$\text{프로빗 } Y = -36.2 + 2.366 \times \text{In}(698^{2.5} \times 5)$$
$$= 6.3$$

그림 5-31에서 사망 확률은 88%, 즉 0.88로 높게 나타난다.

누출 빈도는 0.001/년으로 측정되었고 누출 시점에서의 A3 대기 조건에 대한 확률은 5%이므로 A3 조건에서 누출에 의한

$$\text{사망 빈도} = 0.88 \times 0.001 \times 0.04$$
$$= 3.52 \times 10^{-5}/\text{년}$$
$$= 35.2\text{pmpy(per million per year)}$$

위의 계산을 다른 대기 조건(C5 및 E2)에 반복하여 적용한 결과는 아래 표와 같다.

	a	b	c	d	e	f	g	e×f×g/ 10,000
기상 조건	σ_y (m)	σ_z (m)	C (ppm)	프로빗	사망 확률 (%)	누출 빈도 (p.a.)	기상 조건에 대한 발생 확률 (%)	사망 위험성 (p.a.)
A3	36	20	698	6.3	88	0.001	4	0.000035
C5	18	11	2,679	14	100	0.001	6	0.000060
E2	8.5	4.8	13,000	23	100	0.001	2	0.000020

따라서 전체 사망 위험성은 95×10^{-6}/년 또는 95pmpy가 된다.

14.13 문제 해결 예제: 완충 구역 거리 추정(A)

다운스트림 석유 및 가스 처리 플랜트의 한 구역은 프로판 증기 20톤에 대해 증

기운 폭발 사고가 발생할 가능성을 가지고 있다.

이러한 폭발 빈도는 연간 약 1/100,000로 측정되었다.

관련 감독 기관은 해당 지역의 사망 위험성이 하루 24시간 동안 주택에 거주하는 사람에 대해 연간 1/1,000,000을 초과하지 않아야 한다고 규정했다.

플랜트 구역과 가장 가까운 주거 지역 사이의 필요한 완충 구역 거리는?

■ **계산**

폭발 빈도는 1/100,000p.a.로 측정되었다.

주거 지역의 최대 사망 위험성은 1/1,000,000p.a.이다.

따라서 1회 폭발당 최대 사망 위험성는 0.1, 즉 10%이다.

그림 5-14로부터 과압은 16kPag를 초과하지 않아야 한다.

그림 5-13으로부터 환산 거리는 10.5를 초과하지 않아야 한다.

$$\text{환산 거리 } \lambda = R/(\text{kg}_{\text{TNT}})^{0.333}$$
$$\text{따라서 } R = \lambda \times (\text{kg}_{\text{TNT}})^{0.333}$$

증기운 폭발량은 20톤이다. TNT 당량은

$$(0.04 \times 20{,}000 \times 48{,}000)/4600 = 8347\text{kg}$$

따라서

$$R = 10.5 \times (8347)^{0.333}$$
$$= 10.5 \times 20.2 = 212\text{미터}$$

14.14 문제 해결 예제: 완충 구역 거리 추정(B)

LPG 저장 탱크 및 관련 시설에 대한 정량적 위험성 평가를 수행했다. 평가를 통해 증기운 폭발 또는 BLEVE 확률을 산출했다. 사고 예상 규모 및 빈도는 다음과 같다.

BLEVE:	LPG 질량: 15톤	빈도: 1×10^{-6} p.a.
증기운 폭발:	증기 질량: 25톤	빈도: 10×10^{-6} p.a.

주거 지역의 대기 중에서 최대 사망 위험성이 1×10^{-6}p.a.를 초과하지 않는다면 LPG 시설과 가장 가까운 주거 지역 사이에 필요한 완충 구역 거리는 얼마인가?

다음과 같이 가정한다.

- BLEVE 화구 표면의 열 복사 강도는 250kW/m²
- 증기운 연소열은 48,000kJ/kg이다.
- 증기운 폭발 효율성은 TNT 대비 4%이다.
- 평균 대기 온도는 20°C이고 상대 습도는 50%이다.

14.14.1 계산

대기 중의 완충 구역 거리에서 여러 가지 적정 거리에 대한 전체 사망 위험성을 표시하는 그래프에서 필요한 거리를 대입하여 측정하는 계산 방식을 사용해야 한다.

처음에는 100미터 및 200미터에 대해 평가한다. 이 계산 결과를 통해 평가할 완충 구역 거리에 근접한 값을 측정할 수 있다.

100미터에 대한 계산온 아래와 같으며 모든 계산 결과를 표로 작성한다.

(a) BLEVE

관찰자까지의 거리는 100미터이다. 그림 5-8을 참조하면 BLEVE의 직경은 약 150미터이므로 BLEVE의 반경은 75미터이다.

BLEVE의 중심에서 관찰자까지의 반경은 다음과 같다.

반경 = $(100^2 + 75^2)^{0.5} = 125$미터
뷰 팩터 = $(75/125)^2 = 0.36$
복사 강도(감쇠 효과 없음) = $250 \times 0.36 = 90$kW/m²
화구 끝 지점에서 관찰자까지의 거리 = $125 - 75 = 50$미터

그림 5-6을 참조하면 투과율은 약 0.75이다. 따라서 열 복사 강도는

$90 \times 0.75 = 67.5$kW/m²

그림 5-9를 참조하면 화구 발생 시간은 약 11초다. 제5장의 5.8.3절에 있는 프로빗 방정식을 사용하면,

$$\begin{aligned}\text{프로빗 } Y &= -10.7 + 1.99 \ln\{(I^{1.333} \times t)/10{,}000\} \\ &= -10.7 + 1.99 \ln\{(67{,}500^{1.333} \times 11)/10{,}000\} \\ &= 5.24\end{aligned}$$

그림 5-31을 참조하면 사망 확률은 약 60%이다.

측정된 BLEVE 빈도는 1×10^{-6}p.a.이므로 주거 지역의 대기 중에서 사망 확률은

$$1 \times 10^{-6} \times 0.60\% = 0.6\text{pmpy}$$

(b) 증기운 폭발

증기 질량은 25톤이다. 따라서

$$\text{TNT 당량} = 25{,}000 \times 0.04 \times 48{,}000/4600 = 10{,}434\text{kg}_{\text{TNT}}$$
$$\text{환산 거리} = 100/(10{,}434)^{0.333} = 4.6\text{m/kg}^{0.333}$$

그림 5-11을 참조하면 폭발 압력은 55kPa이고 그림 5-12를 참조하면 사망 확률은 약 50%이다. 폭발 빈도는 10×10^{-6}p.a.으로 측정되었기 때문에 사망 위험성은 $10 \times 10^{-6} \times 0.50 = 5.0$pmpy가 된다.

사고	지면에서 관찰자까지의 거리(m)	BLEVE 반경(m)	관찰자까지의 반경(m)	뷰 팩터	감쇠된 복사 강도 (kW/m^2)	화구 발생 시간 (초)	사망 확률 (%)	사망 위험성 (pmpy)
BLEVE	100	75	125	0.36	67.5	11	60	0.60
BLEVE	200	75	213	0.124	21.4	11	2	0.02
BLEVE	150	75	168	0.199	36.4	11	8	0.08
BLEVE	125	75	146	0.264	48.9	11	28	0.28

사고	관찰자까지의 거리(m)	환산 거리 ($m/kg^{0.333}$)	폭발 압력 (kPa)	사망 확률 (%)	사망 위험성 (pmpy)
증기 폭발	100	4.6	55	50	5.0
증기 폭발	200	9.2	18	2	0.2
증기 폭발	150	6.9	27	6	0.6
증기 폭발	125	5.7	40	19	1.9

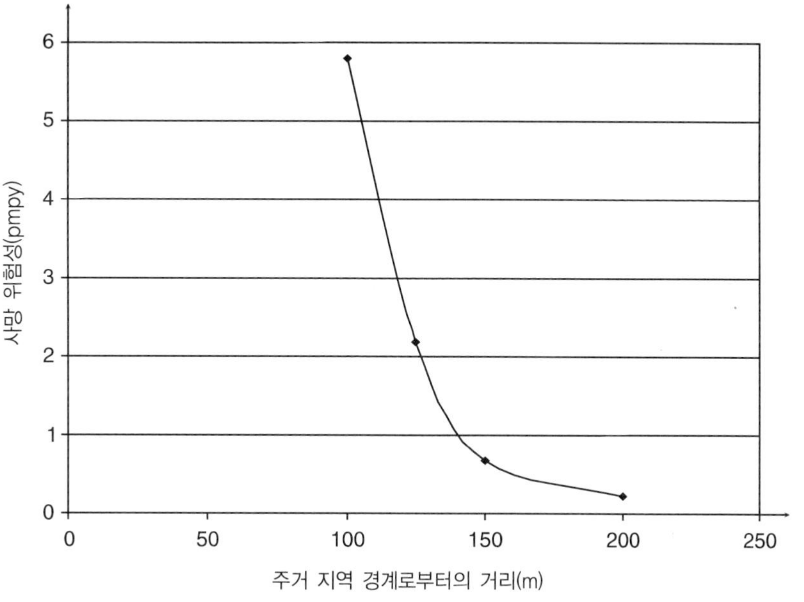

그림 14-6. 주거 지역 경계로부터 위험성 및 거리 관계

BLEVE 및 증기운 폭발 모두에 대한 전체 위험성은 다음과 같다.

거리	사망 위험성 (pmpy)
100미터	5.6
200미터	0.22
150미터	0.68
125미터	2.18

위의 표는 그림 14-6과 같이 표시된다. 이 그래프를 통해 이론적인 완충 구역 거리는 100미터 및 150미터 사이의 약 140미터가 되어야 한다. 보다 근접한 거리 측정을 위해 추가 거리에 대한 계산을 수행할 수 있지만 이러한 계산 방식의 불확실성으로 인해 의미가 없다. 따라서 최소 150미터로 거리를 반올림하는 데 신중해야 한다.

14.15 문제 해결 예제: 결함수 분석(FTA) 및 컷셋(cutset) 분석

제어 및 보호 시스템의 신뢰성을 평가하는 위의 방식과 관련하여 아래의 간단한 예를 통해 설명하도록 한다. 그림 14-7을 참조한다. 그림에 표시된 탱크가 오버플로우되지 않는 것이 중요하다.

탱크 수위는 수위 감지 장치인 LE로 구성된 시스템에 의해 제어되며 LE는 전기 신호를 수위 제어기 LC에 보내고 신호를 받은 LC는 솔레노이드 밸브 SV를 통해 공기 신호를 수위 제어 밸브 LCV로 보낸다. 솔레노이드 밸브는 일반적으로 수위 제어기에서 수위 제어 밸브까지 개방되어 있다.

오버플로우 위험성이 발생하는 수준으로 수위가 너무 높이 상승하면 볼 플로트는 하이 레벨 LSH를 작동시키고 전기적인 신호를 솔레노이드 밸브 SV로 보내어 수위 제어기 LC로부터 전달되는 공기 신호를 차단하고 수위 제어 밸브인 LCV로부터 공기를 배출한다. 그에 따라 이 LCV는 스프링 압력에 의해 닫히게 되고 탱크로 유입되는 액체 흐름을 차단한다.

탱크 오버플로우가 발생되는 구조적 결함은 무엇인가?

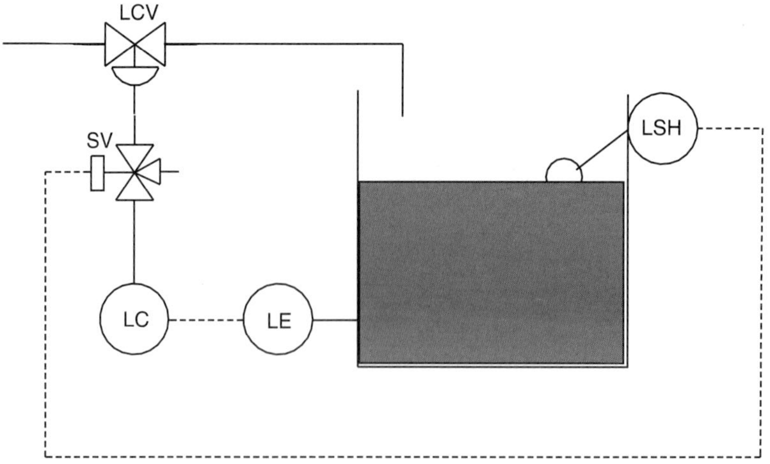

그림 14-7. 탱크 시스템의 플로우시트

14.15.1 분석 및 계산

결함수 구성시 첫 번째 단계는 제어 시스템과 보호 시스템을 파악하는 것이다. 제어 시스템은 LE, LC 및 LCV로 구성되고 보호 시스템은 LSH, SV 및 LCV로 구성된다. 결함수에서 첫 번째 시도는 그림 14-8과 같이 표시된다.

LCV는 제어 및 보호 시스템 모두에 표시되어 있다. 이중 계산을 방지하기 위해 이 결함수를 단순화시켜야 한다. 이 예와 같이 간단한 경우에는 검사를 통해 단순화할 수 있지만 여기서는 하나의 예로써 부울 대수를 사용한다.

부울 대수를 위해 결함수의 각 요소에 대해 단일 문자를 사용한다.

오버플로우는 문자 T로 표시한다(예: '정상 사상').

시스템에서의 기호	결함수에서의 기호
LE	A
LC	B
LCV	C
LSH	D
SV	E

A 또는 B 또는 C에 결함이 발생하면 제어 시스템에 결함이 발생한다, 즉 부울 대수로 표현하면 A + B + C이고 여기서 '+'는 OR을 의미한다.

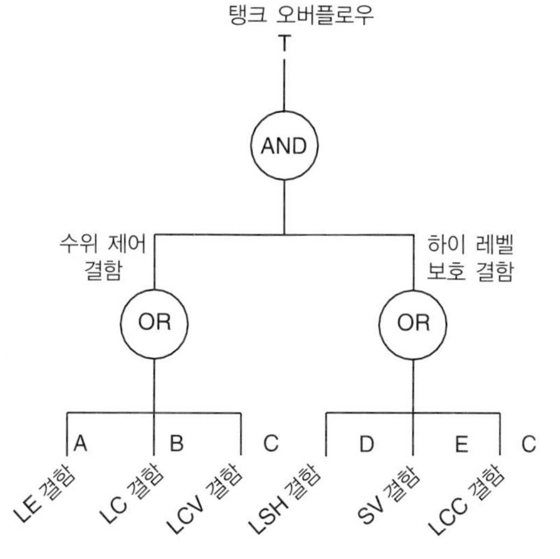

그림 14-8. 초기 결함수(구성 축소 필요)

D 또는 E 또는 C에 결함이 발생하면 보호 시스템에 결함이 발생한다, 즉 부울 대수로 표현하면 D + E + C가 된다.

제어 시스템에 결함이 발생하고 보호 시스템에 결함이 발생하면 탱크는 오버플로우된다. 즉 제어 결함 × 보호 결함, 여기서 ×는 AND를 의미한다.

따라서

$$\begin{aligned} T &= (A + B + C) \cdot (D + E + C) \\ &= (AD + AE + AC + BD + BE + BC + CD + CE + CC) \end{aligned}$$

필요한 부울 항등식은 다음과 같다.

$$AA = A$$
$$A + A = A$$
$$A + AB = A$$

위의 공식은 CC항을 C로 바꿀 수 있다.

$$T = (AD + AE + AC + BD + BE + BC + CD + CE + \overset{\mathbf{C}}{\cancel{CC}})$$

다른 요소와 C로 구성된 모든 항은 C의 부분 집합(예: C + CE = C)이므로 삭제할 수 있다.

$$T = (AD + AE + \cancel{AC} + BD + BE + \cancel{BC} + \cancel{CD} + \cancel{CE} + C)$$

정리하면,

$$\begin{aligned} T &= AD + AE + BD + BE + C \\ &= (A + B) \cdot (D + E) + C \end{aligned}$$

이 공식을 아래 그림과 같이 이중 계산이 없는 조합된 결함수에 적용할 수 있다. 그림 14-9를 참조한다.

LCV, LE, LC와 같은 요소는 보호가 필요하며 이벤트를 실행시킬 수 있다. 이러한 요소의 결함을 '디멘드'라고 하며 빈도로 표현해야 한다. 그 이외의 다른 모든 요소는 보호 요소이며, 디멘드가 발생했을 때 이러한 요소가 결함 상태에 있을 확률로 표현되어야 한다. 중요한 것은 결함 빈도가 아니라 해당 요소가 필요한 시점에서 결함 상태에 있을 확률이다.

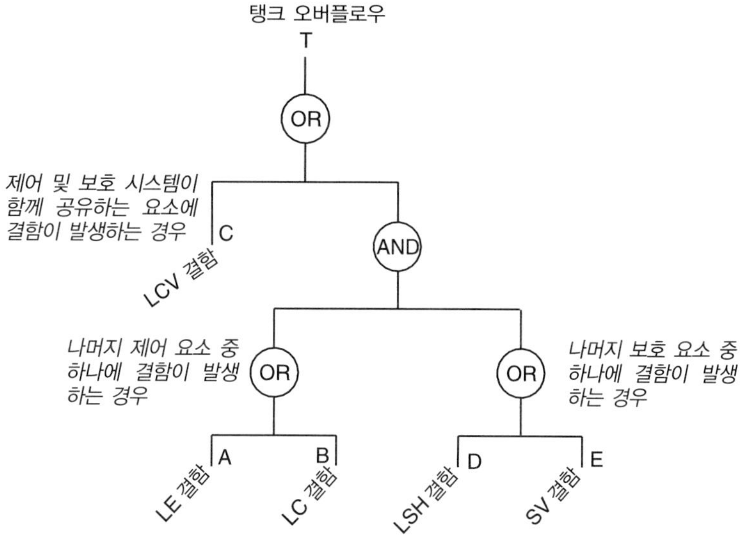

그림 14-9. 조합된 결함수

위의 그림은 나중에 설명할 중요한 교훈을 설명하는 데 도움을 주기 위해 다음과 같은 데이터를 사용하여 정량화할 수 있다.

LE	0.1/년
LC	0.1/년
LCV	0.1/년
LSH	0.1/년
SV	0.1/년
테스트	4/년(즉 0.25년마다 1회)

제어 요소는 빈도 형식으로 표현되어야 한다. 보호 요소는 FDT와 같이 무단위 값으로 표현해야 한다.

$$FDT(LSH) = 0.5 \times 0.1 \times 0.25 = 0.0125$$

$$FDT(SV) = 0.5 \times 0.1 \times 0.25 = 0.0125$$

이러한 값을 위의 조합된 결함수에 적용하면 다음 그림과 같이 표시된다. 그림 14-10을 참조한다.

위의 예를 통해 알 수 있는 교훈은 제어 및 보호 시스템이 함께 공유하는 요소 또는 구성 요소는 일반적으로 전체 시스템의 불안정성에 상당 부분 영향을 준다는 것이다.

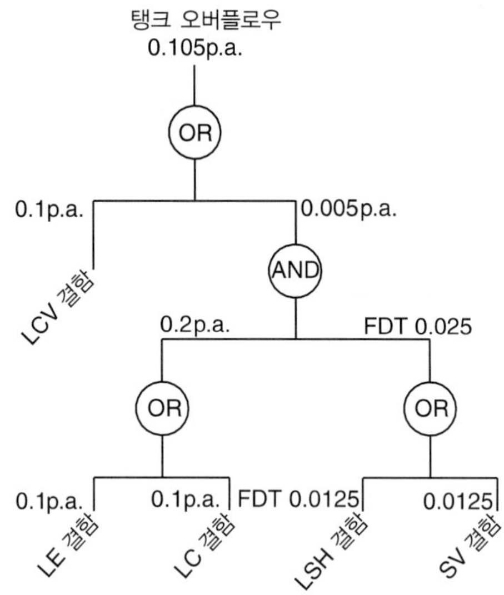

그림 14-10. 정량화된 결함수

따라서 이러한 구성 요소가 상당히 안정되어 있고 작업 순서대로 작동하지 않는 한, 보호 시스템은 제어 시스템의 구성 요소에 의존하지 않도록 한다.

14.15.2 컷셋 접근 방식

동일한 문제를 컷셋 접근 방식에 적용할 수 있다.

신호 경로는 다음과 같다.

LE......LC....LCV(제어 신호)
LSH....SV...LCV(보호 신호)

첫 번째로 결함이 발생하면 모든 신호 경로를 차단하는 요소를 찾는다. 여기서는 LCV에 해당하며 따라서 LCV가 컷셋 중 하나가 된다.

그런 다음 신호 요소 컷셋을 포함하지 않는 두 가지 요소 조합을 찾는다(새로운 조합은 이미 확인된 컷셋의 부분 집합이기 때문에 이미 확인된 단일 요소 컷셋을 포함하는 조합은 제외시킨다. 부울 항등식 A + AB = A이기 때문이다).

조합은 다음과 같다.

LE 및 LSH
LE 및 SV
LC 및 LSH
LC 및 SV

위의 조합도 컷셋이다.

모든 신호 경로를 차단할 수 있는 단일 요소 컷셋 또는 두 가지 요소 컷셋을 포함하지 않는 세 가지 요소 조합을 찾는다(여기 예에서는 두 가지 경로만 있기 때문에 세 가지 요소 컷셋은 없다).

따라서 컷셋 목록은 다음과 같다(여기서 빈도로 표현해야 하는 디멘드 요소는 굵게 표시된 요소이다).

1. **LCV**
2. **LE**, LSH
3. **LE**, SV
4. **LC**, LSH
5. **LC**, SV

각 컷셋의 값을 곱한 후 모든 값의 합계를 구하면 전체 시스템 결함 빈도에 대한 합계, 즉 '정상 사상' 값이 된다.

하나의 컷셋에서 한 요소만 빈도이며(여기서는 굵게 표시된 요소) 다른 모든 요소는 확률이어야 한다(그렇지 않으면 빈도를 곱하게 되면 년 값을 얻게 된다.).

컷셋은 앞서 설명한 결함수 방식에서 사용한 동일한 데이터를 사용하여 정량화된다. 앞서 설명한 것과 같이 굵게 표시한 요소 및 값은 빈도이며 다른 항은 FDT이다.

LCV: **0.1** = **0.1**p.a.
LE, LSH: **0.1** × 0.0125 = **0.00125**p.a.
LE, SV: **0.1** × 0.0125 = **0.00125**p.a.

LC, LSH: **0.1** × 0.0125 = **0.00125**p.a.
LC, SV: **0.1** × 0.0125 = **0.00125**p.a.
합계 **0.105**p.a.

이러한 접근 방식의 주요 장점은 다음과 같다.

- 시스템 결함을 발생시키는 결함 조합을 가시화하는 것보다 시스템이 안전하게 작동하는 데 필요한 '신호 경로'를 가시화하는 것이 용이하다. 즉 결함수 대신 신호 경로 목록을 작성하는 것이 바람직하다.
- 컴퓨터 프로그램을 통해 복잡해질 수 있는 컷셋을 최소한으로 확인한다.
- 복잡한 시스템에서는 매우 장황하고 오류가 발생하기 쉬운 부울 대수를 사용할 필요성이 없다.

부록 A

Hazop 연구 수행

A.1 목적

위험 및 운전 분석(Hazop)의 목적은 광범위하고 세부적인 수정 사항 없이 새로운 플랜트에 대한 원활하고 안전하며 신속한 시험 운영을 촉진하여 결함 없이 지속적으로 운영하는 것이다.

Hazop 연구의 특징은 추적 기록이다. 아래에 수립된 원칙에 따라 기술을 적용하면 결과는 다음과 같이 나타난다.

- 원활하고 결함 없는 시험 운영 및 가동
- (비용이 많이 소요되는) 세부적인 수정 사항의 상당한 감소
- 적절한 직원 구성
- 원활하고 지속적인 운영(Hazop을 통해 계속 해결하지 못한 예상 문제가 확인된 경우 제외)

A.2 Hazop 연구의 주요 특징

Hazop 연구는 다양한 형태로 수행할 수 있기 때문에 익숙하지 않은 일반인은 다른 회의 또는 검토와 Hazop 연구의 차이점에 대해 궁금할 수 있다.

Hazop 연구의 주요 특징은 다음과 같다.

- 사전에 수립된 일정에 따라 진행되는 체계적이고 세부적인 연구이다.
- 다양한 경험 및 책임을 가진 구성원들로 구성된 팀에 의해 수행되어야 하며 구성원들은 해당 그룹을 대표한다(예: 새로운 설계 프로젝트에 대한 Hazop을 위해 설계, 건설 및 최종적으로 운영 분야의 대표자로 구성된다.).
- 정상적이거나 수용 가능한 조건을 벗어날 확률 및 결과에 대해 중점적으로 탐구한다.

'완료된' 설계에 대한 감사이다. 즉 Hazop 연구를 수행하지 않을 경우 설계는 현재 상태대로 건설 절차를 진행할 것이다. (그러나 Hazop 연구를 수행하면 설계

상 변경 사항이 나올 수 있으며 따라서 '완료된 설계' 뒤에 물음표를 사용해야 할 것이다.)

개략적으로 보면 Hazop 연구는 설계 또는 운영 요소를 차례대로 조사하고 각 요소에 대한 예상 문제를 체크리스트로 작성하여 토론 형식으로 수행한다. 각 예상 문제에 대해 문제가 발생할 수 있는 과정을 예상하고 각각의 과정에 대해 예상 결과의 심각도 및 발생 가능성에 대해 판단에 근거하여 측정한다. 회의를 통해 심각도 및 발생 가능성 조합이 충분하다고 판단되면 해당 문제는 해결할 수 있는 문제로 간주된다. 문제 해결을 위해 토론이 필요 없는 경우 회의에서 처리된다. 해결을 위해 상당한 노력이 필요한 문제에 대해서는 회의 후 추가적인 검토를 위해 목록으로 작성한다.

A.3 프로젝트에 대한 수행 시점

일반적으로 새로운 프로젝트에서 일련의 설계 검토 과정은 설계가 필요한 임무를 수행할 수 있는지 확인하기 위해 필요하다. 결과에 따라 여러 차례의 수정 과정이 발생한다.

설계가 완료 단계에 있고 건설을 위한 준비 단계에 있는 경우 Hazop 연구 일정을 수립해야 한다(이것은 프로젝트 일정대로 진행하기 위해 반드시 필요하다. 설계와 다른 구역에 대한 연구를 프로젝트 일정을 감안하여 신중하게 계획하는 경우 프로젝트 지연 정도가 심각하지 않으며 일반적으로 시험 운영 기간 내에 지연일수를 충분히 줄일 수 있다).

Hazop 연구를 통해 설계상 문제가 발견되는 경우 문제가 해결될 때까지 Hazop 연구를 보류해야 한다. Hazop 기간 동안 설계를 마무리하는 것은 설계상 문제가 있음을 입증하는 것이며 완료된 설계를 감사하는 Hazop 연구의 원칙을 지키지 않는 것이다.

A.4 팀 구성

팀을 적절하게 구성하는 것이 중요하다. 주요 요구 조건은 설계, 건설 및 운영과 같이 관련 그룹을 대표하는 구성원이어야 하며 합의된 조치를 실시하기 위해 기술적 노하우와 조직의 권한을 충분히 가진 책임자로 구성해야 한다. 또한 Hazop 연구 수행 방법을 알고 있는 사람이 최소한 1명 이상 배치되어야 한다.

반드시 독립적인 사회자를 선임할 필요는 없지만 대형 프로젝트에서 다수의 참석자(예: 8~10명)로 이루어진 회의의 경우 진행 과정을 주관할 수 있는 선임자에 의해 회의가 수행되는 것이 유용할 수 있다(연구 책임자 또는 사회자의 역할은 나중에 자세하게 설명한다).

소규모 시설의 설계에 대한 연구에 있어서 최소한 다음 구성원을 포함하여 팀을 구성한다.

- ▶ 설계 엔지니어
- ▶ 건설 관리를 책임지는 프로젝트 엔지니어
- ▶ 플랜트 감독관(임명)

이러한 구성원 중에서 연구 수행 경험을 가진 사람을 책임자로 임명하는 것이 중요하다.

대형 프로젝트의 경우 팀은 다음과 같은 구성원으로 구성할 수 있다.

- ▶ 선임 설계 엔지니어
- ▶ 연구 대상 구역을 담당하는 설계 엔지니어
- ▶ 계측 장비 엔지니어 또는 기계 엔지니어와 같은 전문가
- ▶ 프로젝트 엔지니어
- ▶ 플랜트 감독관
- ▶ 1~2명의 생산 직원
- ▶ 독립적인 팀 리더

기존 시설을 연구하는 경우 팀은 다음과 같이 구성할 수 있다.

- 플랜트 감독관(모든 플랜트 성과를 담당하는 직원)
- 플랜트 엔지니어
- 기술 지원 부서를 대표하는 사람
- 감독관 또는 현장 책임자
- 가능한 경우 조업자 또는 작업자 또는 모두

간혹 조업자 또는 작업자를 포함하는 것에 대해 거부감이 있을 수 있지만 수용하는 분위기가 조성되어 있다면 다음과 같은 상당한 도움이 될 수 있다.

- 운영 현장의 생생한 경험을 통해 실제 일어나는 현상을 이해하는 데 상당한 도움을 줄 수 있다.
- 시설이 운영되는 방법과 목적을 이해하는 데 도움이 된다.
- 팀워크 조성에 도움이 된다.

A.5 연구실 레이아웃 및 필요한 장비

연구를 위한 장소를 효과적으로 배치하는 방법 중 하나는 그림 A-1과 같다.

레이아웃 및 장비의 특징은 다음과 같다.

- 관련 도면(P & ID, 레이아웃, 세부적인 도면 등)은 벽에 부착한다.
- 연구팀의 구성원은 도면을 중심으로 반원 형태로 좌정한다.
- 연구실에 회의 탁자를 배치하지 않는다.
- 연구 책임자는 반원 배치의 한쪽 끝에 앉고 옆에 책상 또는 선반을 비치하여 주제어 카드 책자를 펼쳐 놓는다.
- 책임자 반대편 벽 옆에 플립차트 걸이대를 배치하여 팀 구성원이 설명을 위해 사용하도록 한다.
- 서기는 테이블보다 클립보드를 사용한다.

그림 A-1. Hazop 연구실의 배치도

- 팀 구성원에게 도면 복사본을 제공하지 않는다.
- 한 줄로만 좌석을 배치한다.

위와 같이 레이아웃을 구성하는 이유는 다음과 같다.

- 팀 구성원이 개별적으로 도면 복사본을 가지고 있으면 주요 토론에 집중하기보다 옆에 있는 동료와 개인적으로 토론하기 쉽다.
- Hazop 연구의 중요한 기능은 구성원들이 자유롭게 일어나서 도면 또는 플랜차트 보드로 나아가서 요점을 설명하는 토론 방식이다. 회의실에 회의 탁자를 배치하면 자유로운 이동을 방해할 수 있다.
- 하나의 도면만 사용하면 관심을 집중시킬 수 있으며 도면에 표시되는 변경 사항은 공식화된다.
- 일부 구성원이 두 번째 줄에 앉아 있는 경우 2차적인 구성원으로 인식될 수 있기 때문에 토론을 효율적으로 진행할 수 없다. 선임 관리자와 같은 방문자가 뒤에 앉아 있으면 토론을 방해할 수 있기 때문에 이러한 방문자는 반원 줄에 앉아 방문 기간 동안 팀 구성원 역할을 하고 다른 구성원에게 도움이 될 것으로 예상되는 경우에만 허용한다.

- 기록한 내용을 영구적으로 사용하고 나중에 참조할 수 있도록 칠판보다는 플립차트 보드를 사용하는 것이 바람직하다.

개략적으로 필요한 장비는 다음과 같다.

- 주제어 카드 책자
- 교탁 또는 책상
- 걸이대 및 플립차트 보드
- 서기를 위한 클립보드 및 기록 시트
- 벽에 도면을 부착하기 위한 마스킹 테이프
- 플립차트에 사용하기 위한 여러 가지 색상의 펜
- 토론중에 선을 그리기 위한 형광펜(노랑색 또는 녹색 권장)
- 도면 변경 사항에 대한 동의를 표시하기 위한 미세한 도면용 빨강색 펜

A.6 연구 수행

1. 연구팀의 첫 번째 회의에서 Hazop에 참여하지 않은 사람이 있다면 회의 사회자는 연구 절차에 대해 간략하게 설명한다. 이 과정에 5~10분 정도 배정하고 다음과 같은 내용이 포함되도록 한다.
   - Hazop 목적
   - Hazop 주요 특징
   - Hazop은 정상적인 운영을 방해할 수 있는 비정상적인 조건 파악에 중점을 둔다는 사실
   - 비정상적인 조건에 중점을 두는 것과 팀의 접근 방식으로 인해 최상의 설계라고 하더라도 Hazop 연구를 통해 개선 사항이 발견될 수 있으며 실수가 있는 담당자에게 개인적인 불이익은 없다는 사실
   - 연구 단계에 대한 간단한 설명
2. 그런 다음 사회자는 연구중인 도면을 통해 해당 플랜트 구역의 여러 가지 용도를 개략적으로 설명하는 설계와 일반적인 운영 모드에 대해 적절하게 이해하

고 있는지 질문한다. 개략적 내용에 대해서만 이해하고 있는지 확인하고 세부적인 내용은 나중에 토론을 통해 학습하게 된다. (5~10분 배정) 그런 다음 운영 목적 또는 모드를 분류해야 하는 경우 몇 가지 질문을 진행하지만 세부적인 질문은 나중에 다루기로 한다.

3. 첫 번째 파이프라인 구역에 대한 세부적인 연구(또는 배치 운영 시스템을 첫 번째 단계로 연구)를 시작한다. 사회자는 선택한 구역을 형광펜을 사용하여 점선으로 표시한다. 그런 다음 참석자에게 점선으로 표시된 구역과 탱크를 포함한 관련 장비, 정상적인 운영 조건 및 정상적인 운영 방법에 대해 설명할 수 있는지 질문한다. 그런 다음 나중에 체계적으로 다룰 설계 특성에 대해 잠시 토론을 진행하지만 분위기가 산만해질 가능성이 있기 때문에 토론 시간은 약 10분 정도로 제한한다.

4. 사회자는 '유량-많음'과 같은 첫 번째 주제어를 덮고 다음과 같은 세 가지 사항을 질문한다.
   - ▶ "유량이 너무 많다고 생각합니까?"
   - ▶ "유량이 너무 많으면 어떤 결과가 발생할 수 있습니까?"
   - ▶ "어떤 일이 발생합니까?"

토론 그룹이 발생할 가능성이 있는 너무 과다한 유량(예: 누출)에 대한 이벤트 결과 심각도가 수용할 수 없는 정도인 것으로 판단하면 이 이벤트는 해결이 필요한 문제로 정의된다.

확인된 문제의 해결 방법에 대해 약 5분 내에 완료할 것으로 예상되는 경우 회의를 통해 수행할 수 있지만 더 많은 시간이 필요하다고 판단되거나 회의 참석자 이외의 사람에게 조언이 필요한 경우 또는 파일을 찾아보거나 계산을 수행해야 하는 경우 회의가 끝난 후 해결하는 것으로 조정해야 한다.

서기는 다음 사항을 기록한다.

- ▶ 회의에서 해결된 문제
- ▶ 미해결 문제 및 회의를 마친 후 해결을 위해 임명된 사람

해당하는 경우 해결 방안은 빨강색 펜을 사용하여 벽에 부착되어 있는 도면에 직접 표시한다.

일반적으로 문제가 없는 경우 회의의 원활한 진행을 위해 토론 내용을 기록할 필요가 없다.

첫 번째 주제어에 대한 더 이상의 문제가 없는 것으로 확인된 경우 사회자는 다음 주제어를 진행한다(나중에 참석자가 해결할 방법을 생각한 경우 카드를 되돌릴 수 있다).

첫 번째 그룹이 첫 번째 파이프라인 구역 또는 배치 운영 시스템의 첫 번째 단계에 대한 모든 주제어를 검토한 경우 사회자는 해당 파이프라인 구역을 형광펜을 사용하여 직선을 그어 해당 구역 검토가 완료되었음을 표시한다.

이 단계에서 권장되는 주제어는 다음과 같다. 이러한 주제어 선택은 지속적인 공정 플랜트 또는 운영을 위해 우선적으로 고려된다.

유량:	누출, 많음, 적음, 역류, 2상(相)
레벨:	높음, 낮음
온도:	높음, 낮음
압력:	높음, 낮음, 진공
반응률:	고속, 저속
품질:	농도, 불순물, 교차 오염, 부반응, 검사 및 테스트
물리적 손상:	충격, 추락, 진동
제어:	반응 속도, 센서 및 디스플레이 위치, 인터록
보호:	반응 속도, 독립성, 테스트

배치 운영 및 여러 응용 분야에서 취급하는 물질에 적합한 주제어 선택은 다음과 같다.

운영상 취급하는 물질의 경우:

부하:	과부하, 저부하
위치:	잘못된 수평/수직 위치
방향:	한쪽으로 치우침, 위로 치우침, 아래로 치우침, 반대 방향
속도:	너무 빠름, 너무 느림

연속적인 배치 운영 시스템의 경우:

타이밍:	너무 일찍 또는 너무 늦게 시작, 너무 일찍 또는 너무 늦게 중단, 기간, 순서

5. 다음 파이프라인 구역을 선택하고 형광펜을 사용하여 점선으로 표시하고 위의 절차를 반복한다.

6. 모든 파이프라인 또는 모든 배치 운영 시스템 단계를 완료하면 사회자는 두 번째 주제어 그룹으로 이동하여 전체 도면의 개요에 대해 설명한다.

개요 주제어는 다음과 같다.

건설 자재:	비정상적인 공정 조건, 부식, 침식에 대한 적합성
필요한 서비스:	공기, 질소, 용수, 스팀, 전력 등
시험 운영:	권한, 교육, 감독, 준수 여부 점검
가동:	절차, 문제
중단:	차단, 세척
고장:	서비스 손실, '비상 안전장치' 응답, 비상 조치 절차
전기 안전성:	지역 분류, 정전기 방전, 접지
화재 및 폭발:	예방, 감지, 보호, 제어 자동 작동식 차단 밸브
독성:	통증, 장기간 통풍 적합성
환경 제어:	누출: 기체, 액체, 고체; 소음; 모니터링
접근성:	운영, 유지 보수, 유출 방식
테스트:	원자재, 제품, 장비, 경보 및 트립 시스템
안전 장비:	개인 장비, 안전 샤워기
결과:	불안정성 제공원, 병목 지점
효율성:	자재 또는 성과 손실 가능성

이 두 번째 그룹의 주제어가 어려워 보이지만 거의 모든 주제가 현장별 토론을 통해 이미 제기되었으며 토론 시간은 약 30분 이상 배정한다.

7. 개요에 대한 설명을 완료하면 사회자는 도면에 완료 표시를 하고 기록 시트에 후속 조치를 위해 해당 주제를 기록한다.

A.7 주제어 선택

위의 목록에 언급된 주제어들은 수많은 프로젝트의 연속적인 플랜트에 적절한 것으로 확인되었으며 회분식 공정 및 화학 물질을 취급하는 운영 시설에 사용되고 있지만 해당 응용 분야에 대한 광범위한 테스트는 실시되고 있지 않다. 팀 책임자는 특정 연구에 대해 적절한 주제어를 사용하도록 해야 한다.

특정 주제어 세트에 대해 수정 못할 이유가 없다. 여러 가지 변형된 형태가 사용 중이다. 그러나 모든 주제어는 공통적인 요소를 가지고 있다. 레벨, 온도, 유량 및 순서와 같이 필요한 모든 '품질'로부터 발생한 모든 중요한 유형의 문제에 대해 신속한 토론을 수행한다. 따라서 비정상적인 프로세스 또는 운영에 대한 Hazop 연구를 계획하는 경우 팀 책임자는 중요한 품질을 파악하고(여러 관련자와 토론하는 것이 바람직함) 모든 중요한 문제를 토론할 수 있도록 주제어를 수정해야 한다.

주제어가 너무 적은 것보다 많은 것이 오히려 바람직하다. 특정 주제어가 특정 사례에 적합하지 않은 경우 시간을 낭비하지 않도록 건너 뛸 수 있다.

A.8 연구 기간

연구 기간은 반나절 정도가 적당하다. 즉 중간에 휴식 시간을 포함하여 3시간 반 정도가 적당하다. 하루에 이러한 세션을 두 번 가질 수 있지만 그렇게 할 경우 참석자가 연구로부터 도출된 조치를 수행하거나 다른 작업을 수행할 시간이 부족하게 된다.

그러나 대형 프로젝트의 경우 동일한 사회자 주관하에 '오전' 팀 및 '오후' 팀으로 나누어 운영하는 것이 가장 바람직하다.

A.9 연구 기록 또는 회의록

기존 플랜트의 간단한 수정과 같이 간단한 연구의 경우 회의록 양식은 그림 A-2와 같다. 그러나 여러 번의 회의가 필요하고 그에 따라 변경 사항이 많은 경우, 그림 A-3에 표시된 것과 같이 각각의 확인된 문제에 대한 별도의 시트를 사용하는 것이 후속 조치 수행에 도움이 된다.

확인된 문제에 대한 세부 사항과 합의된 해결 방법 또는 회의가 끝난 후 수행할 조사의 특성 등을 기록하는 비서는 해당 프로젝트에 매우 익숙해야 하며 회의록에 기록할 용어 선정에 있어서 회의 내용을 정확하게 해석할 수 있는 역량을 갖추어야

Hazop 연구 기록 시트 번호: ....

플랜트 이름: .... 날짜: .... /......... /.........

플랜트 구역: .... 참석자: ....

번호	문제 설명	해결 방안 또는 조치 사항	비고

그림 A-2. 간단한 연구를 위한 Hazop 연구 기록 시트

Hazop 연구 기록 시트 번호: ....

플랜트 이름: .... 날짜: .... /......... /.........

플랜트 구역: .... 참석자: ....

확인된 문제 담당자

조치: ....

회의 결정된 최종 조치

결정된 잠정 조치

서명: ....

날짜: .... /......... /.........

그림 A-3. 확인된 개별문제를 위한 Hazop 연구 기록 시트

한다(일반적인 관리직 사원이 수행할 경우 한 사람이 토론 내용을 받아 적고 회의에 참석한 나머지 사람들은 어떤 용어를 사용하여 토론할 것인지 고민하느라 시간을 낭비할 수 있다!). 불행하게도 이렇게 진행하면 비서는 회의록 작성에 몰두하느라 토론에 적극적으로 참여할 수 없는 문제가 발생한다. 이와 관련하여 지금까지 확인된 최상의 방법은 비서가 문제 내용을 기록하는 동안 다른 토론 내용을 진행하고 비서는 특별히 도움이 될 수 있는 의견이 있는 경우에만 잠시 기다려 달라고 요청한다.

회의가 끝난 후 비서는 회의록을 복사하여 조치를 수행하기 위해 임명된 사람에게 전달하고(문제를 해결하거나 회의에서 합의된 해결 방안을 수행할 사람) 원본은 폴더에 보관한다. 각 조치 사항이 수립되면 담당자가 회의록 하단부에 그 내용을 기록하도록 한 후 복사하여 비서에게 전달하면 비서는 마스터 폴더에 보관하고 원본은 폐기한다. 이렇게 하면 조치 진행 사항에 대해 언제라도 마스터 폴더를 통해 쉽게 확인할 수 있으며 미완료된 원본이 담당자가 하단부에 기록한 회의록과 바뀔 가능성이 없다.

A.10 사회자 역할

연구 회의 사회자가 프로젝트 팀의 구성원이거나 다른 팀의 구성원인 경우 역할은 동일하다. 즉 참석자의 시간을 효율적으로 사용하여 Hazop 연구의 기술적 결과가 타당한지 확인하는 것이다.

적절한 기술적 결과는 모든 중요 위험 요소 및 운영상의 문제를 확인하고 적절히 균형을 맞추어 문제를 제거하거나 관리하는 것을 의미한다.

Hazop 연구로 인해 플랜트 설계가 편중되는 경향이 있을 수 있다. 이러한 일이 발생하지 않도록 하는 것은 참석자들의 책임이며 문제의 제거 및 관리 사이의 적절한 균형을 맞출 수 있는 적임자를 선정하는 참석자를 임명한 사람의 책임이다.

사회자는 지속적으로 팀이 이러한 목표를 달성하도록 노력해야 한다. 따라서 다음과 같은 사항을 요약할 수 있도록 중점을 두어야 한다.

▶ '그룹의 역동성'

▶ 기술적 기준

▶ 진행 속도

일반적인 토론 진행 방법과는 관계 없이 Hazop 연구를 위한 회의 진행에 있어서 주목할 만한 특별한 포인트가 있다. 그룹의 역동성 측면에서 주요 포인트는 다음과 같다.

▶ 특정 주제에 대한 해결 방안을 가진 참석자를 주시한다.

▶ 논쟁이 있을 경우 개인적인 직책에 관계 없이 합리적인 방식으로 해결할 수 있도록 한다.

▶ 특정 주제어에 대한 토론 과정에서 제기된 모든 지적 사항을 기록하고 토론을 주도하는 그룹에서 약간 벗어나 있는 사람도 다음 주제로 넘어 가기 전에 참여하여 동참할 수 있도록 한다.

연구 팀에 적합한 사람들을 선정했다면 기술적 기준을 적절하게 유지 관리하는 것은 어렵지 않다. 그러나 최상의 팀이라고 하더라도 간혹 문제가 발생할 수 있다. 주요 포인트는 다음과 같다.

▶ 중요 주제, 플랜트 또는 운영 시설의 핵심 구역에 대해서는 충분히 토론할 수 있도록 한다.

▶ 회의에서 합의한 해결 방안의 기술적 기준에 대해 독립적인 판단을 유지하도록 하고 더 이상 잔존하는 위험성을 줄일 수 없다고 판단된 경우 해당 위험성을 대처하기 위해 수립된 관리 조치의 실현 가능성 및 지속성에 대해서도 독립적인 판단을 유지한다.

▶ 제기된 문제를 체계적으로 대처하기 위해 다음과 같은 조치를 취한다.
  - 존재하는 위험 요소 또는 문제의 감소 또는 제거
  - 제기된 문제의 발생 가능성을 줄이기 위해 차단 또는 제어 시스템의 개선
  - 이전에 실행된 문제가 반복되지 않도록 보호 시스템 및 사후 대처 조치의 개선('문제의 근원을 완전히 제거')
  - 완충 구역을 제공하여 피해를 최소화하거나 잠재적으로 노출될 가능성이 있는 건물 또는 구조물의 강화

장비 투자를 통해 위험 요소를 줄이거나 제거해야 하는 사항 및 확인해야 할 사항에 대해서는 신중한 판단을 하도록 한다. 팀의 연구 결과가 균형을 유지하는 데 실패한 결과에 대해 회의장 밖의 어느 누구도 비난할 수 없다는 사실을 명심해야 한다.

Hazop 연구의 일반적인 문제는 모든 사항을 다루려는 이유로 진행 속도가 너무

느리다. 그 결과, 추가적인 연구를 위해 시간을 할애할 수 없거나 선정된 사람들이 연구에 대한 경험이 없어 효과를 거두기 어렵다. 사회자는 적절한 진행 속도를 유지하도록 하는 것이 중요하다. 한 가지 문제에 대해 완벽하게 결론짓기보다 90% 정도에서 결론을 내리고 나머지는 추후에 계속해서 연구하도록 하는 것이 바람직하다.

사회자는 계속 연구할 필요가 있는 주제에 대해서는 참석자들에게 이유를 설명한 후 다음 주제로 이동하도록 지속적으로 노력해야 한다.

함정(또는 '부주의하기 쉬운 함정')

Hazop 연구 기법은 일단 배우고 나면 너무 간단해서 참석자들이 중요한 원칙을 잊어버리는 경향이 있다. 다양한 팀 및 회사를 통해 경험한 어려움은 다음과 같다.

- 팀이 진행 속도에만 관심을 두어 주제어 일부를 생략하거나 'Hazop 원칙에 대한 이해'를 사용하여 도면을 대충 훑어보기로 결정할 수 있다. 실제로 다음 사항에 대한 요구 사항을 지키지 못하기 때문에 Hazop 원칙을 무시하는 경우가 있다고 고백하는 경우가 많다.
  - 체계적인 연구
  - 세부적인 연구
- 한 선임 엔지니어가 처음으로 Hazop 기법에 대한 설명을 듣고 다음과 같이 말했다. "매우 유용한 절차입니다. 사실 우리의 플랜트는 매우 세부적인 설계 단계에 있습니다. 도면들을 오늘 저녁 집으로 가지고 가서 Hazop 연구를 적용해 보려고 합니다." 그는 다양한 배경 및 경험을 가진 팀원으로 구성된 팀에 의해 수행해야 하는 Hazop 연구의 요구 사항을 간과하고 있었다.
- 팀은 Hazop 연구 세션에서 확인된 변경 사항 목록을 기록할 수 있으며 여러 가지 변경 사항을 제거 또는 수정하는 회의 밖의 선임자만 목록을 검토하도록 한다. 이러한 조치를 통해 Hazop 연구의 효과가 떨어질 가능성을 신속하게 방지할 수 있다. Hazop 연구에서 결정된 조치 사항에 대해 관리상의 승인이 필요하다고 판단한 사람은 다음 중 하나를 수행해야 한다.
  - 팀에 참여하여 연구 과정에서 습득한 경험을 기반으로 결정할 수 있도록 한다.
  - 모든 결정 사항이 적절한지 확인할 수 있는 사람으로 팀 구성원을 교체해야 한다.
- 팀은 가장 위험한 물질을 취급하는 플랜트 구역에 집중하고 용수 처리 플랜트와 같이 중요하지 않은 구역에 대해서는 집중하지 않도록 결정할 수 있다. 용수 처리 플랜트의 결함은 주요 위험 요소를 발생할 가능성이 없지만 그럼에도 불구하고 이러한 구역의 연구 결과를 보면 여러 가지 설계 결함이 나타나고 있으며 그렇지 않은 경우 시험 운영 기간 동안 결함이 발견되어 상당한 비용을 소요하고 지연 기간이 연장될 수 있다.

(이러한 이유 중 하나는 설계상 '단순한' 구역을 경험 없는 직원에게 담당하도록 하여 철저한 점검이 이루어지지 않았기 때문이다.)

- 마찬가지로 예비 발전기 또는 소형 보일러와 같이 이러한 플랜트 구역에 '패키지 유니트'를 공급하는 것을 고려하지 않을 수 있다. 이러한 경우 플랜트 구역에 적합한 설계 및 전반적인 상호 작용에 있어서 주요 취약점이 발견되는 것을 경험을 통해 알 수 있다.
- "우리는 Hazop 연구 기간 동안 미해결 사항을 결정할 수 있다."라는 잘못된 판단으로 일부 세부 사항이 완료되기 전에 설계를 Hazop 연구를 위해 제출하는 경우가 있다. 이러한 해결 방법은 정상적인 Hazop 절차를 중단하는 경우에만 수행할 수 있으며 토론의 진행에 심각한 영향을 줄 수 있다. 이러한 상황이 계속 전개되면 완료된 설계에 대한 체계적인 감사를 수행하지 못하고 비효율적인 토론만 증가시키고 설계 작업 회의가 되기 쉽다.

A.11 Hazop 응용 분야의 예

1. 위험한 인화성 액화 가스로부터 일반적인 플라스틱을 제조하는 플랜트에 대해 Hazop 연구를 수행하였다. 그 결과, 1,300가지 이상의 조치 사항이 확인되었으며 대부분 사소한 사항이었지만 일부는 중요한 사항이었다. 조치 사항의 대부분은 운영상 문제와 관련되어 있었으며 약 30%은 안전성 및 환경 보호와 관련되었다. 연구 혜택에 대해 평가한 결과, 건설 기간중에 주요 변경 사항을 적용하는 상황을 사전에 방지함으로써 플랜트를 가동하기 전에 연구를 수행하는 비용(직원 시간, 설계 변경 비용, 장비 추가 비용 등)은 두 배의 보상 효과가 있었으며, 도면상에서 변경하는 것보다 실제 플랜트에 변경 사항을 적용하는 비경제적인 측면을 방지하는 방법으로 플랜트 성과를 개선했기 때문에 연간 30%의 비용 절감 효과가 있었다.
2. 제한된 인원으로 운영되는 대용량 연료 저장소를 위한 자동화 운영 시스템에 대해 Hazop 연구를 통해 제시된 운영 방법과 컴퓨터 기반의 제어, 보호 및 보안 시스템과 연동하는 제어 및 경보 시스템을 점검했다. 수많은 예상 문제가 확인되었으며 조치 결과, 훨씬 안정되고 안전하여 운영 가능한 시스템이 구축되었다.

부록 B

고장 모드 및 영향 분석(FMEA)과 고장 모드 및 영향 치명도 분석(FMECA)

B.1 소개

고장 모드 및 영향 분석(FMEA)은 하위 시스템 또는 구성 요소를 차례대로 조사하고 예상 결함 유형 및 각 결함별 시스템 영향을 고려하여 시스템, 기계 또는 장비 일부에서 발생할 수 있는 결함 특성을 파악하기 위한 정성적 분석 방법 중 하나이다. 고장 모드 및 영향 치명도 분석(FMECA)은 예상 영향의 심각도 및 발생 가능성에 대한 등급을 결정하여 그에 따라 위험성 등급을 결정할 수 있는 FMEA보다 확장된 방법이다.

FMEA 및 FMECA는 생산 손실, 안전성 또는 환경 피해와 같은 영향에 대해 조합이 아닌 한 가지 유형만 고려할 때 적용된다. 여러 가지 영향 유형을 조합하는 경우 컴퓨터 정렬을 위해 작성되고 설계된 신속한 등급 결정을 사용하는 것이 바람직하며 훨씬 유연성을 가지고 있다.

그러나 FMECA 및 신속한 등급 결정은 다음과 같은 동일한 기본 접근 방식을 사용한다.

- 장비 또는 운영을 '더욱 세분화된' 하위 섹션으로 세분화
- 각각의 하위 섹션에 대해 체크리스트의 예상 결함 또는 사고에 대한 발생 가능성을 체계적으로 조사
- 각각의 확인된 결함 또는 사고에 대해 예상 결과 심각도 및 발생 가능성 측정
- 각각의 확인된 결함 또는 사고에 대해 위험성 점수 결정

B.2 고장 모드 및 영향 분석(FMEA)

FMEA를 개인이 단독으로 수행하는 경우가 있지만 효과적인 위험성 확인을 위한 요구 사항을 만족시키려면 다양한 경험을 가진(예: 설계, 생산, 유지 보수) 팀을 구성하여(예: 3명) 수행하는 것이 바람직하다.

FMEA의 대표적인 응용 분야는 다음과 같다.

- 장비 또는 기계 장치에 대한 위험성 평가시 특정 시나리오에 대한 확인
- 장비 또는 기계 장치 개선에 대한 위험성 평가시 특정 시나리오에 대한 확인
- 위험성이 있는 단일 활동 연구시 특정 시나리오에 대한 확인

FMEA 단계는 다음과 같다.

1. 연구 대상인 기계 장치, 기계 장치 구역, 시스템 또는 하위 시스템의 제한 사항의 정의에 의한 연구 범위를 정의한다. 이 과정은 포함된 주요 기능과 명시적으로 제외된 주요 기능을 목록으로 작성하면 대부분 명확하게 정의된다.

2. 분석 수준을 결정한다. 세부 사항에 대해 심층적으로 진행할수록 고려해야 하는 문제가 추가로 발생하고 이를 간과할 가능성이 항상 있기 때문에 결정하기가 쉽지 않다. 그러나 '분석 장애'(예: 한계 비용이 한계 이익을 상당히 초과하고 기타 생산적인 노력이 중단되는 사항에 대한 분석에 상당한 시간을 소비하는 현상)의 위험에 대해 주의한다면 합리적인 밸런스를 찾을 수 있다. 분석 수준은 선택하는 연구 대상 항목에 따라 결정된다. 특정 기계에 대해 세부적으로 연구하는 경우 각각의 물리적 구성 요소를 개별 연구를 위한 하나의 항목으로 볼 수 있지만 거시적인 연구의 경우 주요 하위 시스템은 항목으로 간주할 수 있다.

3. 선택한 항목의 유형에 대해 가능한 여러 가지 고장 모드를 파악하여 열거한다. 개별적인 기계 구성 부품의 경우 다음과 같은 고장 모드가 해당될 수 있다.
   - 기계적인 고장
   - 과도한 마모
   - 부식
   - 변형(늘어남, 압축, 구부러짐)

   전기 구성 부품의 경우 고장 모드는 다음과 같다.
   - 단선 회로
   - 단락 회로
   - 저항 증가
   - 저항 감소
   - 절연 파괴

계측 장비의 고장 모드는 다음과 같다.

- ▶ 너무 높게 판독
- ▶ 너무 낮게 판독
- ▶ 중단/작동하지 않음
- ▶ 너무 늦게 응답

반면에 구성 요소보다 하위 시스템을 고려할 때 분석이 제한 받는 경우 고장 모드는 이러한 하위 시스템에 대해 적용된다. 이러한 고장 모드는 다음과 같다.

- ▶ 너무 빠른 작동
- ▶ 필요시 작동 실패
- ▶ 간헐적인 작동
- ▶ 필요시 작동 중단 실패
- ▶ 작동중에 생산 손실 또는 실패
- ▶ 만족스럽지 못한 생산

4. 각각의 연구 대상 항목에 대해(구성 요소 또는 하위 시스템에 관계 없이) 예상 고장 모드 목록을 작성하고 전체적으로 기계 장치 또는 시스템의 영향 및 이러한 영향에 대한 상대적인 중요성을 파악한다. 이러한 영향은 다음과 같다.

- ▶ 신체적 부상
- ▶ 환경 피해
- ▶ 장비 손상
- ▶ 생산 손실
- ▶ 생산 품질 저하
- ▶ 조업비용 증가

5. 연구한 각 항목의 고장 모드에 대해 다음 사항을 확인한다.

- ▶ 설계, 운영 및 유지 보수 규정 및 관리에 의한 결함 방지 방법
- ▶ 결함을 감지하여 효과적으로 대처하는 방법
- ▶ 특히 설계를 변경하는 경우를 포함하여 결함 영향을 제한하는 방법(해당하는 경우)

6. 분석 완료시 결함에 대한 발생 가능성 또는 영향을 줄일 수 있는 옵션을 검토하고 권장 조치 사항을 문서화한다.

B.3 고장 모드 및 영향 치명도 분석(FMECA)

고장 모드 및 영향 치명도 분석(FMECA)은 FMEA를 개선한 것으로 잠재적인 결함에 의해 발생하는 위험성을 준정량적 방법으로 조사할 수 있다. 본질적으로 각각의 잠재적인 결함 시나리오의 영향에 대한 심각도(예: 결함 유형 및 결함 원인 조합) 및 발생 빈도에 대한 평가가 포함된다. 각 결함 시나리오와 연결된 위험성은 다음과 같은 방법에 의해 결정된다.

- 곱셈(결과 및 발생 가능성이 실제 크기를 숫자로 표현된 경우)
- 위험성 매트릭스(결과 및 발생 가능성이 예를 들어 낮음, 중간, 높음과 같은 용어로 표현된 경우 또는 낮음 = 1, 높음 = 5와 같이 명목적 단위로 정의된 경우)

간단한 정성적 위험성 매트릭스 양식은 그림 B-1과 같다. 기타 여러 가지 정량적 양식은 본 책자의 다른 부분이나 부록 D의 AS/NZS 4360-1995, '위험성 관리'에 설명되어 있다.

FMECA의 대표적인 응용 분야는 다음과 같다.

- 위험성이 있는 단일 활동 연구시 특정 시나리오에 대한 확인 및 등급 결정
- 장비 또는 기계 장치에 대한 위험성 평가시 특정 시나리오에 대한 확인 및 등급 결정
- 장비 또는 기계 장치 개선에 대한 위험성 평가시 특정 시나리오에 대한 확인 및 등급 결정

빈도 \ 심각도	낮음	중간	높음
높음	중간 위험성	중간-높은 위험성	높은 위험성
중간	낮은-중간 위험성	중간 위험성	중간-높은 위험성
낮음	낮은 위험성	낮은-중간 위험성	중간 위험성

그림 B-1. FMECA용 위험성 매트릭스의 예

크기 순서대로 값을 가진 포괄적인 그룹에 대해 결과에 대한 심각도 및 발생 빈도를 측정할 수 있는 경우(예: 심각도의 경우 1, 10, 100, 1000 빈도의 경우 연간 10, 1, 0.1, 0.01) 위험성 매트릭스를 측정값에 따라 보정할 수 있으며 위험성 크기는 두 개의 값을 곱하는 방법으로 계산할 수 있다. 매트릭스에서 대각선으로 위치한 셀은 위험성 크기가 동일한 것을 알 수 있다(그러나 이러한 경우는 심각도 및 빈도 값이 동일한 단계를 사용하여 보정된 경우에만 적용된다).

FMEA 및 FMECA는 간단한 위험성 평가 방식을 수행하기 때문에 이러한 방식을 수행하는 사람의 판단에 의존하고 있다는 점에 주의해야 한다.

부록 C

시장 공급 안정성 개선을 위한 신속한 등급 결정 적용

C.1 배경

플랜트 XYZ은 여러 도시 및 일부 지역에서 사용하는 가정용 및 산업용 천연 가스를 독점적으로 공급하고 있다.

최근 몇 달 동안 사람에 대한 안전성 영향과 관련된 플랜트 설계를 심층적으로 검토하고 이러한 검토를 통해 수립된 권장 사항을 실시하기 위한 프로그램을 진행하고 있다. 동시에 개선되거나 새로운 안전성 관련 절차를 실시하기 위한 프로그램을 수행중에 있다.

플랜트 XYZ에 의해 공급되는 가스는 인구 밀집 지역의 의존도를 감안해 볼 때 플랜트가 공급 중단 없이 지속적으로 운영되는 것이 매우 중요하다. 최근에 여러 가지 핵심 기능에 대해 이중 장치를 설치하여 한 장치가 고장 나는 경우에 대비함으로써 공급 안전성을 향상시켰다.

플랜트 일부는 이러한 보완 시스템이 제공되지 않은 것으로 확인되었다. 또한 다른 플랜트 구역의 경우 심각한 단일 사고(예: 화재)로 인해 핵심 장비가 손상되어 결과적으로 생산이 중단될 수 있는 구역도 있었다.

따라서 단일 사고에 대한 플랜트의 취약성을 조사할 필요가 있었다.

이러한 조사는 엄격하게 실시되어야 하며 상당한 부분은 매우 세부적인 조사가 필요하다. 조사 결과 대부분의 플랜트 구역에 대해 생산 중단 가능성은 적은 것으로 확인되었다. 따라서 이러한 생산 중단의 주요 원인을 제공하는 장비 또는 구역에 대해 파악하고 이러한 장비 또는 구역에 대한 옵션을 정의하기 위해 '스크리닝' 검토를 수행하기로 결정했으며 이러한 옵션에는 매우 세부적이고 중점적인 연구가 포함된다.

목적

평가 목적은 다음과 같다.

1. 시장으로의 가스 공급을 중단시키는 대부분의 위험성을 제공하는 플랜트 XYZ 장비를 파악한다.

2. 이러한 위험성의 제거, 감소 또는 관리를 위한 주요 옵션을 파악한다.

3. 확인된 사항을 지원하기 위한 적절한 문서를 제공한다.

범위

평가는 약 2개월 이내에 완료된다. 따라서 세부적으로 조사하기 어렵다. 이것은 다음과 같은 사항을 수행할 수 없음을 의미한다.

▶ 공급이 중단될 수 있는 예상 시나리오에 대한 종합적인 목록 작성

▶ 공급 중단 규모 또는 확률에 대한 통계적 기반의 정량적 평가 수행

▶ 이러한 중단 위험성에 대한 절대적 가치 파악

따라서 평가를 통해 주관적이지만 경험에 의한 판단을 기준으로 상대적인 등급 결정을 개발할 수 있다.

제한 사항

평가 대상의 범위에 따라 모든 주요 위험성을 확인할 수 없는 제한이 있다. 따라서 간단한 목록 작성에 의한 조사 방법이 필요하지만 일부 중요한 시나리오가 간과될 가능성이 있다.

C.2 방법

소개

시장으로의 천연 가스 생산 중단을 초래하는 플랜트의 물리적 특징과 여러 수준의 위험성과 관련된 시스템 및 절차를 파악하기 위한 방법이 수립된다.

이러한 방법은 다음과 같은 특징에 대한 파악을 포함한다.

▶ 사고 발생 가능성을 제공하는 사항(예: 화재, 폭발, 기계적인 고장)

▶ 이러한 사고 영향에 취약한 사항(예: 피해)

여러 가지 유형의 사고 및 관련 취약점에 대한 조사를 통해 사고 결과에 대한 심

각도, 즉 시장 공급 중단 정도(규모 및 기간)를 측정할 수 있다.

생산에 상당한 영향을 주는 것으로 판단된 이러한 예상 사고/취약점의 조합을 통해 플랜트의 특징과 영향을 줄 가능성이 있는 관련 시스템 및 절차를 고려하고 그에 따른 발생 가능성에 대해 판단한다.

그런 다음 다양한 수준의 영향 및 이러한 영향에 대한 다양한 수준의 발생 가능성을 통해 매트릭스를 구성하고 플랜트 단위 공정을 이러한 조합에 따라 분류한다.

이러한 플랜트 단위 공정이 가장 중요한 위험성으로 구성된 결함 및 발생 가능성 조합을 가진 것으로 판단되면 이러한 위험성의 제거 또는 감소를 위한 옵션이 제공된다. 플랜트 단위 공정이 심각한 결과를 가진 잠재적 사고 가능성이 있지만 발생 확률은 낮은 것으로 판단되면 낮은 발생 확률을 유지하고 발생 확률 증가 요인을 감지하기 위한 위험성 관리 방법이 제공된다.

방법은 다음과 같은 두 가지 방법으로 수행될 수 있도록 설계된다.

(a) 결과 및 발생 가능성 평가 양쪽 모두에 최대/보통/최소와 같은 간단한 등급 시스템을 사용하는 정성적 방법으로, 위험성은 위험성 매트릭스를 통해 결정

(b) 결과 및 발생 가능성 양쪽 모두에 주관적인 '점수' 지정을 통한 준정량적 방법으로, 점수는 측정 결과(공급 중단 기간에 해당) 및 발생 가능성(연간 빈도)의 $\log_{10}$ 값으로 표현된다.

결과 측정

접근 방식

위험 요소/취약점 워크시트(표 C-1)는 결과 등급 또는 결과 점수 결정에 사용된다. 이러한 작업을 위해 연구 대상인 플랜트 구역의 각 장비(예: 구조물, 탱크, 파이프라인-표 C-2의 취약점 체크리스트 참조) 등급과 해당 플랜트 구역의 존재하는 위험 요소(예: 극한 공정 조건, 위험 물질 저장 시설-표 C-3의 위험 요소 제공원 체크리스트 참조) 제공원에 대해 고려해야 한다.

표 C-1. 위험 요소/취약점 워크시트

취약점 위험 요소 점수	구조물	탱크	파이프라인	케이블	계측 장비	모터	펌프	기계 장치류	그 밖의 영향을 주는 요소	서비스: 전력	서비스: 용수	서비스: 계측 장비	서비스: 컴퓨터	서비스: 릴리프/차단 시설	서비스: 압축 공기	서비스: 배수 시설	기타	비고
피해를 주는 공정 조건																		
흐름																		
압력																		
온도																		
부식																		
기타																		
공정 물질 에너지: 대용량 저장 시설 또는 다음 항목에 대한 가용성:																		
인화성 액체																		
인화성 액체의 순간 증발																		
인화성 가스																		
압축된 비인화성 가스																		
고압 용수																		
기타																		
기계적 에너지/모멘텀																		
선형 운동 (예: 차량)																		
회전 운동																		
진동																		
씰																		
기타																		
주변 장치의 효과																		
(장치)																		
점화원																		
화염 – 지속적																		
– 간헐적																		
– 기타																		
전기 – 지속적																		
– 간헐적																		
– 정전기																		
뜨거운 표면																		
기타																		
기타																		

표 C-2. 취약점 체크리스트

구조물
탱크
조인트를 포함한 파이프라인
케이블
계측 장비
모터
펌프
기계 장치류
주변/기타 플랜트 단위 공정의 영향

필수 서비스 제공원:
- 전력
- 용수
- 계측 장비 신호 전달
- 압축 공기
- 릴리프 및 차단 시설
- 배수 시설
- 컴퓨터 시스템

표 C-3. 위험 요소 제공원 체크리스트

피해를 주는 공정 조건:
- 흐름
- 압력
- 온도
- 부식
- 기타

공정 물질 에너지
- 대용량 저장 시설 또는 다음 항목에 대한 가용성:
- 인화성 액체
- 인화성 액체의 순간 증발
- 인화성 가스
- 압축된 비인화성 가스
- 고압 용수
- 기타

기계적 에너지/모멘텀
- 선형 운동(예: 차량 충돌)
- 회전 운동(예: 터빈)
- 진동
- 씰(예: 펌프)
- 기타

점화원
- 화염
- 지속적(예: 분사식 히터)
- 간헐적(예: 용접)
- 기타
- 전기
- 지속적(예: 스위치 룸)
- 간헐적(예: 전동 공구)
- 정전기
- 기타
- 뜨거운 표면
- 기타

주변/기타 플랜트 단위 공정
- 화재
- 폭발

표 C-4. 잠재적 사고 기록표(위험 요소/취약점 워크시트 포함)

플랜트 단위 공정: ....

날짜:......... /......... /.........

잠재적 사고에 대한 설명	결과 등급/점수
1.	
2.	
3.	
4.	
5.	
6.	
7.	
8.	

취약점/위험 요소 제공원 워크시트 사용

각 플랜트 단위 공정의 위험 요소 제공원을 조사하고 이러한 위험 요소 제공원에 의해 영향을 받을 수 있는 취약점을 고려하여 각 조합 항목에 일련번호를 지정하여(각 유니트에 대해 1부터 시작) 워크시트를 작성한다. 여기에서 이러한 조합은 '잠재적 사고'를 의미한다.

기억을 돕기 위해 각각의 번호가 매겨진 잠재적 사고에 대한 개별적인 참고 노트가 제공되며, 예를 들면 표 C-4의 잠재적 사고 기록표와 같다.

정성적 결과 등급

정성적 등급을 사용하는 경우 각각의 잠재적 사고에 대한 예상 결과를 경미함/보통/심각함으로 지정한다. 이러한 세 가지 기준은 '벤치마킹' 사고를 정의하기 위한 측정 프로세스 초기에 매우 유용하다.

준정량적 결과 점수

준정량적 평가를 사용하는 경우 시장 공급 중단 시간 및 정도를 측정한다. 시장 중단 영향에 대한 규모는 공급율 감소 정도(예: 완전 공급 중단, 일부, 무시 가능한 정도) 및 감소 기간(예: 1일, 1주일, 1개월)에 따라 달라진다.

100% 손실일을 측정하는 공급 중간 기간을 기준으로 간단한 로그 평가 시스템을 개발하여 일, 주 및 월 단위로 표시할 수 있으며 이러한 예는 제3장의 표 3-6과 같다.

각 플랜트 단위 공정의 확인된 잠재적 사고에 대해 생산에 영향을 준 효과 및 기간에 따라 등급 또는 점수가 결정되면 이러한 등급/점수 중 예외적인 항목을 조사하여(예: 등급/점수가 상대적으로 너무 높거나 낮은 경우) 적절하게 조정한다.

그런 다음 예를 들어 생산 중단이 시장의 고객에게 영향을 주지 않을 정도와 같이 이 단계에서 결과 등급/점수가 추가적인 검토가 필요 없을 정도로 충분히 낮은 수준에서 컷오프 레벨이 결정된다. 그런 다음 해당 항목이 제공하는 상대적인 위험성 레벨의 명시적인 평가가 가능하도록 이러한 컷오프 레벨을 초과하는 항목에 대해서는 발생 가능성을 평가한다.

발생 가능성 측정

소개

사고 발생 가능성은 표 C-5의 발생 가능성 요소 체크리스트에 표시된 사항을 포함하여 여러 가지 요소에 의해 영향을 받는다. 플랜트별 위험 요소 및 상황에 맞게 항목을 추가할 수 있다.

표 C-5. 발생 가능성 요소 체크리스트

상대적으로 복잡한 하드웨어:	▸ 파이프라인, 조인트 등 ▸ 직경이 작은 파이프라인, 분기 지점 등 ▸ 제어 계측 장비 ▸ 기계적인 배치 ▸ 구조적 요구 사항 또는 배치 ▸ 기타
상대적으로 복잡한 시스템 및 절차:	▸ 운영상의 요구 사항 또는 절차 ▸ 유지 보수 요구 사항 또는 절차 ▸ 비상 대응 조치 요구 사항 또는 절차 ▸ 기타
다음 사항에 대한 상대적인 어려움:	▸ 프로세스 및 제어 시스템의 이해 ▸ 설계 매개 변수 내에서의 플랜트 제어 (예: 경보 및 트립 시스템의 작동 빈도) ▸ 위험 요소/시나리오에 대한 이해 ▸ 플랜트 조건 모니터링 ▸ 운영 규정에 대한 모니터링 ▸ 유지 보수 규정 및 기준 모니터링 ▸ 비상 대책 모니터링
다음 사항에 대한 빈도:	▸ 공정 결함 ▸ 유지 보수 활동

발생 가능성 요소 사용

발생 가능성 요소는 잠재적 사고 발생 가능성 및 위험성 측정 워크시트(표 C-6)의 상단에 정의되어 있다.

플랜트는 발생 가능성 요소와 관련하여 조사되며 발생 가능성 요소가 특정 잠재적 사고에 해당하는 경우 해당 셀에 표시한다.

정량적 발생 가능성 등급

정량적 등급 결정을 수행하는 경우 각각의 잠재적 사고에 대한 발생 가능성 요소를 다음과 같은 발생 가능성에 따라 고려하여 판단한다.

(A) 발생 가능성이 높음

(B) 가능성이 어느 정도 있음

(C) 발생 가능성이 거의 없음

이러한 등급을 잠재적 사고 발생 가능성 및 위험성 워크시트(표 C-6)의 B열에 기록한다.

준정량적 발생 가능성 점수

준정량적 접근 방식을 사용하는 경우 각각의 잠재적 사고에 대한 발생 가능성 요소를 고려하여 실행 빈도를 판단하고 적절한 실행 빈도 점수(예: 표 3-6)를 워크시트의 C열에 기록한다.

(추가적인 수학적 분석 및 행동 분석 없이 정량적 측면에서 발생 가능성을 정확하게 측정할 수 없기 때문에 경험 많은 생산 직원 및 엔지니어링 직원의 합의에 의해 사용할 수 있는 간단한 점수 평가 시스템이 필요하다.)

마찬가지로 표 3-7과 같이 사고 완화를 위해 사용 가능한 조치에 대한 실패 확률을 측정한다.

측정된 결과 발생 빈도는 실행 빈도와 사고가 더 이상 전개되지 않도록 하는 완화 조치의 실패 확률과 곱한 값이다. 로그 점수 평가 시스템을 사용하는 경우 실행 빈도 점수와 완화 실패 점수를 더하면 빈도 로그 값이 된다.

표 C-6. 잠재적 사고 발생 가능성 및 위험성 측정 워크시트

위험 요소/취약점 워크시트 및 잠재적 사고 기록표			발생 가능성 측정: 발생 가능성 등급 또는 로그 평가 점수																													
선택한 잠재적 사고 세부 사항	발생 가능성 요소	A. 결과 등급/점수	하드웨어 복잡성	조인트를 포함한 파이프라인	직경이 작은 파이프라인	제어 계측 장비	기계적인 배치	구조적인 요구 사항	기타	상대적으로 복잡한 절차	운영상의 요구 사항	유지 보수 요구 사항	비상 대응 조치 요구 사항	기타	다음 항목에 대한 상대적인 어려움...	공정에 대한 이해	공정 제어	위험 요소 및 시나리오에 대한 이해	플랜트 조건 모니터링	운영 규정에 대한 모니터링	유지 보수 규정 모니터링	비상 대책 모니터링	기타	다음 사항에 대한 빈도...	공정 결함	유지 보수 활동	기타 인적 참여	기타	B. 발생 가능성 등급....또는	C. 실행 빈도 점수	D. 완화 실패 문제 점수	E. 위험성 등급/점수
위험 요소 제공원	취약점																															

위험성 레벨

소개

위험성은 결과 심각도와 빈도 또는 발생 가능성을 곱한 값이다.

위험성은 아래에 설명하는 것과 같이 완전히 정량적인 방법 또는 준정량적인 방법으로 측정할 수 있다.

정량적 위험성 측정

표 C-7은 위험성 레벨을 측정하는 데 사용할 수 있다.

(표 C-7과 같은 정량적 '위험성 매트릭스'의 경우 잠재적인 문제 및 예외 사항이 있다. 다양한 레벨의 결과 및 발생 가능성 사이의 간격이 동일하지 않은 경우 대각선 방향의 위험성 레벨도 동일하지 않기 때문에 잠재적으로 위험성 등급에 대한 왜곡 현상이 발생한다.)

위험성 레벨은 1부터 5 사이의 범위로 정의할 수 있다. 그러나 이러한 숫자만으로 다양한 위험성의 상대적인 규모를 정확하게 표현할 수는 없다. 예를 들어 위험성 레벨 3 및 4 사이의 차이보다 위험성 레벨 2 및 3 사이의 차이가 더 클 수 있다. 세 가지 결과 레벨 및 세 가지 발생 가능성 레벨 사이의 차이가 다르다면 위험성 레벨 4가 일부 경우에는 위험성 레벨 3보다 실제로 낮을 수 있다.

준정량적 측정

준정량적 위험성을 산출하려면 결과, 실행 빈도 및 완화 실패 확률값을 더한다.

표 C-7. 정량적 위험성 매트릭스

	결과(A열에 대한)		
발생 가능성(B열에 대한)	**경미함**	**보통**	**심각함**
A: 발생 가능성이 높음	중간 위험성(3)	높은 위험성(4)	매우 높은 위험성(5)
B: 가능성이 어느 정도 있음	낮은 위험성(2)	중간 위험성(3)	높은 위험성(4)
C: 발생 가능성이 거의 없음	매우 낮은 위험성(1)	낮은 위험성(2)	중간 위험성(3)

기호 해설:

위험 감소에 대해 가장 높은 우선 순위 (연한 음영)

발생 가능성을 낮게 유지하기 위해 지속적인 관리 필요 (진한 음영)

즉 A + C + D = E(로그 점수를 더하는 것은 실제 값을 곱하는 것과 같다.)

실행 빈도 점수는 실행 빈도인 $\log_{10}$에 5를 더하여 상향 조정했기 때문에 위험성 점수의 의미를 해석할 필요가 있다.

E열의 위험성 점수 5는 다음과 같은 손실 위험성에 해당한다.

- 연간 공급 중단 1일
- 연간 10%의 확률을 가진 공급 중단 10일(또는 평균적으로 10년에 1회)
- 연간 1%의 확률을 가진 공급 중단 100일(또는 평균적으로 100년에 1회)

마찬가지로 E열의 위험성 점수 4는 위의 손실 위험성과 비슷하지만 각각의 경우에 대해 발생 가능성이 10배가 낮다.

확인된 위험성은 다음 두 가지 목록으로 정렬되어야 한다.

- 위험성 점수별 내림차순으로
- 결과 점수별 내림차순으로

목록 A에 있는 위험성 중 상단으로 올라갈수록 위험 감소를 위한 우선 순위가 높은 위험성이다.

위험 감소를 위한 주요 옵션은 다음과 같다.

- 하드웨어: 제거, 수정, 중복, 재배치
- 시스템 및 절차: 수정 및 개선
- 조직, 직원, 커뮤니케이션, 교육: 수정 및 개선
- 비상 대응 조치 능력: 수정 및 개선
- 문화/의식: 개선
- 기타

목록 B에 있는 위험성 중 상단으로 올라갈수록(목록 A에 없는 경우) 우선 순위가 높은 위험성이며 발생 가능성을 낮게 유지하기 위해 지속적인 관리가 필요하다. 이것은 위험성별 모니터링 프로그램 및 정기적인 감사를 수립하여 '품질' 운영('목적에 맞게 조정'된 설계, 운영, 유지 보수 등) 구축에 반드시 필요하다.

C.3 조치를 위한 옵션

조치 필요성에 대한 검토

각 플랜트 단위 공정에 대한 잠재적 사고 발생 가능성 및 위험성 평가 워크시트의 마지막 열에 생산 연속성을 위해 플랜트 단위 공정이 제공하는 위험성 패턴에 대해 요약한다.

표 C-8에 표시된 것과 같이 모든 플랜트의 이러한 사항을 표로 작성하는 것이 바람직하다.

플랜트 단위 공정에 의해 제공되는 위험성을 취급하기 위한 실질적인 옵션을 파악할 수 있도록 각 플랜트 단위 공정에 대해 확인된 사항을 차례로 조사한다.

C.4 결과

위의 평가 방식을 통한 최종 결과는 다음과 같다.

1. 시장에서 심각한 영향을 줄 수 있는 정도의 생산 손실을 일으키는 대부분의 사고 위험성을 제공하는 플랜트 단위 공정 선정에 대한 합의
2. 옵션에 대한 세부적인 평가 또는 특정 위험성에 대한 세부적인 조사와 관련된

표 C-8. 플랜트 단위 공정별 위험성 제공원 수를 표시한 전체 현장의 위험성 요약 양식

위험성 레벨 / 플랜트 단위 공정	매우 낮음	낮음	중간	높음	매우 높음
유니트 A					
유니트 B					
유니트 C					
유니트 . . .					
기타					

비용 결정 및 승인을 기다리는 위험 감소를 위한 옵션 목록

3. 발생 가능성을 낮게 유지하기 위해 지속적인 관리가 가장 필요한 위험성 목록
4. 평가에 대한 기준 및 제한 사항을 준수하고 이해할 수 있도록 평가 과정에서 작성된 문서의 조합

위의 문서를 통해 주요 확인 사항 및 옵션을 결정하여 요약 문서를 쉽게 작성할 수 있다.

이러한 요약 문서는 다음과 같이 구성할 수 있다.

- ▶ 플랜트 단위 공정 단위로 한 페이지 내에 다음 사항을 요약한다.
- ▶ 플랜트 단위 공정의 주요 위험 요소 및 관련 취약점
- ▶ 발생 가능성에 영향을 주는 주요 요소
- ▶ 시장에 대한 영향 측정 및 발생 가능성 분류
- ▶ 조치를 위한 주요 옵션

표 C-8과 같이 플랜트 단위 공정별 전체 현장의 위험성에 대한 요약.

부록 D

공정 안전성 및 신뢰성에 대한 설명에 도움이 되는 감사 체크리스트(Hawksley의 여섯 가지 원칙 기준)[1]

1) 이 리스트는 D. Drewitt가 작성한 미발간 보고서에도 설명되어 있다.

D.1 소개

이 체크리스트는 플랜트 안전성 및 신뢰성에 대한 일상적인 모니터링 수행시 포함해야 할 사항을 고려할 때 보조 기록으로도 사용할 수 있다. 체크리스트는 감사받을 플랜트 또는 운영 유형에 맞도록 편집할 수 있으며 설명 부분에 충분한 공간을 두도록 워크시트 양식을 확대할 수 있다.

(참고: 체크리스트는 폭 넓은 원칙을 설명하도록 고안되어 있다. 특정 플랜트의 경우 감사 체크리스트는 시작 단계에서 이 체크리스트를 사용하고 진행 상황에 따라 플랜트별 위험 요소 및 잠재적인 불안정성 원인에 맞도록 수정해야 한다.)

감사 대상 플랜트가 감사자에게 익숙하지 않거나 감사자가 플랜트 관리자의 위험 요소 이해력을 테스트하려는 경우 다른 항목을 계속 진행하기 전에 (a) 사고 발생에 영향을 주는 요소와 (b) 플랜트 관리자의 이러한 사고에 대한 예상 심각도(예: 2절 및 3절 참조)에 대해 토론하는 것이 유용하다. 이것은 감사자가 플랜트 해당 구역, 소프트웨어 및 중점 관심 사항을 이해하는 데 도움을 준다.

D.2 존재하는 위험 요소 요약

플랜트 경영진과 이러한 위험 요소를 토론하는 목적은 다음과 같다.

- 감사자가 사고 발생 가능성에 영향을 주는 플랜트 구역 및 기능을 파악하는 데 도움을 준다.
- 플랜트 경영진의 이러한 위험 요소에 대한 이해는 Hawksley의 첫 번째 요구 사항을 얼마나 적절하게 준수하는지 알 수 있다.

2.1 원자재, 중간재 및 제품(재고 상태)

- 인화성 물질
- 폭발성 물질

- ▶ 불안정한 물질
- ▶ 환경 활성 물질

2.2 프로세스 유형

2.3 점화원

2.4 프로세스 온도 범위

2.5 프로세스 압력 범위

2.6 부식 위험 요소

2.7 고속 기계 장치

2.8 복잡하거나 민감한 장비

2.9 연대 사고 잠재성

2.10 기타

D.3 잠재적 사고, 손실, 환경 피해 규모

이것은 각 사고 유형으로부터 발생할 수 있는 영향 또는 중단 정도를 의미한다. 또한 이러한 규모에 대한 이해를 통해 Hawksley의 첫 번째 요구 사항을 테스트하고 가장 세부적인 감사가 필요한 플랜트 구역 선정에 도움을 준다.

3.1 화재

3.2 BLEVE

3.3 증기운 폭발(VCE)

3.4 증발 화재(flash fire)

3.5 분진 폭발

3.6 독성 가스 누출

3.7 화재에 의한 독성 연기

3.8 오염된 소방 용수 유출에 의한 환경 피해

3.9 환경에 피해를 주는 유출

3.10 중요한 기계 장치/장비의 고장

3.11 연대 사고

3.12 기타

D.4 소프트웨어, 파트 A

여기서 토론을 통해 위험 요소, 사고 잠재성, 안전장치 등에 대한 이해도를 테스트하고 인적 검사에 필요한 소프트웨어를 제시한다.

4.1 공정 안전성 원칙에 대한 교육 및 테스트

4.2 플랜트의 특정 위험 요소에 대한 교육 및 테스트

4.3 사고 발생 과정에 대한 교육 및 테스트

4.4 안전장치에 대한 교육 및 테스트

4.5 플랜트 안전성 검사 참여

4.6 공정 사고 조사 참여

D.5 시설 및 장비

5.1 일반적인 설계 및 조건

5.1.1 설계 및 구조

5.1.2 물질

5.1.3 딱딱한 포장 도로

5.1.4 수동적 불연성 시설

5.1.5 내폭성 시설

5.1.6 화재 차단벽
5.1.7 폭발 릴리프

5.2 차폐 시설
5.2.1 블록 사이의 공간 확보
5.2.2 블록 내의 공간 확보
5.2.3 인화성 액체를 취급하는 펌프의 위치
5.2.4 통제실 위치
5.2.5 플랜트 내의 차단벽
5.2.6 저장 시설의 차단벽

5.3 환기 시설
5.3.1 인화성 물질을 취급하는 기계 장치의 위치
5.3.2 플랜트의 밀집
5.3.3 통제실 환기 및 인화성 또는 독성 증기의 진입 차단

5.4 계측 장비
5.4.1 제어용 계측 장비
5.4.2 경보 및 트립 시스템
5.4.3 외관상 조건
5.4.4 보정 및 테스트

5.5 공정 라인, 밸브 및 피팅
5.5.1 내구성
5.5.2 밸브 장착력
5.5.3 비상 차단 밸브(EIV) 및 과류 차단 밸브(EFV)
5.5.4 외관상 조건
5.5.5 블랭크 플랜지 및 스페이드 사용
5.5.6 누출 관리
5.5.7 교차 오염 잠재성
5.5.8 릴리프 및 블로우다운을 위한 시설
5.5.9 세척 시설 설치

5.6 플랜트에 사용 가능한 가열 및 냉각 시스템
5.6.1 예비 용량

- 5.6.2 경험적 신뢰성
- 5.6.3 냉각 손실에 대한 잠재적인 심각한 영향

5.7 현장에 대한 전력 공급 및 배전
- 5.7.1 공급 시설의 경험적 신뢰성
- 5.7.2 정전에 대한 잠재적 심각도
- 5.7.3 설계(예: 환형 급수 시스템이 필요한 경우 방사형 구조)
- 5.7.4 외관상 조건(특히 내염성 장비 조건)
- 5.7.5 구역 분류

5.8 기타 서비스
- 5.8.1 압축 공기
- 5.8.2 계장용 기체(instrument air)
- 5.8.3 질소
- 5.8.4 비상 전력

5.9 인화성 및 독성 폐기물의 폐기 방법
- 5.9.1 폐기 절차 및 최종 목적지: 인화성 폐기물
- 5.9.2 폐기 절차 및 최종 목적지: 독성 폐기물

D.6 소프트웨어, 파트 B

시스템 및 절차, 운영 지식, 관련 문서 등

6.1 일반적인 시스템 및 절차
- 6.1.1 안전성 정책 및 환경 정책
- 6.1.2 정책 수행을 위한 문서화된 협정
- 6.1.3 보안
- 6.1.4 위험 사고 기록(안전성, 환경)
- 6.1.5 사고 조사
- 6.1.6 안전성/환경 감사

6.1.7 이전 감사에서 확인된 사항의 수행을 위한 작업 프로그램 또는 진행 상황

6.2 조업 시스템 및 절차
- 6.2.1 문서화된 표준 운영 지침
- 6.2.2 빈번하지 않은 사고 발생 보고
- 6.2.3 작업 허가 절차
- 6.2.4 일반 운영

6.3 유지 보수 시스템 및 절차
- 6.3.1 문서화된 표준 유지 보수 절차
- 6.3.2 개선 사항 제어
- 6.3.3 조건 모니터링
- 6.3.4 보호 시스템 테스트
- 6.3.5 중단 계획

D.7 소프트웨어, 파트 C

조직, 직원, 직무 교육, 커뮤니케이션

7.1 조업
- 7.1.1 조업 관리자 선정
- 7.1.2 조업 관리자 개발, 장려
- 7.1.3 조업자 선정, 장려
- 7.1.4 조업자 교육, 테스트
- 7.1.5 조업/생산 조직 및 협력 관계

7.2 엔지니어링 및 유지 관리
- 7.2.1 엔지니어 선정
- 7.2.2 엔지니어 전문가 개발, 장려
- 7.2.3 플랜트별 작업자 교육
- 7.2.4 엔지니어링/유지 관리 조직 및 협력 관계

7.3 기타

7.3.1 사용 가능한 전문가 기술 리소스

7.3.2 프로세스 안전성에 대한 공식적 및 비공식적 점검 회의를 포함한 정기적인 회의

D.8 비상 조치 능력

화재, 독성 가스 누출, 환경 등

8.1 소방 작업/대응 조치 팀

8.1.1 직원 구성

8.1.2 장비

8.1.3 의료용품 비치

8.1.4 교육 및 사전 훈련

8.2 외부 소방 팀 및 대응 조치 서비스

8.2.1 연락 체계

8.2.2 합동 훈련

8.2.3 출동 시간

8.2.4 장비/직원

8.3 소방 용수 공급 시스템

8.3.1 소스

8.3.2 펌핑

8.3.3 급수 시스템

8.3.4 테스트

8.3.5 소방 용수 배수 시스템 집수 구역

8.4 비상 조치용 소화기: 요약

8.4.1 종류

8.4.2 보유 개수

8.4.3 위치

8.4.4 점검

8.5 고정식 화재 진화 장치: 요약
 8.5.1 소화전/방수포
 8.5.2 스프링클러
 8.5.3 소방 호스, 호스 릴
8.6 현장에서의 경보 시스템
 8.6.1 현장 또는 건물로부터 철수 시간
 8.6.2 경보 지점의 위치/표시
 8.6.3 인화성 가스/화재 감지기 지점
 8.6.4 예고
 8.6.5 테스트
 8.6.6 외부 소방소 및 대응 조치 서비스와의 연계
8.7 환경적 비상 상황 조치
 8.7.1 배수 및 오염된 소방 용수용 담수 시설
 8.7.2 유출 감지 및 대응 조치 규정
8.8 비상 조치 계획 및 교육
 8.8.1 대응 조치 교육
 8.8.2 소화기/호흡 장비 교육
 8.8.3 비상 조치 계획
  8.8.3.1 화재
  8.8.3.2 환경
  8.8.3.3 기타
  8.8.3.4 비상 조치 사전 훈련

D.9 안전성 장려 및 자세 구축

9.1 안전성 정책에 대한 적극적인 장려 방법
9.2 모든 레벨의 직원이 가시적으로 확인할 수 있는 경영진의 노력
9.3 안전성 장려를 통한 외형적인 효과(예: 광범위하게 확산된 노력 입증)

부록 E

미국 공정 안전성 법규에 대한 요약

E.1 소개

다른 국가들과 마찬가지로 미국의 안전성 법규도 오랜 역사를 가지고 있으며 1899년의 하천 및 항만법(Rivers & Harbor Act)과 1900년대 시작된 폭발물 운송법(Explosives Transportation Act)을 계기로 공정 안전성과 관련된 법규가 제정되었다. 현재 연방 및 주 정부가 관리하는 안전성과 관련된 수많은 기관, 법규 및 규정이 있다.

일반적으로 공정 플랜트 위험성 및 공정 안전성 측면에서 가장 주목할 만한 사항은 1969년 환경청(EPA)에 의해 수립된 국가 환경 정책법과 1970년 산업 안전 보건 관리국(OSHA)에 의해 수립된 직업 안전 및 보건법이다. 이 두 개 기관 모두 공정 안전성 분야를 담당하고 있으며 EPA는 공해 예방 및 통제 부분을 담당하고 OSHA는 작업장 안전성 부분을 담당하지만 어느 정도는 업무상 중복된 부분이 존재한다.

다음은 접근 방식에 대해 개략적으로만 설명한다. 자세한 내용은 관련 문서를 참조하는 것이 바람직하다.

E.2 OSHA

산업 안전 보건법은 기준 개발 및 강화의 두 가지 주요 부분으로 구성되어 있다. 공정 안전성 관리 부분은 OSHA국 노동 섹션 110.119, 고위험성 화학 물질에 대한 공정 안전성 관리(29 CFR 1910.119)에 특별히 언급되어 있다. 이 조항은 부록에 열거된 화학 물질에 대한 규정된 임계량 플랜트 이상을 취급하는 공정에 적용된다.

해당 기업은 규정된 범위의 효율적인 공정 안전성 관리 항목을 갖추어야 한다. 예를 들면 다음과 항목이 포함된다.

▶ 직원 컨설팅 및 참여

- ▶ 위험 요소 및 사용된 기술에 대한 세부 사항을 포함하여 안전성과 관련된 공정에 대한 정보를 서면으로 작성
- ▶ 잠재적 사고의 심각도 및 발생 가능성과 관련 있는 요소를 고려한 이론적 근거를 기준으로 연구를 수행하는 데 필요한 명문화된 우선 순위를 통한 공정 위험 요소 분석
- ▶ 명문화된 운영 절차
- ▶ 교육
- ▶ 협력 업체와의 계약
- ▶ 사전 안전성 검토
- ▶ 기계적 무결성
- ▶ 화기 작업 허가 체계
- ▶ 변경에 대한 관리
- ▶ 사고 조사
- ▶ 비상 계획 및 대응 조치
- ▶ 준수 여부 감사

부록에는 고위험성 화학 물질의 임계량 플랜트 목록, 적절한 기준의 공정 안전성 관리 수행 및 유지를 위한 참조 가이드 및 권장 사항과 정보 출처 및 참고 문헌 목록이 포함되어 있다.

해당 기업은 규정된 시간 제한을 준수하고 노동부 요청시 준수 여부를 설명해야 하지만 승인을 위해 보고서 제출을 요구하지는 않는다.

E.3 EPA

대기 청정법에 근거하여 EPA는 Part 68, 화학 물질 산업 재해 규정(40 CFR 68.10)을 관리한다. 이것은 OSHA 요구 사항과 비슷하지만 일부 차이점이 있다.

특정 공정에서 임계량 이상의 관리 물질을 가진 고정식 시설에 적용된다. 두 가지 목록에 열거된 물질의 임계량이 대부분 비슷하지만 관리 물질 목록은 29 CFR

1910.119보다 많은 물질이 열거되어 있다.

다음과 같은 세 가지 수준의 프로그램이 제공된다.

- 프로그램 1은 과거 5년 동안 누출 사고(정의된 유형)가 없는 공정에 적용되고 정의된 '최악의 사례' 시나리오의 범위보다 '주거 지역'에서 훨씬 멀리 떨어진 경우에 해당하며 지역 비상 조치 계획 및 대응 조치 조직과 협력하는 비상 조치 절차를 가지고 있다. 폭 넓은 관점에서 보면 운영상 사고 경험이 거의 없고 현장 외부에 영향을 줄 가능성이 최소화된 공정이며 해당 지역의 비상 조치 계획 및 대응 조치 조직에게 익숙한 공정이다.
- 프로그램 2는 프로그램 1의 요구 사항 또는 프로그램 3(아래)의 기준을 만족시키지 못하는 공정에 적용된다.
- 프로그램 3은 프로그램 1의 요구 사항을 만족시키지 못하는 공정에 적용되지만 29 CFR 1910.119의 규정을 준수하거나 지정된 산업 유형(예: 정유 공장, 석유 화학 및 화학 물질 제조업체, 제지 공장 등)을 포함한다.

기업은 법규에 의해 적용되는 모든 공정이 포함된 위험 관리 계획(RMP)을 제출해야 한다. 각 RMP에 필요한 기본적인 내용은 다음과 같다.

- 오프 사이트 결과 분석
- 5년간의 사고 기록
- 비상 조치 프로그램에 대한 정보

프로그램 1에 해당하는 공정의 경우 다음과 같은 내용이 포함된다.

- 최악의 사례 시나리오에 대한 문서화 및 가장 가까운 주거 지역이 최악의 사례 범위를 벗어나는 것에 대한 입증
- 5년간의 사고 기록에 대한 문서화
- 대응 조치는 해당 지역의 비상 조치 계획 및 대응 조치 기관과 협력을 통해 수립됨을 보장
- 최악의 사례 시나리오, 사고 기록 및 대응 조치에 대한 협력이 요구 사항을 만족하고 누출 사고로부터 오프 사이트의 영향을 방지할 더 이상의 조치가 필요 없음을 인정하는 인증서

프로그램 2에 해당하는 공정의 경우 기존적인 요구 사항 충족과 함께 다음과 같은 요구 사항이 포함된다.

- ▶ 임명된 담당자를 통해 위험 관리 프로그램 항목에 대한 관리 시스템 개발 및 구현
- ▶ 주변의 인구 밀집 지역 및 환경에 대한 영향 정의를 포함하여 최악의 사례 및 대체 사례 시나리오에 대한 오프 사이트 결과 분석 수행
- ▶ 안전 관련 정보 수집 및 위험 요소 검토 수행
- ▶ 운영 및 유지 보수와 관련하여 정의된 범위의 '적절한 업무 규정' 준수
- ▶ 준수 여부 감사 및 사고 조사 수행
- ▶ 예방 프로그램 실시

프로그램 3에 해당하는 공정의 경우 기본 요구 사항 충족과 함께 추가되는 요구 사항은 개념적으로 프로그램 2와 비슷하지만 보다 적극적이다. 예를 들면 위험 요소 검토 대신 공정 위험 요소 분석이 필요하며 '적절한 업무 규정' 요구 사항의 경우보다 세부적이고 엄격한 요구 사항이 적용된다.

설명: 위의 사항 중 어느 것도 사고 확률 또는 발생 가능성에 대해 특별하게 검토되지는 않는다. 그러나 최악의 사례 및 대체 사례 시나리오의 요구 사항에서 정성적 방법으로 함축적으로 검토할 수 있다. 최악의 사례 시나리오는 여러 가지 비정상적인 조건 또는 발생 사고가 동시에 발생하거나 이러한 발생 가능성으로 인해 엄격한 예방 조치를 채택하기 때문에 최악의 사례 시나리오에 대한 확률은 일반적으로 매우 낮다. 대체 사례 시나리오는 낮은 확률을 가지도록 구성되지만 사전 대처적인 노력에도 불구하고 시간이 경과함에 따라 발생할 수 있는 사고 유형을 가지고 있다. 이러한 예로서 커플링 결함, 파이프 조인트의 누출 및 탱크 초과 주입 등을 들 수 있다.

찾아보기

ㅈ

ㅊ

ㅋ

ㅌ

ㅍ

ㅎ

A~Z

공정 플랜트의 위험성 및 신뢰성 관리

인쇄일	2007년 2월 26일
발행일	2007년 3월 5일
저 자	Mark Tweeddale
감 수	윤기봉, 고재욱, 김인원
발행인	김호석
발행처	도서출판 대가
등 록	제 311-47호
주 소	서울시 은평구 증산동 193-16
전 화	(02) 305-0210, 306-0210
팩 스	(02) 305-0224
E-mail	dag1023@hanmail.net
homepage	www.bookdaega.com

ISBN 978-89-90999-43-6 93500 정가 27,000원